田志光　李峰　主编

咏归集

李昌宪先生七十寿辰纪念文集

陈兴玉题

中国社会科学出版社

图书在版编目（CIP）数据

咏归集：李昌宪先生七十寿辰纪念文集/田志光，李峰主编．—北京：中国社会科学出版社，2018.4
ISBN 978 - 7 - 5203 - 2071 - 9

Ⅰ.①咏…　Ⅱ.①田…②李…　Ⅲ.①李昌宪—纪念文集　Ⅳ.①K825.46 - 53

中国版本图书馆 CIP 数据核字（2018）第 027411 号

出 版 人	赵剑英
责任编辑	宋燕鹏
责任校对	石春梅
责任印制	李寡寡

出　　版	中国社会科学出版社
社　　址	北京鼓楼西大街甲 158 号
邮　　编	100720
网　　址	http：//www. csspw. cn
发 行 部	010 - 84083685
门 市 部	010 - 84029450
经　　销	新华书店及其他书店

印刷装订	北京明恒达印务有限公司
版　　次	2018 年 4 月第 1 版
印　　次	2018 年 4 月第 1 次印刷

开　　本	710 × 1000　1/16
印　　张	32.5
插　　页	2
字　　数	520 千字
定　　价	128.00 元

凡购买中国社会科学出版社图书，如有质量问题请与本社营销中心联系调换
电话：010 - 84083683

目　录

中编　李昌宪先生代表作

下编　学生论文

序言：恭祝昌宪先生七十华诞

河北大学宋史研究中心　汪圣铎

李昌宪长我一岁，我俩是多年的挚友。回想我们的相识，却搞不清始于哪一年。为什么呢？因为我是先认识李昌宪的文，其后才见到其人的，初见面就没有陌生感，所以反而忘记是哪年哪月了。我于 1987 年从北京经济学院调入中华书局，做大型学术刊物《文史》的编辑。出于职业习惯，我对学术界的人和事都较为敏感，不但关心已经名声鼎赫的，也关心"潜力股"；不但关心他们的过去，而且关心他们的未来、关心他们之间的恩怨，甚至关心一些人的逸事包括花边新闻。有人说，当编辑的人都是势利眼，我觉得这话有几分道理，因为作为编辑，不可能什么都懂，不可能什么人都知根知底，有时候不能不依赖社会评价体系。更有时为了给自己减轻压力，适当多发些名人的稿子，也属事出无奈：因为名人一般比较爱惜名誉，出大问题的几率较低。我一到岗就看到了李昌宪的稿子——《宋代帖职制度研究》。我的长项是财经，帖职于我而言很陌生，我费了很大的劲才读懂全文，越读越感到这是一篇很有分量的学术论文，且深深地为作者的学术造诣所折服。一打听，本文作者竟是与我年龄相仿的人，不禁想到这是位"潜力股"，出于职业习惯，牢牢地记住了"李昌宪"的大名。此后，我在研究宋史的过程中，又遇到一个疑难，即宋代"军"的问题，既有节镇的"军"，又有州郡的"军"，还有县级的"军"。在寻求答案的过程中，我又看到了李昌宪的大作《宋代的军、知军和军使》，当时遗憾得不行，觉得此文本该在《文史》刊出，却被别的刊物刊用了。《文史》自建立就以"摒弃浮华"为宗旨，李昌宪的文章，从风格到内容，都符合我们的要求。这使我更加注意李昌宪。后来，李昌宪的大作《宋代四川帅司路考述》《宋代安抚使制度研究》（上、中、下）的刊出，也与此有关。在此过程中，我与李昌宪见面了，然而究竟是什么确切时间，却忘记了。

　　我与昌宪兄之间能有较深的情谊，除了编辑与作者的关系外，更主要的是有许多共同点：年龄相近，经历相仿（同是 1968 年去插队），同以宋史为主要研究方向，治学风格也有相似之处。回头计算，我与昌宪真正在一起的时光其实很有限。其中较长的一次是去台湾参加宋史学术研讨会。那是 1999 年，当时不能直飞台湾，必须先到香港办入台手续。我与同被邀请的几位学者商议，一块落脚到香港中华书局招待所，因为香港中华书局与北京中华书局是兄弟单位，较为可靠。我们到了香港才知道，招待所的条件相当简陋，因为事情是我张罗的，所以颇为内疚。昌宪兄及另几位学者却都没有怨言，给我很大安慰。昌宪与我同住一间，我们促膝相谈，把不能写在纸上的话讲了个够。香港的宋史学者几乎全数参加接待，为我们安排许多活动，我与昌宪在这里朝夕与共度过了愉快的两天。然后，我们一同飞赴台湾。在台湾，我与昌宪仍然被安排住同一房间，会上会下，我们总在一起。昌宪有不少亲戚在台湾，昌宪的亲戚招待昌宪会餐，昌宪拉我一起参加，使我第一次与台湾普通民众直接接触，感到大开眼界。会后与会者分开行动，我与昌宪又一同返回香港。几天下来，我们交换了对宋史研究现状的看法，也谈及了各自的家庭情况，我们真正成了彼此了解、相互信任的朋友。这之后，又是在宁夏召开的宋史年会，我见到了昌宪夫人，感受到昌宪家庭生活的美满。我们一同考察了西夏王陵，一起度过了一段美好时光。此后，学术会议上相见的机会增加，彼此的了解也不断加深。我们又相继被增选为宋史研究会的理事，使我们的共同经历又增加了一项。

　　我与昌宪之间也有不同点，最突出的是性格上的差异。我毕业于中文系，从小又喜爱文学，受到浪漫主义的影响，比较崇尚自由，行为上时时有不受拘束的倾向。我常常喜欢标新立异，很早就公开同权威、大家对立，惹来许多麻烦。昌宪兄却是个行为严谨的人，有学史人的谨慎。宋史研究学者中，颇有些"酒鬼"，时时有失态之举，昌宪兄却从不与这些人为伍。宋史学者中，颇有才华横溢、好发高论者，在各种学术会议上，语惊四座。昌宪兄很早就有颇有影响的文章问世，但却从不张扬，总是低调地生活，也从不在学术会议上发表惊人之论。我曾用一个字来概括昌宪，那就是"实"，作风朴实、治学踏实、为人诚实、学术扎实。纵观他的成果：《五代削藩制置初探》《宋代安抚使考》《司马光评传》《中国行政区划通史》（宋西夏卷）《宋朝官品令与合班之制复原研究》

《金代行政区划史》《五代两宋时期政治制度研究》都贯穿着这个"实"字。他用扎扎实实地研究，将人们对宋代历史的认识向深度、广度大大地拓展。这些成就，将长久地存留，持续地发挥作用。昌宪除了他的学术成果之外，他奉献给当今社会更重要的东西，就是脚踏实地的精神。

当然，昌宪还有一个贡献是不能忽略的，那就是他作为一个老师言传身教，教出了不少优秀的学生。我坚信，他的学生不但能将其师的研究成果发扬光大，更能将其师的踏实治学的精神继承弘扬。

最后，为恭祝昌宪先生七十华诞，特赋歪诗一首，以助欢喧：

勤勤恳恳数十年，扎扎实实著巨编。
千头万绪厘清楚，混沌世界展真颜。
桃李成蹊玄湖畔，匠人精神有人传。
喜看今日史坛上，万花斗艳群星闪。

2017 年 2 月写于北京寓所

上　编

名家力作

五代辽宋金元的"指斥乘舆"罪

中国社会科学院历史研究所　王曾瑜

"指斥乘舆"罪，且不说一般人，就是从事中华古史专业者，只怕也有相当比例的生疏。但如果换一句现代语，"骂皇帝"，大家就都会懂得。明朝高拱解释说："乘舆，谓天子也，不敢言天子，故言乘舆也。"① 谁要骂皇帝，就算犯了弥天大罪，但也只能称为"指斥乘舆"，即指斥了皇帝的座车，避讳用"皇帝"一词，以示"皇帝"一词的神圣性。宋朝张浚也解释说："自古言涉不顺，谓之指斥乘舆，事涉不逊，谓之震惊宫阙。是以见君辍马，必加礼而致恭，盖不如是，无以肃名分，杜僭乱也。"②

从古代史籍中搜索，尽管早在秦汉时代已确立了中国特色的帝制，但直到 840 年后的唐朝，今人方才在《唐律疏议》中，第一次看到对"指斥乘舆"罪作了法律上的规定。当然，唐律源于隋《开皇律》，但《开皇律》已佚亡。《唐律疏议》卷一《十恶》，确定如今人们常说的"十恶不赦"罪。"六曰大不敬"，其中就包括"指斥乘舆，情理切害"。但疏议又对此作了法律规范和说明，"若使无心怨天"，"不入十恶之条"，"盖欲原其本情，广恩慎罚"。同书卷一〇规定，"诸指斥乘舆，情理切害者斩"。"指斥谓言议乘舆，原情及理，俱有切害者斩"。"非切害者徒二年，谓语虽指斥乘舆，而情理非切害者，处徒二年"。同书卷二三又规定："知指斥乘舆及妖言不告者，各减本罪五等。官司承告，不即掩捕，经半日者，各与不告罪同。"宋理学家程颢对"情理切害"有所解释，说："旧言指斥乘舆，言理恶者死。今改曰情理，亦非也。"③ 从上引法律条文看，对"指斥乘舆"罪的处置是极其严厉的。

① 高拱：《本语》卷六，文渊阁《四库全书》本，上海古籍出版社 1987 年版，第 850 册，第 849—861 页。
② 朱熹：《朱文公文集》卷九五上张浚行状，《四部丛刊》本。
③ 程颢、程颐：《二程集·河南程氏外书》卷一〇，中华书局 1981 年版，第 406 页。

　　若追溯"大不敬"的刑名由来。《史记》卷九六《申屠嘉列传》载，他劾奏汉文帝幸臣邓通："夫朝廷者，高皇帝之朝廷也。通小臣，戏殿上，大不敬，当斩。吏今行斩之!"同卷《魏相列传》记载，因"大不敬"罪，"长史以下皆坐死，或下蚕室"。《汉书》卷八九《黄霸传》说："夏侯胜非议诏书，大不敬，霸阿从，不举劾，皆下廷尉，系狱，当死。"《后汉书》卷六〇下《蔡邕传》载，"下（蔡）邕、（蔡）质于洛阳狱，劾以仇怨奉公，议害大臣，大不敬，弃市"。经吕强营救，"有诏减死一等，与家属髡钳，徙朔方，不得以赦令除"。汉律源自秦律，故大致可以判断，在秦汉时，已有"大不敬""当死"，"弃市"的刑名，但还没有唐律那样细致的规定。

　　自晋朝以下，历代都有"大不敬，弃市"的刑名，① 在此不必赘述。《隋书》卷二五《刑法志》记载，北齐河清三年（564），定"齐律"，"又列重罪十条，一曰反逆，二曰大逆，三曰叛，四曰降，五曰恶逆，六曰不道，七曰不敬，八曰不孝，九曰不义，十曰内乱。其犯此十者，不在八议论赎之限"。北周保定三年（563），定"大律"，"立十恶之目，而重恶逆不道、大不敬、不孝、不义、内乱之罪。凡恶逆，肆之三日"。隋律则"又置十恶之条，多采后齐之制，而颇有损益。一曰谋反，二曰谋大逆，三曰谋叛，四曰恶逆，五曰不道，六曰大不敬，七曰不孝，八曰不睦，九曰不义，十曰内乱。犯十恶及故杀人狱成者，虽会赦，犹除名"。这就是前述唐律"十恶"之所本。

　　按照马克思主义的基本观点，法律无非是在社会经济基础之上的上层建筑之一，"经济关系反映为法原则"，"又对经济基础发生反作用"。② "在历史进程中，掠夺者都认为需要通过他们自己硬性规定的法律，来赋予他们凭暴力得到的原始权利以某种社会稳定性"。③ 法律必须维护阶级社会的阶级统治秩序，体现统治阶级的意志，这是颠扑不破的真理。当然，由于国家的公权力是从原始社会的公共事务管理转化而来，部分法

---

① 《晋书》卷五〇《庚勇传》，第 1403 页；卷六一《周嵩传》，中华书局 1974 年版，第 1660 页；《梁书》一六《王亮传》，第 268 页；卷五三《伏暅传》，中华书局 1973 年版，第 776 页；《魏书》卷七七《辛雄传》，中华书局 1974 年版，第 1691 页；《北齐书》卷四七《宋游道传》，中华书局 1972 年版，第 654 页；《北史》卷四二《刘逖传》，中华书局 1974 年版，第 1551 页。

② 《马克思恩格斯选集》第四卷，人民出版社 1972 年版，第 484 页。

③ 《马克思恩格斯选集》第二卷，人民出版社 1972 年版，第 451 页。

律也有管理公共事务规则的功能。这与前者是互相融合和渗透的，一般并不互相排斥。

就"指斥乘舆"罪的制定而论，它无非是服务于进一步强化皇权，并将此种功能推进到了极致，其阶级性和专制性极为鲜明。故"指斥乘舆"的罪名也必然被后代所继承。宋人因避宋太祖祖父赵敬名讳，在《宋刑统》卷一中，将"大不敬"罪改成"大不恭"罪。《元史》卷一〇二《刑法志》照抄《唐律疏议》，其"十恶"之六"大不敬"中，就有"指斥乘舆，情理切害"。同书卷一〇四《刑法志·大恶》规定："诸指斥乘舆者，非特恩，必坐之。诸妄撰词曲，诬人以犯上恶言者，处死。诸职官辄指斥诏旨乱言者，虽会赦，仍除名不叙。"在中国古代史料中，有时也略去"乘舆"两字，简称为"指斥"罪；"指斥"罪的范围较宽，不一定全是"指斥乘舆"。

五代是武夫横行的时代，皇帝的权威下降。军阀安重荣上表晋高祖石敬瑭，"其表数千言，大抵指斥高祖称臣奉表，罄中国珍异，贡献契丹，凌虐汉人，竟无厌足"。但晋高祖无法给他治罪，"忧其变也，遂幸邺都，以诏谕之，凡有十焉"①。后周时，得南唐"蜡丸书来上。多斥周过恶以为言"，周世宗大怒，责备南唐使者孙晟，说："晟来使我，言（李）景畏吾神武，愿得北面称臣，保无二心，安得此指斥之言乎？"将孙晟"及其从者二百馀人，皆杀之"②。后周时，赵守微"本村民，因献策，擢拾遗，有妻复娶，又言涉指斥，坐决杖配流"，但没有处死，而御史中丞边归谠对周世宗说："陛下何不决杀赵守微！"③ 但处事颇能决断的周世宗仍未采纳，大约赵守微虽是"言涉指斥"，而没有确实的"情理切害"证据。

辽朝法律的制定，当然参照唐律。辽太宗天显七年（932），"林牙迪离毕指斥乘舆，囚之"④。辽圣宗统和十二年（994），辽圣宗"诏契丹人犯十恶者，依汉律"⑤。太平八年（1028），"枢密使、魏王耶律斜轸孙妇

---

① 《旧五代史》卷九八《安重荣传》，中华书局1976年版，第1303页。

② 《新五代史》卷三三《孙晟传》，中华书局1974年版，第366页。

③ 《宋史》卷二六二《边归谠传》，中华书局1977年版，第9070页。

④ 《辽史》卷三《太宗纪》，中华书局1974年版，第33页。

⑤ 《辽史》卷一三《圣宗纪》，第145页；卷六一《刑法志》，第939页。

阿聒指斥乘舆，其孙骨欲为之隐，事觉，乃并坐之，仍籍其家"。① 可知辽朝确是沿用唐律之"十恶"和"指斥乘舆"罪。辽朝末年，在金朝的攻击下，燕王耶律淳自立为帝，他死后，辽天祚帝下诏，历数耶律淳罪状，其中有"僭称帝号，私授天官，指斥乘舆，伪造符宝，轻发文字，肆赦改元"等罪。②

宋太祖时，丁德裕在西川，"奏转运使、礼部郎中李铉尝醉酒，言涉指斥。上怒，驿召铉下御史，案之。铉言德裕在蜀日，屡以事请求，多拒之，皆有状。御史以闻，太祖悟，止坐铉酒失，责授左赞善大夫"。③ 开宝二年（969），丁德裕奏张延通"尝对众言涉指斥，且多不法事"，又指张屿为同党。"太祖怒，即收延通、张屿及王班下御史台，鞫之，延通等引伏。太祖始欲舍之，及引问，延通抗对不逊，遂斩之。屿、班并内臣王仁吉并杖脊，屿配流沙门岛，班许州，仁吉西窑务"。④

宋太宗发动政变，篡位成功，于太平兴国七年（982），举办亲弟秦王赵廷美狱案。其中有阎密"恣横不法，言多指斥"，予以处斩。⑤ 此案又牵连宰相卢多逊，宋太宗亲自下诏说他"包藏奸宄，窥伺君亲，指斥乘舆，交结藩邸，大逆不道，非所宜言"，但并不处死，而是"配流崖州"。⑥ 太平兴国八年（983），宋太宗"斩孟州进士张两。两试吏部，不合格，纵酒大骂于街衢中，言涉指斥，游徼吏捕以闻。上怒，故抵于法，同保九辈永不得赴举，州长吏罚一季俸"⑦。此次狱案甚至株连同保的举人，罚他们"永不得赴举"，连孟州知州也"罚一季俸"，足见宋太宗的盛怒，完全是法外加罚。他又下制书，说其宠臣弭德超"诟骂同列，指斥朕躬，为臣若斯，于法何逭"，"配琼州，禁锢"⑧，但没有处死。宋太

---

① 《辽史》卷一七《圣宗纪》，第202页。

② 徐梦莘：《三朝北盟会编》，以后简称《会编》，卷九，第59页，上海古籍出版社1987年版。

③ 《宋史》卷二七四《丁德裕传》，第9354页；李焘：《续资治通鉴长编》，以后简称《长编》，卷一〇开宝二年十二月己亥，第92页，上海古籍出版社影印本1986年版。

④ 《宋史》卷二七四《张延通传》，第9355页；《长编》卷一〇，开宝二年十月癸卯，第91页。

⑤ 《宋史》卷二四四《赵廷美传》，第8667页；《长编》卷二三，太平兴国七年四月丁丑，第196页。

⑥ 《宋史》卷二六四《卢多逊传》，第9119页。

⑦ 《长编》卷二四，太平兴国八年三月乙酉，第205页。

⑧ 《宋会要》职官七八之二一三，中华书局1957年版。

宗宠信侯莫陈利用，后"京西转运副使宋沆籍利用家，得书数纸，言皆指斥切害，悉以进上。太宗怒，令中使脔杀之，已而复遣使，贷其死。乘疾置至新安，马旋汴而踣，出汴换马，比追及之，已为前使诛矣"①。宋太宗实行特务政治，柴禹锡和赵镕"尝遣吏卒变服，散之京城察事。卒乘醉，与卖书人韩玉斗殴，不胜，因诬玉言涉指斥。禹锡等遽以闻，玉坐抵法。太宗寻知其冤"②。在此件冤案中，韩玉显然被处死。至道时，郑元辅"诣检上书，告（赵）自化漏泄禁中语，及指斥非所宜言等事。太宗初甚骇，命（宦官）王继恩就御史府鞫之，皆无状，斩元辅于都市"③。

宋仁宗时，刘敞"纠察在京刑狱，营卒桑达等醉斗，指斥乘舆。皇城使捕送开封，弃达市。敞移府，问何以不经审讯，府报曰：'近例，凡圣旨及中书、枢密所鞫狱，皆不虑问。'敞奏请一准近格，枢密院不肯行，敞力争之，诏以其章下府，著为令"④。

宋神宗熙宁三年（1070），"皇城使、开州团练使沈惟恭除名，琼州安置，进士孙棐处死。惟恭，贵妃沈氏之弟，故宰相伦之孙。棐，开封人，惟恭门下客也。惟恭以干请恩泽不得志，触望，尝为棐言：'皇子生，必不久。'语涉咒诅，又假他人指斥乘舆之言以语棐。棐希惟恭意，每见，辄诋时事，亦尝指斥乘舆。后又诈为司马光陈五事章疏，以示惟恭，词极不逊。惟恭转以示人。四方馆归司官张泽得之，以示阁门使李评，评奏之，故败。棐既伏诛，馀传写人皆释罪"⑤。此处所谓"进士"，其实只是文士。熙宁八年（1075），"沂州民朱唐告前徐姚主簿李逢谋反，提点刑狱王庭筠言其无迹，但谤讟，语涉指斥及妄说休咎，请编配"。宋神宗特别派遣官员按治，"庭筠惧，自缢死。逢辞连宗室、秀州团练使世居、医官刘育等，河中府观察推官徐革，诏捕系（御史）台狱"。"狱具，赐世居死，李逢、刘育及徐革并凌迟处死，将作监主簿张靖、武进士郝

---

① 《宋史》卷四七〇《侯莫陈利用传》，第 13679 页；《长编》卷二九端拱元年三月乙亥，第 250 页。

② 《宋史》卷二六八《赵镕传》，第 9225 页。

③ 《宋史》卷四六一《赵自化传》，第 13508 页。

④ 《宋史》卷三一九《刘敞传》，第 10384 页；《长编》卷一九〇嘉祐四年七月庚申，第 1749 页；刘敞：《彭城集》卷三五《故朝散大夫给事中集贤院学士权判南京留司御史台刘公行状》，文渊阁《四库全书》本，上海古籍出版社 1987 年版，第 1096 册，第 347 页。

⑤ 《长编》卷二一一，熙宁三年五月庚戌，第 1965 页；《宋会要》职官六五之三二。

士宣皆腰斩，司天监学生秦彪、百姓李士宁杖脊，并湖南编管。馀连逮者追官落职，世居子孙贷死，除名，削属籍。旧勘鞫官吏并劾罪"，此案还"腰斩进士（文士）李侗"等。李逢谋反案是当时一件大案，也并非仅是"指斥乘舆"罪，而株连颇众。①

元丰四年（1081），宋神宗"诏前追官勒停人、越州山阴县主簿、太原府教授余行之陵迟处死"。"行之以废黜怨望，妄造符谶，指斥乘舆，言极切害"。"行之既伏诛，因赦其妻、子。"② 元丰六年（1083），宋神宗"诏泾原路京东第八将梁用、副将赵潜各罚铜二十斤，坐部卒常斌指斥乘舆，语切害，不可录奏，经略司以闻故也"③。梁用和赵潜仅属不上报，也受处分，而常斌大约处死。

宋哲宗元祐时，围绕着前任宰相蔡确的车盖亭诗案，其实是纯属捕风捉影的冤案，但谏官们，特别是刘安世，"谓其指斥乘舆，犯大不敬"，④ 而御史台官员等主张从轻，最后高太后将蔡确流放广南新州。王岩叟所写蔡确贵词，也诟责他"曾不反思，尚兹归怨，形于指斥，播在歌谣，托深意以厚诬，包祸心而莫测"⑤。

绍圣四年（1097），"田嗣宗坐指斥，抵死"⑥。此人为中书侍郎李清臣"姑之子"，李清臣也因此罢政。⑦ 元符二年（1099），"熙河帅种朴败死"，宋哲宗"为之震骇，遂复弃鄯州。关中由此大困，开封民有因醉狂语者"，宰相章惇"请论如指斥乘舆法，上特贷死。惇再取旨不已，自是妄言者莫不诛死，然虽多杀不禁也"⑧。章惇的秉性还是相当残忍，这是他掌政后期，"取旨不已"，以"指斥乘舆"罪滥杀无辜。

宋徽宗即位之初，其弟宋神宗十三子赵似，"以王府史语言指斥，送

---

① 《宋史》卷二〇〇《刑法志》，第4998页；《长编》卷二五九，熙宁八年正月庚戌，第2432页；卷二六一熙宁八年三月甲午，第2445页；卷二六三，熙宁八年闰四月壬子，第2481页；卷二六四，熙宁八年五月甲子，丁卯，丁丑，第2484、2485、2490页。

② 《长编》卷三一二，元丰四年四月壬申，第2921页。

③ 《长编》卷三三五，元丰六年五月乙未，第3118页；《宋会要》职官六六之二二。

④ 《宋史》卷三四五《刘安世传》，第10952页。

⑤ 《长编》卷四二七，元祐四年五月辛巳，第4023页。

⑥ 陈均：《皇朝编年纲目备要》卷二四，中华书局2006年版，第597页。

⑦ 徐自明著，王瑞来校补：《宋宰辅编年录校补》卷一〇，第631页，中华书局1986年版；王称：《东都事略》卷九六《李清臣传》，《宋史资料萃编》第一辑，台湾文海出版社1967年版，第1483页。

⑧ 《皇朝编年纲目备要》卷二六，建中靖国元年二月，第648页。

大理寺验治，似上表待罪"。左司谏江公望上谏奏，结果邓铎因曾自写"随龙人、三班借职邓铎"，"伏诛，蔡邸不挂吏议"。但宋徽宗仍"颇以狱词平反太过，盖法官（按：指吴师礼）不肯以指斥切害之罪罪之也"①。宋制，皇帝登基后，"凡东宫僚吏一概超迁，谓之随龙"。②邓铎自称"随龙人"，表明他有意参加宋哲宗死后的帝位争夺，但也确实说不上是什么"指斥乘舆，情理切害"。

崇宁元年（1102），宋徽宗重新镇压反变法派，为钳制舆论，下令"禁羁置人入京，及诸色人妄议宗庙，指斥乘舆，并许人告，赏钱三千贯，白身与三班借职，有官人转两官"。③

政和元年（1111）到三年（1113），"以泰州李彪作殿试策题及答，语言指斥乘舆及嘲讪大臣等罪"，宰相张商英"以事在赦前，令开封府一面断放"，张商英责授崇信军节度副使后，又进一步贬责为汝州团练副使。④北宋晚期，执政安惇之子安郊"坐指斥诛"，因他有"有不欲立上之语，后为族人所告"。⑤

宣和六年（1124）和七年（1125），开封出了两件奇案。宋徽宗"御楼观灯"，"从六宫于其上，以观天府之断决者。帘幕深密，下无由知。众中忽有人跃出，墨色布衣，若寺僧童行状，以手画帘，出指斥语。执于观下，帝怒甚，令中使传旨治之，棰掠乱下，又加炮烙，询其谁何，略不一语，亦无痛楚之状。又断其足筋，俄施刀劘，血肉狼藉。帝大不悦，为罢一夕之欢，竟不得其何人，付狱尽之"。另一次"都城东门外鬻菜夫至宣德门下，忽若迷罔，释荷簦向门戟手，出悖骂语，且曰：'太祖皇帝、神宗皇帝使我来道，尚宜速改也。'逻卒捕之，下开封狱，一夕方省，则不知向者所为者，乃于狱中尽之"。所谓"悖骂语"，乃是"汝坏

---

① 《宋史》卷二四六《赵似传》，卷三四六《江公望传》，卷三四七《吴师礼传》，第8723、10987、10999页；《东都事略》卷一〇〇《江公望传》，第1547、1548页；《皇朝编年纲目备要》卷二六，建中靖国元年七月，第653页。

② 司马光：《司马文正公传家集》卷三八《言郭昭选劄子》，502页，《万有文库》本，商务印书馆1937年版。

③ 《皇朝编年纲目备要》卷二六，崇宁元年五月，第661页。

④ 《宋会要》职官六八之二九；《宋宰辅编年录校补》卷一二，第761页。

⑤ 《宋史》卷四七一《安惇传》，第13718页；《会编》卷二，第15页；洪迈：《夷坚支景》卷六《富陵朱真人》，中华书局1981年版，第924页。

吾社稷矣!"① 以上两案其实都是反映民众对时政的憎恶。

宋钦宗在位的短暂时间内,教坊乐人司文政以"伏阙上书,无理狂悖","其言指斥","圣旨处斩","号令榜于市"②。

宋高宗登基之初,追究伪楚张邦昌的罪责,说有宫女华国靖恭夫人李氏以养女侍奉张邦昌,并对他"有语指斥乘舆"。宋高宗将张邦昌处死,另"有旨,李氏杖脊,降配〔车〕营务下〔名〕为妻"③。

陈东是北宋末年的太学生,曾领道数万人伏阙上书的爱国群众运动,因听到李纲罢相的消息,立即上书,"论李纲不可罢,黄潜善、汪伯彦不可用,乞亲征,邀请二帝",又指责宋高宗"不当即大位,将来渊圣皇帝归来,不知何以处"④。另有士人欧阳澈也上书,"极诋用事者",并且"语侵宫掖",指责宋高宗"宫禁宠乐"⑤,无非是批评皇帝沉湎女色,宠信宦官之类。宋高宗恼羞成怒,遂将两人处死,其罪名也无非是"指斥"。⑥

建炎时,向大猷"受金人伪命,知青州,其出榜文,多指斥,有反状明白",无非是讥斥宋高宗的无道,皇帝下诏,"前知滨州向大猷为臣不忠,屡为叛逆,移文指斥,罪状深重,可令越州领赴市曹处斩"⑦。大将曲端曾题诗说:"不向关中兴事业,却来江上泛渔舟。"后被张浚诬以

---

① 《宋史》卷六五《五行志》,第 1419—1420 页;《皇朝编年纲目备要》卷二九,宣和六年正月,第 752 页。

② 《会编》卷六六,第 499 页。

③ 李纲:《梁溪全集》卷一七六《建炎进退志总叙》,卷一八〇《建炎时政记》,《李纲全集》,岳麓书社 2004 年版,第 1634、1672 页。

④ 王明清:《挥麈后录》卷九,第 197—198 页,《全宋笔记》第六编第一册,大象出版社 2013 年版;《会编》卷一一三,第 825 页;李心传:《建炎以来系年要录》,以后简称《要录》,卷八,建炎元年八月壬午,中华书局 2013 年版,第 234 页。

⑤ 欧阳澈:《欧阳修撰集》卷七许翰《哀词》,第 1136—421 页,文渊阁《四库全书》本,上海古籍出版社 1987 年版;陈东:《宋陈少阳先生集》卷八许翰《哀词》,第 175 页,《宋集珍本丛刊》第 39 册,线装书局 2004 年版;《要录》卷八,建炎元年八月壬午,第 234 页;《宋史》卷四七三《黄潜善传》,第 13744 页。

⑥ 《梁溪全集》卷一一二《怀泽与吴元中别幅》说,"颍川(陈东)极论二人(黄潜善、汪伯彦),以谓必误中兴,遂置极法","颍川之书,〔甚〕明白激切,初无指斥之语。但论此二人,中其要害,故下毒手,以绝来者"。按李纲只怕未必看到陈东上书原文,但反映陈东和欧阳澈的罪名确是"指斥",见 1061 页。

⑦ 《会编》卷一三一,第 951 页;《要录》卷二九,建炎三年十一月乙丑,第 674 页。

“指斥乘舆”罪而处死，① 当然是一件冤案。绍兴八年（1138），宋高宗“诏内侍罗亶窜海岛，永不放还。亶为景灵宫干办官，有营卒章青告其语言指斥”，“刑寺拟私罪徒，勒停”，可知指斥之语肯定不属“情理切害”。宋高宗却说：“亶素凶悖不逞，无可恕者，当窜海岛。”② 于法外加刑。

在南宋伟大爱国民族英雄岳飞的冤狱中，据传言，绍兴十一年（1141），岳飞得知张俊、韩世忠等军在淮西战败后，悲愤的心情再也难以克制，自上一年他被迫班师后，一句郁结半年有余的心声夺口而出：“国家了不得也，官家又不修德！”又岳飞曾说：“我三十二岁上建节，自古少有。”此语被引申和篡改为“自言与太祖俱以三十岁为节度使”。这两句话都被定为“指斥乘舆”的弥天大罪，③ 为其“莫须有”的罪名之一。

在绍兴和议后的黑暗年代，“指斥乘舆”罪风靡一时，成为发生此罪案例相当密集的时期，这主要是对宋高宗屈辱和议的诟病和非议。太学生张伯麟在壁上题写：“夫差！尔忘越王之杀尔父乎！”用春秋时代的典故，讥斥宋高宗向杀父之仇屈膝，被判“杖脊，刺配吉阳军（治今海南崖城）”与他同案的宦官白锷也“出言指斥”，被“特刺面，配万安军（治今海南万宁）”④。绍兴二十一年（1151）十一月，“斩有荫人惠俊，以指斥乘舆，法寺鞫实，故有是命”⑤。无品武官“进义副尉刘允中弃市，以上书希求恩赏，指斥乘舆，及谤讪朝廷，法〔寺〕鞫实，故抵于法”⑥。“临安府径山能仁禅院僧陆清言决脊杖二十，刺面，配广南远恶州

① 《宋史》卷三六九《曲端传》，11493 页；周密：《齐东野语》卷一五《曲壮闵本末》作“不向关中图事业，却来江上汎扁舟”，有“图”“扁”两字不同，见中华书局 1983 年版，第 269 页。

② 《要录》卷一一九，绍兴八年五月戊戌，第 2221 页。

③ 岳珂：《鄂国金佗稡编》卷二四《张宪辨》，第 1075—1076 页，《鄂国金佗稡编、续编校注》本，中华书局 1989 年版；李心传：《建炎以来朝野杂记》乙集卷一二《岳少保诬证断案》，第 701 页，中华书局 2000 年版；王明清：《挥麈录余话》卷二，《全宋笔记》第六编第二册，大象出版社 2013 年版，第 57 页。

④ 《要录》卷一五一，绍兴十四年六月丙申，第 2862 页；《宋史》卷四七三《秦桧传》，第 13759 页。

⑤ 《要录》卷一六二，绍兴二十一年十一月庚戌，第 3084 页。

⑥ 《要录》卷一六二，绍兴二十一年十一月丁巳，第 3085 页。

军牢城，以清言撰造偈颂，蛊惑士庶，至有指斥语言，于法应绞，特贷之"①。这还算是皇恩宽贷者。绍兴二十三年（1153），宦官"入内东头供奉官裴咏除名，琼州编管，永不放还。咏往盱眙，抚谕北使，私市北货，寻被拘收。心怀怨望，有指斥语，法当绞，特贷之"。② 这又是皇恩宽贷的一例。福州长溪县文士黄友龙在临安府馀杭县"听读"期间，"醉酒作闹，语言指斥"，也是犯了骂皇帝的大罪，被"杖脊，刺配广南远恶州牢城收管"，服厢军的苦役。③ 绍兴二十五年（1155），小武官王世雄"作诗有指斥语"，被判"追毁出身以来告敕文字，除名，勒停，决脊杖二十，不刺面，配邕州牢城收管"，服厢军的苦役。④ 以上只是最简单的记录，而他们"指斥语"的具体内容，则为官史所掩覆。当时秦桧"矫诬"，"无罪可状，不过曰谤讪，曰指斥，曰怨望，曰立党沽名，甚则曰有无君心"⑤。如对付参知政事李光，秦桧"令臣僚诬言其指斥之罪，遂责授建宁军节度副使，藤州安置"，又再三贬责。⑥

不仅是皇帝，秦桧依靠金人撑腰，当上了宋高宗无法罢免的宰相，权势几乎等同于皇帝。有官员吴元美作《夏二子传》，"夏二子，谓蝇、蚊也"，居然被定为"指斥国家及讥毁大臣，以快私忿，法当死"，虽纯属捕风捉影的影射文章，宋高宗算是特予宽贷，改为"除名，容州编管"⑦。一时之间，"讥毁大臣"也成了可怕的刑名。

金朝法律的制定，"兼采隋、唐之制，参辽、宋之法"⑧，也继承了"大不敬"中的"指斥乘舆"罪。金朝统治阶级内争激烈而残忍，屡次出现"指斥乘舆"罪的案例。金熙宗"屡杀大臣，（完颜）宗敏忧之，谓海陵（完颜亮）曰：'主上喜残杀，而国家事重，奈何？'宗敏言时，适左右无人，海陵将以此为指斥，构害之，自念无证不可发，乃止"⑨。金

---

① 《宋会要》刑法六之三二；《要录》卷一六二，绍兴二十一年十二月戊子，第 3086 页。

② 《要录》卷一六四，绍兴二十三年六月丙戌，第 3128 页；《宋史》卷四七三《秦桧传》，第 13762 页。

③ 《要录》卷一六五，绍兴二十三年闰十二月癸巳，第 3146 页；《宋史》卷四七三《秦桧传》，第 13762 页。

④ 《要录》卷一六八，绍兴二十五年六月戊戌，第 3197 页；《宋会要》刑法六之三三。

⑤ 《宋史》卷四七三《秦桧传》，第 13764 页。

⑥ 《宋宰辅编年录校补》卷一五，第 1050 页。

⑦ 《要录》卷一六一，绍兴二十年九月甲申，第 3058 页。

⑧ 《金史》卷四五《刑法志》，中华书局 1975 年版，第 1015 页。

⑨ 《金史》卷六九《宗敏传》，1609 页。

海陵王时，金太祖长女完颜兀鲁的丈夫徒单斜也，有妾名忽挞，她上告"兀鲁语涉怨望，且指斥"，金海陵王"使萧裕鞫之，左验皆不敢言，遂杀兀鲁，而杖斜也，免其官"①。参与金海陵王篡位活动的完颜秉德，后来被告"谋反有状"，"秉德妻尝指斥主上，语皆不顺。及秉德与（完颜）宗本相别时，指斥尤甚"等，金海陵王"杀秉德"②。金世宗即位之初，完颜按苔海和完颜燕京兄弟据广宁府，"拒弗受"，完颜燕京"亦登谯楼，与使者语，指斥不逊"。后金世宗"释按苔海，乃诛燕京"③。金朝季年，在金宣宗兴定时，"御史台奏（蒲察）移剌都在军中，买沙覆道，盗用官银，矫制收禁书，指斥銮舆"等，"坐是诛"④。金哀宗亡国前夕，丞相完颜赛不之子完颜按春投降蒙古，"从攻京师（开封），曹王（完颜讹可）出质，朝臣及近卫有从出者，按春极口大骂，以至指斥"，后完颜按春逃归金朝，被"擒捕，斩之狱中"⑤。

元朝的《元典章》卷四一《诸恶》中有"大不敬"条目，但无"指斥乘舆"罪的实例。元世祖至元十六年（1279），宋"合州安抚使王立以城降"，但"东川行院遂言，立久抗王师，尝指斥宪宗（蒙哥），宜杀之"，"降臣李谅亦讼立前杀其妻、子，有其财物。遂诏杀立，籍其家赀偿谅"。但因"安西王具立降附本末来上"，元世祖又"即召立入觐，命为潼川路安抚使、知合州事"⑥。就此案的处理而言，元世祖并未将王立"指斥宪宗"看得很重。元文宗天历二年（1329）八月，"四川襄加台以指斥乘舆，坐大不道，弃市"⑦。元顺帝时，彻里帖木儿"尝指斥武宗为那壁，那壁者，犹谓之彼也"，连同其他罪名，"诏贬彻里帖木儿于南安，人皆快之，久之，卒于贬所"⑧。由此可见，元朝虽沿用"指斥乘舆"罪，但量刑并不十分严格。

纵观五代辽宋金元官史中所载的"指斥乘舆"罪，显然有三个特点。第一，史书一般不记录"指斥乘舆"的具体内容和语言。上引岳飞"国

---

① 《金史》卷七七《亨传》，卷一二〇《徒单恭传》，第 1757、2616 页。
② 《金史》卷一三二《秉德传》，《乌带传》，第 2818、2819、2821 页。
③ 《金史》卷七三《按苔海传》，第 1683 页。
④ 《金史》卷一〇四《蒲察移剌都传》，第 2303 页。
⑤ 《金史》卷一一三《完颜赛不传》，第 2483、2484 页。
⑥ 《元史》卷一〇《世祖纪》，第 208 页，中华书局 1976 年版。
⑦ 《元史》卷三三《文宗纪》，第 737 页。
⑧ 《元史》卷一四二《彻里帖木儿传》，第 3406 页。

家了不得也，官家又不修德"的话，官史同样并无记录，而是岳飞孙岳珂从狱案中摘录出来的。官史所以不记录，无非是为掩盖皇帝的秽行、劣迹和罪恶。第二，"指斥乘舆"罪的量刑轻重，并不一律。除了是否真有"情理切害"之外，主要还是在古代人治条件下，"皇帝是凌驾于法律之上的最大特权者"①，"皇帝的最高司法权，不受法律约束"②，皇帝愿意怎么判刑，就怎么判刑。不论判刑结果如何，"指斥乘舆"罪量刑之残酷，则没有任何疑义。第三，官史上对"指斥乘舆"罪显然有明显的疏漏，如前引宋哲宗时，章惇"再取旨不已"，对开封百姓以"指斥乘舆"罪判处死刑者，又不知有多少人，却并未留下统计数。后引宋真宗的事例也同样说明。无辜百姓因没有文化，不懂法律，而触犯"指斥乘舆"罪者，就不可胜数了。

然而即使在专制主义意识笼罩一切的社会和政治环境下，宋代还有少量怀抱良知的士大夫，他们反对草菅人命的"指斥乘舆"罪，其理论武器则是先王之道。

北宋人王回说："指斥乘舆，臣民之大禁，至死者斩，而旁知不告者，犹得徒一年半，所以申天子之尊于海内，使虽遐逖幽陋之俗，犹无敢窃言讪侮者。然《书》称商、周之盛，王闻小人怨詈，乃皇自恭德，不以风俗既美，而臣民俨然戴上，不待刑也。则此律所禁，盖出于秦汉之苛耳。"③ 他对"指斥乘舆"罪持批判态度，认为不过是"秦汉之苛"，不合《尚书》中强调的先王之道。宋徽宗即位之初，龚夬上奏说，章惇在宋哲宗亲政后，"编类臣寮章疏，择其切直不讳之言，与夫陈乱世以讽今者，谓之讪上，谓之指斥。臣观《书》，见禹戒舜曰：'无若丹朱傲，惟慢游是好。'周公戒成王曰，无若商王纣。丹朱，尧不肖子；纣，商之无道君。禹以尧不肖子戒舜，周公以商无道君戒成王，亦可谓之讪上乎？亦可谓之指斥乎？"④

南宋爱国儒学家胡寅在《尚书·无逸》"厥或告之，曰：'小人怨汝

---

① 郭东旭先生：《宋代法制研究》，河北大学出版社2000年版，第5页。
② 王云海先生等：《宋代司法制度》，河南大学出版社1992年版，第18页。
③ 吕祖谦：《皇朝文鉴》卷一二九王回书判，《四部丛刊》本。
④ 黄淮、杨士奇：《历代名臣奏议》卷一八〇龚夬奏，第2365页，上海古籍出版社1989年版。《宋史全文续资治通鉴》卷一四，元符三年七月壬申载丰稷和陈师锡也有类似议论，第867页，《宋史资料萃编》第二辑，台北文海出版社1969年版。

詈汝。'则皇自敬德，厥愆，曰：'朕之愆。'允若时不啻不敢含怒"一段
话的传注中，更明确说："蔡京继之，专以朋党一言，禁锢忠臣义士，或
谓之诋诬宗庙，或谓之怨怼父兄，或谓之指斥乘舆，或谓之谤讪朝政。
行之二十年，天下之士不仕则已，仕则必习为道谀，相师佞媚，歌功颂
德，如恐不及。防民之口甚于防川。"① 他特别引用了周厉王"监谤"，
而"防民之口甚于防川"的古训，指出设立"指斥乘舆"罪的后果，无
非是营造"习为道谀，相师佞媚，歌功颂德"的恶劣政治环境。

谏官陈渊说："昔之治世，工诵箴谏，大夫规诲，士传言，庶人谤。
夫谤犹不废也，非直不废而已，舜之求言，乃立谤木，② 是使人谤己也。
而周公之戒成王曰：'小人怨汝詈汝。'则皇自敬德，是又不禁人之詈己
也。由是言之，后世所谓谤讪之刑，指斥之诛，岂古之道哉！"③ 范浚也
有相类似的议论："臣闻古者天子听政，使公卿、列士献诗以讽；近臣尽
规，亲戚补察，下至瞽蒙、百工、商旅、庶人，皆得以进谏传言，非议
其上，而莫之罪。盖以为腹诽之愤，甚于指斥；目语之讥，切于面谤，
与其壅天下之言以自欺，不若用天下之言以自治。传曰：'防民之口甚于
防川。'"④ 另一诤臣彭龟年说："夫所谓小人怨汝詈汝者，乃后世指斥乘
舆之类，其犯上渎尊，与抗疏陈讥者，盖不可同年而语矣。而四君（按：
指商中宗太戊、高宗武丁、祖甲和周文王）闻之，反取之以为德，任之
以为愆，然则怒安从而生哉？"⑤

综合以上议论，大致有三条。第一，按儒家仁义思想，反对以"指
斥乘舆"罪草菅人命，滥杀无辜，认为"指斥乘舆"罪只是秦汉苛法，
不合先王之道。第二，认为君主受"谤"是正常情况，不足大惊小怪。
如果百姓怨王詈王，君主不但不应给百姓加罪，还须反躬自责，省愆念

----

① 胡寅：《斐然集》卷二二《无逸传》，文渊阁《四库全书》本，上海古籍出版社 1987 年
版，第 1137 册，第 605、606 页。
② 《后汉书》卷五四《杨震传》："臣闻尧、舜之世，谏鼓、谤木，立之于朝。"唐章怀太
子李贤注："《帝王纪》曰：'尧置敢谏之鼓，舜立诽谤之木。'"见 1766 页。宋叶庭珪《海录碎
事》卷一〇下《谤木》引汉应劭之说："谤木，今桥梁两边板也。古人以书政治得失。"此应
为传说。参见文渊阁《四库全书》本，上海古籍出版社 1987 年版，第 921 册，第 518 页。
③ 《历代名臣奏议》卷二〇〇陈渊奏，第 2625 页。
④ 范浚：《范香溪先生文集》卷一一《策略》，《四部丛刊》本。
⑤ 彭龟年：《止堂集》卷二《论群臣进言当酌是非早赐处分疏》，文渊阁《四库全书》本，
上海古籍出版社 1987 年版，第 1155 册，第 780 页。

咎。第三，舜"立谤木"，"使人谤己"，而周厉王"监谤"，却"防民之口甚于防川"，为后世树立了正反两种借鉴和教训。这其实又是如何对待舆论批评的重大问题。彭龟年特别强调："言路通塞，天下治乱系焉。言路通，则虽乱易治也；言路塞，则虽治易乱也。"① 他将"言路通塞"的问题和效应说得非常透彻。笔者曾将彭龟年此言向若干史界同行转述，他们都认为这个八百年前的古人的见解相当高明，应当作为警诫后世的名言。

尽管有"指斥乘舆"罪的设置，但据《册府元龟》卷一〇二《招谏》记载，唐太宗对侍臣说："隋帝性多猜忌，上下情不相达，斯岂致治之理乎？朕今推赤心以相付，亦望公辈以直心相向，纵有指斥深切，无忧逆忤。"表现了中华古史第一英主的大度。"指斥乘舆"罪的量刑，自然有很大的伸缩余地。臣僚进谏诤直言，稍为激烈一点，就会迹涉"指斥乘舆"之罪。故北宋崔鶠就指出："微言者坐以刺讥，直谏者陷以指斥，以杜天下之言，掩滔天之罪，谓之奸可也。"② 陈惇修《唐史断》也议论说："既以谏诤为职，则不居此职者，皆不得而谏也。有所谏则曰'侵官'，有所谏则曰'犯分'，语及天子者则曰'指斥乘舆'，言关廊庙者则曰'诽谤朝政'。所以然者，盖由谏官之有定职故也。"③ 认为臣僚若欲对皇帝进谏，就有可能触犯"指斥乘舆"罪，是不合理的。陈耆卿说："小大廷绅，慷慨激烈，争言时政，或以为指斥太过，臣曰未害也。唯圣主为能受尽言，言之是，可为国家福，言之非，可为国家贺。贺者，非贺其言之已甚，贺其言之虽甚，而上之人能来之，且容之也。虽然，其甚者宜容也，其切且当者，不当止于能容。"④ 也表达了同样的看法。宗室赵必愿也对宋理宗说："毋使人臣以指斥怀疑，毋致陛下以厌言得谤。"⑤

---

① 《历代名臣奏议》卷二〇六彭龟年奏，第 2713 页。
② 《宋史》卷三五六《崔鶠传》，第 11214 页。
③ 引自章如愚：《山堂群书考索》续集卷三六《台谏·古者谏官无定员后世谏官有常职》，1207 页，日本京都中文出版社影印本，注中原作"陈伯厚《唐史》"，文渊阁《四库全书》本作"《唐史断》"疑是。《宋史》卷二〇三《艺文志》载有"陈惇修《唐史断》二十卷"，第 5099 页，伯厚应是其字。
④ 陈耆卿：《筼窗集》卷四《代上请用人听言劄子》，文渊阁《四库全书》本，上海古籍出版社 1987 年版，第 1178 册，第 39 页。
⑤ 《宋史》卷四一三《赵必愿传》，第 12410 页。

清朝汪由敦评论说："明代奏章，多伤过激。指斥乘舆，则癸、辛再见；弹击大吏，则共、鲧比肩。迹其事实，初不尽然，但取沽名，颇伤直道。"① 清朝皇帝的专制淫威，更甚于明朝，也缺少像明朝那样的诤臣，在他的眼里，明朝诤臣的直言，就成了"指斥乘舆"罪，以奴才自命的清朝臣僚，就决不可能有此类稍为激烈言词。在今人看来，当然是一代不如一代，每况愈下的倒退。

宋真宗时，"有百姓争财，以状投匦，其语有比上德为桀、纣者"。宋真宗"令宫中录所诉之事，付有司根治，而匿其状"，说："百姓意在争财，其实无它，若并其状付有司，非惟所诉之事不得其直，必须先按其指斥乘舆之罪，百姓无知，亦可怜也。"理学家杨时为此评论说："祖宗慈仁如此，《书》曰：'小人怨汝詈汝，则皇自敬德。'祖宗分明有此气象，天下安得而不治。"② 南宋人俞德邻也对此事评论说："《书》曰：'小人怨汝詈汝，则皇自敬德。'真庙有焉。"③ 又天禧时，官员陈靖上奏中有"必是不经圣览"之语，大理寺"以为指斥乘舆"。宋真宗下诏，说陈靖"受诬于吏议"，"非汝瑕疵，宜从洗涤"④。宋真宗虽然算不上好皇帝，当时也根本说不上"天下安得而不治"，但处理此类事，还是表现了一定的肚量。

宋仁宗时，官员王益柔"作《傲歌》，语涉指斥，欲下御史按罪"。宰相杜衍"谓罗织狱今起都下矣，执不可"⑤。据说他的诗中有"'醉卧北极遣帝扶，周公孔子驱为奴'等语"，可能还有其他近乎"指斥"的语言，一些臣僚认为"罪当诛"，"仁宗大怒，即令中官捕捉"⑥，但在杜衍、韩琦等力辩后，最终还是没有加刑。

宋神宗时，吕希道"为开封府推官，民有相詈，激语近讪上，无悖

---

① 汪由敦：《松泉集》卷二〇《史裁蠹说》，文渊阁《四库全书》本，上海古籍出版社1987年版，第1328册，第902页。

② 杨时：《杨龟山先生集》卷一三《语录·余杭所闻》，第390页，《宋集珍本丛刊》第29册，线装书局2004年版。

③ 俞德邻：《佩韦斋集》卷一七《辑闻》，文渊阁《四库全书》本，上海古籍出版社1987年版，第1189册，第134页。

④ 《宋会要》刑法三之一六。

⑤ 《东都事略》卷五六《杜衍传》，第835页。

⑥ 《宋宰辅编年录校补》卷五，第260页；黎靖德：《朱子语类》卷一二九首句作"歘倒太极遣帝扶"，中华书局1986年版，第3089页。

慢情，尹及同僚皆欲以指斥抵法"。吕希道"力争，请上闻，神宗果笑曰：'小人无知，灼非本情。'释之"①。

宋宁宗庆元初，中书舍人邓驲上奏追述绍熙时事："布衣余古上书狂悖，若以指斥之罪坐之，诚不为过，太上皇帝（宋光宗）始者震怒，降旨编管，已而臣寮论奏，竟从宽典。"②

以上所引的古人开明议论和若干皇帝的"宽典"，其实都不可能超脱专制思维的囚笼。与中国古老的开明的政治伦理根本不同者，则是人类文明史上先进的马克思主义著名的巴黎公社原则。"用等级授职制去代替普选制是根本违背公社的精神的"。③"把行政、司法和国民教育方面的一切职位交给由普选选出的人担任，而且规定选举者可以随时撤换被选举者"。④巴黎公社原则规定了任何政治领袖的地位只能是公仆。既是公仆，"当家做主"的社会主人，人人对任何公仆应有直接选举、监督、批评、弹劾、罢免等神圣权利。社会主人对任何公仆说三道四，这就是社会主义的人权，马克思主义巴黎公社原则的天经地义。巴黎公社原则规范了社会主义的主人与公仆关系，规范了社会主义的民主和法治，这与中国古老的"指斥乘舆"罪之类，是完全相悖的。

孔子的理想社会是"君君、臣臣、父父、子子"，不能"君不君、臣不臣、父不父、子不子"⑤。马克思主义的理想社会也可说是"公仆公仆，主人主人"，不能公仆不像公仆，主人不像主人。公仆不像公仆，其实无非是皇帝意识作怪；主人不像主人，其实无非是草民意识作怪。

应当实事求是承认，中华民族是一个受专制思想和文化影响与毒害很深的民族，至今仍有很沉重的专制主义包袱。要清除专制思想和文化影响与毒害，任重而道远。但唯有将古老的专制主义包袱，扔进了太平洋，中华民族方得以成为一个伟大的、真正具备理性的现代民族。拙作只是从论证"指斥乘舆"罪的方面，做一点正本清源的工作。

---

① 范祖禹：《范太史集》卷四二《左中散大夫守少府监吕公墓志铭》，文渊阁《四库全书》本，上海古籍出版社1987年版，第1100册，第461页。
② 《续编两朝纲目备要》卷四，庆元元年四月庚申，中华书局1986年版，第62页。
③ 《马克思恩格斯选集》第二卷，人民出版社1972年版，第376页。
④ 《马克思恩格斯选集》第二卷，人民出版社1972年版，第335页。
⑤ 《论语·颜渊》，杨伯峻：《论语译注》，中华书局2007年版，第177页。

暗合前修诚可信

——读李昌宪著《中国行政区划通史·宋西夏卷》

日本学习院大学东洋文化研究所　王瑞来

人们常说，历史像一条长河，湍流不息。这其实是说历史一去不返的时间矢向性。如果以河流为喻，那么河流还在一定的地域流淌。这一定的地域，便是历史运行的空间。时空交织，历史演进。已故宋史大家邓广铭先生在 20 世纪 50 年代曾提出历史研究的四把钥匙之说。这四把钥匙就是：年代、地理、职官、目录。揭开历史之谜，这四把钥匙不可或缺。

四把钥匙，地理居其一。历史的河流在特定的地域流淌，地理焉可不知？

不过，历史漫长，王朝兴替，统一分裂，行政变更，地名沿革，实在纷纭复杂，难以理清头绪者往往而在。并且，理其头绪的作业也是枯燥无味。相信很少有人把正史的《地理志》读得津津有味。钥匙是工具，喜爱不喜爱都得用。历史之门，不是喊声"芝麻，开门"就能轰然敞开的。因此，要求历史研究者必须要对历史地理有着一定程度的了解。

然而，生也有涯，一个人的精力有限，难以事事皆通皆精，怎么办？有人提供了钥匙，有人搭建了阶梯，要善加利用。这就是要善于利用既有的研究成果，站在巨人的肩膀上，后人的研究才会有相应的高度。

既有的研究成果的结晶之一，是工具书。我在大学时代学了很多课程，其中有一门似乎学术含金量不多的课程，反倒受益最多，这就是"工具书使用法"。这门课程，不仅介绍各种专门的文史工具书，教授四角号码使用法，其实，在学习过程中，潜移默化地提升了信息意识。这是授之以渔的课程，为学生指出了一条做学问事半而功倍的捷径。思及于此，我特别怀念教授这门课程的已故陈宏天老师。斯人已逝，他的《文史工具书手册》一书，相信还在嘉惠人间。

专业的文史工具书，就不仅仅限于《辞海》《辞源》了，一切具有工具性的书籍皆此之属。绕了半天，其实我想向大家推介一部地理工具书。

4年前，南京大学李昌宪教授托他留日的学生给我捎来一部新作，即《中国行政区划通史》中的一卷：《宋西夏卷》。这是一部十六开、整整800页、近90万字的皇皇巨著。

关于历史地理，一直缺乏比较新的研究工具书，以致1931年商务印书馆出版的《古今地名大辞典》还一印再印。新近的工具书，不离书案的，也只有20世纪70年代出版的谭其骧先生主编的《中国历史地图集》和出版于90年代的魏嵩山编的一册规模并不大的《中国历史地名大辞典》。近年来虽然出版了一些类似的辞书，但还缺乏权威性。

在中华书局从事编辑工作的时代起，与历史地理学者多有过交往，接待过谭其骧和史念海先生，也是那时认识了谭先生的高足葛剑雄先生，后来又在日本认识了谭先生的另一位高足、主编这部《中国行政区划通史》的周振鹤先生。还曾担任过王文楚、魏嵩山两先生《元丰九域志》整理本的责任编辑。与历史地理学者的交往，以及通过自身的研究经历，深知这类历史地理书籍之于研究的重要性。

我认识的一些日本学者，也十分重视历史地理沿革。他们每次去北京，必去陶然亭附近的地图出版社门市部，购买每年出版的最新《中华人民共和国行政区划手册》，为在研究中准确注明今地时使用。

实在需要启动一个工程，动员全国的历史地理研究者来编写一部与今天的行政区划相对应的翔实的《中国历史地名大辞典》。

然而，大型的综合性历史地理工具书的推出，需要长期而坚实的学术积累。李昌宪教授这部《中国行政区划通史·宋西夏卷》就是这种积累。

得到此书，如获至宝。这种心情和后来获得龚延明先生的两大巨册《宋登科记考》时完全一样。立即便置放案头手边了。

不过，工具书的功用主要是用来查而不是用来读的。我对于常见于报端的某某人读《辞海》不大以为然。我在少年时代也曾把内部发行的两大本《辞海》放在手边，但那只是泛泛翻书而已，是无法将整部《辞海》吃到肚子里去的。强调工具宜查不宜读，是想请昌宪兄见谅。如获至宝的大著放在案头，但由于近年来的研究不大涉及地理，居然也就没怎么翻动。

书衣积尘的大著终于今天翻阅了。

坦白地说，翻阅的缘起，居然是出于一种"不良"心理。

最近在看《隆平集校证》的校样。在前言中，我为了说明《隆平集》一书的价值，写下这样一段话：

> 清代著名学者钱大昕，还从另一个角度反证出《隆平集》的价值，在《跋隆平集》一文中，钱大昕写道："句容之茅山有常宁镇，宋天禧元年所置，见于《景定建康志》，予游三茅，尝至其地。《宋史·地理志》云：'句容，天禧四年改名常宁。'似改县名为常宁矣。句容名县，自汉迄今，未之有改。此集郡县篇亦无改常宁县事，不审史家何以舛误乃尔。"不载反为是，《隆平集》在记载地理沿革时，并没有发生《宋史·地理志》这样的错误。

这段话是我在初校时加入前言的，因此在看校样时便比较认真地核对有无误排。此时，忽然一个念头升起，昌宪兄的《中国行政区划通史·宋西夏卷》对钱大昕指出的《宋史·地理志》讹误有没有发现？

翻检《中国行政区划通史·宋西夏卷》，在第三编第九章《江南东路州县沿革》看到了如下表述：

> 按，《宋史》卷88《地理志四》江宁府条言，句容县，"天禧四年，改名常宁"。《文献通考》卷318建康府条同。然据《景定建康志》卷13言，"天禧元年，置常宁镇于句容县"。又该书卷16言，"常宁镇，在句容县东南五十，天禧元年，以镇置寨"。两处均未言句容改名常宁事，前两书当是误书。

猜测昌宪兄当是没有看到钱大昕写在《潜研堂集》卷28的上述文字。但昌宪兄利用南宋地方志对《宋史》和《文献通考》的证误居然暗合！百虑而一致，殊途而同归，比较钱大昕未举证据的结论，昌宪兄的考证更为信实。正可谓前修未密，后学转精。

纯属于"用心不良"的随机抽查，昌宪兄没有让我看笑话。仅仅百余字对一个细小问题的考证，犹如一滴晶莹的水珠，折射出整体的光辉。不须再多抽查了，这部书，值得信赖。

翻看书的封底，载有整套书的著者，除卷之外，其他有：

总论、先秦卷为周振鹤、李晓杰；

秦汉卷为周振鹤、李晓杰；

三国两晋南北朝为胡阿祥、孙祥军；

十六国北朝为牟发松、毋有江；

隋代为施和金；

唐五代为郭声波、李晓杰；

辽金卷为余蔚；

元代卷为李治安；

明代卷为郭红、靳润成；

清代卷为林涓；

中华民国卷为傅林祥、郑宝恒。

撰者诸公，除了主编周振鹤是我熟知的老友，整理《读史方舆纪要》的施和金先生也在 80 年代的中华书局朝夕相处过，牟发松、李治安亦为旧友，胡阿祥、余蔚均曾谋面。他们的学术功底，我皆有所知，宿儒和新秀组成了强劲的阵容。从昌宪的一滴水，又不难看到全体的光辉。从主编到众多撰者，我信赖。

检寻之际，对书后未附地名索引而略感遗憾，想来这套书的其他断代盖亦如是。国内出书，编著者的索引意识略嫌欠缺。观欧美、日本乃至台湾的学术论著多附有索引，颇便检索。特别是工具类的书籍，索引是必不可少的。切望这套书能在再版之际补入地名索引。

在宋史圈内，我原本对李昌宪兄一无所知，直到有一天日本的书店书架上的《宋代安抚使考》赫然入目，方知此方神圣。后来 90 年代后期在台湾开会，首次相逢。再后来，宋史学术会议，便屡屡相聚。昌宪兄厚重少文，扎扎实实，宜乎硕果累累。期待年及花甲的昌宪兄对历史地理研究做出更大贡献。

根基坚实的大厦

——再读李昌宪著《中国行政区划通史·宋西夏卷》

日本学习院大学东洋文化研究所　王瑞来

几年前，我曾写过一篇短文，题为《暗合前修诚可信——读李昌宪著〈中国行政区划通史·宋西夏卷〉》。文章举了一例，指出李昌宪先生所著《中国行政区划通史·宋西夏卷》的一处考证结论与清代大家钱大昕暗合，来感叹此书之信实可靠。

仅举一例，即云可信，似于友人有以孤证佞誉之私嫌。最近读书，又让我发现了一例。校勘司马光的《稽古录》宋代部分，校到宋朝平江南所得州县之事实，检以《宋史》卷三《太祖纪》，其于开宝八年十一月载："乙未，曹彬克升州，俘其国主煜，江南平。凡得州十九、军三、县一百八十、户六十五万五千六十。"我对其中所载县数有些生疑，似乎江南当时所辖之县未有一百八十之多。因疑而核，检视了现存宋代文献之相关记载。

曾巩《隆平集》卷一二载："曹彬平李煜，得州十九、军三、县一百八、户六十五万五千六十五。"

李焘《续资治通鉴长编》卷一六于开宝八年载："二月己亥朔，江南捷书至，凡得州十九、军三、县一百有八、户六十五万五千六十有五。"

彭百川《太平治迹统类》卷一《太祖平江南》载："十二月己亥，江南捷书至，凡得州十九、军三、县一百有八十、户六十五万五千六十有五。"

陈均《九朝编年备要》卷二于开宝八年载："十一月，曹彬克金陵，李煜降，江南平。得州十九、军三、县一百有八、户六十五万五千。"

王称《东都事略》卷二载："（开宝八年）十二月己亥，曹彬克升州，擒李煜，江南平。得州十九、军三、县一百八。"

王应麟《玉海》卷一四《祥符州县图经》载："（开宝）八年，平江南，得州十九、军三、县一百八。"

王应麟《玉海》卷一九三上《兵捷》亦载："（开宝八年十一月）二十七日乙未，曹彬等拔升州，擒李煜及其臣寮百余人，江南平。得州十九、军三、县一百八、户六十五万。"

烦琐检核，只为求实。以上罗列宋人编纂之六种文献的七处记载，关于宋朝平江南所得县数，只有《太平治迹统类》所记同《宋史》本纪，为"一百八十"，其他文献均以"一百有八"或"一百八"为记。

尽管证误不能完全取决于少数服从多数，但数量对比无疑是一个过硬的指标。从上述记载看，宋朝平江南所得县数，似以一百零八为得其实。一百八十之"十"字当为衍文。

其实，此误通过校勘学之本校法亦可证明。同为《宋史》，于卷八五《地理志一》便明确记载："（开宝）八年平江南，得州一十九、军三、县一百八、户六十五万五千六十五。"不过，由"一百八"衍误为"一百八十"，应当说是由来已久。除了《宋史》本纪和《太平治迹统类》，元人陈桱的《通鉴续编》卷三亦记为"县一百八十"。

检核至此，我又想到了李昌宪先生的这本地理工具书，想看看他在书中有无提及这个问题。如果提及了，是如何解释的，可否印证我的上述推测？

昌宪先生于此书第二编《宋代省地各断代年限的地方行政区划》中第一章《宋初的州县》，专辟有第七节《开宝八年平江南所得的州县》。于此节开头，即有如下叙述：

> 开宝八年，宋平江南，所得州县，《宋史》卷85《地理志一》、《长编》卷16、《隆平集》卷12、《东都事略》卷2、王应麟《玉海》卷14《祥符州县图经》、《文献通考》、《宋本历代地理指掌图·太祖皇帝肇造之图》均言"得州十九、军三、县一百八"，然《宋史》卷3《太祖纪三》言，"凡得州十九、军三、县一百八十"，恐为笔误，今不取。

我所走的上述那道检核程序，昌宪先生在考察这一事实时，亦同样走了一遍，并且得出了与我相同的结论。

昌宪先生"恐为笔误"的结论，不仅来自文献的比勘，更是出自自身的实证。在这段叙述之下，他以州系县，具体列出了十九州所辖县名，计有一百一十县。尽管多出一百八之数，然亦远不及一百八十。具体开列的县名与数字，让"县一百八十"的记载之误彻底着实。

上述关于宋朝平江南所得州县数的史料记载，从正误对比上看，正确的记载占多数。对于这一事实的证误，确实可以少数服从多数，昌宪先生的实证成为有力的证明。然而，真理掌握在少数人的手中，诸书皆误，一书独是，这种现象亦非鲜见。关于这一点，昌宪先生的这部书也给我们提供了例证。在第二编第八节《太平兴国三年漳泉献地所得州县》中，有如下叙述：

> 太平兴国三年，陈洪进献漳、泉之地，《宋史》卷85《地理志一》、《宋史》卷4《太宗纪一》、《长编》卷19、《东都事略》卷3、《玉海》卷14、《文献通考》作"得州二，县十四"，唯《隆平集》卷12《伪国》作"二州，十二县"。《十国春秋·地理志》所据同。

然而，昌宪先生的考察并未为文献记载的多数数据所惑，而是通过实证，一个一个县地考证，具体考出漳州所辖3县和泉州所辖9县之名，然后，底气十足地指出："今考实所得，同《隆平集》之数。"惜乎读到昌宪先生的这段叙述太晚，不然，我一定会作为论证《隆平集》价值之一例，写到我的《隆平集校证》前言之中。

从上述昌宪先生所述检视的书名来看，为了考证一个具体问题，他不仅几乎将所有相关文献皆加以寓目靡漏、竭泽而渔，还留意到一些稀见文献。其所述《宋本历代地理指掌图》，就是仅存于日本东洋文库的一部孤本。20世纪80年代谭其骧先生访日，始将此书复制回国，嗣后上海古籍出版社影印出版。尽管如此，此书还不甚为人所知。资料的广泛寓目，使得出的结论拥有坚实的支撑。这一实例的检视，又让我看到了一滴水的折光。相信全书的史料支撑，如同一座大厦的钢筋混凝土的根基一样坚实。

昌宪先生的实证精神与实证结论，再一次让我拜服。

宋代的罂粟

河南大学宋代研究所　程民生

　　罂粟，一般特指名气与特殊功能一样大的鸦片罂粟，是一年生草本植物，最早出现于新石器时期的欧洲。一般认为罂粟及其制品在唐代由阿拉伯商人传入中国，作为观赏花卉和药用。至宋代，开始广泛种植和应用，是中国罂粟史上的一个重要阶段。对此，学界已有关注和初步论述，[①] 然尚未见专论。本文不揣简陋，试图作一系统梳理与论述，以深入揭示并就教于学界。

一　罂粟的分布与种植

　　罂粟，宋代又称罂子粟、罂粟、莺粟、樱粟、罂子粟、象谷、米囊、御米等。[②] 关于罂粟的得名，梁克家说得最简明："实如小罂，子若细

---

　　① 苏智良：《中国毒品史》，上海人民出版社 1997 年版，第 31—34 页；龚缨晏：《鸦片的传播与对华鸦片贸易》，东方出版社 1999 年版，第 46—49 页，介绍毒品起源与传播时，至宋代揭示了两点，一为："从宋代起，罂粟在中国广为种植。"另一为"从宋代开始，罂粟花被收载到各类花谱著作中"，列举了三种书籍；王宏斌《罂粟传入中国及其在古代的医药价值析论》（《广东社会科学》2009 年 5 期）用一页半的篇幅谈到宋代罂粟的种植扩大及医疗功能，言之较多。但其认为唐代尚未发现罂粟的医药功能，苏智良《中国毒品史》（第 34 页）也言："罂粟在唐代时还仅仅是观赏植物"，皆因未见到龚缨晏曾引用的唐开元二十七年（739）陈藏器所著《本草拾遗》中关于罂粟的记载："嵩阳子云：罂粟花有四叶，红白色，上有浅红晕子，其囊形如髇头箭，中有细米。"可见在盛唐时期已将其列入药材，并非宋人首创。
　　② 郑樵：《通志》卷七五《昆虫草木略·稻粱类》，中华书局 1987 年版，第 873 页；苏颂撰，尚志钧辑校：《本草图经（辑复本）》，安徽科学技术出版社 1994 年版，第 539 页；陈耆卿：《嘉定赤城志》卷三六《风土门·花之属》，中华书局 1990 年版，第 7561 页。苏智良《中国毒品史》（第 33 页）提到："而到了宋代，罂粟又被称为'鼓子花'。鼓子花还被用作妓女的别称。"后一句话是实情，但前一句话并未提供史料证明，实际上宋代并无此种说法，恐属臆断。

粟。"① 各种名称，有的突出罂粟籽，有的突出外壳。在各地方志及其他史籍中，不同地方或不同作者，在记载罂粟时有不同的分类归属。有的当做花卉，如福州、台州、杭州；② 有的当做谷粟，如徽州："有罂子粟，结房如瓶罂，如髇箭，华艳好而实细美，非他粟之类。"③ 刘昉的《幼幼新书》与胡麻一同列入《米部》，④ 郑樵在《通志》中，也将其列入《稻粱类》；⑤ 有的当作药材，如建康、杭州。⑥ 如此多种名称、多种归类，实际上反映了两个问题：一是分布广泛，二是功能多样。

成书于宋仁宗嘉祐年间的《本草图经》载道："罂子粟，旧不著所出州土，今处处有之，人家园庭多莳以为饰。花有红、白二种，微腥气。其实作瓶子似髇（原注：音哮）箭头。中有米极细，种之甚难，圃人隔年粪地，九月布子；涉冬至春始生苗极繁茂矣。不尔种之多不出，亦不茂。俟其瓶焦黄则采之。"⑦ 是为最早、最系统的关于中国罂粟分布与种植的史料，提到了三个问题：其一，北宋中期，罂粟分布已经十分广泛，各地都有种植。其二，种植的主要目的是当作观赏花卉。正是由于这个原因，罂粟主要种植在城市。南宋后期的张镃曾有诗云："两岸人家水映门，谁知城里有深村。照畦罂粟红灯密，绕舍戎葵紫缬繁。"⑧ 成畦的罂粟，在杭州城中应属有一定的规模。其三，罂粟种植难度较大，生长期久（大体与冬小麦相同），要提前一年上底肥，九月播种，次年春出苗，到罂粟壳焦黄时采摘，取其籽以备药用。

南宋末的《博闻录》，对于罂粟种植有更详细的记载："常言重九日种罂粟。一云中秋夜种，则罂大子满。种讫以竹帚扫之，花乃千叶，两

① 梁克家：《淳熙三山志》卷四一《土俗类三·花》，中华书局 1990 年版，第 8257 页。

② 梁克家：《淳熙三山志》卷四一《土俗类三·花》，第 8257 页；陈耆卿：《嘉定赤城志》卷三六《风土门·花之属》，第 7561 页；吴自牧：《梦粱录》卷一八《花之品》，山东友谊出版社 2001 年版，第 257 页。

③ 罗愿撰著：《〈新安志〉整理与研究》卷二《谷粟》，肖建新、杨国宜校，黄山书社 2008 年版，第 49 页。

④ 刘昉：《幼幼新书》卷四〇《论药叙方》，人民卫生出版社 1987 年版，第 1607 页。

⑤ 郑樵：《通志》卷七五《昆虫草木略·稻粱类》，第 873 页。

⑥ 周应合：《景定建康志》卷四二《物产·药之品》，南京出版社 2011 年版，第 1040 页；《南宋临安两志》之周淙《乾道临安志》卷二《物产·药》，浙江人民出版社 1983 年版，第 37 页。

⑦ 苏颂撰，尚志钧辑校：《本草图经（辑复本）》，安徽科学技术出版社 1994 年版，第 539 页。

⑧ 张镃：《南湖集》卷八《夏日南湖泠舟因过琼华园六首》，文渊阁《四库全书》本，台湾商务印书馆 1986 年版，第 1164 册，第 630 页。

手重叠撒种，则开重台花。"① 又有《提要录》道："重九日宜种罂粟，早午晚三时种，开花三品。"② 其具体播种日期，一般是在九月初九，也有说是八月十五夜晚更好，大概属于不同地区的最佳不同时间，而且一天以内的早、午、晚三个时间播种的罂粟，将来各自开出不同的花朵。用手播撒种子后，再用竹扫帚扫一遍，既便于覆土，也可使之将来多叶；若用两手重叠交叉撒种，将来可开出复瓣的花。说明作为一种常规农事和园艺，重在培育罂粟花以为观赏，可知宋人已摸索出一套成熟的种植技术。

许多士大夫亲自种植罂粟，并赋诗抒情纪念，留下了种植过程的记录。如北宋后期的李复："饱闻食罂粟，能涤胃中热。问邻乞嘉种，欲往愧屑屑。适蒙故人惠，筠笼裹山叶。堂下开新畦，布艺自区别。经春甲未坼，边冷伤晚雪。清和气忽动，地面龟兆裂。含滋竞出土，新绿如短发。常虑蒿莠生，锄剃不敢阙。时雨近沾足，乘凌争秀发。开花如芙蕖，红白两妍洁。纷纷金蕊落，稍稍青莲结。玉粒渐满房，露下期采折。攻疾虽未知，适愿已自悦。呼童问山鼎，芳乳将可设。"③ 他久闻罂粟能清除胃热，也想种植享用，便在自家院子里开辟出一片土地，播撒友人馈送的罂粟种子，经历冬春，终于成功。

二　罂粟的观赏价值与医药价值

宋代罂粟之所以得到广泛的种植，是因为有着多种用途，受到人们的重视。

（一）观赏

罂粟花绚烂华美，花大艳丽，香气浓郁，是一种很有价值的观赏植物。所以，宋代的罂粟，主要就是作为观赏植物被人们所栽培，即上文所言"人家园庭多莳以为饰。花有红、白二种"，起着美化家园、赏心悦目的作用。人们在种植时的种种技术、讲究，多是为了其花的形状和

---

① 陈元靓：《岁时广记》卷三一《种罂粟》，《丛书集成初编》本，中华书局1985年版，第358页。
② 陈元靓：《岁时广记》卷三六《种罂粟》，第400页。
③ 李复：《潏水集》卷一〇《种罂粟》，文渊阁《四库全书》本，第1121册，第104页。

色彩。

作为花卉，罂粟花的美誉地位在宋代不断上升。在五代张翊的《花经》中，将花卉分为九品，米囊花（罂粟花）仅列为"七品三命"，[①] 地位低下。北宋中期的《牡丹荣辱志》中，以牡丹为中心（花王）为众花评定等级，御米花（罂粟花）被排在"花戚里"中，[②] 与牡丹只有远亲关系，于 17 等中排在第 10 等，但已经高于"七品"卑官。到了南宋变化较大，推崇日隆。洪适称其："美艳亚群花，千罂倒储粟。"[③] 许纶则言："御米具体微，有罂无储粟。妖艳耿春光，名佳不翅足。"[④] 杨万里更是不吝赞誉："鸟语蜂喧蝶亦忙，争传天诏诏花王。东皇羽卫无供给，探借春风十日粮。"[⑤] 竟把罂粟花捧做花王。这一微妙的地位变迁虽不免有大量个人好恶在内，但从长时段考察，也客观反映了罂粟种植的普及及技术进步带来的品质提高，因而受到人们更多的喜爱。

宋宁宗时，张俊的曾孙张镃曾作《赏心乐事》，记载杭州一年四季的美好景观，其中四月为"鸥渚亭观五色罂粟花"[⑥]。显然，这里的罂粟花已不是传统的红、白两色，而是改良培育成丰富多彩的五色，成为国都的著名时令景观，届时会有不少闲人雅士蜂拥而至。南宋上饶士人徐安国有《满江红》词云："蜂蝶恨，何时足。桃李怨，成粗俗。为情深、拼了一生愁独。菊信谩劳频探问，兰心未许相随逐。想从今、无暇刬蔷薇，鉏罂粟[⑦]。想来其日常是以收拾自家花园的蔷薇与罂粟为休闲活动之一的。

（二）药材

罂粟成熟后，首要价值是作为药材。最早记载罂粟的就是中药书籍，即唐玄宗开元二十七年（739）陈藏器所著的《本草拾遗》。似乎可以说，

---

① 陶谷：《清异录》卷上《花经九品九命》，上海古籍出版社 2012 年版，第 36—37 页。

② 吴曾：《能改斋漫录》卷一五，邱濬《牡丹荣辱志》，上海古籍出版社 2012 年版，第 1979 年版 465 页。

③ 洪适：《盘洲集》卷九《罂粟》，文渊阁《四库全书》本，第 1158 册，第 304 页。

④ 许纶：《涉斋集》卷一四《米囊花》，文渊阁《四库全书》本，第 1154 册，第 504 页。

⑤ 杨万里著，辛更儒笺校：《杨万里集笺校》卷八《米囊花》，中华书局 2007 年版，第 482 页。

⑥ 周密：《武林旧事》卷一〇《张约斋赏心乐事·四月》，山东友谊出版社 2001 年版，第 185 页。

⑦ 徐安国：《满江红·约斋同席用马庄父韵》，唐圭璋编纂，王仲闻参订，孔凡礼补辑：《全宋词》第 3 册，中华书局 1999 年版，第 2599 页。

在其传入中国的开始，人们就注意到了其药用价值。但唐代史籍中尚不详其药性和功能，至北宋苏颂主持编著的《本草图经》中，便有了明确的记载：

> 主行风气，驱逐邪热，治反胃，胸中痰滞及丹石发动，亦可合竹沥作粥，大佳。然性寒，利大小肠，不宜多食，食过度则动膀胱气耳。《南唐食医方》疗反胃不下饮食罂粟粥法：白罂粟米二合，人参末三大钱，生山芋五寸长，细切，研，三物以水一升二合，煮取六合，入生姜汁及盐花少许，搅匀，分二服。不计早晚食之，亦不妨别服汤丸。①

值得注意的是史料中提到的《南唐食医方》，表明五代时的东南地区就将罂粟用于治疗胃肠疾病。南唐人朱贞白曾作《咏莺粟子》云："倒排双陆子，稀插碧牙筹。既似柿牛妳，又如铃马兜。鼓掭并撮箭，直是有来由。"② 所言"铃马兜"，实际上就是马兜铃："味苦寒，无毒，主肺热咳嗽，痰结喘促，血痔瘘疮。"③ 则是当时已知罂粟具有类似马兜铃的功能。入宋以来，随着罂粟种植与食用的普及，人们发现其更多的功能。包括驱逐"邪热"（即出现热性、阳性的实证，临床多见发热息粗、红肿、燋痛、便秘等症）、化痰、因服丹石产生的发热等症。并明确指出不宜多食，否则会导致动膀胱气的副作用。其中治疗丹石发动有较好的疗效，《本草衍义》载：将罂粟籽"研子以水煎，仍加蜜，为罂粟汤，服石人甚宜饮之"④。具体如："罂粟（不计多少），右研细末，煮稀粥，入蜜饮之，大解金石毒。"⑤ 对于那些热衷于服石养生的富人、士大夫来说，无疑是消解其副作用的福音。

罂粟治疗痢疾的功能被宋人发现，随即广泛应用。北宋中后期的方勺指出："治痢以樱粟，古方未闻。今人所用，虽其法小异，而皆有奇

---

① 苏颂撰，尚志钧辑辑校：《本草图经（辑复本）》，安徽科学技术出版社1994年版，第539页。
② 江少虞：《宋朝事实类苑》卷六三《诗嘲》六，上海古籍出版社1981年版，第834页。
③ 唐慎微：《重修政和经史证类备用本草》卷一一《马兜铃》，人民卫生出版社1982年版，第272页。
④ 寇宗奭：《本草衍义》卷二〇《罂子粟》，人民卫生出版社1990年版，第152页。
⑤ 王贶编：《全生指迷方》卷二《痹症·罂粟汤》，人民卫生出版社1986年版，第44页。

功。或用数颗慢火炙黄为末饮下，或去粟用壳如上法，或以壳五七枚，甘草一寸，半生半炙，大椀水煎，取半碗温温呷。蜀人山叟曰：'用壳并去核鼠查子各数枚，焙干末之饮下，尤治噤口痢。'"① 宋以前的药方中并无罂粟治疗痢疾之说，宋人开发出这一有奇效的功能。汇集了南宋以前儿科学成就的医学名著《幼幼新书》，载录了北宋时期名医张氏治疗幼儿痢疾的验方《如圣散》："治下痢，或赤或白，不以久新，一服取效。男子、妇人、小儿悉皆治之。罂粟壳（一两，赤痢蜜炙一半，白痢干炙一半）、陈橘皮（赤痢炙一半，白痢焙一半，半两）、甘草（赤痢炙一半，白痢焙一半，二钱半）。"② 南宋时，更常用来治疗痢疾。"罂粟红白二种，痔下者随色用之即愈。辛稼轩患此已殆甚。一异僧以陈罂粟煎全料人参败毒散，吞下感通，丸十余粒即愈。"③ 辛弃疾曾患严重的痢疾，情况危急，被一位身怀绝技的僧人用陈罂粟、全料人参制作的《败毒散》治愈。庆元年间，江西乐平一位 76 岁老妇患痢疾，有僧家抄送一方救治："其方用罂粟壳七颗，乌梅七个，陈橘皮七斤，皆如常法，而甘草七寸炙其半，生姜七片煨其半，黑豆四十九粒炒其半，同水一大碗，入小罐内，文武火熟烹而饮之。徐即买药奔归，家及已三鼓，立治药，一服痛止，再服脱然。"④ 疗效可谓神速。此外如在南宋医家陈言《三因极一病证方论》中，治冷热痢的《万金散》，治肠虚下痢、赤白频并、日久无度的《固肠汤》，治下痢赤白、日夜无度及泄泻注下的《三圣圆》、治下痢赤白的《断下丸》《厚肠汤》治肠胃虚弱、风湿进袭、泻水谷下、脓血疗刺、疼痛里急后重、日夜无度的《水煮木香丸》，均采用了罂粟壳。⑤

　　罂粟中的生物碱对脑神经中枢有极强的抑制作用，具有止咳功效，也在宋代被发现并广泛使用。正如南宋名医严用和所说："今人治咳，多喜用罂粟"，尽管有"其性紧涩""乃伤脾之剂"的副作用。⑥ 在南宋咸淳二年（1266）成书的朱佐《类编朱氏集验医方》中，有罂粟壳、罂粟籽的药方，治咳嗽的就有：《杏仁汤》治积年咳，《一服散》治暴嗽，

---

　　① 方勺：《泊宅编》卷八，中华书局 1983 年版，第 47 页。
　　② 刘昉：《幼幼新书》卷二九《滞痢赤白》，第 1172 页。
　　③ 谢采伯：《密斋续笔记》，丛书集成初编，中华书局 1985 年版，第 56 页。
　　④ 洪迈：《夷坚志·三志辛》卷五《月老治痢方》，中华书局 1981 年版，第 1422—1423 页。
　　⑤ 陈言：《三因极一病证方论》卷一二《滞下三因证治》，人民卫生出版社 1957 年版，第 162－163 页。
　　⑥ 严用和编《济生方》卷二《咳嗽》，人民卫生出版社 1956 年版，第 45 页。

《阿胶散》治痰嗽气满,①《藁本汤》治男子咳嗽,吐红不止。②

南宋理学大师朱熹的脚气病,也有赖罂粟而有所缓解。蔡沈载道:"先生平年脚气,自入春尤甚,以足溺气瘅,步履既艰,刺痛间作,服药不效。先生谓沈曰:'脚气发作异于常年,精神顿衰,自觉不能长久。'"对自己异乎寻常的病情已经绝望。这时有人推荐医士张修之,"初制黄芪、罂粟壳等服之,小效",由此扭转了恶化的病情,继之以其他药方,竟痊愈。③

南宋医学家许叔微,还用罂粟止血。其方为"豆蔻、槟榔各炒紫色,罂粟壳烧灰","治丈夫泻血,妇人血崩,渍入大肠出血"④。可谓又一新发现。

随着罂粟种植的扩大以及对其药用价值的开发,罂粟越来越多地进入药方。如宋政府编成并颁行的我国第一部成药制剂手册《太平惠民和剂局方》中,就有《养中汤》《人参清肺汤》《人参定喘汤》《细辛五味子汤》《纯阳真人养脏汤》《御米汤》《地榆散》《金粟汤》《育肠丸》《斗门散》《水煮木香圆》《痢圣散子》《罂粟汤》《固肠散》《秘传斗门散》《万金饮》《神效参香散》等17个方剂,均包括罂粟壳或罂粟子。⑤可以说宋人开创了罂粟医药的新纪元,罂粟丰富了中医药,提高了宋人的健康水平。

三　罂粟的饮食价值

作为一种新生的草本植物,宋人很快就将罂粟列为可以入口食用的美味,开发出多种饮食产品,大多属于食疗范畴。

---

① 朱佐:《类编朱氏集验医方》卷五《咳嗽》,上海科学技术出版社2003年版,第105、106、108页。

② 朱佐:《类编朱氏集验医方》卷七《失血》,第142页。

③ 蔡沈:《朱文公梦奠记》,曾枣庄、刘琳主编,四川大学古籍整理研究所编《全宋文》卷6885,上海辞书出版社、安徽教育出版社2006年版,第412-413页。

④ 许叔微:《类证普济本事方续集》卷九《治诸肠风酒痢等疾》,《续修四库全书》本,上海古籍出版社1996年版,第999册,第656页。

⑤ 陈师文:《太平惠民和剂局方》卷四、卷六,人民卫生出版社1985年版,第146、148—149、149—150、231、232—233、234、236、237、239、242、243、244页。

（一）罂粟苗菜

《本草》载：罂粟"秋种冬生，嫩苗作蔬甚佳"①。认定罂粟苗为一种优良蔬菜。苏辙在宋徽宗时退休至许州居住，曾种植罂粟以补充蔬菜的不足："予闲居颍川，家贫不能办肉。每夏秋之交，菘芥未成，则盘中索然。或教予种罂粟、决明以补其匮。"因有《种罂粟》诗："筑屋城西，中有图书。窗户之余，松竹扶疏。拔棘开畦，以毓嘉蔬。畦夫告予，罂粟可储。罂小如罂，粟细如粟。与麦皆种，与穄皆熟。苗堪春菜，实比秋谷。"② 春夏之交，青黄不接，穷困的苏辙既吃不起肉，也没有蔬菜食用。有菜农教他种罂粟，将来其苗可以当菜食用，作为必要的剔苗也有利于罂粟正常成长。南宋士大夫许纶的《罂粟》诗中，也明确说"采苗能胜芹，摘实可当粟"③。所谓罂粟苗胜过芹菜，换言之即罂粟苗是一种优良的青菜。

（二）罂粟腐

南宋美食家林洪，记载有名为"罂乳鱼"的罂粟腐做法："罂中粟净洗，磨乳。先以小粉置缸底，用绢囊滤乳下之，去清入釜，稍沸，亟洒淡醋收聚。仍入囊，压成块，仍小粉皮铺甑内，下乳蒸熟。略以红曲水洒，又少蒸取出。切作鱼片，名'罂乳鱼'。"④ 即将罂粟籽洗净磨成乳，用绢过滤去渣，加热煮沸后，用醋收聚，制成小块，服食时以红曲水洒蒸后取出，制成鱼鳞状的小薄块。这种罂粟饼，实际上是与"豆腐"相似的"罂粟腐"。宋人另有诗云："罂粟作腐杏成酪，来问白苏侬饱知"⑤，可见罂粟腐比较普遍。又有诗云：紫苏"结子最甘香，要待秋霜实。作腐罂粟然，加点须姜蜜"⑥。就是说紫苏也可以像罂粟那样作腐。

（三）罂粟粥

罂粟"其实形如酒罂，中有白米，极细，可煮粥"⑦。这正是有些史

---

① 苏轼：《苏轼诗集》卷二五《归宜兴留题竹西寺三首·其二》邵注，中华书局 1982 年版，第 1347 页。

② 苏辙：《栾城集·第三集》卷五《种药苗二首·种罂粟》，上海古籍出版社 1996 年版，第 1519 页。

③ 许纶：《涉斋集》卷一四《罂粟》，文渊阁《四库全书》本，第 1154 册，第 504 页。

④ 林洪：《山家清供》卷下《罂乳鱼》，中华书局 2013 年版，第 170 页。

⑤ 吴则礼：《北湖集》卷二《坰请作枣饮诗》，文渊阁《四库全书》本，第 1122 册，第 435 页。

⑥ 章甫：《自鸣集》卷一《紫苏》，文渊阁《四库全书》本，第 1165 册，第 390 页。

⑦ 苏轼：《苏轼诗集》卷二五《归宜兴留题竹西寺三首·其二》邵注，第 1347 页。

籍将其列为谷粟粮食类的原因。早在南唐时就有的《南唐食医方》中，就有"疗反胃不下饮食罂粟粥法"，宋人更认为罂粟"亦可合竹沥作粥，大佳"①；"和竹沥煮作粥，食之极美"②。竹沥是从竹子中提取的汁液，性味甘寒，透明，具焦香气，能清心肺胃之火。罂粟籽与其煮粥，是一道高端的美味。前言苏辙种罂粟的目的之一是"研作牛乳，烹为佛粥"③。南宋周紫芝《种罂粟》诗云："墙根有地一弓许，人言可种数十竹。翁来只作三年留，仅比浮屠桑下宿。竹成须待五六年，我已归乡卜新筑。园夫笑谓主人言，不如锄苗种罂粟。二月春风上翠茎，三月轻红照深绿。嫣花落尽罂不空，碎粒圆时粟初熟。乳膏自入崖蜜甜，满贮醍醐饮僧粥。与其种竹供后人，孰若栽花资老腹。"④ 其事迹与苏辙相近，也是在园夫的建议下种植罂粟，目的是可以用罂粟籽制作"满贮醍醐饮僧粥"。

（四）罂粟汤

宋代罂粟食用最普遍的是罂粟汤。罂粟汤早在五代就有记载：后唐明宗李嗣源在藩镇时，"尝召幕属论事，各设法乳汤半盏，盖罂中粟所煎者"⑤。在军队中，将名为"法乳汤"的罂粟汤当做待客的饮料。入宋以来更加普遍，调制出美味的饮料，当做待客以及自己饮用的高级饮料。所谓："美艳亚群花，千罂倒储粟。饮客醍醐浆，可以代醽醁。"⑥ 北宋江西诗派诗人谢邁曾专作诗赞美道：

> 万粒匀圆剖罂子，作汤和蜜味尤宜。中年强饭却丹石，安用咄嗟成淖糜。

---

① 苏颂撰，尚志钧辑校：《本草图经（辑复本）》，安徽科学技术出版社 1994 年版，第 539 页。

② 唐慎微：《重修政和经史证类备用本草》卷二六《罂子粟》，第 497 页。

③ 苏辙：《栾城集·第三集》卷五《种药苗二首·种罂粟》，第 1519 页。

④ 周紫芝：《太仓稊米集》卷二二《种罂粟》，文渊阁《四库全书》本，第 1141 册，第 150 页。

⑤ 陶谷：《清异录》卷四《法乳汤》，第 107 页。商务印书馆编辑部编《辞源（修订本）》（商务印书馆 1981 年版，第 1749 页）《法乳》条引此，将法乳的第二释义解为"小米"，盖误解"罂中粟"，不知其为罂粟别名，只见"粟"字，不见前"罂"字，大误。罗竹风主编《汉语大词典》第五卷下《法乳》条（上海辞书出版社 2008 年版，第 1039 页）更是望文生义："（2）把小米放在罂中熬成的汤。宋陶穀《清异录·馔羞》：'明宗在藩不妄费，尝召幕属论事，各设法乳半盏，盖罂中粟所煎者。'"其他词典多沿袭这些解释以讹传讹，贻误深远。

⑥ 洪适：《盘洲集》卷九《罂粟》，文渊阁《四库全书》本，第 1158 册，第 304 页。

　　松黄浮椀色蒸栗，初味余甘如苦茶。粉粟为汤两奇绝，甚甘纯白胜醍醐。①

南宋初曾任户部侍郎的李弥逊，也有诗赞不绝口：

　　旋烹雪粒胜琼浆，扑鼻香浮绕夜窗。甘比玉莲开太华，色分秋练净澄江。

　　魔军战睡犹坚壁，笔阵催诗欲纳降。已听铿锵惊俚耳，强颜犹把寸莛撞。②

　　其味其色，其香其效，妙如美酒醍醐，实为琼浆玉液，无怪乎士大夫趋之若鹜，成为一种新时尚。如苏轼："道人劝饮鸡苏水，童子能煎罂粟汤。暂借藤床与瓦枕，莫教辜负竹风凉。"③ 如其弟苏辙，自种罂粟："研作牛乳，烹为佛粥。老人气衰，饮食无几。食肉不消，食菜寡味。柳槌石钵，煎以蜜水。便口利喉，调养肺胃。三年杜门，莫适往还。幽人衲僧，相对忘言。饮之一杯，失笑欣然。我来颍川，如游庐山。"④ 透露出研制罂粟汤的具体方法：用柳槌石钵，将罂粟籽捣研成牛奶般的汁液，加蜂蜜水烹煮；又透露了罂粟汤爽口润喉，有利肺胃的功效。又如苏门弟子黄庭坚，有诗提到宋仁宗时的名士刘涣，家中有丫头为其制作罂粟汤："儿时拜公床，眼碧眉紫烟。舍前架茅茨，炉香坐僧禅。女奴煮罂粟，石盆泻机泉。"⑤ 如曹勋："我初游赤城，松竹空函丈。师时奉诸佛，略不乏供养。兹游再见之，谈笑益夷旷。横披慰老眼，罂粟煎夜饷。不以三生缘，遂作一指想。"⑥ 罂粟汤似是宵夜的必备。

　　喜爱罂粟汤的典型人物，是南宋的两位著名士大夫。一是南宋初的

　　① 谢薖：《竹友集》卷五《煎罂粟汤二首》，文渊阁《四库全书》本，第1122册，第583页。

　　② 李弥逊：《筠溪集》卷一五《和少章罂粟汤》，文渊阁《四库全书》本，第1130册，第733页。

　　③ 苏轼：《苏轼诗集》卷二五《归宜兴留题竹西寺三首·其二》，第1347页。

　　④ 苏辙：《栾城集·第三集》卷五《种药苗二首·种罂粟》，第1519—1520页。

　　⑤ 黄庭坚：《黄庭坚全集·外集》卷五《过致政屯田刘公隐庐》，四川大学出版社2001年版，第974页。

　　⑥ 曹勋：《松隐集》卷七《选上人素履精修仆先识于崇信岑寂之时重来见之作诗为赠》，文渊阁《四库全书》本，第1129册，第368页。

退休官员周紫芝，有诗云："罂粟汤翻白雪，梅花句嚼春冰。助我看山老眼，借君倚壁枯藤。"① 为此他亲自种植罂粟："墙根有地一弓许，人言可种数十竹。……园夫笑谓主人言，不如锄苗种罂粟。二月春风上翠茎，三月轻红照深绿。嫣花落尽罂不空，碎粒圆时粟初熟。乳膏自入崖蜜甜，满贮醍醐饮僧粥。与其种竹供后人，孰若栽花资老腹。"② 罂粟即将成熟时，又赋诗云："庾郎十饭九不肉，家无斗储饭不足。穷儿朝来忽乍富，墙下千罂俱有粟。只今锦烂花争妍，想见云翻釜初熟。一饮醍醐生玉池，再饮沆瀣充朝饥。味虽似淡中实美，暖能扶老甘归脾。黄粱岁割一万斛，谩饲谷伯如猪肥。君不见蛾眉仙人家海涯，自种紫芋羹蹲鸱。尚说人间无此味，天酥酏固不可知。愿借东坡玉糁句，题作此窗罂粟诗。"③ 将罂粟汤视作天上人间的美味。其做法未经过滤，碗上面是清汤，下面是沉淀的渣滓。

比周紫芝更沉溺于罂粟汤的，是南宋著名诗人陆游，在其诗歌中经常出现，可谓念念不忘：

> 旋煎罂粟留僧话，故种芭蕉待雨声。丹药验方非畏死，文章排闷不求名。④
>
> 风雪横街不能出，闭户垂帷养衰疾。……蹲鸱足火微点盐，罂粟熬汤旋添蜜。⑤
>
> 梦回起坐夜未中，凭几困睫犹矒矒。……一杯罂粟蛮奴供，庄周蝴蝶两俱空。⑥
>
> 不到梅山二十霜，望中常似隔他乡。一杯罂粟纱灯下，最忆初寒宿上方。⑦
>
> 山阴古称小蓬莱，青山万叠环楼台。……细研罂粟具汤液，湿裹山蓣供炮煨。⑧

---

① 周紫芝：《太仓稊米集》卷一八《书淳师房六言三绝》，第 121 页。
② 周紫芝：《太仓稊米集》卷二二《种罂粟》，第 150 页。
③ 周紫芝：《太仓稊米集》卷二九《罂粟将成》，第 198 页。
④ 陆游：《陆游集·剑南诗稿》卷一五《题书斋壁》，中华书局 1976 年版，第 429 页。
⑤ 陆游：《陆游集·剑南诗稿》卷一八《病告中遇风雪作长歌排闷》，第 526 页。
⑥ 陆游：《陆游集·剑南诗稿》卷二五《冬夜》，第 705 页。
⑦ 陆游：《陆游集·剑南诗稿》卷三七《湖山杂赋·又》，第 967 页。
⑧ 陆游：《陆游集·剑南诗稿》卷四四《戏咏乡里食物示邻曲》，第 1122 页。

松肪燎火满炉红，罂粟煎汤到手空。试问斋居守丹灶，何如醉卧听松风。①

根据以上诗文，可以感知到以下三个问题：其一，陆游多年来一直嗜好罂粟汤，半夜醒后也要喝一杯（"梦回起坐夜未中，……一杯罂粟蛮奴供"），来客则用现煮的罂粟汤以为挽留的诱饵（"旋煎罂粟留僧话"）。其二，这与陆游一家四世信奉道教、自己热衷于炼丹服石②是一致的（"丹药验方非畏死"）。如前所言，罂粟汤是丹毒有效的消解之药，在宋代俨然成为丹石的最佳伴侣。其三，由服丹石转向饮罂粟汤。罂粟汤刚端到手就迫不及待地一饮而空（"罂粟煎汤到手空"），随即产生了胜过炼丹服石的醉的感觉（"试问垒居守丹灶，何如醉卧听松风"）和缥缈恍惚的梦幻（"一杯罂粟蛮奴供，庄周蝴蝶两俱空"）。由此可以推测两点：一是陆游可能已经成瘾或有轻微的依赖症，尽管罂粟籽本身不含任何致人上瘾的毒素；二是反映了中国古代士大夫填补精神空虚有了新的方式。服石之风早已有之，先盛于魏晋，再盛于唐代，到了宋代接受历史教训，由服食金丹转而重视黄白，一小部分人如陆游则在长期饮罂粟汤后感到服丹追求身体强壮与长寿，不如享受现实飘飘欲仙的精神麻醉。

余　论

综观宋代罂粟的问题，笔者发现一个值得注意的现象，即罂粟与佛教有着密切关系。后唐藩镇李嗣源所设的"法乳汤"，其名直接取自佛教。法乳比喻佛法，谓佛法如乳汁哺育众生："佛未出时，无法乳以资慧命，故云饥渴众生。"③ 但历史事实表明，李嗣源并非佞佛之人，相反，即位后唐皇帝以来还采取了打击佛教势力，限制出家为僧尼的政策，④ 故

---

① 陆游：《陆游集·剑南诗稿》卷七四《杂咏·又》，第 1704 页。
② 卢晓辉：《论陆游的道教信仰与爱国思想》，《河北师范大学学报》（哲学社会科学版）2009 年第 1 期。
③ 通理《法华经指掌疏》卷三《妙法莲华经化城喻品第七》，《续藏经》，台北新文丰出版公司 1994 年版，第 93 册，第 673 页。
④ 王永平：《略论后唐明宗李嗣源》，《历史教学问题》1993 年第 4 期。

而可以断定此汤并非李嗣源所命名，应当是由僧人创制、寺院传出并流入军中的。以至高无上的佛法来比喻罂粟汤，反映了佛教或者说是僧人对其高度的评价，也即是其物质的、实际的法乳，不可或缺。前文史料中提到罂粟粥又名"佛粥""僧粥"，也是直接将其与僧人结合在一起。从前文还可以看到，宋代僧人普遍服饮罂粟汤。如苏辙诗中"幽人衲僧，相对忘言。饮之一杯，失笑欣然"，陆游诗中"旋煎罂粟留僧话"，黄庭坚诗中"舍前架茅茨，炉香坐僧禅。女奴煮罂粟，石盆泻机泉"，曹勋诗中的僧人"选上人""师时奉诸佛，略不乏供养。……横披慰老眼，罂粟煎夜饷"等等，即是证明。至少可以说佛教的素食开发方面不断进步。宋代高僧雪窦禅师曾作《罂粟颂》（惜已失传），南宋临济宗杨岐派高僧、日本临济宗兀庵派之祖兀庵普宁和尚也有次韵诗云："一实包含万点春，收来粒粒是家珍。些儿圆转谁能委，唯一身分百亿身。"① 种植、食用罂粟的僧人对其颇为钟情。个中缘由，值得深思。

正是因为罂粟用途广泛，所以在宋代已经作为礼品馈送亲友。广东韶州南华寺的辩禅师就派人给贬至惠州的苏轼送去罂粟，苏轼回信感谢道："专人远来……承惠及罂粟咸豆等，益荷厚意。"② 属于深情厚谊的表示。而当李复正发愁无种子种罂粟时，正好有朋友赠送："适蒙故人惠"，可知罂粟种子也是礼物。

宋人对罂粟这一新物种的应用，在唐、五代的基础上开发殆尽，丰富了休闲、饮食生活和医药，无疑是一个造福于社会的历史贡献。就史料反映的情况而言，主要流行于社会上层，是士大夫、僧侣调节生活、身心的物品。宋人奠定了罂粟使用的正确方向，享受到了罂粟几乎所有优良的价值和美好，根本不知道其中隐藏的"潘多拉盒子"，当时的科学条件和认知程度还不足以从中提炼出后来成为毒品的鸦片。倘若青葱时代的宋代罂粟得知鸦片带来的一系列恶果，想必一脸无辜，感到莫名其妙和震惊。千秋功罪，历史自有评说。

[原载《国际社会科学杂志》（中文版）2016 年第 3 期]

---

① 释普宁：《无锡刘相翰佑笃信佛法常来参清自和雪窦罂粟颂来呈老僧即次韵酬之云》，傅璇琮、倪其心、许逸民等主编：《全宋诗》卷二四一九，北京大学出版社 1998 年版，第 65 册，第 40650 页。

② 苏轼：《苏轼文集》卷六一《与南华辩老十三首·十三》，中华书局 1986 年版，第 1875 页。

宋代的田宅交易投税凭由和官印田宅契书

上海师范大学古籍整理研究所　戴建国

在中国契约史上，广泛使用的契尾之类的税契凭证在田宅交易活动中发挥了重要作用。① 此外，还曾一度使用过契本。关于契尾的产生时代及契约史上最初的契本问题，学术界有不同看法。事实上，契尾和契本的源头可追溯到宋代，宋代虽无"契尾"和"契本"之名，但类似于契尾和契本的官方文书却是存在的。本文试对与田宅交易相关的投税凭由和官印田宅契书等宋代官方文书问题作一初步探讨。

一　田宅交易投税凭由

契尾，始见于元代文献。在此之前，还不见有"契尾"之名。有学者指出，契尾似为前代之制，并非元代首创。② 也有学者认为，"宋代把税给一纸即钞旁粘连在契约之后，称为"契尾"。③ 我的看法是，宋代确有类似契尾的纳税凭证，但不是钞旁，而是一种称作"招（投）税凭由"的凭证。

政和元年（1111）四月，户部在一份奏章中提到了田宅交易纳税后给凭由的规定；

　　　　看详欲诸以田宅契投税者，即时当官注籍，给凭由，付钱主，限三日勘会业主、邻人、牙保、写契人书字圆备，无交加，以所典

---

① 参见周绍泉《田宅交易中的契尾试探》，《中国史研究》1987 年第 1 期。

② 陈高华：《元代土地典卖的过程和文契》，《中国史研究》1988 年第 4 期。

③ 孔庆明等著：《中国民法史》，吉林人民出版社 1996 年版，第 391 页。

卖顷亩、田色、间架，勘验元业税租、免役钱，纽定应割税租分数，令均平，取推收状入案。当日于部（簿）内对注开收。

宋徽宗批准了这一建议。① 所谓"凭由"，就是田宅交易纳税之凭据。另南宋时期的判词汇编《名公书判清明集》（以下简称《清明集》）卷六《争田业》所载案例中也谈到了凭由：

> 据孙绍祖赍到庆元元年赤契，间丘璠亲书出卖石家渡等处水田五十亩及桑园、陆地、常平等田，实有县印、监官印及招（投？）税凭由并朱钞可考。

所谓"招税凭由"，即是前文说的"以田宅契投税"后官府所给"凭由"。其"招"字恐是"投"字刻版之误，"投税凭由"一词较确切。"朱钞"为钤有官印之税钞，也是一种纳税凭证，主要用于夏秋两税（以下将论述之）。凭由作为一种凭证，在宋代使用范围很广，法律诉讼案，判决后给凭由（又称"断由"）；缴纳夏秋畸零税租后，给凭由。宋代的田宅交易投税凭由，未见实物传世，其具体内容和格式亦不见文献记载。但《庆元条法事类》卷四七《受纳税租·赋役式》所载宋代《人户纳畸零税租凭由》，可以参考，其内容格式如下：

> 某县受纳场：
> 今据某乡某都人户姓名，若干人，几月几日合钞送纳今年夏或秋税租畸零物帛之类共若干数，
> 内集户姓名纳若干。
> 右除已当官销簿讫，今出给纳讫凭由，付某人收执照会。
> 　　年　　月　　日给

此类凭由是给付纳畸零税租之户的，故前大半之文是关于纳畸零税租的。由此推论，如是田宅交易纳税凭由，则其条款应是与田宅交易有关。此凭由所该注意的有两项，一是记录了纳税的数目，二是凭由末

---

① 《宋会要辑稿》食货六一之六二。

"今出给纳讫凭由，付某人收执照会"之语，规定了凭由作为已纳税证据的性质。由此可以推测，宋代田宅交易之纳税凭由，也一定具有这两项内容。《清明集》卷四《高七一状诉陈庆占田》载判语曰："及索干照呈验，税钱一百二十……乡原体例，凡立契交易，必书号数亩步于契内，以凭投印。"宋将交易的一应契约文书统称为"干照"。此所云"干照"，无疑包括了投税凭由在内。从传世的宋土地买卖契约来看，契约中是没有纳税数额款项的。例如，安徽省博物馆藏宋景定五年和咸淳三年卖地契，中国社会科学院历史研究所藏宋淳祐二年和淳祐八年卖地契，北京国家图书馆藏嘉定八年和咸淳六年卖地契，北京大学图书馆藏淳祐十六年和宝祐三年卖地契以及中国历史博物馆藏景定元年卖地契，共计九件，都是南宋徽州地区的，这些契约中仅有土地交易价格，而无缴纳税额的记载。因此，《清明集》判语所云"税钱一百二十"应是干照中投税凭由的一项记录。下面我们将宋代纳税凭由与元、明契尾做一比较。徽州契约文书中有一件元代税票（契尾），已有学者引用过，格式如下：

> 徽州路总管府祁门县在城税使司
> 　　今据谢良臣费到后项文契，计价
> 　　　中统钞柒十柒两，赴
> 　　　□□税讫，本司照依
> 　　□画验价钞例收税附历讫，所有公据合行出给照验者
> 　　右付　　　　　　收执准此
> 　　至大元年十一月　日给
> 税使司①

契尾虽没有明言税额数目，但却记录了交易钱额的底数中统钞七十七两，依据当时三十取一的税率折算，② 应收税二两五钱六分。又明万历十九年（1591）休宁县李叔平卖田契所附契尾格式曰：

> 　　　休宁县为查理税契事……
> 　　　计开

---

① 原件藏中国社会科学院历史研究所，转引自《徽州千年契约文书》（宋元明编）卷一。
② 参见陈高华《元代土地典卖的过程和文契》。

一据东南都三图丁旸契价银八两二钱（买）本都一图李叔平（田），计

税……该纳税银一钱六分

四厘。

右给付买主……收执。准此。

万历十九年七月廿八日给

契尾①

此契尾中明确记载了已纳契税款项。这两件元、明契尾与宋代凭由记载的纳税内容相似。其次，元代契尾所云"所有公据合行出给照验者"也与宋代纳税凭由的"出给纳讫凭由，付某人收执照会"之意相符，两者都有用作契约纳税凭证之功能。据所引资料分析，我以为宋代田宅买卖后的"投税凭由"实乃后世"契尾"之滥觞。

值得一提的是，钞旁与投税凭由虽然都是纳税凭证，但还是有区别的，投税凭由仅是缴纳牙契税的凭证；钞旁是缴纳夏秋两税的凭证。《州县提纲》卷四《当厅给钞》云："受苗每名数足，随即印钞，面还人户，毋致出仓，其钞于本厅印给。""苗"指秋苗，宋代秋税又称"秋苗"。"钞"，是指缴纳两税的钞旁，亦叫"税钞"，官府钤印后，称"朱钞"。高宗绍兴三十二年（1162）诏："州县受纳秋苗，官吏并缘多收加耗，规图滥数，肆为奸欺，虚印（按：'印'，当做印制解）文钞给与人户，民间相传，谓之'白钞'。"②"白钞"，即未钤官印之税钞。《宋史》卷二八五《刘沆传》云：北宋仁宗时刘沆知衡州，"大姓尹氏欺邻翁老子幼，欲窃取其田，乃伪作卖券，及邻翁死，随夺而有之。其子诉于州县，二十年不得直。沆至，复诉之。尹氏持积岁税钞为验。沆曰：'若田千顷，岁输岂特此耶？……'尹氏遂伏罪"。尹氏据以为证的税钞，乃是租税纳税凭证。而刘沆认定其千顷田所纳租税不应如此之少。从而破此陈年旧案。

宋人云："赋税之输，止凭钞旁为信，谷以升，帛以尺，钱自一文以往，必具四钞受纳，亲用团印，曰'户钞'则付人户收执；曰'县钞'，则关县司销籍；曰'监钞'，则纳监官掌之；曰'住钞'则仓库藏之，所

① 《明清徽州社会经济资料丛编》第二辑，中国社会科学出版社1990年版，第82页。
② 马端临：《文献通考》卷五《田赋考·历代田赋之制》，中华书局1986年版。

以防伪冒、备毁失也。"① 《庆元条法事类》卷四七《受纳税租》中有
《输纳税租钞》的格式，其曰：

  某县某乡某村某色户：

    某人姓名送纳某年夏或秋某色税或租物若干（目下不得空字，
有空纸者，

  用墨勾抹）；

    若干纳本色（有合零就整数者，仍开析。下准此）；

    若干折某色；

    若干耗（有仓省及官称耗者，各别具数总计）；

   右件如前

     年 月 日钞

  钞作为税租缴纳凭证的性质显而易见。陈襄说："田产典卖，须凭印
券交业，若券不印，未及交业，虽有输纳钞，不足据凭，盖白券可伪造，
赋税可暗输。"② 契约投税钤印后是要给凭由的。从陈襄的话，不难看出，
契约钤印所给凭由与输纳赋税钞作用有别，仅有输纳赋税钞而不经印券
给凭由，没有法律效力。

  现存法典汇编《庆元条法事类》乃残本，存 36 卷，缺 44 卷。其中
有关田宅交易方面的法律多缺载。如《清明集》所收一条判语涉及两条
亲邻之法的令文："准令：诸典卖田宅，四邻所至有本宗缌麻以上亲者，
以帐取问，有别户田隔间者，并其间隔古来沟河及众户往来道路之类者，
不为邻。又令：诸典卖田宅满三年，而诉以应问邻而不问者，不得受
理。"③ 南宋胡颖说，亲邻之法，"见于《庆元重修田令》与嘉定十三年
刑部颁降条册，昭然可考也"④。《庆元重修田令》修撰于庆元四年
（1198），后来编入嘉泰二年（1202）所撰《庆元条法事类》，可是今本
《庆元条法事类》却因残缺而找不到这两条令文。关于投税凭由之格式，
原本也一定有详细规定。无奈亦已缺佚失传。

---

  ① 《文献通考》卷五《田赋考·历代田赋之制》。
  ② 陈襄：《州县提纲》卷二《交易不凭钞》，《丛书集成》本。
  ③ 《名公书判清明集》卷九《有亲有邻在三年内者方可执赎》，中华书局点校本。
  ④ 《名公书判清明集》卷九《亲邻之法》。

投税凭由仅仅是作为缴纳税收的记录凭证，它的法律意义并不大，这在《清明集》所载案例中有着充分反映，《清明集》中几乎没有以投税凭由为田宅买卖法律证据来判案的例子，法官是以钤有官印的赤契为最主要、最直接的证据。

二　宋代的官印田宅契书

宋徽宗崇宁三年（1104）六月十日敕："诸县典卖牛畜契书，并税租钞旁等印卖田宅契书，并从官司印卖，除纸笔墨工费用外，量收息钱，助赡学用，其收息不得过一倍。"① 其中规定的官印田宅契书，就是学者通常说的"官板契纸"。对此，学者看法不同，有的认为，契书分为两联，其正契就是契本；但也有学者认为这仅是一种契约的标准本，只能在典卖成交时使用，并非粘在契后的契本。这一争论涉及中国契约史上最初的契本问题，值得进一步探讨。

"契本"一词，亦始见于元代，《元典章》中多次提到"契本"，但元代的契本实物未能流传下来。明初的契本，据周绍泉先生研究，其内容是申明政府关于典卖诸物必须纳税和购买契本的律令，以及违反律令的处分办法。② 据所见到的宋文献，尚未发现"契本"之名。官印田宅契书是否就是契本呢？围绕田宅契约文本，宋代曾有过多次规定。现据见到的史料，大致梳理如下。

太平兴国八年（983）知开封府司录参军事赵孚奏言："庄宅多有争诉，皆有夷私妄写文契，说界至则全无丈尺，昧邻里则不使闻知，欺罔肆行，狱讼增益。请下两京及诸道州府商税院，集庄宅行人众定割移、典卖文契各一本，立为榜样。违者论如法。"太宗"诏从之"。③ 当时仅订立割移和典卖文契样本，颁布天下，令田宅交易者照样本书写，使契约规范化。但出典契约尚未规定用合同契。乾兴元年（1022）始立合同契法，出典田宅者，并立四本：业、钱主各执其一，一缴商税院、一留

① 《宋会要辑稿》食货七〇之一三五。
② 转引自陈高华《元代土地典卖的过程和文契》。
③ 李焘：《续资治通鉴长编》卷二四，太平兴国八年三月乙酉。

县衙。①

学者多云徽宗崇宁三年始规定官印田宅契书。其实官府印卖田宅契书早在神宗元丰时就制定了。《文献通考》卷一九《征榷考》六载："神宗元丰时，令民有交易则官为之据，因收其息。""官为之据，因收其息"，无疑就是崇宁三年规定所重申的官印田宅契书、量收息钱之内容。崇宁三年的规定只是在神宗元丰旧制的基础上增添了量收息钱"不得过一倍"的内容。徽宗宣和元年（1119）八月诏："钞旁，元丰以前并从官卖，久远可以照验，以防伪滥之弊。政和修敕令，册（删）去不曾修立，及降指挥不许出卖，今后应钞旁及定帖，并许州县出卖，即不得过增价直。"②徽宗宣和二年八月又诏："官卖钞旁、定帖，以防伪冒，实遵元丰旧制。收息分数，已降处分，并依崇宁三年十一月指挥。"③"崇宁三年十一月指挥"，是指徽宗所颁的诏令："府界诸路官卖钞旁、契书等，收息不得过四倍，随土俗增损施行。"④在徽宗诏令里，定帖可以换称契书，考《宋会要辑稿》食货六一之六三载政和六年（1116）淮南体例："人户典卖田宅，议定价值，限三日先次请买定帖，出外书填，本县上簿拘催，限三日买正契。"说明定帖就是官印田宅契书。绍兴五年改定帖钱为勘合钱，⑤自后定帖之名遂不复行用。

综上所引，可知官府印卖田宅契书，元丰时已经成为制度。宣和时又加修订。此后宋代一直都在实行这一制度。

值得一提的是，元丰七年（1084）十月，宋曾修立"应典卖田宅私写契书并不系籍定牙人衷私引领交易法"⑥。此法的具体内容已不可考知，但从此法的名称看，应是对典卖田宅私写契书和不系籍定牙人衷私引领的否定。宋代对牙人是定有严格管理制度的，成书于政和七年（1117）的《作邑自箴》卷二曰："交易牙人多是脱漏客旅，须召壮保三两名及递相结保，籍定姓名，各给木牌子随身别之。""不系籍定牙人衷私引领交易"及"典卖田宅私写契书"行为明显违反了政府规定。所谓"典卖田

---

① 《宋会要辑稿》食货六一之五七。
② 《宋会要辑稿》食货七〇之一三五。
③ 《宋会要辑稿》食货七〇之一三六。
④ 《宋会要辑稿》食货七〇之一三五。
⑤ 《宋会要辑稿》食货七〇之一四〇。
⑥ 《续资治通鉴长编》卷三七四，元祐元年四月辛卯。此法元祐元年废，然其典卖田宅私写契书法后似又行之。

宅私写契书"，我的理解是指出典契书而言（以下将要论及），与这里讨论的官印田宅契书无关。

绍兴五年（1135）两浙转运使吴革上奏云：

> 在法：田宅契书，县以厚纸印造，遇人户有典卖，纳纸墨本钱，买契书填。缘印板系是县典自掌，往往多数空印，私自出卖，将纳到税钱上下通同盗用，是致每有论诉。今相度欲委逐州通判用厚纸，立千字文为号印造。约度县分大小，用钱多寡，每月给付诸县，置柜封记。遇人户赴县卖（买）契，当官给付。仍每季驱磨卖过契白、收到钱数，内纸墨本钱专一发赴通判厅置历拘辖，循环作本。既无走失官钱，亦可杜绝情弊。仍乞余路依此施行。①

宋高宗批准了这一奏议。吴革的奏议完整地叙述了官印田宅契书的印制、使用和管理规则。其中所谓"契白"，② 是因还未填写具体内容而名之。吴革在奏议中称未经钤印的官印田宅契书为"契白"，而不叫"白契"，这与民间在田宅出卖成交时使用的，未经投税钤印的契约有着质的区别。

宋代的官印田宅契书未见有实物流传下来。此田宅契书印有什么内容？究竟起何作用？是需要弄清的。北宋政和元年，户部在一份奏章中曰：

> 诸以田宅契投税者，即时当官注籍，给凭由，付钱主，限三日勘会业主、邻人、牙保、写契人书字圆备，无交加，以所典卖顷亩、田色、间架，勘验元业税租、免役钱，纽定应割税租分数，令均平，取推收状入案。当日于部（簿）内对注开收。③

乾道七年（1171）有臣僚奏言：

> 乞诏有司，应民间交易，并先令过割而后税契。凡进产之家，

---

① 《宋会要辑稿》食货七〇之一四〇。
② 按：另《宋会要辑稿》食货三五之六所抄录的吴革这一奏议亦作"契白"，可知其不误。
③ 《宋会要辑稿》食货六一之六二。

限十日内缴连小契自陈。令本县取索两家砧基（簿）、赤契，并以三色簿，系是夏税簿、秋苗簿、物力簿，却径自本县，就令本县主簿对行批凿。如不先经过割，即不许人户投税。①

乾道九年孝宗诏：

逐路常平司行下所属州县，自今交易产业，既已印给官契，仰二家即时各赍干照、砧基簿赴官，以其应割之税一受一推，求之版簿，仍又朱批官契，该载过割之详，朱批已圆，方得理为交易。如或违戾，异时论诉到官，富豪得产之家，虽有契书，即不凭据受理。②

综上所引，我们发现，田宅交易过程中要办理一项重要的手续：过割产业，监督交易双方的税租过割，及时调整户等。以免"产去税存"，影响赋役制度的正常实施。然而，从前述现存九张南宋徽州地区土地买卖契约看，其中并无"元业税租、免役钱"等应割之税及应缴役钱方面的内容，我推测，这些内容应当是填写在官印田宅契书即官契上的。也就是说官府事先在契书上印好原业税租、免役钱等应割、应缴之栏目，交易者购买后按要求如实填写。并"赍干照、砧基簿赴官"，由官吏"朱批官契，该载过割之详"。即官吏必须对官印契书上由买主填写的过割租税和免役钱登录情况加以核实，并签押，称"批契"。③ 最后由商税务钤印。《庆元条法事类》卷三六《商税·场务令》规定："诸商税务，非官印田宅契书，不得辄印。"此场务令规定，非官府印制的田宅契书，国家税务机构不得钤印。换言之，凡"该载过割之详"的官印田宅契书，却是要钤税务朱印的。故又称"朱批"。宋宁宗嘉定十三年（1220）臣僚言："州县交易，印契所以省词讼、清税赋，而投报输直，亦有助于财计。"④ 臣僚的奏言简明扼要地叙述了整个田宅交易过程必须办理的两道手续：印契和投报输直。印契，即在官印田宅契书上钤印朱批，其作用

_____

① 《宋会要辑稿》食货七〇之一四九至一五〇。
② 《宋会要辑稿》食货六一之六七。
③ 按：《宋会要辑稿》食货六一之六二载政和元年四月九日条有"批契"之说。
④ 《文献通考》卷一九《征榷考》六。

说得很清楚，在于"省词讼""清税赋"。据此，我们似可得出以下推论：官印的田宅契书是政府用来行使管理职能，监督买卖双方合理缴纳税租，公平履行赋役义务的法律文书，钤印朱批后，成为证明田宅交易合法性的凭证，实际上是一种契本。由交易人填写，官府朱批过的官印田宅契书是官府与田宅交易人之间订立的契约。通过契约的订立，卖方不再承担原先承担的赋役义务，改由买方承担，而官府则承认变更调整后的关系及交易的合法性。

接下来我们探讨关于官印田宅契书是不是买卖双方成交时使用的契约标准文本的问题。

在宋代，田宅交易双方达成协议后，必须办理的手续大致分两个步骤，其一，纳税投印，官府对田宅买卖中的得产者课以交易税，其二，朱批官契，官府监督田宅租税的割移和役钱的如实登录。这两个步骤的先后次序，两宋时期有过变化。北宋至南宋孝宗乾道六年期间，基本是投税印契手续在先。郑刚中说："窃见典卖田宅法，限六十日投印，又六十日请契。"[①] 郑刚中说的投印手续在先的典卖田宅法，乃绍兴时制定。绍兴二十六年户部言："印契违日限者，罪之而没其产，太重难行，徒长告讦。欲并依绍兴法旧限六十日投税，再限六十日赍钱请契。"[②] 我们已经知道，投税即是买卖双方成交后，由买主缴付田契税钱，官府在买卖契约上钤印。故此手续又称"投印"。《清明集》卷四《章明与袁安互诉田产》判语曰："章明乃赍出乾道八年契书，欲行占护，且契后即无印梢，莫知投印是何年月。"据郑刚中言，既然已投印纳税，说明买卖契约成立在前，官府钤印生效在后。很显然，郑刚中所说的"限六十日投印，又六十日请契"之"契"不是指买卖契约，而是指用于过割租税和役钱登录的"官印田宅契书"。也就是说，所谓"官印田宅契书"并非田宅典卖成交时使用的契约标准本。

《庆元条法事类》卷三六《商税·场务令》规定："诸商税务，非官印田宅契书，不得辄印。"此场务令规定，非官府印制的田宅契书，国家税务机构不得钤印。《庆元条法事类》载有宋法规定的税务印格式："团印径四寸，条印阔一寸，长六寸，皆具某年某州县镇寨商税务某印，当

① 郑刚中：《北山集》卷一《论白契疏》，文渊阁《四库全书》本，第138册，第25页。
② 《文献通考》卷一九《征榷考》六。

职官书字。"① 据此可知宋税务印有团印和长方印两种，各自有不同的功用，印记上并刻有年分、所属行政区域名。《清明集》卷六《争田业》载一案例云："据孙绍祖赍到庆元元年赤契，阎丘璇亲书出卖石家渡等处水田五十亩，及桑园、陆地、常平等田，实有县印、监官印及招税凭由并朱钞可考。"其中谈到卖田赤契钤有县印、监官印。监官印即监官所用税务印。《庆元条法事类》卷四七《受纳税租·仓库令》：

> 诸输官物用钞四，……每钞用长印，日印其扣头，并县、户、官钞，各监官亲用团印。

监官为主管税务之官。② 田宅交易人向税务机构缴纳田契税，税务机构在契约上钤盖税务印，契约便成为合法的朱契。假设此规定的"官印田宅契书"是指田宅典卖成交时使用的契约标准本的话，那就意味着除此之外一切个人书写的私契，商税务是不可以钤印的。然而，我在本文第一部分曾简要叙述的九张南宋徽州地区土地买卖契约，其中，据安徽省博物馆提供的资料表明其馆藏两件契约都钤有八角形骑缝印，印文有"徽州"二字，契中还钤有不同的长方形印。③ 中国社会科学院历史研究所藏宋两件契约、北京国家图书馆藏咸淳六年契约亦都钤有官府印记，其余的契约，因模糊不清，或因转录自张传玺主编的《中国历代契约会编考释》，其书未著录印记之资料，不得而知。据研究徽州文书的周绍泉先生言，④ 现存宋代契约有十件，其中九件是朱契，一件是白契。也就是说前述九张南宋徽州土地买卖契约中除了我所说的以外，至少还有三件也是钤有官印的。这九件通常所说的合法朱契，从其立契款式、字体、及所写错别字分析，可以确定都是民间私写而非官府印制。这岂不是与场务令的规定相抵触么？这如何解释呢？我的解释是：税务印有多种，各自有不同的特定作用。对于买卖双方彼此成交时使用的契约，不论是官府印制的还是私写的，税务机构都可钤盖规定的税务印。但对于作为

---

① 《庆元条法事类》卷三六《场务·场务式》，燕京大学图书馆藏版刊本。

② 参见戴静华《宋代商税制度简述》，《宋史研究论文集》，上海古籍出版社1982年版，第165—203页。

③ 关于安徽省博物馆提供的具体资料，详见拙稿《南宋徽州地契试析》（待刊）。

④ 此承蒙中国社会科学院历史研究所陈智超先生转告，特此致谢！

契本之用的田宅契书，必须是官府印制的，才能钤盖政府特定的税务印。因此，此《场务令》所说的官印田宅契书，是单指政府用来行使管理职能，监督买卖双方合理缴纳税租，公平履行赋役义务的作为契本使用的文书，而非田宅典卖成交时使用的契约标准本。

官印田宅契书简称"官契"，又称"契纸"。淳熙七年（1180）六月十五日尚书省札子："民间典卖田产，就官请买官契，投纳税钱，今州县却以人户物力大小给目子科配，预借空契纸，候有交易，许将所给空纸就官书填，名为'预借牙契钱'。"① 买官印田宅契书，叫"请纸""请印纸"。《清明集》卷五《争山各执是非当参旁证》云："后来阿黄同男范僧将黄栀园并山卖与曾大机宜，载钱六贯二百文，却不曾具山之四至，以嘉定二年九月日请纸，于绍定二年八月投税。"这条史料说的卖田，其请纸投印时间是在南宋中期以后，而据前述九件南宋中期以后的徽州土地卖契来看，当时的卖契无须使用官印的标准本。则《清明集》所谓"请纸"，显然请的不是官印田宅交易成交时使用的契约标准本，而是官印田宅契书。嘉定十三年臣僚言："州县交易，印契所以省词讼，清税赋，而投报输直，亦有助于财计。近但立草契，请印纸粘接其后，不经官投报者，不知其几也。"② 臣僚提到了交易者光买请印纸而不买正契（未换合同正契之契约称"草契"）投印纳税的现象。"请纸""请印纸"之说在其他宋元文献中亦可见到。《新编类文事要启札青钱》后集卷九《请托门·委托手书新式·托印契书》载求托买印纸格式：

> 契几道，烦买印纸投印。旋纳所费若干，少剩见数遣还，不合闲免。
> 皇恐。谨此，以布下执。
> 伏乞
> 炳察
> 　　某拜复
> 某人称呼
> 受托人《答复》格式如下：
> 　　承颁下契书，所费若干，祗领即发去请纸，书押投印。候取纳，

① 《庆元条法事类》卷四八《科敷·随敕申明》。
② 《文献通考》卷一九《征榷考》六。

将所
　费
　录呈。……
　　　某回复
某人称呼

　　《新编类文事要启札青钱》是在宋人所撰书基础上增补修改而成，书中留有不少宋本书的痕迹。此《托印契书》格式，与田宅交易有关，反映了宋元时期田宅交易情况。其所云托付印契之人究竟是什么身份，是干人、茶食人，还是牙人？目前尚不清楚。值得注意的是，从委托内容看，是先订立好契约，再委托人买印纸。将所买印纸与契约并称，说明两者各有所指。其所云"印纸""请纸"之"纸"应指官印田宅契书而言，是要花纸墨本钱买的。

　　应当一提的是，宋代田宅出典是使用官印契约标准本的。有学者认为宋代正契就是契本。窃以为，此说将作为交易凭证的官印契约标准文本——典契之一的正契（另一契为业主所执之合同契）与具有契本性质的官印田宅契书等同起来了。依宋法，出典田宅，须用正契和合同契。《宋会要辑稿》食货六一之六四载：

　　　（绍兴）十五年八月七日知台州晁以言：人户出典田宅，依条有正契，有合同契，钱、业主各执其一，照证收赎。近来多是私立草契，领钱交业，至限将满，典主方赍草契赴官请买正契，其合同契往往亦为典主所收。既经隔年岁，或意在贪占，则多增交易钱数……乞今后应有人户典业，并与钱主同赴官请买正契并合同契，一般书填所典田宅交易钱数、年限。

　　晁以说的要点有二：一是交易方式为出典，二是非正式契约叫草契，与正契、合同契是有区别的。《清明集》卷九《过二十年业主死者不得受理》云："在法，诸典田宅者，皆为合同契，钱、业主各执其一。"又同卷《妄执亲邻》判词云："然典业须有合同契，若陈偓、子万将来要赎，仰执出合同，以凭照对，各给断由。"这些史料虽没有提到正契，但须注意，判词都把合同称作"合同契"，表明出典者所立正契也是属于合同契的，与业主所执之合同契性质是一样的。关于两者的区别，我的理解是，业主出典所立之契为典主所执，是为典契正本，称正契；而业主所执之契为副本，称合同契。即使到了元代，出典者仍使用正契与合同契。《通制条格》卷一六《田令·典卖田产事例》载中书省御史台呈文："质典交易，除依例给据外，须要写立合同文契贰纸，各各画字，赴务投税，典主执正契，业主收执合同。"宋代合同契并无实物传世，《徽州千年契约文书》（宋元明编）卷一收有明永乐二年（1404）休宁县汪猷干、朱悬祖划定地界合同及正统八年（1443）程士善等阄分山地房屋合同。这两件合同采用了"符书"形式，在契约之尾都有立合同人书写的"合同"等半爿字，另半爿字则书写在另一张契约上，为合同的另一方当事人所执。可想而知，宋代出典田宅所立正契、合同契与之相似。出典人日后若想赎回田地，须凭合同契以相验证。

宋代田宅出典用官制合同契，究其原因，在于田宅出典是一种非买断性的交易行为，产业的过割，税租的缴纳，都较田宅出卖来得复杂。同时，宋代的"典"常常与"卖"连称，两者的关系十分密切，"典"常被混淆为"卖"。[1] 此外，还易与另一种叫作"抵挡"的交易方式相混淆，极易产生弊病，偷逃税收，发生纠纷。《清明集》卷六和卷九中有不少这样的案例。是以宋政府规定田宅出典必须使用官府统一印制的合同契，以加强监督管理。宋出典之合同契须有保人担保，而出卖契则无此项要求，如前述九件徽州土地出卖契无一契是有保人签押的。这也与田宅出典这一交易方式较为复杂有关。

正契是相对于合同契而言，与通常所说的官印田宅契书是有区别的。政和六年（1116）四月，徽宗诏："两浙转运司拘收管下诸县岁额外，合依淮南例收纳人户典卖田宅赴官收买定帖钱。淮南体例，人户典卖田宅，议定价值，限三日先次请买定帖，出外书填，本县上簿拘催，限三日买正契。除正［契］纸工墨钱外，其官卖定帖二张，工墨钱一十文省，并每贯收贴纳钱三文足，如价钱五贯以上，每贯贴纳钱五文足。"[2] 诏书谈到的定帖，实即官印田宅契书，其源于神宗元丰定制。这在前面已作考述。诏书规定典卖田宅要买定帖和正契。显然定帖和正契是两种用途不

---

① 参见郦家驹《两宋时期土地所有权的转移》，《中国史研究》1988 年第 4 期。

② 《宋会要辑稿》食货六一之六二至六三。

同的契书。所谓"正契"，笔者在前文也已论述，是指专为出典田宅人户印制的供成交时使用的标准典契正本，上书出典主姓名、居住区域、所典田宅的种类、号数、面积、坐落方位、四至界止、典主姓名、交易的价格、货币种类和数量、货币的交收、产权担保等内容；而定帖则指官印田宅契书，是证明田宅交易合法性的凭证。主要用于交易双方过割税租和缴纳役钱的登录，是买卖者与官方订立的契约。此诏规定每贯收贴纳钱若干，贴纳钱通常是指"典主某人就买已典田宅贴纳到价钱"①，是就买已典土地者追加给业主的。这说明，此诏是为田宅出典行为颁布的。至于为何规定在买契订约之始就要收贴纳钱，笔者以为，这实际上收的是一种息钱，是符合崇宁三年制定的就买官印田宅契书，量收息钱政策的。

由于作为典契之用的契约文本也是官印的，因而很容易与作为契本之用的官印田宅契书混淆起来。官印典契亦有称之为"契纸"的。乾道七年（1171）孝宗诏曰："访闻诸路州军往往并不曾投纳契税，所有人户典卖田宅船马驴骡，合纳牙契税钱。昨降指挥，专委诸路通判印造契纸，以千字文［为］号，置簿，送诸县出卖。可令各路提举司立料例，以千字文外号印造契纸，分下诸部郡，令民间请买。……每季开具通印给过道数，诸郡各该给若干，某字号至某字号；卖过若干，系某字号至某字号，计交易钱若干，合收牙税钱若干。"② 南宋时田宅交易每贯收牙税一百钱。③ 从诏令所说的交易钱和牙税钱彼此对应的计数关系看，其提到的契纸，无疑是指官印的作为典契之用的契约。而官印田宅契书，早在绍兴五年（1135）就订有详细的规定。④ 此诏令反映了宋对作为典契之用的契约标准文本的重视。这一措施也有对付不法官吏的一面，宋政府通过统一印制典契来监督官吏，不让他们贪污挪用税钱，以保证所征田契税钱如数上缴国库。

宋代有买扑坊场制度，民间百姓可以承包经营商税场、酒坊。一些承包经营的商税场为了盈利，违反国家法度，私自印卖典契标准本，扰

---

① 《庆元条法事类》卷三〇《经总制·场务式·提点刑狱司申起发收支总制钱物帐》。

② 《宋会要辑稿》食货三五之一三至一四。

③ 李心传：《建炎以来朝野杂记》甲集卷一五《田契钱》，台北文海出版社影印明钞校聚珍本。

④ 《宋会要辑稿》食货三五之六。

乱了市场秩序。为此，宋代法令严禁之，《庆元条法事类》卷三六《承买场务·厩库敕》规定："诸承买税场擅印典卖田宅契书及发客引者，杖一百。"

官印田宅契书，不管是田宅出典者还是出卖者，都得购买。出典者、典者除此之外，还要购买专用于田宅出典的正契和合同契，但倘若是田宅买卖者，则无须购买此项契约。《清明集》卷五《物业垂尽卖人故作交加》在涉及一卖田契案时说："当职拖照案祖，得见莫如江当来卖田契内，明言系自已受关，分拨到父世明物业，又明言不是瞒昧尊卑，仍与亲房外人即无交加，如有一切不明，并系出产人自管理直。其契照分明如此。……然据莫如江款词内声说，昨来交易之日，托相识周祐代作莫如山名字批押。且人之交易，不能亲书契字，而令人代书者，盖有之矣。至于着押，最关利害，岂容他人代书也哉。"此判语并没有说到卖田契要用官印的标准契约填写的问题。据判语可知，当时的卖田契可自书，亦可令人代书，都是合法的，无须像出典田宅者那样还要购买正契之类的官印契约标准本。结合前述九张徽州地区土地卖契看，南宋时私写的出卖契约，纳税后加钤官印，便成为官府认可的朱契。

须指出的是，购买官印田宅契书与投印纳税是两回事，须将两者区分开来。人户交易，须购买官印田宅契书，购买官印契书所支付的只是契书工本费和息钱，并不包括田契税钱。徽宗崇宁三年六月十日"敕诸县典卖牛畜契书并税租钞旁等印卖田宅契书并从官司印卖，除纸笔墨工费用外，量收息钱，助赡学用，其收息不得过一倍"①。购买官印田宅契书并不等于已缴纳田契税钱。李心传《建炎以来朝野杂记》甲集卷一五《田契钱》曰："田契钱者，亦隶经总制司。旧民间典卖田宅，则输之为州用。……大率民间市田百千，则输于官者十千七百有奇，而请买契纸、贿赂胥吏之费不与。"李心传也说得很明白，请买契纸（即官印田宅契书）之费与田契税钱并不相干。田宅买卖则要另纳田税契钱，这项规定早在北宋初就制定了的。《文献通考》卷一九《征榷考》六载："宋太祖开宝二年，始收民印契钱，令民典卖田宅输钱印契。"只有在缴纳田契税钱后，官府钤印于典、卖契，交易才算有效。投税印契时，须另将官印田宅契书连粘在已钤印的典、卖契约之尾，加钤骑缝官印。前述安徽省

---

① 《宋会要辑稿》食货七〇之一三五。

博物馆藏两件宋徽州契约可以确认有骑缝官印。《清明集》卷九《伪作坟墓取赎》判语云："契后合接处虽有官印，稍涉疑似。"同书卷四《高七一状诉陈庆占田》判语云："有令契立价钱五十贯，已是不登，又于内即无号数亩步，别具单账于前，且无缝印。"据此可以推断，如是经官投印的契约，连接有招税凭由、官印田宅契书等其他相关的单账文书，官府应该是钤有骑缝印的。

在宋代，典、卖田宅不及时过割税收和偷漏税钱现象十分严重，为此宋廷多次申明法制。乾道七年（1171）有臣僚言：

> 比年以来，富家大室典卖田宅，多不以时税契。有司欲为过割，无由稽察，其弊有四焉：得产者不输常赋，无产者虚籍反存，此则催科不便，其弊一也。富者进产，物力不加多；贫者去产，而物力不加少，此则差役不均，其弊二也。税契之直，率为干没，则隐匿官钱，其弊三也。已卖之产或复求售，则重叠交易，其弊四也。乞诏有司，应民间交易，并先令过割而后税契。

孝宗"诏敕令所参照现行指挥修立成法，申尚书省施行"①。从乾道七年开始，"应民间交易，并先令过割而后税契"，即把朱批官契、官府监督田宅租税割移和役钱登录这一手续调整到纳税投印手续之前。这是宋代社会发展的结果。伴随着商品经济的发展，土地所有权的频繁转移，宋代"有田则有赋"的税收制度自然受到了影响。土地典、卖后，由于过割不及时，"得产者不输常赋，无产者虚籍反存"现象普遍存在。消除这一弊病，保证催科、差役制度的正常实施，乃是宋政府始终关注的一件大事。早在北宋太平兴国八年，宋政府就曾制定过"割移、典卖文契各一本，立为榜样"②。但仅是制定文契样本，令天下交易者依样本书写，并没有规定由政府印制。神宗元丰时始规定官印田宅契书，当是从此"割移文契"演化而成。我推测，针对"不以时税契"及偷漏税钱现象，宋之立法，极有可能在官印田宅契书中还印有朝廷有关纳田契税钱的相关规定，例如投税印契的时限，违规的法律处置条例，等等，以提醒纳

---

① 《宋会要辑稿》食货七〇之一四九。
② 《续资治通鉴长编》卷二四，太平兴国八年三月乙酉。

税户注意。绍兴二十九年（1159）高宗有一条敕文规定："遇客人入纳兑便钱，左藏库专一置籍，开坐正钱并优润及所余脚剩钱各若干，于所给朱钞上用印，声说正钱、优润钱数并约束事件。令诸路州军候客人赍到兑便朱钞干照，将正钱与优润钱并日下支给。"① 宋在发给客人的兑便朱钞上写有"约束事件"，即国家规定的政策事项。兑便朱钞上可以写国家规定的政策事项，官印田宅契书上也是可以印写的。宋代的法制，按叶适的说法，"事无小大，一听于法"，"细者愈细，密者愈密，摇手举足，辄有法禁"②。依据此种法制精神，官印田宅契书中印载朝廷法律，想来是十分自然的事情。

综上所述，宋代的官印田宅契书，与后世所说的"契本"性质相似，实际上是一种契本。后世的"契本"应是从宋代的官印田宅契书发展演化而成。作为契本之用的宋官印田宅契书，其主要作用在于及时过割税产、调整劳役和产权关系，证明田宅交易的合法性。两宋是商品经济快速发展的时期，与之相适应，形成了比较完整的契约制度。官印田宅契书的内容和格式，以及与其他契约文书的关系，前后肯定有过变化，由于研究资料的匮乏，其具体情况今天我们已很难搞清楚，还有待于实物文献的证实和进一步的研究。

（原刊于《中国史研究》2001 年第 3 期，本次刊出略有修订）

---

① 《庆元条法事类》卷三〇《上供·随敕申明》。
② 叶适：《叶适集·水心别集》卷二《法度总论》二，中华书局 1961 年版，第 789 页。

熙丰变法前后王安石形象的变化及其意蕴

杭州师范大学人文学院　范立舟

　　梁启超在《王安石传》中，盛赞王安石之学术"内之在知命厉节，外之在经世致用，凡其所以立身行己与夫施于有政者，皆其学也"①。以王安石新学包举儒家内圣外王之道，接续孔孟，思想规模阔大宏伟。任公又赞叹其内圣外王之本领："宋太傅荆国王文公安石，其德量汪然若千顷之陂，其气节岳然若万仞之壁，其学术集九流之粹，其文章起八代之衰，其所设施之事功，适应于时代之要求而救其弊，其良法美意，往往传诸今日莫之能废，其见废者，又大率皆有合于政治之原理，至今东西诸国行之而有效者也。呜呼，皋夔伊周，邈哉邈乎，其详不可得闻，若乃于三代下求完人，惟公庶足以当之矣。悠悠千年，间生伟人，此国史之光，而国民所当买丝以绣，铸金以祀也。"②尽管梁启超在写下这种溢美之词的时候，背后实际关切的是自己全情投身其中而又彻底夭折的变法事业，但他的这种倾注价值情感的呼声对始源于南宋立国以讫于晚清的污名化荆公新法与妖魔化王安石的偏见未尝不是一次矫枉过正的努力，且此种努力自有其深刻的现实关怀和历史意义。清人蔡上翔所谓："世人积毁荆公，几同于詈骂，不啻千万人矣。而六七百年来为之表扬盛美，亦未尝无人。孔子曰：'惟仁者能好人能恶人。'"③信哉此言。就王安石个人政治形象而言，变法开展前，在士林中有着崇高的美誉度，这既包括对荆公新学和政治能力的高度评价与期许，也包括对王安石谦逊、弘

　　【基金项目】2013 年度国家社会科学基金重大招标项目《群经统类文献整理与宋明儒学研究》（13&ZD061）的阶段性研究成果之一。

　　① 梁启超：《王安石传》，海南出版社 1993 年版，第 204 页。
　　② 同上书，第 1 页。
　　③ 蔡上翔：《王荆公年谱考略》卷首之一《序言总论》，载《王安石年谱三种》，裴汝诚点校，中华书局 1994 年版，第 177 页。

毅刚劲、自信至笃、自奉节俭等个人品德的赞许。然而熙宁变法展开后，王安石的形象的却发生极大的改变，以至产生对荆公新政的政治诋毁和对其个人形象的污名化倾向。本文之主旨就在于勾勒熙丰变法前后王安石政治形象之嬗变过程，揭示此种变易产生之缘由，由此深化北宋中期政治史之认识。①

一　变法前王安石的美誉度及其个人形象

王安石很早就展现出非同寻常的才华，"安石少好读书，一过目终身不忘。其属文动笔如飞，初若不经意，既成，见者皆服其精妙。友生曾巩携以示欧阳修，修为之延誉"②。仁宗庆历二年（1142）进士及第后，曾巩曾给欧阳修写信，极力荐举王安石，"巩之友王安石，其文甚古，其行甚文，虽已得科名，居今知安石者尚少也。彼诚自重，不愿知于人，尝与巩言：'非先生无知我也。'如此人古今不常有。如今时所急，虽无常人千万不害也，顾如安石不可失也。先生傥言焉，进之于朝廷，其有补于天下"。③ 欧阳修对王安石的评价则充分肯定他经过后天努力所获得的学养与能力，"王安石学问文章知名当世，守道不苟，自重其身，论议

---

① 自现代学术研究范式传入中国以来，对王安石及其变法事业的研究即是宋代乃至中国政治史的焦点之一，王安石亦成为中国历史上最富争议性的人物之一。对王安石的性情和行事风格的探讨抑或不少。举其荦荦大者：邓广铭《北宋政治改革家王安石》（人民出版社1997年版）、漆侠《王安石变法（修订本）》（河北人民出版社2001年版）在分析评判王安石及其事业的成效时，也兼带地涉及时人对其个人品行的看法。李华瑞在总结性的《王安石变法研究史》（人民出版社2004年版）中，特辟一章述论宋代笔记小说中的王安石形象，对相关史料作了分类梳理。与此相类似，范建文《〈容斋随笔〉对王安石形象的历史书写及其影响》（载《重庆师范大学学报》2014年第1期）、阳繁华、唐成可《论宋人笔记小说中王安石的负面形象》（载《合肥学院学报》2012年第2期）、任树民《从宋人笔记看王安石的人格》（载《抚州师专学报》2001年第1期）等论文，延着李华瑞著作所揭示的史料和思路在一定程度上有所拓展。刘祚昌《论王安石的政治品质与政治作风》（载《东岳论丛》1986年第2期）则主要关注北宋王安石变法开展后士大夫对其政治品格的认识。本文踵武前贤，从不同的史料中勾勒、分析并还原熙丰变法前后王安石形象的变易。
② 《宋史》卷三二七《王安石传》，中华书局1977年版，第10541页。
③ 曾巩：《曾巩集》卷一五《上欧阳舍人书》，陈杏珍、晁继周点校，中华书局1984年版，第235页。

通明，兼有时才之用，所谓无施不可者"①。即便是学术思想和政治见解与安石有严重分歧的程颢、程颐兄弟在指出安石为学"守约则未也"的同时，也不得不承认"王安石博学多闻则有之"②。王安石被士林称誉的第一件事是关于状元的事，庆历二年（1042）王安石参加进士考试。试毕，主考官定安石为第一，王珪第二，韩绛第三，杨寘第四。但是，因为安石所作赋中有"孺子其朋"一语，引起仁宗的不快，③ 于是和第四名杨寘的位置互换，而王安石的胸怀一般人也难以企及，"荆公平生未常略语曾考中状元，其气量高大，视科第为何等事而增重耶！"④ 他低调谦逊，但那种弘毅刚劲的性格，却是当时一般士大夫所欠缺的。"李师中与王介甫同年进士，自幼负材气。一日，广坐中称其少年豪杰。介甫方识之，见众人称举其豪杰，乃云：'唐太宗十八岁起义兵，方是豪杰，渠是何豪杰？'众不敢以对。"⑤ 即便是极端反对荆公新法、新学，以至于有些心理变态的邵伯温在不经意之间的记载，也反映出安石任大事前谦逊从容、不计较个人毁誉的大度襟怀："韩魏公自枢密副使以资政殿学士知扬州，王荆公初及第为佥判，每读书至达旦，略假寐，日已高，急上府，多不及盥漱。魏公见荆公少年，疑夜饮放逸。一日从容谓荆公曰：'君少年，无废书，不可自弃。'荆公不答，退而言曰：'韩公非知我者。'魏公后知

① 欧阳修：《奏议集》卷一四《再论水灾状（至和三年）》，载《欧阳修全集》，中国书店1986年据世界书局1936年版影印本，第865页。

② 参见程颢、程颐《河南程氏遗书》卷二上，载《二程集》，王孝鱼点校，中华书局1981年版，第17页。

③ "孺子其朋"这个典故，出自《尚书·洛诰》，"召公既相宅，周公往营成周，使来告卜，作《洛诰》"。摄政者周公在洛邑（今河南省洛阳市）修建了新的都城，他派遣使者迎接周成王前来，把所占卜的吉祥预兆报告给成王，史官为此写下了《洛诰》。"孺子其朋，孺子其朋，其往。无若火始焰焰，厥攸灼叙弗其绝阙若。彝及抚事如予，惟以在周工往新邑，伻向即有僚，明作有功，惇大成裕，汝永有辞"。周公告诫年轻的成王，和群臣一起到洛邑去，与群臣百官共同努力勤勉地建立功业，营造出淳厚博大、宽裕永久的政治格局，就可以永葆天命。显然，宋仁宗认为这个典故伤害了他的尊严，他出生于大中祥符三年（1010），比王安石年长十一岁，何况此时的王安石还是二十二岁的年轻人，而宋仁宗已经是在位二十四年的"老"皇帝，不能够接受这种长辈教育晚辈的口吻。

④ 王铚：《默记》卷下，朱杰人点校，中华书局1981年版，第38—39页。

⑤ 王铚：《默记》卷中，朱杰人点校，中华书局1981年版，第25页。

荆公之贤，欲收之门下，荆公初不屈，如召试馆职不就之类是也。"①

嘉祐元年（1056），王安石为群牧判官，欧阳修此时正好完成贺契丹国母生辰的使命，从契丹回到朝廷，为礼部尚书、权知审刑院。这一年，两人终于相见。欧阳修对王安石仍旧十分爱重，作诗《赠王介甫》赠予他：

> 翰林风月三千首，吏部文章二百年。
> 老去自怜心尚在，后来谁与子争先？
> 朱门歌舞争新态，绿绮尘埃试拂弦。
> 常恨闻名不相识，相逢樽酒盍留连。②

王安石为此答诗《奉酬永叔见赠》，曰：

> 欲传道义心虽壮，学作文章力已穷。
> 他日若能窥孟子，终身何敢望韩公。
> 抠衣最出诸生后，倒屣常倾广座中。
> 只恐虚名因此得，嘉篇为贶岂宜蒙？③

---

① 邵伯温：《邵氏闻见录》卷九，李剑雄、刘德权点校，中华书局 1983 年版，第 94 页。按：韩琦生于大中祥符元年（1008），年长王安石十三岁。司马光也记载过一条韩琦与王安石在扬州交集的信息："初，韩公知扬州，介甫以新进士金书判官事，韩公虽重其文学，而不以吏事许之。介甫数以古义争公事，其言迂阔，韩公多不从。介甫秩满去，会有上韩公书者，多用古字，韩公笑而谓僚属曰：'惜乎王廷平不在此，此人颇识难字。'介甫闻之，以韩公为轻己，由是怨之。"（《涑水记闻》卷一六，邓广铭、张希清点校，中华书局 1989 年版，第 311 页）韩琦知扬州，是庆历五年（1045）三月任命，四月到任。安石仍在签书淮南东路节度判官厅公事任上，所以两人有交集，邵伯温所说之事也有发生的可能。但是，王安石对这位前辈一直是尊重的，离任后，撰有《上扬州韩资政启》，有"未忘故吏之贱，加赐上樽之余。望不素然，报将安所？念当远适，顾独长怀。行愿高明之才，还处机要；坐令衰废之俗，复观太平。伏惟为上自颐，副人所望"。（《王安石全集》卷二三，秦克、巩军标点，上海古籍出版社 1999 年版，第 194 页）清人蔡上翔也力辨其诬，参见《王荆公年谱考略》卷三，载《王安石年谱三种》，裴汝诚点校，第 242—243 页。

② 欧阳修：《居士外集》卷七《赠王介甫》，载《欧阳修全集》，中国书店 1986 年版，第 395 页。

③ 王安石：《王安石全集》卷五五《奉酬永叔见赠》，秦克、巩军标点，上海古籍出版社 1999 年版，第 449 页。

作为王安石师长一辈的欧阳修（1007—1072）将前者期许为"诗文革新"的后继旗手，王安石则委婉表达自己无法承担继承擎起"诗文革新"大旗的重责。① 王安石诗文中充满着对孔、孟特别是对孟子的崇敬和对其学说的信奉，充满着对儒家政治和学术道义的向往，"某不思其力之不任也，而唯孔子之学；操行之不得，取正于孔子焉而已"②。至于孟子，则是王安石特别推崇者，"孟轲，圣人也。贤人则其行不皆合于圣人，特其智足以知圣人而已"③。去孟子千载之后，王安石心有戚戚焉。他在诗中写道："沉魄浮魂不可招，遗编一读想风标。何妨举世嫌迂阔，故有斯人慰寂寥。"④ 这些话语，充分证明，王安石学说也是以接续孔孟之道为己任，以内圣外王为基本思想框架，恪守儒家本位价值，其学术特征还是以儒学道德性命之义理为主旨而展开的。而欧阳修一直都对王安石表现出爱重和奖掖之情谊，嘉祐二年（1057），王安石外放知常州，欧阳修致函表示"贤者不能留之，朝衰病者不得放去，皆失其分"⑤。第二年秋

---

① 两宋之际的叶梦得在《避暑录话》卷上中说："王荆公初未识欧文忠公，曾子固力荐之，公愿得游其门，而荆公终不肯自通。至和初，为群牧判官，文忠还朝，始见知。遂有'翰林风月三千首，吏部文章二百年'之句。然荆公犹以为非知己也，故酬之曰：'他日倘能窥孟子，终身何敢望韩公。'自期以孟子，处公以为韩愈，公亦不以为嫌。"而吴曾《能改斋漫录》卷三《辨误·吏部文章二百年》则以为："韩子苍言：'欧阳文忠公寄荆公诗云：翰林风月三千首，吏部文章二百年。吏部，盖谓《南史》：谢朓于宋明帝朝，为尚书吏部郎，长五言诗。沈约尝云：二百年来，无此诗也。文忠之意，直使谢朓事。而荆公答之曰：他日若能窥孟子，终身安敢望韩公。则荆公之意，竟指吏部为退之矣。'"就是说，王安石对欧阳修诗理解有误。但是，清人蔡上翔力辨其非，他在《王荆公年谱考略》卷五里说："欧阳公诗好李白，文宗韩昌黎，故云：'老去自怜心尚在。'三句作一气读，盖公所以自道也。'后来谁与子争先？'则始及介甫矣。唐郑谷《读太白集诗》曰：'高吟大醉三千首'，此首句所由来也。'唐以文取士，二百年间，独高韩吏部。'一见于《孙樵集》；若如欧公记旧本韩文云：'韩氏之文，没而不见者二百年，而后大施于今。'又《寄苏子美诗》：'韩、孟于文词，两雄力相当。寂寥二百年，至宝埋无光。'则皆可为次句确证。首言诗，次言文也。韩子苍见《南史》辞句偶同，遂强作解事……合观二公诗其为交相倾服何其至也。"蔡氏进而认为："至如叶梦得素好讥切荆公，此记亦徒为后来诬荆公诋毁欧阳张本，同归于无稽之言已矣。南宋葛立方《韵语阳秋》卷十八就曾指出过："欧公赠介甫诗云：'翰林风月三千首，吏部文章二百年。'可谓极其褒美。世传介甫犹以欧公不以孔、孟许之为恨，故作报诗云：'他日若能窥孟子，终身何敢望韩公。'恐未必然也。尝读曾子固集，见子固与介甫书云：'欧公更欲足下少开廓其文，勿为造语，及模拟前人。孟、韩文虽高，不必似之，但取其自然。盖荆公之文，因子固而render从欧者甚多，则知介甫归附欧公非一日也。叶少蕴（梦得）以为荆公自期于孟子，而处欧公以韩愈，恐未必然尔。"

② 王安石：《王安石全集》卷八《答王该密校书（一）》，秦克、巩军标点，第68页。

③ 王安石：《王安石全集》卷七《答龚深父书》，秦克、巩军标点，第65页。

④ 王安石：《王安石全集》卷七三《孟子》，秦克、巩军标点，第558页。

⑤ 欧阳修：《书简》卷二《与王文公介甫》，载《欧阳修全集》，第1237页。

天，欧阳修再度表达思念之意："自拜别，无日不瞻企。秋气稍凉，伏惟尊候万福。毗陵名郡，下车之始，民其受赐。"① 就政治思想而论，两人也有较多的一致性。熙宁变法展开之际，欧阳修并无反对与排斥的情绪，庆历新政正是在他和范仲淹的主持和鼓动下进行的，仁宗时有识之士均认识到变革的必要性，欧阳修也是一样，他勇于任事，"天资刚劲，见义勇为，虽机穽在前，触发之不顾，放逐流离，至于再三，志气自若也"②。况且王安石又曾是他赏识、荐举的人才。所以，要以熙丰变法完全展开后所形成的旧党阵营的观点和立场看待欧、王两者的关系，将之视为对立的关系，或将王安石视作忘恩负义的小人，是不符合历史事实的。

王安石于嘉祐四年（1059）入朝为三司度支判官，此时他已誉满天下，"安石未贵时，名震京师，性不好华腴，自奉至俭"③。名臣文彦博也曾欣赏并荐举过王安石，"文彦博为相，荐安石恬退，乞不次进用，以激奔竞之风"④。至于一般的士大夫，更是好评如潮：

> 始某为儿童时，闻江西文章之盛，近世所未有，初未之信也，其后齿日益壮，乃始敛缩，从所谓乡先生者求为声律句读之学。问语及当世之闻人，并与其德业之隆，声称之盛，为天下素所信而归焉者，或齐或楚，或赵或魏，与夫闽、越、交、广穷荒绝徼之外，虽不必遍知其人，然可倒指而数者甚众。至其言文章之盛，则未始不在吾江西也。于是尝试叩其姓氏，则不过三数人而已，则同郡欧阳公，临川王文公，而阁下曾公也。某虽不言，心独异之。后数年，始游京师，至则尽得阁下与二公之文，伏而读之，遂以前日所闻者为信然，而恨不得即乎其人也。如欧阳公之《本论》，王文公《杂说》，阁下《秘阁十序》，皆班班播在人口，虽不言可知，又知而不必言也。若夫世之人闻焉而不能知，知焉而不能详者，某请因言之。盖尝以谓使真理不言而喻，妙道无迹而行，则世复何赖于言，而言亦无以应世矣。惟其形容之不能写，精微之不能尽，中有以类万物之情，外有以贯万物之变，旁有以发其耳目之聪明，而截然自造于

---

① 欧阳修：《书简》卷二《又与王文公介甫》，载《欧阳修全集》，第 1238 页。
② 《宋史》卷三一九《欧阳修传》，第 10380 页。
③ 《宋史》卷三二七《王安石传》，第 10550 页。
④ 同上书，第 10541 页。

性命道德之际，此言之所以不可已，而文章所为作也。盖自孟子以来，号著书者甚众，而汉独一扬雄而已，唐自元和间，复得韩愈、柳宗元之徒，垂千百年，历三四人，至吾宋而又得夫所谓三人者，何其作之鲜邪！①

刘弇此文尽管撰述的时间较晚，但文中所表达的意见则能够代表嘉祐年间（1056—1063）朝野上下对王安石的看法。欧阳修、曾巩和王安石的文章不仅是那个时代的范本，而且更为重要的是文章"中有以类万物之情，外有以贯万物之变，旁有以发其耳目之聪明，而截然自造于性命道德之际"的湛深的哲理。而王安石也以道自任，"议论高奇，能以辨博济其说，果于自用，慨然有矫世变俗之志，于是上万言书"②。《上皇帝万言书》是十年后大举推进的荆公新法的先行文献，其最核心的思想是在陶冶、培育人才的前提下，通过改革吏治来落实变法的制度成果，这既是王安石长期在基层历练和思考的结果，也是对十四年前由范仲淹主导的庆历新政精神的承袭。《上皇帝万言书》的流布，为王安石带来了极高的声誉。王安石在行文过程中稳健地展开学理化的论证。强烈的政治责任感和自信心使他义无反顾地进言献策，真诚地表达出一个务实的政治家所具备的政治素质和道义责任。宋代历史学家就敏锐地指出："安石变法之规模，亦略见于此书矣。其大意则以立法度、变风俗为急，然安石谓'先王之政法其意而已'，而安石所立之法，则一一牵合于《周礼》，而略《关雎》《麟趾》之意，则其意果合先王乎？安石谓'今之人才，教之、养之、取之、任之皆非其道'，而安石乃以《新经》《字说》坏未用之人才，以检正习学坏已用之人才，其果能得其道乎？至谓'朝廷有所施为变革，一有流俗侥幸之人不悦，则止而不能为'，此后日勇于去君子，勇于塞人言，勇于任民怨，而为行新法之根本也。"③

神宗即位后，急于进取，起初，他把希望寄托于几位元老大臣身上，他曾向参与过庆历新政的名臣富弼请教如果开展富国强兵的事业，富弼在完全知晓神宗用意的情况下回答说："人主好恶，不可令人窥测；可

---

① 刘弇：《龙云集》卷二一《上知府曾内翰书子固》，民国《豫章丛书》本。
② 《宋史》卷三二七《王安石传》，第 10541 页。
③ 吕中：《类编皇朝大事记讲义》卷九《仁宗皇帝·三司使》，张其凡、白晓霞点校，上海人民出版社 2014 年版，第 199 页。

测，则奸人得以附会。当如天之监人，善恶皆所自取，然后诛赏随之，则功罪无不得其实矣。"① 神宗请教的是富国强兵之"方"，富弼回答的却是君人南面之"术"，南辕北辙，不可能让神宗满意，再加之富弼所陈述"当布德行惠，愿二十年口不言兵"② 的道理，实在令神宗难以接受。于是神宗只能放弃"守典故，行故事"③ 的宰相，另外选用能够实现自己宏图大略的股肱之臣。神宗的目光渐渐地聚焦于王安石。前辈元老，时任的曾公亮（999—1078）极力推荐王安石："安石文学器业，时之全德，宜膺大用。"④ "安石真辅相之才"。⑤ 后来对王安石及其变法事业极尽颠覆反对之能事的刘安世、黄庭坚、司马光当时也认为拜王安石为相，是引导北宋朝廷走出财政困境与政治危机的捷径。"先生（刘安世）因言及王荆公学问。先生曰：'金陵（王安石）亦非常人，其操行与老先生（司马光）略同。"⑥ "金陵其质朴俭素，终身好学，不以官职为意，是所同也。"⑦ "其人素有德行，而天下之人素尊之。"⑧ 黄庭坚的评价更是高企："余尝熟观其风度，真视富贵如浮云，不溺于财利酒色，一世之伟人也。"⑨ 司马光则诚恳地说："窃见介甫独负天下大名三十余年，才高而学富，难进而易退，远近之士，识与不识，咸谓介甫不起则已，起则太平

---

① 《宋史》卷三一三《富弼传》，第 10255 页。

② 同上。

③ 同上书，第 10254 页。《朱子语类》卷一二九《本朝三·国初至熙宁用人》说："韩（琦）、富（弼）初来时，要拆洗做过，做不得，出去。及再来，亦只随时了。遇圣明如此，犹做不得。"历经二十年风云洗淘，韩琦、富弼的锐气尽被磨去，南宋叶适在《习学记言序目》卷四八中说："按欧阳修言明敏而果锐，此初执政时也；作相后则不然矣。弼初执政，更张之意过于范、韩，至作相乃一切坚守，无所施为为是，虽如琦之微有改作，亦不能从也。古之贤相因忧患而益明，周公是也；弼因忧患益昏，而犹欲自以为贤，非余所知也。"

④ 李焘：《续资治通鉴长编》卷二〇九，治平四年闰三月庚子条，中华书局 1995 年版，第 5086 页。

⑤ 同上。《宋史》卷三一二《曾公亮传》说："（曾）公亮静重镇浮，练达典宪，与韩琦并相，号称老成。（陈）升之自为言官，即著直声。然皆技术任数，公亮疾琦专任，荐王安石以间之，升之阴助安石，阳为异同，以避清议，二人措虑如此，岂诚心谋国者乎？新法之行，何望其能正救也。"如此说来，曾公亮引用王安石为相的根本动机在于排挤韩琦，陈升之则"深狡多数，善附会以取富贵"（《宋史》卷三一二《陈升之传》），他们都不是简单地爱护并推举王安石这位大才，而是有自己的不可告人的本意。

⑥ 马永卿编：《元城语录》卷上，清雍正元年钞本。

⑦ 同上。

⑧ 同上。

⑨ 黄庭坚：《豫章黄先生文集》卷三〇《跋王荆公禅简》，《四部丛刊》景宋乾道刻本。

可立致，生民咸被其泽矣。天子用此起介甫于不可起之中，引参大政。"①
为什么宋神宗此时除王安石之外无法有更多的选择呢？那是天下共誉的
结果。"天下盛推王安石，以为必可致太平"。②"当时天下之论，以金陵
不作执政为屈"。③ 尽管不是没有反对意见，但王安石的政治美誉度此时
完全达到了顶峰状态，希望振作的宋神宗再也不能等待了。熙宁元年
（1068）四月，王安石出任侍从之臣的翰林学士，"一切因任自然之理
势，而精神之运有所不加，名实之间有所不察"④ 的局面终于要终
结了。

总之，熙丰变法前，"夫自皇祐三年至熙宁，中间二十年，安石声名
满天下，若范文正公、富郑国、韩魏公、曾鲁公，皆为所称誉甚久。乃
毁者置诸君子不言，而曰藉韩、吕为重，于此见毁者无之而不妄也"⑤。
王安石执政之前，朝野士大夫对他期待甚殷。当他熙宁二年（1069）初
膺大任时，士大夫莫不额手相庆。但随着新法的展开与推进，出现弊端
时，朝野士大夫纷纷提出疑议。

二　变法展开后王安石形象的嬗变和政治诋毁的蔓延

应该说，在王安石出任参知政事，主持变法大计前，并非不存在对
其人格和计划从事的事业的质疑与反对。时人魏泰云："韩魏公（琦），
庆历中以资政殿学士知扬州，时王荆公初及第，为校书郎、签书判官厅
公事，议论多与魏公不合。洎嘉祐末，魏公为相，荆公知制诰，因论萧

---

① 司马光：《温国文正公文集》卷六〇《与王介甫书》，《四部丛刊》景宋绍兴本。
② 朱熹撰：《三朝名臣言行录》卷三《参政吴文肃公》，《四部丛刊》景宋本。
③ 马永卿编：《元城语录》卷上，清雍正元年钞本。
④ 王安石：《临川先生文集》卷四一《本朝百年无事札子》，《四部丛刊》景明嘉靖本。
⑤ 蔡上翔：《王荆公年谱考略》卷四，载《王安石年谱三种》，裴汝诚点校，第265页。
因蔡氏对乡贤王荆公推誉过度，言论不无夸饰，韩魏公（韩琦）对荆公实际上向无好感。参见
下文。

注降官词头，遂上疏争舍人院职分，其言颇侵执政。"① "进退宰相，其帖例草仪皆出翰林学士。旧制，学士有阙，则第一厅舍人为之。嘉祐末，王荆公为阁老，会学士有阙，韩魏公素忌介甫，不欲使之人禁林，遂以张方平为承旨。盖用旧学士也。"② 就在这件事情发生以后，"安石由是与执政忤"③。而事实上，早在为知制诰等词臣争取"封还词头"权力之前，作为长辈的韩琦就不待见王安石，"荆公与魏公议事不合，曰：'如此则是俗吏所为。'魏公曰：'公不相知，某真一俗吏也。使尔多财，吾为尔宰，共财最是难事。"④ 韩琦在熙宁初坚决反对王安石拜相，"昔神宗

①　魏泰：《东轩笔录》卷六，李裕民点校，北京：中华书局，1983 年，第 64 页。按：嘉祐六年（1061）王安石为知制诰，"尝有诏，令今后舍人院不得申请除改文字。"（李焘：《续资治通鉴长编》卷一百九十三，嘉祐六年六月戊寅条，中华书局，1985 年，第 4677 页）我们知道，知制诰的职能是代替皇帝起草诏告等文件，北宋前期（元丰改制前），以翰林学士草拟"内制"，中书舍人草拟"外制"。内制指皇帝直接由宫廷发出的诏告，外制指中书门下正规机构所撰拟的诏敕。前期的中书舍人，往往是寄禄官，不实任其职，而在中书的制敕院内设舍人院，另以他官任知制诰草拟外制。故而，知制诰、直舍人院都是代行中书舍人草拟外制之职。"今后舍人院不得申请除改文字"的意思就是知制诰不能在忤逆宰相的意志，不能任意起草违背宰执大臣意图的文字。王安石上书表示反对："窃以为舍人者，陛下近臣，以典掌诰命为职司，所当参审。若词头所批事情不尽而不得申请，则是舍人不复行其职事，而事无可否，听执政所为，自非执政大臣欲倾侧而为私，则立法不当如此。前日具论，冀蒙陛下省察，而至今未奉指挥。臣等不知陛下以为是而不改乎？将不必以为是，而特以出于执政大臣所建而不改乎？将陛下视臣等所奏未尝可否，而执政大臣自持其议而不肯改乎？以为是而不改，则臣等考寻载籍以来，未有欲治之世，而设法蔽塞近臣论议之端如此者也。不必以为是，而特以出于执政大臣所建而不改，是则陛下不复考问义理之是非，一切苟顺执政大臣所为而已也。若陛下视臣等所奏，未尝有所可否，而执政大臣自持其议而不肯改，则是政已不自人主出，而天下之公议废矣。此所以臣等惓惓之义不能自已者。"（李焘：《续资治通鉴长编》卷一九三，嘉祐六年六月戊寅条，第 4677—4678 页）王安石指出，封还词头是宋代特有的由中书舍人行使的封驳方式，是中央政府内各个部门权力制衡原则在宋代的新发展。北宋元丰官制改革之前，中书门下为政务中枢，亦称政事堂。"其属有舍人，专职诰命。阙，则以他官知制诰或直舍人院。院在中书之西南，舍人六员，与学士对掌内外制。朝廷有除拜，中书吏赴院纳词头，其大除拜亦有宰相召舍人面受词头者。"（徐松辑：《宋会要辑稿》职官二之二六，中华书局 1957 年影印本）北宋前期，中书舍人不实任其职，多由知制诰、直舍人院代行中书舍人之职。人员除授，由各部门将内容大纲送中书作词头，付舍人院草制。知制诰、直舍人院依据词头草拟制书。中书舍人封还词头这一宋代特有的封驳方式的出现，为建立监督决策和制约相权乃至皇权的封驳制度奠定了基础。王安石希望继承这项传统，试图将围绕封还词头所体现的对人事决策的封驳之权，集中于中书舍人之手，"两制官对当草诏书的决策特别是对人事安排有不同意见，封还原命不与命词称为'缴词头'。即秘书官在造令、出令过程中有对决策的修正权。"参见张东光《唐宋时期的中枢秘书官》，载《历史研究》1995 年第 4 期，第 147 页。

②　魏泰：《东轩笔录》卷○，李裕民点校，第 115 页。

③　李焘：《续资治通鉴长编》卷一九三，嘉祐六年六月戊寅条，第 4678 页。

④　晁说之：《晁氏客语》，宋《百川学海》本。

欲命相，问韩琦曰：'安石何如？'对曰：'安石为翰林学士则有余，处辅
弼之地则不可。'神宗不听，遂相安石。呜呼！此虽宋氏之不幸，亦安石
之不幸也"①。王安石执政前，最为时贤诟病的是他执拗的性格。两宋之
际的叶梦得曾经说过："大抵人才有四种：德量为上，气节次之，学术又
次之，材能又次之。欲求成材，四者不可不备。论所不足，则材能不如
学术，学术不如气节，气节不如德量。然人亦安能皆全顾？各有偏胜，
亦视其所成之者如何，故德量不可不养，气节不可不激，学术不可不勤，
材能不可不勉。苟以是存心，随所成就，亦便不作中品人物。"② "德量"
就是"德行"加上"度量"。胸怀坦荡，虚怀若谷，广开言路，开诚布
公，应该是政治家高尚的品格，也是"德量"的实质内涵。梁启超认为
王安石政术超群，是中国历史上少有的几位大政治家之一，管仲、子产、
商鞅、诸葛亮等，规模与法度都不及王安石宏远，他推行的新政，虽不
能俱谓之成功，但绝对不能俱谓之失败。③ "所谓大政治家者，不外整齐
划一其国民，使之同向于一目的以进行，因以充国力于内而扬国威于外
云尔。欲整齐划一其国民，则其为道也，必出于干涉"。④ 所谓干涉，就
是运用国家权力，深度地介入经济生活、社会生活和政治生活，希望通
过这类干涉，建构并维护其秩序，调动其潜力，提升国家综合实力。梁
启超认为，王安石盖世英杰，却一直蒙天下之诟病，国人一向因循苟且，
不恤国事，遂使千年如长夜。要尽早结束这一切，就应当弘扬王安石的
勇于造作的创新精神。与此同时，梁启超涉及对王安石心术的评价，同
样是高度地誉扬，他崇拜王安石的人格，称"其德量汪然若千顷之陂，
其气节岳然若万仞之壁"⑤。"若其学识之精卓，规模之宏远，宅心之慈
仁，则真千古而无两也。"⑥ 即便是王安石的失误，也被诠释成"夫以荆
公德量汪汪，不肯以不肖待人，间或为人所卖，则宜有之。若谓其喜逢
迎，乐便辟，曾是荆公而肯为是耶？"⑦ 但是，严复对王安石的心术就多
加非议，这种批评，在一定程度上沿袭了宋明以来王安石批判的传统，

① 《宋史》卷三二七《王安石传》，第 10553 页。
② 叶梦得：《避暑录话》卷下，明《津逮秘书》本。
③ 参见梁启超《王安石传》，第 67—68 页。
④ 同上书，第 68 页。
⑤ 梁启超：《王安石传》，第 1 页。
⑥ 同上书，第 131 页。
⑦ 同上书，第 197 页。

如司马光所说的王安石用心太过，自信太重，性格倔强，不通人情。"众贤说介甫皆有太过处，惟温公说其执拗不晓事，最平允。"① 王安石有《众人》一诗："众人纷纷何足竞，是非吾喜非吾病。颂声交作莽岂贤，四国流言旦犹圣。惟圣人能轻重人，不能铢两为千钧。乃知轻重不在彼，要知美恶犹吾身。"② 这是王氏自比周公，自命为圣贤的典型之作，表达了他那种只求诸己而不顾实际情况的思想倾向。严复在此诗上批道："此老执拗之名所以著也。"③ 这类批评的实质意涵，还是在于对荆公过度自信和过度坚守态度的质疑。

以嘉祐年间王安石出任知制诰坚持"封还词头"的权力为例，他直接把矛头对准韩琦。他尖锐地指出：

> 臣等窃观陛下自近岁以来，举天下之事属之七、八大臣，天下初以翕然幸其有为，能救一切之弊。然而方今大臣之弱者，则不敢为陛下守法以忤谏官御史，而专为持禄保位之谋；大臣之强者，则挟圣旨造法令，恣行所欲，不择义之是非，而谏官御史亦无敢忤其意者。陛下方且深拱渊默，两听其所为而无所问，安有朝廷如此而能旷日持久而无乱者乎？自古乱之所生，不必君臣为大恶，但无至诚恻怛求治之心，择利害不审，辨是非不早，以小失为无伤而不改，以小善为无补而不为，以阿谀顺己为悦而其说用，以直谅逆己为讳而其言废，积事之不当而失人心者众矣，乃所以为乱也。④

在这里，王安石以极其尖刻的言词对"大臣之强者"进行了不留情面的嘲讽和攻击。认为仁宗皇帝不应该"举天下之事属之七、八大臣"，他们"挟圣旨造法令，恣行所欲，不择义之是非"，一切法令和政策的出台，不是出于"公心"，而是出于"私意"。改正之方无非在于"以至诚恻怛欲治念乱之心，考核大臣，改修政事，则舍人院不得申请除改文字指挥为不当，当先改矣"⑤。王安石在此暗讽的"大臣之强者"就是韩琦

---

① 严复著，孙应祥、皮后锋编：《严复集补编》，福建人民出版社 2004 年版，第 182 页。
② 王安石：《王安石全集》卷五一《众人》，秦克、巩军标点，第 420 页。
③ 严复著，王栻主编：《严复集》，中华书局 1986 年版，第 1163 页。
④ 李焘：《续资治通鉴长编》卷一九三，嘉祐六年六月戊寅条，第 4678 页。
⑤ 同上。

（1008—1075）。韩琦嘉祐三年（1058）六月入相，"拜同中书门下平章事、集贤殿大学士。六年闰八月，迁昭文馆大学士、监修国史，封仪国公"①。早在在签书淮南东路节度判官厅公事的任上，王安石写下了《送孙正之序》，文中宣讲自作主宰的意志自由，自信一旦把握"圣人之道"，就会建立强大的文化信念，从这种信念出发，得君行道，博施而济众，无所而不可：

> 时然而然，众人也；己然而然，君子也。己然而然，非私己也，圣人之道在焉尔。夫君子有穷苦颠跌，不肯一失诎己以从时者，不以特胜道也。故其得志于君，则变时而之道若反手然，彼其术素修而志素定也。时乎杨、墨，己不然者，孟轲氏而已。时乎释、老，己不然者，韩愈氏而已。如孟、韩者，可谓术素修而志素定也，不以时胜道也，惜也不得志于君，使真儒之效不白于当世，然其于众人也卓矣。②

一般而言，常人只能屈从于环境，环境铸造着常人；但君子却能够从污浊的氛围中超拔出来，不仅不被环境或氛围所改变，而且还要改造不理想的环境，因为君子"术素修而志素定"，已经具备了坚定的信念，已经具备改造环境的能力，一旦有机会，就会实施宏伟的政治抱负。南宋罗大经所指责的"其当国也，偏执己见，凡诸君子之论，一切指为流俗"③。正好反映出王安石执着的性格，对外界议论或批评的毫不妥协的态度，而这种性格和态度，又是建基于他对"圣人之道"极度自信的领悟和把握之上的。然而，这样的自信，却很容易被周遭的人责备为度量不足。与王安石同时代的士大夫对他的"德量"普遍品评不高，吕诲说："安石虽有时名，然好执偏见，轻信奸回，喜人佞己。听其言则美，施于用则疏。"④ 孙固认为"安石文行甚高，侍从献纳其选也。宰相自有度，

---

① 《宋史》卷三一二《韩琦传》，第 10224 页。
② 王安石：《王安石全集》卷三六《送孙正之序》，秦克、巩军标点，第 326 页。
③ 罗大经：《鹤林玉露》乙编卷四《荆公议论》，王瑞来点校，中华书局 1983 年版，第 187 页。
④ 《宋史》卷三二一《吕诲传》，第 10430 页。

而安石为人少从容"①。程颢说王安石"安石博学多闻则有之，守约则未也"。"此安石刚褊自任，圣人岂然哉!"②王安石与曾巩是至交，"王荆公与曾南丰平生以道义相附。神宗问南丰：'卿交王安石最密，安石何如人?'南丰曰：'安石文学行义，不减扬雄，以吝故不及。'神宗遽曰：'安石轻富贵，不吝也。'南丰曰：'臣谓曰吝者，安石勇于有为，吝于改过耳。'"③

变法前的参知政事吴奎评王安石"其护前自用，所为迂阔，万一用之，必紊乱纲纪"④。司马光在给王安石的信里指摘他"介甫固大贤，其失在于用心太过，自信太厚而已。何以言之? 自古圣贤所以治国者，不过使百官各称其职，委任而责成功也。……财利不以委三司而自治之，更立制置三司条例司，聚文章之士及晓财利之人，使之讲利。……不次用人，往往暴得美官，于是言利之人，皆攘臂圜视，衔鬻争进，各斗智巧，以变更祖宗旧法。大抵所利，不能补其所伤，所得不能偿其所亡。徒欲别出新意以自为功名耳。此其为害已甚矣。……常人皆知其不可，而介甫独以为可。非介甫之智不及常人也，直欲求非常之功，而忽常人之所知耳。……自以为我之所见，天下莫能及，人之议论，与我合则善之，与我不合，则恶之，如此方正之士何由进? 谄谀之士何由远? 方正日疏，谄谀日亲，而望万事之得其宜，令名之施四远，难矣"⑤。用人也是刚愎自专，"安石既愚且愎，不知择祖宗之令典，合天下之嘉谋，以启迪聪明，佐佑丕烈。乃足己自是。谓古今之人，皆莫己如。有人与之同则喜，与之异则怒。喜则数年之间援引登青云，怒则黜逐挤斥，终身沉草莱"⑥。当司马光听闻王安石病逝的消息后，感慨地说："介甫无他，但执拗耳。"⑦ 北宋以后，知识群体对王安石的品评也主要集中在他的刚愎自用和褊狭局促上。南宋初，范冲就指出："王安石自任己见，非毁前

① 李焘：《续资治通鉴长编》卷二五，熙宁七年二月壬申条，第6083—6084页。
② 王称：《东都事略》卷一一四《程颢传》，文渊阁《四库全书》本，上海古籍出版社1987年影印本，第382册，第747页。
③ 邵博：《邵氏闻见后录》卷二〇，刘德权、李剑雄点校，中华书局1983年版，第157页。
④ 《宋史》卷三一六《吴奎传》，第10320页。
⑤ 司马光：《温国文正公文集》卷六〇《与王介甫书》，《四部丛刊》景宋绍兴本。
⑥ 司马光：《温国文正公文集》卷五七《遗表》，《四部丛刊》景宋绍兴本。
⑦ 邵伯温：《邵氏闻见录》卷一二，李剑雄、刘德权点校，第128页。

人，尽变祖宗法度。"① 朱熹对王安石性格的评价更为精准："其为人质虽清介，而器本褊狭，志虽高远，而学实凡近。其所论说，盖特见闻臆度之近似耳。顾乃挟以为高，足己自圣，不复知以格物致知、克己复礼为事，而勉求其所未至，以增益其所不能，是以其于天下之事，每以躁率任意而失之于前，又以狠愎徇私而败之于后，此其所以为受病之源。"② 为人既已如此，为学亦然，"若其释经之病，则亦以自处太高，而不能明理胜私之故，故于圣贤之言，既不能虚心静虑以求其立言之本意，于诸儒之同异，又不能反复详密以辨其为说之是非，但以己意穿凿附丽，极其力之所通，而肆为支蔓浮虚说"③。岳珂也说王安石得君之信任，自信太专，"王荆公相熙宁，神祖虚心以听，荆公自以为遭遇不世出之主，展尽底蕴，欲成致君之业，顾谓君不尧、舜，世不三代，不止也。然非常之云，诸老力争，纷纭之议，殆偏天下，久之不能堪。又幸其事之集，始尽废老成，务汲引新进，大更弊法，而时事斩然一新"④。正因为担心变法之事业为"流俗"所坏，所以王安石一意孤行，决定将预先的政治设计贯彻到底，洪迈也说："王荆公议论高奇，果于自用。"⑤ "安石平生持论，务与众异。"⑥ 他们都指出王安石在政治上表现得性情偏急，不能容物，缺少宰相度量。这些言论有些是在王安石拜相前或变法推展之前就给他下的，当时这些言论与评价的发布者还不是王安石的政敌或反对者，而且这些人对王安石的评语是不约而同的相似，再者，南宋人对王安石性情的评价是上个时代深刻印象的折射，这说明对王安石性格的评语，有相当大的客观性。

王安石执政之前，朝野士大夫对他期待甚殷。当他熙宁二年（1069）初膺大任时，士大夫莫不额手相庆。但随着新法的展开与推进，出现弊端时，朝野士大夫纷纷提出疑议。王安石开始疾言厉色，深拒谏言。正

---

　① 李心传：《建炎以来系年要录》卷七九，绍兴四年八月戊寅朔条，中华书局 1956 年版，第 1289 页。

　② 朱熹：《晦庵先生朱文公文集》卷七〇《读两陈谏议遗墨》，《四部丛刊》景明嘉靖本。

　③ 同上。

　④ 岳珂：《桯史》卷一一《王荆公》，吴企明点校，中华书局 1981 年版，第 127 页。

　⑤ 洪迈：《容斋随笔·四笔》卷四《王荆公上书并诗》，上海师范大学古籍整理组校点整理，上海古籍出版社 1996 年版，第 657 页。

　⑥ 洪迈：《容斋随笔·三笔》卷一六《多赦长恶》，上海师范大学古籍整理组校点整理，第 602 页。

如司马光所说，变法后，政治生活的不正常现象"在于好人同己而恶人异己"。朝廷"既全以威福之柄授之，使之制作新法以利天下，是宜与众共之，舍短取长，以求尽善，而独任己意，恶人攻难。群臣有与之同者，则擢用不次；与之异者，则祸辱随之。人之情谁肯弃福而取祸，去荣而就辱，于是天下之士，躁于富贵者，翕然附之"①。元老范镇名重天下，"熙宁初，王荆公始用事，公以直言正论折之，不能胜，上章乞致仕，曰：'陛下有纳谏之资，大臣进拒谏之计；陛下有爱民之性，大臣用残民之术。'荆公见之怒甚，持其疏至手战。冯当世解之曰：'参政何必尔。'"② 士大夫见此情形，纷纷求去，御史中丞杨绘说："安石用事，贤士多谢去。""老成之人，不可不惜。当今旧臣多引疾求去。范镇年六十有三，吕诲五十有八，欧阳修六十有五而致仕；富弼六十有八而引疾，司马光、王陶皆五十而求散地。"③ 以上数人的年龄都在成熟政治家的最佳阶段，但都谋求离开朝廷，与王安石执拗的性格不无关系。王安石也存在主动排斥异议者的举措。范纯仁反对新法，"其所上章疏，语多激切。神宗悉不付外，纯仁尽录申中书。安石大怒，乞加重贬。神宗曰：'彼无罪，姑与一善地。'命知河中府，徙成都路转运使。以新法不便，戒州县未得遽行。安石怒纯仁沮格，因谗者遣使欲捃摭私事"④。孙觉"有德量，为王安石所逐"⑤。熙宁二年八月，在新法实施后不久，"贬刘琦、钱顗。琦为侍御，顗里行，言：陛下用王安石，未及半年，中外人情，嚣然不安。盖以其专肆胸臆，轻易宪度，而全无忌惮之心"⑥。"乃黜琦监处州盐酒税，顗为衢州酒税。时台官刘述亦以论安石出知江州。"⑦ 在熙宁三年（1070）王安石拜相后，宰相陈升之与他的矛盾迅速激化，"既与王安石忤，安石数侵辱之，升之不能堪，称疾卧家逾百日，求解政事"⑧。苏辙原本被王安石引入制置三司条例司，但与吕惠卿论议不合。

---

① 李焘：《续资治通鉴长编》卷二五二，熙宁七年夏四月甲申条，第6161页。
② 邵伯温：《邵氏闻见录》卷一二，李剑雄、刘德权点校，第129页。
③ 《宋史》卷三二二《杨绘传》，第10449页。
④ 《宋史》卷三一四《范纯仁传》，第10284页。
⑤ 《宋史》卷三四四《孙觉传》，第10928页。
⑥ 陈均编：《皇朝编年纲目备要》卷一八，熙宁二年八月，许沛藻等点校，中华书局2007年版，第419页。
⑦ 同上书，第420页。
⑧ 李焘：《续资治通鉴长编》卷二一五，熙宁三年九月庚寅条，第5234页。

又因为"安石因遣八使之四方，访求遗利。中外知其必迎合生事，皆莫敢言"。苏辙"见陈升之曰：'昔嘉祐末，遣使宽恤诸路，各务生事，还奏多不可行，为天下笑。今何以异此？'又以书抵安石，力陈其不可。安石怒，将加以罪，升之止之，以为河南推官"①。此外，吕公著因上书言青苗法失人心而被贬知颍州；监察御史里行刘挚因上言免役法实施不良，谪监衡州盐仓；知开封府韩维上书反映诸县行保甲法扰民情况，被贬出知襄州。滕甫、张戬、邢恕及傅尧俞诸人也都因为对新法有意见，而被降官或被驱逐到外地。对于直接向神宗反映情况的臣僚，王安石暗中用力，加以排挤。"上以外事问介甫，介甫曰：'陛下从谁得之？'上曰：'卿何以问所从来。'介甫曰：'陛下以他人为密，而独隐于臣，岂君臣推心之道乎？'上曰：'得之李评。'介甫由是恶评，竟挤而逐之"。② 王安石自己固守己见，也劝宋神宗一意孤行。"上又谕安石，令稍修改常平法，以合众论。安石曰：'陛下方以道胜流俗，与战无异，今少自却，即坐为流俗所胜矣。'"③ 王安石自以为是"道义""理义"的掌控者，他希望宋神宗也与他有相同的认识。"上因论及台谏官，言不可失人心。安石曰：'所谓得人心者，以为理义。理义者，乃人心之所悦。非独人心，至于天地鬼神亦然。先王能使山川鬼神亦莫不宁者，以行事有理义故也。苟有理义，即周公致四国皆叛，不为失人心；苟无理义，即王莽有数十万人诣阙颂功德，不为得人心也。'"④ 他还曾对神宗说："夫人主诚能知利害之权，因以好恶加之，则所好何患人之不从，所恶何患人之不避？然利害之情难识，非学问不足以尽之。流俗之人罕能学问，故多不识利害之情，而于君子立法之意有所不思而好为异论。若人主无道以揆之，则必为异议众多所夺，虽有善法，何由而立哉？"⑤ 他对神宗提出自己所理解的政治控制法术，不主张君主直接回应官僚层级底端的意见，"天下事大计已定，其余责之有司，事不当则罪有司而已。今每一小事，陛下辄再三手敕质问，臣恐此体伤于丛脞，则股肱倚办于上，不得不堕也。

---

① （元）脱脱：《宋史》卷三三九《苏辙传》，第10823页。

② （宋）司马光：《涑水记闻》卷一六，邓广铭、张希清点校，第314页。

③ 黄以周等辑注：《续资治通鉴长编拾补》卷七，熙宁三年二月丙申条，顾吉辰点校，中华书局2004年版，第339页。

④ 同上书，第338—339页。

⑤ 李焘：《续资治通鉴长编》卷二二三，熙宁四年五月癸巳条，第5419页。

且王公之职，论道而已。若道术不明，虽劳适足自困，无由致治。若道术明，君子小人各当其位，则无为而天下治，不须过自劳苦纷纷也"①。因此正确的做法是以一驭万，举本统末，对随意发表意见的浅近之士不需要作出太多的关注，重要的是君主的主见要确立不易。"陛下以道揆事，则不窥牖见天道，不出户知天下；若不能以道揆事，但问人言，浅近之人，何足以知天下大计，其言适足沮乱人意而已。"②对沮乱人意的臣僚意见置之不理，对普通民众的意见更是不须顾及，"治百姓，当知其情伪利害，不可示以姑息。若骄之使纷纷妄经中书、御史台，或打鼓截驾，恃众为侥幸，则亦非所以为政"③。梁启超为王安石所经营的事业所感动，极力维护王安石的言行，赋予这些言行以各种各样的正当性，"庄子曰：中国之人，明于礼义，而昧于知人心。又曰：人心险于山川，难于知天。荆公惟昧于知人心也。故以遇世之所谓小人者而失败，以遇世之所谓君子者而亦失败。论荆公之所短，盖莫此为甚矣！虽然，使公而明于知人心乎？则且随俗波靡，非之无非，刺之无举，非徒得徼容悦之一时，而且将有令誉于后世，又安肯以国家之故，而牺牲一身之安乐闻誉，丛万垢而不悔也"④。如此，梁启超将王安石饰非拒谏问题转而为其因"昧于知人心"勇猛精进，为国家利益牺牲自己，王安石在不屑民情，不顾仕情，一意孤行方面的表现被洗刷净尽。为了排斥众议，坚持己见，王安石高唱"三不足"说，"安石性强忮，遇事无可否，自信所见，执意不回。至议变法，而在廷交执不可，安石传经义，出己意，辩论辄数百言，众不能诎。甚者谓'天变不足畏，祖宗不足法，人言不足恤'。罢黜中外老成人几尽，多用门下儇慧少年"⑤。王安石倔强执着的性格内含着一种

---

① 李焘：《续资治通鉴长编》卷二二三，熙宁四年五月癸巳条，第5427页。
② 同上。
③ 同上。
④ 梁启超：《王安石传》，第173页。
⑤ 《宋史》卷三二七《王安石传》，第10550—10551页。王安石的"三不足"说，中国古代史学界几乎一致认为是王安石本人提出来的。其文献依据有：南宋杜大珪的《名臣碑传琬琰集》下编卷一四《王荆公安石传》，杜大珪自注出自《神宗实录》。南宋王称《东都事略》卷七九《王安石传》亦如此说。元代脱脱等人所编撰的《宋史》卷三二七《王安石传》同《东都事略·王安石传》。此外，邵伯温《邵氏闻见录》卷二作"熙宁大臣以天变不足畏说人主，以成今日之祸，悲夫！"并不及后面两句。南宋赵与时《宾退录》卷七亦有相关记载。南宋李昂英《文溪集》卷六《嘉熙己亥著作郎奏札》抨击"三不足"说，并将之归于王安石所造。南宋后期朱熹门人徐元杰《楳野集》卷二《三月十九日进讲》也提到"天变不足畏"一句。今人（转下页注）

坚定的文化信念，犹如他早年说的那样："夫君子有穷苦颠跌，不肯一失诎己以从时者，不以时胜道也。故其得志于君，则变时而之道若反手然，彼其术素修而志素定也。"①他与古代中国知识精英所认为的那样，君主与知识分子之间存在着师、友、臣三种关系，代表道统的知识精英，相信"道"比"势"更尊贵，道统也有着较之政统的优先性。精神权威对政治权势完全取得一种君临的态势。与生俱来的使命感促使他全力奋进以求"道"通于天地之间，表现的是一种无畏的精神。

如此强烈的个性，伴之以剧烈的变法，对北宋国家与社会各个层面造成深刻的冲击，影响着各种人群，也激起利益攸关方的思想和情绪的反弹，在对王安石及其事业的批评意见中，最为刺耳的则是对王安石人格与人品的负面看法，尤其以据称是苏洵所写的《辨奸论》最具代表性：

> 事有必至，理有固然。惟天下之静者，乃能见微而知著。月晕而风，础润而雨，人人知之。人事之推移，理势之相因，其疏阔而难知，变化而不可测者，孰与天地阴阳之事。而贤者有不知，其故何也？好恶乱其中，而利害夺其外也。昔者山巨源见王衍曰："误天下苍生者，必此人也。"郭汾阳见卢杞曰："此人得志，吾子孙无遗类矣。"自今而言之，其理固有可见者。以吾观之，王衍之为人，容貌言语固有以欺世而盗名者。然不忮不求，与物浮沉。使晋无惠帝，仅得中主，虽衍百千，何从而乱天下乎？卢杞之奸，固足以败国，

（接上页注）顾吉辰认为，"三不足"之说，很有可能不是出于王安石之口，而是来自旧党对王安石的凭空捏造。参见氏著《王安石"三不足"说质疑》，载《青海社会科学》1986 年第 2 期。王荣科认为，王安石所处的政治文化环境，表明他是不可能提出"三不足"之说的。天命观是中国帝制时代王朝政权的政治体系文化的理论基础，"祖宗之法"则是北宋王朝政策文化的内涵和基石，是宋朝统治政策选择模式基本倾向和价值标准。"人言"则是宋王朝政治活动文化或政治过程文化的表现形式。"三不足"之说的来源是旧党人士的编造。参见氏著《王安石提出"三不足"之说质疑》，载《复旦学报》2000 年第 1 期。邓广铭在《北宋政治改革家王安石》中肯定"这三句话之为王安石所说，却是决无可疑的"。参见该书第 92 页。自邓广铭肯定"三不足"之说为王安石提出之后，除少数学者曾提出疑问和不同观点外，国内有关王安石变法以及这段宋代史的种种著述，绝大多数都采用了邓广铭的观点，并以"三不足"之说来体现王安石坚持变法的无畏精神与勇气。我们认为，或许王安石本人没有完整地表述"三不足"的具体话语，但王安石在变法实践过程中所彰显的精神气质与"三不足"说的执着非常相配，也许王安石的"三不足"说不具备文献学上的依据，但却具备思想史上的真实。

① 王安石：《王安石全集》卷三六《送孙正之序》，秦克、巩军标点，第 326 页。

然而不学无文，容貌不足以动人，言语不足以眩世，非德宗之鄙暗，亦何从而用之。由是言之，二公之料二子，亦容有未必然也。

今有人，口诵孔、老之言，身履夷、齐之行，收召好名之士、不得志之人，相与造作言语，私立名字，以为颜渊、孟轲复出，而阴贼险狠，与人异趣。是王衍、卢杞合而为一人也。其祸岂可胜言哉？夫面垢不忘洗，衣垢不忘浣，此人之至情也。今也不然，衣臣虏之衣，食犬彘之食，囚首丧面而谈《诗》、《书》，此岂其情也哉？凡事之不近人情者，鲜不为大奸慝，竖刁、易牙、开方是也。以盖世之名，而济其未形之患。虽有愿治之主，好贤之相，犹将举而用之。则其为天下患，必然而无疑者，非特二子之比也。孙子曰："善用兵者，无赫赫之功。"使斯人而不用也，则吾言为过，而斯人有不遇之叹。孰知祸之至于此哉？不然，天下将被其祸，而吾获知言之名，悲夫！①

---

① 苏洵：《苏洵集》卷九《辨奸论》，邱少华点校，中国书店 2000 年版，第 87 页。《辨奸论》的真伪，自宋至明六百多年间，本无异议，其著作权一直归苏洵。清人李绂在《穆堂初稿》卷四五《书〈辨奸论〉后二则》中始提出邵伯温伪作说。其后清人蔡上翔在其《王荆公年谱考略》中又有引申、补充。因李绂是王安石乡党，所以周中孚在《郑堂读书记》卷七一《穆堂初稿》里指出："其曲护王氏甚至，此其乡曲之私牢固于心，所以论学术则祧程朱而祢陆王者，屡见于文，此其蔽也。"邓广铭 1953 年由生活·读书·新知三联书店出版《王安石》，书中认为《辨奸论》冒称是北宋苏洵的作品，"实际却是南宋初年的一个文人捏造的"。并认为伪作者就是"北宋时代守旧党徒邵雍的儿子邵伯温"。这是 1949 年后首次提出并讨论《辨奸论》的真伪问题。为此，李清怡撰写的《试论"辨奸论"的真伪问题》（载《光明日报》1957 年 3 月 17 日），从三个方面对邵伯温伪作说进行了驳议。第一，张方平《乐全集》中为苏洵所写《文安先生墓表》中载有《辨奸论》全文，墓表写于苏洵死后不久，其时邵伯温尚幼；第二，《苏轼文集》有《谢张太保撰先人墓碣书》提到过《辨奸论》；第三，沈卓然氏所写《苏老泉年谱》中肯定《辨奸论》是苏洵作品。1978 年后，围绕《辨奸论》的研究趋于深化。大体而言，曾枣庄《苏洵评传》（四川人民出版社 1983 年版）从"历史背景""内容""始见何书""版本""流传过程"五个方面对李绂、蔡上翔以来的"伪作说"所持论据逐次驳议，申论《辨奸论》确为苏洵所作，显得相当系统、深入。章培恒的《〈辨奸论〉非邵伯温伪作》（载《复旦学报》增刊《古典文学论丛》）（上海人民出版社 1980 年版）更为全面、有力地对李绂、蔡上翔认为《辨奸论》是邵伯温伪托的诸论据与理由，逐条加以驳斥，广征博引，堪称力作。而坚持伪作说的邓广铭《〈辨奸论〉真伪问题的重提与再判》（载《国学研究》第 3 卷，北京大学出版社 1995 年版；又载《邓广铭治史丛稿》，北京大学出版社 1997 年版）则对章文的驳难进行反驳难。王水照发表《〈辨奸论〉真伪之争》（载《新民晚报》1997 年 2 月 15 日"夜光杯"副刊）和《再论〈辨奸论〉真伪之争》（载《学术集林》，上海远东出版社 1998 年版），主要从版本材料入手，以根据《铁琴铜剑楼藏宋元本书目》考为北宋麻沙本的《类编增广老苏先生大全文集》卷三收有《辨奸论》和宋刻孤本《东坡集》卷二九收有《谢张太保撰先人墓碣书》，认定邵伯温"伪作说"难以成立。

《辨奸论》写于王安石主政与变法事业得以全面展开的前夜，它先提出"事有必至，理有固然"。李泽厚指出，"宋人重'理'，几乎是一大特色，无论对哲学、政治、诗歌、艺术以及自然事物都如此。苏轼说：'至于山石竹木，水波烟云，虽无常形，而有常理。'足见追求'无常形'现象之后的'常理'，已是当时一种共同的思潮倾向"①。万事均有理，理均可以"见微而知著"，由此及彼、由表及里地预测规则。以这样一种理性的观念为基础。例举山涛预见王衍、郭子仪预见卢杞为证，类比王安石"衣臣虏之衣，食犬彘之食，囚首丧面而谈《诗》、《书》"行为的"不近人情"，进而推导出王安石得志必为奸臣、为害国家的结论。文章的作者对于奸臣确有所指，而所指的具体人物，又故意未点明。山涛、郭子仪对王衍、卢杞的评论并不足以揭明当下这位"奸臣"之"奸"。"今有人""口诵孔老之书，身履夷齐之行"，其言论与行动的巨大反差让我们难以相信他的表现出自内心的真诚，"王衍、卢杞合而为一人"的可怕后果才是令人惊悚的梦魇，至此，《辨奸论》以其犀利的笔锋直指这位"千古一相"。

《辨奸论》中使人印象深刻的还在于对王安石生活习性的刻画，并通过这样的刻画暗示王安石的"不近人情"。至此，这种"不近人情"已不是简单的个人生活习惯与常人的差异，而是"奸臣"之"奸"在生活小节上的生动表现。比如《辨奸论》里讲王安石衣垢忘浣，面垢忘洗，也并非完全出自毫无依据的面壁虚构和不着边际的造谣，据说，"王荆公性简率，不事修饰奉养，衣服垢污，饮食粗恶，一无有择，自少时则然"②。王安石对生活中的衣食住行不仅不讲究，而且根本不注意生活的细节，甘守淡泊，排斥虚华。出任参知政事前，友人与他"同浴于僧寺，潜备新衣一袭，易其敝衣，俟其浴出，俾其从者举以衣之，而不以告。荆公服之如固有，初不以为异也"③。在饮食上的表现更是让人忍俊不禁，"及为执政，或言其喜食獐脯者，其夫人闻而疑之曰：'公平日未尝有择于饮食，何忽独嗜此？'因令问左右执事者，曰：'何以知公之嗜獐脯耶？'曰：'每食不顾他物，而獐脯独尽，是以知之。'复问：'食时置獐脯何所？'曰：'在近

---

① 李泽厚：《中国古代思想史论》，人民出版社 1985 年版，第 230 页。
② 朱弁：《曲洧旧闻》卷一〇《王荆公性简率》，孔凡礼点校，中华书局 2002 年版，第 230 页。
③ 同上书，第 231 页。

匕筯处。'夫人曰：'明日姑易他物近匕筯。'既而果食他物尽而獐脯固在。而后人知其特以其近故食之，而初非有所嗜也'①。招待亲属，饮食大凡也很俭素，"王荆公在相位，子妇之亲萧氏子至京师，因谒公，公约之饭。翌日，萧氏子盛服而往，意谓公必盛馔。日过午，觉饥甚而不敢去。又久之，方命坐，果蔬皆不具，其人既已心怪之。酒三行，初供胡饼两枚，次供猪臠数四，顷即供饭，傍置菜羹而已。萧氏子颇骄纵，不复下箸，惟啖胡饼中间少许，留其四傍。公取顾自食之，其人愧甚而退。人言公在相位，自奉不过如此"②。足见安石从未将饮食放在心上，在衣着修饰上他也是很率性自然。王安石用心太专，不是沉思于学术，就是用心于政事，对生活的细节完全是粗线条的处置，以至于"人见其太甚，或者多疑其伪云"③。这就有一些以小人之心，度君子之腹的味道了。这些粗线条的生活态度，也包括他的个人卫生习惯，"王荆公性不善缘饰，经岁不洗沐，衣服虽弊，亦不浣濯"④。据说他的邋遢，到了匪夷所思的地步，"公面黧黑，门人忧之，以问医人，曰：'此垢污，非疾也。'进澡豆，令公洗面，公曰：'天生黑于予，澡豆其如予何。'"⑤ 他与王珪"熙宁中，同在相府。一日，同侍朝，忽有虱自荆公襦领而上，直缘其须。上顾而笑，公不自知也。朝退，禹玉（王珪）指以告公，公命从者去之。禹玉曰：'未可轻去，辄献一言，以颂虱之功。'曰：'如何？'禹玉笑而应曰：'屡游相须曾经御览。'荆公亦为之解颐"⑥。原本，王安石这种俭约的生活作风和专心致志的工作态度，是被当时人赞许的，"性不好华腴，自奉至俭，或衣垢不澣，面垢不洗，世多称其贤"⑦。自苏洵《辨奸论》一出，尤其是变法全面铺开后，随着反对的声浪越来越高，士大夫阶层对王安石的评价越来越低，逐次趋向人身攻击。他们把王安石看作有异于人类的动物，"王介甫乃进贤

---

① 朱弁：《曲洧旧闻》卷一〇《王荆公性简率》，孔凡礼点校，中华书局 2002 年版，第 230 页。

② 曾敏行：《独醒杂志》卷二《王荆公自奉俭约》，朱杰人校点，上海古籍出版社 2012 年版，第 98—99 页。

③ 朱弁：《曲洧旧闻》卷一〇《王荆公性简率》，孔凡礼点校，第 231 页。

④ 叶梦得撰、宇文绍奕考异：《石林燕语》卷一〇，侯忠义点校，中华书局 1984 年版，第 154 页。

⑤ 彭乘辑撰：《墨客挥犀》卷一〇《药用紫团参》，孔凡礼点校，中华书局 2002 年版，第 392—393 页。

⑥ 彭乘辑撰：《墨客挥犀》卷四《颂虱之功》，孔凡礼点校，第 326 页。

⑦ 《宋史》卷三二七《王安石传》，第 10550 页。

饶氏之甥，其舅党以介甫肤理如蛇皮，目之曰：'此行货亦欲求售耶?'① 我们并不知道王安石的舅家在王安石年轻的时候又怎样的过节，以至于要用这样的生理特征的缺陷去贬损他们的外甥。朝廷内士大夫对王安石的丑化更加恶毒，"傅献简云：'王荆公之生也，有獾入其室，俄失所在，故小字獾郎。'② 直至南宋时还有人说："王荆公之生也，有獾出于市。一道人首常戴花，时人目为戴花道人，来访其父，曰：'此文字之祥，是儿当之，他日以文名天下。'因述其出处甚详，侯至执政，自当见之。荆公父书于册，自后休证不少差。荆公甚神之。洎拜两地，戒阍者，有戴花道人来，不问早暮即通。一日，道人果来，荆公见之，述父所记、渴见之意。道人曰：'自此益得君，谨无复仇。'荆公扣之，曰：'公前身，李王也，戒之。'遂辞去。"③ 李王即南唐亡国之君李煜，此段文字给人一定的困惑，王安石究竟是獾的化形呢，还是李煜的转世？"谨无复仇"一句则承载着士大夫的某种希望，作为宰相的王安石不应该也不能够对他们出重招打压。在所有的对王安石人格的诋毁中，王安石是某种动物的化身一说最为下作：

> 昔与小王先生（王仔昔）者言："王舒公介甫何至于无后？"小王先生曰："介甫上天之野狐也。又安得有后？"吾默然不平，归白诸鲁公（蔡京）。鲁公曰："有是哉!"吾益骇。鲁公始乃为吾言，曰："顷有李士宁者，异人也。一旦因上七日入醴泉观，独倚殿所之楠柱，视卿大夫络绎登阶拜北神者。适睹一衣冠，亟问之曰：'汝非獾儿乎？'衣冠者为之拜，乃介甫也。士宁谓介甫：'汝从此去，逾二纪为宰相矣。其勉旃。'盖士宁出入介甫家，识介甫之初诞生，故竟呼小字曰'獾儿'也。介甫见士宁后，果相神庙。而士宁又出入介甫家，适坐宗室世居事几死，赖介甫得免，即尸解去矣。"吾得此更疑惑久之，又白鲁公："造化块圠，天道蒙鸿。彼实灵物也，兽其形，中则圣贤尔。今峨冠佩玉，彼□人也，中或畜产多有焉。要论

---

① 查应光辑：《靳史》卷二一，明天启刻本。

② 邵博：《邵氏闻见后录》卷三〇，刘德权、李剑雄点校，第 237 页。傅献简即傅尧俞（1024—1091）字钦之，举进士，历官三十载，为仁宗、英宗、神宗、哲宗四朝重臣。司马光赞之曰："清、直、勇三德，人所难兼，吾于钦之见焉。"谥献简。

③ 赵彦卫：《云麓漫钞》卷四，傅根清点校，中华书局 1996 年版，第 62 页。

其心斯可乎？"鲁公为颔之，而吾始得以自决。①

    獾与狐都是小型哺乳类动物，但又有本质上的区别，王仔昔说荆公是狐，② 李士宁却说是獾，这表明王安石究竟是什么动物的化身都没有些微的共识，作为诋毁人格的手段却很是明确。对所要贬损的对象从外貌上进行丑化，是古代政争一向采取的手段之一。但是直接将政治对手指斥为不是人类，就未免太过火了。司马光看准王安石不讲究个人卫生的细节，展开有针对性的攻击，他曾作诗《和王介甫烘虱》，诗中写道："依人自活反食人，性喜覆藏便垢涴。晨朝生子暮生孙，不日蕃滋逾万个。""初虽快意终自咎，致尔歼夷非尔过"。"体生鳞甲未能浴，衣不离身成脆破"。"虚肠不免须侵人，肯学夷齐甘死饿"。"但思努力自洁清，群虱皆当远迸播"。③ 司马光作诗时，尽管不乏戏弄之意，但诗中借虱子生发的指责，有指桑骂槐之嫌，从暗讽王安石不讲究人卫生入手，隐喻王安石在新党内部引入如此多的虱子般的小人，并以这些小人的彻底覆灭为最后的期待。据说宋神宗向程颢询问："王安石是圣人否？明道曰：

---

    ① 蔡絛：《铁围山丛谈》卷四，冯惠民、沈锡龄点校，第72页。王仔昔（？—1117），宋洪州（治今江西省南昌市）人。初隐于嵩山，自言遇许真君，得道术，能预知未来事。政和中，徽宗召见，赐号"冲隐处士"，进封"通妙先生"。徽宗待以客礼。后为佞道林灵素所潜，下开封府狱死。蔡絛：《铁围山丛谈》卷五："小王先生仔昔者，豫章人也。始自言遇许逊真君，授以《大洞隐书》，豁落七元之法，能知人祸福。"李士宁者，北宋高道，与当时士大夫多有往来。司马光《涑水记闻》卷十六云："李士宁者，蓬州人，自言学道，多诡数，善为巧发奇中。目不识书，而能口占作诗，颇有才思，而词理迂诞，有类谶语，专以妖妄感人。周游四方及京师，公卿贵人多重之。人未尝见其经营及有囊橐，而费用常饶，猝有宾客十数，珍馔立具，皆以为有归钱术。王介甫尤信重之，熙宁中，介甫为相，馆士宁于东府且半岁，日与其子弟游，及介甫将出金陵，乃归蓬州。宗室世居者，太祖之孙，颇好文学，结交士大夫，有名称，士宁先亦私入睦亲宅，与之游。士宁以为太祖肇造，宗室子孙当享其祚，会仁宗曾赐英宗母仙游县君《挽歌》，微有传后之意，士宁窃其中间四句，易其首尾四句，密言世居当受天命以赠之。世居喜，赂遗甚厚。"《邵氏闻见录》《默记》《东轩笔录》都讲述过李士宁与王安石过从甚密。刘攽《中山诗话》言李士宁所操乃骗术耳："蜀人李士宁，好言鬼神诡异事。为予言，尝泛海值风，广利王使存问己。又尝一夜，有人传相公命己，及往，燕设甚盛，饮食醉饱。既寤，乃在梁门外。疑所谓相公者，二相神也。人皆言士宁能他心通。士宁过余，余故默作念，侮戏之竟日，士宁不知，乌在其通也！士大夫多遗其金帛钱物，士宁以是财用常饶足。人又以为有术能归钱，与李少君类矣。"王安石与李士宁确有往来，今王安石文集中有赠、寄李士宁诗多首。

    ② 据宋人王正德《余师录》卷四《蔡絛》："元祐间，东坡奉祠西太一宫，见公旧时诗云：'杨柳鸣蜩绿暗，荷花落日红酣，三十六陂春水，白头想见江南。'注目久之，曰：'此老野狐精也。'"尽管这只是一句调侃的玩笑，却也被士大夫当作王安石是狐狸精化身的依据。

    ③ 司马光：《温国文正公文集》卷三《和王介甫烘虱》，《四部丛刊》景宋绍兴本。

'公孙硕肤，赤舄几几。'圣人气象如此。王安石一身尚不能治，何圣人为！'先生曰：'此言最说得荆公著。'"程颢大抵以"一屋不扫，何以扫天下"为依据，推论王安石人格与事业的不正当，深得朱熹的赞许。从王安石外貌和生活小节着眼，进而诋毁其政治人格的，都是变法的反对者，旧党士大夫在这幕活剧里扮演着重要的角色。"黄庭坚尝言：'人心动则目动，王介甫终日目不停转。'庭坚一日过范景仁，终日相对，正身端坐，未尝回顾，亦无倦色。景仁言：'吾二十年来胸中未尝起一思虑，二三年来不甚观书，若无宾客则终日独坐，夜分方睡。虽儿曹欢呼，只尺皆不闻。'"① 然而，就是这位"终日目不停转"的王安石，在别的士大夫那里却有显现出不同的模样，萧注有相人之术，一次宋神宗问"王安石如何？"萧注的回答是"牛形人，任重而道远"②。再一次，"上曰：'闻卿有袁、许之学。'因问韩绛、王安石、冯京，注曰：'安石牛耳虎头，视物如射，意行直前，敢当天下大事。然不如绛得和气多，惟和气能养万物。'"③ "视物如射"与"终日目不停转"刚好是截然相反的形象，这两种形象至少有一种是不着边际的诽谤。王昉在《道山清话》里的说法极有可能是出自别有用心的编造，黄庭坚虽然反对王安石变法，并因而遭到贬谪，但是他对王安石本人的学识和道德水平却既欣赏又敬佩。他曾在《跋王荆公禅简》中说："余尝熟观其（王安石）风度，真视富贵如浮云，不溺于财利酒色，一世之伟人也。"④ 滕元发"与王介甫同作馆职，同夜直。忽见介甫同展书烛下，黑光亦径射纸上"。⑤ "庆历中，河北道士贾众妙善相，以为曾鲁公脊骨如龙，王荆公目睛如龙，盖人能得龙之一体者，皆贵穷人爵"。⑥ 因而，王安石目光如炬的形象更为可信。只不过萧注讲的的"气和能养万物"，又回到了叶梦得所说的"德量不可不养"上去了，虚怀若谷的包容气度被认为是王安石缺少的，成为一时士大夫的共同意见。从这里，又生发出士大夫对王安石执拗性格的非议和不留

---

① 王昉：《道山清话》，宋《百川学海》本。
② 周辉：《清波杂志校注》卷四《萧注人伦》，刘永翔校注，中华书局1994年版，第161页。
③ 同上书，第162页。
④ 黄庭坚：《豫章黄先生文集》卷三〇《跋王荆公禅简》，《四部丛刊》景宋乾道刊本。
⑤ 王铚：《默记》卷上，朱杰人点校，第12页。
⑥ 陆游：《老学庵笔记》卷七，李剑雄、刘德权点校，中华书局1979年版，第96页。

情面的指责，王安石具有执拗的性格，是毋庸置疑的事实，关键是在坚持或者说执拗的事情本身是否具有合理性和正当性。宋代士大夫对此却不做区分，把握住王安石执拗性格大加挞伐。他们众口一词，认为"荆公平日论议，必欲出人意之表，苟有能同之者，则以为流俗之见也"①。用"流俗之见"作为抵御批评的挡箭牌，是士大夫对王安石的共识。司马光的结论"介甫无他，但执拗耳"②更是宋代政治与文化界对王安石的主流看法。王安石本人也说过："吾昔好交游甚多，皆以国事相绝。"③把各方的意见和批评一律斥责为"流俗之言"，陷自己于孤立无援的处境，不仅是性格上的执拗行为，而且也不是政治家的正确选择，至于"介甫为相，引用一时之人，最为不次。及再罢相，颇有卖之者"④。就是为政用人的失察了。

三 王安石的实际生活状况与污名化缘由

"毁誉从来不可听，是非终究自分明"。这联明末冯梦龙编《警世通言》卷四《拗相公饮恨半山堂》里的诗句，借评价王莽改制而引入对荆公新法事业的叙述，不经意间，成为王安石及其事业鉴悬日月般的预评。王安石位极群臣，一时间尊荣无比，却一向简朴低调，熙宁九年（1076）第二次罢相后，以散职归江宁府（今江苏省南京市），居住在钟山之下，晨暮诵读不辍，过着像山林隐士和乡间老翁一般的清平生活。"筑第于南门外七里，去蒋山亦七里，平日乘一驴，从数僮游诸山寺。欲入城，则乘小舫，泛潮沟以行，盖未尝乘马与肩舆也。所居之地，四无人家，其宅仅蔽风雨，又不设垣墙，望之若逆旅之舍，有劝筑垣墙，辄不答。元丰末，荆公被疾，奏舍此宅为寺，有旨意赐名报宁。既而荆公疾愈，税城中屋以居，竟不复造宅。"⑤这位曾经的宰相大人，最后连属于自己的房舍也捐了出去，这不是生活俭素的表现吗？连受过苏轼"乌台诗案"牵连，受新党政治迫害最深的王巩（1048—1117）

---

① 徐度：《却扫编》卷中，明《津逮秘书》本。
② 邵伯温：《邵氏闻见录》卷一二，李剑雄、刘德权点校，第128页。
③ 同上。
④ 彭乘辑撰：《续墨客挥犀》卷七《介甫性不杀》，孔凡礼点校，中华书局2002年版，第492页。
⑤ 魏泰：《东轩笔录》卷一二，李裕民点校，第139页。

也赞许王安石的俭素生活，"王荆公领观使归金陵，居钟山下，出即乘驴。予尝谒之，既退，见其乘之而出，一卒牵之而行，问其指使：'相公何之？'指使曰：'若牵卒在前，听牵卒；若牵卒在后，即听驴矣。'或相公欲止，即止，或坐松石之下，或田野耕凿之家，或入寺。随行未尝无书，或乘而诵之，或憩而诵之，仍以囊盛饼十数枚，相公食罢，即遗牵卒，牵卒之余，即饲驴矣。或田野间人持饭饮献者，亦为食之。盖初无定所，或数步复归，盖近于无心者也"①。在宋代官僚阶层中，三妻六妾实为常见，但王安石无姬妾、无侍女，亦不储家妓，在官邸相府也没有营妓和官妓：

　　王荆公知制诰，吴夫人为买一妾，荆公见之，曰："何物也？"女子曰："夫人令执事左右。"安石曰："汝谁氏？"曰："妾之夫为军大将，部米运失舟，家资尽没犹不足，又卖妾以偿。"公愀然曰："夫人用钱几何得汝？"曰："九十万。"公呼其夫，令为夫妇如初，尽以钱赐之。②

　　以上这段文字，出自对王安石人格及其事业百般诋毁和丑化的邵伯温，尽管邵氏叠加寻瘢索垢式的秽语，但面对王安石素养，有时也不得不作出另一番解释："王荆公天资孝友，俸禄入门，诸弟辄取以尽，不问。其子雱既长，专家政，则不然也。"③ "雱者字元泽，性险恶，凡荆公所为不近人情者，皆雱所教。吕惠卿辈奴事之。"④ 邵伯温的这种说法实际上是将原本让王安石承担的道德责任转嫁到了王安石之子及其主要部属身上。王安石重德轻色，在士大夫中有很好的口碑。一次，王安石"过扬州，刘原父作守，以州郡礼邀之，遂留。方营妓列庭下，介甫作色，不肯就坐。原父辩论久之，遂去营妓，顾介甫曰：'烧车与船。'延之上坐"⑤。王安石的不近酒色，在北宋士大夫中显得特别的突出。范仲淹的那种"不以物喜，不以己悲，居庙堂之高，则忧其民；处江湖之远，则忧其君"的精神境界，"先天下之忧而忧，后天下之乐而乐"的博大胸

---

① 王巩：《闻见近录·佚文》，戴建国整理，载上海师范大学古籍整理研究所编《全宋笔记》，第二编第六册，大象出版社 2006 年版，第 32 页。
② 邵伯温：《邵氏闻见录》卷一一，李剑雄、刘德权点校，第 121 页。
③ 同上书，第 120 页。
④ 同上书，第 121 页。
⑤ 赵令畤：《侯鲭录》卷三《王介甫不通外除》，孔凡礼点校，中华书局 2002 年版，第 93 页。

襟，比一般的士人与官员来的宽广深沉得多，其性格"虽极端方，而笑谑有味"①。完全没有后来理学末流那种言行不相顾和所为不近人情之事，"范文正公守番（鄱）阳郡，创庆朔堂。而妓籍中有小鬟妓，尚幼，公颇属意。既去，而以诗寄魏介曰：'庆朔堂前花自栽，便移官去未曾开。年年长有别离恨，已托东风幹当来。'介因鬻以惠公"②。表现出一种人性的温暖与关怀以及对美好情感世界的憧憬。欧阳修也是这样，他"任河南推官，亲一妓。时先文僖（钱惟演，962—1034）罢政为西京留守，梅圣俞、谢希深、尹师鲁同在幕下，惜欧有才无行，共白于公，屡微讽而不之恤。一日，宴于后圃，客集而欧与妓俱不至，移时方来，在坐相视以目，公责妓云：'未至何也？'妓云：'中暑，往凉堂睡着觉而失金钗，犹未见。'公曰：'若得欧阳推官一词，当为赏汝。'欧即席云：'柳外轻雷池上雨，雨声滴碎荷声。小楼西阁断虹明，栏干倚处，待得月华生。燕子飞来窥画栋，玉钩垂下簾旌，凉波不动簟纹平，水晶双枕，旁有堕钗横。'坐皆称善。遂命妓满酌赏欧"③。苏轼也有与妓女在一起娱乐的记录，"徐州有营妓马盼者，甚慧丽。东坡守徐日甚喜之。盼能学公书，得其仿佛。公尝书《黄楼赋》，未毕，盼窃效公书一'山川开合'四字，公见之大笑，略为润色，不复易"④。范仲淹、欧阳修和苏轼，都不拒绝人间的男女欲望，都展示给世人他们的真性情。而王安石则更加严谨，将人的品德、操守、气节纳入修养功夫来考量，节制欲望、以理统情在王安石看来是推升精神境界之必有途径。他讲求自律，认为"圣人内求"，"圣人之道得诸己，从容人事之间而不离其类焉"⑤。修身讲求"内得于己"和"自治"习惯的养成。"圣人内求，世人外求。内求者乐得其性，外求者乐得其欲。"⑥ 自律和自治的出路在于"养生以为仁，保气以为义，

---

① 文莹：《续湘山野录》，郑世刚、杨立扬点校，中华书局 1984 年版，第 78 页。
② 吴曾：《能改斋漫录》卷一一《文正公属意小鬟妓》，上海古籍出版社 1979 年新 1 版，第 307 页。
③ 钱世昭：《钱氏私志》，文渊阁《四库全书》本，上海古籍出版社 1987 年影印本，第 1036 册，第 661 页。欧阳修所撰词见《近体乐府》卷三《临江仙（一）》，载《欧阳修全集》，第 1076 页。个别文字有出入。
④ 张邦基：《墨庄漫录》卷三《营妓马盼学东坡书》，孔凡礼点校，中华书局 2002 年版，第 92 页。
⑤ 王安石：《王安石全集》卷二九《礼乐论》，秦克、巩军标点，第 251 页。
⑥ 同上书，第 249 页。

去情却欲以尽天下之性，修神致明以趋圣人之域。圣人之言，莫大颜渊之问，'非礼勿视，非礼勿听，非礼勿言，非礼勿动'，则仁之道亦不远也"①。所谓壁立千仞，无欲则刚，元代的思想家吴澄极为推许王安石的文章，但他也注意到文章与其操守之间的关联，"荆国文公才优学博而识高，其为文也，度越辈流，其行卓，其志坚，超超富贵之外，无一毫利欲之汩，少壮至老死如一。其为人如此，其文之不易及也"②。

对王安石的好学精神与从少壮到老迈的持续不断的求知欲，宋人一向予以高度的评价，即便是他的政敌都不能否认。"舒王性酷嗜书，虽寝食间手不释卷，昼或宴居默坐，研究经旨。知常州，对客语，未尝有笑容。一日，大会宾佐，倡优在庭，公忽大笑，人颇怪之。乃共呼优人厚遗之，曰：'汝之艺能使太守开颜，真可赏也。'有一人窃疑公笑不由此，因乘间启公，公曰：'畴日席上，偶思《咸》、《恒》二卦，豁悟微旨，自喜有得，故不觉发笑耳。'"③"介甫每得新文字，穷日夜阅之，喜食羊馒头，家人供至，或正值看文字，信手撮入口，不暇用筋，过食亦不觉，至于生患"④。这种对知识的极度醉迷，是不是也是另类的执着呢？而这种执着，难道不是世间最可宝贵的精神吗？他读书，一是广博，二是"断以己意"，在广蓄兼收的基础上，以自己的立场、观点和学理去融汇吸收，创造出一种全新的儒家经典解释学的范型。他训释《诗经》《尚书》《周礼》而撰成的《三经新义》，多有创新，把儒学阐释深入化。因此连宋神宗也尊称其为"大儒之家"⑤。至于王安石的《三经新义》以及从学者，时人也不乏持平之论，"荆公学尤邃于理，非后生所易知，故学者又为穿凿，所谓秦有司负秦法度也"⑥。王安石还是一位文字学家，通晓先秦金文、六国文字及秦篆，著有《字说》问世。《字说》是继东汉许慎《说文解字》之后，中国文字学史上的里程碑之作。王安石的书法也

---

① 王安石：《王安石全集》卷二九《礼乐论》，秦克、巩军标点，第249—250页。
② 吴澄：《吴文正集》卷二〇《临川王文公集序》，文渊阁《四库全书》本，上海古籍出版社1987年影印本，第1197册，第220页。
③ 彭□辑撰：《墨客挥犀》卷四《手不释卷》，孔凡礼点校，第318页。
④ 陈文蔚：《克斋集》卷七《师训拾遗》，文渊阁《四库全书》本，上海古籍出版社1987年影印本，第1171册，第53页。
⑤ 王初桐：《奁史》卷七七《床第门·床帐》引宋代曾纡《南游忆旧》，清嘉庆刻本。
⑥ 孙升述、刘延世编：《孙公谈圃》卷中，宋《百川学海》本。

自成一家，"王荆公书，清劲峭拔，飘飘不凡，世谓之横风疾雨"①。

王安石在个人生活和政治生活中，都有着刚介的品格。他的学生陆佃曾说："安石性刚，论事上（宋神宗）前，有所争辩时，辞色皆厉，上辄改容为之欣纳。"② 但在家庭世界里，却是一位有高度责任感的、有情义的孙子、儿子和兄长，因父亲早亡，他对祖母和母亲非常敬爱，在外做官时，非常挂念她们，他在扬州作签书淮南节度判官厅公事时，因思虑家人情切，特意请探亲假，回到家乡抚州去省亲，所谓"暮春三月乱江水，劲橹健帆如转机。还家上堂拜祖母，奉手出涕纵横挥。出门信马向何许，城郭宛然相识稀。永怀前事不自适，却指舅馆接山扉"③。长辈亡故后，王安石更是哀痛异常。他兄弟较多，安国、安礼等兄弟与他们政见不同，但并不影响他们的手足之情。王安国对兄长的变法事业诋毁有加，"屡以新法力谏，安石又质责曾布误其兄，深恶吕惠卿之奸。先是，安国教授西京，颇溺于声色，安石在相位，以书戒之曰：'宜放郑声。'安国复书曰：'亦愿兄远佞人。'"④ 面对宋神宗的询问，"卿兄秉政，外论谓何？"王安国坦率地说："恨知人不明，聚敛太急尔。"⑤ 即便是这样，王安石依然与这位弟弟终身保持着兄弟间的友爱而不因为政治见解的不同中断。他对儿子王雱尤其关爱，王雱英年早逝，对王安石的打击是灭顶性的，他写诗《题雱祠堂》悼念："斯文实有寄，天岂偶生才？一日凤鸟去，千秋梁木摧。烟留衰草恨，风造暮林哀。岂谓登临处，飘然独往来。"⑥ 其苍凉的意境深深地寄托着一位父亲的哀思。

即使是对王安石所主持的变法事业，宋代人们的看法也不全是负面的。两宋之际的杨时是通过彻底否定荆公新学来达到彻底否定荆公新法的目的。"前辈喜攻其非然，而真知其非者，或寡矣。某尝谓王金陵力学而不知道，妄以私智曲说眩瞀学者耳目"⑦。"夫所贵乎知道者，谓其能别是非、审邪正也，如是非邪正无所分辨，则亦乌在其知道哉？然以其博极群书，某故

---

① 张邦基：《墨庄漫录》卷一《王荆公书出天然》，孔凡礼点校，第 34 页。
② 陆佃：《陶山集》卷一一《神宗皇帝实录叙论》，清《武英殿聚珍版丛书》本。
③ 王安石：《王安石全集》卷四四《忆昨诗示诸外弟》，秦克、巩军标点，第 379 页。
④ 《宋史》卷三二七《王安国传》，第 10558 页。
⑤ 同上。
⑥ 王安石：《临川先生文集》卷一四《题雱祠堂》，《四部丛刊》景明嘉靖本。
⑦ 杨时：《杨时集》卷一七《答吴国华别纸》，林海权点校，第 414 页。

谓其力学，溺于异端，以从佛法，某故谓其不知道"。① 湖湘学派的中坚人物胡宏也认为"本朝丞相王安石专用己意训释经典，倚威为化，以利为罗，化以革天下之英才，罗以收天下之中流，故五十年间，经术颓靡，日入于暗昧支离，而《六经》置于空虚无用之地"②。他们都否认王安石的学术与儒家"道"不相关，不具备儒家学说的纯粹性和合理性，因而王安石的学术与儒家实际上是彻底背离的，它不但不是儒家道统的正宗，而是纯粹儒学的对立者。黄震骂道："天下方翘首望太平，乃尽坏祖宗法度。聚敛毒民，生事开边，卒乱天下，何哉？正坐博学自矜，视天下无人而行其独耳。愚谓此其为安石之不学欤！夫学者，将以明理而施之用。《六经》治道之根源，诸史行事之龟鉴，固非山经海志、野史小说、神仙传、天竺书，索隐务奇之为博也。"③ 这既是对王安石学术儒家正当性的否定，也是指出了王安石事业失败的学理根源。此外，宋代理学家还将王安石思想学说认定为导致北宋灭亡的思想理论缘由，杨时就悲愤地说："致今日之祸者，实安石有以启之也。""安石挟管、商之术，饰六艺以文奸言，变乱祖宗法度。当时司马光已言其为害当见于数十年之后。今日之事，若合符契。其著为邪说，以涂学者耳目，败坏其心术者，不可缕数"。④ 而胡宏说的更为具体，王安石变法的一切设施都是错误的，都是导致社稷倾覆的原因：

> 本朝开基，太祖皇帝受命，市不改肆，得之以大功，受之以天命，纲本既正，神化斯孚，削平僭伪，如指诸掌。西北二边虽有动摇，终焉稽首。及丞相王安石轻用己私，纷更法令，不能兴教化、弭奸邪心以来远人，乃行青苗，建市易，置保甲，治兵将，始有富国强兵、窥伺边隅之计，弃诚而怀诈，兴利而忘义，尚功而悖道。人皆知安石废祖宗法令，而不知其并与祖宗之道废之也。邪说既行，正论屏弃，故奸谀敢挟绍述之义以逞其私，下诬君父，上欺祖宗，诬谤宣仁，废迁隆祐，使我国家父子君臣夫妇之间顿生疵厉，三纲废坏，神化之道泯然将灭，纲纪文章扫地尽废。遂致邻敌外横，盗

---

① 杨时：《杨时集》卷一七《答吴国华（其一）》，林海权点校，第 414 页。
② 胡宏：《胡宏集·程子雅言后序》，吴仁华点校，中华书局 1987 年版，第 159 页。
③ 黄震：《黄氏日抄》卷五〇《读史五·王荆公》，载张伟、何忠礼主编《黄震全集》，浙江大学出版社 2013 年版，第 1657 页。
④ 杨时：《杨时集》卷一《上钦宗皇帝（其七）》，林海权点校，第 23 页。

贼内讧，天师伤败，中原陷没，二圣远栖于沙漠，皇舆僻寄于东吴，嚣嚣万姓未知攸底，祸至酷也。①

这是从太祖皇帝的立国功业开始讲起，到王安石变法的缺失，变法党争引发的朝廷内部政治力量的分裂，直至因变法措施对民间经济资源竭泽而渔的搜刮，最后大厦崩塌，朝廷播迁吴越一隅。胡宏的这篇奏章，真情动人，感染力巨大，自此以后，南渡的政治原因被固定化为王安石变法的失误，王安石的事业和人格均被污名化。但是，面对历史的真实，即便是最顽固、最极端的反对者也对王安石及其事业生发出不同于主流的声音。朱熹对王安石非议最深，②却又对王安石的德行、才华、志向和学识表示由衷的欣赏。他说："若论其修身行己，人所不及。"③ "介甫是个修饬廉隅孝谨之人"。"论来介甫初间极好，他本是正人，见天下之弊如此，锐意欲更新之，可惜后来立脚不正，坏了。若论他甚样资质孝行，这几个如何及得他"。④ "荆公德行，学则非"。⑤ 杨时和胡宏等人彻底否认王安石变法的必要性和正当性，而朱熹在肯定王安石人格修养的同时，也肯定其事业的必要性和正当性，但是对王安石变法的路径选择大肆非议。朱熹对荆公新学与新法，否定当中有肯定，肯定中有否定，他对革除弊政的态度一向是坚决的，他并不赞同那种因噎废食的做法，认为那是狭隘和胆怯的行径。"安得尽无弊？只是十分弊，也须革去得九分半，所余者一分半分而已。今人却情愿受这十分重弊压在头上，都不管。及至才有一人理会起，便去搜剔那半分一分底弊来瑕疵之，以为决不可行。如被人少却百贯千贯都不管，及被人少却百钱千钱，便反到要与理会。今人都是这般见识"。⑥ 这就反衬王安石勇于任事、敢于担当的精神是多么地难能可贵。诚如林瑞翰所说："仁宗之世，政风宽和，而蔚为北宋之

---

① 胡宏：《胡宏集·上光尧皇帝书》，吴仁华点校，第88页。
② 李华瑞指出，朱熹着重指出王安石学术与导致北宋灭亡之间有三个关联：一是人格的偏狭；二是学术的局促；三是经典解释的枝蔓和虚浮。参见氏著《南宋理学家对王安石新学的批判》，载《河北大学学报》2001年第1期。
③ 黎靖德编：《朱子语类》卷五五《孟子五·公都子问好辩章》，王星贤点校，中华书局1994年版，第1321页。
④ 黎靖德编：《朱子语类》卷一三〇《自熙宁至靖康用人》，王星贤点校，第3112页。
⑤ 同上书，第3097页。
⑥ 黎靖德编：《朱子语类》卷一〇九《论取士》，王星贤点校，第2696页。

盛世。然宽和之弊，则易流于弛慢。"① 实际上，北宋士大夫就意识到这种情形，欧阳修说，时政有三弊，"一曰不谨号令，二曰不明赏罚，三曰不责功实。此弊因循于上，则万事弛慢废坏于下"。② 而司马光更是指出了当时政治的特点，那就是"姑息之政"："自景祐以来，国家怠于久安，乐因循而务省事，执事之臣，颇行姑息之政。"③ 精神气质与从政风格上看，仁宗以后的朝廷有浓重的"保守主义"的政治倾向，这同时也是同时代半数士大夫普遍的处世态度与政治心态。"变动是令人厌倦的，革新要求努力"，"如果他们找到一种比较满意的处世方式的话，他们不太会去找麻烦。他们自然担心未知事物，宁要安全，不要危险"。④ 迈克尔·欧克肖特（Michael Oakeshott）曾对"保守"下过一个定义："保守就是宁要熟悉的东西不要未知的东西，宁要试过的东西不要未试的东西，宁要事实不要神秘，宁要实际的东西不要可能的东西，宁要有限的东西不要无限的东西，宁要切近的东西不要遥远的东西，宁要充足不要过剩，宁要方便不要完美，宁要现在的欢笑不要乌托邦的极乐。宁要熟悉的关系与忠诚，不要更有利的依附的诱惑；保持、培养和享受比得到与扩大更重要；失去的悲痛比新奇或允诺的刺激更剧烈。"⑤ 朱熹的意见与此相类似："元祐诸贤议论，大率凡事有据见定底意思。盖矫熙丰更张之失，而不知其堕于因循。既有个天下，兵须用练，弊须用革，事须用整顿。如何一切不为得！又曰元祐诸贤，多是闭著门说道理底。"⑥ 王安石政治思想的基石来源于他对《周易》中变易精神的理解，"穷则变，变则通，通则久，是以自天祐之，吉无不利"⑦。王安石全盘接受了《周易》变革的思想理念，把变革看作时势的要求，承认变革的合理性，并试图站在时代的前面去引导历史的演变。他认为，所谓的"先王之法"（实则隐喻"祖宗家法"）都是根据当时的实际情况制定的，是时代的产物，即使当时非常完善，但时易世移，难免有疏漏和缺失，胶柱鼓瑟、刻舟求剑般

---

① 林瑞翰：《宋代政治史》，台北正中书局 1989 年版，第 147 页。

② 李焘：《续资治通鉴长编》卷一三六，庆历二年五月甲寅条，第 3252 页。

③ 李焘：《续资治通鉴长编》卷一九六，嘉祐七年五月丁未条，第 4749 页。

④ ［英］迈克尔·欧克肖特（Michael Oakeshott）：《政治中的理性主义》，张汝伦译，上海译文出版社 2003 年版，第 131 页。

⑤ 同上书，第 127 页。

⑥ 黎靖德编：《朱子语类》卷一三〇《自熙宁至靖康用人》，王星贤点校，第 3105 页。

⑦ 《易传·系辞下》，高亨：《周易大传今注》，齐鲁书社 1998 年版，第 421 页。

地对待"先王之法"是最不可取的,"天下事物之变,相代乎吾之前,如吾知恒而已,则吾之言有时而不可通矣。是必度其变而时有损益而后可。故君子不可以不知损益"①。谨守先人矩矱,缺乏权变损益,最为王安石所鄙夷,并认为是悖离先王之道的真精神,"圣人之所以能大过人者,"就在于"因时之偏而救之"②。因时而变,正是"先王之道"真蕴之所在,"如圣之道皆出于一,而无权时之变,则又何圣贤之足称乎?圣者,知权之大者也;贤者,知权之小者也"③。这样,王安石就肯定变法革新的合理性和正当性,因时变法乃社会演进之必然要求,恪遵古制、刻舟求剑的态度最为荆公所不屑,古代再完善的制度亦应随时代的变迁而加以改造以与当代社会需要相符合,否则"事同于古人之迹而异于其实,则其为天下之害莫大矣"④。因此,从某种意义上说,变法是避免社会整体危机发生,从而保证天下长治久安的前提。"有变以趋时,而后可治也。"⑤ 正是这种勇于革新、勇于担当的精神气质,深深地打动了以朱熹为代表的宋代士大夫的心灵,"问:'万世之下,王临川当作如何评品?'曰:'陆象山尝记之矣,何待它人问?''莫只是学术错否?'曰:'天资亦有拗强处。'曰:'若学术是底,此样天资却更有力也。'曰:'然。'"⑥肯定王安石进取的精神和需要变法的必要性及迫切性,否定王安石的学术主张与政治实践,是熙丰变法期间以及后来士大夫对王安石为人、为学、为事的主要看法。晚清时梁启超推崇王安石的人格风范,称"其德量汪然若千顷之陂,其气节岳然若万仞之壁"⑦。并欣赏南宋陆九渊对荆公的评价:"不屑于流俗声色利达之习,介然无毫毛得以入其心,洁白之操寒于冰霜,公之质也。"⑧ 在梁启超那里,王安石的政治节操是洁白无瑕的,他的政治素质就体现在忧患意识上,对自己的社会责任有深刻的认识,"夫所谓儒

---

① 王安石:《王安石全集》卷三〇《九卦论》,秦克、巩军标点,第259页。
② 王安石:《王安石全集》卷二六《三圣人》,秦克、巩军标点,第223页。
③ 王安石:《王安石全集》卷二八《禄隐》,秦克、巩军标点,第247页。
④ 王安石:《王安石全集》卷二八《非礼之礼》,秦克、巩军标点,第241页。
⑤ 王安石:《王安石全集》卷二五《洪范传》,秦克、巩军标点,第207页。
⑥ 黎靖德编:《朱子语类》卷一三〇《自熙宁至靖康用人》,王星贤点校,第3101页。
⑦ 梁启超:《王安石传》,第1页。
⑧ 陆九渊:《陆九渊集》卷一九《荆国王文公祠堂记》,钟哲点校,中华书局1980年版,第232页。

者，用于君则忧君之忧，食于民则患民之患，在下不用则修身而已"①。

"飞来山上千寻塔，闻说鸡鸣见日升。不畏浮云遮望眼，只缘身在最高层。"② 这是王安石三十岁时所写的诗句，表达的是胸怀大志、锐意进取的志向。三十年来，王安石又以毕生的精力实践着自己的意向，他对自己所从事的事业所拥有的的坚定信念，排除一切阻力的勇气和高风亮节的操守，在中国古代政治家中都是为人所称道的。贺麟把古代中国的政治家区分为两大类，圣人型的政治家和贤臣型的政治家。前者是周公一类人物，道德文章兼备，人格之伟大卓荦和事功之彪炳青史皆而有之，且事功是他们道德人格的自然引出。后者如汉之萧何，唐之房玄龄、杜如晦、姚崇、宋璟一类人物，他们是事功本位，其道德文章未见精彩，且其事功也不是他们道德人格的自然引出，其中有法家、道家诸多思想元素的混入。前者的特点是理想主义的，后者则是现实主义的。王安石虽然出身文人，但就其人格、事功、学问而言，可以傲然居北宋政治家首位。贺麟称赞王安石说："在历代培养文治的传统下，在杰出之士皆以达到道德、学问、文章兼备为政治家的理想的风气下，王安石不过是最杰出、最完美的代表而已。王安石的诗文皆卓然自成为大家，他的人格，陆象山称其'洁白之操，寒于冰霜'。他的生平志业，陆象山称其'道术必为孔孟，勋绩必为伊周'。所以他实在具备了种种条件，使他成为三代以下伊周型的政治家中最伟大的虽说是一个失败的代表。"③ 贺麟之所以如此高地评价王安石，首先在于他对于理想人格的认定。他心目中的理想人格，是内圣外王式的人物。即内有符合道德价值的高远理想，外有博施济众的功业，而且功业是他道德人格的自然表现。

四 结语

在整个中国历史上，王安石是最富争议性的人物之一。他洁身自好，

---

① 王安石：《王安石全集》卷二六《子贡》，秦克、巩军标点，第227页。

② 王安石：《王安石全集》卷六七《登飞来峰》，秦克、巩军标点，第514页。章如愚撰《山堂先生群书考索》卷二《天文·鸡鸣》引《玄中记》："东南桃都山有大树，名木枝，上有天鸡，日出照此木，鸡即鸣，天下鸡皆鸣。"王安石生于天禧五年（1021），是年正值辛酉年，属鸡。故而"闻说鸡鸣见日升"另有深意。

③ 贺麟：《王安石的哲学思想》，载氏著《文化与人生》，商务印书馆1988年版，第285—286页。

品行高尚，长于文辞，精于学术，又曾经获得以自己的学术思想指导政治社会改造的机缘，其政治实践规模之大，影响社会之深，在古代中国史上罕有其匹。熙丰变法前，其人在当时政治与知识精英中声名之盛、美誉度之高，从历史上看也罕有其匹。朝野对其期待甚殷。当他熙宁二年（1069）初膺大任时，士大夫莫不额手相庆。但随着新法的展开与推进，士大夫又纷纷提出疑议。然而即便在其形象翻转之后，攻之者亦难以对王安石的人格与事业进行全面否定，盖因其品行之洁，文辞之高，经术通透，思想精深，皆是客观的事实而难以以敌对立场全部加以抹灭，因而就发生针对其个人形象的抹黑与诋毁声浪，试图以此来降低王安石对宋神宗与朝廷的政治决策的影响力以及有效地削减王安石的政治地位。他们编造各种"污名化"王安石的不实言论，趋向于从王安石的外貌和生活小节着眼，进行人身攻击并进而诋毁其政治人格。所谓的"污名化"指的是一种"身体记号，而做这些记号是为了暴露携带人的道德地位有点不寻常和不光彩"①。王安石蒙受"污名化"的缘由主要有二：他的政治责任感和自信心极为厚重，自信一旦把握"圣人之道"，建立起强大的文化信念，从这种信念出发，得君行道，博施济众，无所不可。遇到反对声浪时，王安石惯于用"流俗之见（言）"作为抵御批评的挡箭牌，把各方的意见和批评一律斥责为"流俗之见（言）"。这样的一种自信及其表现，也很容易被反对者责备为执拗并引发诋毁浪潮。还有，北宋政治在"祖宗之法"这样一种政治文化基本内涵的影响与模铸下，呈现出比较浓郁的"保守主义"的特征，这是朝野士大夫普遍的政治态度，王安石却以挑战和否定这种态度作为其变法事业开展的先声，他肯定变法的合理性和正当性，用勇于担当的精神推动变法的进行，因而遇到了难以想象的阻力。

（本文得到重庆大学人文社会科学高等研究院郭畑先生的指正，特此感谢）

---

① ［美］欧文·戈夫曼（Erving Goffman）：《污名：受损身份管理札记》，宋立宏译，商务印书馆2009年版，第1页。

萝岗钟氏族谱所收崔与之撰墓志铭并邮札考辨

中山大学历史系　曹家齐

2006 年 3 月，余偕、景蜀慧教授等随研究生吴中明前往萝岗，参观玉喦书院并钟玉喦墓。见两处介绍钟玉喦事迹均甚简略且不合宋制，不免令人疑惑。询及当地钟姓族人，知有传下之钟氏族谱，或可稍解疑团，于是便托吴中明代为复印。

不数日，中明持来钟氏族谱复印件。谱中字呈宋体，繁写竖排无标点，虽类旧式，实乃 1998 年电子排版，重新编印。但谱中内容仍多因旧谱载录家训族规、历次谱序、世系图表、封赠诰命、墓志碑铭、茔墓图说、坟地印契，及相关书札等，仅有叶崇光《楷书之祖钟繇》（原刊于 1997 年 9 月 24 日《广州日报》）、"历代朝谱"（北魏以后朝代起始年表），及 "历代修谱渊源" 之部分内容为此次编印插增。翻检钟玉喦之况，见有署名崔与之撰《宋诰赠起居郎晋赠朝议大夫宣议郎克应钟公暨德配黄夫人墓志铭》与《宋朝议大夫玉喦钟公暨元配黄夫人墓志铭》，另有《抄录崔清献邮札》一通。查今存之《崔清献公全录》，并无钟氏谱中诸篇内容。因知《崔清献公全录》残佚已久，虑思钟氏谱中署名崔与之之文，若果为真作，不啻为有价值之发现。然仔细阅读全文，却觉疑窦丛生，又恐是重新编印而致误，故欲访得钟氏旧谱一校。

诸事迁延，见到旧谱已是一年后了。2007 年 3 月，再由吴中明陪同前往萝岗。钟氏后人钟浩强先生出示家藏旧谱，乃光绪壬辰（光绪十八年，1892）重修刻本，正为 1998 年编印之所据本。将有关内容拍摄带回校对，知 1998 年编印本中署名崔与之撰墓志铭与邮札与旧谱之间并无关键性字词差异，仅个别字体有异写之别和繁简转换之误。

尚未细作考证，又偶见新出冼剑民、陈鸿钧两先生所编《广州碑刻集》（以下简称《碑刻集》），其中亦收录署名崔与之的两篇墓志铭，但并非录自钟氏族谱，而是直接录于碑铭。前者属于节录文字，后者内容与族谱同，但题目皆与族谱有异，前者题为《宋始祖考户部司判晋赠朝议大夫克应钟府君之墓志》，后者题为《宋朝议大夫钟玉喦墓志铭》，而且题下均注明撰写时间，前者为"淳熙十二年"（1185），后者为"绍定元年"（1228）。文后又注前者存碑为道光五年重修，"碑在白云区萝岗镇钟氏一世祖墓前"；后者"碑在白云区萝岗镇迳子村'宋朝议大夫钟玉喦暨元配黄夫人墓'前"①。钟氏一世祖墓，未曾瞻观，不知如今碑刻尚在否，但今之钟玉喦墓前，并无《碑刻集》中所称墓志铭碑。曾问及钟浩强先生，云称后来重修玉喦公坟茔时埋入墓中。但无论如何，两篇墓志铭均有其出处。为便考辨，现将钟氏族谱与《碑刻集》中署名崔与之撰两篇墓志铭分别具录如下（《碑刻集》中《钟玉喦墓志铭》内容与族谱同，略去）。

宋诰赠起居郎晋赠朝议大夫宣议郎克应钟公暨德配黄夫人墓志铭

公姓钟氏，讳遂和，字克应，世居汴梁。宋初，曾祖讳轼为广东防御使，遂家于番禺郁岗，生处士，讳闿。闿生礼部司务，讳君锡。公则君锡次子也，善经营，有大志，以父母早逝，家无厚积，乃留兄绍和守庐墓，而已服贾南雄，因娶始兴刘宏通次女。未几，回寓羊城。刘卒，无子，再移居增城之赤坭里。闻邻人黄景遂季女称贤淑，聘为继室，遂以勤俭佐公成富业，以仁慈佐公成厚德，以轻财周急佐公成义行。赤坭人咸赞公与太君有是夫、有是妇云。然公志谦然，若未足也，每以身为宦裔，岂可仅作守钱虏，故由郡才干有事临安，擢南宁路照磨，继迁南昌府经历，绩满归，以赤坭地卑，又迁番禺逻岗居焉。盖卜逻岗之山川清淑，谓可以绵瓜瓞而振簪缨也。既而当事怜公才，复任以浙东廉访司经历，寻升户部司判、宣议郎，而公已年迈告归矣！归后杜门不出，日惟延师教子，及里中子弟之贫无资脯者，虽不才如与之，亦曾叨陪令嗣玉喦四兄，朝夕切磋。而公与太君视与之犹子，提携曲至，督课维严。所恨者，与之及四兄后膺显秩，公与太君未及见尔。公早年生子否初、晢初、咨初，皆不禄，惟四兄继世。四兄名启初，中开禧甲科进士，历仕至户部度支判，进内直起居郎，随升参议中书省兼知政事、朝议大夫，即致政归。公于子为起居郎时，已叨诰赠，并赠太君宜人，其亦无负夙昔爱劳之志矣。初，公与太君已归窀穸，然未免水蚁。四兄解组后，即欲另迁，而佳城难卜。四兄日日劳形山泽间，靡有停。时与之家人自粤至蜀，偶为道及，闻之不觉恻然！转思与之先年奉旨寻觅吉壤，营葬亲故，除既葬外，尚余六七处，皆税山也。故择其近四兄乡里者三处，曰郁岗，曰姜田，曰黄岗岭，统送四兄。兹四兄改葬公与太君与黄岗岭，而邮札命与之以志，其又何辞？公以崇宁丙辰三月七日生，淳熙乙巳十月十六日终，享寿八十。太君以政和丙申九月九日生，绍熙甲寅十二月十四日终，享寿七十有九。子即玉岊四兄。生孙男一，名仕绅，已积学能文。曾孙男一，名汝贤，已崭然头角，不凡物也。乃并为之铭曰："肩头挺秀，黄岗含光。气蟠龙虎，灵萃阴阳。留待有德，梁孟同藏。一抔之土，五世其昌。樵苏有禁，松柏苍苍。"嘉定甲申焕章阁直学士、朝议大夫、成都〔府〕、潼（州）〔川〕府、夔州、利州路安抚制置兼知成都军府、年家眷姪崔与之顿首拜撰。①

宋朝议大夫玉岊钟公暨元配黄夫人墓志铭

公讳启初，字圣德，号玉岊，行四，予恒称为玉岊四兄者也。先本汴梁人，宋初高祖钟轼仕为广东防御使，因家番禺之郁岗。传四世，兄之考宣议郎克应公始迁逻岗居焉。四兄非生于逻岗，而长于萝岗者。予少时叨承宣议公提携训诲，俾与四兄同学同游皆在逻岗也。四兄年则长于予，学问、文章则倍于予，而成进士独后于予，其殆大器而晚成者乎！娶南海陈村黄彦宗季女，有林下风，屡劝四兄勿废举子业。四兄年三十四始出为诸生，五十举于乡，联捷甲科进士。初调徽州府判，以廉敏称；继迁武昌府同知。爱民如子，能设法除属邑虎患。寻改户部度支判，敕进内直起居郎。荣赠考妣如己身，及妻封典。越二年，升福建参议。时日本国屡以巨舰逼处厦门，为寇不止，四兄以中孚之信，行谕祸福，遂慑威去。居民赖安。上嘉乃绩，诏令参议中书省兼知政事、朝议大夫。而四兄已告老南归矣。时予在蜀，邮札回贺，并送以黄岗岭及郁岗、姜田三处佳城，少酬世好之谊。四兄业改葬考妣于黄岗岭，而命予作志。

① 《逻岗钟氏重修族谱》卷三，光绪十八年重修并刻。

后年余，予辞归在道，闻四兄子仕绅札至，始知四兄终于宝庆元年二月十日，距生于绍兴二十五年五月十日享寿七十有一。四嫂黄夫人终于嘉定十六年十月十八日，距生于绍兴廿八年四月二十五日享寿六十有六，合葬于土，名馒食𡞋山。且云先大夫生时见是山有灵龟之兆，卜为寿基。因从遗命合葬云。予思四兄夫妇生称合德，死亦同穴，宜也。男子二，长仕绅，为邑诸生；次仕缙，无禄。女子二，长归新会熊元叙，次归南海沙坑村周贤。孙男一，名汝贤，椒聊之衍渐蕃矣。予归里后，向墓一酹，情不自已，因为志，而并铭之曰："牛峰高卫，逻岗深盘。环以药勒，对以朝冠。阴阳大会，硕人之宽。瓜瓞绵绵，松柏丸丸。"绍定元年二月宝谟阁学士、新除提举南京鸿庆宫、南海郡开国侯、食邑一千二百户、赐紫金鱼袋、年家眷同学弟崔与之顿首拜撰。①

宋始祖考户部司判晋赠朝议大夫克应钟府君之墓志

崔与之（南宋）淳熙十二年（1185）

公讳遂和，字克应，萝岗钟姓始祖也。由从化迁居番禺萝岗，因以衍族焉。仕宋，历官户部司判、宣议郎，以子贵，诰赠起居郎，晋赠朝议大夫。生于崇宁丙戌三月初七日，终于淳熙乙巳二月十六日，享八十。配恭人黄氏，同公合葬此山，土名黄峝岭，又名孖坟，坐午向子兼丙壬之原。铭曰：

肩头挺秀，黄峝含光。气蟠龙虎，灵萃阴阳。留待厚德，梁孟同藏。一抔之土，五世其昌。樵渔有禁，松柏苍苍。

宋焕章阁直阁学士、朝请大夫、年家眷侄崔与之顿首拜撰。

明赐进士出身、云南道御史、奉直大夫、十七世孙金敬书。

乾隆丁巳进士、任河南灵宝县知县、十七世孙狮重书。

十八传孙

登仕郎永奇、修职郎澄禹、登仕郎胜文、修职郎圣学、登仕郎文沛、登仕郎平江。

十九传孙

国学泽广、国学乐湖、国学璧光、修职郎文友、国学逢源、登仕郎

---

① 《逻岗钟氏重修族谱》卷三，光绪十八年重修并刻。

盈海、邑庠光圣。

二十传孙

国学履昌、修职郎顺天、修职郎振南、国学士珍、国学殿超、邑生佐朝、国学百川、国学海平、邑生廷英、国学丽川、国学达遴、邑生振唐。

廿一传孙

吏员秀长、登仕郎让中、员生瑞鳌、国学靖昌、国学应坤、邑生挺芳、国学祖光、国学士灵、邑庠应堂、千总大鹏、邑生佩翎、外委连升、国学士尧、国学润初、邑生兆翎、贡生时、国学江。

廿二传孙武举鹰扬、国学英博、国学作辉、邑生其湘。

廿三传孙国学达中、国学仪端、国学联璧。

廿四传孙华煊、华灿、帝隆。

等重修。

道光五年岁次乙酉孟夏吉旦二十传宗子孙成宽等重修立石①

（碑在白云区萝岗镇钟氏一世祖墓前）②

两篇墓志铭中之墓主分别为钟遂和及其妻黄氏、钟遂和之子钟启初及其妻黄氏，俱为南宋时人，皆有宦历。然检遍现存宋人著述，未见二人名字与事迹，故无法印证墓志记载之虚实。再索后世典籍，仅见清人修《广东通志》录有钟启初之名。该志之《选举志》进士名录中，记南宋嘉熙二年（1238）戊戌周坦榜进士内有"钟启初，番禺人"③。若此处之"钟启初"正是萝岗之"钟玉嵒"，且记载不虚，则墓志中内容显然有误。墓志云钟玉嵒终于宝庆元年（1225），则无可能参加嘉熙二年之考试。若墓志内容无误，则或是《广东通志》记载错误，或两处"钟启初"并非同一人。按墓志所记，钟启初生于高宗绍兴二十五年（1155），五十举于乡，联捷甲科进士，则应在宁宗嘉泰四年（1204）。但该年并无进士科考试举行。按宋制，"举于乡"之发解试在秋季举行，次年春再举行省

---

① 编者按：此碑原出南宋，后代历次重修，现碑为道光五年重修。

② 《广州碑刻集》，第550—551页。

③ 郝玉麟：《（雍正）广东通志》卷三一《选举志》，文渊阁《四库全书》本，台湾商务印书馆1983年版，第563册，第347页。

试和殿试。若钟启初于嘉泰四年发解试合格，参加省试与殿试当在次年，即开禧元年（1205），而该年正有进士科省试殿试举行。① 但该年钟启初应五十有一也。作为当时人，且与钟启初情同手足之崔与之，对当朝典制及兄长年齿之记述，当不会如此疏略。此其一疑也。

再看墓志撰写时间及崔与之当时之官衔。族谱中钟遂和墓志铭后落"嘉定甲申焕章阁直学士、朝议大夫、成都［府］、潼（州）［川］府、夔州、利州路安抚制置兼知成都军府、年家姪崔与之顿首拜撰"。但《碑刻集》中却注为淳熙十二年（1185），落"宋焕章阁直阁学士、朝请大夫、年家眷侄崔与之顿首拜撰"。对比两墓志之内容，后者显是节略、删改前者文字，再补入后世书者、重修者世系与名号所成，但略去"嘉定甲申"之时间。《碑刻集》编者应是未见族谱所收完整墓志，便依道光碑刻墓志中所记钟遂和终于淳熙乙巳（十二年），而推定墓志撰写时间即为墓主去世之当年，殊不知该年之崔与之只有二十八岁，人在广州，尚未参加科举而出仕，何来官衔？但两者所录崔与之官衔亦有不同，后者不仅略去"成都［府］、潼（州）［川］府、夔州、利州路安抚制置兼知成都军府"之差遣，而且阶官亦为"朝请大夫"，而非"朝议大夫"。考崔与之履历，嘉定甲申（十七年，1224）时年六十七岁，从嘉定十四年底到该年三月，其差遣正为知成都府兼四川安抚制置使；② 这一差遣亦有称"成都府、潼川府、夔州、利州路安抚制置兼知成都军府事"之例。③ 而其贴职亦为"焕章阁直学士"。④ 至于其阶官，当为"朝请大夫"。⑤ 因此，《碑刻集》所录钟遂和墓志铭中崔与之嘉定十七年阶官是正确的。由

---

① 关于宋代历次科举考试之时间，参见何忠礼《宋史选举志补正》附录一《宋代科举一览表》，浙江古籍出版社1992年版，第291—391页。《广东通志》所载宋代历次科举考试时间与此一致。

② 参见何忠礼《崔与之事迹系年》，《文史》第41辑，中华书局1989年版，第123—140页。

③ 《宋丞相崔清献公全录》卷四《四川制置乞祠》，（明）嘉靖十三年胄、邵炼刻本（中山大学图书馆藏）。

④ 《崔清献公全录》卷四《四川制置乞祠》云："焕章阁直学士、朝散大夫、成都潼川府夔州利州路安抚制置使、兼知成都军府崔与之状奏。"按该奏札上于嘉定十六年，而宝庆元年所上《第四次辞免除礼部尚书》亦云："焕章阁直学士、朝请大夫、前四川安抚制置使崔与之状。"由此知嘉定十七年崔与之帖职为焕章阁直学士。

⑤ 据何忠礼先生《崔与之事迹系年》，嘉定十七年三月，朝廷以礼部尚书召还崔与之。而《崔清献公全录》卷五载崔与之当即所上《辞免礼部尚书》即云："焕章阁直学士、朝请大夫、成都潼川府夔州利州路安抚制置、兼知成都军府崔与之状奏。"

此可知，族谱所录署名崔与之所撰钟遂和墓志铭，或与道光重修碑刻所据墓志铭非为同一版本；或为同一版本，但族谱录入或刊刻时将"朝请大夫"之"请"误成"议"字。

钟启初（玉嵒）墓志铭末落"绍定元年二月宝谟阁学士、新除提举南京鸿庆宫、南海郡开国侯、食邑一千二百户、赐紫金鱼袋、年家眷同学弟崔与之顿首拜撰"。考崔与之仕履，绍定元年（1228），崔与之确有如此结衔之例。如该年所上《辞免除焕章阁学士》便有"宝谟阁学士、新除提举南京鸿庆宫、南海郡开国侯、食邑一千二百户、赐紫金鱼袋崔与之状奏"之语。① 由此可知墓志铭中崔与之绍定元年之官衔应为不误。但细作考量，却有疑问。按崔与之此时虽奉祠在广州居住，并未致仕，结衔当有阶官。即便致仕，亦应以最后之阶官结衔。但《辞免除焕章阁学士》奏章与墓志铭中阶缺此项。按崔与之上于宝庆二年（1226）之《辞免除宝谟阁学士》，阶官称"中奉大夫"，上于绍定二年之《辞免知隆兴府江西安抚使》，阶官称"中大夫"，② 而"中大夫"为高于"中奉大夫"一阶之阶官，则绍定元年崔与之之阶官必为二者之一。《辞免除焕章阁学士》与墓志铭皆漏落此官名，甚是令人不解，此其二疑也。

当然，墓志铭中漏落崔与之绍定元年之阶官名，亦可能是后世传抄、刊刻所误；墓主年齿约略亦可能是撰者一时失谨所致。若从两篇墓志铭所系崔与之当时官名基本不误，以及钟玉嵒及第年并无明显破绽，似可证明墓志铭为崔与之撰写之真实性，但如果仔细检视墓志铭中出现之地名与墓主所任职官名，则断然不能相信为崔与之所撰。

钟遂和墓志铭首称"公姓钟氏，讳遂和，字克应，世居汴梁"，钟启初墓志铭则称"先本汴梁人"。此处"汴梁"应指宋朝之开封（今河南开封市）。开封在战国时乃魏都大梁，后来唐朝又于此置汴州，此为开封被称为"汴梁"之缘起，且在唐、五代时便有此别称。但北宋继五代之梁、晋、汉、周建都于此后，正式称为"东京开封府"，简称"东京"，俗称"汴京"，而少有称"汴梁"者。开封正式称作"汴梁"，始于元朝。金亡后，元以开封（金改称南京）为治所置南京路，至元二十五年

---

① 《崔清献公全录》卷五《辞免宝谟阁学士》。
② 《崔清献公全录》卷五。

（1291）改南京路为汴梁路。[①] 此后，开封正式被称为"汴梁"，而小说家们更以"汴梁"习称宋之"东京"，或有称"东京汴梁"者。然而崔与之乃宋朝高级官员，言称旧都不当用当时少用之俗称，而应用"东京开封府"或"东京""汴京"。

钟遂和墓志铭中称其曾任"南宁路照磨，继迁南昌府经历"，钟启初墓志铭则称其"初调徽州府判"，"继迁武昌府同知"，后又威慑侵扰厦门之日本巨舰。其中"南宁路""南昌府""徽州府""武昌府"、皆非宋朝建制，而是元明之制。"厦门"一名亦为晚出。

"南宁"旧有州名，唐武德元年（618）置，治所在味县（今云南曲靖西北），一度改朗州，天宝末入南诏，改置石城郡。宋不仅无南宁路，亦无南宁州，而祇有南宁军，位于今海南岛西北部。[②] 元至元十三年（1276），复置南宁州，治所在今云南曲靖，后改为县。南宁路乃泰定元年（1324）改邕州路置，治所在宣化（今广西南宁市）。[③] 明洪武元年（1368）改为府。[④]

"南昌"在宋为县名，先隶洪州（治今江西南昌市）。隆兴三年（1165），洪州升为隆兴府。[⑤] 元朝于此置龙兴路，南昌仍为属县。[⑥] 南昌置府始于元末，先为洪都府（1362），次年改南昌府。[⑦]

"徽州"在宋为州（治今安徽徽州市），[⑧] 元朝于此置路，[⑨] 又于至元元年（1264）改南凤州（治河池，今甘肃徽县）为徽州，[⑩] 清雍正时降为县。元末（1357），朱元璋改元之徽州路为兴安府，后再改徽州府。[⑪]

"武昌"北宋时为县，隶鄂州，南宋升武昌县为寿昌军。[⑫] 元大德五

---

① 《元史》卷五九《地理志二》，中华书局 1973 年版，第 1401 页。

② 《宋史》卷九〇《地理志六·南宁军》，中华书局 1977 年版，第 2245 页。

③ 《元史》卷六一《地理志四》、卷六三《地理志六·南宁路》，第 1467、1532 页。

④ 《明史》卷四五《地理志六·南宁府》，中华书局第 1974，1158 页。

⑤ 《宋史》卷八八《地理志四·隆兴府》，第 2189 页。

⑥ 《元史》卷六二《地理志五·龙兴路》，页 1507。

⑦ 《明史》卷四三《地理志四·南昌府》，第 1054 页。

⑧ 《宋史》卷八八《地理志四·徽州》，第 2187 页。

⑨ 《元史》卷六二《地理志五·徽州路》，第 1500 页。

⑩ 《元史》卷六〇《地理志三·徽州》，第 1431 页。

⑪ 《明史》卷四〇《地理志一·徽州府》，第 928 页。

⑫ 《宋史》卷八八《地理志四·鄂州》，第 2193 页。

年（1301），改鄂州为武昌路。① 元末（1364），武昌路改为武昌府。②

"厦门"一名正式见于文献始于明朝。旧志称厦门自宋以上无可考，洪武二十年（1387），江夏侯周德兴经略福建，戍兵防倭，"城厦门，为中左所，厦门二字始见，则前已称厦门矣"③。尽管前已有称，但宋元文献中皆未见"厦门"二字。此地名为人们所熟知，应是明以后之事。

又，道光五年重修钟遂和墓，节录并删改署名崔与之撰墓志铭，竟又有"由从化迁居番禺萝岗"之语，而"从化"作为地名亦属晚出，乃是明弘治二年（1489）置县始有名。④"萝岗"或"逻岗"之名虽未敢言宋代尚无，但见于文献亦是甚晚。

再看职官名。钟遂和墓志铭标题中为钟遂和结衔"诰赠起居郎、晋赠朝议大夫、宣议郎"。起居郎在南宋为差遣官，朝议大夫、宣议郎（又可写作宣义郎）为阶官，看似无甚问题，殊不知起居郎作为差遣，一般不用于赠官；而朝议大夫与宣议郎同为阶官，且在孝宗淳熙时，高宣议郎十二级，不可能同时迁任并结衔。即便先后历此两级官阶，最终结衔时亦仅系最高官衔。

又，两篇墓志铭中述及钟遂和曾祖钟轼曾任"广东防御使"；钟遂和历任"南宁路照磨""南昌府经历""浙东廉访司经历""户部司判"；钟玉喦曾任"徽州府判""武昌府同知""户部度支判""福建参议"，并诏令"参议中书省兼知政事"。其职官亦多与宋制不合。

"防御使"在宋为正任武官阶名，无职事，为武臣、宗室、内侍迁转官阶。因与州格相连，除防御使，必带防御州名。⑤ 而"广东"在宋为路名，非州名，"防御使"前冠路名，显然不合宋制。

宋朝无"照磨"官名。"照磨"乃元、明时期中央、地方机构之属官，其衙门称"照磨所"。⑥

"经历"亦非宋官，乃明代提刑按察使司等机构中经历司经历之省

① 《元史》卷六三《地理志六·武昌路》，第1523页。
② 《明史》卷四四《地理志五·武昌府》，第1073页。
③ 周凯修等：《（道光）厦门志》卷二《分域略一》，台湾文成书局1967年版，第35页。
④ 《明史》卷四五《地理志六·广州府》，第1133页；戴肇辰等：《（光绪）广州府志》卷七《从化县沿革考》，台湾文成书局1967年版，第120页。
⑤ 马端临：《文献通考》卷五九《职官十三》，中华书局1986年版，第538页。
⑥ 参见龚延明先生《中国历代职官别名大辞典》，上海辞书出版社2006年版，第723页。

称。该官主要执掌文书收发。① 宋代亦无廉访司机构，只在政和六年（1116）改"走马承受公事"为廉访使，其治所称"某路廉访所"，但靖康元年即罢，仍复旧称。② "廉访司"实乃元制，即各道肃政廉访司之省称，③ 而"浙东廉访司"亦确有设置。④

查宋人著述及以后典籍，未见"户部司判"之称。"户部"与"司"或"判"相连之机构和官名，在宋仅存在于元丰五年（1082）五月以前，即三司有户部、盐铁、度支三司，每司皆设判官。但六部中之户部，则无判官之设。至于"户部度支判"之称，文献中亦未得见，只有"户部度支判官"之合称，而此合称在宋亦仅存在于元丰五年五月之前之三司体制之中。

"府判"为宋、明府通判及元总管府、散府通判之简称，⑤ 但因宋、元皆无徽州府，故"徽州府判"只能为明代官名。

"同知"一名，在宋为"同知大宗正司事"略称，在元乃"州同知"之省称，在明分别为五军都督府都督同知、都转运盐使司同知、府同知之省称。⑥ 因此，"武昌府同知"亦应是明代官名。

"参议"在宋为安抚（大）使司参议官、都督府参议军事和宣抚处置使司参议官之简称；在明及清之乾隆十八年（1753）前，为承宣布政使司左、右参议之省称。⑦ 福建在宋、明、清三朝分别设有安抚使司与承宣布政使司，故而皆有"福建参议"之官称。⑧ 墓志铭言钟启初曾任福建参议，似乎不违宋制，但其任内之事却又与宋时形势不合。墓志铭中称钟启初任福建参议时，"日本国屡以巨舰逼处厦门为寇"。按日本人在福建

---

① 余庭璧：《事物异名》卷上《君臣·按察使》、同卷《君臣·布政》，山西古籍出版社1993年版，第133、135页；另参见《中国历代职官别名大辞典》，第480页。

② 李埴：《皇宋十朝纲要》卷一九，《续修四库全书》本，第347册，第598页；徐松辑：《宋会要辑稿·职官》四一之一三〇，中华书局1957年版，第3231页。

③ 《元史》卷八六《百官志二·肃政廉访司》，第2180页。

④ 袁桷：《清容居士集》卷一八《浙东廉访司重建澄清堂记》，文渊阁《四库全书》本，第1203册，第245页。

⑤ 《中国历代职官别名大辞典》，第448—449页。

⑥ 《中国历代职官别名大辞典》，第298—299页。

⑦ 参见龚延明先生《宋代官制辞典》，中华书局1997年版，第440、466、467页；《中国历代职官别名大辞典》，第475页。

⑧ 分别参见刘克庄《后村集》卷二六《除将作监簿兼福建参议谢西山启》，文渊阁《四库全书》本，第1180册，第277页；《明史》卷二八七《陈束传》《谢榛传》，第7370、7375页。

等地小规糢滋扰生乱，在宋或许有之，但屡以巨舰为寇，则未得见，而应是元明时期发生之事。依厦门地名明代始见，此事应发生于明代，而此处之"福建参议"亦应为明代官职。

宋有中书省之设，而"知政事"亦偶为副宰相"参知政事"之省称。但"参议中书省"则非宋代官制中之职事，实乃元代之制。《元史·百官志》云："参议中书省事，秩正四品。典左右司文牍，为六曹之管辖，军国重事咸预决焉……其治曰参议府。""参知政事"元代亦设，又称"参政"，仍为中书省之官，"从二品，副宰相以参大政，而其职亚于右、左丞"①。"参议中书省兼知政事"应是以"参议中书省"兼"参政"之意。

两篇墓志铭中地名与官名多非宋制，而为元、明之制，其是否为崔与之所撰已无须多言了。循此思路，不妨再看所谓《抄录崔清公邮札》。其全文如下：

嘉定十五年二月十二日，弟崔与之顿首拜，致书于玉嵒四兄厚下：弟别兄久矣。阅报，知兄已衣锦南还，优游晚岁。视弟之守官成都，扰攘王路，不啻云泥隔也。迩者家人自粤至，询兄近况，谓兄为先赠翁世伯老先生窀穸未安，扶杖登高，迄无宁日。弟因先年告归时，曾以先人坟墓未修，亲故未葬，着人聘得江西地师，带回粤省，寻获多山买受，开穴立界，凡至亲未葬者，概为葬讫，尚余六七处吉壤，留待将来。念惟世伯，昔曾卵翼与之，训诲与之，恩同父子，是兄考即弟考也。兄皇皇营葬，求而弗得，弟心何安？窃愿于留余诸穴，择其颇近兄乡里者凡三处，曰郁岗，曰姜田，曰黄岗岭，并以送兄，永为茔域。一以酬昔年训诲之恩，一以绵子孙世好之谊。兄倘如意，此札即为送帖。弟异日解绶乡旋，悉将买契、税户交割与兄，永为兄业。自送之（后）[后]，其各山之前后左右，自内而外，自顶及脚，皆任兄培植树木，卫护风水，世守勿替。予后人不得垂涎觊觎焉。与之顿首。

且不论其中内容之虚实，单"带回粤省"一句已露破绽。广东称"粤"古已有之，但"省"称作地名却甚晚。宋以前之"省"乃中央机构名，如"尚书省""门下省""中书省""秘书省""客省"等，未有

---

① 《元史》卷八五《百官志一》，第2122页。

用于地方者。元朝在中央设"中书省",在地方设"行中书省",简称"行省"。"行省"虽具地方行政区划之含义,其实质仍为机构名,即便可用作指称地方,但广东之大部属于江西行省,故亦不可能有"粤省"之称。明代不用"行省"之名,而在地方设置布政使司,成两京十三道布政使司之格局,但习惯上,布政使司仍沿行省之名,而广东亦为十三布政使司之一。尽管如此,明代文献中仍未见"粤省"之称法。"粤省"之称普遍见于文献,应晚至清初。翻检文献,《平定三逆方略》《钦定平台湾纪略》及以后典籍始普遍使用"粤省"之称。如康熙十三年(1674)《奖谕平南王下将士及广东官兵》中有"其蕃下官兵及粤省文武官员兵士"之语。① 以后又屡用"粤省"之称。② 从宋无"粤省"之称,便可断定所谓"崔清献公邮札"必非崔与之或同时代人所撰。

综上所述可知,萝岗钟氏族谱中所收署名崔与之所撰墓志铭和邮札,俱为后人伪作。观两篇墓志铭与一篇邮札用语与文风,甚像一人所为。其文辞虽不乏雅驯,但整体而言,又略带乡俗之气,故应是乡间文人手笔。从墓志铭内容看,作者显然未晓前代典制,却对崔与之略知一二。两篇墓志铭末所系崔与之官衔,与崔与之上于嘉定十七年之《辞免礼部尚书》和上于绍定元年之《辞免除焕章阁学士》中结衔完全一样,说明作者见过《崔清献公全录》。因将撰写时间分别定于嘉定十七年和绍定元年,故摭取崔与之该年奏章中结衔直接抄入,以为天衣无缝,殊未晓《辞免除焕章阁学士》中结衔本该有阶官名,应是传抄或刻印中漏落,竟因之而缺。

由道光五年(1825)重修萝岗钟氏始祖墓节略墓志铭内容一事,知墓志铭早在道光之前就已存在,又按墓志铭中已现明朝制度与史事,推其伪作时间当在明朝至清朝前期。若墓志铭与邮札果为一人手笔,再据"粤省"一称出现时间推测,墓志铭与邮札之伪作时间上限应不早于明末。

那么,因何有人托崔与之名伪作钟氏祖先墓志铭呢?众所周知,崔与之乃南宋名臣,仕宦、功业、才学、道德俱有可称,更为岭南杰出人物。祖上有人与其交厚,并得亲撰墓志铭,不啻光燿门楣,并增重本宗

① 《平定三逆方略》卷六,文渊阁《四库全书》本,第354册,第53页。
② 《平定三逆方略》卷二一、卷二七、卷三一。

族之地位。然若仅仅从此方面揣度墓志铭伪作之动机，似乎略显简单。如果将此问题置于明清时期珠江三角洲宗族发展之大背景下考量，或能显现看似简单之墓志铭伪作问题背后之深层原因和意义。

明清两代是地方宗族形成之重要时期，而在宗族之形成与发展中，珠江三角洲地区又颇为典型。其中，明代正统、天顺年间之黄萧养之乱，为珠江三角洲社会演变及宗族形成之重要转折点。平乱期间，政府重新整顿里甲，编制户籍，以重建地方之秩序。许多乡民或重新登记户籍，或再行确认身份，以成国家编户齐民。里甲户籍便为乡民联系王朝，进而取得社会身份正统性之重要资源。与此同时，一些地方官员与本地士大夫，于地方社会推行教化，更是积极。他们将宋儒宗法理论与礼仪，用于乡村，行之基层，基于士大夫价值之地方制度——宗族，于是展开。此后，乡村居民纷纷仿照士大夫宗族，修族谱，建祠堂，以合士大夫文化之规范。族谱之重要内容，便是撰造宗族之历史。其形式或以传记，或以行状，或以墓志，或以世系，或以序跋，各依所需；内容则包括祖先来历、居地迁移、宗族盛衰、制度建设诸项。然许多宗族历史之陈述，皆用类似故事结构，大抵其祖先皆于宋代（或更早）自"北方"迁来，辗转流徙，经南雄而后定居。不少宗族之祖先，或攀附宋以前之帝王将相和名人，或具品官身份，或兼而有之。其历史之叙述，或出于口碑相传，或妄抄公私史籍，虽多有附会虚构、荒诞不经，然目皆在维持正统性身份之认同，同时亦在地方控制、资源争夺诸方面，甚具实际作用。①

再观钟氏族谱中两篇墓志铭，不仅叙述始祖自北方迁来，并有品官身份，而且经南雄后定居萝岗之两代祖先分别与崔与之有提携和同窗之恩谊。不唯诸种特征俱备，更可称作典型。又，两篇墓志铭和邮札皆共同叙及一事，即钟氏之郁岗、姜田、黄岗岭三处墓地之来由，而邮札堪作契约。至此，钟氏托崔与之之名而伪作墓志铭及邮札之意图便甚为明了了。然而，即便是祖先来历、墓地来由此类无法验实之故事，亦未尽合情理。如北宋长达一百六十八年，其始迁祖钟轼至定居祖钟遂和却仅

---

① 以上参据刘志伟《附会、传说与历史真实——珠江三角洲族谱中的叙事结构及其意义》，载于《中国谱牒研究——全国谱牒开发与利用学术研讨会论文集》，上海古籍出版社 1999 年版，第 149—162 页。

传四代。钟氏族谱曾记其列祖生卒之年，依此推算，钟轼以后之钟闿、钟君锡、钟玉喦等人，均在其父近五十岁或五十多岁时出生，此种情况虽不悖生育之常识，但连续几代均是如此，未免令人生疑。又，崔与之为官清廉，少置产业，且不论有无多余墓地赠与他人，即便有之，然以崔与之品德，施人恩惠，亦不当屡屡提起，并载之文字。

（原载《崔与之与岭南文化研究》，人民出版社 2010 年版）

宋代近海航路考述

云南大学历史与档案学院　黄纯艳

　　本文所述近海航路是指联系宋代中国沿海地区之间的海上交通航路。宋代海上贸易除了空前繁荣的海外贸易，还有规模巨大的近海贸易，形成了有相对独立性的近海区域市场。近海航路连接了南至广南、闽、浙，北到京东、河北所有沿海地区，是宋代近海贸易运行的基础，并通过与远洋航路和内河航路的联系，将近海市场与国内市场和海外市场连为一体。学者们已对宋代远洋贸易航路作了深入研究①。冯汉镛、曹家齐对宋代近海航路也作了初步的研究，但皆使用"国内海道"的概念。本文使用"近海航路"，以更准确地包容不同政权并与远洋航路的中国境内段相区别。与以往研究相比，本文试图根据近海航路的特点作明确的分段论述，并考察近海航路与远洋航路和内河航路的连接状况，在材料上较以往研究更为充实②，以推动这一问题的研究。

---

　　①　曹家齐《唐宋时期南方地区交通研究》第四章第二节"通外海道"（华夏文艺出版社2005年版，第129—134页），张锦鹏《南宋交通史》第五章、第六章"南宋海外交通"（人民出版社2008年版，第162—225页）都论述了宋朝与高丽、日本和南海诸国的海上交通路线。孙光圻《中国古代航海史》（海洋出版社1989年版）、孙光耀《中国古代对外贸易史》（广东人民出版社1985年版）也简要地论及宋代与海外诸国的交通。

　　②　冯汉镛：《宋朝国内海道考》，《文史》第二十六辑，中华书局1986年版；曹家齐：《唐宋时期南方地区交通研究》第四章第二节"国内海道"（第119—128页）。两人对近海航路未根据其特点明确分段，对山东半岛以北航路所论甚略，对里洋（浙西）航路、以及闽浙、广南近海航路的论述还可更为细致，两人都未论述近海航路与内河航线及远洋航路的关联，对若干关键资料还可补充。另，曹书将象山县境之象山港内渡船错误理解为象山与明州间的航上航路，误将《岭外代答》对交趾洋"三合流"的论述置于琼州海峡，而这两条资料实与近海航路无关。

一　明州以北的近海航路

根据地区间交通联系程度和中转状况，大致可以将宋代近海航路由北向南分成以下几段：登州以北；密州至明州（含长江口分路）；明州至泉州（含温州、福州）；福州、泉州至广州；海南岛与大陆。这几条航路也有交叉，如广州可直达明州，泉州也可直达海南岛。广州、泉州、明州三大贸易港在近海航路中发挥着最重要的枢纽港作用，其中背靠经济最发达的江南地区并通过浙东运河、钱塘江和长江连接内河航运网的明州在近海航行和贸易中的枢纽地位尤其重要。

登州在北宋前期曾是与高丽通使和贸易的起点，随着宋辽关系的紧张，登州成为海防重地，与高丽的交往转至明州。除联系高丽外，登州还有前往辽东半岛的苏州（辽、金朝境）间的近海航线。北宋"建隆以来，熟女真由苏州泛海，至登州卖马"，而且女真卖马较为频繁，"常至登州卖马"。雍熙战争后，辽朝用武力阻断了女真与宋朝的通道，登州到苏州的航路中断了。宋神宗曾一度想恢复航路，重开"市马"，而未得①，但直到宋徽宗朝这条航线"故道犹存"。宋徽宗与金朝结海上之盟，先后派郭药师、马政等到金朝约夹攻辽，都是从登州"由海道入苏州"。金朝遣李善庆等使宋也是走苏州到登州的航路②。当时苏州是金朝的边防重镇，政和七年宋朝高药师等受命出使金朝，自登州航海"到彼苏州界，望见岸上女真兵甲多，不敢近而回"，这些兵是"女真巡海人兵"③。登州到苏州的航路沿途循庙岛列岛，"自登州泛海，由小谢、驼基、末岛、棋子滩、东城、会口、皮囤岛"，抵苏州关下。赵良嗣宣和元年三月二十六日自登州出发，四月十四日抵苏州④，全程航行十九日。金朝灭北宋后，这条航路完全在金朝境内，仍在使用，金朝曾"由海道漕辽东粟赈

---

① 《三朝北盟会编》卷三《政宣上帙三》，重和二年正月十日丁巳条，上海古籍出版社2008年版，第20页。

② 《大金国志》卷一《太祖武元皇帝上》，中华书局1986年版，第14页。

③ 《三朝北盟会编》卷一《政宣上帙一》，政和七年八月二十二日条，第3页。

④ 《三朝北盟会编》卷四《政宣上帙四》，宣和二年三月六日丙午条，第25页。

山东"，并"高其价直募人入粟，招海贾船致之"①。这条航线还是商人的贸易之路。

北宋时因登州地近辽朝，宋朝严格限制民间船只从南方往登州贸易。熙宁以前编敕就规定了"客旅商贩不得往高丽、新罗及登、莱州界，违者并徒二年，船物皆没入官"。庆历编敕和嘉祐编敕都有此规定。熙宁、元丰和元祐也重申了这一规定②。京东东路沿海被划为"禁海地分，不通舟船往来"。只有崇宁五年以前海盐实行钞法时短暂允许京东东路"客人借海道通行，往淮南等州军般贩盐货"。但随即"行下沿海地分，令依旧权行禁绝百姓船"③。虽然"山东沿海一带，登、莱、沂、密、潍、滨、沧、霸等州，多有东南海船兴贩"，但都是走私航路④。官方漕运有时还走海路，如天禧元年，"诏江淮发运司漕米三万硕，由海路送登、潍、密州"⑤。另如大中祥符四年，"以登、莱州艰食，令江淮转运司雇客船转粟赈之"⑥；明道年中，京东路发生饥荒，宋朝"转海运粮斛"赈济⑦，走的都是淮南东路沿海到胶东半岛以北的航路。包拯还说宋朝曾运京东三十五万石粮食，"转海往沧州"，和雇客船，"一年可发得两运"⑧。

南宋初，吕颐浩说京东、河北沿海航路：京东诸郡"潍、密、登、莱、青州皆海道地分，自来客旅载南货至密州板桥镇下卸"。河北诸郡"滨、沧州乃海地分，自来商旅贩盐行径"。他建议将福建等路海船积聚于明州，"前去沂、密州"，并说"京东、河北界边海去处，亦如浙东海岸边，有居民市井"，可以买到粮食⑨，沿线城镇和市井为航路提供了支撑。河北黄骅市海丰镇遗址部分发掘出土数量巨大的瓷器，90%是定窑、

---

① 《金史》卷一二八《武都传》，中华书局1975年版，第2772页。
② 苏轼：《苏轼文集》卷三一《乞禁商旅过外国状》，中华书局1986年版，第889页。
③ 《宋会要辑稿》刑法二，上海古籍出版社2014年版，第8308页。
④ 《宋会要辑稿》刑法二，第8387页。
⑤ 《宋会要辑稿》食货四二，第6943页。
⑥ 《宋会要辑稿》食货五七，第7329页。
⑦ 张方平：《张方平集》卷二四《论京东饥馑请行赈救事》，中州古籍出版社1992年版，第371页。
⑧ 包拯：《包拯集编年校注》卷二《请支拨汴河粮纲往河北》，黄山书社1989年版，第114、115页。
⑨ 吕颐浩：《吕颐浩集》卷二《论舟楫之利》，浙江古籍出版社2012年版，第22页。

磁州窑，也有南方的龙泉窑和景德镇窑产品①。海丰镇宋代属沧州。这也是当时南北方近海走私贸易存在的重要证据。可见，明州、密州前往胶东半岛以北的近海航路从未曾中断。

由于登州受到限制，使位于山东半岛南面的密州成为山东沿海最重要的枢纽港，它"东则二广、福建、淮、浙，西则京东、河北、河东三路"②，"系南北商贾所会去处"。"密州接近登、莱州界"③，联系北方的近海航线就是绕过山东半岛，到达登州和莱州，向南则依次经淮、浙、福建，连通广南。吕颐浩将密州到两浙的近海航路分为两条：一是浙东路，即"抛大洋，至洋山、三孤、宜山、岱山、猎港、岑江，直至定海县"；二是浙西路，即"自通、泰州南沙、北沙转入东签、料角、黄牛垛头放洋，至洋山，沿海岸南来，至青龙港，又沿海岸转徘徊头至金山，入海盐县澉浦镇黄湾头，直至临安府江岸"④。浙西线也可到明州。"海舟自京东入浙，必由泰州石港、通州料角崇明镇等处"，"次至平江（苏州）南北洋，次至秀州金山，次至向头"⑤。向头位于钱塘江口南侧定海县。

浙东路又称为外洋航路，浙西路又称里洋航路，这两条航路以东的深海航路又称为大洋航路，即"自新旧海州入海言之，则其所经由者有三路"：一路是"自旧海发舟，直入赣口羊家寨，迤逦转料，至青龙江、扬子江，此里洋也"；二路是"自旧海发舟，直出海际，缘赣口之东杜、苗沙、野沙、外沙、姚、刘诸沙，以至徘徊头、金山、澉浦，此外洋也"，此路虽与上述浙西路南线有所不同，但都是直指浙江口的航路；三路是"自旧海放舟由新海界，分东陬山之表，望东行，使复转而南，直达昌国县之石衕、关岙，然后经岱山、岑江、三姑以至定海，此大洋也"⑥。

这三条航路南北最重要的两端就是明州和密州。南宋时登州和密州

---

① 张春海：《海丰镇遗址：宋金"海上丝路"北起点?》，《中国社会科学报》2014 年 8 月 4 日。

② 《宋史》卷一八六《食货志下八》，中华书局 1985 年版，第 4560 页。

③ 《宋会要辑稿》刑法二，第 8316 页。

④ 《宝庆四明志》卷三《叙郡下》，《宋元方志丛刊》本，中华书局 1990 年版，第 5207 页。

⑤ 《宋史》卷三七二《沈与求传》，第 11542 页。

⑥ 《开庆四明续志》卷五《九寨巡检》，《宋元方志丛刊》本，中华书局 1990 年版，第 5989 页。

都已归金朝版图，上述所言航路主要从海防角度而言，但往山东的航路仍以走私贸易的形式存在，有"闽、越商贾常载重货，往山东贩卖"。于是南宋对"沿海州军兴贩物货往山东者，已立定罪赏"，但"尚有冒法之人，公然兴贩"①。吕颐浩曾说，浙东、福建和广南船货要往京东、河北，一般先集结于明州。南宋谋划袭击京东、河北诸郡时，计划先"聚集福建等路海船于明州岸下"，准备停当，再"前去沂、密州"，"以扰伪齐京东、河北及平、营诸郡"②。刘豫谋划袭击定海县，"调登、莱、沂、密、海五郡军民之兵且二万人，屯密之胶西县"③，把密州作为集结港。

这三条航路都可看作密州南行的航路。外洋航路和大洋航路都是走深海航线，利用季风航行，"趁南风而去，得北风乃归"④。虽然"有大洋、外洋风涛不测之危"，但这两条航路取直线，速度快，所以吴潜曾说，如果金人南下，最可能走的航路就是外洋航路，因为里洋航路"旷日持久，迂回缓行，使人知而避之。此转料从里洋入扬子江一路潜以为决不出此"，"若论二洋形势则外洋尤紧"⑤。绍兴三十一年金海陵王命苏保衡从海路袭击宋朝，大军集结于密州胶西县。李宝奔袭密州金军走的就是外洋航路。八月甲寅李宝船队"发江阴"，"放苏州大洋"。当时正值西北风，船队逆风被催散，被迫"退泊明州关澳，追集散舟"，九月壬辰后由明州关澳出发，十月庚子至海州东海县，共经九日⑥。外洋航路充满危险，李宝军"中流飓风漂溺过半"⑦。但里洋航路金人并非不可逾越。绍兴元年金人船五十余艘曾犯通、泰，并占领了海门县，任命知县、主簿等官。⑧

里洋航路循岸而行，途经数州，较为复杂，长江口以北，"料角水势

---

① 《建炎以来系年要录》卷三五，建炎四年秋七月丙午，中华书局 2013 年版，第 796 页；《宋会要辑稿》刑法二，第 8386 页。

② 杨士奇等：《历代名臣奏议》卷九〇吕颐浩"论舟楫之利"，上海古籍出版社 1989 年版，第 1238 页；《建炎以来系年要录》卷八七，绍兴五年三月癸卯，第 1676 页。

③ 《建炎以来系年要录》卷七八，绍兴四年七月丁丑，第 1484 页。

④ 杨士奇等：《历代名臣奏议》卷九〇吕颐浩"论舟楫之利"，第 1238 页。

⑤ 《开庆四明续志》卷第五《九寨巡检》，第 5989、5990 页。

⑥ 《建炎以来系年要录》卷一九二，绍兴三十一年八月甲寅、九月壬辰；卷一九三，绍兴三十一年十月庚子，第 3725、3736、3749 页。

⑦ 袁燮：《絜斋集》卷一五《武功大夫阁门宣赞舍人鄂洲江陵府驻劄御前诸军副都统制冯台行状》，文渊阁《四库全书》本，第 1157 册，第 211 页。

⑧ 《宋会要辑稿》兵一四，第 8891 页。

湍险",长江口以南的"苏(州)洋之南海道通快,可以径趋浙江",便于航行①。但楚州以北又易行,"楚州傲船,泛海至密州板桥镇,不过三二日"②。难行的航路是楚州至通州一段,因沭河、黄河、淮河和长江入海口泥沙堆积,航路水浅沙多,最有效的航行船只是平底船。绍兴三年,宋将徐文叛逃伪齐,"以舟师过青龙镇,遂至海门县,尽弃南船,掠民间浅底湖船,放洋而去"③。徐文放弃南船即尖底海船,选择平底湖船,说明所走的显然是里洋航路,如果是外洋、大洋航线,南船比平底船更有优势。里洋航路上航行需要乘潮而行,潮退则停,"缘趁西北大岸,寻觅洪道而行,每于五六月间南风潮长四分行船,至潮长九分即便抛泊,留此一分长潮以避砂浅,此路每日止可行半潮期程"④。沈与求讲到这条航路的风险,到"料角水势湍险,一失水道,则舟必沦溺,必得沙上水手,方能转棹"⑤。此航路虽然难行,但风险还是小于外洋和大洋航路。所以该航路是商人惯行航路。"盖海商乘使巨艘,满载财本,虑有大洋外洋风涛不测之危",只要掌握好潮汐时节,就是"保全财货之计"⑥。特别是里洋航路的南段近海贸易较为频繁。至道元年王瀚说:"取私路贩海者不过小商,以鱼干为货。其大商自苏、杭取海路,顺风至淮、楚间,物货既丰,收税复数倍。"⑦ 这些商人都是从事近海贸易,往高丽和日本贸易则是从明州直出大洋。南宋有人分析,金人如果南下,很可能选择里洋航线:"若曰山东之贼欲送死鲸波,则自胶西放洋,绕淮东料角诸沙之外,自有径截洪道直达前所谓嘉兴之金山,不必更放大洋不测之渊而至定海。"⑧

有人指出,"海道虽亘数千里,其要害不过数处"⑨。里洋航路沿途也有多个关节点。这条航路自密州而南,先经海州,有东海县处于航路之

---

① 《玉海》卷一五《绍兴海道图》,上海古籍出版社 1987 年版,第 296 页。
② 《续资治通鉴长编》卷三四一,元丰六年十一月甲子,中华书局 2004 年版,第 8201 页。
③ 《建炎以来系年要录》卷六五,绍兴三年五月丙辰,第 1275 页。
④ 《开庆四明续志》卷五《九寨巡检》,第 5990 页。
⑤ 《建炎以来系年要录》卷五四,绍兴二年五月癸未,第 1116 页。
⑥ 《开庆四明续志》卷五《九寨巡检》,第 5989、5990 页。
⑦ 《宋会要辑稿》职官四四,第 4204 页。
⑧ 《开庆四明续志》卷五《新建诸寨》,第 5983 页。
⑨ 韩元吉:《南涧甲乙稿》卷一九《右朝请大夫知虔州赠通议大夫李公墓碑》,《丛书集成初编》本。

中。其次入楚州。楚州是淮河和黄河入海口，东面临海，"抵接淮海，与山东沿海相对"，对内可通运河。南宋时楚州官置"海船二百余只搬运海州军粮，间探之类"①。楚州盐城县是南宋产盐重地，也是此航路上的重要泊船之处。洪适任淮东总领，主持将集聚于镇江的纲米，通过运河，经扬州、泗州输"往楚州盐城县，分付龚涛津运入海"②，再通过海路运往海州。宋朝派人到盐城县筹集海船，盐城知县龚尹"曾有官造多桨船二十余只，及裕口羊家寨有海船数十只"③。南宋末年，盘踞山东的李全意欲图谋南宋，就是以海州和楚州为基地。他从青州南下海州，在海州训练海战。绍定元年七月，李全"提兵三万如海州"，"大阅战舰于海洋"，八月李全往青州，九月再到海州，"治舟益急，驱诸崮人习水"。次年李全又往涟水军和海州视察战舰。而楚州是他"据扬州以渡江，分兵徇通、泰以趋海"，南图南宋的基地。他在楚州大造战船，着力经营海上力量，并从楚州"遣海舟自苏州洋入平江、嘉兴告籴，实欲习海道，觇畿甸"。他的"籴麦舟过盐城县"，走的就是里洋航路。绍定二年李全攻占盐城县城，同年又攻占楚州④。徐文叛逃伪齐，自长江口"泛海至盐城县"⑤。建炎三年宋军全线败退，韩世忠"走盐城县，收散卒，得数千人"，然后自盐城"以海舟还赴难"，抵达常熟⑥。说明盐城是里洋航路上的重要港口。再入泰州，有上文言及的泰州石港。此航线南端的通州"东北正系海口，南接大江，最为要害"⑦。通州的要害之处是料角和崇明，苏州（平江府）则有黄牛垛头和许浦⑧。秀州金山和明州向头也是重要站点⑨。韩世忠还说："明州定海、秀州华亭、苏州许浦、通州料角，皆海道要地。"⑩ 都是明州至密州航路上的要地。

---

① 《宋史全文》卷二五上，乾道五年四月辛卯，黑龙江人民出版社2005年版，第1711页。

② 洪适：《盘洲文集》卷四一《过江措置津运札子》《乞令漕臣备办馈运舟船札子》，《四部丛刊》初编本。

③ 洪适：《盘洲文集》卷四一《过江催发米纲札子》。

④ 《宋史》卷四七七《李全传下》，第13840、13841页。

⑤ 《建炎以来系年要录》卷六七，绍兴三年八月丙戌，第1314页。

⑥ 《建炎以来系年要录》卷二一，建炎三年三月癸巳，第506页。

⑦ 《建炎以来系年要录》卷八，建炎元年八月戊午，第223页。

⑧ 韩元吉：《南涧甲乙稿》卷一九《右朝请大夫知虔州赠通议大夫李公墓碑》。

⑨ 《玉海》卷一五《绍兴海道图》，第296页。

⑩ 《宋会要辑稿》兵二九，第9254页。

二 明州以南的近海航路

杭州、明州往南，如果不去外国贸易，则只走近海航路，即"若商贾止到台、温、泉、福买卖，未尝过七洲昆仑等大洋"①。明州以南近海航路可以分为明州至泉州、福州（泉州）至广州、海南岛与大陆三个单元。宋朝市舶条法规定，往日本和高丽贸易的商船只能从明州出发，广州和泉州出发则放往南海航路的贸易公凭。也就是说，明州和泉州间、泉州至广州间的航路只是近海航路。明州至泉州间的近海航路中温州是重要中转港。温州"海育多于地产，商舶贸迁"，号称"一片繁华海上头"，"从来唤作小杭州"②。台州也是重要港口。建炎四年"浙西以银十万两、钱十万缗籴之，储于华亭县；浙东以银十万两籴之，储于越温、台州"③。备非常之需。宋高宗避难至台州章安镇时，江淮发运副使宋辉"自秀州金山村以海舶运米八万斛、钱帛十万贯匹至行在"④。

《宝庆四明志》记载明州向南到温州的航路："至昌国县，乘西南风，不待潮径至舟山头登岸，风不顺，泊大、小谢港口，或大、小茅山，候潮回方行。"昌国县往南，有奉化县鲒埼镇及辖下袁村市"皆濒大海，商舶往来，聚而成市"。再向南"至象山县，乘东北风行，一泊乌崎头，再泊方门，三泊陈山渡头步，至县一十五里"。象山县南一百里有东门寨"当海道之冲，舟舶多舣于此"⑤。象山县往南依次进入台州和温州境。台州至温州的航路建炎三年末至四年初宋高宗在金兵追击下自明州入海逃往温州，记载甚明。宋高宗从昌国直达台州港口章安镇。从章安镇出发后，先后停泊松门、青澳门，到达温州港。从温州返回明州，在温州境停泊管头、海门，在台州境停泊松门、章安镇，自章安直达定海县境。宋高宗从明州至温州，除了在章安镇逗留的时间外，全程用时 14 天。从温州返回明州全程用时也是 14 天。尽管往返途中各因阻风、搁浅、大雾

---

① 吴自牧：《梦粱录》卷一二《江海船舰》，黑龙江人民出版社 2003 年版，第 117 页。
② 祝穆：《方舆胜览》卷九《瑞安府》，中华书局 2003 年版，第 149、154 页。
③ 《建炎以来系年要录》卷三四，建炎四年六月甲午，第 790 页。
④ 《建炎以来系年要录》卷三一，建炎四年正月丙午，第 705 页。
⑤ 《宝庆四明志》卷四《郡志》、卷二一《象山县志全》，第 5040、5264 页。

等不同原因耽误过行程，但这些自然因素是航行中的常见情况，可以说14 天是这段航路轻装旅行所需通常日程①。但纲运的航程却要长得多。天圣四年十一月以前规定温州到明州的纲运限 45 日内到达，因考虑到虽然"军梢用心挽驾"，仍可能"内有船或遇便风时月别无阻滞"，此后"不约日限"②。

温州向南航路上第一个重要港口是福州。福州作为福建陆路级治所，在近海航路中地位较对外贸易大港的泉州更为重要，是福建近海航路的中心。蔡襄曾这样评价福州在福建水路交通中的地位："福建一路州军，建、剑、汀州、邵武军连接两浙、江南路，乘船下水，三两日可至福州城下。其东界连接温州，并南接兴化军、泉州、漳州，各在海畔，四向舟船可至。闽中诸州，皆福州为根本。"③ 同时也是福建联系浙、广的近海贸易枢纽："北抵永嘉，南望交广。""北睨淮浙，渺在天外，乘风转舵，不过三数日。岁小俭，谷价薄涌，南北舰捆载俟至。"④ 绍兴初，广东转运判官周纲从广东运米十五万斛，"自海道至闽中，复募客舟赴行在"⑤，就是将福州作为广米输往两浙的中继站。

《淳熙三山志》记载自福州福清县南端的迎仙港向北到温州的海道，共十五潮：一潮自迎仙港乘半退里碧头；二潮过洛化洋牛头门泊寄沙；三潮至燕锡泊婆弄湾；四潮至海口镇；五潮泊大小练；六潮出练门至东西洛止，七潮泊慈湾；八潮至刘崎；九潮至角埕、荻芦；十潮至罗源港；十一潮至官井洋港；十二潮泊斗米；十三潮泊松山港；十四潮泊圆塘；十五潮过沙埕港，泊莆门寨⑥。《建炎以来系年要录》载：温州总辖海船王宪曾"献策，乞用平阳莆门寨所造巡船为式"⑦。可见泊莆门寨已入温州界。

自北而来，过温州铜盘山、半洋礁等处而入福州境，自南而来者，

---

① 参赵鼎《建炎笔录》卷上，《全宋笔记》第三编，大象出版社 2008 年版，第 101—112 页；王明清《挥麈第三录》卷一，《全宋笔记》第 6 编，大象出版社 2013 年版，第 239—245 页；《宝庆四明志》卷一一《郡志十一·车驾巡幸》，第 5134—5137 页。

② 《宋会要辑稿》食货四二，第 6946 页。

③ 蔡襄：《蔡襄集》卷二一《乞相度开修城池》，上海古籍出版社 1996 年版，第 368 页。

④ 祝穆：《方舆胜览》卷一〇《福州》，第 164 页。

⑤ 《建炎以来系年要录》卷九〇，绍兴五年六月辛未，第 1746 页。

⑥ 《淳熙三山志》卷六《地理类六》，第 7835—7839 页。

⑦ 《建炎以来系年要录》卷一九一，绍兴三十一年七月癸酉，第 3703 页。

自兴化南啸山、南匦寨等处可入福州境。福州境内沿海航路上有多处要害，即"涵头、迎仙、江口、岩浔、商屿、波浪澳、小练等处乃行劫商船之所也。中间西之小练山，东之荻芦头，乃南北出入之关"。特别是荻芦寨是控扼温州至福州航路的关键，"若于此把断，使南不得以过北，北不得以过南"①。此外宋朝在这条航路福州境内多个要害之处设有巡检，保障航路通畅。福清县有海口巡检，即北宋前期的钟门巡检，职责是"掌海上封桩舶船，其令出海巡警"，"巡栏香药"，"巡捉私茶盐矾、防护番船"。又有水口巡检，"路当要冲，最为透漏私贩地方"，故驻兵把守，巡捕私茶盐。福清县还设有南匦巡检和松林巡检，都负有"催纲、巡捉私茶盐矾"等责。长溪县有烽火巡检，实为长溪、罗源、宁德、连江、长乐、福清沿海六县巡检，职责是"往来海上收捕"。罗源县设有南湾巡检，宁德县设有两县巡检。怀安设有五县寨巡检。闽县有刘崎巡检，所管闽安镇"枕居海门，为舟船往来冲要之地"，职责是"监纳商税兼沿海县分巡检"，巡捉私盐。②

福建的泉州、漳州也是近海航路上联系广南和两浙的重要中继站。建炎四年宋高宗令广东籴粮十五万斛，福建十万斛，"并储之漳、泉、福州"③。泉州自元祐二年设市舶司，是进出口商品的集散地，在福建近海贸易中自然也有非同一般的地位。真德秀说到经过弹压，"泉、漳一带，盗贼屏息，番舶通行"④，其中既有远洋贸易船，也有近海贸易船。泉州外的石井港"宋为安海市，东曰旧市，西曰新市，客舟自海到者，州遣吏榷税于此，号石井津。建炎四年创石井镇"⑤。围头湾也是"舟船可以久泊"，"实为冲要"⑥。漳州"建州泉、潮之间，以控岭表"⑦，在近海航路上也有重要作用。"漳州旧有黄淡头巡检一员，号为招舶。"⑧

---

① 包恢：《敝帚稿略》卷一《防海寇申省状》，文渊阁《四库全书》本，第 1178 册，第 712 页。

② 《淳熙三山志》卷一九《兵防类二》、卷二四《秩官类五》，第 7939、7940、7941、7943、7995 页。

③ 《建炎以来系年要录》卷三四，建炎四年六月甲午，第 790 页。

④ 真德秀：《西山先生真文忠公文集》卷八《泉州申枢密院乞推海盗赏状》，《四部丛刊》初编本。

⑤ 杜臻：《粤闽巡视纪略》卷四，文渊阁《四库全书》本，第 460 册，第 1061 页。

⑥ 真德秀：《西山先生真文忠公文集》卷八《申枢密院措置沿海事宜状》。

⑦ 祝穆：《方舆胜览》卷一三《漳州》，第 224 页。

⑧ 蔡襄：《蔡襄集》卷二一《乞相度沿海防备盗贼》，第 370 页。

泉州设置市舶司以前，福建商船须到广州领取往海外的贸易公凭，而设市舶司以前泉州已是"舶商岁再至，一舶连二十艘，异货禁物如山"①，也可见泉州与广州之间近海航路商船往来频繁。两广及福建沿海是海盗最猖獗的地区，"福州山门、潮州沙尾、惠州渼落、广州大奚山；高州碙州"都是海盗聚集之所②，两广到福建间繁荣的航路运输是海盗生存的基础。广州到福建的近海航路中潮州是重要中转港。潮州农桑发达，"稻得再熟，蚕亦五收"③，粮食丰富。建炎四年宋朝派人在潮州收购粮食，一批"就潮州装发三纲，每纲各一万硕，经涉大海，于今年（绍兴元年）正月内到福州交卸了足"，另一批"于潮州装发纲运，前来温州交卸"④。福建地方政府也曾募人往潮州、惠州，收割季节在地头收籴粮食⑤。宋代潮州盛产瓷器，主要供给出口，韩江下游的凤岭港是重要的商贸港，出土了大量宋代船板、船桅、船缆等古船残骸。揭阳港在宋代是很大的粮食出口港，同时也具有外贸港口的性质。⑥

广州以西近海航路可联系广西雷、廉、钦诸州。其中钦、廉两州是广东以西近海贸易中的主要港口。元丰年间，根据曾布的建议，"钦、廉州宜各创驿安泊交易人，就驿置博易场"⑦。宋代舶商总结了这条航路的情况："自广州而东，其海易行；自广州而西，其海难行；自钦、廉而西，则尤为难行。盖福建、两浙滨海多港，忽遇恶风，则急投近港。若广西海岸皆砂土，无多港澳，暴风卒起，无所逃匿。至于钦、廉之西南，海多巨石，尤为难行。"钦州和廉州之间的海中有象鼻砂，砂碛长数百里，隐在海波中，深不数尺，海舶遇之辄碎。钦州往西，近海航路可至交趾。交趾来钦州，"率用小舟。既出港，遵崖而行"⑧。钦州城西行，"大海扬帆一日至西南岸，即交州潮阳镇"。这条航路上有几个重要水口，

---

① 晁补之：《鸡肋集》卷六二《杜公（纯）行状》，《丛书集成初编》本。
② 《宋会要辑稿》兵一三，第8862—8863页。
③ 祝穆：《方舆胜览》卷三六《潮州》，第644页。
④ 《宋会要辑稿》食货四三，第6980页。
⑤ 朱熹：《晦庵先生文集》卷二五《与建宁诸司论赈济札子》，上海古籍出版社、安徽教育出版社2010年版，第1117页。
⑥ 黄挺、杜经国：《潮汕古代商易港口研究》，《潮学研究》第一辑，汕头大学出版社1994年版，第53—68页。
⑦ 《宋会要辑稿》食货三八，第6844页。
⑧ 周去非：《岭外代答校注》卷一《地理门》、《边帅门》，中华书局1999年版，第37、53页。

成为航路停泊点和海防军镇：有咄步砦从"咄步水口入海路，至交趾潮阳镇"；抵掉军铺从"抵掉水口入海，至交趾潮阳"；如洪镇从"如洪水口入海，至交趾潮阳镇"。廉州西行，海路经钦州，通交趾。中间也有多个重要水口，作为停泊点："有谭家水口、黄标水口、藏涌水口、西阳水口、大湾水口、大亭水口，并入海之路"，最重要的停泊点是鹿井砦，"在州西南，控象鼻，涉大水口入海，通交州水路"。廉州东行，海路可通雷州，航路中有"三村砦，在州东南，控宝蛤湾，至海口水路，东南转海至雷州递角场"。雷州"递角场抵南海，即琼州对岸，泛海一程可至琼州"，并可通海南岛的万安、昌化、吉阳军。雷州向东自本州"谭源泛海，至罗场，接吴州县，通江水，从吴川上水，至化州"。化州向东则"入恩、广州，通江、浙、福建等路"①。

海南岛完全靠海路与大陆联系，"官吏文书，商贾往来，皆道于海"②。笔者在《宋代海外贸易》中曾指出海南岛与大陆往来有三条主要航线③：一是广西沿海诸州到海南岛："雷州徐闻县递角场直对琼管，一帆济海，半日可到"，"雷、化、高、太平四州地水路接近"雷州递角场，"正与琼对，伺风便一日可达"④；二是广州到海南，这条航路也是南海贸易商船出入广州的必经之路。广州是"外国香货及海南客旅所聚"之地⑤。《宋史·张鉴传》载，张鉴知广州时"有亲故谪琼州，每以奉附商船寄赡之"，可见往来于广州和琼州之间的商船一定十分频繁；三是泉州至海南。闽浙商人根据季风规律定期往来于海南。"岁杪或正月发舟，五六月间回舶。若载鲜槟榔才先则四月至"。⑥ 每年"闽、越海贾惟以余杭船即市香。每岁冬季，黎峒俟此船方入山寻采，州人从而贾贩，尽归船商"⑦。

---

① 曾公亮：《武经总要》前集卷二〇《边防》，国家图书馆出版社，第270—271页。
② 《苏过诗文编年笺注》卷七《论海南黎事书》，中华书局2012年版，第664页。
③ 黄纯艳：《宋代海外贸易》，社会科学文献出版社2003年版，第282页。
④ 周去非：《岭外代答校注》卷一《琼州兼广西路安抚都监》，第45页；《宋史》卷二八四《陈尧叟传》，第9584—9585页。
⑤ 《续资治通鉴长编》卷三一〇，元丰三年十二月庚申，第7522页。
⑥ 赵汝适著、韩振华补注：《诸蕃志注补》卷下《海南》，香港大学亚洲研究中心2000年版，第443页。
⑦ 陈敬：《陈氏香谱》卷四，文渊阁《四库全书》影印本，1990年。

三　近海航路与远洋航路及内河航路的联系

所谓远洋航路就是从贸易港直接通向海外诸国的航路。这首先需要辨明哪些贸易港是可以直接发放海外贸易船舶的港口。开宝四年在广州设置第一个市舶司，随后杭州和明州也设置市舶司。更准确地说，杭州和明州所置是两浙路市舶司下的市舶务，两浙路市舶司治所先后在杭州、明州和华亭间移治。端拱二年宋太宗诏令："自今商旅出海外蕃国贩易者，须于两浙市舶司陈牒，请官给券以行，违者没入其宝货。"这即规定了只有设置市舶机构的港口才能颁发贸易公凭（券）。咸平二年宋真宗诏"杭州、明州各置市舶司（笔者注：实为市舶务），仍取蕃客稳便"①。更早设置且贸易规模最大的广州当然也是可以发放贸易公凭的港口。元丰三年市舶条法就明确提到了广州："诸非广州市船司辄发过南蕃纲舶船，非明州市舶司，而发过日本、高丽者，以违制论。"元丰八年市舶条法则称"诸非杭、明、广州而辄发海商舶船者，以违制论"②。不论单言明州还是杭、明州并提，实际都是指两浙路市舶司。

元祐二年和三年增设了密州和泉州市舶司。密州市舶司存在时间短且主要是接纳广、泉、明诸港的转口贸易。泉州市舶司也是限于发放往南海诸国的贸易公凭。元祐四年杭州市舶司处理了泉州百姓徐戬"为高丽国雕造经板二千九百余片，公然载往彼国，却受酬答银三千两"一案。商人李球元祐四年"请杭州市舶司公凭，往高丽国经纪"。元祐五年有泉州纲首徐成向杭州市舶司反映"有商客王应升等冒请往高丽国公凭，却发船入大辽国买卖"③。崇宁四年泉州商人李充向"提举两浙路市舶司"申请公凭，公凭规定其归来时"赴明州市舶务抽解"④。日本僧人成寻赴宋朝，在明州登岸，所乘唐人船一船头曾聚、二船头吴铸、三船头郑庆

---

　　① 《宋会要辑稿》职官四四，第4204页。

　　② 苏轼：《苏轼文集》卷三一《乞禁商旅过外国状》，第890页。

　　③ 苏轼：《苏轼文集》卷三一《乞禁商旅过外国状》，第888—889页。

　　④ 《朝野群载》卷二〇《异国》，黑板胜美编"新订增补国史大系"，东京吉川弘文馆1938年版，第453页。

分别是南雄州（疑为南剑州之误）、福州和泉州人①。这艘船应该是福建船，因往日贸易，所以需从明州往返。以上数例事实说明即使是泉州的商人要往高丽贸易也需到两浙路市舶司所属的杭州和明州市舶务申请公凭，也就是《诸蕃志》所说："（泉州商人往高丽）兴贩必先至四明，而后再发。"②

往海外贸易的船只回舶时必须返回申请公凭的港口接受抽解并缴回公凭："回日许于合发舶州住舶，公据纳市舶司。"③ 在具体执行时"三路市舶相去各数千里，初无一定之法"，会出现"住舶于非发舶之所，有禁有不禁"的情况。李充公凭所附市舶条法有商人"于非发舶州舶者，抽买讫，报元发州验实销籍"的条款，但李充公凭仍然写明"（李充）前去日本国，经他回，赴本州市舶务抽解。不得隐匿透越"④。实际上广州市舶司和两浙市舶司都有于非发舶州抽解的情况。崇宁五年宋徽宗诏："广州市舶司旧来发舶往来南蕃诸国博易回，元丰三年旧条只得却赴广州抽解，后来续降，沿革不同。今则许于非元发舶州往舶抽买，缘此大生奸弊，亏损课额。"令严格执行元丰三年旧条⑤。南宋前期市舶机构的设置格局发生了变化，两浙路除杭州和明州外，增设了温州、华亭和江阴三个市舶务。福建和广南仍维持泉州和广州两个市舶司，形成了"福建、广南各置务于一州，两浙市舶务及分建于五所"的格局⑥。但只有设置市舶机构的港口才能直接发放往海外诸国贸易公凭的规定仍然不变。宋孝宗朝臣僚上奏指出，"三路舶船各有司存。旧法召保给据起发，回日各于发舶处抽解。近缘两浙舶司申请随便住舶变卖，遂坏成法"。隆兴二年重申旧法，令"三路照旧法施行"⑦。即使到设置市舶机构的非元发舶港抽解也被禁止："若有别路市舶司所发船前来泉州，亦不得拘截，即委官押

---

① ［日］成寻著：《新校参天台五台山记》卷一，王丽萍校，上海古籍出版社 1996 年版，第 1 页。

② 《诸蕃志注补》，第 291 页。

③ 《宋会要辑稿》职官四四，第 4207 页。

④ 《朝野群载》卷二〇《异国》，第 452 页。

⑤ 《宋会要辑稿》职官四四，第 4207 页。

⑥ 《宋会要辑稿》职官四四，第 4216 页。《宝庆四明志》卷六《叙赋下》（第 5054 页）载：宋光宗和宋宁宗朝先后停罢杭州、江阴军、温州、秀州市舶务后，"凡中国之贾高丽与日本、诸蕃之至中国者，惟庆元得受而遣焉"。又恢复庆元府（明州）一地发舶。同时也说明此前其他四个市舶务也可发舶。

⑦ 《文献通考》卷二〇《市籴考一》，中华书局 2011 年版，第 591 页。

发离岸，回元来请公验去处抽解。"乾道九年宋孝宗朝驳回了在琼州置司抽解的建议："诏广南路提举市舶司申乞于琼州置主管官指挥更不施行。"① 宋孝宗还曾"诏广南、两浙市舶司所发船回日，内有妄托风水不便、船身破漏、樯柂损坏"而到非发舶处，"即不得拘截抽解"。总体上还是执行回原（元）发舶港抽解的规定。

为防止铜钱等违禁物资的外流，取得了远洋贸易公凭的船舶出港前必须接受检查（即"检空"），然后在有关官员的监督下直放远洋航路，不能在近海沿途贸易："广东、福建路转运司遇舶船起发，差本司属官一员临时点检，仍差不干碍官一员觉察。至海口，俟其放洋，方得回归。""覆视官不候其船放洋而辄回者徒一年。"所谓"不干碍官"即"不干预市舶职事者，差独员或差委清强官"②，即与市舶事务无干系官员。保障这些船只不在近海停靠，而是直航海外贸易国。总体而言，北宋一代广州、杭州、明州和泉州先后成为可直接联系海外诸国的贸易港，也就是远洋航路的起点，这几个港口间的航路也属于近海航路。近海航路在这几个港口与远洋航路相连，实现进口商品和出口商品的聚散，以及海外市场和近海市场的对接。

来华外商并不严格受到两浙路港口管理往高丽、日本贸易，泉州和广州管理往南海诸国贸易规定的限制。但是未设市舶机构的港口不能对蕃商实行抽解，上文所言琼州置司抽解之议被否决就是一例。这说明外商必须到设立市舶机构的港口接受抽解。如，天禧元年有大食国蕃客麻思利等"将博买到真珠等，合经明州市舶司抽解"③。麻思利等自南海而来，在明州接受抽解。日本商人应在庆元府（明州）接受抽解，却非法在浙东沿海走私铜钱，"（铜钱）漏泄之地非特在庆元抽解之处，如沿海温、台等处境界，其数千里之间漏泄非一。盖倭船自离其国，渡海而来，或未到庆元之前预先过温、台之境，摆泊海涯"，或"离四明之后，又或未即归其本国，博易尚有余货，又复回旋于温、台之境，低价贱卖，交易如故"④。台州本无市舶机构，温州市舶务在宋宁宗朝废罢，所以日本

---

① 《宋会要辑稿》职官四四，第 4218、4219 页。

② 同上书，第 4215 页。

③ 同上书，第 4204 页。

④ 包恢：《敝帚稿略》卷一《禁铜钱申省状》，文渊阁《四库全书》本，第 1178 册，第 713 页。

商人只能在设置市舶机构的庆元府接受抽解。这是宋朝政府保障市舶抽解和博买收入的必须措施。这同样说明设置市舶机构的港口才是直接联系海外诸国的远洋航路的起点。市舶港口之间，市舶港口与非市舶港口及与内河的联系则通过近海航路相连接。近海航路，特别是密州以南的近海航路，贸易频繁，构建了一个繁荣的近海区域市场，南至广南，北至福建、两浙、淮南、京东沿海地区经济的互补交流、远洋进口品向国内市场的转输、内地商品向沿海及外国的销售都通过近海航路和近海市场实现。

近海航路与内河航路有着密切联系，其中联系区域最广、最主要的通道是长江、钱塘江、浙东运河和珠江，此外温州、福州、泉州、潮州、廉州等港口也都有内河与腹地相连。长江口向北联系里洋航路，在淮南段可以通过淮（黄）河入海口进入运河，南达扬州，北抵开封，与内河航运联系起来。淮河入海口"有渠由郡（涟水军）入东海尾受于淮"，官榷盐茶，民运稻鱼，"以是舟相衔不绝"①。同时有一条由盐城向西到高邮的盐河，也连接了近海航路和运河："自高邮而盐城，为东西之盐河"，即"自高邮入兴化，东至盐城而极于海"的通航河道，客舟通行②。盐河之名的由来是因这条航路主要是将淮南盐"自通、泰、楚运至真州，自真州运至江、浙、荆湖"③。

长江口向北联系里洋航路，向南直通两浙闽广海道。船只自密州南下，循海岸而行，绕料角、崇明向西进入长江，或从许浦"东出海门料角之间，势与胶西相直"④，转过料角即连通密州航路。南宋时有人从海防的角度指出"通州管下料角最系贼船来路紧切控扼去处"⑤，说明料角是扼守里洋航路的要地。向南联系浙西沿海及明州。长江口的黄姚镇是"二广、福建、温、台、明、越等郡大商海船辐辏之地，南擅澉浦、华亭、青龙、江湾牙客之利，北兼顾迳、双浜、王家桥、南大场、三槎浦、沙泾、沙头、掘浦、萧迳、新塘、薛港、陶港沿海之税，每月南货商税

---

① 《苏舜钦集编年校注》卷八《涟水军新闸记》，巴蜀书社 1991 年版，第 524 页。
② 陈造：《江湖长翁集》卷二四《与奉使衰大著论救荒书》，文渊阁《四库全书》本，第1166 册，第 302 页；《宋史》卷九七《河渠七》，第 2395 页；《宋会要辑稿》方域一六，第 9608 页。
③ 《续资治通鉴长编》卷一一三，明道二年十二月戊申，第 2654—2655 页。
④ 《重修琴川志》卷一《许浦水军寨》，《宋元方志丛刊》本，中华书局 1990 年版，第1163 页。
⑤ 《宋会要辑稿》职官四〇，第 3992 页。

动以万计"①。福建和广东的商人还进入江阴、镇江、江宁："连江接海，便于发舶，无若江阴。"②"闽、广客船并海南蕃船，转海至镇江府买卖至多"，及有兴贩"至江宁府岸下者"③。近海航路还通过吴松江联系苏州和秀州，"有海道客旅兴贩物货，沿江湾浦边枕吴松大江，连接海洋大川，商贾舟船，多是稍入吴松江，取江湾浦入秀州青龙镇"④。海商可通过吴松江转运河到苏州："闽、粤之贾乘风航海，不以为险，故珍货远物毕集于吴之市。"⑤

海船通过海道聚于明州（庆元府），有三条水道转往内河：一是钱塘江，二是浙东运河，三是长江。吴自牧《梦粱录》卷一二《江海船舰》说到"浙江乃通江渡海之津道"，"其浙江船只，虽海舰多有往来……明、越、温、台海鲜、鱼蟹、鲞腊等类亦上通于江浙"。除了各种大小船只外，还有海舶、大舰"皆泊于江岸"。沿海航行可以沿钱塘江向内地深入到婺州和衢州。如"海船般贩私盐直入钱塘江，径取婺、衢州货卖"⑥。宋高宗移跸临安后，闽、广、温、台等处钱物到明州后，由定海进钱塘江，到杭州。但因为"自定海至临安海道，中间砂碛不通南船"，而不少海船在明州卸货，再"雇募湖船腾剥，就元押人由海道直赴临安江下"。也有大量人、货从明州取道浙东运河往内地。宋高宗驻跸绍兴时就通过浙东运河运输物资，"闽、广、温、台二年以来，海运粮斛钱物前来绍兴府，并系至余姚县出卸，腾剥般运"，转用浙东运河船运至绍兴⑦。日本僧人成寻入宋，到明州后"不入明州，直向西赴越州"，到萧山，入杭州，就是走浙东运河⑧。明州经过苏州洋海路也有进入长江的航线。曾有明州士人陈生进东京赶考，"于定海求附大贾之舟，欲航海至通州而西焉。时同行十余舟"⑨。这条航路上往来的船只还不少。

广州通过三条江，把近海航路与内河航路联系起来：一是联系端州

① 《宋会要辑稿》食货一八，第6387—6388页。
② 《建炎以来系年要录》卷一九〇，绍兴三十一年五月丙辰，第3694页。
③ 《宋会要辑稿》食货五〇，第7126页。
④ 《宋会要辑稿》食货一七，第6365页。
⑤ 《吴郡图经续记》卷上《海道》，同治江苏书局刊本。
⑥ 《宋会要辑稿》食货二六，第6559页。
⑦ 《宋会要辑稿》食货四三，第6981页。
⑧ ［日］成寻著，王丽萍校：《新校参天台五台山记》卷一，第652—653页。
⑨ 张邦基：《墨庄漫录》卷三，中华书局2002年版，第83页。

和广西的西江；二是联系惠州、潮州的东江；三是联系韶州的北江。李曾伯说"西江，如融、柳、象、浔、藤等州皆在此江之滨，直透南海"①。广东盐销往广西就从西江水运，"广东产盐多而食盐少，广西产盐少而食盐多。东盐入西，散往诸州，有一水之便"②。南宋时明橐说到广东沿海的食盐走私活动，"大船则出入海道作过，停藏于沿海之地。小舟则上下东、西两江。东江则自广至于潮、惠，西江则自广至于梧、横"③。北江水路至南雄，陆路越五岭，可进入赣江，连接长江，是广州纲运的主要线路。《岭外代答》卷一"五岭"条载："入岭之途五耳，非必山也。自福建之汀入广东之循、梅，一也；自江西之南安逾大庚入南雄，二也；自湖南之郴入连，三也；自道入广西之贺，四也；自全入静江，五也。"第二条是广州港通向内地的主要路线。广州的进口品就是通过这条道路运往内地。嘉祐八年以前广东境内官府纲运还是陆运，即"岭南陆运香药入京"。嘉祐八年刘蒙正受命改革运输办法，改为"自广韶江溯流至南雄，由大庚岭步运至南安军，凡三铺，铺给卒三十人，复由水路输送"④。自广州沿北江水运，仅大庚岭至南安军一段陆运，再转赣江水运。第三条路线是广南物货进入湖南的道路，自湖南郴州入广东连州，经北江支流湟水可入北江，到广州。

除以上联系内河主要水道外，其他近海港口也有河流与内地相连。广南钦州、廉州、潮州诸港都可连接内地。钦州是广州以西重要港口。嘉靖《钦州志》卷三载，钦州有"钦江一水上通灵山，下达防城"，越过灵山即达横州，沿白石水（洛清江）至桂州，过灵渠，进入湘水。"海南四州军及钦、廉、雷、化、高皆产盐州军"，盐场皆"滨海，以舟运于廉州石康仓，客贩西盐者自廉州陆运至郁林州，而后可以舟运"⑤。《岭外代答》卷一"五岭"条所言"入岭之途"第一条"自福建之汀入广东之循、梅"是潮州通向内地的主要道路。汀州处于韩江上游，"南通交广，西接赣水，南接潮海"⑥。顺韩江南下即到潮州，"每岁秋冬，田事既毕，

---

① 李曾伯：《可斋杂稿》续稿后卷九《回庚递宣谕奏》，文渊阁《四库全书》本 1990 年版，第 1179 册，第 763 页。

② 周去非：《岭外代答校注》卷五《财计门》，第 183 页。

③ 《宋会要辑稿》食货二六，第 6568 页。

④ 《宋史》卷二六三《刘蒙正传》，第 9101 页。

⑤ 周去非：《岭外代答校注》卷五《财计门》，第 179 页。

⑥ 祝穆：《方舆胜览》卷一三《汀州》，第 229 页。

往往数十百为群，持甲兵旗鼓，往来虔、汀、漳、潮、循、梅、惠、广八州之地①。潮州在宋代盛产瓷器，也顺韩江入海，外销南海诸国。②

福建福州、泉州等港口主要通过海路到明州，与内地联系。北宋设有递铺，由福建到江西信州，但实际上"福建纲运多由海道"，所置铺兵也"仅成虚设"③。闽北各州则通过河流将物资运至泉州和福州，然后纲运北上，或外销南海诸国。德化、永春、安溪都产瓷器，通过东、西二溪，顺晋江到泉州④。福州有闽江联系闽北邵武、建宁、南剑诸州。朱熹曾筹划在福州沿海诸县收籴商人贩来的粮食，然后用溪船运至建宁府等受灾州县⑤。邵武、建宁、南剑三州生产的瓷器也通过闽江运至福州外销⑥，当然同时闽北诸州的其他物资也通过闽江运至福州。

温州也与福州、泉州一样，与内地的联系主要通过海路。南宋人在谈到漕运上供物资时说，两浙诸州都有水路联系杭州，唯"温、台、处州不通水路"⑦。所谓不通水路是指没有内河能直接与杭州相连。但是永嘉江上游龙泉窑所产瓷器远销亚非各国，就是通过永嘉江运到温州⑧。"南海Ⅰ号"试掘的瓷器有多件龙泉窑产品，同时有福建闽清义窑、德化窑、磁灶窑、江西景德镇窑等产品⑨。可见泉、福、温州诸港通过内河与本路或本州内地联系仍有重要意义。

四 结论

宋代近海航路从大的方面可以明州为中点，分为南北两大段。北段又可以密州为界，分为密州至山东半岛以北及密州至明州两段。前一段

---

① 《续资治通鉴长编》卷一九六，嘉祐七年二月辛巳，第4739页。
② 参见黄纯艳《宋代海外贸易》，社会科学文献出版社2003年版，第258页。
③ 《宋会要辑稿》方域一〇，第9488页。
④ 林忠干等：《闽北宋元瓷器的生产与外销》，《海交史研究》1987年第2期。
⑤ 《晦庵先生文集》卷二五《与建宁诸司论赈济札子》，第1117页。
⑥ 林忠干等：《闽北宋元瓷器的生产与外销》，《海交史研究》1987年第2期。
⑦ 《宋会要辑稿》食货四七；第7066页。
⑧ 叶文程：《宋元时期龙泉青瓷的外销及其有关问题的探讨》，《海交史研究》1987年第2期。
⑨ 广东省文物考古研究所编：《"南海Ⅰ号"的考古试掘》，科学出版社2011年版，第48—87页。

受政治局势影响最强，北宋时仅官方航运畅通，而民间航运大多数时期被禁绝。后一段分里洋、外洋和大洋三路，也受到政治局势影响，里洋航路沙多水浅，需乘潮航行。明州以南航路可分为明州到福州（泉州），福泉到广州两段，福州和泉州是重要的中继站。广州以西，以及海南岛与大陆都有稳定的航路。明州以南航路受政治影响甚小，往来繁荣，站点频繁。

远洋航路通过设立市舶司的几个重要港口与近海航路相连，使远洋贸易通过严密的近海航路与近海市场和国内市场联系起来。近海航路通过长江、钱塘江、浙东运河、珠江可与国内河运系统相联系。与内地河运系统不能直接相连的温州、福州、泉州、潮州等港口也通过河流与本路或本州内地相连，成为本路和本州物资出海的通道。近海航路是近海市场与内地市场、海外市场连接的中介。宋代沿海地区间的经济互补，浙、闽、粤沿海地区商品经济发展，以及繁荣的海外贸易都与近海航路的发展密切相关。

（原载《中华文史论丛》2016 年第 1 期）

辽代熟女真问题刍议

中国社会科学院历史研究所　关树东

辽代女真（《辽史》《金史》记作女直，辽避兴宗名讳改称）主要分布于黑龙江及其支流松花江、牡丹江、乌苏里江流域图们江、鸭绿江流域、长白山地、辽东半岛，是当时我国东北地区人口最多、分布最广的部族。由于分布地域辽阔，辽代女真各部长期散漫于山林原野，一直没有形成统一的民族共同体。辽朝对女真各部实行羁縻统治，但又根据其距离辽朝统治中心的远近，以及社会发展水平的差异，治理上区别对待，有生女真、熟女真之分。关于生女真、熟女真与辽朝的关系问题，学界讨论似尚不足。本文试就辽代熟女真的有关问题略陈管见。

——

《金史》卷一《世纪》谓女真源自黑水靺鞨，原来隶属于渤海国，"五代时，契丹尽取渤海地，而黑水靺鞨附属于契丹。其在南者籍契丹，号熟女直；其在北者不在契丹籍，号生女直"。南宋人陈准著《北风扬沙录》载："契丹阿保机乘唐衰，兴北方，吞诸蕃三十六，女真在其中。阿保机恐女真为患，诱豪右（原文误作左）数千家迁之辽阳之南而著籍焉，使不得与本国通，谓之合苏款（原文误作隶）。自咸州东北分界入谷（原文误作官）口至宻沬江（今松花江上游），中间所居之女真，隶契丹咸州兵马司，与其国往来无禁，谓之回霸。合苏款者，熟女真也；回霸者，非熟女真，亦非生女真也。自宻（原文误作东）江之北，宁江之东，地方千余里，户十余万，无大君长，亦无国名，散居山谷间，自推豪侠为酋长，小者千户，大者数千，则谓之生女真。"① 这是南宋人就他们的见闻所及对辽朝不同地域女真部族的认识。据此，生女真与熟女真的区别在于是否加入辽朝的版籍。

早在耶律阿保机任契丹迭剌部夷离堇时，就曾攻略东北女真。② 契丹灭渤海国后，不断有女真来贡的记录，女真各部相继被纳入以契丹辽朝为中心的藩属体系。女真著籍辽朝，据《北风扬沙录》，始于辽初的曷苏馆（又作合苏款、合苏馆）部。但有的学者认为曷苏馆著籍应在辽圣宗统和初。统和二年（984），辽朝东征女真，术不直、赛里等八族人"乞举众内附"，"诏纳之"。三年，东征的辽军俘获女真人口十余万、马二十余万匹。③ 学者认为，从辽景宗时女真犯边的方位以及统和初辽军东征女真的出师路线看，东征的对象是鸭绿江女真，并进一步指出，曷苏馆熟女真就是统和二年因辽朝用兵而被迫内附辽朝的一部分鸭绿江女真人，其中就包括术不直、赛里等八族人，迁居辽阳以南后著辽籍，改称曷苏馆。④ 留在故地的鸭绿江女真应该也在统和初东征后不久被迫加入辽籍。统和八年九月，"北女直四部请内附"⑤。这应是北女真系辽籍、成为熟女真之始。圣宗开泰元年（1012）正月，"长白山三十部女直酋长来贡，乞授爵秩"⑥。这可能是长白山女真授官著籍之始。兴宗重熙十五年（1046）二月，"蒲卢毛朵界曷懒河户来附，诏抚之"⑦。曷懒河即今吉林省海兰河，这可能是蒲卢毛朵部首先成为熟女真的一部分人户。道宗大康八年（1082）三月，"黄龙府女直部长术乃率部民内附，予官，赐印绶"。这是黄龙府（治今吉林省农安县）女真部系辽籍成为熟女真之始。此前，道

---

① 《三朝北盟会编》政宣上帙，重和二年正月十一日。

② 《辽史》卷一《太祖本纪上》。

③ 《辽史》卷一〇、卷一一《圣宗本纪》一、二。

④ 刘炳愉、陈福林：《曷苏馆熟女真探源》，《北方文物》1985年第2期。该文说，所谓"内附"，就是著契丹籍。我们检索《辽史》中的"内附"一词，认为此说不误。《辽史》中的"来附"一词，亦可作此解释。部落"来贡""来朝"，则未必著籍。都兴智《曷苏馆女真考略》（《辽宁师范大学学报》1986年第1期）也认为，曷苏馆女真由辽太祖耶律阿保机迁移、著籍的记载系误传，实与圣宗统和二年、三年两次征讨女真有关。

⑤ 《辽史》卷一三《圣宗本纪四》。

⑥ 《辽史》卷一五《圣宗本纪六》。

⑦ 《辽史》卷一九《兴宗本纪二》。同年四月，又载蒲卢毛朵界曷懒河百八十户来附。这两条记载的应是同一件事，二月条可能是其首领来朝贡并请求内属，四月条则是正式授官系籍的记载。

宗授予乌古乃（金景祖）生女真部族节度使官号，"辽主将刻印与之，景祖不肯系辽籍，辞曰：'请俟他日。'辽主终欲与之，遣使来。景祖诡使部人扬言曰：'主公若受印系籍，部人必杀之。'用是以拒之，辽使乃还"①。由此判断，受辽官后接受印绶，部民便需系辽籍；不接受印绶，部民便不系辽籍，即便受封辽官，也还是生女真。授印系籍（亦作系案）是内附辽朝成为熟女真的标志。②乌古乃接受辽的官号，有利于提升自己在生女真中的威望，而拒绝接受印绶，则避免了部民系辽籍的命运。

女真著籍辽朝是辽圣宗以来，尤其是辽宋澶渊之盟后，辽朝加强北疆治理与开发的产物，这个过程持续了一百多年。著籍与反著籍以及争夺对熟女真的管制权，成为生女真举兵反辽的重要原因。

《辽史》卷三十六《兵卫志下》"属国军"谓"辽属国可纪者五十有九，朝贡无常。有事则遣使征兵，或下诏专征；不从者讨之"。其下所记59国，有的显然不是辽朝的属国，如波斯、大食等；大黄室韦、小黄室韦被改编为突吕不室韦部、涅剌拏古部，西奚、东部奚、乌马山奚的主体部分整合为六部奚，都属于辽朝的直属部落。卷四十六《百官志二》"北面属国官"下罗列了与辽朝有过往来的所有部族和国家，错谬、重复记载更多。真正属于辽朝属国属部的，既有著籍熟户，也有不著籍的生户，如生女直部。"北面属国官"小序所谓"辽制，属国属部官，大者拟王封，小者准部使。命其酋长与契丹人区别而用，恩威兼制"，似专指内附系籍的部族。其下记有女直国顺化王府、北女直国大王府、南女直国大王府、曷苏馆路女直国大王府、长白山女直国大王府、鸭绿江女直大王府、濒海女直国大王府、回跋部大王府、黄龙府女直部大王府、蒲卢毛朵部大王府等。③圣宗统和八年五月，"女直宰相阿海来贡，封顺化

———————

① 《金史》卷一《世纪》。乌古乃卒于道宗咸雍八年。

② 《高丽史》卷九文宗三十三年四月，"西女真须于那等七人来朝，纳北朝所授职牒"。这是说辽朝鸭绿江女真有归附高丽者。《金史》所谓"赐印绶""刻印与之"，应即《高丽史》所说的"北朝所授职牒"。高丽将长白山女真、鸭绿江女真分别称为东女真、西女真，东、西女真也有徙居高丽境内，系籍高丽的。见蒋秀松《"东女真"与"西女真"》，《社会科学战线》1994年第4期。

③ 《辽史》卷四六《百官志二·北面属国官》。张博泉先生认为，《辽史》所记载的女真，"除生女真外，大多数是系辽籍女真，其中居在南部的曷苏馆女真、鸭绿江女真和南女真属熟女真；居在北部的诸女真如回跋女真等属半熟女真"。见氏著《金史论稿》第二编第一章之二，吉林文史出版社1986年版。与生女真为邻的五国部、兀惹、铁骊、达鲁古等部族，尽管到了金代多数融入女真共同体，但在辽代显然不属于女真。

王"。这是史籍所见辽朝最早封授的女真王。以后还见有开泰元年正月，"曷苏馆大王曷里喜来朝"①。兴宗重熙十年十月，"以女直太师台押为曷苏馆都大王"。重熙十七年四月，蒲卢毛朵部大王蒲辇献造舟人。②"小者准部使"，即授予小部落酋领节度使。大王、节度使（别称太师）之外，还封授宰相（左、右相）、惕隐（亦曰司徒）、太保、夷离堇、详稳等官号。③ 生女真部落首领不见有受王封者，辽道宗时完颜部首领始受封节度使。熟女真部落首领世代承袭，统领部族，有的由辽朝"差契丹或渤海人充节度管押"，如鸭绿江五节度熟女真部族。④

《金史》里屡见女直太弯，如宁江州（治今吉林省松原市东南大城子）、出河店（今黑龙江省肇源县茂兴站南）大捷后，阿骨打遣完颜娄室招谕系辽籍女真，酷辇岭阿鲁台罕等十四太弯降金，包括移燍益海路太弯照散（照三）。⑤ 据《高丽史》（平壤1957年版）卷九文宗二十七年（辽道宗咸雍五年，1069）五月丁未，高丽西北面兵马使奏，近境蕃帅骨于夫、觅害村要结等告曰："我等曾居伊齐村，为契丹大完（原注：职名）……请与狄耶好等五户引契丹化内蕃人内徙觅害村附籍，永为藩屏。"高丽西北的契丹化内蕃人即系辽籍女真，大完应即太弯。已有学者指出，太弯、大完就是大王。⑥ 我们可以补充一条材料，证明太弯就是大王。据《契丹国志》卷一○《天祚皇帝上》，阿骨打出兵征服未归附的女

---

① 《辽史》卷一三《圣宗本纪四》，卷一五《圣宗本纪六》。

② 《辽史》卷一九《兴宗本纪二》，卷二○《兴宗本纪三》。

③ 《辽史》卷四六《百官志二·北面属国官》。如圣宗开泰年间（1012—1020），曷苏馆惕隐、宰相，回跋部太师、太保，相继来贡。兴宗重熙十七年六月，长白山太师、回跋部太师来贡。见《辽史》卷一五《圣宗本纪六》开泰元年正月、卷一六《圣宗本纪七》开泰八年三月、五月、七月，卷二○《兴宗本纪三》。《金史》卷一《世纪》载，辽人呼节度使为太师。

④ 《契丹国志》卷二二《四至邻国地里远近》，上海古籍出版社1985年版。《四至邻国地里远近》所记女真有三部分，由最东南的新罗往西往北，依次是五节度熟女真部族、熟女真国、生女真国。张博泉先生认为五节度熟女真部族即鸭绿江女真。见《金史论稿》第二编第一章之二。据《辽史》卷三八《地理志二·东京道》：鸭绿江畔来远城，"本熟女直地"，说明鸭绿江女真为熟女真。

⑤ 参见《金史》卷七一《斡鲁古勃堇传》，卷七二《娄室传》。卷八一《夹谷吾里补传》载："吾里补隶娄室帐下，攻系辽女直，招降太弯照三等。"本文地名今地主要据张修桂、赖青寿编著的《辽史地理志汇释》，安徽教育出版社2001年版；同时参考了谭其骧主编的《〈中国历史地图集〉资料汇编（东北卷）》，中央民族学院出版社1988年版。

⑥ 张博泉先生指出，系辽籍女真头目名下往往系"太弯"二字，即辽之"大王"。见《金史论稿》第一卷第二编第一章之二。蒋秀松认为《高丽史》所谓"契丹大完"，即辽朝所设诸大王府的大王。见前揭《"东女真"与"西女真"》。

真部族，赵三、阿鹘产大王出兵拒之，并申诉于咸州（治今辽宁开原市北老城镇）兵马司。阿鹘产为顺国女真大王，或即女真国顺化王，曾助辽镇压耶律章奴反叛。① 赵三大王应即移燉益海路太弯照散（照三）。前揭酷辇岭阿鲁台罕等十四太弯实际上均属黄龙府女真部或回跋部女真。而加古（夹谷）撒喝进攻辽丽边境的保州（治今朝鲜平安北道义州与新义州之间），尽降保州诸部女真，包括系辽女真麻潵太弯等十五人，② 则属于鸭绿江女真。看来，辽朝似乎并没有封授类似部落联盟长的长白山女直国大王、鸭绿江女直大王、回跋部大王、黄龙府女直部大王等官号，大王不过是辽朝授予熟女真各部落酋领的称号，音转为太弯或大完。辽朝对熟女真实行众封王、分其势的政策，使他们不相统辖，难以形成统一的政治实体。

生、熟女真与北宋西北边疆民族地区生户、熟户的划分标准是基本一致的。③《大金国志》的作者说：“合苏馆女真，乃居辽地，俗呼熟女直，如陕西熟蕃之类也。”④ 系籍辽朝的熟女真，除了与生女真一样要朝贡、助军出征外，有的还要承担赋役义务。如圣宗开泰四年，“曷苏馆部请括女直王殊只你户旧无籍者，会其丁入赋役。从之”⑤。有的熟女真如曷苏馆部，还与辽朝直属部落一样“建旗鼓”⑥。辽朝授予部落、节镇旗鼓，象征中央授权及地方对中央的军政隶属关系。回跋部授印系籍，是熟女真，但可能不承担赋役，而且“与其国往来无禁”，即辽朝允许他们

---

① 见《契丹国志》卷十；《辽史》卷二八《天祚皇帝本纪二》。

② 《金史》卷一三五《外国传下·高丽》。

③ 李埏先生认为，我国中原王朝对边疆少数民族地区实行的生、熟户的统治政策，始于宋代。宋朝以距离内地远近、受汉文化影响的多少，以及接受其统治的程度等多种标准，把西北地区吐蕃、党项等少数民族蕃落分为生户、熟户，实行不同的统治政策。凡臣属于宋朝、首领受宋朝封职、签点蕃兵、为宋保卫边塞、向宋朝纳赋服役的蕃落为熟户，反之则为生户。划分生、熟户并非西北特有，东北的女真、海南岛的黎族，均有生、熟之分（《北宋西北少数民族地区的生熟户》，《思想战线》1992 年第 2 期）。

④ 《大金国志校证》卷二七《乌陵思谋传》，中华书局 1986 年版。

⑤ 《辽史》卷一五《圣宗本纪六》。但据《契丹国志》卷二二《四至邻国地里远近》，五节度熟女真部族“无出租赋”。

⑥ 《辽史》卷一七《圣宗本纪八》太平六年十二月。同卷太平八年九月，北敌烈部节度使耶律延寿请视诸部，赐旗鼓，诏从之。北敌烈部，圣宗以敌烈户置，为圣宗三十四部之一，是隶属北宰相府的直属部落。据《辽史》卷二《太祖本纪下》，神册五年，契丹攻天德军，节度使宋瑶降，赐弓矢、鞍马、旗鼓，更其军曰应天。可见，辽朝的部落、方镇都有旗鼓之赐，是中央授权的象征。

与生女真相往来，所以有"非熟女真，亦非生女真"的特点。

在部族纷争中，系辽籍的熟女真可以得到辽朝的保护和支持。生女真节度使、完颜部长劾里钵与本部人桓赧、散达率领的诸部联军决战，嘱咐其弟盈歌等，如果他战死，便"于辽系籍受印，乞师以报此仇"①。辽朝还通过贸易维系与女真各部的藩属关系。《辽史》卷六十《食货志下》"征商之法"谓："女直以金、帛、布、蜜、蜡诸药材及铁离、靺鞨、于厥等部以蛤珠、青鼠、貂鼠、胶鱼之皮、牛羊驼马、毳罽等物，来易于辽者，道路襁属。"《契丹国志》载：熟女真国，"或居民等自意相率赍以金、帛、布、黄蜡、天南星、人参、白附子、松子、蜜等诸物，入贡北番；或只于边上买卖，讫，却归本国。契丹国商贾人等就入其国买卖，亦无所碍"②。

熟女真人除受命担任本部的各级官职外，与隶籍辽朝州县（如来州、肃州等）和直属部落（如奥衍女直部、乙典女直部）的女真人一样，可出任朝廷命官。如曷苏馆人完颜挞不野、完颜合住，前者"事辽为太尉"，后者"仕辽，领辰、复二州汉人、渤海"③。当然，仕宦的女真族官员数量极少，且品秩低微，很难晋升到中高级以上官员。这是由女真族在辽朝各民族中的地位决定的。

二

辽朝"沿边置东京、黄龙府兵马都部署司、咸州、汤河兵马详稳司、

---

① 《金史》卷一《世纪》。

② 《契丹国志》卷二二《四至邻国地里远近》。

③ 《金史》卷六六《胡十门传》《合住传》，卷八〇《赤盏晖传》。合住子蒲苏越，"袭父职，再迁静江、中正军节度使，佩金牌，为曷苏馆女直部长"。辽朝极少数边州如丰州天德军节度使家族世袭，见《金史》卷八二《郭企忠传》。根据上下文，蒲苏越袭父职领辰、复二州，也有可能。但我更倾向认为蒲苏越袭父职担任的是曷苏馆女直部长。静江、中正军节度使似非辽朝节镇州军号，应属遥领，静江军为宋桂州军号，中正军应是忠正军，宋寿州军号。节度使是辽朝武官阶。赤盏晖所授礼宾副使也是武官阶。参见王曾瑜《辽朝官员的实职和虚衔初探》，《文史》第34辑，中华书局1992年版。胡十门父挞不野所任太尉，官制不详，据《辽史》卷四五《百官志一》，北面诸帐如遥辇帐、国舅帐，北面部族，设置有太尉官。但是，太尉也可能属于三师三公类虚官加衔。

东北路统军司"分别统辖诸部女真。① 这些边防军政机构，统帅本军区内诸部族军、汉军、渤海军，节制属国属部，负责辖区边防。它们实际上分别负责镇遏一部分女真人。如咸州兵马详稳司又称北（路）女直兵马司（详稳司），简称咸州详稳司、咸州兵马司、北兵马司，军区内有龙化州（治今内蒙古奈曼旗西北）、辽州（治今辽宁省新民市东北辽滨塔村）、祺州（治今辽宁省康平县东南小塔子村）、韩州（治今辽宁省昌图县西北八面城东南古城址）、双州（治今辽宁省沈阳市北石佛寺村）、银州（治今辽宁省铁岭市）、同州（治今辽宁省开原市西南）、咸州（见前）、郓州（待考）、铜州（治今辽宁省海城市东南析木城）、肃州（治今辽宁省昌图县昌图镇）、安州（治今辽宁省昌图县西北四面城）等州。汤河兵马详稳司又称南女直汤河兵马司、南女直兵马司（详稳司），简称汤河详稳司、南兵马司，军区内有卢州（治今辽宁省盖州市西南熊岳城）、涞州（待考）、镇海府（治今辽宁省庄河县）、归州（治今辽宁省盖州市西南归胜城）、苏州（治今辽宁省大连市金州区）、复州（治今辽宁省瓦房店市复州城）等。从北、南二兵马司军区内诸州的地理分布看，北女直似指回跋部（因分布于松花江支流辉发河流域而得名，地处今吉林省西南部、辽宁省北部一带），南女直似指曷苏馆部（分布于辽阳以南至辽东半岛一带）。② 黄龙府兵马都部署司负责镇遏黄龙府女真。东京（今辽宁省辽阳市）兵马都部署司主要负责辽丽边防，控扼鸭绿江女真、长白山女真。东北统军司则主要控扼生女真。女真各部有事禀报辽朝，主要由各统军司、兵马司官员受理，必要时统军司、兵马司官员禀报主管属国属部事务的北枢密院。如熟女真赵三、阿鹘产大王不从完颜阿骨打，阿骨打掳掠其家。二人来咸州详稳司（兵马司）状告阿骨打，详稳司受理后将情况上报北枢密院，北枢密院上奏皇帝，天祚帝指示仍送咸州详稳司处理。阿骨打带着随从来到咸州详稳司，"与告人赵三、阿鹘产等并跪

① 《三朝北盟会编》政宣上帙三，重和二年正月十一日。

② 参见《辽史》卷三八《地理志二·东京道》，卷四六《百官志二·北面边防官》。咸州兵马司镇遏回跋部，见《北风扬沙录》。咸州的军政隶北女直兵马司，见《辽史》卷三八《地理志二·东京道》。据《契丹国志·天祚皇帝》和《辽史·天祚本纪》，阿骨打率骑驰至咸州，径赴详稳司索要女真降人，可见咸州是北女真兵马司的治所。《辽史·百官志二·北面边防官》咸州兵马详稳司与北女真兵马司重出，且谓北女真兵马司"在东京辽州置"，若此说不误，就是其治所先在辽州，后迁至咸州。

问于厅下"①。

据宋人曾公亮所著《武经总要》记载，女真"附契丹者为熟女真，置一十八州：耀州（治今辽宁省大石桥市西北岳州城）、玭州（《辽史·地理志》作嫔州，治今辽宁省海城市东北向阳寨）、海州（治今辽宁省海城市）、铜州（见前）、教州、崇州（以上待考）、兴州（治今辽宁省沈阳市东北懿路村）、荆州、荷州、朝州（以上待考）、卢州（见前）、宾州（治今吉林省农安县东北广元店古城）、邮州（待考）、铁州（治今辽宁省大石桥市北汤池村古城）、定理州、怀北州、麓州（以上待考）、广州（治今辽宁省沈阳市西南大高华堡）。居于东京三面，皆侨立州（原文衍一立字）名，民籍每州千户至百户"②。以上诸州多为渤海国旧州（郡），邮州应为郢州之误，军事上分别隶属北女真兵马司、南女真兵马司（有的州没有标明军事隶属关系，但从方位看，显然隶属这两个军区）。唯教州、朝州、怀北州不见于《辽史》卷三十八《地理志二》"东京道"。除广州、宾州、海州外，其他各州之民户来源皆不详。据《辽史·地理志》，广州，"渤海为铁利郡。太祖迁渤海人居之，建铁利州。统和八年省。开泰七年以汉户置"。宾州，"本渤海城。统和十七年，迁兀惹户，置刺史于鸭子、混同二水（应指今东流、北流松花江）之间"。海州，原为渤海国南京南海府，辽圣宗太平年间渤海大延琳举兵，州人响应并据城坚守，兵变失败后，"因尽徙其人于上京，置迁辽县，移泽州民来实之"。据《辽史》卷三十七《地理志一》"上京道"，上京临潢府迁辽县，"本辽东诸县渤海人，大延琳叛，择其谋勇者置之左右。后以城降，戮之，徙其家属于京东北，故名"。迁移海州的泽州民，据《辽史》卷三十九《地理志三》"中京道"，原是"太祖俘蔚州民"。《辽史·地理志》没有提供这些州由女真人户组成的线索。从文献记载来看，熟女真依然保存部落组织形式。如《契丹国志》卷二十二《四至邻国地里远近》载，五节度熟女真部族，"共一万余户，皆杂处山林"；熟女真国，"居民皆杂处山林，耕养、屋宇与熟女真五节度同"。女真部落酋长统领部众，

---

① 《契丹国志》卷一〇《天祚皇帝上》。

② 《武经总要》前集卷一六下"边防·北番地里"，《中国兵书集成》本（明抄本），解放军出版社、辽沈书社1988年版。《四库全书》本无宾州、邮州，多一郢州，实际只有十七州；州名排列顺序也与兵书集成本不尽相同，卢州居兴州前，朝州后是麓州、广州、郢州。《辽史·地理志》东京道有郢州，无邮州，邮州疑为郢州之误。

部民即便籍贯州县，也与一般的州县编户不同。《武经总要》所记熟女真诸州，居民似为汉、渤海人，对熟女真来说，只具有羁縻州意义。这可能就是所谓"皆侨立州名"的本意。

辽朝在熟女真地区以及生女真边界驻戍重兵，保持军事威慑。东京兵马都部署司、黄龙府兵马都部署司、东北路统军司等统辖着众多的戍边部落军和汉军、渤海军。① 据高丽史籍《大辽事迹》载，辽之"东境戍兵，以备高丽、女直等国"，"东京至鸭渌西北峰为界：黄龙府正兵五千，咸州正兵一千。东京沿女直界至鸭渌江：军堡凡七十，各守军二十人，计正兵一千四百"。又有来远城宣义军八营正兵三千六百人，神虎军城正兵一万。② 辽朝借此切断熟女真与生女真、高丽的联系。在与生女真相邻的熟女真地区，辽朝建有宁江州、宾州、祥州（治今吉林省农安县东北万金塔古城）、黄龙府、益州（治今吉林省农安县北）、威州（治今吉林省农安县西南）等府州，并在"沿边创筑城堡，搬运粮草，差拨兵甲，屯守征讨"③。这些城堡应该就是出使金朝的宋人洪皓所说的"契丹自宾州、混同江北八十余里建寨以守"的军寨。④ 这些府州、城堡既是攻防生女真的军事要地，也对熟女真具有威慑作用。东京地区辽与高丽边境的府州、城堡也是如此。

熟女真地处辽朝与生女真和高丽之间，战略地位十分重要。辽朝有意将熟女真打造为一道军事屏障。曷苏馆，女真语义就是"藩篱"。⑤ 熟女真是辽朝边防力量的组成部分。生女真不得擅自进入辽境，除非有熟女真头人的引领。如前揭耶悔水纳喝部人阿注阿劫持盈歌家眷为人质，

① 参见《辽史》卷三三《营卫志下·部族下》、卷三五《兵卫志中·众部族军》、卷三七《地理志一·上京道》、卷三八《地理志二·东京道》。《地理志》中见东京（兵）都部署司和东京统军司，《营卫志》、《兵卫志》则只见东京（兵马）都部署司，不见东京统军司。《辽史》纪、传多见东京统军使，不见东京兵马都部署。《亡辽录》（《三朝北盟会编》引）载辽军政机构，辽阳路有东京兵马都部署司和保州都统军司，不见东京统军司。根据《辽史》纪、传及《高丽史》卷一三、一四、一五的记载，保州都统军使即东京统军使，又作东路统军使。东京兵马都部署司是东京统军司、南女真兵马司的上司。像南京留守兼任南京兵马总管（都元帅）一样，东京留守应兼任东京兵马都部署。《辽史》卷四六《百官志二·北面边防官》将同一机构的正名、别称、简称并列杂陈，是拼凑、堆砌纪、传材料与《亡辽录》而成的。
② 《辽史》卷三六《兵卫志下·边境戍兵》。
③ 《契丹国志》卷二二《四至邻国地里远近》。
④ 《松漠纪闻》。
⑤ 贾敬颜：《王寂〈鸭江行部志〉疏证稿》，《五代宋金元人边疆行记十三种疏证稿》，中华书局2004年版。

要求盈歌与"系案女直知名官僚相结,送我兄弟亲属由咸州路入辽国",盈歌只好联系熟女真阿鲁太弯、阿鲁不太弯等,送阿注阿入辽。[①] 阿骨打之兄乌雅束任生女真节度使时,"系辽籍女直纥石烈部阿里保太弯阻兵,招纳亡命,边民多亡归之"。不少生女真人户归附阿里保太弯。[②] 阿骨打起兵,首先遣使抚谕斡忽、急赛两路系辽籍女真;宁江州大捷,再次遣使"招谕系辽籍女直"。但直到大败十万辽军于出河店,克宾州,逼近祥州、咸州,斡忽、急赛两路方降。克咸州,"获辽北女直系籍之户"。收国二年(1116)五月,击败据守东京的渤海高永昌,东京州县及"南路系辽女直"皆降。[③] 完颜麻吉十五岁从军,下宁江州,平系辽籍女真,克黄龙府,皆奋勇作战。[④] 从阿骨打灭辽战争的全过程来看,熟女真是曾与辽军并肩作战,发挥了一定的防御作用的。

熟女真毗邻生女真之地建有堑壕。阿骨打起兵,"将至辽界,先使宗斡督士卒夷堑"。进军宁江州,"诸军填堑攻城"[⑤]。宋徽宗宣和七年(1125)出使金源的宋使许亢宗一行亲历辽与生女真之间的界壕,他们经过辽益州、宾州城,北行百里至和里间寨,"自和里间寨东行五里,即有溃堰断堑,自北而南,莫知远近,界隔甚明,乃契丹昔与女真两国古界也"[⑥]。考古工作者在松花江流域发现了昔日这类边堡堑壕的遗迹。[⑦]

生、熟女真的划分,考虑到各地区女真人距离辽朝统治中心的远近不同,以及社会发展水平的差异,治理上区别对待,不整齐划一,是辽朝民族政策上的创新之举。[⑧] 此举在一定程度上保护了女真族的经济、社会和文化传统,促进了熟女真与汉、契丹等民族的交往,推动了女真族

---

① 《金史》卷六八《欢都传》。
② 《金史》卷六五《劾孙子蒲家奴传》。《金史》本卷校勘记〔三〕认为,这里的阿里保太弯即卷六八《欢都传》所载阿鲁不太弯。
③ 参见《金史》卷二《太祖本纪》、卷七一《斡鲁古勃堇传》、卷七二《娄室传》。《斡鲁古勃堇传》谓出河店之战后,先后有酷辇岭阿鲁台罕等十四太弯、斡忽、急赛两路系籍女真降,克咸州后,隋满忽吐以所部降,邻部七千户来归;《娄室传》则谓先后降移燉益海路太弯照散、益改、捺末懒两路,克咸州,获北女真系籍户。
④ 《金史》卷七二《麻吉传》。
⑤ 《金史》卷二《太祖本纪》。
⑥ 贾敬颜:《许亢宗行程录》,《五代宋金元人边疆行记十三种疏证稿》。
⑦ 景爱、董学增:《吉林舒兰县古界壕、烽台与城堡》,《文物》1987年第2期。
⑧ 辽朝生、熟户的划分当然不限于女真族。据《契丹国志》卷二二《四至邻国地里远近》:"西近北至生吐蕃国,又西至党项、突厥等国,皆不为契丹国害,亦不进贡往来,盖以熟土浑、突厥、党项等部族所隔。"

以至东北地区的经济、文化发展。同时，生、熟女真的划分贯穿着辽朝对广土众民的女真族分而治之、以夷制夷的政策，对女真民族共同体的形成，作用是消极的。

（原载韩国《宋辽金元史研究》第 13 号，2008 年 12 月）

家族嬗变与民族融合

——从耶律倍到耶律希亮的个案家族考察

西北大学历史学院　　王善军

辽宋夏金元时期，是中国历史上民族间相互交往、相互融合最为活跃的时期之一。在北方地区，民族融合尤为明显。许多在历史舞台上的活跃民族，如契丹、渤海、奚、党项、女真、汉人（特别是辽、西夏、金统治区内的汉人）等，经过此时期的民族交往和融合，族群认同观念逐渐发生变化，从而形成一些新的民族群体，而原有族称甚至也逐渐消失在历史的长河中。蒙古国名相耶律楚材的家族，从辽初耶律倍传承至元代的耶律希亮等人，作为演变较为清晰的个案家族，特别是该家族在发展过程中表现出民族文化的兼容性，成为具有代表性的个案，值得深入剖析。因此，尽管学术界对这一家族的重要人物以及家族的某些侧面多有研究，[①] 但从其家族嬗变过程来探讨族际互动的基本状况，以说明此

---

① 学术界对耶律楚材家族有所涉及的研究成果数量颇多。关于耶律氏家族人物的成果主要有：舒焚《东丹王耶律倍》（《湖北大学学报》1985 年第 2 期）、王国维《耶律文正公年谱（附余录）》（《王国维集》第 4 册，中国社会科学出版社 2008 年版）、韩儒林《耶律楚材在大蒙古国的地位和所起的作用》（《穹庐集》，河北教育出版社 2000 年版）、罗贤佑《儒释思想影响与耶律楚材的心路历程》（《民族研究》1999 年第 3 期）、刘晓《耶律楚材评传》（南京大学出版社 2001 年版）、《耶律希逸生平杂考》（《暨大史学》第 2 辑，暨南大学出版社 2003 年版）等。关于耶律氏家族世系的成果主要有：赵振绩《耶律楚材族系考》（台北市文献委员会《台北文献》第 40 期，1978 年）、刘晓《耶律铸夫妇墓志札记》（《暨南史学》第 3 辑，暨南大学出版社 2004 年版）、［澳大利亚］Igor de Rachewiltz（罗依果），A NOTE ON YELü ZHU 耶律铸 AND HIS FAMILY（郝时远、罗贤佑主编《蒙元史暨民族史论集》，社会科学文献出版社 2006 年版）等。关于耶律氏家族具体侧面的成果主要有：向南《辽代医巫闾地区与契丹耶律倍家族的崛起》（《社会科学辑刊》1994 年第 1 期）、缪钺《耶律楚材父子与元遗山》（《重庆益世报》文史副刊第 34 期，1943 年 6 月 3 日）、陈垣《耶律楚材父子信仰之异趣》（《陈垣学术论文集》第 1 集，中华书局 1980 年版）、孟广耀《苏东坡与耶律楚材家族的关系》（《民族研究》1982 年第 3 期）、刘晓《赵衍父子与耶律家族——兼论元代的卢龙赵氏》（《欧亚学刊》第 6 辑，中华书局 2007 年版）等。本文承蒙中国社会科学院编审宋德金先生、四川大学教授粟品孝先生、中山大学博士生高晶晶先生等提供资料，特致谢忱。

时期北方民族融合的路径和过程，仍是十分必要的。本文侧重从社会生活的角度，对该问题作一较为具体的剖析，不妥之处，恳望方家指正。

一　耶律氏家族的传承与迁徙

辽代的耶律氏皇族，枝繁叶茂，子孙昌盛，衍及金元，亦不乏人。本文仅探讨从辽代耶律倍至金代耶律履再到元代耶律希亮等人的一系。由于史料记载较为丰富，这一支系的世系传承较为清晰，家族迁徙情况也基本有迹可循，以下略作述说。

（一）族系传承

耶律倍为辽太祖耶律阿保机的长子，小字图欲（突欲）。史载其"幼聪敏好学"，尝"经略燕地"。他是最早接触中原文明的契丹上层人物之一。天显元年（926），耶律倍随父出征，攻灭曾号称"海东盛国"[①] 的渤海王国，改其国名为东丹。耶律倍称人皇王，依天子冠服，节制东丹，年号甘露，"置左、右、大、次四相及百官，一用汉法"。耶律阿保机死后，作为嫡长子的耶律倍与乃弟德光在皇位继承问题上发生龃龉，因其母述律太后偏向德光而最终败北。德光称帝后，他遭到猜忌。德光不但"以东平为南京，徙倍居之"，而且还派了许多卫士"阴伺动静"。耶律倍有感于"以天下让主上，今反见疑"[②] 的状况，遂浮海投奔后唐。

耶律倍有子5人，其中长子阮于辽太宗死后继位，是为辽世宗。阮子贤于穆宗死后继位，是为辽景宗。此后的辽代皇帝，均出自此一支系。耶律楚材的先祖娄国，为倍之次子。他于天禄五年（951）遥授武定军节度使。后值耶律察割叛乱，世宗遇害，娄国随耶律璟平定叛乱，亲手杀了察割。耶律璟即位后，娄国被任命为南京留守、政事令。后因"穆宗沉湎，不恤政事"，娄国遂"有觊觎之心"。而在平定察割叛乱中立功的耶律敌猎等人，因不受重用而与其党谋立娄国。谋反事件失败后，辽穆宗将娄国"缢于可汗州西谷，诏有司择绝后之地而葬"[③]。尽管辽穆宗希

---

①　《新唐书》卷二一九《北狄·渤海传》，中华书局1975年版，第6182页。

②　《辽史》卷七二《宗室·义宗倍传》，中华书局1974年版，第1210页。

③　《辽史》卷一一二《逆臣·耶律娄国传》，第1501页。

望叛乱者"绝后"，但辽代早期对皇族谋乱者多不株连子孙。因而，娄国的子孙得以世代繁衍。

耶律娄国之后人，尽管在辽代史书中难见记载，但后世碑铭资料却有相关支系的清晰记载：

> 娄国生将军国隐，将军生太师合鲁，合鲁生太师胡笃，胡笃生定远大将军内剌，内剌生银青荣禄大夫、兴平军节度使德元。①

这一世系记载，与有关耶律楚材身世的记载完全吻合。宋子贞撰写耶律楚材神道碑云："公讳楚材，字晋卿，姓耶律氏，辽东丹王突欲之八世孙。"② 耶律楚材也在诗中称："自怜西域十年客，谁识东丹八叶孙。"③ 娄国之后的国隐、合鲁、胡笃、内剌 4 代，虽然有耶律楚材诗中所称"四世皆太师，名德超今昔"④ 的家族荣耀，但由于史载有阙，事迹难考，"太师"一职或有封赠而得者。⑤ 不过，作为皇族显贵中的一支，他们在辽朝具有优越的政治地位和仕宦条件。

自耶律德元时期起，随着辽王朝的灭亡，该家族成员由皇族而沦为金朝臣民，姓氏亦改称"移剌"（金亡后又改回耶律，本文为叙述方便，一律称耶律）。耶律楚材称"我祖建四节，功勋冠黄阁"⑥，说明德元改仕金朝后尚属荣达。德元之弟聿鲁生子履，⑦ 德元"鞠以为子，遂为之后"。后德元又有亲子震。耶律履仕金而显，成为家族此时期的关键人物。金朝统治者对契丹族采取既拉拢又防范的政策。金朝初期，许多降金的契

---

① 《元好问全集》卷二七《尚书右丞耶律公神道碑》，山西人民出版社 1990 年版，上册第 651 页。

② 宋子贞：《中书令耶律公神道碑》，耶律楚材《湛然居士文集》附录，中华书局 1986 年版，第 323 页。

③ 耶律楚材：《湛然居士文集》卷三《过云中和张伯坚韵》，第 60 页。

④ 耶律楚材：《湛然居士文集》卷一二《为子铸作诗三十韵》，第 270 页。

⑤ 《元好问全集》卷二七《奉国上将军武庙署令耶律公墓志铭》云："曾祖讳内剌，赠定远大将军。"

⑥ 耶律楚材：《湛然居士文集》卷一二《为子铸作诗三十韵》，第 270 页。

⑦ 关于聿鲁与德元的关系，宋子贞《中书令耶律公神道碑》（耶律楚材《湛然居士文集》附录，第 323 页）记为"其弟"，《耶律铸墓志》（《北京元代史迹图志》，北京燕山出版社 2009 年版，第 199 页）记为"德元弟聿鲁"，然元好问《尚书右丞耶律公神道碑》及《金史》卷 95 《移剌履传》均记为"族弟"。按，德元为内剌之子，史无异载。元好问虽云聿鲁为德元族弟，然所撰辨才、思忠（善才）墓志铭，又均以聿鲁为内剌之子。既然德元、聿鲁均为内剌之子，则二人为兄弟关系无疑。

丹人参加了对宋战争，成为女真人坚定的同盟者。金世宗有"海陵时，契丹人尤被信任"①之语。然而，随着正隆、大定间的契丹大起义，"契丹部族大抵皆叛"②，女真与契丹的关系恶化，金世宗又有"契丹岂肯与我一心也哉"③的感叹。而耶律履在金朝中期官拜尚书右丞，是为数不多的跻身金朝权力中心的契丹人之一。

耶律履有子3人，分别为辨才、善才、楚材。3人均在金朝入仕为官。辨才"以门资试护卫"，历仕冀州录事判官、顺天军节度副使、京兆府兵马使、中京兵马副都指挥使等职。金元之交，改仕蒙古的耶律楚材"奉命理索""昆季北归"后，辨才"留寓真定"而终。④善才"弱冠以宰相子引见，补东上閤门祗候"，仕至中京副留守、同知归德府事，于耶律楚材理索兄弟北归之时，"乞留死汴梁"，最后竟"自投于内东城濠中水而殁"⑤。兄弟之中，楚材年龄与两位兄长相差较大（近20岁），入仕金朝数年后即因中都陷落而沦入蒙古占领区，改仕蒙古国后其政治才能逐渐得到发挥。他虽然以学行有闻于成吉思汗，但真正使之在蒙古军中立足的，还是因其通术数医卜之说。他曾说自己"待罪清台"，"徒旷著龟之任"，并在诗中写到："生遇干戈我不辰，十年甘分作俘臣。"⑥这说明他对此时的政治境遇并不满意。窝阔台即汗位后，大军南下中原，楚材为中书令，主持汉地事务。此时期他得以施展政治抱负——定制度、兴儒术、籍户口、统课税，"膏泽浃于天下"⑦，为经济的恢复和民族的融合做出了突出贡献。晚年的耶律楚材在与回回商人奥都剌合蛮的政治斗争中颇为失意，"愤悒以死"⑧。

耶律楚材之后辈成员，借其余荫，仕宦者众多。在元代政治舞台上，该家族仍为颇有影响的世家大族。辨才"子男一人，曰镛；男孙二人，曰志公奴、谢家奴"⑨，仕宦情况不详。善才之子钧，曾"仕为尚书省译

① 《金史》卷八八《唐括安礼传》，中华书局1975年版，第1965页。
② 《金史》卷九一《蒲察世傑传》，第2021页。
③ 《金史》卷八八《唐括安礼传》，第1965页。
④ 《元好问全集》卷二七《奉国上将军武庙署令耶律公墓志铭》，上册，第648页。
⑤ 《元好问全集》卷二六《龙虎卫上将军耶律公墓志铭》，上册，第630页。
⑥ 耶律楚材：《湛然居士文集》卷八《进征西庚午元历表》，第185页；卷三《和移剌子春见寄五首》其二，第47页。
⑦ 《河南通志》卷四八《祠祀·卫辉府》，文渊阁《四库全书》本，第537册，第23页。
⑧ 苏天爵：《元朝名臣事略》卷五《中书耶律文正王》，中华书局1996年版，第84页。
⑨ 《元好问全集》卷二七《奉国上将军武庙署令耶律公墓志铭》，上册，第648页。

史"①，后"制授东平工匠长官"②。钧有子 3 人，即宁寿、昌寿、德寿。宁寿即有尚，字伯强，仕至昭文馆大学士兼国子祭酒。③ 其"子男五人，长奉训大夫、邓州知州兼管诸军奥鲁劝农事楷，次太常礼仪院奉礼郎朴，次朝散大夫、佥江南湖北道肃政廉访司事权……次陕西行中书省宣使栝，次将仕佐郎、广源库知事检"④。楚材之子为铉与铸。铉"监开平仓"⑤。铸在楚材死后"嗣领中书省事"⑥，应为"亦用蒙古重少子之俗"⑦，仕至中书左丞相、平章军国重事。铸之子共有 12 人，即希徵、希勃、道道、希亮、希宽、希素、希周、希光、希逸、希援、希崇、希晟⑧。他们"布列台阁寺监，皆有能官声"⑨。其中希亮官至知制诰监修国史。希亮"子男四人"，长子普化曾"为承直郎、生料库使"⑩。

耶律氏家族历辽金元三代，不断产生精英人物，虽经两次改朝换代，而家族得以延续发展，未见明显衰败。这在此时期北方地区的世家大族中，具有一定的代表性。

（二）家族迁徙

耶律铸在《双溪醉隐集》诗注中曾云："予家本辽上，后家医无（巫）闾。"⑪ 所谓"辽上"，应指"辽水之上"，即契丹族的发祥地潢河流域。⑫ 所谓"医无闾"，则是指医巫闾山地区。据考证，医巫闾地区曾经为耶律倍家族的领地。⑬ 史载耶律倍曾"市书至万卷，藏于医巫闾绝顶

---

① 《元好问全集》卷二六《龙虎卫上将军耶律公墓志铭》，上册，第 630 页。

② 苏天爵：《滋溪文稿》卷七《耶律文正公神道碑铭》，中华书局 1997 年版，第 102 页。

③ 同上书，第 104 页。

④ 同上书，第 105 页。

⑤ 宋子贞：《中书令耶律公神道碑》，耶律楚材《湛然居士文集》附录，第 333 页。

⑥ 《元史》卷一四六《耶律楚材传附铸传》，中华书局 1976 年版，第 3464 页。

⑦ 王国维：《耶律文正年谱》，《王国维集》第 4 册，第 353 页。

⑧ 《元史》卷一四六《耶律楚材传附铸传》，第 3464 页；《耶律铸墓志》，《北京元代史迹图志》，第 199 页。

⑨ 《河南通志》卷四八《祠祀·卫辉府》，文渊阁《四库全书》本，第 537 册，第 24 页。

⑩ 危素：《危太朴集》续集卷二《耶律公神道碑》，《元人文集珍本丛刊》，新文丰出版公司 1985 年版，第 7 册，第 508 页。

⑪ 耶律铸：《双溪醉隐集》卷四《寓历亭》诗注，《辽海丛书》，辽沈书社 1985 年版，第 3 册，第 1918 页。

⑫ 据宋人范镇《东斋记事》卷五记载："契丹之先，有一男子乘白马，一女子驾灰牛，相遇于辽水之上，遂为夫妇。"（中华书局 1980 年版，第 43 页）

⑬ 向南：《辽代医巫闾地区与契丹耶律倍家族的崛起》，《社会科学辑刊》1994 年第 1 期。

之望海堂"①。耶律倍死于中原，太宗派其子阮（即世宗）将其改葬于医巫闾山，"以人皇王爱医巫闾山水奇秀，因葬焉"②。此后耶律倍之长子世宗、四子隆先、世宗之子景宗及耶律倍支系多人皆葬于医巫闾。《辽史》卷三十七《地理志·头下军州》载："闾州，罗古王牧地，近医巫闾山。"罗古即娄国。至金元时期，至少可知耶律履及其子辨才、善才，皆"葬于义州宏政县东南乡先茔之侧"③。耶律楚材的诗作也多次提到医巫闾——"闾山旧隐天涯远，梦里思归梦亦难"④；"他年归去无相弃，同到闾山旧隐居"⑤；"湛然有幽居，只在闾山阴"⑥，等等。诗句中情不自禁地表现出强烈的家园归属感。

金宣宗南迁，辨才、善才皆扈驾。楚材母杨太夫人和妻梁夫人随后亦南行，初居东平，后寓嵩山。耶律楚材在思亲诗中云："故园屈指八千里，老母行年六十余。何日挂冠辞富贵，少林佳处卜新居。"⑦ 这是指寓居嵩山的情况。东平之所以成为楚材母、妻南迁的中继站，大概是因为该处早已成为耶律氏家族的重要迁徙地。据《元史》卷一七四《耶律有尚传》记载，有尚"祖父在金世尝官于东平，因家焉"，可知善才时已家于东平。耶律楚材诗中曾说："吾兄继世禄，袭封食东平。"⑧ "老母琴书老自娱，吾山侧近结蘧庐。"⑨ 吾山即鱼山，在东平之北。耶律善才之子耶律钧先是"留居河朔"，后"东平严侯重其世望，请徙家焉"。耶律钧除短暂随耶律有尚就养于京师，大部分时间都生活在东平。去世后，有尚"护柩还东平"，可见耶律钧死后葬于东平。而耶律有尚归老后亦居东平，"自号汶南野老"，死后"葬须城县登贤乡执政里之原"⑩。

耶律氏家族的再一个重要聚居地是燕京。耶律履、楚材、铸、有尚、

①《辽史》卷七二《宗室·义宗倍传》，第 1211 页。
②《辽史》卷三八《地理志二》，第 463 页。
③《元好问全集》卷二七《尚书右丞耶律公神道碑》，上册，第 654 页。
④ 耶律楚材：《湛然居士文集》卷一《和薛伯通韵》，第 6 页。
⑤ 耶律楚材：《湛然居士文集》卷三《和移剌子春见寄五首》其五，第 48 页。
⑥ 耶律楚材：《湛然居士文集》卷一〇《鼓琴》，第 220 页。
⑦ 耶律楚材：《湛然居士文集》卷六《思亲二首》其二，第 132—133 页。
⑧ 耶律楚材：《湛然居士文集》卷一〇《送姪了真行》，第 232 页。
⑨ 耶律楚材：《湛然居士文集》卷六《思亲二首》，第 132 页。
⑩ 苏天爵：《滋溪文稿》卷七《耶律文正公神道碑铭》，第 105、106 页；毕沅辑：《山左金石志》卷二二《耶律文正公茔碑》，《石刻史料新编》第 1 辑，新文丰出版公司 1982 年版，第 19 册，第 14752 页。

希亮等多人在京为官，虽有楚材随成吉思汗的西征和铸随宪宗的征蜀等情况，但大部分时间仍生活在燕京。耶律楚材死后，"葬于玉泉东壅（应为瓮）山之阳"①。耶律铸死后亦"葬于瓮山之阳，中书令（指楚材——引者）之兆次"②。1998 年，北京市颐和园发现耶律铸夫妇合葬墓。该墓西北紧邻颐和园内的耶律楚材祠，可知此处即为时称"瓮山之阳"的耶律氏家族墓地。③ 耶律铸之子希亮，"薨于京师私第"，亦"葬昌平县玉泉之东瓮山之阳"④。下面将耶律氏家族墓葬情况制为表 1，以作总结。

表 1　　　　　　　　　　　　**耶律氏家族墓葬情况**

世代	姓名	安葬时间	安葬地点
一	耶律倍	大同元年（947）	医巫闾山
八	耶律履	明昌元年（1190）	义州宏政县东南乡
九	耶律辨才	癸卯年（1243）	义州宏政县东南乡
	耶律善才		义州宏政县东南乡
	耶律楚材	中统二年（1261）	玉泉东瓮山之阳
十	耶律铸	至元二十二年（1285）	玉泉瓮山之阳
	耶律钧	大德八年（1304）	东平
十一	耶律有尚	至治元年（1321）	东平须城县登贤乡执政里
	耶律希亮	泰定四年（1327）	昌平县玉泉之东瓮山之阳

　　辽金元时期北方民族大规模进入中原，而中原人民也大批被掠北上，民族迁徙频繁，人口流动性大，各民族相互交往，进一步促进了民族融合。李锡厚先生指出，迁徙南下是辽宋金时期北方民族和中原汉族融合的最为重要的途径⑤。耶律氏家族作为辽代皇族，远离了传统的领地，整体有南迁的趋势，在中原地区定居生活，并逐渐安葬于此。

---

① 宋子贞：《中书令耶律公神道碑》，耶律楚材《湛然居士文集》附录，第 333 页。

② 《耶律铸墓志》，《北京元代史迹图志》，第 199 页。

③ 北京市文物考古研究所：《耶律铸夫妇合葬墓出土珍贵文物》，《中国文物报》1999 年 1 月 31 日。

④ 危素：《危太仆集》续集卷二《耶律公神道碑》，《元人文集珍本丛刊》，第 7 册，第 505 页。

⑤ 李锡厚：《宋辽金时期中原地区的民族融合》，《中州学刊》2005 年第 5 期。

二 耶律氏家族的婚姻与族际血缘关系的演变

婚姻关系作为最重要的社会关系，对民族共同体的发展演变有着重要影响。不同民族间通婚，可以促进各民族间的交往，缩小民族间的社会距离，是民族融合最直接的途径。

有辽一代，"王族惟与后族通婚"①。皇族和后族较为固定的婚姻关系，构成了契丹贵族联合专政的基石，也是家族利益得以长期维护的基础。耶律倍先后有两位萧氏正妻，后谥为端顺和柔贞；又有二妃大氏、高氏，大氏出自渤海王族，高氏似应出自渤海右姓。浮海南渡后，后唐明宗又"以庄宗后宫夏氏赐之"②。以汉人夏氏为妻，这在契丹皇族的婚姻史上属于为数不多的特例。

随着辽朝的灭亡，其家族的皇族身份迅即消失，耶律氏与萧氏较为固定通婚的格局被打破。在辽以后的家族成员中，除耶律履始娶"辽贵族"萧氏外，尚未见其他成员娶萧氏的记载，这是一方面。另一方面，随着家族的迁徙，耶律氏家族的婚姻呈现出广泛与汉族通婚的趋势。耶律履"再娶郭氏，岵山世胄之孙；三娶杨氏，名士昜之女"③。辨才娶靖氏，善才娶郭氏，楚材娶梁氏、苏氏，钧娶谢氏、李氏，所娶成员多出自于汉族之世家大族。她们多具有较高的文化涵养，其中以楚材母杨氏和楚材妻苏氏为代表。楚材 3 岁而孤，母夫人杨氏"诲育备至"④，楚材《思亲》诗中有"老母琴书老自娱，吾山侧近结蓬庐。鬓边尚结辟兵发，箧内犹存教子书"之语。又言太夫人昔有诗云："挑灯教子哦新句，冷淡生涯乐有余。"⑤ 杨氏也凭借其较高的才学，曾在泰和末"教授禁中"⑥。苏氏为耶律铸生母，宋代著名文学家苏轼四世孙威州刺史公弼之女。元好问为耶律铸所作祭文曾云："维先夫人，系繇鼎族，天作之配，嫔于我

---

① 《契丹国志》卷二三《族姓原始》，上海古籍出版社 1985 年版，第 221 页。
② 《契丹国志》卷一四《东丹王传》，第 151 页。
③ 《元好问全集》卷二七《尚书右丞耶律公神道碑》，上册，第 654 页。
④ 宋子贞：《中书令耶律公神道碑》，耶律楚材《湛然居士文集》附录，第 324 页。
⑤ 耶律楚材：《湛然居士文集》卷六《思亲用旧韵二首》其二，第 133 页。
⑥ 《元好问全集》卷二七《尚书右丞耶律公神道碑》，上册，第 656 页。

家，妇德有光，母仪克备。"① 关于耶律氏家族与苏轼家族的关系，孟广耀先生曾撰专文论证，可资参看。②

金末元初，耶律楚材北上投靠成吉思汗，得其礼遇，得以在蒙古贵族圈立足，而耶律铸则早年生长于蒙古王庭。故而耶律楚材、耶律铸一系与蒙古族联姻具有便利条件。同时，与蒙古贵族联姻也是出于政治上的需要。耶律铸有 7 位夫人：粘合氏、也里可温真氏、赤帖吉真氏、雪尼真氏、奇渥温真氏（2 人）、瓮吉剌真氏。粘合氏出身于"金源之巨族"③，为中书左丞相粘合重山之女。楚材与粘合重山是关系密切的同僚，政事上"凡建官立法，任贤使能，与夫分郡邑，定课赋，通漕运，足国用，多出楚材，而重山佐成之"④，交谊上多有诗歌唱颂。也里可温真氏应是色目人，因为也里可温一词是指基督教聂斯脱里派或其他教派的教徒和教士。后 5 人则均为蒙古人。另据《元史》记载，耶律希亮被叛军哈剌不花所捉，"哈剌不花与铸有婚姻之好"，因释希亮缚。⑤ 希亮娶扎喇真氏，郡王带孙之女。希逸娶贾氏，显贵贾希剌后人。希图娶畏兀人安藏女。⑥ 希援"娶瓮吉剌氏"，为蒙古族。希崇"娶安氏"，似应亦为畏兀人。⑦ 耶律钧妻谢氏、继室李氏，均应为汉族。耶律有尚妻杨氏为汉族，继室伯德氏，从姓氏看应为奚族。⑧ 耶律楷妻为汉族名臣、翰林学士王恽之女孙。⑨ 耶律楚材还有一个四代孙名养正，妻韩氏，"四川行省左丞涣之女也"⑩。为有助观察，今将耶律氏家族娶妻情况，制为表 2：

---

① 《元好问全集》卷四〇《中书令耶律公祭先妣国夫人文》，下册，第 103 页。
② 孟广耀：《苏东坡与耶律楚材家族的关系》，《民族研究》1982 年第 3 期。
③ 苏天爵：《滋溪文稿》卷二四《丞相耶律铸妻粘合氏封懿宁王夫人制》，第 394 页。
④ 《元史》卷一四六《粘合重山传》，第 3466 页。
⑤ 《元史》卷一八〇《耶律希亮传》，第 4160 页。
⑥ 程钜夫：《雪楼集》卷九《秦国文静公神道碑》，文渊阁《四库全书》本，第 1202 册，第 105 页。
⑦ 《耶律铸夫人奇渥温氏墓志》，《北京元代史迹图志》，第 200 页。
⑧ 苏天爵：《滋溪文稿》卷七《耶律文正公神道碑铭》，第 105 页。
⑨ 王恽：《秋涧先生大全文集》附录《王公神道碑铭》，《四部丛刊初编》本，第 24 册，第 15 页。
⑩ 宋濂：《文宪集》卷一一《韩节妇传》，文渊阁《四库全书》本，第 1223 册，第 584 页。参见刘晓《耶律铸夫妇墓志札记》，《暨南史学》第 3 辑，暨南大学出版社 2004 年版。

表 2 　　　　　　　　　　　　　**耶律氏家族娶妻情况**

世代	姓名	所娶妻（妾）	所娶妻（妾）出身	族属
一	耶律倍	萧氏	后族	契丹
		萧氏	后族	契丹
		大氏	渤海王族	渤海
		高氏		似为渤海
		夏氏	原为后唐庄宗宫人	汉
八	耶律履	萧氏	辽贵族	契丹
		郭氏	岞山世胄之孙	汉
		杨氏	名士昷之女	汉
九	耶律辨才	靖氏		汉
	耶律善才	郭氏		汉
	耶律楚材	梁氏		汉
		苏氏	苏轼四世孙威州刺史公弼之女	汉
		阿钵国夫人		
十	耶律钧	谢氏	金进士庆阳总管通祖之女	汉
		李氏		汉
		粘合氏	金源之巨族、中书左丞相粘合重山之女	女真
		也里可温真氏		色目
		赤帖吉真氏		蒙古
		雪尼真氏		蒙古
		奇渥温真氏（2 人）	蒙古郡主、斡真大王女孙、捏木儿图大王女	蒙古
		瓮吉剌真氏		蒙古
十一	耶律有尚	杨氏	五十四处宣差坤珍之女	汉
		伯德氏	济、兖、单三州都达鲁花赤山哥之女	似为奚
	耶律希亮	札剌真氏	郡王爪秃之长女	蒙古
		何氏	金徐州领军都统立之女孙	汉
	耶律希逸	贾氏	显贵贾希剌后人	蒙古化汉人
	耶律希图	安氏	翰林学士承旨安藏之女	畏兀
	耶律希援	瓮吉剌氏		蒙古
	耶律希崇	安氏		似为畏兀
十二	耶律楷	王氏	翰林学士王恽之女孙	汉
十三	耶律养正	韩氏	四川行省左丞涣之女	汉

耶律氏家族的嫁女情况，也同样表现了多民族相互通婚的特点。史称耶律履"女三人，嫁士族"①，耶律思忠（即善才）"女二人，嫁士族"②，耶律楚材"女孙五人，适贵族"③。虽均未称所嫁婿之民族成分，但明确透露出耶律氏家族嫁女的对象较重视其社会阶层地位，而并不在意其民族成分。耶律铸女昼锦嫁陕西四川行中书省左丞汪惟正，亦为名门之后，系出旺古族。④ 耶律有尚"女一人，适奉训大夫、川州知州李孝恭"⑤，应为汉人。耶律希亮"女四人：长适粘合口师奴，次适金河东山西肃政廉访司事乞奴，次适利用监卿梁完者笃，幼适东昌路同知总管府事僧家奴"⑥。粘合口师奴为女真人，其他3人民族成分不详。另外，汉人张天祐之妻耶律氏，为耶律希亮之从祖妹，应即耶律钧之女。⑦ 汉人宋义，所娶妻耶律氏，"元丞相楚材裔孙也"⑧，世代则不详。今亦将耶律氏家族嫁女情况制为一表（见表3），以助观察。

从辽朝到金朝，民族间通婚范围不断扩大，通婚率也日益提高。而至元朝统一以后，民族间社会交往进一步加剧，族际婚盛行成为当时社会的一大特点。这一特点，在耶律氏家族的婚姻关系中，也得到了充分印证。如果单从血缘关系来看，元朝时期的耶律氏家族成员，其契丹族血统已在不断稀释中淡化，体质特征应已不甚明显，多民族融合的成分已占主流地位。

---

① 《元好问全集》卷二七《尚书右丞耶律公神道碑》，上册，第654页。
② 《元好问全集》卷二六《龙虎卫上将军耶律公墓志铭》，上册，第630页。
③ 宋子贞：《中书令耶律公神道碑》，耶律楚材《湛然居士文集》附录，第333页。
④ 《元史》卷一五五《汪惟正传》，第3655页。也有学者认为"巩昌汪氏不是汪古族的分支，而是汉化的吐蕃酋豪，从元代的习惯可以说是汉人"（胡小鹏：《西北民族文献与历史研究》，甘肃人民出版社2004年版，第183页）。
⑤ 苏天爵：《滋溪文稿》卷七《耶律文正公神道碑铭》，第105页。
⑥ 危素：《危太仆集》续集卷二《耶律公神道碑》，《元人文集珍本丛刊》，第7册，第508页。
⑦ 姚燧：《牧庵集》卷二〇《资善大夫同知行宣政院事张公神道碑》，《四部丛刊初编》本，第5册，第3页。据刘晓考证，张天祐之妻耶律氏应出自辨才或善才，但出自善才的可能性更大。（《耶律楚材评传》，第30页）善才唯一子钧，故可能为钧之女。
⑧ 岳正：《类博稿》卷九《关西宋处士行状》，文渊阁《四库全书》本，第1246册，第433页。

表3   **耶律氏家族嫁女情况**

世代	出嫁女房系	所嫁婿姓名	所嫁婿出身或身份	族属
九	耶律履女三人		嫁士族	
十	耶律善才女二人		嫁士族	
十一	耶律楚材女孙四人		适贵族	
	耶律铸女昼锦	汪惟正	陕西四川行中书省左丞	旺古
	耶律钧之女	张天祐	资善大夫、同知行宣政院事	汉
十二	耶律有尚女	李孝恭	奉训大夫、川州知州	汉
	耶律希亮女四人	粘合□师奴		女真
		乞奴	金河东山西肃政廉访司事	
		梁完者笃	利用监卿	
		僧家奴	东昌路同知总管府事	
不详	耶律楚材裔孙	宋义	处士	汉

三　耶律氏家族生活习俗的演变

在辽金元时期的多民族交往过程中，不同民族间的生活习俗影响甚为明显。耶律氏家族在生活习俗方面的表现，突出的特点是具有开放性和兼容性。

首先看物质生活方面。契丹族作为游牧民族，在建立辽政权之前，物质生活习俗有其鲜明的特点。在辽王朝的发展过程中，契丹人特别是贵族阶层接受外族物质文明越来越多。饮食、衣饰品种日益丰富，工艺则日趋多样化，饮食器具更是显现出多民族文化交流的特点。这些在辽墓壁画及出土文物中均有充分的反映。耶律氏家族能够长期在东丹国及中原地区生活，应该在衣食方面较多受到农耕民族的影响。耶律楚材在中都曾"执菜根蘸油盐，饭脱粟"[①]，这是极为俭朴的农耕民族的饮食内容。耶律伯明被人描述为"翩然来自旧京华，历数山河不谓遐。往

---

① 耶律楚材：《湛然居士文集》行秀《序一》，第1页。

事已空惟重黍，元（玄）谈未了更浇茶"①。耶律铸曾赋其"别业"云："双溪别墅，实曰方湖。……我灌我园，我溉我蔬。蔬食为肉，安步为舆。"② 食黍饮茶，以"蔬食为肉"，明显地说明耶律氏家族饮食习惯的转变。

耶律氏家族在居住和交通方面，则更为明显地表现出由游牧向城居的过渡。娄国牧地在间州，已非草原腹地，当时该地区普遍有建城居住的倾向。金元时期，其后人则完全接受定居。耶律楚材自注其诗"三十年前旅永安，凤箫楼上倚阑干"云"先叔故居之楼名"③。耶律有尚"既归老，屏居别墅……表所居曰寓斋"④。当然，耶律氏家族成员的骑射习俗也没有完全消失。耶律辨才曾与"皆天下之选"的 700 余人比试射艺，结果"中第三"⑤。

耶律铸也是"尤工骑射"⑥。因此，当他们在北方草原地区生活时，仍能适应游牧民族习俗。耶律楚材曾称"癸巳扈从冬狩，独予诵书于穹庐中"⑦。耶律希亮"藏祖考画像，四时穹庐中陈列致奠"。他"有二马，白黑异色，黑者尤骁健"⑧。不过，家族总的迁徙趋势是由北向南，特别是迁居长城以南之后，已与中原汉人的生活方式十分接近。

值得注意的是，耶律氏家族在物质生活方面逐渐表现出家族互助的特点。耶律履为德元养子，后德元又生亲子震。及德元死，耶律履"悉推家资予之。及震卒，妻子贫，无以为资，复收养之"。"族人有负债而宦游不返者"，耶律履"代为输息十年，既又无以偿，遂代偿之"。他还曾"奉使江左，得金直千万，皆散之亲旧，旬月而尽"⑨。耶律楚材"当

---

① 牟巘：《牟氏陵阳集》卷五《和汴教耶律伯明》，文渊阁《四库全书》本，第 1188 册，第 40 页。伯明，似应为耶律镛之字。王恽《秋涧先生大全文集》卷七〇《为耶律伯明醮金疏》曾云："伯明秀造，漆水东丹之后，右丞文献之孙。"（第 18 册，第 3 页）刘晓推测为耶律钧（《耶律楚材评传》，第 29 页）。但从其与牟巘交往的情况看，年龄稍轻的耶律镛可能性更大。

② 耶律铸：《双溪醉隐集》卷一《方湖别业赋》，《辽海丛书》，第 3 册，第 1887 页。

③ 耶律楚材：《湛然居士文集》卷一〇《寄妹夫人》，第 231 页。

④ 苏天爵：《滋溪文稿》卷七《耶律文正公神道碑铭》，第 105 页。

⑤ 《元好问全集》卷二七《奉国上将军武庙署令耶律公墓志铭》，上册，第 648 页。

⑥ 《元史》卷一四六《耶律楚材传附铸传》，第 3464 页。

⑦ 耶律楚材：《湛然居士文集》卷一〇《扈从东狩》，第 214 页。

⑧ 危素：《危太朴集》续集卷二《耶律公神道碑》，《元人文集珍本丛刊》，第 7 册，第 508、507 页。

⑨ 《元好问全集》卷二七《尚书右丞耶律公神道碑》，上册，第 655 页。

国日久，得禄分其亲族，未尝私以官"①，自己临终"惟名琴数张，金石遗文数百卷而已"②。耶律履父子的这些做法，与长期为人称道的中原汉族贤士大夫无异。

其次看精神生活方面。这方面包括的内容甚广，宗教信仰的问题将在下节进行专门探讨，故此处不予涉及。

语言和文字是一个民族的重要标志，而民族的融合往往表现为对其他民族语言和文字的掌握和运用，同时民族的消亡也往往伴随着本民族语言和文字的消失。辽朝的开国皇帝耶律阿保机，"善汉语"③，而耶律倍"工辽、汉文章"④，对汉语和汉字已有很深的了解。耶律履、耶律楚材、耶律铸、耶律希亮、耶律希逸等人，"四世皆有文集"⑤。清人周春说："耶律氏、萧氏及渤海大氏，其后嗣繁衍入金元登显仕者，指不胜屈。就其政事、文学著称，莫如东丹房。"⑥ 耶律氏家族的汉语言文学创作，成就非凡，突出"反映了异质文化交融带给中国古代文学的生机"⑦。耶律楚材等人常年跟随蒙古军队征战，通蒙古语。耶律铸"能通诸国语，精敏绝伦"⑧。

有趣的是，契丹文字的消失在耶律氏家族史上有着明确的线索。辽朝虽然灭亡，但契丹文字在金朝前期尚得以与女真、汉字并行。承袭人曾学女真、契丹、汉字其一者，即许承袭。金朝中叶，女真与契丹的民族矛盾激化，金章宗废止契丹字，契丹文字逐渐消亡。耶律履"素善契丹大小字，译经润文，旨辞达而理得"。世宗曾"诏以小字译《唐史》，成，则别以女直字传之"，他不但"在选中"，而且"独主其事"⑨。可见，他应精通契丹文、女真文和汉文。耶律楚材在《醉义歌序》中云：

① 《元史》卷一四六《耶律楚材传》，第 3463 页。

② 宋子贞：《中书令耶律公神道碑》，耶律楚材《湛然居士文集》附录，第 334 页。

③ 《旧五代史》卷一三七《外国列传第一》，中华书局 1976 年版，第 1831 页。

④ 《辽史》卷七二《宗室·义宗倍传》，第 1211 页。

⑤ 盛如梓：《庶斋老学丛谈》卷上，《知不足斋丛书》，中华书局 1999 年版，第 8 册，第 426 页。

⑥ 周春：《增订辽诗话》卷下《耶律履》，《全辽诗话》，岳麓书社 1992 年版，第 174 页。

⑦ 刘达科：《金元耶律氏文学世家探论》，《民族文学研究》2003 年第 2 期。

⑧ 《耶律铸墓志》，《北京元代史迹图志》，第 199 页。

⑨ 《元好问全集》卷二七《尚书右丞耶律公神道碑》，上册，第 651 页。

> 辽朝寺公大师者……有《醉义歌》……昔先人文献公尝译之。先人早逝，予恨不得一见。及大朝之西征也，遇西辽前郡王李世昌于西域，予学辽字于李公。期岁颇习，不揆狂斐，乃译是歌。①

由此可知，在中原地区，契丹文字已无人传习，耶律楚材不得不习之于西域。王国维说他"殆可谓通契丹文字最后之一人也"②，当可成立。

姓名是家族和个人最为明显的文化符号。耶律倍浮海奔唐后，先是被赐姓东丹，名之慕华，而后被改赐姓李，名之赞华。同时，他"每通名刺，云'乡贡进士黄居难，字乐地'，以拟白居易字乐天也"③。这明显是倾慕汉名的意思。自耶律履以后，耶律氏家族命名的汉化倾向更为明显。如耶律楚材，字晋卿，取《左传》"楚虽有材，晋实用之"之语。楚材下一辈——钧、镛、铉、铸等，取名均从"金"字；耶律铸之子希徵、希勃、希亮、希宽、希素、希周、希光、希逸、希援、希崇、希晟，从"希"字；耶律有尚之子楷、朴、权、栝、检，从"木"字。这一命名方法，乃是典型的汉族字辈命名法。《嘉靖开州志》曾提到"元刘德裕，本辽东丹阳王耶律之胄，尝历州郡，多异政。至元中为州尹，廉平公正，化行俗美，百姓为之立碑"④。刘德裕之姓名，甚至已与汉人无别。当然，家族成员的命名还同时存在"双轨"现象，其小字多有继承本民族传统命名法者，如志公奴、谢家奴等。值得一提的是，耶律楚材、耶律希亮还被赐以蒙古名——吾图撒合里、秃忽思，这也是多民族融合的有力见证。

耶律氏家族在人生礼仪、节日习俗、人伦关系等方面，也逐渐吸收契丹族以外民族尤其是汉族的做法。耶律钧与其兄弟曾作《传家誓训》，其主要意图是："自东丹王以来，生长中国，素习华风。父子夫妇纲常严正，累世弗变。不当效近世习俗，渎乱彝伦。"⑤ 耶律铸之女昼锦嫁入旺

---

① 耶律楚材：《湛然居士文集》卷八《醉义歌》，第 171 页。
② 王国维：《耶律文正公年谱余记》，《王国维集》第 4 册，第 356 页。
③ 厉鹗：《辽史拾遗》卷一九引《尧山堂外纪》，《丛书集成初编》本，中华书局 1985 年版，第 383 页。
④ 孙巨鲸修、王崇庆纂：《嘉靖开州志》卷五《官师志》，《天一阁明代方志选刊》，上海古籍书店 1964 年版，第 16 页。
⑤ 苏天爵：《滋溪文稿》卷七《耶律文正公神道碑铭》，第 104—105 页。

古族汪氏之后，"淑德宜家，义方教子，阃政为乡党仪范"①。耶律希亮"性至孝，困厄遐方，家赀散亡已尽，仅藏祖考画像，四时就穹庐陈列致奠，尽诚尽敬。朔漠之人，咸相聚来观，叹曰：'此中土之礼也。'"② 耶律钧去世后，其子有尚"护柩还东平，丧葬合礼，闾里范之"③。有尚所遵行的丧葬礼仪，不但已完全是汉式的，而且即使在中原地区，也被人们奉为模范。耶律铸也曾说："祖宗以来，皆以礼薄葬。"④ 可见，耶律氏家族在丧葬方面注重的是儒家一再强调的礼。耶律铸之妻奇渥温氏，亦能"治家处身之道，一用汉人之法"⑤。耶律希亮侍从定宗幼子大名王火忽时，火忽"遗以耳环，其二珠大如榛，实价直千金，欲穿其耳使带之"，希亮辞以"不敢因是以伤父母之遗体也"⑥。这显然是因接受了儒家"身体发肤，受之父母，不敢毁伤，孝之始也"⑦ 观念的影响而改变生活习俗使之然也。

四 耶律氏家族的宗教信仰与政治观念的演变

宗教信仰不但对家族社会生活有着多方面的影响，而且从世界观、人生观等深层次上影响着民族群体的认同和人们的政治观念。耶律氏家族的宗教信仰，明显具有杂糅多种信仰的特点，并且具有渐趋以儒教为主的倾向，家族的政治观念也因此向以忠孝为核心的价值观发展。

（一）儒教

陈垣先生曾指出："儒学为中国特有产物，言华化者应首言儒学。"⑧ 耶律氏家族是最早接触儒学的契丹家族之一。辽太祖曾就祭祀"有大功德者"问题征求侍臣意见，结果"皆以佛对"。唯耶律倍言："孔子大圣，

---

① 《大元中书左丞谥贞肃汪公贞善夫人耶律氏之墓志》。见赵一兵《元代巩昌汪世显家族墓葬出土墓志校释五则》，《内蒙古社会科学》2006 年第 2 期。

② 《元史》卷一八〇《耶律希亮传》，第 4162 页。

③ 苏天爵：《滋溪文稿》卷七《耶律文正公神道碑铭》，第 104 页。

④ 《耶律铸墓志》，《北京元代史迹图志》，第 199 页。

⑤ 《耶律铸夫人奇渥温氏墓志》，《北京元代史迹图志》，第 200 页。

⑥ 《元史》卷一八〇《耶律希亮传》，第 4160 页。

⑦ 《孝经·开宗明义》，《十三经注疏》本，中华书局 1979 年版，第 2545 页。

⑧ 陈垣：《元西域人华化考》，上海古籍出版社 2008 年版，第 8 页。

万世所尊，宜先。"自此"建孔子庙"①。同时，尊孔崇儒亦成为家族信仰上的一大特色。耶律履"通六经、百家之书，尤邃于《易》《太玄》"。金章宗称其为"醇儒"，元好问称其为"通儒"②。即便是笃信佛教的耶律楚材，也被认为"迹释而心儒，名释而实儒"③，他对"六经诸子之书，百家众流之学，莫不该贯"④。自小在漠北生活的耶律铸，曾言"臣先世皆读儒书"⑤。至耶律有尚，"其学邃于性理，而尤以诚为本"⑥。其子耶律权则能"光嗣家学"⑦。由此可见，家族之"世事华学"⑧，诚非虚言。

耶律氏家族尊崇儒教，对儒教的传播和发展做出过重要贡献。王明荪先生《论辽代帝后之汉学》一文曾论及辽代的情况。⑨ 特别值得注意的是，蒙元时代，儒士相对受到轻视，民间后来甚至产生了"九儒十丐"之谣。在这种情况下，耶律氏家族仍不遗余力地推动儒教的传播和发展。早在癸巳年（1233），耶律楚材即"致书于诸道士大夫之居官守者，各使营葺宣父之故宫"⑩。他还曾向窝阔台提议"制器者必用良工，守成者必用儒臣。儒臣之事业，非积数十年，殆未易成也"。他一方面采取各种措施保护儒生，另一方面使儒者为国家所用，并通过科举的形式传播儒学、选拔人才。然而，在对儒生选拔与任用的过程中，也同样暴露出一些贪赃问题。太原路转运使吕振、副使刘子振即为害群之马，二人双双以赃抵罪。窝阔台因此责问耶律楚材说："卿言孔子之教可行，儒者为好人，何故乃有此辈？"楚材回答："君父教臣子，亦不欲令陷不义。三纲五常，圣人之名教，有国家者莫不由之，如天之有日月也。岂得缘一夫之失，

① 《辽史》卷七二《宗室·义宗倍传》，第1209页。

② 《元好问全集》卷二七《尚书右丞耶律公神道碑》，上册，第650—652页。

③ 耶律楚材：《湛然居士文集》芳郭无名人《后序》，第14页。

④ 《河南通志》卷四八《祠祀·卫辉府》，第537册，第23页。

⑤ 《元史》卷一八〇《耶律希亮传》，第4159页。

⑥ 《元史》卷一七四《耶律有尚传》，第4064页。

⑦ 陶安：《陶学士文集》卷一二《伊洛渊源录序》，文渊阁《四库全书》本，第1225册，第724页。

⑧ 苏天爵：《滋溪文稿》卷七《耶律文正公神道碑铭》，第102页。

⑨ 王明荪：《论辽代帝后之汉学》，《辽金史论集》第10辑，中国社会科学出版社2007年版。

⑩ 耶律楚材：《湛然居士文集》卷八《燕京大觉禅寺创建经藏记》，第199页。

使万世常行之道，独见废于我朝乎！"① 正是他的这份执着与坚定，有力地推动了儒教的传播与发展。

（二）佛教

辽代的佛教非常盛行，不论是皇室贵族还是平民百姓，均崇佛成风，故有"辽以释废"② 之说。耶律倍虽崇尚儒学，但其生活在辽朝境内的后人，对佛教崇奉自不待言。辽朝灭亡亦未能改变家族对佛教的信奉。耶律履自号忌言居士，③ 与僧人多有交往，曾撰有《天竺三藏吽哈啰悉利幢记》一文，④ 即说明耶律氏家族的崇佛传统是得以延续的。耶律楚材有一位年长于他的侄女，名舜婉，"禅理颇究"，"不食荤于笄年，欲为尼于高嵩"⑤。他还有一位法号为了真的侄女，"孀居二十年，礼佛读《传灯》"⑥。可见她们均是虔诚的佛教徒。

耶律楚材本人自幼喜爱佛学，曾自言："予幼而喜佛，盖天性也。壮而涉猎佛书，稍有所得，颇自矜大。"⑦ 后笃信禅宗，初拜澄公和尚为师，澄公以"予老矣！素不通儒，不能教子"，而推荐著名禅师万松行秀："有万松老人者，儒、释兼备，宗说精通，辨才无碍，君可见之。"⑧ 自此耶律楚材跟随万松参禅，号湛然居士。于是"大会其心，精究入神，尽弃宿学，冒寒暑、无昼夜者三年，尽得其道"⑨。耶律楚材的直系后人，笃信佛教者亦不乏其人。现存于北京市香山的碧云寺，即"自元耶律楚材之裔名阿利吉者，舍宅开山，净业始构"⑩。

---

① 《元史》卷一四六《耶律楚材传》，第 3462 页。
② 苏天爵：《元朝名臣事略》卷一○《宣慰张公》，第 206 页。
③ 《元好问全集》卷二七《尚书右丞耶律公神道碑》，上册，第 655 页。《中州集》卷 9《右相文献公耶律履》作"忘言居士"。
④ 张金吾：《金文最》卷一一○，中华书局 1990 年版，第 1587 页。
⑤ 耶律楚材：《湛然居士文集》卷一三《祭侄女淑卿文》，第 295—296 页。
⑥ 耶律楚材：《湛然居士文集》卷一○《送侄了真行》，第 232 页。
⑦ 耶律楚材：《湛然居士文集》卷一二《琴道喻五十韵以勉忘忧进士并序》，第 256 页。
⑧ 耶律楚材：《湛然居士文集》卷八《万松老人评唱天童觉和尚颂古从容庵录序》，第 191 页。
⑨ 耶律楚材：《湛然居士文集》行秀《序一》，第 1 页。
⑩ 《碧云寺碑》，《北京图书馆藏中国历代石刻拓本汇编》，中州古籍出版社 1989 年版，第 70 册，第 117 页。明人徐善《冷然志》曰："香山寺址，辽中丞阿里吉所舍。"（《辽史拾遗》卷 14 引，第 280 页）阿利吉即阿里吉，言其为辽人，显然时代有误。他应为元朝人，约为楚材曾孙辈。

（三）道教

辽王朝甫建，耶律阿保机即"诏建孔子庙、佛寺、道观"①。因此，辽代契丹贵族崇奉道教亦甚为普遍。皇族成员耶律隆裕，"自少时慕道，见道士则喜"②。辽金时期，耶律氏家族信仰道教当有传统。至耶律楚材，虽仍尊尚道家，但却排斥当时的道教，认为"全真、大道、混元、太乙、三张左道之术，老氏之邪也"③。在红极一时的道教教主丘处机去世不久，他就列举了丘处机十大罪状，④ 公开向全真教发难，开蒙元佛道之争的先河。不过，其子耶律铸则偏爱道教，诗文中多仙风道骨。陈垣先生在《耶律楚材父子信仰之异趣》一文中，曾指出耶律铸对道教的偏爱及其与耶律楚材在宗教旨趣方面的差异。在耶律铸看来，佛道之间并没有冲突。他在《独醉园赋》中"自谓莲社上流，又为独醉痴仙"，又作诗云："是佛尽居安乐国，无仙不住没愁乡。听教共献天花供，更管清明分外香。"⑤在乙卯年（1255）和林举行的佛道辩论中，他还曾周旋其中，试图调和。在其创作的诗文中，时而以道者自居，时而以居士自命，出入于释道之间。

（四）其他宗教

北方游牧民族多信仰萨满教，相信天地、日月、雷电、山川等万物皆有神灵，萨满（巫觋）与神相通。同时，在契丹民族发展过程中，又受各种外来宗教的影响，信仰日益庞杂。⑥ 在耶律氏家族的信仰中，也同样以各种形式包含了这方面的内容。辽朝时曾有名耶律纯者，撰有《星命总括》一书，流传至今，惜其出身无从稽考。史称耶律履"至于阴阳、方技之说，历象、推步之术，无不洞究"⑦。耶律楚材"凡星历、医卜、杂算、内算、音律、儒释、异国之书，无不通究"⑧。成吉思汗西征，"每

---

① 《辽史》卷一《太祖纪上》，第 13 页。

② 《契丹国志》卷一四《诸王·齐国王隆裕传》，第 153 页。

③ 耶律楚材：《湛然居士文集》卷八《西游录序》，第 187 页。

④ 耶律楚材：《西游录》卷下，向达校注本，中华书局 1981 年版，第 15—16 页。

⑤ 耶律铸：《双溪醉隐集》卷六《答客问》，《辽海丛书》，第 3 册，第 1942 页。

⑥ 王小甫《契丹建国与回鹘文化的关系》（《中国社会科学》2004 年第 4 期）认为，摩尼教在契丹人思想观念中具有一定的影响。

⑦ 《元好问全集》卷二七《尚书右丞耶律公神道碑》，上册，第 651 页。

⑧ 宋子贞：《中书令耶律公神道碑》，耶律楚材《湛然居士文集》附录，第 334 页。

征讨，必命楚材卜"①。他还著有《五皇秘语》《先知大数》等书。这些情况，都说明耶律氏家族对北方游牧民族的原始宗教既能坚持信奉，又能很好地加以改造和利用。

（五）宗教信仰趋向

耶律氏家族的宗教信仰虽然庞杂，但明显的趋向是向多教合一、以儒教为核心方面发展。以耶律楚材为例，他虽苦心参禅，但其宗教思想实为三教合一。他认为"三圣人教，皆有益于世者"。具体来讲，就是三教皆有助于民化："以能仁，不杀、不欺、不盗、不淫，因果之诚化其心，以老氏慈俭自然之道化其迹，以吾夫子君君臣臣、父父子子之名教化其身，使三圣人之道若权衡然行之于世，则民之归化，将若草之靡风，水之走下矣。"② 相比而言，楚材尤重儒、释二教。他认为"穷理尽性莫尚佛法，济世安民无如孔教"③。因而当万松行秀告诉他"以儒治国，以佛治心"时，他"亟称之"④。此后，更"常谓以吾夫子之道治天下，以吾佛之教治一心，天下之能事毕矣"⑤。然而观其一生，他时时以天下为己任，无论是言论上还是行动上，体现最多的还是儒家思想。王国维曾对他评论说：

> 其于禅学所得最深，然其所用以佐蒙古安天下者，皆儒术也。公对儒者，则唱"以儒治国，以佛治心"之说。而《寄万松老人书》则又自谓此语为行权。然予谓致万松一书，亦未始非公之行权也。公虽洞达佛理，而其性格实与儒家近，其毅然以天下生民为己任，古之士大夫学佛者，绝未见有此种气象。古所谓"墨名而儒行"者，公之谓欤！⑥

可以说，耶律楚材思想的本质不是崇佛而是宗儒。对此，后人曾有过精彩的评论："迹释而心儒，名释而实儒，言释而行儒，术释而治儒。"⑦

---

① 《元史》卷一四六《耶律楚材传》，第3456页。
② 耶律楚材：《西游录》卷下，第13、19页。
③ 耶律楚材：《湛然居士文集》卷六《寄用之侍郎》，第130页。
④ 郭元釪：《御订全金诗增补中州集》卷六一《万松老人》引《绿水亭杂识》，文渊阁《四库全书》本，第1445册，第786页。
⑤ 耶律楚材：《西游录》卷下，第13页。
⑥ 王国维：《耶律文正年谱余记》，《王国维集》第4册，第356页。
⑦ 耶律楚材：《湛然居士文集》芳郭无名人《后序》，第14页。

（六）政治观念

契丹族建国初期，由于在一定程度上受军事民主制的影响，特别是由此形成的家族世选制度，使皇族成员多具有家族共天下的政治观念。耶律倍虽受儒家观念影响，但却不能改变当时的主流观念。其以嫡长子身份而"让国"，虽出于被迫，但世选观念亦起了重要作用。耶律娄国谋反，觊觎皇位，也同样是因为他自认为具有世选可汗的资格。这种观念至辽朝中后期已明显弱化。辽金易代之后，耶律氏家族在失去皇族身份的情况下，政治观念受儒家忠君思想影响日益明显。尽管金代契丹人反叛事件不断发生，但耶律氏家族成员却都能"委质"事金。耶律履及其他家族成员不仅为政有声，更能表现出对金朝的忠贞。及蒙古军南下，楚材奉旨索理家眷，辨才"涕泣请留死汴京"[1]，而善才则"自投于内东城濠中水而殁"[2]。即便楚材在成吉思汗说"辽与金为世雠，吾与汝已报之矣"时，回答也是："臣父祖已（衍文）以来皆尝北面事之，既为臣子，岂敢复怀贰心，仇君父耶！"[3] 其家族的忠君思想已超越了狭隘的民族界限。耶律氏家族的忠君思想，是与其孝亲思想相结合的。耶律钧"奉先惟孝"[4]，时人称为"孝继忠传自一家"[5]。

从耶律倍"让国"，到娄国谋反，再到善才死国，说明耶律氏家族的政治观念已从早期的军事民主制下家族世选的观念向君主专制制度下无条件忠君观念的转变。可见，忠君孝亲的政治伦理观，已逐渐在耶律氏家族中扎根。

五 耶律氏家族的社会交际与族群观念的演变

人的社会属性来自于他同其他社会成员的交往互动。族际间的社会交往必然会对交往者的情感归属、行为规范、价值体系甚至民族观念产生某种程度的影响。耶律氏家族成员在社会交往方面的实践活动，对家

---

① 《元好问全集》卷二七《奉国上将军武庙署令耶律公墓志铭》，上册，第 648 页。

② 《元好问全集》卷二六《龙虎卫上将军耶律公墓志铭》，上册，第 630 页。

③ 宋子贞：《中书令耶律公神道碑》，耶律楚材《湛然居士文集》附录，第 324 页。

④ 姚燧：《牧庵集》卷二《耶律祭酒考赠涞（漆）水郡庄慎公制》，第 1 册，第 4 页。

⑤ 王恽：《秋涧先生大全文集》卷二三《庆耶律秘监九秩之寿》，第 7 册，第 14 页。耶律秘监，刘晓认为可能为耶律钧（《耶律楚材评传》，第 30 页）。

族发展产生的影响是多方面的，也是比较明显的。

耶律氏家族的社会交际，除与本民族成员的交际外，较多地表现出与他民族成员间的交际。这种交际，首先表现在与姻亲之间的交际。姻亲作为与家族具有姻缘关系的社会群体，自古就是人们交往最为密切的群体之一。耶律氏家族的姻亲，包含了多种民族成分的人们，如渤海、女真、蒙古、畏兀，特别是汉人。具体情况前文已述，此不再赘。

耶律氏家族成员与同僚之间的交际，更具有多民族间交往的特征。耶律倍在浮海适后唐前，交往同僚即有奚人、汉人、渤海人等。适后唐后，主要同中原汉人进行交往。辽朝作为多民族统治阶级联合统治的政权，耶律倍的后人逐渐与辽统治区内各主要民族的臣僚广泛交往。进入金朝，耶律氏家族成员与女真人既有君臣关系，又有广泛的同僚关系。而女真统治下民族融合的加深，更使他们与各民族同僚间交往频繁。特别值得一提的是，耶律氏家族与元好问的交往。元好问"系出拓跋魏"①，但已与中原汉人无异。他自称与耶律思忠（善才）"有一日之雅"②，耶律铺"尝从予学"③，并曾为耶律履、耶律辨才、耶律善才等人撰写神道碑或墓志铭。他还曾上书向耶律楚材推荐儒士，寄希望于借楚材之力，"使脱指使之辱，息奔走之役，聚养之，分处之"，以便他日"求百执事之人，随左右而取之"④。元好问与楚材之子铸更为友善，二人多有诗文交往。

耶律氏家族成员与师生、同门及友人之间的交际，同样具有多民族间交往的特征。耶律氏家族重视教育，多择名儒为师。同时，家族成员中产生了不少名师，培养了大批门生。耶律楚材"乐得贤才而教育之"⑤。耶律铸"既成童，从学于九山李先生子微"⑥，后又师从"自为燕蓟一派"⑦的赵著、吕鲲。耶律希亮曾师从前金进士赵衍，他后来"闲居京师，四方之士多从之游"⑧。耶律有尚曾师从汉族名儒许衡，在许氏弟子

---

① 《金史》卷一二六《文艺·元德明传》，第2742页。
② 《元好问全集》卷二六《龙虎卫上将军耶律公墓志铭》，上册，第630页。
③ 《元好问全集》卷二七《奉国上将军武庙署令耶律公墓志铭》，上册，第649页。
④ 《元好问全集》卷三九《寄中书耶律公书》，下册，第77页。
⑤ 同上。
⑥ 《耶律铸墓志》，《北京元代史迹图志》，第199页。
⑦ 王恽：《秋涧先生大全文集》卷四三《西岩赵君文集序》，《四部丛刊初编》本，第12册，第11页。
⑧ 《元史》卷一八○《耶律希亮传》，第4162页。

中，"卓居辈行之先"①，因而最得赏识。后来他出任国子助教，"而诸生多昔时同门者，皆帖帖敬服"②。这些"诸生"，多为所谓"胄子"，主要是蒙古等民族贵族的子弟。

族际间的社会交往和互动，对族群认同观念产生的影响往往具有多样性和多层次性的特征。这在辽金元时期的契丹族身上，也有明显的体现。契丹族因与奚族"异种同类"③，特别是奚族最早为其征服，两者关系最为密切，因而两者最早具有一定认同倾向。金朝统治时期，契丹、奚及原辽统治区的汉人等则具有一定的认同倾向。元朝统治时期，契丹则与原金朝统治区内的主要民族具有一定的认同倾向。清代史家赵翼曾总结说："金、元取中原后，俱有汉人、南人之别。金则以先取辽地人为汉人，继取宋河南、山东人为南人；元则以先取金地人为汉人，继取南宋人为南人。"④ "汉人"范围的不断扩大，虽有一定的政治原因，但显然是以族群认同观念为基础的。

辽朝后期，经过民族间的互动特别是民族文化的融合，即已产生了契丹等民族与汉族之间在一定程度上的认同意识。辽道宗在汉人侍臣避讲"夷狄之有君"时说："上世獯鬻猃狁荡无礼法，故谓之夷，吾修文物，彬彬不异中华，何嫌之有？"⑤ 至辽末更有"契丹、汉人久为一家"⑥的说法。耶律铸曾对宪宗蒙哥说："臣先世皆读儒书，儒生俱在中土，愿携诸子，至燕受业。"⑦ 而耶律钧更是"尝同昆季作《传家誓训》，以教子孙。大概以谓：自东丹王以来，生长中国，素习华风，父子夫妇纲常严正，累世勿变。不当效近世习俗，渎乱彝伦"⑧。从耶律氏家族成员的言行可以看出，生活在民族杂居地区的契丹族成员，已逐渐具有与不断吸收新鲜血液的汉族相互认同的趋势。

耶律氏家族长期与各民族的交往，使其成员多具有开阔的民族胸怀，

---

① 黄溍：《金华黄先生文集》卷一九《代浙东宪使请立耶律文正公书院公牒》，《四部丛刊初编》本，第 5 册，第 16 页。

② 苏天爵：《滋溪文稿》卷七《耶律文正公神道碑铭》，第 103 页。

③ 《魏书》卷一〇〇《契丹传》，中华书局 1974 年版，第 2223 页。

④ 赵翼：《廿二史劄记》卷二八《金元俱有南人汉人之名》，中华书局 1984 年版，第 630 页。

⑤ 洪皓：《松漠记闻》卷上，《辽海丛书》，第 1 册，第 205 页。

⑥ 《金史》卷七五《卢彦伦传》，第 1715 页。

⑦ 《元史》卷一八〇《耶律希亮传》，第 4159 页。

⑧ 苏天爵：《滋溪文稿》卷七《耶律文正公神道碑铭》，第 104—105 页。

而甚少民族偏见。蒙古窝阔台汗时期，近臣别迭等言："汉人无补于国，可悉空其人以为牧地。"耶律楚材当即反驳说："陛下将南伐，军需宜有所资，诚均定中原地税、商税、盐、酒、铁冶、山泽之利……足以供给，何谓无补哉？"针对窝阔台汗"令于西京宣德徙万余户"充劳役之事，他上奏说："先帝遗诏，山后民质朴，无异国人，缓急可用，不宜轻动。"① 他还曾上奏窝阔台说："诸路民户今已疫乏，宜令土居蒙古、回鹘、河西人等与所在居民一体应输赋役。"② 这些言论，均表明耶律楚材甚少民族偏见。正是在这样的民族胸怀下，耶律楚材才能在易代鼎革之际"摆脱华夷困惑和进行新的调适中"，走在了时代的最前列③，并提出了"华夷混一非多日"④ 的理想社会蓝图。

六　结语

耶律氏家族在辽金元时期的发展历程，清晰地反映了不同民族间交往、互动及融合是一个历史渐进过程。这一过程，涉及社会生活的方方面面。尽管在民族共同体的发展演变过程中，政治因素往往起着决定性的作用，但民族间社会生活的融合，也是促进民族融合不可或缺的因素。历数百年之嬗变，耶律氏家族成员身体中已流淌着多民族的混合血液，社会生活已在不断的民族交往中发生着变化，表现出明显的兼容性特征。仍然能够表明其契丹族身份的，仅有姓氏符号等个别因素而已。

耶律氏家族作为契丹族家族个案，其族群认同意识的发展，也反映元代契丹族的本民族意识已逐渐淡化。如所周知，元代的"汉人"称谓，不仅仅指北方汉族，也包括契丹、女真等族，而明代规定"其辫发椎髻、胡服、胡语、胡姓，一切禁止"⑤ 以后，契丹族作为一个族称，逐渐消失在历史的长河中。在北方民族的融合过程中，得以不断壮大的一些族称，

---

① 《元史》卷一四六《耶律楚材传》，第 3458 页。
② 宋子贞：《中书令耶律公神道碑》，耶律楚材《湛然居士文集》附录，第 327 页。
③ 李治安：《元初华夷正统观念的演进与汉族文人仕蒙》，《学术月刊》2007 年第 4 期。
④ 耶律楚材：《湛然居士文集》卷五《过闾居河四首》，第 103 页。
⑤ 《明实录·太祖实录》卷三〇，洪武元年二月壬子，"中央研究院"历史语言研究所校印本，1962 年，第 525 页。

无论是汉，还是蒙古等，其成分都处在不断的变化中。正如南宋人蔡戡在论及金代女真族的变化时所说："遗种所存，盖亦无几。后来生于中原者，父虽虏种，母实华人……骄纵懦弱，习与性成，非复昔日女真也。"[①]可见，新的民族群体，或形成新的族称，或仍延续原有族称，但民族融合过程中的变化，却是十分明显的。

附录：耶律氏家族世系图

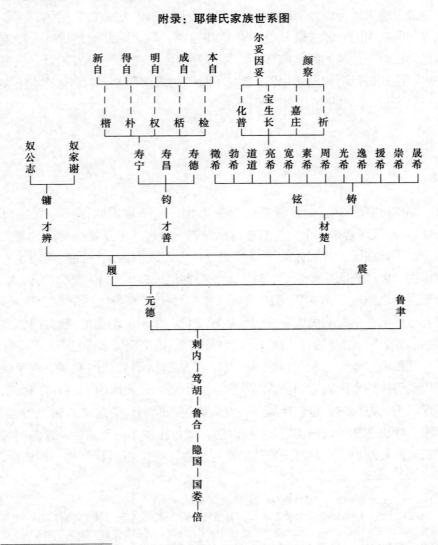

① 黄淮、杨士奇编：《历代名臣奏议》卷二三四，蔡戡《论和战》，上海古籍出版社1989年版，第3089页。

禁卫军权与南朝政治

山东大学历史文化学院　张金龙

　　禁卫军权是专制君权的有机构成，也是其实现形式之一。在古代中国的帝制时代，皇帝通过任命各级禁卫军将领（禁卫武官）以行使禁卫军权；禁卫武官统率禁卫军，或宿卫皇帝左右，或守卫宫殿，或维护京师安全，从而达到巩固专制统治的目的。由于禁卫军权的机要性，使它在君主专制政治中占有突出地位，能否有效控制禁卫军权及以何种方式进行控制，是衡量专制君权强弱兴衰的一个重要标准，对于认识某一时期的政治特质有着不可替代的作用。在学术界以往的政治史研究中，对这一点恰恰是不太重视的。本文将以南朝为个案来考察禁卫军权与政治的关系，这主要是考虑到南朝政局变迁频繁，政治现象错综复杂，对认识禁卫军权与君主专制政治具有典型性。

一

　　考察禁卫军权的关键在于统率禁卫军的各级禁卫武官。由于禁卫兵的具体情况史书记载极少，加之其政治上的盲从性，其对禁卫军权不可能产生重大影响，在考察禁卫军权与政治关系时，这一问题可忽略不计。由何人担任何种地位的禁卫武官，其与皇帝、王公大臣之间的关系，以及禁卫武官之间的关系如何，对禁卫军权的行使，对政治局势，无疑都会产生重大影响。因此，南朝禁卫武官制度——名位、职掌及组织结构等问题，便是首先需要加以了解的。

　　南朝禁卫武官制度基本上是对魏晋以来旧制的继承。汉代负责禁卫的主要有郎中令/光禄勋、卫尉、中尉/执金吾、八校尉/五校尉、城门校尉等职，分别掌宫殿掖门户、宫门卫屯兵、徼巡京师、京师城门守卫以及宫城外围和京师要处之守卫。汉魏之际的社会巨变对禁卫武官制度也有很大影响，随着三公九卿制的没落，上述诸职禁卫职能萎缩殆尽，而在兼并战争中曹操的幕府壮大起来，统率侍卫亲兵保卫霸主曹操的将领逐渐变为新的禁卫武官，出现了领军/中领军和护军/中护军两个新的禁卫将领，并在曹魏建立后确定为新朝的禁卫军长官。

曹魏西晋时期，正常情况下，领军将军（中领军）掌内军，负责宫城内包括殿中之禁卫，而护军将军掌外军，负责宫城外京师地区保卫。曹魏时期，最为机要的禁中宿卫主要由武卫将军负责。魏晋之际，出现了左右卫将军，取代了武卫将军而成为禁中宿卫的担当者。比较而言，保卫宫城的内军长官领军将军（中领军）以及具体负责禁中宿卫的左右卫将军显得更为紧要，因为皇帝的安危与其息息相关。晋室南迁后，禁卫武官制度沿袭晋中朝之制，并未有太大变化。① 南朝继承了东晋禁卫武官制度，不过有一些看起来细微但比较关键的变化。一是都城结构的变化。东晋末年在原来的台城和石头城之外，又新筑了东府城且往往成为权臣军府所在地，三城的保卫及分工与政局颇有关系。二是禁中宿卫制度的变化。在刘宋后期出现了直阁将军与直卫诸职并延至南朝末年，而且还有制局监、外监等的禁卫权力问题。不过就制度来说，南朝仍是领军将军（中领军）掌内军，护军将军（中护军）掌外军，领军下辖左右卫、四军（前后左右）、骁骑、游击将军及五校尉等禁卫武官，承担宫城保卫及殿省宿卫的任务。直阁将军出现以后，军校骁游主要是通过兼任直阁将军来实现其禁卫职能的。梁武帝官制改革时对禁卫武官制度亦进行过一些变革，但实质性变化并不大。正史职官志对南朝各主要禁卫武官品位的的记载是：刘宋领、护军为第三品（居后），二卫至五校尉列第四品之首；梁代十八班官制中，领、护军将军为十五班，左、右卫将军为十二班，左、右骁骑、游击为十一班，云骑、游骑及朱衣直阁（阇）将军为十班，前左右后四军将军为九班；陈代九品官制中，领、护军及中领、护军为第三品，左、右卫将军亦为第三品，左右骁骑、左右游击等将军及朱衣直阁、云骑、游骑将军为第四品，前左右后军将军为第五品，步

---

① 以上参见张金龙《魏晋南北朝禁卫武官制度研究》，博士学位论文，北京师范大学，1998 年 5 月。

兵、射声、长水、越骑、屯骑五校尉为第六品。① 禁卫诸职品级的变化反映了在南朝各代其地位和政治职能之差异，亦表明禁卫武官制度处在渐变之中。梁武帝改革后之禁卫武官制度，《隋书·百官志上》的一段记载颇具概括性：

> 领军、护军、左·右卫、骁骑、游骑（击）等六将军，是为六军。又有中领、中护，资轻于领、护。又左·右·前·后四〔军〕将军、左·右中郎将、屯骑·步骑（兵）·越骑·长水·射声等五营校尉，武（虎）贲·冗从·羽林三将军、积射·强弩二军、殿中将军、武骑之职，皆以分司丹禁，侍卫左右。天监六年，置左右骁骑、左右游击将军。改旧骁骑曰云骑，游击曰游骑，降左右骁·游一阶。又置朱衣直阁（阁）将军，以经为方牧者为之；其以左右骁·游带领者，量给仪从。②

禁卫武官基本上被勾勒出来，其职能便是"分司丹禁，侍卫左右"。与宋齐的六军及四军五校体制相比，差别并不太大。在南朝禁卫武官制度中，与政治关系最大的是领军、左右卫及直阁将军，我们的考察主要也是看这些禁卫武官特别是作为禁卫军最高长官的领军将军与中领军的政治动向，在必要时也连带考察其他禁卫武官。

二

晋宋之际，刘裕特别重视对禁卫军权的控制，在他与桓玄斗争取得初步胜利后便担任了禁卫军长官领军将军。《宋书·武帝纪上》载：元兴三年（404）三月，桓玄"将子侄浮江南走"，刘裕"镇石头"，被推"为使持节、都督扬徐兖豫青冀幽并八州诸军事、领军将军、徐州刺史"。这意味着当时建康的禁卫军权已掌握于刘裕手中，是刘裕起家后首次控制京师。刘裕以领军将军的身份对朝廷秩序进行了整顿。同上又载："先

---

① 参见《宋书·百官志下》，《隋书·百官志上》。
② 同上。

是朝廷承晋氏乱政，百司纵弛，桓玄虽欲厘整，而众莫从之。高祖以身范物，先以威禁内外，百官皆肃然奉职，二三日间，风俗顿改。"排除其中的过誉溢美成分，刘裕"威禁内外，百官皆肃然奉职"还是可信的。不过当时的局势是：刘裕与桓玄较量，在将其赶出朝廷而重新拥立了司马氏皇帝后，禁卫军权暂时退居次要位置，决定时局的主要还是战场上的力量抗衡。经过十余年征战，刘裕在与桓玄及卢循的斗争中取得了决定性胜利，并通过北伐扩展了北界而获致了极高声望，篡位时刻即将来到。只有到了这时，禁卫军权的重要性才又凸显出来。要行异代之举，必须排除一切可能的干扰因素，对京师的控制特别是对晋帝的控制以及刘裕自身的保卫显得尤为重要。《宋书·檀祇传》：

> （义熙）十四年（418），宋国初建，天子诏曰："宋国始立，内外草创，禁旅王要，总司须才。右将军祇可为宋领军将军，加散骑常侍。"

按：檀祇为刘裕创业的重要亲信，高平檀氏代表人物之一。刘裕在宋国初建之时便以其元从亲信檀祇为领军将军以"总司禁旅"，反映了他对控制禁卫军权的高度重视。高平檀氏"世居京口"，与刘裕同乡，刘裕"建义"，檀韶与其弟祇、祇子道济等"从平京城"，从而成为刘裕亲信集团重要成员。同年十月，檀祇卒，其子道济继任为宋国中领军。此前道济为刘裕中军司马，负责刘裕中军府之军政事务。[1] 大约与檀祇、道济父子同时，刘裕之侄刘义欣亦任中领军，不过义欣当时年龄较小，实际禁卫军权应当由檀氏父子掌握。中领军的一个基本职责便是保卫刘裕的安全，在其出征时"卫辇毂"[2]。

公元 420 年刘裕篡位时，建立了以领、护军将军为禁卫军长官的禁卫体制。《宋书·谢晦传》：

> 宋台初建，为右卫将军，寻加侍中。高祖受命……晦领游军为警备，迁中领军，侍中如故。……寻转领军将军、散骑常侍，依晋

---

① 参见《宋书·檀韶传》《檀祇传》《檀道济传》。
② 《宋书》卷四五《刘怀慎传》，第 1375 页。

中军羊祜故事，入直殿省，总统宿卫。

羊祜在西晋建立前夕，"迁中领军，悉统宿卫，入直殿中"①。两相对照，可知晋宋之际的中领军和魏晋之际职掌完全相同，均为禁卫军最高将领，由权臣之亲信担任，并为其篡位立下殊勋。

宋武帝在位仅三年便因病而死，当时太子刘义符年纪尚轻，政治威望不高，为了稳定建立不久的刘宋朝政，武帝临终任命徐羡之、傅亮、谢晦三人为顾命大臣辅佐新帝执政。谢晦以领军将军加领中书令，掌握禁卫军权。由于少帝暴虐无道，辅政大臣遂行废立之举，迎立荆州刺史刘义隆即位。除了利用谢晦控制的禁卫军外，徐羡之等还召回禁卫旧将兖州刺史檀道济助其废立。②

在此后南朝历次政局更迭变迁中，都有禁卫武官参与其中，发生过或大或小的影响。元嘉三十年（453）正月，宋文帝为其太子刘劭所杀，这是一次成功的宫廷政变，东宫禁卫军担任了这次政变的主力。《宋书·元凶刘劭传》及《资治通鉴》卷一二七对此都有极详细的记载。文帝在将其弟彭城王义康的影响消除之后，大力扩充东宫禁卫军权，史谓太子劭"意之所欲，上必从之，东宫置兵与羽林（指台城禁卫军）等"。入宫政变之前，"劭乃密与腹心队主陈叔儿、斋帅张超之等谋为逆"。"因使张超之等集素所畜养兵士二千余人，皆被甲，召内外幢队主副，豫加部勒，云有所讨。夜，呼前中庶子右军长史萧斌、左卫率袁淑、中舍人殷仲素、左积弩将军王正见并入宫"。率东宫卫队以诱骗方式进入宫门，将正在与亲信大臣徐湛之商谈废黜太子之事的宋文帝杀害。宋文帝的错误在于：将东宫禁卫军扩充到和宫城禁卫军相当的程度；发现太子异动后未采取果断废黜措施；加强台城及宫殿禁卫措施不够得力。这三者缺一都不可能使太子发动一场成功的宫廷政变。文帝被害之时，"门阶户席直卫兵尚寝未起"，面对早有密谋的太子，文帝之大意和禁卫之松弛可见一斑。

宋孝武帝临终前，遗诏安排后事：太子即位后，政事由中书监江夏王义恭和尚书令柳元景处理，大事则与沈庆之参决；军旅之事委沈庆之，

---

① 《晋书》卷三四《羊祜传》，第 1014 页。
② 参见祝总斌《晋恭帝之死与刘裕的顾命大臣》，《北京大学学报》1986 年第 2 期。

而禁卫大权则交与领军将军柳元景。受委任者还有颜师伯、王玄谟等大臣。① 前废帝"狂悖无道，诛害群公"②，其所凭依的即是其身边的宿卫兵。史载"帝自率宿卫兵，诛太宰江夏王义恭、尚书令·骠骑大将军柳元景、尚书左仆射颜师伯、廷尉刘德愿"③。前废帝"恒虑有图之者，疑畏诸父"，"并囚之殿内，殴捶凌曳，无复人理"④。前废帝得以行狂暴之举，便是其身边的宿卫兵可以被利用，亲信禁卫武官为其效命，主要是直阁将军宗越、谭金、童太一、沈攸之等人。⑤ 在生死较量中，废帝左右亲信及禁卫武官也发生了分化，湘东王刘彧终于抓住机会，乘"越等并外宿"之机，其亲信阮佃夫、李道儿因结帝左右寿寂之等，将前废帝诛杀。⑥

在后废帝时代复杂动荡的政局中，萧道成凭其军事政治才干成长起来，成为禁卫军长官领军将军。后废帝亦属昏狂暴虐之徒，萧道成以领军而专朝政，废帝颇为不满，双方矛盾严重。《资治通鉴》卷一三四宋顺帝昇明元年（477）四月条。

> 殿省忧惶，食息不保。阮佃夫与直阁将军申伯宗等，谋因帝出江乘射雉，称太后令，唤队仗还，闭城门，遣人执帝废之，立安成王准。事觉，甲戌，帝收佃夫等杀之。……六月甲戌，有告散骑常侍杜幼文、司徒左长史沈勃、游击将军孙超之与阮佃夫同谋者，帝登帅卫士，自掩三家，悉诛之……

在谋废昏主的密谋中，禁卫武官直阁将军申伯宗、游击将军孙超之皆参预其事，而废帝得以免祸，则与其仍控制着殿内禁卫兵，有一部分宿卫武官为其用命有关。当时阮佃夫以黄门侍郎领骁骑将军，"管内任"⑦，为殿内文武侍卫之长。参与此次密谋者还有禁卫武官朱幼、于天宝，而

---

① 《资治通鉴》卷一二九，宋孝武帝大明八年（464）闰五月条。
② 《宋书》卷七二《始安王休仁传》，第1871页。
③ 《宋书》卷七《前废帝纪》，第144页。
④ 《宋书》卷八《明帝纪》，第152页；卷七二《始安王休仁传》，第1871页。
⑤ 参见《宋书》宗越、谭金、童太一、沈攸之等传，《前废帝纪》。
⑥ 参见《宋书·明帝纪》《阮佃夫传》；《资治通鉴》卷一三〇，宋明帝泰始元年（465）二月条。
⑦ 《宋书》卷九四《阮佃夫传》，第2315页。

于天宝之反戈告密则使其事未能成功。史书虽不及领军将军萧道成参与其谋，但很可能阮佃夫等人密谋乃萧道成指使，反映了他的意志。诸人皆道成部下，而当时道成与废帝矛盾已表面化，急欲除之而后快。

阮佃夫等人的密谋虽未成功，但萧道成决计要除掉后废帝，双方实力相差悬殊：废帝除了身边亲信左右可以依赖外，别无强有力的后盾；萧道成却掌握禁卫军大权并有力地控制着朝局。废帝亲信左右因惧怕诛杀而人人自危，并非死心踏地。依附于萧道成的直阁将军王敬则找到机会，联结废帝左右杨玉夫、杨万年等二十五人，"谋共取昱"，终将其诛杀。萧道成拥立刘准即位，两年后即篡宋立齐。①

齐武帝临终前，对政事做了具体安排，以使太子能够顺利执政。但事与愿违，萧鸾很快便控制了军政大权，并利且禁卫力量废黜皇帝萧昭业而另立萧昭文为帝。政变几位主谋萧鸾、萧谌、萧坦之曾多年为武帝之禁卫武官。萧鸾曾历任右军→骁骑→左卫→中领军→领卫尉→领右卫等禁卫要职，在禁卫军中有极强的影响力；②萧谌历步兵校尉、领御仗主→左中郎将、后军将军，"斋内兵仗悉付之，心膂密事，皆使参掌"③。萧坦之曾为殿中将军，东宫直阁，时任射声校尉，郁林王对之"亲信不离"④。郁林王被杀后，政权完全由萧鸾控制，数月后萧鸾篡位，亲自称帝。

明帝死后，东昏侯萧宝卷即位称帝，谋反和叛乱不断发生。先是始安王遥光与外戚江祏、江祀兄弟因谋反而死。在平定萧遥光时，领军将军萧坦之率领禁卫军与叛军展开激烈较量，终于获胜。平叛后，萧坦之迁尚书右仆射、丹阳尹，但东昏侯并不能容忍在其身边再有一个掌握军政大权者，史载"遥光事平二十余日，帝遣延明主帅黄文济领兵围坦之宅，杀之"⑤。右卫将军刘暄迁领军将军，"其年，又见杀"⑥。其后徐孝嗣、沈文季等大臣亦被杀。沈文季为护军将军，在萧遥光反叛时，"与尚书令徐孝嗣守卫宫城，戎服共坐南掖门上"⑦。朝中较量未能成功，与东

---

① 参见《南齐书·高帝纪上》，《王敬则传》；《资治通鉴》卷一三四、卷一三五。
② 参见《南齐书》卷六《明帝纪》。
③ 《南齐书》卷四二《萧谌传》，第745页。
④ 《南齐书》卷四二《萧坦之传》，第748页。
⑤ 同上书，第749页。
⑥ 《南齐书》卷四二《刘暄传》，第752页。
⑦ 《南齐书》卷四四《沈文季传》，第779页。

昏侯在不同时期利用了禁卫长官率禁卫军平叛，之后又将其处死，特别是以直阁将军为首的群小为其用命，有着很大关系。以荆州西中郎长史·行府州事萧颖胄及雍州刺史萧衍为首的荆雍地方势力终于将东昏侯消灭，在兵临台城的危急形势之下，守围台城的兼卫尉张稷和王珍国斩东昏而投降萧衍。不久萧衍便行禅代，建立了梁朝。

梁陈时期，朝廷政治比较稳定，禁卫武官也就不可能与政局更迭发生太大联系。

<h2 style="text-align:center">三</h2>

"禁旅王要，总司须才"，南朝历代君主一般都比较重视任用禁卫长官对禁卫军权加以有效控制。只是不同君主在不同政局之下有各不相同的手段和策略，故其所达到的效果也极不相同。

谢晦由刘裕太尉府参军入仕，历太尉主簿、从事中郎及宋台右卫将军，刘宋中领军、领军将军，受顾命辅佐新帝。刘裕元从亲信檀祇、檀道济父子相继为宋台领军，道济本为刘裕中军府司马，刘宋建立后转任护军将军。刘义隆被拥立为皇帝，由荆州入主朝廷，在其所进行的多次人事调整中，最引人注目的是以"南蛮校尉到彦之为中领军"[1]。南蛮府设于江陵，为荆州管内之重要军府，到彦之为文帝藩邸旧臣。与此同时，文帝入朝之初即以其镇西司马·行府州事王华为左卫将军，长史王昙首为右卫将军、领骁骑将军，以其中兵参军朱容子为右军将军，掌控机要禁卫军权。[2] 禁卫军的核心及主力无疑便是由其荆府旧部转变而来。由于有效地控制了禁卫军权，宋文帝不费吹灰之力便将旧宰辅徐羡之、傅亮置于死地。接着又利用禁卫军和檀道济北府兵讨平谢晦，从而最终将政权完全掌握于己手。[3]

宋文帝元嘉三十年间，共任命了九位领军将军（中领军），其中到彦

---

① 《宋书》卷五《文帝纪》，第 73 页。参见陈勇《刘宋的皇权与禁卫军》，《北京大学学报》1988 年第 3 期。

② 参见《宋书·到彦之传》，《王昙首传》。

③ 参见《宋书·文帝纪》，徐羡之、傅亮、谢晦、到彦之、檀道济诸传；《资治通鉴》卷一二〇，宋文帝元嘉元年至三年。

之任职仅数月，建平王铄刚上任即被文帝杀害，刘义融任职半年余而死。赵伯符、赵伦之父子出身外戚，分别任职二年半左右；殷景仁两度任职约近四年；刘湛任职长达八年之久；沈演之任职四年半左右；刘遵考任职亦达近四年。文帝三十年政局相对稳定，与他较好地处理禁卫长官人选问题有关。刘湛任领军时主要依附于执政宰辅彭城王义康，湛与护军殷景仁矛盾激化，文帝与景仁密谋除掉刘湛，并将大权从刘义康手中夺回。①

　　宋孝武帝刘骏从江州起兵反抗刘劭，夺得帝位，在位十一年间，先后有六人担任领军将军。除孝武帝之弟湘东王或外，其他五人都是最初积极参与刘骏阵营为其反抗刘劭立下卓著战功的著名亲信将领，有些原本就是其旧府僚佐，负责府中军政事务。显然孝武帝是以其亲信旧将控制禁卫军权，从而专制朝政，控制禁卫军权在孝武帝朝政中具有举足轻重的作用。中领军萧道成在直阁将军王敬则协助下消灭了昏暴的后废帝，并协助萧道成稳定动荡中的朝局，平定了司徒袁粲和领军刘韫的反叛行动。齐台建，王敬则为中领军控制禁卫军。齐台之左卫将军李安民和江谧亦为萧道成之亲信旧人。李安民在萧齐建立后转任中领军/领军将军。《南齐书·王敬则传》：曾任刀戟左右。"补侠毂队主，领细铠左右。与寿寂之同毙景和（即前废帝）。明帝即位，以为直阁将军。"元徽二年（474），任员外郎的王敬则与萧道成一起击桂阳王休范叛军于新亭，二人的密切关系当自此时起。"苍梧王（后废帝）狂虐，左右不自保，敬则以太祖有威名，归诚奉事。每下直，辄往领（军）府。夜著青衣，扶匐道路，为太祖听察苍梧去来。太祖命敬则于殿内伺机，未有定日。"在杀后废帝之后，王敬则协助萧道成入宫并拥刘准称帝，从而更加确保了萧道成对朝政的控制。王敬则以骁骑将军等职"知殿内宿卫兵事"，为萧道成控制机要禁卫军权。"沈攸之事起……太祖入守朝堂。袁粲起兵夕，领军刘韫、直阁将军卜伯兴等于宫内相应，戒严将发。敬则开关掩袭，皆杀之。殿内窃发尽平，敬则之力也。迁右卫将军"。随即迁齐台中领军。从王敬则身上我们看到了禁卫军权对政治的重要影响，以及控制殿内禁卫在政治斗争中的关键作用。

―――――――――――

　　① 参见《宋书·文帝纪》，徐羡之、傅亮、谢晦、到彦之、檀道济诸传；《资治通鉴》卷一二〇，宋文帝元嘉元年至三年。

萧衍率荆雍之兵反抗齐东昏侯萧宝卷取得成功，占领建康不久便篡齐建梁。在梁武帝即位之际，王茂担任领军将军。王茂是平定建康的前锋主将，可谓梁朝第一功臣。[①] 在梁武帝一代近半个世纪中，共有 20 人担任领军将军（中领军、兼领军），其中萧氏 9 人，外戚 1 人。异姓亦有 10 人，前期主要是协助梁武帝创业之亲信功臣，后期则以掌机要之亲信为主。[②] 从领军担任者的成分可以感受到，梁武帝十分重视对禁卫军权的控制，其统治时间之长，政局之稳定，都与此有很大关系。梁代禁卫军权与政治的密切关系，从吕僧珍、臧盾、朱异等人的经历中可以得到明确认识。吕僧珍刘宋时曾任领军主簿，时梁武帝父萧顺之为领军。后从萧衍出征，从此便与梁武帝结成了密切的关系。出为萧衍军府之中兵参军，"委以心膂"。《梁书·吕僧珍传》：

> 僧珍阴养死士，归之者甚众。高祖颇招武猛，士庶响从，会者万余人……义兵起，高祖夜召僧珍及张弘策定议……高祖以僧珍为辅国将军、步兵校尉，出入卧内，宣通意旨……建康城平，高祖命僧珍率所领先入清宫，与张弘策封检府库，即日以本官带南彭城太守，迁给事黄门侍郎，领虎贲中郎将。

吕僧珍与萧衍之特殊关系可见一斑。自为中兵参军起，吕僧珍便是萧衍心腹，且为其幕府之禁卫将领，统率亲兵侍卫左右，出入卧内，保护萧衍安全，并为之出谋划策，冲锋陷阵。梁朝建立后，僧珍历冠军将军、前军司马，给事中、右卫将军。"顷之，转左卫将军，加散骑常侍，入直秘书省，总知宿卫。"天监七年（508）三月，自南兖州征为领军将军，"直秘书省如先"。"僧珍有大勋，任总心膂，恩遇隆密，莫与为比。"于天监十年"卒于领军府舍"。梁武帝诏书褒奖道：僧珍"器思淹通，识宇详济，竭忠尽礼，知无不为。与朕契阔，情兼屯泰。大业初构，茂勋克举。及居禁卫，朝夕尽诚"。臧盾于中大通五年（533）任兼领军，大同二年（536）改中领军，一度出任吴郡太守，大同七年（541）任领军

---

① 参见《梁书》卷九《王茂传》。
② 参见《梁书》卷三《武帝纪》；万斯同：《梁将相大臣年表》，《二十五史补编》第四册。

将军至九年卒于任，前后执掌禁卫达八九年之久，是梁代担任领军之职最长的一位。盾父未甄于齐梁之际曾任萧衍霸府之刑狱参军，卒于江夏太守任上。臧盾历任至御史中丞，"盾性公强，居宪台甚称职"。梁武帝诏称："总一六军，非才勿授"，臧盾"志怀忠密，识用详慎，当官平允，处务勤恪，必能缉斯戎政"，故任命为兼领军。史谓"领军管天下兵要，监局事多。盾为人敏瞻，有风力，长于拨繁，职事甚理"①。朱异在梁武帝后期长期兼任中书通事舍人，"自周舍卒后，异代掌机谋，方镇改换，朝仪国典，诏诰敕书，并兼掌之"。其间又曾兼任太子右卫率、右卫将军、左卫将军领步兵校尉、中领军等禁卫武官。史谓"异居权要三十余年"，为中书舍人掌机要自无疑义，但兼任禁卫武官掌握禁卫军权则更加重要。侯景叛乱时便"以讨异为名"，遂因惭愤发病而卒。梁武帝下诏谓，"故中领军异，器宇弘通，才力优赡，咨谋帷幄，多历年所"云云。②

陈朝国祚短促，辖境日渐缩小，国力衰微，面对北方强寇而得以苟延残喘，亦与历代皇帝对禁卫军权的有效控制不无关系。无论领、护军，在废帝被废前十余年间（557—568），担任者几乎全是随陈霸先创业的开国功臣。宗室大臣担任禁卫长官自宣帝始，其后宗室与异姓担任领、护军将军的比例相当。③ 陈朝首任领军将军为徐度。《陈书·徐度传》："侯景之乱，高祖克定广州，平蔡路养，破李迁仕，计划多出于度。兼统兵甲，每战有功。"由此可知，徐度为陈霸先重要亲信谋士，在其创业之初，文谋武功，并皆显著。徐度长期为陈霸先之部下。"高祖东讨杜龛，奉敬帝（萧方智）幸京口，以度领宿卫，并知留府事"。陈朝初年，政局动荡，徐度担任领军将军，负责以建康为中心的沿江防务。在陈武帝去世、重将出征在外，朝局十分危急的时刻，中领军杜棱"独典禁兵，乃与蔡景历等秘不发丧，奉迎世祖"④，从而稳定了朝局。文帝即位后，杜棱迁任领军将军。陈朝外忧大于内患，但领军之职在政治中仍然发挥着重要而独特的作用。

综上所述可知，禁卫军权与南朝政治有着密切的关系，在更迭频繁的南朝政局中，禁卫军权的影响十分显著，有时甚至是决定性的。为了

---

① 《梁书》卷四二《臧盾传》，第600页。
② 《梁书》卷三八《朱异传》，第540页。
③ 参见《陈书》卷一《帝纪》；万斯同《陈将相大臣年表》，《二十五史补编》第四册。
④ 《陈书》卷一二《杜棱传》，第192页。

巩固统治，就必须有效控制禁卫军权，南朝政治提供了典型个案。建立新朝之皇帝，委任其亲信担任禁卫军长官领军将军（中领军），加强自身保卫并有效行使专制君权；权臣或亲自担任领军（中领军）而专断朝政，或以其亲信掌握禁卫军权而控制朝政；昏暴的幼主则往往利用其左右亲信禁卫武官为其用命，控制外朝宰辅大臣，实施暴政。而左右亲信禁卫武官与禁卫军长官领军将军的密谋往往成为推翻昏主的有效方式。在正常情况下，皇帝有效控制禁卫君权，实施君主专制统治，禁卫武官为皇帝效力，受制于专制君主。而在非常朝政下，禁卫武官特别是最高长官领军将军及阁内禁卫武官直阁将军游离于君权之外，成为反君权的主要力量，在经过一番较量之后，终于在旧禁卫军权基础上衍生出新的专制君权并呈常态运行。南朝时期与朝代更迭等相联系，禁卫军权和专制君权处于常态和变态的交替运行之中。

（原载《南京大学学报》1999 年第 3 期）

南宋三衙马政问题试探

山东大学历史文化学院　范学辉

　　南宋骑兵的弱势是不争的历史事实，但正如南宋名臣虞允文所说："况今日之事，虏以多马为强，我以无马为弱。强弱之所以异，三尺之童皆知之，马政其可以不议哉！"[①] 宋理宗时黄榦上奏曰："马政，国之大事也。"[②] 宋高宗亦曾有言："兵以马政为先""岁丰人不乏食，朝得贤辅佐，军中有十万铁骑，乃可为瑞，此外不足信"。[③] 宋孝宗则是"留神马政，曲尽物情"[④]，曾颁下御札曰："军机之务，马政为先。"[⑤] 与金、蒙古等骑兵强国相对抗的客观形势，决定了南宋必须将马政问题置诸关系政权兴亡的战略高度，以尽可能地提升骑兵的实力。

　　事实上，从绍兴十一年（1141）"绍兴和议"签订之后，南宋就以三衙为中心，以西和州宕昌寨马场为三衙主要马源，兴元府马务为主要集散地，逐步形成了从市马、分配、取马和马匹使用、牧放、管理、退役等一系列较严密的规章制度，从而在三衙组建起了二万左右规模颇为可观的骑兵部队。不论是在抵御金、蒙古等外敌威胁，还是对内驾驭江上诸军各都统司，强化中央集权，皆发挥了一定的历史作用。因此，探讨三衙马政诸问题，既可以细化对三衙管军制度和南宋马政的考察，也

---

　　① 黄淮、杨士奇编：《历代名臣奏议》卷二四二《马政》，上海古籍出版社 2012 年版，第 3186 页。

　　② 黄榦：《勉斋集》卷二四《汉阳条奏便民五事·五复马监》，文渊阁《四库全书》本，第 1168 册，第 267 页。

　　③ 章如愚：《群书考索》后集卷四四《兵门·马政类》，文渊阁《四库全书》本，第 937 册，第 621—622 页；李心传：《建炎以来系年要录》卷四六，绍兴元年七月乙未朔，中华书局 1956 年版，第 821 页。

　　④ 佚名撰，汪圣铎点校：《宋史全文》卷二六上《宋孝宗五》，淳熙三年五月癸亥，中华书局 2016 年版，第 2174 页。

　　⑤ 王十朋：《梅溪王先生文集·廷试策奏议》卷四《再论马纲状》，《四部丛刊》本。

是深化南宋军政体制研究的一个较好视角。但学术界目前的相关专题论述，却相对较为薄弱①，笔者拟从若干具体问题入手，试作初步考察。

一 三衙为南宋马政的中心

按照南宋制度，三衙所需马匹的供给，主要由四川茶马司（都大提举茶马司），部分由广西买马司，通过购买来保障。宋廷偶尔也令三衙自行派员买马，如宋孝宗隆兴元年（1163）六月，就诏"差殿前司统制汤尚之前去四川等处买马，其合用钱，令四川总领所取拨银二万两、绢五千疋，钱引一十万贯，专充买马使用"；宋宁宗庆元元年（1195）正月，亦曾诏令殿前司"量差将官、军兵，于襄、汉州军收买土产马二百五十疋"②。但这些都属于较个别的特殊情况。

众所周知，南宋立国东南，由于地理、气候诸多自然条件的限制，尽管也进行了些许置监养马的努力，但无一例外的皆以失败而告终，只能是依赖从四川、广西等地向西北、西南少数民族购买马匹。特别是从四川购买西北地区出产的优质马匹，南宋始终将其放在了政权存亡所系的战略高度，绍兴九年（1139）宋高宗就曾对韩世忠说："不然。虏虽讲和，战守之备，何可少弛！朕方复置茶马司，若更得西马数万匹，分拨诸将，乘此闲暇，广武备以戒不虞，和议岂足深恃乎？"③ 绍兴十一年（1141）宋金"绍兴和议"签订以后，随着宋金对峙形势趋向稳定，南宋将四川茶马司进一步加以整顿和强化，在成都府和兴元府分设了两个马务：成都府马务（川司）下辖黎、叙、珍、长宁、南平五个买马场，所购马匹称为"川马"；兴元府马务（秦司）下辖宕昌寨、峰贴峡和文州三个买马场，所购得的马匹称为"秦马""西马"。南宋每年不惜投入巨额茶、锦、银、绢等，从八月份至次年四月开场买马，年买马

---

① 现有相关成果，主要见于王曾瑜先生《宋朝兵制初探》，中华书局 1983 年版；黄宽重《南宋军政与文献探索》，台北新文丰出版公司 1990 年版；何忠礼等《南宋史稿》，杭州大学出版社 1999 年版；粟品孝等《南宋军事史》，上海古籍出版社 2008 年版；杜文玉《宋代马政研究》，《中国史研究》1990 年第 2 期等。

② 徐松辑：《宋会要辑稿》兵二二之二九、二三之二四，中华书局 1957 年版，第 7158、7171 页。

③ 《宋会要辑稿》兵二四之三六，第 7196 页。

量通常保持在万余匹以上①，使得四川成为南宋最重要的马匹供应基地。广西买马场则设在横山寨，所购得马匹称为"广马"，年买马额约为一千五百匹上下，与四川茶马司相比数量要小很多，通常居于辅助的地位。

南宋从四川、广西所购得的战马，主要用于供给三衙和江上诸军。其具体的分配方案大致是：四川茶马司扣除供应四川宣抚司各部每年度二千匹之外，成都府马务主要对口负责江上诸军的供应②，包括建康、镇江、鄂州、荆南、江州和池州六大都统司；兴元府马务则主要对口负责三衙的供应，唯有宕昌马场"年额买到马十分为率，内拨二分"③供应四川宣抚司吴璘所部，通常为720匹。正因为如此，从绍兴三十年（1160）起，殿前司和马、步军司通常各选派本部"谙晓马性"的统领官一员，在宕昌寨等马场充任"监视买马"官，如隆兴二年（1164）殿前司即"已差统领官孟庆孙前去宕昌等处，同共监视买发"。其职权，是"监视拣选买发"，并将"买到马数并支过茶帛等数"④，与茶马司的买马官共同署名向枢密院申报。乾道九年（1173），宋廷又具体规定：三衙监视买马统领官"将带白直人兵二十人，鞍马二匹，预期前去西和州宕昌寨、阶州峰贴峡两处置马场"。至嘉泰三年（1203），南宋采纳了殿前副都指挥使郭倪的建议，令三衙监视买马统领官由宕昌寨改驻兴元府⑤。

宋高宗曾经强调说："川、广马到，朕未尝留，尽以均给诸军，若小不均，则谓朕有所偏。"也就是要求尽量遵循"均给诸军""分拨诸将"⑥的原则，把纲马马匹平均分配给三衙和江上诸军。在宋高宗绍兴年间，兴元府马务每年购马约4100匹，要略低于成都府马务的5100匹。三衙年得马71纲，3555匹上下；江上诸军年得马80纲，4000匹上下，两者之

---

① 王应麟撰：《玉海》卷一四九《绍兴孳生马监》："乾道秦、川买马之额，岁为万一千九百匹有奇。"文渊阁《四库全书》本，第946册，第842页。《宋史》卷一九八《兵十二》："庆元初，合川、秦两司为万一千十有六。嘉泰末，合两司为万二千九十四。"（中华书局1977年版，第4955页）

② 佚名编，刘笃才点校：《吏部条法·奏辟门》记嘉泰三年彭辂札子："照得江上诸军合取川马，系在成都府团并排发。"黑龙江人民出版社2002年版，第172页。

③ 《宋会要辑稿》职官四三之一〇八，第3327页。

④ 《宋会要辑稿》兵二二之三一，第7159页；兵二五之五一，第7225页；兵二五之五：隆兴元年三衙"并令依例各差统领官一员，前去宕昌马场监视买发"，第7202页。

⑤ 《宋会要辑稿》兵二五之五一，第7225页；兵二六之一五，第7234页。

⑥ 《宋会要辑稿》兵二四之三五、三六，第7196页。

间也确实基本做到了比较平均。但若具体到任何一个都统司，都已然与三衙殿前司和马、步军司有着明显的差距。以绍兴十九年（1149）度的配额为例，江上诸军镇江、建康、荆南、鄂州各 750 匹，江州和池州各 500 匹，而三衙殿前司高达 1500 匹，马、步军两司也各为 1000 匹①。从宋孝宗乾道后期开始，兴元府马务年购马量逐步上升到了 5900 匹，业已与成都府马务的 6000 匹基本持平。宋宁宗庆元年间，兴元府进一步增长为 6120 匹，而成都府却下降为 4896 匹。嘉泰年间，兴元府达到了 7798 匹，成都府为 5196 匹②。此消彼长，从乾道至嘉泰，三衙每年所得马匹，由 71 纲增长到 112 纲，而同时期的江上诸军反而从 80 纲下降到 58 纲③，仅约为三衙所得的半数而已。

当然，上述数字都是南宋朝廷规定的数额，不论是向三衙，还是向江上诸军，四川茶马司所实际排发的马纲纲数，都会有相当的出入和不能足额的问题。如宋孝宗乾道年间茶马司拖欠的三衙马匹，通常就在"一千匹上下"。宋宁宗庆元三年（1197）至庆元六年（1200）的四个年度，三衙得马即分别仅为 93 纲、71 纲、97 纲、96 纲，嘉泰元年（1201）则为 78 纲，嘉泰二年（1202）为 64 纲④，确乎"率未尝如数"⑤。但若再考虑到江上诸军应得马匹被拖欠和不足额的程度，往往要远高于三衙的因素，双方之间的实际差距可能还要大。如隆兴元年（1163）前后，江上诸军先后被拖欠马匹达到了 93 纲，而同时期三衙被拖欠的不过为 55

---

① 《宋会要辑稿》职官四三之一一四，第 3330 页；《建炎以来系年要录》卷一五九，绍兴十九年二月庚辰，第 2577 页；李心传撰，徐规点校：《建炎以来朝野杂记》甲集卷一八《三衙沿江诸军取马数》，中华书局 2000 年版，第 429 页。

② 《建炎以来朝野杂记》甲集卷一八《川秦买马岁收茶帛数》，第 425 页。

③ 《宋会要辑稿》兵二三之一记乾道三年二月大理少卿陈弥作言："四川茶马司每年合起江上诸军马八十纲，并行在殿前、马、步三司马七十一纲，宣抚司二分马七百二十匹，总计一百五十一纲零七百二十匹。"第 7160 页；《建炎以来朝野杂记》甲集卷一八《川秦买马岁收茶帛数》："成都府马务，每年排发江上诸军马五十八纲""兴元府马务，每年拨发三衙马一百一十二纲"，第 425—426 页；马端临撰：《文献通考》卷一六〇《兵十二》："兴元府马务，每年排（养）［发］三衙马一百一十二纲。"中华书局 1986 年版，第 1394 页。《宋史》卷一九八《兵十二》亦曰："成都府马务，岁发江上诸军马凡五十八纲，月券钱米二百缗，岁计万一千六百缗。兴元府马务，岁发三衙马百二十纲，其费称是。"中华书局 1977 年版，第 4955 页。案：120 纲，当系 112 纲之误。参看杜文玉《宋代马政研究》，《中国史研究》1990 年第 2 期。

④ 《宋会要辑稿》职官四三之一一四，第 3330 页；兵二六之一七，第 7235 页。

⑤ 《建炎以来朝野杂记》甲集卷一八《川秦买马岁收茶帛数》，第 426 页。

纲①。乾道元年（1165）五月，鄂州都统制赵樽言："本司合得纲马，茶马司有隆兴二年一全年未曾发到。"嘉泰三年（1203），江州都统司更先后被茶马司"拖下本司战马一百一十六纲，计五千八百定"②。四川诸军与江上诸军的情况也大同小异，在绍兴二十六年（1156）前后，兴州都统司吴璘所部应得的马匹，茶马司已经是"绩五年不与"③。这主要是因为南宋朝廷往往督促、严令茶马司，优先及时地保障三衙的供应，如乾道三年（1167）宋孝宗专门晋升了都大提举茶马司张松的官职，原因就在于他足额保证了三衙的马匹，故"于松职名上特加升进，以为方来之劝"；绍熙三年（1192）十一月，南宋朝廷下诏茶马司："将殿司绍（兴）［熙］三年分纲马疾速排发，无得留滞，具已排发纲数，申枢密院。"绍熙五年（1194）四月，再度下诏茶马司："将殿前司合得纲马照数排发，毋令稽缓。"④等等。

更为重要的是，正如南宋史家李心传所言："盖祖宗时所市马分而为二，其一曰战马，生于西边，强壮阔大，可备战阵。今宕昌、峰贴峡、文州所产是也。其二曰羁縻马，产于西南诸蛮，格尺短小，不堪行阵。今黎、叙等五州军所产是也。羁縻马每纲五十匹，其间良驯不过三、五匹，中等十许匹，余皆下下，不可服乘。"⑤兴元府马务所购的秦马，被公认为品质优良的战马，"川、秦马司互市之地，惟西和、阶州，并是西马，比诸州为最上"，特别是西和州（岷州）宕昌寨⑥马场的地位最为重要，"内陕西只就宕昌博易，至要至便""最为重大"⑦。至于川马，时称"羁縻马"，其品质难以与秦马相提并论，甚至大部分"不可服乘"，根本就无法充当战马，如乾道四年（1168）八月兵部侍郎陈弥作即言："黎、叙、南平军等州，每买纲马五十匹，内良细马不过三四匹，中等马不上

① 《宋会要辑稿》兵二三之一，第7160页。

② 《宋会要辑稿》兵二五之一二，第7206页；兵二六之一五，第7234页。

③ 《建炎以来系年要录》卷一七三，绍兴二十六年六月癸酉，第2844页。

④ 《宋会要辑稿》职官四三之一一四，第3330页；兵二六之四，第7228页；兵二六之六，第7229页。

⑤ 《建炎以来朝野杂记》甲集卷一八《川秦买马岁收茶帛数》，第425页。

⑥ 李昌宪：《中国行政区划通史·宋西夏卷》，复旦大学出版社2007年版，第372、567页。

⑦ 《宋会要辑稿》职官四三之一一五，第3331页；员兴宗撰：《九华集》卷七《议国马疏》，文渊阁《四库全书》本，第1158册，第44页；《宋会要辑稿》兵二三之二四，第7171页。

二十匹，余皆下下，不可服乘，发以充数，则必倒毙。"绍熙三年，池州副都统制率逢原也谈到：川、广马"往往眼生脚狂，虽极力调习，终是廉薄，非道地西马之比"①。宋孝宗时曾在成都任职的陆游所作《龙眠画马》诗，形象地描述道："国家一从失西陲，年年买马西南夷。瘴乡所产非权奇，边头岁入几番皮。崔嵬瘦骨带火印，离立欲不禁风吹。圉人太仆空列位，龙媒汗血来何时？"② 如此驽马，宋人之所以仍然要大量加以购买，相当程度上是出于"羁縻远人"③ 以稳定边境局势的政治需要，如宋孝宗曾说："祖宗时有西北马可用，黎马止是羁縻。"④ 至于广马，质量更在川马之下。

显而易见，从宋高宗绍兴年间开始，"于是岁发川马二百匹进御，而以四千匹付江上诸军"，"又以秦马三千五百付三衙"⑤，南宋将兴元府马务所购的优质马匹"秦马"绝大部分划拨给三衙，就从源头上最大程度地保证了三衙所得马匹的质量要远胜于江上诸军。宋孝宗朝的枢密使周必大即曾有言："西马惟留二分应付蜀中，余七十一纲，每年尽付三衙。而以川、广马，分给江上诸军，行之以久，盖有深意。"⑥

更何况，南宋始终对供应三衙马匹的质量标准，有着尽可能较严格的规范，如绍兴二十九年（1159）枢密院即规定茶马司供应三衙的马匹，必须要符合如下标准："八岁以下，齿嫩、及格尺、堪披带好马。"乾道五年（1169），令茶马司"收买战马，须四尺四寸以上。其两齿马，听低二寸；四齿马，听低一寸。足齿马，依已降指挥收买。四尺四寸以上、阔壮、堪披带马，计纲排发施行"；淳熙八年（1181）又规定："四尺二寸以上，十岁以下，方许起纲。不合格者，虽骨相骁骏，驰骤超逸者，亦不收买。"绍熙五年（1194），四川茶马司亦言："照得本司每岁排发三衙纲马，并拣十岁以下，壮嫩、阔实，无病、及格好马排发。"⑦ 四尺四

---

① 《宋会要辑稿》兵二三之三，第7161页；兵二六之四，第7228页。

② 陆游：《陆游集·剑南诗稿》卷五，中华书局1976年版，第147页。

③ 《宋会要辑稿》职官四三之一〇五记茶马司言："内叙州、长宁军，并系羁縻远人。"第3326页。

④ 《宋史全文》卷二七下《宋孝宗八》，淳熙十五年二月庚辰，第2343页。

⑤ 《建炎以来系年要录》卷一五九，绍兴十九年二月庚辰，第2577页。

⑥ 周必大：《文忠集》卷一三七《论马政》，文渊阁《四库全书》本，第1148册，第528页。

⑦ 《宋会要辑稿》兵二二之二五，第7156页；兵二三之一三，第7166页；《文献通考》卷一六〇《兵十二》，第1394页；《宋会要辑稿》兵二六之六，第7229页。

寸，马高约合 1.36 米，当时已经算是难得的大马了①。

另外，为了保障对三衙马匹的供应，宋高宗绍兴年间，宕昌寨马场就曾大量拖欠对四川吴璘部的马匹供应，按照吴氏本人在绍兴二十六年（1156）的说法就是："其茶马司自绍兴二十一年至二十五年分应副二分马，共三千六百余匹，未曾支拨"②，"绍兴十一年，得旨：令宕昌寨岁所市西马十分之二给本军。而茶马司绩五年不与。今军中有马七千，皆已老大，恐无以备缓急，望茶马司今岁如额支拨，其余逐旋补还"③。此后，宋廷还多次拒绝了四川驻军在宕昌马场购买战马的请求，兴元、兴州等都统司另行置场收购，也被严格限定在四月份宕昌马场闭场之后。如此种种，目的皆在于避免形成对三衙优质马源的竞争和分割。淳熙二年（1175）八月，当朝廷拟拨付部分西马给予镇江都统司时，周必大即表示极力反对，他说："今春镇江都统郭棣言川、广马不堪披带，乞拨西马三十纲，有旨与半。茶马司见来申明，势须于三衙马内分拨，万一江、鄂等军继皆有请，则三衙西马愈少，其于岁额，岂容更亏？臣愚欲望圣慈，特留宸虑，裁处其当，实今日之先务，取进止。"④ 其理由，也是为了避免影响三衙马源。

广马的分配，同样是将优良马匹优先供应三衙，"广马之良者付三衙，而其他则付建康、镇江府、池、鄂、太平州军中，皆有常数"、"每择其良赴三衙，余以付江上诸军"⑤。综而言之，在马匹的分配当中，三衙始终居于很明显的优先地位，从宋孝宗朝开始，三衙更愈来愈大幅度地凌驾于江上诸军之上，重三衙、轻江上诸军各都统司，优先保证三衙的需求成为南宋马政的基本原则。

三衙殿前司和马、步军司之间马匹的分配，则是以殿前司为重中之重，优先保证殿前司的马匹供应。乾道六年（1170）十月，主管殿前司公事王琪即有言："窃见本司逐年合得纲马，比之马、步司及江上诸军纲

---

① 参见王曾瑜《宋朝兵制初探》，中华书局 1983 年版，第 264 页。

② 《宋会要辑稿》职官四三之一〇八，第 3327 页。

③ 《建炎以来系年要录》卷一七三，绍兴二十六年六月癸酉，第 2844 页。

④ 周必大：《文忠集》卷一三七《论马政》，文渊阁《四库全书》本，第 1148 册，第 528 页。

⑤ 《建炎以来朝野杂记》甲集卷一八《广中盐易马》，第 432 页；《宋史》卷一九八《兵十二》，第 4956 页。《宋会要辑稿》兵二四之三五：绍兴七年广西进马十匹，宋高宗御批"留一匹，余付殿前司"（第 7196 页）。

马数多。"① 例如绍兴十九年（1149）的分配方案，就是殿前司1500匹，马、步军司各1000匹，殿前司已经享有较明显的强势地位。绍兴二十四年（1154）十二月，南宋又下诏规定：改为以三年为一个周期，将纲马轮流拨给殿前司和马、步军司，"可自二十五年为始，循环拨付殿前、马、步三司，如二十五年并拨付殿前司，二十六年分拨付马、步军司，二十七年却拨付殿前司。周而复始，皆循此三年为例"②。

按照这个分配方案，殿前司所得的马匹，要占三衙纲马总数的三分之二，居于绝对的强势地位；马、步军两司合计起来才占三分之一，仅为殿前司所得的一半，双方差距十分悬殊。因此，绍兴三十一年（1161）三月，在马、步军司联名上书的强烈反对之下，南宋朝廷接受了马、步军司的意见，将分配方案调整为：以二年为一个周期，"殿前司取押一年，马、步军两司分取一年，周而复始"③，也就是将殿前司和马、步军两司所得马纲的配额，调整为各占50%。但在隆兴元年（1163）七月，朝廷又接受了殿前司资深统帅、时任御营使杨存中的意见，"望将岁额合起西马七十一纲，自隆兴二年为头，令逐司照应绍兴二十四年十二月二日已降指挥，皆循三年为例"④，将"以二年为例"重新恢复为以"三年为例"。

直至乾道三年（1167）二月，方在主管马军司李舜举、主管步军司陈敏的建议之下，最终确定三衙各司之间马匹的分配方案为："今后茶马司起发西马到行在，不以年分，轮拨付三衙。内殿前二纲，马、步军司各一纲，周而复始。"乾道四年（1168）七月再度下诏重申："令茶马司将三衙西马内殿前司二纲、马、步军司各一纲，轮拨起发，周而复始。"⑤这一方案的主旨，在于不再区别年度，而是将每一年度当中的三衙马纲，都平均地拨付殿前司和马、步军司。如按112纲的三衙纲马年度总数来计算，则殿前司每年可得56纲，马军司和步军司每年各得28纲；若按71

---

① 《宋会要辑稿》兵二五之二八，第7214页。

② 《宋会要辑稿》兵二四之三七，第7197页。又略见《建炎以来系年要录》卷一六七，绍兴二十四年十二月庚辰，第2735页。

③ 《宋会要辑稿》兵二四之四二，第7199页。

④ 《宋会要辑稿》兵二五之五，第7202页；兵二五之一〇记乾道元年二月二日权马军司职事李舜举言："今年分纲马，合当本司取押。"同月十一日主管殿前司公事王琪言："本司差人前去兴元府茶马司，取押隆兴二年分马七十一纲。"第7205页。

⑤ 《宋会要辑稿》兵二五之一五、一六，第7207—7208页；兵二五之一九，第7209页。

纲来计算，马、步军两司合计 35 纲，各得不过 18 纲，殿前司则每年得马 36 纲，殿前司的优势地位仍然是明显的①。

马军司和步军司之间，则一直遵循着大致平分的原则，如绍兴三十二年（1162）八月，主管马军司公事李显忠即谈到："本司取拨绍兴三十一年分纲马三十六纲。"② 该年度马军司和当军司纲马的总数为 71 纲，则步军司所得为 35 纲，两司确实基本持平。

二　三衙马纲的运送、自取和马驿

南宋四川茶马司拨付三衙的马匹，本来由茶马司负责押运抵行在临安，赴枢密院交纳，但随即普遍出现了马匹在运输途中大批倒毙的问题，"自蜀抵吴，道里修阻，马之得全者，十无四五""其马多至死损，甚者十之四五"③。以乾道九年（1173）茶马司所发殿前司的一纲马纲为例：从兴元府出发时为 50 匹整，至金州时剩余 45 匹，至均州、房州后仅余 22 匹，至襄阳府时更仅剩余 16 匹，死损率高达近 70%！负责押运的兵夫，除曾祺一人之外，其余的"尽行逃走"④。即便是勉强运抵临安的马匹，诚如绍兴二十三年（1153）正月诏书所云："茶马司进到纲马，缘押马使臣失于看护，多至疮疥瘦瘠，仅存皮骨，往往喂养不成。"⑤ 也大量充斥着病马和弱马，随即死亡的现象比比皆是。

问题的症结，确与路途遥远、道路崎岖、兵夫待遇微薄等恶劣的客观条件有着相当的关系，绍兴十六年（1146）四月御史中丞何若即有言："四川茶马司逐年起发马数，差人管押赴行在交纳，缘所差牵押兵士别无交替，道路遥远，经步月日，人力既自疲乏，加之在路草料间有不时，

---

① 《宋会要辑稿》兵二六之一九即记载开禧二年正月右卫郎将、管干殿前司职事郭杲言："本司岁差人于四川茶马司取押马三十六纲。"第 7236 页。
② 《宋会要辑稿》兵二四之四三，第 7200 页。
③ 《宋会要辑稿》兵二五之一八，第 7209 页；职官四三之一〇六，第 3326 页。
④ 《宋会要辑稿》兵二五之五一，第 7225 页。
⑤ 《宋会要辑稿》兵二四之三七，第 7197 页。

其马多至死损。"① 但正如当时更多臣僚所指出的，真正关键的因素在于：茶马司所派牵马官兵，是征调四川各州的厢军充当，而其时的厢军，早已完全丧失了军事职能，"类皆游手"，官兵不仅"往往不识马性，饮锼失时"②，更纪律松散，偷盗马料、倒卖马匹等层出不穷，"沿路偷盗草料，便自逃窜"③，马匹大量人为的损耗自然在所难免。

事实上，由于厢军不敷使用，四川茶马司更多的是出钱雇佣民众来牵马，此类问题当然也就更为严重。绍兴二十六年（1156）尚书驾部员外郎杨偰说："川、广各置马司，所费不赀，而马以纲来者，皆损耗羸瘠之余，诚可深惜。盖牵近送，皆和雇游手充代，往往坐视倒毙，甘心逃窜。"乾道六年（1170）兵部侍郎王之奇也说："伏见蜀中马纲之役，四川州郡发牵马兵士，额差四千余人。"④ 特别是从宕昌至兴元府，茶马司"和雇人夫牵送，并不用心养锼"，所雇佣的民夫当中，甚至大半充斥着"十四五岁小儿子，止是赶逐马行"⑤，遂不可避免地造成大量马匹白白损失。

为了改变这种局面，南宋在绍兴二十四年（1154）十二月下诏："西和州宕昌县、阶州峰贴硖两处买马场，每岁起发纲马赴枢密院，押纲使臣往往不得其人，锼养失时，多致倒毙。可自二十五年为始，循环拨付殿前、马、步三司……仍令逐司当拨马年中，每一纲选差有心力使臣一员，军兵三十人，就买马场团纲起发，赴枢密院交纳。"⑥ 按照这一诏书的相关规定，三衙应当派遣本部官兵，前往宕昌等买马场直接取马，"逐司自差官兵就买马场团纲起发"。然而，南宋时的宕昌，是一个仅有百余户人家的西陲小镇，"寨屋窄隘，难以屯泊取马官兵""窄狭民稀，艰得舍屋安泊"⑦，根本就不具备接待三衙取马官兵的起码条件。因此，南宋

---

① 《宋会要辑稿》职官四三之一〇六，第3326页；兵二五之七亦记乾道元年七月臣僚言：四川茶马司"差厢、禁军牵马长行，日支米二［升］（胜），铜钱六十文，委是赡给不足，难以责办"。第7203页。

② 《宋会要辑稿》兵二三之一九，第7169页；职官四三之一〇七，第3327页。

③ 《宋会要辑稿》兵二五之二，第7201页。

④ 《宋会要辑稿》兵二四之三八，第7197页；兵二五之二八，第7214页。

⑤ 《宋会要辑稿》兵二四之四〇；第7198页；兵二五之五二，第7226页。

⑥ 《宋会要辑稿》兵二四之三七，第7197页。《文献通考》卷一六〇《兵十二》："旧川、秦市马赴密院，多道毙者。绍兴二十四年，始拨秦马付三衙，命小校往取之。"第1394页。

⑦ 《宋会要辑稿》兵二四之四〇，第7198页；兵二三之二一，第7170页。

又主要听取了茶马司的建议，于绍兴二十八年（1158）颁布了两项补充规定：一是三衙官兵改至兴元府取马，"就兴元府马务团纲起发"，从兴元府至临安的运输由三衙负责，称为"长押"。二是从宕昌寨至兴元府之间的路程，仍由茶马司负责运送，称为"短送"。

对此，三衙似始终持有异议。乾道九年（1173）、绍熙元年（1190），三衙都曾经提出过反对的意见，尤其是在绍熙元年十二月，殿前司和步军司联合上书枢密院，历数茶马司"短送"之弊，建议干脆取消"短送"，"宕昌买马，本司自差使臣、兵夫短送至兴元秦司。其三衙人就兴元秦司领马，长押归司。缘茶马司短差纲官，止是寄居待阙使臣；其短送人，诸州所差军兵不足，多是雇夫牵送，皆乌合游手。自宕昌雇夫应数，冒请雇钱，出门之后放散，却与兴元近地借人应数，赴秦司纳马，沿路偷盗草料。自宕昌至兴元，二十驿程，养饲失节，因而受病，到务相继倒损，弊害非一。欲令三衙官兵径赴宕昌取马，将雇费量与添助券食"①。但经过再三斟酌，特别考虑到宕昌寨属于邻近西夏和金朝的"极边"，"虑恐积留官兵，在彼歇程，因而与西夏、卖马蕃客博易物货，引惹未便"，南宋最终出台的解决方案是：三衙大部取马官兵仍在兴元府等候，仅抽调其中的八名官兵前往宕昌，"先次识认本纲马毛色、齿岁、尺寸"，然后与茶马司兵夫共同将马匹押至兴元府，沿途负责"提督饮喂"②。显而易见，这仍然属于一个折中性的方案。

南宋改由三衙自行至兴元府取马，在解决马匹在运送途中大量死亡的问题上，很快就取得了显著的成效。隆兴元年（1163）三月，四川茶马司就说：自三衙、江上诸军"自差使臣、军兵前来取押，往往全纲到军"。乾道二年（1166），主管殿前司公事王琪也谈到：三衙"差拨官兵，起兴元府茶马司团纲交割归司，往往稍及膘分，少有损弊之数"③。但正所谓有一利必有一弊，一些新的问题随即出现。早在绍兴、隆兴之际，已经有臣僚发现：三衙"取押西马，所差官兵，职资高大，费耗批请；又取马官兵，二年一次，往来道途，弃习武艺"，进而提议：依旧令茶马司"差使臣、军兵管押"④。

---

① 《宋会要辑稿》兵二三之二一，第 7170 页。
② 《宋会要辑稿》兵二三之二一，第 7170 页。
③ 《宋会要辑稿》兵二五之一，第 7200 页；兵二五之七，第 7203 页。
④ 《宋会要辑稿》兵二五之一、之二，第 7200—7201 页。

　　具体说来，其主要问题有三：一是不可避免地导致三衙大批官兵奔走道路，据南宋史家李心传的统计：三衙取马"再岁一往返，用精甲四千四百人"①，约占三衙总兵力的 4% 左右。显然，如此规模的兵力用来押运马匹，平时妨碍军事训练，战时则使相当数量的精锐兵力置于无用之地。二是三衙和茶马司之间协调困难，导致或是取马官兵拥挤在兴元府等候多日，"官兵只在兴元府守候纲马，坐费券食"②；或是马纲齐备，但取马官兵却未能及时到达，一位信阳军的守臣就概括说："秦司排拨纲马，兵士已至而马数未足，官司每以多支日券为忧；马数已登，而兵士未至，官司复以多费草料为念。"③ 枢密院也曾谈道："各军差拨使臣、军兵前去取押，或有马多而人未至，或人到而马未有。留马待人，则茶司有刍秣之费；留人待马，则州郡有券食之〔颁〕（颂）。"④ 如此一来，都难免造成了取马费用的大幅度上升，"虚费钱粮"的现象颇为严重，特别是加大了茶马司的负担。三是三衙取马官兵所享受的待遇要远远超过茶马司所征调的厢军，不仅耗费军饷，所经州县也难免"颇惮其费"。正因为如此，在绍兴二十四年（1154）、绍兴二十八年（1158）诏书颁布以后，三衙取马的相关政策的较大变动，依然是多次出现。

　　绍兴三十一年（1161），金主完颜亮大举南下攻宋，三衙各军多在前线迎战，南宋下令仍由四川茶马司征调厢军和雇佣民夫，将马匹全程运抵临安，三衙仅象征性地派遣一名兽医前往跟随。此举显然属于战争状态下的临时性安排。隆兴元年（1163）十二月，待宋金战事基本稳定之后，南宋再度下诏，令茶马司"将岁额川、陕纲马，差人管押至汉阳军，置驿歇泊，仍令三衙及江上诸军差人前去就汉阳军取押"⑤，将其调整为：兴元府至汉阳军段，由四川茶马司负责；汉阳军至临安，则仍由三衙派本部官兵负责取马。乾道四年（1168），南宋在汉阳军设立了"收发马监"，次年四月兵部随即规定："茶马司差使臣，自成都府及兴元府押马至汉阳军马监。"⑥ 三衙和茶马司在汉阳军马监交接。

---

① 《建炎以来朝野杂记》甲集卷一八《三衙沿江诸军取马数》，第 429 页；《建炎以来系年要录》卷一六七，绍兴二十四年十二月庚辰，第 2735 页。

② 《宋会要辑稿》兵二五之一五，第 7207 页。

③ 《文献通考》卷一六〇《兵十二》，第 1394 页。

④ 《宋会要辑稿》兵二六之二一，第 7237 页。

⑤ 《宋会要辑稿》兵二五之五，第 7202 页。

⑥ 《宋会要辑稿》职官四三之一一二、一一三，第 3329—3330 页。

不过，这一规定从一开始就遭到了三衙的反对和抵制。乾道元年（1165），殿前司和马、步军司都坚持派遣本部官兵前往兴元府接收马匹，所持的理由，仍然是茶马司运马导致马匹的大量死亡，如主管殿前司公事王琪即奏请："茶马差厢兵、雇夫等送至行在，马沿路倒毙过多，不堪医疗，利害灼然""欲乞权依绍兴三十年二月二十七日指挥，本司差统领官一员前去监视买发，继续差拨人兵，就茶马司团纲处交割，管押归司。所贵纲马到司，易于养饲，便得为用"。权马军司职事李舜举也上奏："今年分纲马，合当本司取押，检照得绍兴三十一年指挥，系茶马司差人牵拽前来，人夫不切用心，是致倒毙。所有今年合得纲马，乞令本司自行差拨惯熟能养马官兵，前去兴元府取押，贵得不坏官马。"① 并得到了朝廷的批准。

应该说，"倒毙过多"与"虚费钱粮"相比，两者的分量孰轻孰重，显然是不言而喻的。乾道九年（1173），枢密院也赞同了三衙此前的意见，认为："四川茶马司近来拨发纲马到监，比之每岁，寄毙数多。窃虑所差使臣，不行精选，在路不切用心养喂。"于是，又有了乾道九年三月份诏书的颁布，废止了茶马司将马匹运抵汉阳军，改令"三衙并江上诸军将见差取马使臣、军兵，今后径往茶马司取押"②。六月份，主管殿前司公事王友直根据"得旨：纲马依旧差人前去四川茶马司取押"③ 这一圣旨的精神，专门上书拟定了具体的取马各项细则，并得到了朝廷的批准。然而，这一诏令在执行的过程当中，似乎曾经有所反复，因为直到淳熙十五年（1188）五月的时候，殿前司在上奏中仍然说："茶司牵马官兵，系诸州抽摘厢宜，类皆游手；押纲使臣，初非遴选，不谙马［性（姓）］。纲马多毙，其实由此。乞只从三司选差官兵，前去取押。"④ 至此，三衙派遣本部官兵前往兴元府取马，才最终成为了南宋的定制。

南宋茶马司排发马匹，以纲为单位，通常是 50 匹马为一纲。三衙取马，也是以纲为单位，每纲派遣一个取马分队，如乾道八年（1172）马军司"成忠郎曲用取押本司第三纲战马"、嘉泰二年（1202）殿前司

① 《宋会要辑稿》兵二五之七，第 7203 页；兵二五之一一，第 7205 页。
② 《宋会要辑稿》兵二五之四一；兵二五之四〇、四一，第 7220 页。
③ 《宋会要辑稿》兵二五之五一，第 7225 页。
④ 《宋会要辑稿》兵二三之一九、二〇，第 7169 页。

"差李举管押嘉泰二年分岁额第三十一纲马，计五十疋"、步军司"差张旺管押嘉泰二年分岁额第十三纲马"① 等等。三衙取马分队，除了乾道初年以茶马司实际送到汉阳军的马匹数目来具体确定三衙取马分队的人数之外，通常是由官兵 32 名组成，"纲官一员""纲兵三十一人"，以乾道九年（1173）为例，其人员组成情况就是：纲官一员，小管押一名，兽医、军典、先牌各一名，火头两名，牵马士兵 25 名，每名士兵负责牵马两匹。②

取马纲官和纲兵，都由三衙自行抽调本部官兵组成，但要遵守朝廷的若干规范：纲官，通常由下级军官小"使臣"充任，嘉定二年（1209）还专门下诏规定："三衙、江上诸军自今应押马纲官，并差承信郎已上人，不得差校、副尉。"③ 此项规定，目的在于使纲官责权统一，因为校尉、副尉等军校虽然也在小"使臣"的范围之内，但皆是小"使臣"当中最低级的、不入流的武官杂阶，根本没有品级"不系磨勘"，大多也没有实职，即使是取马不力显然也是"无官可降""无资可降"，而承信郎则是从九品武官，④ 情况当然较校尉等就会大有不同。另外，乾道七年（1171）八月，宋孝宗还曾特别地规定："专差训练官一员充纲官。"次年八月份，就有"马军司取马训练官张立"⑤。其目的，正如宋孝宗本人所言："部押使臣，亦须差训练官以上，庶几军校有所畏惮，则沿路不敢怠于刍秣矣。"⑥ 因为南宋三衙的训练官，属于三衙的中下级军官，通常以正八品到正七品的大"使臣"且武艺高强者担任，⑦ 其官阶和地位远较小使臣为高。不过，从《宋会要辑稿》当中所录三衙取马纲官的官衔情况来看，确乎以从承信郎到从义郎的小"使臣"为主，宋孝宗以训练官充作纲官的规定似乎并未长期地执行下去。

至于纲兵，相关的朝廷诏令，一是强调只从三衙普通士兵当中选派，以便降低取马成本，乾道五年（1169）诏书即明确地规定："三衙并江上

---

① 《宋会要辑稿》兵二五之三二，第 7216 页；兵二六之一二、一三，第 7232—7233 页。

② 《宋会要辑稿》兵二六之一九，第 7236 页；兵二五之五一，第 7225 页。

③ 《宋会要辑稿》兵二六之二〇，第 7236 页。

④ 龚延明：《宋代官制辞典》，中华书局 1997 年版，第 36 页。

⑤ 《宋会要辑稿》兵二五之三三，第 7216 页；兵二五之三九，第 7219 页。

⑥ 《宋会要辑稿》职官四三之一一六，第 3331 页。

⑦ 《宋代官制辞典》，第 477 页。

诸军、广西经略司取押纲马军兵，今后并不许差十将以上人。"① 二是要求三衙须优先遴选骑兵，乾道元年（1165）的时候已经命令三衙，"每纲差使臣一员充管押外，余差关马効用前去取押"②；乾道七年（1171）更专门下圣旨："令三衙、江上诸军今后差拨阙马官兵，前去马监牵取本名下马归军。"此事的动议，主要出自于宰相虞允文，他曾在廷议当中对宋孝宗表示："臣昨与舜举言，今后取马，不如差阙马官兵自往，马既着脚，自然护惜，不致损毙。舜举亦以为然。"③ 舜举，即李舜举，时任主管侍卫马军司公事。需要说明的是，三衙在实际执行当中，并未能严格地贯彻这一规定，步军司是从一开始就以本司骑兵数量有限为理由，申请"于步军、弓箭手内拣摘能骑马射弓之人，逐旋拨填"④，并得到了批准。殿前司的情况也大同小异，如开禧二年（1206）管干殿前司职事郭杲曾经建议："纲兵三十一人，悉以步军正带甲人为之。自临安至兴元，往返万里，经涉山险，若得谙晓马性之人，在路牵取养喂，庶几不致瘦毙。今步军不惟有妨教阅，堕武艺，又且不谙马性。今相度自后所差取马官兵，内纲官从旧选差使臣，余牵马军兵等，除兽医一名外，并于诸军阙马效用及雄效内差拨，必肯在路留心养饲。"⑤ 郭氏此奏可以说明：开禧二年前殿前司取马纲兵，同样是步、骑兼用，以步兵为主，甚至是全部使用步兵。

三衙取马，始终是走陆路，取马官兵的食宿和马匹的草料供应，都要依赖沿途州县所设立的马驿来保障，"三衙每年取押纲马，全藉马驿，办其草料，以时养饲"⑥。从宕昌寨至临安，大致是按 50 里左右的间隔设一马驿，总计设有马驿 100 所，即自宕昌至兴州 15 驿，自大桃至汉阴 15 驿，自衡口至干平 13 驿，自梅溪至石墙 14 驿，自应城至石田 14 驿，自边城至杨梅 11 驿，自紫岩至广德军 12 驿，自段村至临安府余杭门 6 驿。

---

① 《宋会要辑稿》兵二五之二二，第 7211 页。
② 《宋会要辑稿》兵二五之一一，第 7205 页。
③ 《宋会要辑稿》兵二五之三三，第 7216 页；职官四三之一一六，第 3331 页。
④ 《宋会要辑稿》兵二五之三八，第 7219 页。
⑤ 《宋会要辑稿》兵二六之一九，第 7236 页。
⑥ 《文献通考》卷一六〇《兵十二》，第 1395 页。

其中，三衙取马所经的兴元府至临安段道路，按当时宋人的计算为 4889 里①，共设有马驿 85 所。马驿的物资供应和相关事务，皆由所在县的县令和县尉负责②，路、州地方长官例系"提辖马纲程驿"衔，负责监督。至淳熙十六年（1189），南宋采纳了殿前司和步军司的建议，又命令三衙纲马途经的兴州、兴元府、金州、江陵、鄂州、江州、池州等七个都统司，也都要各自选派一员将官，协助地方管理马驿，"逐司量给盘费，与诸州军所委官同共提点""点检驿舍草料"③。段村至临安府余杭门段的 6 个马驿，就具体地由殿前司和步军司派员负责。每所马驿，各县通常要配备兵夫五名，并预先准备好"拣净稻子、大麦及齐头整草"等诸多物资，"各就马驿附近椿顿，纲马到日，随即支给"，供给三衙取马分队使用④。如乾道八年（1172），江夏知县唐楠即上言："有马军司取马训练官张立等，押马到本县驿批支粮料。"⑤ 为了保证马匹的草料供应，绍熙四年（1193）宋廷接受了殿前司护圣马军统制刘世荣的奏请，又下诏补充规定："令三衙、江上诸军，今后取马官兵，每纲各先给十日草料价钱，将带前去，准备［遇］（过）住程阙少去处，接续收买草料，如法养餧。或有支用钱物不尽，回纳本军。"⑥

三衙一行取马官兵，除了正常的军俸之外，还凭借随身携带的"口券"，按日从途经州县领取钱粮补助，嘉定九年（1216）臣僚即言："国家市川、广之马，以备战阵，所过郡县，批支草料、钱粮。"⑦ 供给的数

---

① 《宋会要辑稿》兵二五之二四，7212 页；兵二六之一九，第 7236 页。案：《宋会要辑稿》兵二一之三四记载：乾道六年宋廷曾下诏："令三衙行下取马官并关牒沿路州军，取径路前去建康府。"第 7141 页。但此令应为临时性的个别举措，三衙取马的终点仍当为临安。又，马军司乾道七年移屯建康之后，其纲马"权前行在马军旧司收管。俟承旨司火印讫，养餧一月，差官兵牵（泄）［拽］至本司交管"，嘉定六年后改由"步军司差拨谙晓马政将官一员，部押前来交管"。见《宋会要辑稿》兵二六之二一，第 7237 页。

② 《宋会要辑稿》兵二五之一六："盖州县马纲草料、批请、程驿多是委之县令、簿尉。"第 7208 页。

③ 《宋会要辑稿》兵二三之二〇，第 7169 页。又见《文献通考》卷一六〇《兵十二》，第 1395 页，但《文献通考》漏掉了江陵副都统司。

④ 《宋会要辑稿》兵二五之二〇，第 7210 页；《文献通考》卷一六〇《兵十二》，第 1395 页。

⑤ 《宋会要辑稿》兵二五之三九，第 7219 页。又，兵二五之三二、三三：乾道七年六月"诏宁国府南陵知县赵傅庆降两官、放罢，当行人吏各从杖一百、勒罢。以傅庆违旨，不预办马驿钱米草料"。第 7216 页。

⑥ 《宋会要辑稿》兵二六之五，第 7229 页。

⑦ 《宋会要辑稿》兵二六之二二，第 7237 页。

额，大致是参照出征将士的标准，较为优待，"将校日给米一［升］（胜）半，铜钱一百五十文省；军兵日支米二［升］（胜）半，铜钱七十文省。至铁钱地分，纽计支给"。淳熙十六年（1189），南宋又专门下达规定："今后诸军取马官兵，遇有疾患，仰纲官申所至州县，分擘生券，挨日批支。令本处命医调治，差人看护，候瘥可给口券，转牒郡邑，津遣还军。"① 途中生病的官兵，有权得到地方官府的及时医治和救助。这些费用，由于主要是由沿途的地方官府承担，难免要加重地方官府的财政负担。所以，南宋时三衙马纲"沿道数十州，驿程券食、厩圉薪刍之费，其数不赀""上则耗国用，下则困州县。纲兵所经，甚于寇贼""州县颇惮其费"② 等一类的说法颇为流行。

三衙取马出发的时间，本来没有严格的规范，嘉定七年（1214）才定为七月以后方可出发③。马纲抵达临安之后，则要依据专门的"赏罚格"细则，对三衙取马官兵进行严格的考核。牵马纲兵，按每人牵马两匹计算，分为四等：（1）两匹全到，且体格健壮的，晋升一级官阶"转一资"，不愿转资折钱30贯；（2）两匹全到，但一匹病弱，赏钱15贯，或"转半资"；（3）两匹病弱，或一匹倒毙，不予赏罚；（4）两匹倒毙，降一资，无资可降者杖80。纲官，则以本纲马匹沿途倒毙的数量为最主要的指标，来决定升降官阶和增减磨勘年限，即提前还是推后获得提升，具体规定为：（1）全纲到达，晋升两级官阶；（2）倒毙五匹，晋升一级官阶；五匹以下，除晋升一级官阶之外，又依次各多减一年磨勘年限，至倒毙一匹，即减磨勘四年；（3）倒毙六至九匹，不晋升官阶，只依次减四至一年磨勘年限；（4）倒毙10匹，不予赏罚。倒毙11—14匹，各增加一至四年磨勘；（5）倒毙15匹，降一级官阶，倒毙16—19匹，除降一级官阶外，各增加一至四年磨勘；（6）倒毙20匹，降两级官阶，倒毙20匹以上，每5匹再降一级官阶。医兽等人的赏罚，基本上比照纲官，

---

① 《宋会要辑稿》兵二五之二，第7201页；兵二六之一，第7227页。

② 洪迈撰，孔凡礼点校：《容斋随笔·续笔》卷五《买马牧马》，中华书局2005年版，第276页；《宋史》卷一九八《兵十二》，第4957页；《建炎以来朝野杂记》甲集卷一八《三衙沿江诸军取马数》，第429页。

③ 《宋会要辑稿》兵二六之二一：嘉定七年十月七日诏"令茶马司今后［每］（名）发三衙、江上诸军纲马，仰自正月以后，预期排定纲数，申枢密院行下各军。自七月以后，方得起发，前去取马"。第7237页。

但不包括增减磨勘年限，仅升降官阶，无资可降者则要杖 100。[1] 从总体上看，南宋马纲"赏罚格"以赏为主、赏重于罚的特点十分明显，"盖取马类有赏""大抵押马乃武臣军校速化之途，而副尉累以赏转至正使者，不可胜数"[2]，故当时的三衙官兵也普遍地将马纲视作难得的美差。

三　马院与三衙战马的牧放

三衙马纲运抵临安之后，必须首先经过枢密院承旨司的审验，合格的马匹由承旨司加以"火印"，即分别打上"甲"（殿前司）、"乙"（马军司）和"丙"（步军司）的烙印，并登记造册，然后方能拨付三衙使用。病弱、矮小无法充当战马的马匹，则予以淘汰。负责审验的两名兽医，原本皆由枢密院承旨司从省马院指定，但为了避免"预先计嘱之弊"，乾道八年（1172）后改为由三衙轮流选派本部的兽医充当，"临时依公看喝"[3]。纲马被枢密院承旨司"火印"之后，在宋人眼里就等同于士兵的刺字，意味着参军入伍。当老、病马匹从三衙退役的时候，同样要由承旨司烙上"出"字。

引人注目的是，南宋朝廷一直比较关注三衙退役战马的命运，绍兴十八年（1148）当马、步军司申请"将不堪乘骑马下临安府卖"的时候，宋高宗就训令说："若卖与市人，不免屠剥，诚所不忍。其尚堪乘骑者，可发赴省马院。"淳熙十六年（1189），宋孝宗更专门下令三衙及江上诸军各置马院一所，"专收养拣退老病马，于元破草料内减半支给。责队外人看饲，令医兽常切医治，仍差将官一员提督，不许擅行宰杀。有倒毙，方得出卖。仍月具见管数目，申枢密院"[4]。此外，乾道七年至九年（1171—1173），除了职司医治病弱马匹的医兽之外，三衙还曾设立了专

---

① 《宋会要辑稿》兵二五之四一、四二、四四，第 7220—7222 页。《吏部条法·磨勘门》："诸内外诸军，岁终比较所养战马倒毙，该展磨勘人虽遇大礼赦，不在免展之限。取押纲马使臣、干办纲马驿程官倒毙该展磨勘人准此。"第 358 页。

② 《宋会要辑稿》职官四三之一一六，第 3331 页；周去非著：《岭外代答校注》卷五《财计门·马纲》，杨武泉校注，中华书局 1999 年版，第 192 页。

③ 《宋会要辑稿》兵二五之三七，第 7218 页。

④ 《宋会要辑稿》兵二四之三六，第 7196 页；兵二六之一，第 7227 页。

门的医马院，集中收治患病和老弱的马匹①。宋朝"以仁立国""以忠厚立国"，始终为宋人所津津乐道，当代学者也指出：政治、社会运作趋向于文明化和理性化，是宋代历史的突出特点和亮点②。马院和医马院的出现，在某种意义上说，也可以视作宋朝"以仁立国"的一个具体体现。

为了保持和提升军马的战斗力，南宋三衙的战马实行定期集中牧放。每年从四月至九月份，除将少量执行战备执勤的马匹和病马留在临安以外，大部战马都要至外地的专门牧场就水草放牧，十月份方返回临安。庆元五年（1199），南宋朝廷又接受臣僚建议，专门下诏督促三衙殿、步二司"自今呈马之际，除十分病［废］（发），不任医治，别作行遣区处外，应见管马无问肥瘦，并从牧放。如合量留在寨，亦须壮实可用，以备缓急。不许专养肥马，以为冒赏之地"③。

殿前司的牧马场，南宋初年时设在常州的宜兴县，史能之《咸淳毗陵志》记载：牧马"寨旧有二：一在宜兴县法藏寺前，一在潼渚村。中兴后为殿司牧放之所。乾道间，徙苏、湖等郡"④。宜兴县因此就"以牧马券料为负，自南狩则然，常预用二年后税"⑤。从绍兴十八年（1148）前后开始至乾道初⑥，殿前司牧马的大本营由常州移往平江府（苏州），范成大《吴郡志》有云："牧马寨，大寨八，小寨十七，散在城内。每岁四月，差统兵官总辖牧放，九月回。总辖衙在定慧寺西。"⑦

具体牧场，一是平江府吴江县的合路村，称为合路马坊。陆游《入蜀记》：乾道六年（1170）六月八日，"过合路，居人繁夥，卖鲊者尤众。道旁多军中牧马"⑧。绍熙元年（1190）正月，杨万里撰有《合路马坊，年年四月殿前诸军牧马于此，十月复归都下》诗，其诗曰："地迥湖宽春草酥，年年此地牧天驹。玉花骢里龙归去，金粟堆前鸟自呼。苑厩尚虚

---

① 《宋会要辑稿》兵二五之二三、二四，第7211—7212页。

② 邓小南：《祖宗之法：北宋前期政治述略》，生活·读书·新知三联书店2006年版；王育济：《论杯酒释兵权》，《中国史研究》1996年第3期。

③ 《宋会要辑稿》兵二六之一一，第7232页。

④ 史能之纂修：《咸淳毗陵志》卷一二《牧马》，《宋元方志丛刊》本，中华书局1990年版，第3058页。

⑤ 叶适撰，刘更纯等点校：《叶适集·水心文集》卷二三《福建运使直显谟阁少卿赵公墓志铭》，中华书局1961年版，第447页。

⑥ 《宋会要辑稿》兵二四之三六：绍兴十八年杨存中奏言："乞于平江府添盖牧马屋。"第7196页。

⑦ 范成大撰，陆振岳校点：《吴郡志》卷五《营寨》，江苏古籍出版社1999年版，第49页。

⑧ 陆游：《陆游集·渭南文集》卷四三《入蜀记》，中华书局1976年版，第2409页。

三万柱，柳林集得许多乌。即今未有王良眼，山子飞黄岂是无?"① 洪迈《夷坚志·夷坚支甲》卷三《吕使君宅》则曰："淳熙初，殿前司牧马于吴郡平望，归途次临平。"② 平望紧邻合路，同属吴江县，故洪迈有此说。二是秀州（嘉兴府）。殿前司护圣军于此牧放，如乾道七年（1171）主管殿前司公事王琪即曰："乞将护圣军马尽发遣前去秀州本军牧放。"③ 另外，绍兴三十年（1160），殿前司还曾于宣州牧马④，但这很可能仅是临时性地辅助安排。

马军司的牧场，本来在湖州，乾道二年（1166）马军司曾"申差人前去严州收买木植二万条，添置湖州牧放寨屋"⑤。然而乾道九年（1173）马军司上奏说："本司诸军官马，未起发往建康府日，逐年于姑城牧放。"⑥ 姑城，即平江府（苏州）。这说明在乾道七年（1171）马军司移往建康之前，马军司的牧场已经由湖州移至平江府。又，《宋史·虞允文传》曰："侍卫马军司牧地旧在临安。"按马军司乾道九年上奏"望下两浙转运，将元本司西溪所置草地尽数拨还"的说法，马军司临安牧地，或即指临安郊外的西溪。

步军司的牧马场，本来在湖州的德清县，淳熙三年（1176）后移往湖州城郊的下菰城，《吴兴备志》曰："牧马寨，在德清县西九里，宋牧马于此。淳熙间，移于下菰城。"⑦《宋史全文》卷二六上：淳熙三年五月癸亥"王淮进呈步军司相度牧马去处"，当即指此事。宋宁宗时知湖州王炎亦曰："照对本州管下有下菰城，系每年步司牧放之地。"⑧ 下菰城，

① 杨万里撰，辛更儒笺校：《杨万里集笺校》卷二九，中华书局2007年版，第1482页。
② 洪迈撰，何卓点校：《夷坚志·夷坚支甲》卷三《吕使君宅》，中华书局2006年版，第729页。
③ 《宋会要辑稿》兵二五之三二，第7216页。又，兵六之一七、一八：绍兴二十八年殿前司营建牧马寨，"平江府合用寨屋一万三千三百九十四间，并秀州护圣军添盖二百间"。第6863页。可见，殿前司护圣军战马于秀州牧放，其他则在平江府。《容斋续笔》卷五《买马牧马》："又三衙遇暑月，放牧于苏、秀以就水草，亦为逐处之患。"第276页。案：此处所说的三衙，其实主要指殿前司。
④ 《建炎以来系年要录》卷一八四，绍兴三十年正月癸卯，第3074页。
⑤ 《宋会要辑稿》兵六之一九，第6864页。
⑥ 《宋会要辑稿》兵二一之三五，第7142页。
⑦ 董斯张：《吴兴备志》卷一四《建置征第十》。乾隆《浙江通志》卷四二《古迹·宋牧马寨》："宋牧马寨。《德清县志》在县西。南宋殿前司马军每岁放马数千牧于此，洗马滩尚存其名。"文渊阁《四库全书》本，第520册，第199页。此处的殿前司，或系步军司之误。
⑧ 王炎：《双溪类稿》卷二三《申省论马料札子》，文渊阁《四库全书》本，第155册，第692页。

即湖州乌程，叶廷珪《海录碎事》曰："乌程县，乃古菰城，楚以封春申君，今俗呼下菰城，而旧经谓之五菰城。"① 在下菰城之外，步军司在临安郊外的西溪也置有牧马场，起辅助作用，如淳熙十六年（1189）侍卫步军副都指挥使梁师雄即言："本司诸军递年将肥壮马差往湖州下菰城牧放，其新纲、病瘠、驼负等马往西溪牧养。"嘉定十四年（1221）步军司亦有言："本司今岁差发下菰、西溪牧放人马。"② 又，按照乾道九年马军司的说法，马军司移往建康之后，其原在平江府的牧马场就"今来步军司指占，牧放纲马"③，改为步军司的牧马场。

需要说明的是，不论是平江府的合路，还是湖州的下菰城，浙西地区的三衙牧场，都程度不同地存在着气候潮湿和草质不佳等问题。隆兴元年（1163），都督江淮军马张浚即建议将殿前司和步军司的牧场移往长江以北的扬州④；乾道六年（1170），在虞允文的主持下，三衙牧场遂正式北移，殿前司在建康和扬州，马军司在镇江及和州，步军司在六合和真州，大本营则设在了建康府⑤。众所周知，张浚和虞允文，都是北伐中原的积极倡导者，他们将三衙牧场由江南的平江府和湖州移往江北，在解决水草问题的同时，更重要的目的，显然在于"缓急用骑过江便"⑥，具有强烈的北伐意味。也正因为如此，当淳熙元年（1174）虞允文病逝，宋孝宗最终放弃北伐的努力之后，除马军司之外，殿前司和步军司的牧场再度向平江府和湖州、秀州南移，也就是很自然的事情⑦。

上述三衙牧场，都建有专供牧马官兵居住使用的牧马寨，乾道六年（1170）建康府的三衙牧马寨屋就有 12000 余间，殿前司在平江府的牧马

① 叶廷珪撰，李之亮校点：《海录碎事》卷四上《州县门·菰城》，中华书局 2002 年版，第 120 页。

② 《宋会要辑稿》兵二六之一，第 7227 页；兵二〇之四三，第 7123 页。

③ 《宋会要辑稿》兵二一之三五，第 7142 页。

④ 徐松辑，陈智超整理：《宋会要辑稿补编》记隆兴元年五月张浚言："殿前、步军司诸军战马，见在湖、秀州等处牧养，缘淮甸水草利便，望并发遣前来，就扬州牧放。"全国图书馆文献缩微复制中心 1988 年版，第 418 页。

⑤ 《宋会要辑稿》兵二一之三四，第 7141 页。

⑥ 《宋史》卷三八三《虞允文传》，第 11798 页。

⑦ 佚名编：《翰苑新书》前集卷三二《三衙》曾引《言行录》曰："郭观察棣，字子华，淳熙五年擢殿前副都指挥使，居殿岩十年。尝为上言：骑兵驻辇毂下，固以重内，然江上有警，奔涉之劳，未及对敌，劲气已挫，愿才留所当用者，余悉牧之丹阳，于计为便。"可知淳熙年间殿帅郭棣亦曾建议，将三衙军马牧场北移镇江府的丹阳。文渊阁《四库全书》本，第 949 册，第 256 页。

寨，更经过了十余年的经营，房屋多达 13394 间①。牧马期间，所在的州县要承担三衙战马的马料刍粟供应，如绍兴三十年（1160）户部即言："其宣州见屯殿前司牧马，一岁约用米并折纳马料共三万石，系于本州科拨。"② 又如，三衙"春夏牧马夏菰城，仰给苏、湖、秀三州。适积水冒田，有司预请倍输夏麦，以补刍粟"③。以湖州为例，其负担的标准为"四月马一匹日支料谷一斗，自五月至八月马一匹日支料谷七升，九月回程马一匹日支料谷一斗"，开禧三年（1207），湖州"共支马料七千四百八十七石九斗"；嘉定元年（1208），"共支马料五千九十五石一斗三升"④。很显然，对地方财政而言，这是一个不小的负担，往往被地方官视作"逐处之患"。

三衙牧马，通常由三衙管军指派各军的统领官率队前往，或以统制一员为总辖官⑤。宋孝宗为了表示对三衙马政的重视，往往亲自干预牧马官的选任，如乾道八年（1172）殿前司奏拟"乞令董世英等总辖军兵于扬州牧马"，宋孝宗即指示说："向来闻董世英及张唐臣使酒，朕尝戒之，张唐臣已遵约束悛改，朕以二金碗赐之。董世英闻尚未悛，岂宜差去？可别差人，仍令本军戒谕。"淳熙三年（1176），他又当面训令三衙牧马官说："爱护马当如爱护己身，饥饱劳佚，各随时调节。若己身所不能堪者，马亦不能堪之。但马不能言，告诉不得耳。"⑥ 牧马结束之后，主要根据马匹倒毙数量的多少，对牧马官进行赏罚，如殿前司神勇军统制训武郎刘肇、步军司左军统制修武郎姚旦，"总辖牧放倒毙数少"，宋廷遂下诏曰："敕具官某等：岁分遣诸军，牧于淛右宽闲之乡，惟统御有方，刍秣以时，归而阅实，生全者众，进之一秩，以为来者之劝。"⑦ 遂得各

---

① 《宋会要辑稿》兵六之一七，第 6863 页；兵六之二一，第 6865 页。
② 《建炎以来系年要录》卷一八四，绍兴三十年正月癸卯，第 3074 页。
③ 《文忠集》卷七〇《同知枢密院事赠太师洪文安公遵神道碑》。
④ 《双溪类稿》卷二三《申省论马料札子》。
⑤ 楼钥：《攻媿集》卷四〇《武功大夫、殿前司选锋军统制李浩总辖牧放合转一官，久任有劳转行遥郡刺史》："敕具官某：兵久不用，军中累年劳苦以进武爵，率有止法，无得逾焉。以尔久任戎务，举军推其能，出视驹牧，善修马政。宠以郡刺史之职，盖异恩也。其奋事功，以图报称。"《四部丛刊》本。
⑥ 《宋史全文》卷二五下《宋孝宗四》，乾道八年三月庚寅，第 2125 页；卷二六上《宋孝宗五》，淳熙三年五月癸亥，第 2174 页。
⑦ 楼钥：《攻媿集》卷三四《殿前司神勇军统制训武郎刘肇步军司左统制修武郎姚旦总辖牧放倒毙数少各转一官》。

晋升一级官阶。反面的事例，如乾道六年枢密院有言："乾道五年分步军司诸军牧放战马数，内中军统领官苗茂、亲随将第一将副将王明、左军统领官孟俊、第三将张国珍下，各倒毙马分数最多，理宜惩戒。"于是，苗茂、马俊被各特降一官，王明、张国珍被各特降两官①。

四　取得的成效与问题

南宋三衙马政取得了较为显著的成效，三衙拥有战马的数量，得以迅速地增加。在绍兴七年（1137）的时候，张浚、岳飞和韩世忠三支大军的战马大多达到了近万匹，而三衙却根本无法与之相提并论，如宋高宗就曾谈到：殿前司"杨沂中马少"。乾道元年（1165）七月，宋孝宗还对三衙"惟是马尚少"表示忧虑②。但随着马政的展开，乾道七年（1171）时，殿前司诸军业已拥有战马共计 4800 余匹，其所辖神勇一军的战马就有 995 匹；至嘉泰四年（1204），殿前司下辖的战马更增长到以 10700 匹为编制定额③。也就是说，在 33 年的时间里，殿前司战马的数量猛增了两倍有余，已经足以凌驾于任何一个都统司之上。像著名的建康都统司，其战马定额就是 5087 匹，大约仅为殿前司的一半上下。

马军司的战马数。据《景定建康志》记载：乾道七年（1171），马军司各军的战马：选锋军、右军、中军、左军、后军各为 800 匹，前军为 600 匹，合计为 4600 匹④。若再加上龙卫、云骑和武骑"三指挥，额管一千人"，马匹的数量应当还要多一些。又，宋孝宗时马军司曾要求朝廷一次下拨牛皮五千余张，以制作马甲，供马军司使用⑤。可见，马军司其时的战马，至少应当在五千匹上下。

步军司的战马数。该司绍熙五年（1194）仅在湖州下菰城一地放牧的马匹就有 2565 匹，总数自然还要高于这一数字。根据《咸淳临安志》

---

① 《宋会要辑稿》兵二五之二二、二三，第 7211 页。
② 《宋会要辑稿》兵二四之三五，第 7196 页；兵二九之一六，第 7300 页。
③ 《宋会要辑稿》兵二一之三四，第 7141 页；兵二五之三二，第 7216 页；兵二三之二六，第 7172 页。
④ 马光祖纂、周应合修：《景定建康志》卷三九《侍卫马军》，《宋元方志丛刊》本，中华书局 1990 年版，第 1970—1971 页。
⑤ 《文忠集》卷六八《丞相洪文惠公适神道碑》。

记载：步军司共设 9 个马军营寨，即：前军马军一寨、右军马军二寨、中军马军四寨、左军马军一寨、后军马军一寨；殿前司则设有 19 个马军寨。若按照殿前司战马总数为 10700 匹来推算，平均每个马军寨约有战马 500 匹强。那么，步军司马军九寨的战马总数，就应在 4500 匹以上①。又，《建炎以来朝野杂记》："行在诸军马草，每年计三百六十万束。"② 360 万束，即 36000 万余斤。按《宋会要辑稿》所记每匹战马每天消耗草料约 13 斤来计算③，扣除 4—9 月份在外地放牧，每匹军马年消耗草料约为 2400 余斤，每年度 36000 万斤马草，可供应的军马数约为 15000 匹左右。减去殿前司的 10700 匹，步军司的战马就在 4500 匹上下，因为其时马军司已经由临安移驻建康。上述推算，虽然可能会有些许出入，但应该是基本符合实际情况的。步军司 4500 匹这一数字，大致与马军司相当，与两司一直大致平分马纲的情况是符合的。当然，即便是以步军司 2565 匹战马来计算，殿前司和马、步军司三衙战马总数合计，也接近为二万余匹。

战马数量的扩充，意味着三衙骑兵实力的突飞猛进，当然也就意味着三衙整体战斗力的提升。如若再考虑到三衙新增的马匹，绝大部分都是来自于西北的优质军马"秦马""西马"，其促进意义当更为显著。不言而喻，三衙军力的得以增强，不论是对外抵御金、蒙古等外敌威胁，还是对内驾驭江上诸军，强化中央集权，皆发挥了相当的历史作用。

对外，以宋金之间几次大的战事为例：绍兴三十一年（1161）抵御金完颜亮南侵之役，侍卫马军司的数万骑步精锐，先是驰援上游重镇鄂州，又东下建康、镇江，俨然被南宋视若干城。马军司中军统制赵樽更是率本部在蔡州与金兵数度争夺，表现出了较强悍的战斗力。在著名的采石一战当中，殿前司护圣马军统制王琪所部骑兵，则是虞允文麾下的基干力量。

张浚主持的隆兴北伐，不论是围攻宿州、进取中原，还是"屯戍两淮"、抵御金兵的反击，宋军都是以三衙各部作为主力。绍兴三十二年（1162）八月，宋廷即令主管侍卫马军司公事张守忠"将带精锐官兵五千

---

① 潜说友纂修：《咸淳临安志》卷一四《行在所录·禁卫兵·步军司寨》《殿司寨》，《宋元方志丛刊》本，中华书局 1990 年版，第 3494—3496 页。

② 《建炎以来朝野杂记》卷一五《行在诸军马草》，第 335 页。

③ 《宋会要辑稿》兵二三之三〇，第 7174 页。

人""统辖三司人马，听江淮东西路宣抚使张浚节制"；九月，接受张浚的奏请再"诏令殿前司左军全军，马军司于前军、左军内各差二千五百人，令刘源统押，步军司差五千人，并前去扬州屯驻，听江淮宣抚司使唤"；隆兴元年（1163）四月，又"诏遣殿前司右军统制阁德统辖殿前、步军司人马前去，听张浚节制"。张浚遂得"合殿前、江淮兵八万"，出师北伐。当宋军兵溃符离、战局逆转之后，宋廷于是年十月"诏令殿前司于护圣马军差一千人骑，步军差入队二千人、不入队一千人，往江淮都督府"；隆兴二年（1164）七月又"令步军司郭振全军人马，于八月上旬择日起发，前去淮东屯驻"。九月"诏殿前司护圣马步军、神勇军、策选锋军、前、后、右军人马并行起发。候到，令淮东宣谕使唤钱端礼差殿前司前军先次往扬州，右军往真州屯驻。其余军马，并于镇江府，听候朝廷指挥"。直至战事基本结束，隆兴二年十二月，枢密院勘会"三衙官兵见屯戍两淮"，宋廷方诏令"殿前司官兵先次班师，步军司节次起发"①。

在战斗当中，主管殿前司公事李显忠统率殿前司各部，先是在灵壁击败金将萧琦所统"马军三千五百余骑"，又在宿州"遣马军四边伺连"，与金兵五万余主力骑兵相对抗，"伪元帅领五万余众，并系马军，冲突官军，箭凿如雨"，李显忠"劝励将士，极力斗敌，马、步军既拥而上，转战回旋百余合。申时后，贼兵败北，追十余里，杀死不知其数"②。"杀死不知其数"，当然难免有夸大其词的成份，但足证其时南宋殿前司、马军司等三衙的骑兵，确乎已经有了相当的实力，可以与金兵铁骑角逐沙场。至于此后宋军兵溃符离，问题主要还是出在指挥体制不善所导致的内讧上③。

开禧北伐，两淮主战场上的宋军主力同样是三衙各部，南宋在战前

---

① 《宋会要辑稿》兵九之一五、一六，第6913页；《建炎以来朝野杂记》甲集卷二〇《癸未甲申和战始末》，第465页；《宋会要辑稿》兵九之一五、一八，第6913—6914页。

② 《宋会要辑稿》兵一四之四四、四五、四六，第7014—7015页。

③ 《宋会要辑稿》职官七一之四记因符离溃败而受处分的众将，其中殿前司有统制官三员：武德大夫左士渊，正侍大夫、和州防御使张训通，武德大夫韦宝，统领官三员：武德郎李彦孚、武功大夫王伦、武德郎董安；马军司统制官四员：起复武功大夫张师颜，左武大夫、果州团练使秦佑、武功大夫刘正宝、起复武功大夫、惠州刺史范旺。第3973页。可见，隆兴北伐，宋军确是以三衙殿前司和马军司为主力，再辅助以江上诸军建康、池州两个都统司的兵力。

即 "调三衙兵增戍淮东"①；"韩侂胄开边，始用殿帅郭倪、马帅李汝翼，发三衙禁旅，与江淮之师有事于宿、泗"②。淮西方向围攻宿州的主力是马军司，由主管马军行司公事李汝翼亲自统率；淮东方向则以殿前司和步军司的二万余精锐为主力③，殿前副都指挥使郭倪兼镇江都统制坐镇扬州。在战斗中，马军司后军统制田俊迈部表现得最好，在宿州城下多次击败了金的骑兵，"虏遣骑迎战，俊迈与偏裨下将孟思齐合力败之于西流村"④，以至于金兵对其必欲得之而后快。殿前司的选锋军统制毕再遇更统领精骑，迭挫金兵，成为威震南北的名将。战局恶化之后，南宋又"命主管殿前司公事郭［果］（杲）领兵驻真州，援两淮"⑤。

可以说，南宋数度试图北伐中原，正如虞允文所言："臣闻用兵不可以无马，市马不可以非其地。有百万之兵，无马以壮军势，而用其胜力，于追奔逐北之际，与无兵同。"⑥ 三衙骑兵力量的扩充，在其时的战争条件下，堪称是南宋北伐中原一个最起码也最重要的前提条件。

除此之外，从宋孝宗朝开始，三衙即逐步负责扬州、天长、六合、高邮等地的防务，如殿前司的游奕马军就屯戍在扬州⑦，这些地区进可攻、退可守，都是江淮之间屏障长江的江北要地，战略地位极其重要。宋宁宗嘉定十五年（1222），应淮东制置司的要求，宋廷又令殿前司前后选派 "精锐马军" 一千人骑，由殿前司的统领官彭侘指挥，前去 "内控归附，外接夷虏" 的边境第一线重镇楚州驻守。殿前司的这支骑兵部队，遂成为楚州守御的中坚力量，被淮东制置司誉为 "委是纯熟" "缓急可仗"⑧。

---

① 《宋史全文》卷二九下《宋宁宗二》，开禧二年四月己巳，第 2508 页。

② 魏了翁：《鹤山集》卷一九《被召除授礼部尚书内引奏事·第五札》，文渊阁《四库全书》本，第 1172 册，第 254 页。

③ 《宋会要辑稿》兵六之七记开禧二年四月郭倪奏请："乞于殿前司通见出戍人，共揍差精铣、壮健正带甲二万人。"宋廷随即令殿前司抽调七千人、步军司二千人前往。第 6858 页。击败金兵的灵璧凤凰山之战，据郭倪奏报，立功的殿前司统制官有：选锋军统制毕再遇、中军统制何汝霖、前军统制耶律域。可见，是役殿前司至少出动了选锋、前军和后军三个军的主力。见《宋会要辑稿》兵二〇之六，第 7104 页。

④ 《宋会要辑稿》兵九之二一，第 6916 页。

⑤ 《宋史全文》卷二九下《宋宁宗二》，开禧二年十一月庚辰，第 2512 页。

⑥ 《历代名臣奏议》卷二四二《马政》，第 3186 页。

⑦ 《宋会要辑稿》兵二九之二一，第 7303 页。

⑧ 《宋会要辑稿》兵二九之五一、五二，第 7318 页。

对内，绍兴和议之后，对南宋朝廷而言，大力扩充三衙和削弱主要从岳飞、韩世忠、张俊三支大军演变而来的江上诸军，本来就是一个问题的两个方面，目的都是强干弱支以实现中央集权。从绍兴和议签订之后开始，尤其是乾道至嘉泰期间，在三衙骑兵力量持续增强的同时，江上诸军各都统司的骑兵反而日趋萎缩，不仅是马源"川马"无法与三衙的优质"秦马"相比，而且普遍出现了战马严重供应不足的问题。如建康都统司的情况就长期是"诸军见管战马，大段数少"，淳熙十二年（1185）三月，该都统司参加教阅的仅有"战马二千匹"①；镇江都统司也是"本司诸军战马，昨自虏人侵犯之后，累经战阵，委是阙少"；鄂州都统司亦"诸军战马，旧管万余匹，累经战阵，见管数少"②；江州都统司仅有战马"不及千疋"，池州都统司"战马不多"③，就更加等而下之了。四川诸军兴州都统司等四个都统司的情形亦大致如此。如此鲜明对比的出现，显然就是南宋马政重三衙、轻江上诸军政策合乎逻辑的必然结果，具有强烈的政治意味。

南宋三衙马政也存在着诸多问题，主要有以下几个方面。

1. 取马途中纲马倒毙的现象仍时有发生。相比于茶马司，三衙自行取马，确实大大降低了马匹在路途中的死亡率，但并不能完全解决问题。如乾道七年（1171）殿前司和马军司的各一纲马纲，就分别倒毙了 19 匹和 13 匹之多；乾道八年（1172）殿前司使臣李师勘所押纲马，"死损几半，见存者皆瘦瘠不堪"；乾道九年（1173）殿前司准备将李宣"往汉阳军排发纲马，在监倒毙既多，又更在路死损"④。嘉定九年（1216），据当时臣僚所言："国家市川、广之马，以备战阵，所过郡县，批支草料、钱粮，驿程不过五六十里，初无驮载驰骋之劳，顾乃赢瘦骨立，或在路耗损。"⑤

问题的症结：一是三衙马纲官兵选派不精，鱼沙混杂，如乾道七年八月枢密院所言："勘会三衙、江上诸军取马官兵，并不拣择差拨，往往不切用心，致令倒毙数多。"⑥ 二是三衙马纲军纪不严，赌博盛行，而官

① 《宋会要辑稿》兵二三之一，第 7160 页；《文忠集》卷一四八《录白亲札付郭钧》。
② 《宋会要辑稿》兵二三之二，第 7160 页；兵二五之二一，第 7210 页。
③ 《宋会要辑稿》兵二六之一五，第 7234 页；兵二三之四，第 7161 页。
④ 《宋会要辑稿》职官四三之一一六，第 3331 页；兵二五之四〇，第 7220 页。
⑤ 《宋会要辑稿》兵二六之二二，第 7237 页。
⑥ 《宋会要辑稿》兵二五之三三，第 7216 页。

兵的赌资大多来自"盗粜",即盗卖供应纲马的粮草,遂人为地导致马匹因营养不良而倒毙。嘉定九年七月,就有臣僚具体提出:"纲兵率皆中夜起程,黎明至驿,一日之内,无所用心,惟事饮博。所请马料,随即货粜,以资其用。马之刍秣,何暇顾邪?无怪乎马之饥饿赢瘦,以致耗损也。"① 三是纲官夹带私马,借机侵吞官马草料,"其押马官附带私马,却于正马草料内减克均养"②。

2. 三衙军官私占战马。军官私占战马,是南宋三衙军中十分普遍的一大顽症,如绍熙二年(1191)宰执就专门"进呈臣僚札子多占战马";嘉泰二年(1202)殿前司左军统制王宁被降两官,降充副将,"以殿前都虞候郭倪言其多破阵马、冗占白直、偷减草料、盗取官物"③。嘉定六年(1213)又有臣僚上奏:三衙"将佐之马,往往取之马军",当时的一名统制官,往往就能以"科马"的名义,私占战马达到四五十匹之多④!按照南宋三衙的统制官起码有二十员以上来推算,被私占的战马至少就有千馀匹,要占三衙总战马数的5%以上,若再加上三衙的管军、统领和正副将等其他将领,私占战马的数量肯定极其惊人。嘉定六年,南宋下诏:"统制官止许差破战马六疋,统领官差破四疋,马步军正副、准备将各止差破两疋。其减下马拘收,从公拨付入队官兵,如法养矮。仍仰严切钤束兵将官,今后不许辄于官兵名下差拨换易。"⑤ 但这仅仅是一个并非多么严厉的限制性的规定,显然是治标不治本。

三衙军官私占战马,正如宋光宗所说:"军帅多占马,非时利其所得,又以好马奉权贵。此弊不可不痛革。"臣僚也谈到:"岂特占请马料,每一疋必有一卒以预其名,而盗取其食钱以入己者。"⑥ 其目的有二:一是私吞粮饷。除了私占战马的草料钱之外,因为骑兵每人每天的伙食钱是300文,而步兵只有100文,军官每私占一匹战马,就可以侵吞其中的200文差额。二是贿赂、献媚权贵。为求个人升迁,三衙将帅或者是私下

---

① 《宋会要辑稿》兵二六之二二,第7237页。又,兵二六之二三嘉定十二年臣僚言:"且官给粮草,多是折钱,吏卒侵用去取[焉](马)。"第7238页。

② 《宋会要辑稿》兵二五之二〇,第7210页。

③ 《宋会要辑稿》兵二六之二,第7227页;职官七三之三一,第4032页。

④ 《宋会要辑稿》兵二六之二一,第7237页。

⑤ 《宋会要辑稿》兵二六之二一,第7237页;又见《文献通考》卷一六〇《兵十二》,第1395页。

⑥ 《宋会要辑稿》兵二六之二,第7227页;兵二六之二一,第7237页

相送，或是以"借"的名义，以奉送战马来结交权贵。

对此，南宋朝廷也曾下令试图禁止，如绍熙二年（1191）六月下诏："访闻殿、步司战马，百司官吏辄行私借乘骑，显属违戾。仰主帅日下禁止，毋得徇情应付。如或仍前借差，具名闻奏。"① 庆元元年（1195）九月，宋廷又严令殿前司和步军司"不许私借战马与诸处官司"，已经借出的"限三日拘收诸处官司见借官马，具申枢密院"，"仍约束诸军兵官，今后或有违戾，重作施行，必罚无赦"②。但显而易见，在权贵揽权、"士大夫无耻"成为南宋中后期政治常态的大背景之下，这些诏书都不太可能收到多少实际的成效。直到南宋末年，实际情况依然是：三衙战马"贵官之占借已过半"，"自执政、侍从、台谏、给舍而下，以至省官、环卫、勋戚、阉尹之属，占借之马，其数甚广。往往预指其姓名，阴记其毛色，如寄诸邻而取之"，而且"其占借之骑，皆西马之骏"③。

3. 牧马期间战马大量死亡。绍熙五年（1194），步军司上报枢密院，步军司该年度放牧期间马匹死亡共计 61 匹，这是"淳熙十一年至绍熙四年十年之内，毙马最少"的年度，总辖官、前军统制高宗周也因此"特转一官"。可见，三衙各司其他年度倒毙的马数要远高于 61 匹。事实就是如此，如绍熙元年（1190）十一月，南宋一次就下诏处分了"后军统制雷世忠、后军统领王处久、前军统领杨世雄、选锋军统领李显明"等多达四名的三衙统制、统领，"各特降一官"，原因就在于他们"坐总辖牧放，马倒毙数多故也"④。这其中固然有三衙牧场所在的浙西地区，"地气卑湿，并喂饲菱草，多致病瘦"⑤ 等客观原因，但正如时人所批评的："自殿最不严于主帅，则牧养之纲领废；自优恤不加于士卒，则牧养之节目废。"⑥ 三衙牧马时"马政不严"等人为的因素，显然更为重要。

4. 克扣马料。乾道四年（1168），主管侍卫马军司公事李舜举就因"不支马料钱"，被降了一级阶官，这些马料钱，当然是被李氏中饱私囊。又，绍熙元年殿前司护圣马军权统制李世存，也"坐虚作买草到场，盗

---

① 《宋会要辑稿》职官三二之一八，第 3014 页。
② 《宋会要辑稿》兵二六之八，第 7230 页。
③ 佚名撰：《群书会元截江网》卷二五《马政》，文渊阁《四库全书》本，第 934 册，第 378 页。
④ 《宋会要辑稿》兵二六之七，第 7230 页；职官七三之三，第 4018 页。
⑤ 《宋会要辑稿》兵二一之三四，第 7141 页。
⑥ 《群书会元截江网》卷二五《马政》。

破官钱入己"①，被解除了统制官的职务。毫无疑义，李舜举和李世存的所作所为在三衙军官中绝非个案，只是二李败露了而已。

上述种种问题，南宋各朝都程度不同地存在。从整体上看，大致可以开禧三年（1207）韩侂胄开禧北伐失败为分界线，在此之前，三衙马政基本上得以正常有序地运转；而从此后的嘉定年间开始，正如时人所慨叹的"窃见茶司之马，每岁发卒取隶诸军，积而计之，宜不可胜数，而诸军之马曾不加多""最可恨者，交卸之后，而掌者不复爱惜，死者至无虚日，特以变易名色，充市肆之烹宰而已"，"贵市于外夷，而贱弃于中国"②，三衙马政江河日下，弊病百出，终至不可收拾。

更为关键的是，南宋三衙马政存在着一个难以克服的先天不足，即完全依赖购买，而且马源单一，宕昌寨的地位自始至终是别无替代，从而不可避免地导致了西北卖马诸蕃部，或是哄抬马价，或是以次充好，甚至肆意强卖、寻衅滋事，南宋受制于人，只能是被动地应付③。宋宁宗嘉定四年（金大安三年，1211）蒙金战争爆发，特别是嘉定七年（金贞祐二年，1214）金宣宗放弃中都迁都南京开封府之后，金在蒙古的猛烈攻击之下，北方马场丧失殆尽，也在宕昌西北不远的洮州、河州一带，以白银和粮食向蕃部置场买马④，对当地马源的分割和争夺日趋激烈，南宋宕昌寨马场已经出现了"马至秦司者差罕矣"的惨淡局面⑤。宋理宗端平元年（1234）蒙宋战争爆发，川、陕地区首当其冲地被蒙古铁骑蹂躏，南宋马政遂遭到毁灭性的打击，南宋国运亦急转直下，趋向终结。

（原载《中国史研究》2012 年第 1 期）

---

① 《宋会要辑稿》职官七一之二〇，第3981页；职官七三之三，第4018页。
② 《宋会要辑稿》兵二六之二二，第7237页；《群书会元截江网》卷二五《马政》，第934册，第378页；林駉：《古今源流至论》续集卷二《马政》，文渊阁《四库全书》本，第942册，第368页。
③ 《宋会要辑稿》兵二三之三记乾道三年兵部侍郎陈弥作即有言："祖宗设互市之法，本以羁縻远人，初不藉马之为用，故驽骀下乘，一切许之入中。蕃蛮久恃圣朝宽大，一拂其意，必起纷争，官吏亦惧生事，无敢谁何。"第7161页。
④ 《历代名臣奏议》卷二四二《马政》，第3190页；《建炎以来朝野杂记》甲集卷一八《川秦买马》，第426页。
⑤ 《文献通考》卷一六〇《兵十二》，第1394页。

中　编

李昌宪先生代表作

五代削藩制置初探

南京大学历史系　李昌宪

　　兴起于唐中期的方镇割据势力，唐末已由盛而衰；五代继续这一趋势，到后周时已成强弩之末。本文拟对五代方镇衰弱的现象略加陈述，并对五代各朝削弱方镇的制置作一探讨。

　　唐末是方镇割据势力由盛而衰的转折时期。由于在兼并战争中相互吞噬，方镇割据势力开始走向反面。在这一时期内，残虐凶顽、气焰嚣张如秦宗权、董昌、韩建、王行瑜，倔强一时如时溥、朱暄、朱瑾、王师范，雄视一方如孟迁、赫连铎、顾彦晖、冯行袭之流，或人丧其元，或地并于邻道。至于割据时间长达百余年的河朔诸镇，此时实力也大为削弱，只能依违于梁、晋之间，以苟延残喘。而拥地 20 州、猖獗一时的李茂贞，自 903 年被朱全忠困于凤翔孤城后，"其山南诸州尽为王建所陷，泾原、秦陇、邠鄜、延夏皆降于汴"，也从此"兵力殚尽，垂翅不振"[1]。大约自唐僖宗中和时起，至梁代唐而止，经过 20 余年的兼并战争，以方镇割据而存者，已不过半数。南方仅存杨渥、钱镠、王审知、王建、刘隐、高季昌等几大割据势力，北方唯余朱全忠、李克用两大对抗军事集团。这一时期，弱小的割据者被吞并掉，强大的割据者梁、晋则先后转化为统一的力量。

　　五代时期，方镇割据势力继续遭到削弱。所谓"父子相继，亲党胶固"，最富封建割据性的河北诸镇及凤翔镇，在五代初期，也先后被消灭。魏博大镇自罗绍威借梁兵灭魏牙兵后，"自是衰弱"[2]。912 年，梁将杨师厚乘"天雄节度使罗周翰幼弱"，诱杀其牙内都指挥使潘晏，"引兵

---

　　① 《旧五代史》卷一三二，唐天复三年，中华书局 1976 年版，第 1739、1740 页。
　　② 司马光：《资治通鉴》（以下简称《通鉴》）卷二六五，《唐纪八十一》唐昭宣帝天祐三年七月，中华书局 1963 年版，第 8660 页。

人牙城，据位视事"。不久，梁即"徙周翰为宣义节度使"①。割据 150 年的魏博大镇至此归属中朝。幽州刘仁恭、镇州王德明则分别于 914 年、921 年先后为晋王李存勖所吞并。后唐时期，定州王都畏朝廷图己，勾结契丹发动叛乱，旋即为明宗平定。930 年，明宗乘凤翔节度使李从曮入朝陪祀之机，"徙从曮为宣武节度使"，而"以宣徽使朱弘昭为凤翔节度使"②，结束了凤翔镇长达 44 年的割据状态。李从曮后虽复领凤翔节钺，但已不能视为一割据势力了。另外，929 年，朔方军发生内乱，明宗应留后韩澄之请，"遣（康）福领兵万人赴镇，其后灵武遂受代焉"③。唐末方镇割据势力至梁、唐两朝已消灭殆尽。这一时期，保持割据状态的仅为边陲数镇，如东川董璋、西川孟知祥、夏州李仁福、李彝超父子、保大、忠义高氏父子而已。恩格斯指出："同封建制度作斗争而使用本身就是封建的军队（这种军队的兵士同他们的直接的封建领主的联系要比他们同国王军队指挥官的联系更为紧密），显然意味着陷入绝境，走不了一步。"④ 唐代灭亡的原因正在于此。唐代方镇强大、禁军寡弱而李唐终亡于方镇的教训，不可能不引起五代统治者们的关切。防范和削弱方镇割据势力成为其当务之急。于是，中央禁军就成为实现这一目标的重要工具和推行削藩方针的坚强后盾。五代肇建，"梁太祖始置侍卫马步军"⑤，唐、晋、汉、周各代大体沿袭其制。侍卫亲军作为中央禁军成为新的左右时局的力量，从根本上改变了唐代外重内轻的状况。五代方镇暴戾恣睢，气焰嚣张不亚于唐。晋代成德节度使安重荣每谓人曰，"今世天子，兵强马壮则为之耳"，是一个典型的例子。但是纵观五代历史，方镇叛乱很少能够成功。唐定州王都、晋魏博范延光、镇州安重荣、襄州安从进、青州杨光远、汉魏博杜重威、河中李守贞，莫不以失败而告终。其中最根本的原因就是五代各朝都拥有一支强大的禁军。

后晋天福二年（937），范延光、张从宾反，晋高祖以禁军将领侍卫都军使杨光远、侍卫马军都指挥使白奉进、护圣都指挥使杜重威等讨

---

① 《通鉴》卷二六八，《后梁纪三》后梁太祖乾化二年七月丁未，第 8760 页。
② 《通鉴》卷二七七，《后唐纪六》后唐明宗长兴元年，第 9039 页。
③ 《旧五代史》卷一三二，后唐天成四年，第 1746 页。
④ 《马克思恩格斯全集》第 21 卷，人民出版社 1956 年版，第 455 页。
⑤ 马端临：《文献通考》卷一五五《兵七》，中华书局 1986 年版，第 1351 页。

之。① 范延光两战两败，"知事不济……遣使奉表待罪"。仅一个月的时间，战局即已明朗。又如天福六年十二月安重荣发动叛乱，晋高祖派遣禁军"护圣等马步三十九指挥击之"②，至天福七年春正月，"执安重荣，斩之"。仅一月零两天的时间就平定了这场蓄谋已久的叛乱。以上两次平叛部队，基本上是禁军。方镇部队在其打击下，迅即土崩瓦解，中央禁军在削平方镇方面所起的作用，于此可见一斑。最能说明问题的是，后汉初年平息河中李守贞叛乱事件。后汉乾祐元年（948），河中李守贞叛乱。汉隐帝以郭威为西面军前招慰安抚使。冯道认为禁军向背是胜负的关键，向他建议说："守贞尝累典禁兵，自谓军情附己，遂谋反耳。今相公诚能不惜官钱，广施惠爱，明其赏罚，使军心许国，则守贞不足虑也。"③ 有趣的是李守贞也把希望寄托在禁军身上，"既而士卒新受赐于郭威，皆忘守贞旧恩。己亥，至城下，扬旗伐鼓，踊跃诟噪，守贞视之失色"④。在这里作为中央统一势力代表的冯道、郭威和作为方镇割据势力的李守贞都以禁军为胜负、成败之所恃，五代禁军在稳定政局、维护国家统一上所起的作用是很清楚的了。值得深思的是，宋初昭义李筠反，他也曾两次说过"禁卫吾旧人，必将倒戈来归"⑤ 的话。这一系列情况表明，五代时期方镇力量衰弱已不足以与中央抗衡，禁军已成为唯一可以左右时局的力量，离开了禁军，方镇与中央的对抗必定归于失败。冯道、李守贞、李筠等人的共同心理状态正是这一变化了的力量对比的反映。

五代各朝虽年促祚短，但在削弱方镇上，都程度不同地做出了贡献，除了上述以军事力量成功地镇压了叛乱的方镇外，五代各朝还采取了一系列措施，逐渐剥夺方镇赖以生存的条件，限制、削弱了方镇割据的力量。从梁到周，大约有这样几项主要措施。

---

① 《通鉴》卷二八一《后晋纪二》，天福二年六月，第9174页。
② 《通鉴》卷二八二《后晋纪三》，第9231页。
③ 《旧五代史》卷一一三，显德元年四月引《五代史阙文》第1505页。
④ 《通鉴》卷二八八《后汉纪三》，后汉高祖乾祐元年八月，第9397页。
⑤ 李焘：《续资治通鉴长编》（以下简称《长编》）卷一，太祖建隆元年，中华书局1995年版，第13、15页。

一　军队屯戍措施

五代各朝在军队中普遍推行了屯戍制度，无论是禁军，还是州镇兵都是如此。至迟在梁太祖末年，这种屯戍制度已推行到魏博镇。邺王罗绍威在给朝廷的表章中就提到"魏故大镇，多外兵"①。魏博是保持割据状态最深最长的雄藩大镇，尚且有外兵，梁境内其他地区当也罕能例外。后唐继续推行屯戍制度，"庄宗入洛，犹行遣屯"②。证之以史实，也是如此。庄宗末年，魏博兵变的发动者就是戍守瓦桥的代归者。就已见到的史料来看，明宗朝屯戍制度已推行到后唐的边陲地区。天成三年（928）四川孟知祥遵诏发遣左肃边军戍守夔州。同一时期，还有"鄜州兵戍东川者归本道"③的记载。而南部安州天成三年则屯驻左神捷、左怀顺④军。潞王从珂统治时期，也有类似的记载，如当时邺都就屯驻着捧圣军若干指挥，而河东忻、代的屯戍部队则就更多了。⑤

五代时期，屯戍情况大体可分为以下几种类型。

首先是禁军进驻地方。如梁龙骧军驻怀州，⑥唐左神捷军驻安州，捧圣军驻邺都即是。其次，方镇兵遣屯外镇。如唐魏博军戍瓦桥、西川兵戍夔州，鄜州兵戍东川即是。再次，禁军、方镇兵同驻一地。如河东忻、代诸屯戍军，安州左神捷军、左怀顺军即是。最后，还有一军分屯数地的情况，如梁龙骧军一部戍大梁，一部戍怀州即是。再有"唐彰圣军本洛城屯卫兵也，先是分屯怀州，又自怀州发赴张敬达军前，敬达又发之戍虎北口"⑦等等。

五代时期军队推行屯戍制度的结果，牵制削弱了方镇割据势力。禁军进驻地方，牵制了方镇并构成了对方镇的威胁。长兴三年（932）就出

---

① 《通鉴》卷二六七《后梁纪二》，后梁太祖开平三年十一月，第8717页。
② 《旧五代史》卷三四，引《九国志·赵进传》第471页。
③ 《通鉴》卷二七六《后唐纪五》，后唐明宗天成四年九月，第9032页。
④ 《旧五代史》卷三九，天成五年十月甲子，第543页。
⑤ 《旧五代史》卷四八，后唐清泰三年六月、八月，第662、664页。
⑥ 《通鉴》卷二六八《后梁纪三》，后梁太祖乾化二年八月，第8761页。
⑦ 《通鉴》卷二八〇《后晋纪一》，后晋高祖天福元年七月，第9146页。

现了"禁军戍守，多不禀藩臣之命"① 的情况。虽然明宗明令"禁军出戍，便令逐处守臣管辖断决"，但方帅指挥禁军终不似指挥本镇兵来得顺手，行动亦不能不有所顾忌，这是不待言的。后周代汉后，汉室密戚永兴军节度使李洪信"恒有忧沮之意"，成了后周王朝的异己力量。后周王峻借出征北汉之机，以救援晋州为辞，将李洪信不满千人的军队，一下子"抽起数百人。及刘崇北遁，又遣禁兵千余人，屯于京兆，洪信惧，遂请入朝"②，成功地消除了这一隐患。方镇兵是方镇得以割据的主要条件，是割据者生死所系。因而五代各朝推行调方镇兵戍守外镇的措施，无异是"调虎离山"，对割据者来说是沉重的一击。故同光二年（924）当"以潞兵三万戍涿州"的诏令下达后，立即就发生了潞州小校杨立之叛。上面提到的王峻抽调永兴军的事例也可加以佐证。由于同一驻地驻有本镇兵、外镇兵、禁军，系统不一，利益各异，便形成了互相牵制之势。方镇欲反，则不能不有所顾忌；已反也易于扑灭。天成二年（927）屯戍卢台的邺都奉节9指挥3500人发动的叛乱和广顺三年（953）戍深州的齐州地方军的叛乱，旋起旋灭，原因就在于戍军中"骑军徐进，部伍严整"，"外州军别行"，③ 郑州开道指挥使张万友"不与之同"④。

综上所述，可知五代始终推行的屯戍制度，是五代各朝成功地削弱方镇割据势力的一项极为重要的措施。需要指出的是，至迟在后周时，延州已有禁军戍守，⑤ 这样，唐末以来的方镇割据势力除夏州外，其余均已在不同程度上为中朝所控制、削弱乃至消灭。

二　由诸道选募驱骁勇

这方面我们所能见到的材料极少。后唐清泰初年（934），曾"诏诸道选骁果以实禁卫"⑥，这是由地方部队选拔的一次。再一次就是后周世

① 《旧五代史》卷四三，长兴三年十月丁丑，第595页。
② 《旧五代史》卷一三〇，后周广顺元年，第1713页。
③ 《旧五代史》卷三八，后唐天成二年夏四月，第523页。
④ 《旧五代史》卷一一三，后周广顺三年九月，第1499页。
⑤ 《宋史》卷二五五《向拱传》，中华书局1985年版，第8908页。
⑥ 《旧五代史》卷一二四《刘词传》，第1628页。

宗即位时。世宗"以晓勇之士多为诸藩镇所蓄",乃"诏募天下壮士,咸遣诣阙",这是由民间招募的一次。五代时期选募骁勇的措施,就我们所见到的材料来看,显属一时之举。但笔者认为它应是宋太祖"选练"之制的先声,应当予以注意。

三　移易方镇

五代"易君如奕棋",此为人所悉知。殊不知五代时期移易镇帅有甚于易君者。笔者作了个粗略的统计:滑州镇从乾化二年(912)罗周翰为节度使起,到显德六年(959)石守信任节度使止,[①] 48年间凡易帅31人;晋州镇从贞明三年(917)"刘玘为建宁军节度观察留后"起,至周显德元年(954)杨廷璋为晋州节度使止,[②] 38年间凡易帅16人;许州镇自天祐三年(906)冯行袭"迁匡国军节度使"起,至周显德六年(959)"张永德为许州节度使"止,[③] 54年间凡易帅35人次;邓州镇从同光三年(925)李绍钦为节度使起,至周显德五年(1958)"滑州宋延渥移镇邓州",[④] 34年间凡易帅29人。其他节镇莫不如此。再从镇帅的角度加以考察。庄宗末年以魏博皇甫晖之乱而起家的赵在礼,自唐天成元年(926),至晋开运三年(946),21年间,"历十余镇"。[⑤] 历唐、晋两朝的安从进,从长兴二年(931)任陕州节度使,到晋天福七年(942)以山南东道反死,中历延州、河阳[⑥]两镇,12年中4易其镇。杨光远从长兴四年(933)九月任振武节度使,到开运元年(944)以青州反死止,12年中历振武、义武、宣武、天雄、西京留守兼河阳、[⑦] 平卢等6节镇。

---

① 《通鉴》卷二六八《后梁纪三》,第8760页。《旧五代史》卷一二〇,第1593页。

② 《旧五代史》卷九,第131页;卷一一四,第1515页。

③ 《旧五代史》卷一五,第211页;卷一二〇,第1593页。

④ 《旧五代史》卷三二,第448页;卷一一八,第1576页。

⑤ 《旧五代史》卷九〇,第1178页。

⑥ 《旧五代史》卷四二,后唐长兴二年,第579页。《通鉴》卷二八三《后晋纪四》第9239页。《旧五代史》卷四三,后唐长兴三年,第587页;卷四六,后唐清泰元年五月庚戌,第635页。

⑦ 《旧五代史》卷四四,后唐长兴四年九月壬寅,第607页;卷八三,第1097页。《通鉴》卷二八〇《后晋纪一》,后晋高祖天福元年五月,第9144页。《旧五代史》卷七七,后晋天福三年四月戊子,第1021页。《通鉴》卷二八一《后晋纪二》,后晋高祖天福三年九月,第9191页。

晋、汉间王周，自天福七年至乾祐元年（942—948），7 年间历贝、泾、邓、陕、定、镇、邓、徐 8 节镇。周代何福进自广顺元年至显德元年（951—954），4 年中移易许、镇、郓 3 镇。一般来说，五代方镇调动极为频繁，在镇时间长则四、五年，一般一、二年，短则数月，且常带军职、任政事、从征伐、不莅镇。如清泰二年二月"甲戌，以枢密使、天雄军节度使兼侍中范延光为宣武节度使兼中书令"。晋杜重威以"天平节度使兼侍卫亲军马步副都指使、同平章事"，天福六年八月又"以为都指挥使，充随驾御营使，代刘知远"①。后周时，南征北伐，这一现象尤为显着。宋初沿而不改，更有官、职、差遣之分，其时节度使驻节之地多与其所授之名号不符。如"泰宁节度使张永德为并代都部署"，河西节度使范廷召驻节定州，山南东道节度使王显为定州路部署，武胜节度使吴元宸知潞州②，等等。节度使仅"寓禄秩、序位品而已"。

纵观五代历史，新方镇无一不是中朝委任，而且移易极为频繁。唐代"或父死子握其兵而不肯代，或取舍由于士卒"的世袭局面至此一扫而光。镇帅不莅镇等这些新的历史现象，应为宋初节度使"无所掌"之制的滥觞。

四　分割方镇地盘与支郡"直属京"

昭义军在唐时辖泽、潞、邢、洺、磁 5 州，治潞州，为内地重镇，曾是朱全忠、李克用反复争夺之地。对于这样一个重镇，梁太祖建国不久即割 5 州为昭义、保义两镇。③ 护国军也是唐末一重镇。唐时辖河中、晋、绛、慈、隰等州府。梁开平四年（910）四月，升晋州"为定昌军节度，以绛、沁二州隶之"，护国军一分为二。后唐建国之初又再次分割护国军。"同光元年，庄宗灭梁，友谦觐于洛阳……既归藩，请割慈、隰二

---

① 《通鉴》卷二七九《后唐纪八》第 9127 页；卷二八二《后晋纪三》第 9226 页。

② 《长编》卷三四，太宗淳化四年九月，第 753 页；卷四七，真宗咸平三年夏四月癸丑，第 1010 页；卷五二，真宗咸平五年五月，第 1132 页；卷六五，真宗景德四年夏四月，第 1452 页。

③ 王溥：《五代会要》卷二四《诸道节度使军额》，上海古籍出版社 1978 年版，第 382 页。

郡，依旧隶河中，不许，诏以绛州隶之"。① 至此护国军辖境仅有河中、绛州两地。且细绎句意，在同光以前似又曾分过护国军一次，护国军在一段时间内，曾无支郡。由于史未明言，不知何时。魏博大镇，晋时也被瓜分。天福三年（938）平定魏博范延光叛乱后，即"升广晋府为邺都，置留守……升相州为彰德军，置节度观察使，以澶、卫二州为属郡，其澶州仍升为防御州……升贝州为永清军，置节度观察使，以博、冀二州为属郡"。开运元年又"升澶州为节镇"②，至此魏博一分为四。开运二年，陈州、曹州分别从忠武军、宣武军划出，升为镇安军、威信军。③五代时又推行"直属京"的办法。晋天福七年（942），安从进叛乱被镇压后，襄州"降为防御州，直属京，所管均、房二州割隶邓州"。晋开运元年（944）十二月，平定杨光远叛乱后，青州"降为防御州，与登、莱、淄三州并属京"。华州重镇"至周显德元年八月，降为刺史，直属京"④。

　　分割方镇辖区和"直属京"的办法，为强干弱枝之术是显而易见的。由于它分割和制约了方镇割据者的力量，所以在推行的过程中，遇到了方镇的拼死反抗。东川董璋起兵反唐，理由之一就是"割吾支郡"。此法推行的结果，加速了方镇割据势力的衰亡。它对后世的影响也是巨大的。太平兴国二年（977），高保寅、李瀚等"乞罢节镇领支郡之制"，太宗在全国范围内推行"直属京"，并"以转运使领诸路事"⑤，使之进一步完善，最后形成制度。

五　隳城隍、拆防城之具

　　后唐同光二年（924），因发生"潞州小校杨立据城叛"的事件，庄

---

　　① 《五代会要》卷二四《诸道节度使军额》，第382页。《旧五代史》卷六三《朱友谦传》，第846页。

　　② 《旧五代史》卷七七《晋高祖三》，第1021、1022页；《旧五代史》卷八三《晋少帝三》，第1095页。

　　③ 《旧五代史》卷八四，第1111页。《五代会要》卷二四《诸道节度使军额》，第383页。

　　④ 《五代会要》卷二四《诸道节度使军额》，第382页。

　　⑤ 《长编》卷四二，太宗至道三年十二月，第901页。

宗"诏天下收拆防城之具，不得修浚池隍"①。为了防止割据者利用"潞州城峻而隍深"作乱，于叛乱平定后又一再下诏划平城隍，"诸方镇撤防城之备"。但纵观五代历史，其时城隍多未铲平。即就潞州而言，恐多半也未铲平。宋初，枢密吴廷祚在李筠反时就曾向太祖建策，说过"潞州岩险，贼若固守，未可以岁月破"②的话。尽管如此，庄宗这项措施的历史作用还是应予肯定的，其意义也是深远的。以后，宋初鉴于唐方镇"各据城垒，缮置兵甲，豆分瓜剖，七十余年"③的教训，继续推这一措施。如在削平北汉后，即"毁太原旧城"，不久又"壅汾河晋祠水灌太原故城"④。太原这个五代时的北方重镇，自李克用修缮城隍以来非旦夕可拔者，唐、晋、汉三代争夺天下的发迹地，才从此荡然无存。宋初还"诏隳夏州故城"，"令江淮诸郡，毁城隍、收兵甲、彻武备"，以致"西川止益、梓、眉、遂有城可守"⑤。这种状况一直保持到北宋末年，都无所变化。这项强干弱枝之术在宋初起到了戡奸雄窃据之地、削诸侯跋扈之权的有益作用。

六　在举荐用人、州县行政等方面，五代各朝也采取了一系列措施，限制了方镇势力

　　首先，限制了方镇举荐州县官的人数。后唐庄宗同光二年（924）三月规定："自今后大镇节度使、管三州以上者，每年许奏管内官三人，如管三州以下者，许奏管内官二人。"⑥五代时期尽管朝代政权多所变更，但这项限制方镇的措施还是坚持执行的。明宗天成三年（928）对此又予重申，长兴二年（931）虽曾一度放宽，但清泰二年即行"厘革"，依旧按天成三年敕执行。后汉于建国之初，即作出了同样的规定。这项措施

---

① 《旧五代史》卷三二《庄宗六》，第 436 页。
② 《长编》卷一，太祖建隆元年四月丙戌，第 13 页。
③ 《长编》卷四七，真宗咸平三年十二月壬申，第 1036 页。
④ 《长编》卷二〇，太宗太平兴国四年五月戊子，第 453 页；卷二一，太宗太平兴国五年夏四月己丑，第 475 页。
⑤ 《长编》卷三五，太宗淳化五年夏四月乙酉，第 778 页；卷四七，真宗咸平三年十二月壬申，第 1037 页。
⑥ 《旧五代史》卷一四九《职官志·右改制》第 2001 页。

的执行情况可从西川孟知祥的一封奏折中窥知一二。天成四年正月，西川孟知祥奏请"支属刺史乞臣本道自署"①。可见当时刺史确实普遍由中央委任，否则割据西川的孟知祥不会封折奏请。同光二年三月中书门下的奏折说："纠辖之任，时谓外台，宰字之官，古称列爵，如非朝命，是废国章。近日诸道多是各列官爵，便指州县，请朝廷之正授，树藩镇之私恩，颇乱规程，宜加条制。"② 五代各朝实施这项措施的用心很清楚，就是要限制方镇利用举荐州县官来结党营私，强化割据状态。

其次，五代各朝又对方镇举荐奏辟主要幕僚的权力作了限制。

同光二年八月规定："今后诸道除节度副使、两使判官外，其余职员并诸州军事判官，各任本处奏辟。"天成四年进一步要求："藩镇所请宾幕及主事亲从者，悉以名闻。"汉、周两朝对于方镇的举荐奏辟之权又作了更为细密的规定。乾祐元年（948）正月辛酉诏："诸道行军副使、两使判官并不得奏荐。带使相节度使许奏掌书记、支使、节度推官；不带使相节度使，只许奏掌书记、节度推官。其防御、团练判官、军事判官等听奏。"③ 周代在这方面也有类似的规定。五代各朝规定节度副使、节度观察判官等方镇主要僚佐并听旨授的结果，中央势力渗透到方镇核心中去，使其中枢机关多所掣肘，难以统一。加强中央对地方的控制，故五代多有方镇杀害副使、判官之事。例如：汉乾祐三年，陕州李洪信杀"节度判官路涛、掌书记张洞、都押衙杨绍勋等"，就是其中较大的一次，同时遭杀害的还有驻陕禁军将领。这次事变就是因"朝议以诸道方镇皆是勋臣，不谙政理，其都押衙、孔目官，令三司军将内选才补之"引起的。周代有延帅高绍基杀观察判官李彬事。原因是李彬不赞成其"擅主军政，欲邀承袭"，主张"当听朝旨"，绍基以其"异议"乃杀之。④

五代各朝在对方镇加以限制的同时，又采取措施提高州县官地位，明确其职权。

后梁开平四年（910），梁太祖见镇将位在县令上，认为"是无礼也"，"敕天下镇使，官秩无高卑，位在邑令下"。梁太祖此举贬抑了邑民

---

① 《旧五代史》卷四，天成四年春正月壬申朔，第547页。

② 《旧五代史》卷一四九《职官志·右改制》，第2001页。

③ 《旧五代史》卷三二，第439页；卷四〇，第551页；卷一〇〇，第1340页。

④ 《旧五代史》卷一〇三，乾祐三年十二月丁酉，第1376页；卷一二五《高允权传》，第1647页。

出身、代表地方势力的镇将，无疑打击了割据者，提高了中央在地方的权威。另外，梁代"刺史得以专达"①，成为"通制"，无疑也是旨在剥夺割据者的上述权力。梁太祖此举的重要性，当时人给予了很高的评价，认为他与唐代沧州节度使乌重胤的制置是一样的。乌重胤曾分析唐代方镇割据的条件，有针对性地在所管德、棣、景三州内采取相应措施，"各还刺史职分、州兵并隶收管"，使得沧州一道在幽、镇、魏三道实行分裂割据、自相传袭之时，"独享命受代"，统一于中央。后周还进一步明确了县令的职责。广顺三年（953）诏："京兆、凤翔府、同、华、邠、延、鄜、耀等州所管州县军镇，顷因唐末藩镇殊风，久历岁时，未能厘革，政途不一，何以教民……其婚田争讼、赋税丁徭，合是令佐之职。其擒奸捕盗．庇护部民，合是军镇警察之职。今后各守职分，专切提撕……其州府不得差军将下县。"显德五年（958）诏："诸道幕职州县官……州府不得差摄官替正官"②，以防方镇利用"差摄官替正官"的方式，变相发展割据势力。当然也应当看到这些措施的效果是有限的。五代政局多变，各代享国不久，许多措施并未得到有效的贯彻。例如：宋开宝四年（971）春正月就有"诸道州县自今并不得更差摄官，凡有阙员，即具闻奏，当旋与注授。前所差摄官皆罢之，职事以见任官权管"的诏书。宋初王审琦也说过"五代以来，诸侯强横，令宰不能专县事"③等等。但是也要承认，五代的这些措施在当时多少产生了一些效果，并为尔后宋代彻底解决方镇割据问题准备了条件，提供了经验教训。

七　征收两税、收回财权

唐自天宝以后，方镇多以赋入自赡，中央财政全靠东南诸道以及各地方镇上供维持，即所谓"辇越而衣，漕吴而食"。这种状况在五代时期得到了根本的改变，梁、唐、晋、汉、周各朝在其辖区内已能行使征收夏秋两税的权力。当然我们还要看到，五代方镇在财政上仍然拥有极大

---

① 《旧五代史》卷五，第83页；卷一四九《右封蔀》第2006页。
② 《旧五代史》卷一一三，第1497、1498页；卷一一八，第1567页。
③ 《长编》卷一二，第258页；卷一一，太祖开宝三年三月己酉，第243页。

的权力。他们"率令部曲主场院，厚敛以自利。其属三司者，补大吏临之，输额之外辄入己"。但入己者毕竟仅局限于保证中央两税等收入后的剩余物和场院所得及"余羡"等。与中唐以后方镇"多以赋入自赡"是迥然有别的。五代各朝对财赋控制的加强，为宋"制其钱谷"，完全剥夺方镇的财权准备了条件。

五代方镇割据势力的衰弱还可以从具有典型意义的魏博镇的衰亡中窥见一斑。

公元912年，梁军入占魏博牙城，节度使罗周翰移镇宣义，魏博方镇割据势力遭到沉重打击。但这并不意味着割据状态的结束，割据反割据的斗争仍在继续进行着。同年，梁将杨师厚继任天雄节度使后，即"擅割财赋，选军中骁勇，置银枪效节都数千人，给赐优厚，欲以复故时牙兵之盛"[1]，"每邀朝廷姑息"。915年，杨师厚死，租庸使赵岩等即建议，"宜分六州为两镇以弱其权"。这次行动虽未成功，发生了银枪效节都叛梁投款于晋的事件，但魏博从此处于晋王李存勖的控制下。晋王李存勖"兼领天雄军"节钺，以李存进为天雄都巡按使，司空颋、王正言决天雄军府事。以后，晋、梁夹河争战，晋王即以魏州为前沿据点。并于923年"筑坛于魏州牙城之南……遂即皇帝位"。926年，魏博戍兵皇甫晖等叛乱，明宗即位后又采取一系列措施削弱魏博割据力量。927年三月，明宗"除皇甫晖陈州刺史、赵进贝州刺史，徙（赵）在礼为横海节度使；以皇子从荣镇邺都，命宣徽北院使范延光将兵送之，且制置邺都军事。乃出奉节等九指挥三千五百人，使军校龙晊部之，戍卢台军以备契丹，不给铠仗，但系帜于长竿以别队伍"[2]。明宗通过使其兵将分离、兵将并脱离巢穴和从政治、军事上加强对魏博控制等这样一系列方法，达到了消弭祸乱的目的。同年四月龙晊所部因政局动荡在卢台叛乱，但因孤立无援，遭到镇压，"脱于丛草沟塍者十无二三，迨夜窜于山谷，稍奔于定州。及王都之败，乃无噍类"。至此，梁将杨师厚恃以进行割据的银枪效节都全军覆灭。936年，"邺都屯驻捧圣都虞候张令昭逐节度使刘延皓，据城叛"，唐末帝"诏范延光诛张令昭部下五指挥及忠锐、忠肃两指挥"。据

---

① 《通鉴》卷二六九《后梁纪四》，后梁均王贞明元年三月，第8786页。

② 《通鉴》卷二六九，《后梁纪四》，后梁均王贞明元年三月，第8787页；卷二七二《后唐纪一》，后唐庄宗同光元年三月，第8881页；卷二七五《后唐纪四》，第9003页。

此可知，在皇甫晖叛乱后，魏博驻军主要是禁军部队，这就进一步地消除了魏博割据的可能性。晋初，范延光为天雄军节度使，"魏博六州之赋，无半钱上供"①，又恢复割据状态。938 年，晋高祖平定了魏博范延光叛乱后，立即将范延光及其将佐调离魏博，并分割了魏博。这样魏博得以割据的基本条件："地广兵强"就都不复存在。经过梁、唐、晋三代的反复较量，魏博割据状态至此结束。

综上所述，可知从唐末到五代数十年间，在政治舞台上发生了一个巨大的历史演变。藩镇割据势力经过唐末方镇兼并战争和五代各朝的打击，到后周时，除夏州外，在不同程度上为中朝所控制乃至消灭。从方镇得镇的缘由、割据地盘的大小、在镇时间的长短、兵将结合的程度、方镇叛乱的原因以及心理状态等方面来考察，五代方镇已大不同于唐代方镇。五代各朝在打击方镇时所制定的一系列措施和制度，对后来的赵宋统治者加强中央集权统治无疑是有启迪意义与开创之功的。五代时期选募骁勇的措施，到宋初发展成为益加完密的选练制度。隳城隍、支郡直属京等措施，也在宋初作为一项制度确立下来，推广到全国。赵宋统治者更在五代屯戍制度的基础上，创立了更戍法、内外相维的原则。在五代移易方镇等项措施的基础上，制定了朝官知州县的制度，设立了转运使、通判、监当官等职务，进一步剥夺了方镇对于州县兵刑钱谷的支配权，使节度使成为"无所掌"的虚衔。这样，宋朝终于达到了完全摧毁方镇割据势力的目的，完成了自唐末以来的历史演变过程。

（原载《中国史研究》1982 年第 3 期）

---

① 《旧五代史》卷九七《范延光传》，第 1287 页。

宋代文官帖职制度

　　宋代承继唐、五代馆阁制度，经过百余年的孕育，逐渐形成一套完备而独特的文官帖职制度。这套帖职制度在宋代官制和宋代政治生活中占有极其重要的地位，后世学者留意不多，本文拟对宋代文官帖职制度的发展、作用、特点等问题加以论述，以期对该项制度有较为深入的认识。

　　所谓帖职，即以他官兼三馆及殿阁学士等职名之谓。帖职一词，北宋时期与职或职名是完全吻合的概念，南渡后则不包括秘、著、校、正等馆职在内。换言之，本文所说帖职是指北宋时期的殿阁学士、枢密直学士、诸阁直学士、诸阁待制、直龙图阁和哲宗元符二年以前的馆职、元符二年以后的集贤殿修撰等三等帖职、政和六年以后的集英殿修撰等九等帖职及南宋时期自监修国史、观文殿大学士至直秘阁在内的馆殿职名。

一　帖职制度形成的社会历史条件

　　宋代文官帖职制度滥觞于唐。就目前所见到的材料来看，帖职一词至迟于德宗贞元年间即已出现。时张荐先后以左司御率府兵曹参军、阳翟尉、谏议大夫兼史馆修撰，权德舆所作张荐墓志铭并序即将张荐三兼史馆修撰称之为"三帖职"①。稍晚，宪宗元和二年（807），又有白居易

---

① 《旧唐书》卷一四九《张荐传》，中华书局 1975 年版，第 4024 页。董诰等编：《全唐文》卷五〇六《唐故中大夫守尚书工部侍郎兼御史大夫史馆修撰上柱国赐紫金鱼袋充吊赠吐蕃使赠礼部尚书张公墓志铭并序》，中华书局 1983 年版，第 5145 页。

以蓥屋尉"帖集资校理"。① 唐初，李世民建秦王府，开文学馆，以待四方之士，杜如晦、房玄龄等18人各以本官兼文学馆学士。当时，"诸学士并给珍膳，分为三番，更直宿于阁下，每军国务静，参谒归休，即便引见，讨论坟籍，商略前载"②。当是文馆制度最早的写照。前人对于太宗此举推崇备至，认为正是这样方才出现了"太平俗洽，官人得材，功赏必实，刑不谬及，礼无愆度……天下晏如，遗粮在亩，盛德洽于人心，而祥风游乎海内"的贞观之治。③ 唐代设昭文、史馆、集贤三馆，所收亦一时聪明魁垒之才，文学多识之士。如令狐德棻、虞世南、颜师古、李延寿、马怀素、张说、张九龄、徐安贞等俱当时一代名儒大臣。唐代"凡天子飨会游豫，惟宰相及学士得从"，"帝有所感即赋诗，学士皆属和。当时人所歆慕"④。六曹侍郎唐朝虽为衣冠之华选，自非履历清要、望实俱美者，无以居之。但与学士相比，"终是具员之吏"⑤。非如三馆学士为言语侍从之臣，出侍舆辇，入陪宴私，典司校雠，论思顾问，清切贵重。三馆学士为王者之师友，异时公卿之滥觞，故为"时所倾慕，谓之'登瀛州'"。

及至五代，增置枢密直学士及端明殿学士。⑥ 五代诸帝，不仅以其为言语侍从之臣，且往往委以重寄。如，后唐天成四年（929），"以端明殿学士赵凤权知汴州军州事"。后晋天福三年（938），以"端明殿学士、礼部侍郎和凝兼判度支"。后周广顺二年（952），以"端明殿学士颜衎权知兖州军州事"，"以枢密直学士、工部侍郎陈观权知开封府事"⑦，等等。五代这些措置虽属一时之举，但却是宋代以学士兼判内外差遣制度的权舆。

宋朝上承唐、五代，根绝唐末五代藩镇割据、禁军拥兵作乱之祸，

---

① 李商隐：《刑部尚书致仕赠尚书右仆射太原白公墓志铭并序》，董诰：《全唐文》卷七八〇，中华书局1983年版，第8145页。

② 《旧唐书》卷七二《褚亮传》，2582、2583页。

③ 王钦若等编：《册府元龟》卷五三三《规谏第十》，凤凰出版社2006年版，第6075页。

④ 《新唐书》卷二〇二《李适传》，中华书局1975年版，第5748页。

⑤ 孙逢吉：《职官分纪》卷一五《集贤院·文儒美称》，中华书局1988年版，第380、381页。

⑥ 《资治通鉴》卷二七五，《后唐纪四》，明宗天成元年五月，中华书局标点本1963年版，第8985页。王溥：《五代会要》卷二四《枢密使》，上海古籍出版社1978年版，第377页。

⑦ 《旧五代史》卷四〇，天成四年二月辛酉，第548页；卷七七，天福三年正月丙寅，第1013页；卷一一二，广顺二年五月乙亥、十月戊戌，中华书局1976年版，第1481、1485页。

是其迫在眉睫的最大课题。宋代统治者认为诸侯叛命、将帅骄亢、海内失驭，从根本上来说是由于"礼乐崩坏，三纲五常之道绝，而先王之制度文章扫地而尽"①。他们认为"儒术污隆，其应实大，国家崇替，何莫由斯。故秦衰则经籍道息，汉盛则学校兴行。其后命历迭改，而风教一揆"②。只有儒术治国的方针才是从根本上杜绝祸源的治本之策。故太祖"益重儒臣"，认为"宰相须用读书人"。其解决方镇割据的办法之一，就是"选儒臣干事者百余，分治大藩"，认为"纵皆贪浊，亦未及武臣一人也"。又尽令武臣读书，使知为治之道。但太祖之世，四郊多垒，王略犹梗，抑武事有余，兴文教不足。宋代教风浸盛，实始于太宗。贞观之治、开元盛世向为封建政治家们所企慕，他们认为唐代所以能治臻泰平，实以开三馆建藏书之策，以书籍为古镜，纳贞臣正士，以儒学之士为人镜之所至。故宋人何郯言："唐太宗置十八学士与之议天下事，故贞观一代称为至治，斯从臣辅助之明效也。"③ 范仲淹亦盛赞李世民说："唐太宗置文馆，延天下贤良文学之士，令更宿直，听朝之暇，引入内殿，讲论政事，至夜久方罢。"又言："臣窃闻太宗皇帝慕唐文皇之英风，特建秘阁，与三馆并崇，听朝之暇，时或游幸，此祖宗盛事，不为不重。"④ 宋太宗于即位之初，即建三馆与秘阁，宠文臣以学士之名，盖欲借唐代三馆学士之清名，稍示风向，以牢笼天下英雄，惩唐末五代海宇分崩、斯文扫地之祸，存封建纲常之体，以消除动乱，扭转世风，稳定社会，维持赵宋王朝的长治久安。

二　帖职制度的发展阶段及其特点

宋代继承唐五代馆阁制度，并在此基础上，增置了阁学士、观文资政等殿学士，发展成层次繁多、条法完密的一整套帖职制度；不仅如此，

① 《新五代史》卷一七，中华书局1974年版，第188页。

② 李焘：《续资治通鉴长编》（以下简称《长编》）卷七九，大中祥符五年冬十月辛酉，中华书局1995年版，第1798、1799页。

③ 《长编》卷一六三，庆历八年三月癸亥，第3936页。

④ 范仲淹：《范仲淹全集·政府奏议卷下·奏杜杞等充馆职》，四川大学出版社2002年版，第624、625页。

它又在新的历史条件下，改造并发展了唐五代之制，赋予帖职制度以新的特点与新的作用。

（一）元丰改制前——改造发展唐制的时期

唐世甚重职名，但明确地将馆阁作为储才之地、辅相养才之所乃是宋代的事，这是宋人对唐制的一个重大发展。太宗于修三馆之初，即表明建馆阁"蓄天下图籍，延四方贤俊"之意。仁宗则明言，"朕设三馆以育才"①。范仲淹说得更清楚："国家开文馆延天下英才，使之直秘庭、览群书，以待顾问，以养器业，为大用之备。"②

因此，宋代于职名的授予极慎其选。

宋代以三馆职事为文儒高选，因此，自非儒学名流，不预其选。太宗时，王禹偁以"文章独步当世"，命直昭文馆。钱若水以"文学高第"，授秘书丞、直史馆。梁周翰"善属文"，"有良史之材"，得史馆修撰。③一般地说，"进士第三人以上及第者并制科及第者不问等第，并只一任替回，便试馆职；进士第四、第五人经两任亦得试"④，即所谓进士高科入馆之路。然授与之吝，往往状元亦不与。如杨砺以建隆元年开国首榜状元、王嗣宗以开宝八年状元，⑤亦不得兼而有之。嘉祐中，大理寺丞罗恺"既召试而考其赋落韵"，虽"第二人及第"亦不得馆职。⑥另外，进士科以外科目出身者，更不得授与职名。景祐时，"经科出身者，虽官至给谏无带职者"⑦，已奉为故事。

此外，"历任繁难久次，或寄任重处者特令带职"，亦是入馆之路。如咸平二年（999），左正言知襄州耿望即以兼制置营田使得直史馆。⑧

---

① 《长编》卷一九，太平兴国三年二月丙辰朔，第 422 页。程俱：《麟台故事校正》卷三《选任》，中华书局 2000 年版，第 127 页。

② 《范仲淹全集·政府奏议卷上·治体·答手韶条陈十事》，第 528 页。

③ 《长编》卷三四，淳化四年八月己卯，第 752 页；卷三一，淳化元年冬十月乙巳，第 706 页。徐松辑：《宋会要辑稿》职官十八之五一，中华书局 1957 年版。

④ 欧阳修：《文忠集》卷一一四《又论馆阁取士札子》，文渊阁《四库全书》本，第 1103 册，第 163 页。

⑤ 马端临：《文献通考》（以下简称《通考》）卷三二《宋登科记总目》，中华书局 1986 年版，第 304、305 页。《宋史》卷二八七《杨砺传》、《王嗣宗传》，中华书局 1985 年版，第 9643、9647 页。

⑥ 《长编》卷一九五，嘉祐六年十一月庚午，第 4731 页。

⑦ 《长编》卷一二〇，景祐四年十二月壬申，第 2840 页。

⑧ 《长编》卷四四，咸平二年夏四月，第 941 页。

宋时入馆又极重其人之"行义"。太常少卿知广州狄棐"代还，不以南海物自随，人称其廉"，故加直昭文馆。知凤翔府、兵部员外郎司马池恳辞知谏院，"独嗜退，亦难能也"，加直史馆。① 相反，凌景阳、魏廷坚、夏有章等以谏官王素、欧阳修言其"给婚非类""尝坐赃""有逾滥之罪"，而罢其召试学士院。屯田员外郎夏倚、雄武节度推宫章惇召试学士院诗赋中等，而御史吕景、蒋之奇言倚素无学术，尝任麟倅败事；惇轻薄秽滥，向以擢第不高，辄掷敕于廷，皆不可奖。故不除馆职。②

得预馆职之选者，往往由公卿荐引，为人主亲知。景德元年（1004）六月，"上密采群臣之有闻望者，得刑部郎中边肃……凡二十四人，内出其姓名，令阁门祗候，崇政殿再坐引对，外任者乘驿赴阙。每对，必往复纡绎其词气，或试文艺，多帖三馆职"。理宗时，"丞相范锺进所召试馆职二人，上思霖之忠，亲去其一，易霖名"。张公裕以"相国韩魏公荐公可任文馆"，得充秘阁校理。③

总之，宋代入馆条件极苛刻，"必其流品才地辞学器识他日可以备大臣之用，而后擢处其职"④。

至于殿阁学士员数至少，选用更艰。譬如，"待制始置二具"，以杜镐、戚纶为之。至祥符中，特置"四员，令更直秘阁，以备顾问"⑤。枢密直学士，太宗时亦"但置两员"，祥符中，"诏枢密直学士限置六员"⑥。因此，"自祖宗以来，尤精其择，苟非清德美行，蔼然众誉，高文博学，独出一时，则不得与其选"⑦。

馆阁为育才之地。在馆供职者，俱廪食太官，不任吏责，以读书为事。馆内藏书极富，所谓道山册府，图籍巨万，"上自文籍之初，六经传

---

① 《长编》卷一〇九，天圣八年春正月壬申，第2533页；《长编》卷一一四，景祐元年二月庚子，第2668页。

② 《长编》卷一四一，庆历三年五月己巳，第3373页；《长编》卷二〇九，治平四年闰三月庚子，第5087、5088页。

③ 《长编》卷五六，景德元年六月丙辰，第1238、1239页。《宋史》卷四二五《徐霖传》第12678页。范纯仁：《范忠宣集》卷一四《承议郎充秘阁校理张君墓志铭》，文渊阁《四库全书》本，第1104册，第687页。

④ 《长编》卷二〇三，治平元年十二月丙午，第4927页。

⑤ 《长编》卷一八二，嘉祐元年三月庚申，第4398页。杨士奇：《历代名臣奏议》卷一六〇，上海古籍出版社1989年版，第2088页。

⑥ 《长编》卷七八，大中祥符五年八月甲辰，第1779页。

⑦ 《文忠集》卷一一一《乞定两制员数札子》，第134页。

记，百家之说，翰林子墨之文章，下至医卜、禁咒、神仙、黄老、浮图、异域之言，靡所不有，号为书林"①。因而在馆供职者得益读未见之书，以鉴观古今理乱成败。孙何入直史馆，王禹偁作诗贺之，有"跃身入三馆，烂目阅四库"之句。②

在馆供职者，掌国史、日历、四库图籍及乐章、赞颂、国书的修写与校雠。三馆学士"因其校雠，得以考阅，使知天地事物，古今治乱，九州四海，幽荒隐怪之说，无所不通"③，"且所以试三馆翰墨之才，异时内外制阙人，多于此取之"④。

三馆学士以其为内朝近臣，故又有议论国事之责。张阐，绍兴中为校书郎，"阐自以储材之地，无力可陈，惟国家大利害，可因事纳忠，时诸大将持功邀赏，有过则姑息，又兵布于外而禁卫单寡，阐上疏极论，厥后往往行之"⑤。在馆供职者，正是通过优游议论、群臣讲习，渐知朝廷之治体，练熟国家之故事。

不仅如此，宋代定制，馆职"初除，于本省供职一年，出补内外任使"⑥，以此蓄养人才。宋初，即"许令馆职兼在京厘务官"。仁宗时，韩琦就以"直集贤院监左藏库"⑦。馆职知赤县也是培养人材的一个途径。孙仅、钱易即以馆职知浚仪、开封等县。绍兴时，高宗以为秘书郎张戒好资质，而未更外任，令除外任以养成之，俟他日复召用。张戒以是提举福建路茶事。⑧元祐时，胡宗愈上疏请复馆阁旧制，该奏详尽地描述了馆阁涵养人才的全部过程，是为不可多得的材料。其略曰："太宗皇帝深

---

① 周必大：《文忠集·表奏书启四六集》卷九五《上执政谢馆职启》，文渊阁《四库全书》本，第1102册，第796页。

② 王禹偁：《小畜集》卷4《暴富送孙何入史馆》，文渊阁《四库全书》本，第1086册，第31页。

③ 周必大：《文忠集·表奏书启四六集》卷六（应是卷九五）《上执政谢馆职启》，第796页。

④ 费衮：《梁溪漫志》卷二《秘书省官撰文字》，《宋元笔记小说大观》本，上海古籍出版社2001年版，第3册，第3363页。

⑤ 李心传：《建炎以来系年要录》（以下简称《要录》）卷一四四，绍兴十二年三月辛酉，上海古籍出版社1992年版，第1册，第19页。

⑥ 章如愚：《群书考索·后集》卷四《秘书省》，文渊阁《四库全书》本，第937册，第61页。

⑦ 《要录》卷五五，绍兴二年六月庚戌，第1册，第744页。《宋史》卷三一二《韩琦传》第10221页。

⑧ 魏泰：《东轩笔录》卷一三，中华书局1983年版，第150页。《要录》卷一一二，绍兴七年秋七月丙寅，第2册，第326—524页。

达此意，始置崇文院，建秘阁，集四库书，选天下名能文学之士，以为校雠官，给以见俸，食于太官，优其资秩。自选人、京官入者始除馆阁校勘或崇文院校书，及升朝籍，乃为秘阁、集贤校理，或优之则为直馆、直院、直阁。其始入而官位卑者未得主判，且令在馆供职。改京官升朝籍，方得主判登闻鼓检院、同知礼院之类。资任渐高，则为吏部南曹、郡（群）牧判官。又高则为省府推判官，或出知藩镇，任转运、提刑。又选其久任者，或迁知谏院、预讲读，或为左右史，遂典词诰，或待制内阁。由此而为公卿、执政，以跻台辅。"① 宋代正是采取这样一些甄别、简拔、养育措施，确定了"三馆——两制——两府"的用人途径②，培养出了一大批名臣贤相。太宗时，李昉、吕端都是由馆阁出身而升任宰相的。吕端有诗赠李昉说："忆昔僦居明德坊，官资俱是校书郎。青衫共直昭文馆，白首同登政事堂。"③ 当时士林传为佳括。欧阳修说："自祖宗以来，所用两府大臣多矣，其间名臣贤相出于馆阁者十常八九。"④ 高宗也说："太宗皇帝置三馆养天下士，至仁庙朝，人材辈出为朝廷用。"⑤ 证之以史实，殆非虚言。

表 1 北宋六朝公卿馆职出身的百分比 单位:%

时期 人数 百分比 职位	太祖	太宗	真宗	仁宗	英宗	神宗
宰执	20	50	48	70	67	85
侍从	44	42	58	71	85	77

为便于检阅，特将神宗以前公卿中馆职出身者百分比列表（见表1）。本表据《宋史》列传部分而作。神宗以后馆职废置不常，时有定员。故未列人。又，前朝已列者，后朝即不再列入。

---

① 《历代名臣奏议》卷一六一，上海古籍出版社 1989 年版，第 2114 页。
② 《文忠集》卷一一四《又论馆阁取士札子》，第 163 页。
③ 吴处厚：《青箱杂记》卷五，《笔记小说大观》本，江苏广陵古籍刻印社 1983 年版，第 2 册，第 56 页。
④ 欧阳修：《文忠集》卷一一四《又论馆阁取士札子》，第 163 页。
⑤ 《要录》卷一五〇绍兴十三年十二月癸巳，第 3 册，第 98 页。

宋代以馆殿为育才之地，它通过在馆供职、直庐秘阁、学士兼判在京职事、带职就任在外藩方任使等方面，培育了一代人才，但是至仁宗朝馆殿育才制度逐渐破坏，上述职能各有消长，帖职制度发生了巨大的变化。

殿阁学士为唐宋内朝密近之臣，它在由唐而宋的数百年间经历了一个由内而外的转化过程。如前所述，带职补外在唐、五代仅是偶然现象，而有宋一代却发展成为普遍现象，并在此基础上发展成为体系完密、宋代独有的帖职制度。我们所讲的帖职制度，主要是讲宋代文官带职补外的制度。元丰改制前，宋代文官帖职制度包括学士兼判在京职事及带职补外两方面。改制后，学士兼判在京职事的现象随着省台寺监职权的恢复而自动消失了。元祐元年，虽"诏职事官许带职"，但绍圣二年旋复罢之。① 由于上述原因，又由于学士兼判在京职事对元丰后的帖职制度无影响，故不再专门论述。据《群书考索》记载，宋代馆职"初除，于本省供职一年，出补内外任使"，而殿阁学士也"无执掌，多带职以领在内省府寺监，在外藩方任使"②。宋初，沿袭五代制度，乾德元年（963）四月"丙午，以枢密直学士、户部侍郎薛居正权知朗州"，这是太祖平定湖南以后委派心腹大臣弹压局势的重要布署，是宋代带职补郡最早的例子。随后，为进取后蜀预作准备，又"命枢密直学士、尚书左承高防权知凤翔府"③，以及在后蜀平定后委派"枢密直学士冯瓒权知梓州"，"以兵部侍郎刘熙古为端明殿学士、权知成都府"，④ 都是这方面较早的例子。馆职补外可能要稍晚些。太平兴国中，洛阳董俨以右补阙、直史馆任淮南转运使，是我们迄今为止所见到的材料中最早的。稍后则有李建中于直集贤院后"数月，出为两浙转运副使"⑤。真宗时期，职名带出的趋势有增无减。真宗初年，韩援即以兵部郎中、直昭文馆知兖州，刁衎亦以本官充秘阁校理、出知颍州。⑥ 祥符中，陈尧咨以"工部郎中、龙图阁直学

① 《宋会要辑稿》选举三三之九。

② 《群书考索·后集》卷四《秘书省》，文渊阁《四库全书》本，第938册，第61页。

③ 《长编》卷四，乾德元年夏四月丙午、五月辛酉，第90、91页。

④ 《长编》卷六，乾德二年二月癸卯，第148页；卷九，开宝元年春正月庚寅，第199页。

⑤ 《长编》卷二四，太平兴国八年五月己巳，第545页。《宋史》卷四四一《李建中传》第13056页。

⑥ 《长编》卷四七，咸平三年十二月丙寅，第1034页。《宋史》卷四四一《刁衎传》，第13053页。

士知永兴军府"，孙奭以兵部郎中、龙图阁待制知密州，① 龙图阁直学士、龙图阁待制亦相继带出。天禧二年（1018），翰林学士李维罢为户部侍郎、集贤院学士知许州，② 集贤院学士自此始出领外藩。仁宗时期，职名已普遍外任。天圣二年（1024），葛昂等以集贤校理得通判外放，集贤校理至晚于此得外任差遣。六年（1028），"太常少卿知滑州李若谷充集贤殿修撰仍旧"，集贤殿修撰始加于外任。而后，龙图阁学士、直龙图阁、直秘阁、资政殿学士、③ 大学士、④ 观文殿学士、大学士陆续补外。⑤ 殿阁学士、馆职等到仁宗末年除史馆修撰、馆阁校勘、崇文院检讨等极少数几种职名外，已全部成为宋代各级官员在外任使的帖职。

以学士出临外藩，以增重方面事体，补外加职名，以增宠其行。不仅如此，元丰改制前，尚有再任、转任进加职名者。如太常少卿知潭州刘师道为左司郎中、枢密直学士，仍知潭州。礼部郎中、直史馆、知荆南陈从易移"知广州，加太常少卿直昭文馆"⑥。改制前，"待制以上为帅守，每他徙必迁职秩"⑦。仁宗天圣九年（1031），"诏京朝官任馆职事者，自外归须一周年已上，始许再补外任"。庆历八年（1048），又"诏馆阁官自今须经亲民一任，方许入省府及转运、提点刑狱差遣"⑧。表明仁宗中期以前，带职补外已成一代之制。

宋初，用人不次，不计资望深浅。政绩卓异者擢以不次，无所称者至老不迁。藩邸随龙之臣赵普、石熙载等人不说。太祖朝，薛居正，"建隆三年，入为枢密直学士"。乾德二年，以"本官参知政事"⑨。太宗朝，张齐贤，太平兴国五年，改著作佐郎、直史馆。八年，拜枢密直学士，

---

① 《长编》卷八一，大中祥符六年八月己巳，第 1844 页；十二月癸未，第 1856 页。
② 《长编》卷九二，天禧二年五月丁亥，第 2117 页。
③ 《长编》卷一〇二，天圣二年四月，第 2356 页。《宋会要辑稿》选举三三之三。《长编》卷一〇六，天圣六年秋七月丙辰，第 2477 页；卷一五一，庆历四年八月癸卯，第 3683 页。《宋史》卷二六五《张子宪传》第 8160 页；卷二一〇《宰辅一》明道元年七月乙酉，第 5452 页。
④ 《长编》卷一二〇，景祐四年夏四月甲子，第 2826 页。
⑤ 《宋史》卷二九二《张观传》，第 9765 页。《长编》卷一七一，皇祐三年冬十月庚子，第 4115 页。
⑥ 《长编》卷七七，大中祥符五年夏四月辛丑，第 1760 页；卷一〇三，天圣三年二月乙卯，第 2376 页。
⑦ 《宋史》卷三一七《邵亢传》，第 10336 页。
⑧ 《宋会要辑稿》职官十八之五二。《长编》卷一六四，庆历八年六月乙未，第 3854 页。
⑨ 《宋史》卷二六四《薛居正传》，第 9110 页。《长编》卷五，乾德二年夏四月乙丑，第 125 页。

擢右谏议大夫、签书枢密院事。温仲舒，"端拱初，拜右正言、直史馆、判户部凭由司。三年，拜工部郎中、枢密直学士，知三班院……淳化二年，拜右谏议大夫、枢密副使，改同知枢密院事"①。皆三数年由庶官而侍从为执政。真宗之世，渐循资格。"先是，三馆职事官多不时进用，及上即位，郊祀止加阶勋，故有累年官不迁者"②。最典型的例子，莫过于景德三年寇准罢相。"准在中书，喜用寒畯……同列忌之。尝除官，同列屡目吏持例簿以进，准曰：'宰相所以器百官，若用例，非所谓进贤退不肖也。'因却而不视。"真宗认为寇准的做法是"以国家爵赏过求虚誉，无大臣体"③，因罢其政柄。这一事件表明两种用人方针，循资磨勘的主张已占上风，宋初不次拔擢的精神渐次丧失。"真宗用孙汉公之议，始命京朝官三年一进秩"④，磨勘作为制度确立下来，并渐次影响到帖职制度。仁宗景祐时，三司副使岁满当迁者已例得龙图阁待制⑤。宰执"自庆历后解罢，率皆得职焉"⑥。神宗之世，以年授职已成为公行的标准。集贤殿修撰王韶克复洮岷，朝廷议行其赏，王安石曰："韶更迟一二年亦当除待制，不如早除，令其势重，易使人，于经制边事尤便。"宝文阁待制李承之亦以"赴司供职已及一年八月"，擢升龙图阁直学士⑦。邵亢则公然提请"未满二岁者勿推恩"⑧，以限制职名的滥授。

宋初设学士之职，高以备顾问，低以典校雠，皆轮番直宿于秘阁。宋初诸帝"数尝临幸，亲加劳问，递宿广内者，有不时之召"⑨。据魏泰说："真宗天纵睿明，博综文学，尤重儒术，凡侍从之臣，每因赐对，未始不从容顾问。真宗善谈论，虽造次应答，皆典雅有伦。当时儒学之士，擢为侍从，则有终身不为外官者。"⑩但至仁宗初年情况迥异，谢绛谓仁宗曰："陛下未尝迁翠华、降玉趾，寥寥册府，不闻舆马之音，旷有日

① 《宋史》卷二六五《张齐贤传》第9150、9153页；卷二六六《温仲舒传》第9182页。
② 《长编》卷六三，景德三年五月己巳，第1403页。
③ 《长编》卷六二，景德三年二月戊戌，第1389页。
④ 李心传：《旧闻证误》卷二，中华书局1981年版，第33页。
⑤ 《长编》卷一二〇景祐四年闰四月己卯，第2828页。
⑥ 宋敏求：《春明退朝录》卷下，中华书局1980年版，第43页。
⑦ 《长编》卷二三九，熙宁五年冬十年戊戌，第5819页；卷二九六，元丰二年春正月乙未，第7202页。
⑧ 《宋史》卷三一七《邵亢传》，第10336页。
⑨ 《宋史》卷二九五《谢绛传》，第9845页。
⑩ 魏泰：《东轩笔录》卷一，中华书局1983年版，第6页。

矣。议者以谓慕道不笃于古,待士少损于前。士无延访之勤,而因循相尚,不自激策,文雅渐弊。"庞籍亦言:"近岁直者,惟申牒托疾而已。"① 馆阁学士之设逐渐有名无实,馆殿育才之府,亦渐至于衰索。庆历时,范仲淹说:"今馆阁臣寮率多清贫,侨居桂玉之地,皆求省府诸司职任。或闻在馆供职者,惟三两人,甚未称陛下长养群才之意。"② 仁宗晚年,更是每况愈下。欧阳修说:"伏见馆阁校雠之官,员数甚多,除系省府、南曹外,其除主判闲局及别无主判者并各无书校对。既无职事,因此多不入馆。伏以馆阁国家优养贤材之地,自祖宗以来,号为清职,今馆宇阒然,尘埃满席,有同废局,甚可叹嗟。"③ 英宗之世,似亦未见好转。故司为光"累奏乞诏侍从近臣每日轮一员直资善堂,夜则宿于崇文院内,备非时宣召"。贾黯亦"请如太宗故事,召侍从馆阁之臣,以备顾问"④。

元丰改制前,职名与差遣之间已经形成较为稳定的联系。如皇祐元年(1049),诏:"置观文殿大学士,宠待旧相,今后须曾任宰相,乃得除授。"⑤ 大观文明定为宰相之帖职。又譬如端明殿学士"多以翰林学士兼之"。三司副使景祐四年前罢即得待制,景祐四年后得直昭文馆,⑥ 熙宁前后"皆以为集贤殿修撰"⑦。

元丰改制前是宋代帖职制度发展的重要时期。这一时期,职名逐渐增多,层次日愈繁密,随着磨勘制度的出现,宋代官制中不次拔擢的精神逐渐丧失,职名本以待天下英俊,为人主一时甄拔之权,但真宗以后却渐成例得之物,职名逐渐名实分离,有学士之名而无顾问校雠之实。神宗之世,限年带职的出现,标志着新的帖职制度已孕育成熟。

这一时期,帖职制度与唐比有三点不同之处。第一,宋人明确地将馆阁作为育才之地,这是对唐制的发展。第二,带职补外在五代仅为一

---

① 司马光:《涑水纪闻》卷三,中华书局 1989 年版,第 57 页。

② 《范仲淹全集·奏议卷下·奏杜杞等充馆职》,第 624 页。

③ 欧阳修:《文忠集》卷一一一《乞写秘阁书令馆职校雠札子》,第 133 页。

④ 《长编》卷二〇二,治平元年秋七月丙子,第 4896 页。《宋史》卷三〇二《贾黯传》,第 10017 页。

⑤ 《宋史》卷一六二《职官二》第 3816 页。

⑥ 江少虞:《宋朝事实类苑》卷二五《端明殿学士又》,上海古籍出版社 1981 年版,第 310 页。《长编》卷一二〇,景祐四年五月壬寅朔,第 2830 页。

⑦ 《长编》卷二一二,熙宁三年六月辛巳,第 5156 页。

时之举，而宋代却发展成一代定制。第三，"尚书省二十四司，唐世以事简者兼学士"；而宋因官失其守、品秩紊乱，则以学士兼判在京职事，形同而实异。这一时期是继承、发展、改造唐五代馆阁制度的时期，同时也是孕育与唐截然不同的宋代特有的帖职制度的时期。

（二）元丰改制后有同于阶官的帖职制度

神宗元丰年间至徽宗政和年间是宋代帖职制度凝定确立的时期，这一时期在帖职制度上进行了一系列的改革。

元丰时期，神宗改革官制，职名方面，首先，废除了一官身兼数种学士职名的做法。三年九月诏："尝任翰林学士，除资政殿学士以上，更不别兼学士。"① 四年十一月又诏："太中大夫、待制以上带修撰者并罢。"② 改制前，职名虽有高下，但并不严格，馆职仍如唐代无品秩、无杂压，尚存唐人"儒以道相高"之意，③ 故官员往往身兼数种职名。改制后，职名间的等级界限严峻了。资政以上为宰执之职名，翰林学士为侍从职事官，得资政以上职名者不得兼翰林学士。修撰为庶官之职名，太中大夫、待制为侍从，侍从不得带修撰。宰执只能带宰执职名，侍从只能带侍从职名，庶官只能带庶官职名。像改制前王韶以观文殿学士兼端明、龙图两学士、④ 李淑以端明殿学士翰林侍读学士龙图阁学士兼集贤殿修撰、⑤ 戚纶以龙图阁待制兼集贤殿修撰的事不见了。⑥ 改制前，学士之职已浸废。⑦ 改制后，职名仅"以为朝臣补外加恩之官，盖有同于阶官而初无职掌"，"旧带职名者并为虚设"⑧，名实进一步分离。

哲宗即位伊始，即承认了神宗以前出现的限年带职的现象，并使之成为一代制度。元祐元年诏：尚书非学士除者，更不带待制，俟二年加直学士。中丞、侍郎、给舍、谏议非待制除者，通及一年加待制⑨。这样本以待英特之才的职名，从此，凭年资磨勘即可获得。

---

① 《长编》卷三〇八，元丰三年九月丙戌，第 7489 页。
② 《宋会要辑稿》职官十八之五。
③ 《新唐书》卷一二五《张说传》。
④ 《宋史》卷一六二《职官二》，第 3817 页。
⑤ 《长编》卷一六五，庆历八年十一月乙未朔，第 3972 页。
⑥ 《宋史》卷三〇六《戚纶传》，第 10106 页。
⑦ 叶梦得：《石林燕语》卷二，中华书局 1984 年版，第 24 页。
⑧ 《通考》卷五四，第 495 页。《长编》卷四三一，元祐四年八月癸丑，第 10421 页。
⑨ 《长编》卷三七三，元祐元年三月乙酉，第 9038 页。

　　这一时期，馆职的变化最为复杂。元丰五年四月以"儒馆之设，有位号而无分职"，仅为"虚称"，① 诏：自今更不除馆职。② 尽以三馆职事归秘书省，③ 仅保留了殿、阁学士。④ 哲宗时期，变动频仍。元祐更化，大抵参用祖宗官制。其元年复置集贤殿修撰、直龙图阁、直集贤院、直秘阁、集贤校理、秘阁校理六等馆职。⑤ 其后又复置馆阁校勘、集贤院学士两等职名。绍圣尽反元祐之政，二年四月，省并馆职，易集贤院学士为集贤殿修撰，直集贤院为直秘阁，集贤校理为秘阁校理。⑥ 元符二年（1099）悉遵元丰法，尽罢馆职，仅存集贤殿修撰、直龙图阁、直秘阁作为帖职。⑦

　　馆职自元丰至元符几经周折，废置省并，终于废去，是有其原因的。首先，是由于新旧两党的争执，一个要恪守祖宗成法，一个要绍述父志，于是馆职废而复置，置而复废。但是问题并不如此简单，馆职的废除应当还有其内在的因素。唐以前，秘书省为图书之府，秘书郎掌图籍，著作郎、佐郎掌史任，校书郎、正字掌雠校典籍、刊正文字。唐武德、贞观间，"创宏文馆，藏书以实之"，修五代史，又立史馆，别开馆于内。开元之际，改集仙殿为集贤殿，校雠内府旧书，⑧ "由是集贤之书盛积，尽秘书所有，不能处其半"，而"秘书不校勘，著作不修撰"矣。三馆夺秘书省之任，修撰、校理、直馆、直院遂任秘、著、校、正之责。韩愈说得好，"秘书御府也，天子犹以为外且远，不得朝夕视，始更聚书集贤殿，别置校雠官曰学士，曰校理"，三馆之与秘书省同为图书之府，本无

---

① 曾巩：《元丰类稿》卷二六《罢馆职加官制》，《四部丛刊》本。
② 《宋会要辑稿·职官》一八之五。
③ 《麟台故事校正》卷一《沿革》，第 7 页。
④ 《通考》卷五四，第 495 页。
⑤ 《宋史》卷一六四《职官四》，第 3875 页。
⑥ 《宋会要辑稿》职官十五之十三。
⑦ 《长编》卷五一八，元符二年十一月辛巳，第 12331 页。
⑧ 唐玄宗：《唐六典》卷一〇《秘书省》，中华书局 1992 年版，第 297 页。权德舆：《昭文馆大学士壁记》，董诰：《全唐文》卷四九四，中华书局 1983 年版，第 5038 页。李华：《著作郎壁记》，李昉：《文苑英华》卷七九九，中华书局 1966 年版，第 4227 页。《职官分纪》卷一五《集贤院》，第 376 页。

大别，所差仅内殿与外府之耳。① 故元丰官制行，废三馆之制，就崇文院以建秘书省，废馆职，以秘书省职事官实任其事，尽还秘书省之权，以省其重复。神宗此举，应当说是可取的。因为馆职此时已多不任其责，循名责实，固当精简省并之。元祐复馆职，明诏并不在馆供职，② 其"荐试之法未立，校雠之职无与"，所复仅是"虚名"，③ 在馆供职者仍是秘书省职事官。官制前，馆职尚有在馆供职者，且帖职补外，亦有归馆供职事。如，景祐四年（1037），荆湖南路转运使、集贤校理刘立礼以母老自请，许其归馆供职。熙宁中，馆阁校勘顾临为荆湖南路转运判官、提举常平等事，及使湖南，议论与执政违戾，因乞解官侍养。诏：归馆供职。④ 元祐馆职与官制前相比名实完全脱离，又为元祐之政，故废去是必然的了。

唐以三馆处清望儒臣，俾备顾问，宋因其制而以三馆为储才之地，又以三馆学士之职为驱策官员之手段，故宋代建国之初，即存在授与职名的两种截然不同的标准：一种以文学，一种以功、以劳、以能、以繁难重处。前者我们在"馆殿储才之地"一节中已作了较为详尽的论述，故不再重复。后者如：工部郎中、知沧州李寿朋"经地震完葺有劳"，加直史馆。知桂州余靖以平侬智高之乱，加集贤院学士。杜杞以广西蛮反，除广南西路转运按察安抚使，擢刑部员外郎、直集贤院。张旨以材堪将帅、鸷武有谋，"进工部郎中、知凤翔府，加直史馆、知梓州"⑤。胡寅说："国家建延阁，使儒学之士寓直其间，其有趋事赴功，亦预兹选，所以广懋赏俟群才也。"⑥ 概要地道出了宋代授与职名时并行不悖地推行着两种不同标准这一基本史实。欧阳修说，旧制，馆阁取人以三路。但至

---

① 韩愈：《昌黎先生文集》卷二一《送郑十校理序》，《四部丛刊》本。陆长源：《上宰相书》，董诰：《全唐文》卷五一〇，中华书局 1983 年版，第 5184 页。刘攽：《彭城集》卷二〇《秘书省校书郎李德刍可集贤校理依旧充校书郎制》，文渊阁《四库全书》本，第 1096 册，第 204 页。

② 《宋会要辑稿·职官》十五之七。

③ 《长编》卷三七三，元祐元年三月乙酉，第 9039 页。

④ 《长编》卷一二〇，景祐四年秋七月甲子，第 2835 页；卷二一九，熙宁四年春正月戊申，第 5327 页。

⑤ 《宋会要辑稿·选举》三三之一一。《长编》卷一七六，至和元年三月庚午，第 4255 页。《宋史》卷三〇〇《杜杞传》第 9962 页；卷三〇一《张旨传》，第 10004 页。

⑥ 胡寅：《斐然集》卷一二《吴革升职名》，文渊阁《四库全书》本，第 1137 册，第 426 页。

英宗时，三路已塞其二，"惟有畴劳带职一路尚在"，此况直至哲宗时亦未见改观。故刘安世言："自近岁以来，其选寖轻，或缘世赏，或以军功，或酬聚敛之能，或徇权贵之荐，未尝较试，遂获帖职，多开侥门，恐非祖宗德意。望明诏执政，详求文学行谊，审其果可长育，然后召试，非试毋得辄命，庶名器重而贤能进。"① 三馆自唐世即以待名能文学者，宋初，创意为之，为驱策官具、废世砺钝之利器，而至英哲间，后来者骎骎乎反居其上。元丰改制后，馆职固有的职能已为秘书省职事官取代，所以，元符尽废馆职是极其自然的事了。

元丰官制行，废馆职，以秘书省职事官实行其事。时秘著校正虽非馆职，但选任之际，仍仿祖宗授馆职故事，艰难其选。故叶祖洽以熙宁首榜高第除校书郎，范祖禹以修《资治通鉴》成才得正字，至元祐间方为著作郎兼侍讲。其简拔施用也一同于馆职。元祐中，梁焘说："秘书郎文章高选，盖朝廷养育两掖词臣之地。"② 这与官制前由三馆而两制毫无二致。故人们往往即将其看作馆职。如，元祐三年校书郎王伯虎、正字邓忠臣以谏官韩川言其"不堪馆职之选"，而落职授外任差遣，即将校书郎、正字视为馆职。政和初，韩驹"以献颂补假将仕郎，召试舍人院，赐进士出身，除秘书省正字……召为著作郎，校正御前文籍"，被视为"三馆士"③ 等等，凡此不胜枚举。秘、著、校、正正式成为馆职是南渡以后的事。徐度说得很清楚，他说："建炎间，张参政守建请复召试馆职，然既试，止除秘书省职事官，而校理、直院之职迄不复置，盖考之不详也。"④ 徐度南北宋之交时人，为钦宗靖康时宰相徐处仁之子，所言制度当可信。又《宋史》中南宋部分可引以为证的也颇多。如：张阐，绍兴中，"召试馆职，除秘书省正字，迁校书郎兼吴、益王府教授"。杨辅"乾道二年进士甲科，召试馆职，除秘书省正字，迁校书郎"⑤。总之，官制前，馆职中有相当数量并非严格意义上的馆职，即非唐代形成的旧观念上的馆职。唐、五代馆职以文学入馆，或专在馆供职，或兼在京职

---

① 《通考》卷三八，第 362 页。

② 《长编》卷四三一，元祐四年八月癸丑，第 10420 页。

③ 《长编》卷四〇八，元祐三年春正月庚戌，第 9919 页。《宋史》卷四四五《韩驹传》，第 13140 页。

④ 徐度：《却扫编》卷中，《宋元笔记小说大观》本，上海古籍出版社 2001 年版，第 4 册，第 4506—4507 页。

⑤ 《宋史》卷三八一《张阐传》，第 11745 页；卷 397《杨辅传》，第 12086 页。

事，宋因其制而注入新意，其入馆者或以吏干，或以军功，或以年劳久次，而多带职以领在外藩方任使在内省府寺监。元符再罢馆职，秘书省职事官实行馆职事，从此以后，秘、著、校、正号为馆职，集贤殿修撰、直秘阁号帖职而别领在外任使。① 馆职、帖职从此始分道扬镳。

徽宗时期，是宋代帖职制度最后完成时期。政和五年（1115）四月，诏改集贤殿修撰为右文殿修撰。② 六年九月增置直徽猷、直显谟、直宝文、直天章、秘阁修撰、集英殿修撰，并旧有直秘阁、直龙图阁、右文殿修撰为贴职九等。③ 并依直秘阁、直征（徽）猷阁、直显谟阁、直宝文阁、直天章阁、直龙图阁、秘阁修撰、右文殿修撰、集英殿修撰迁授，④ 且俱入杂压。⑤ 待制以上职名前此已入杂压，这样政和改制后，自大观文至直秘阁所有职名并俱入杂压，新的帖职制度至此形成。南渡后，遵其规模，虽每有增置省并，但已无大的变动。

元丰改制至政和定帖职之等，是宋代帖职制度发展的第二个时期。这一时期出现了一系列不同于前一时期的新特点，这些新特点表明一个"有同于阶官"的帖职制度已经形成。

首先，学士者本为言语侍从之臣，高以备顾问，低以典校雠。而这一时期任何一种职名，无论是元丰保留下来的殿阁学士，还是元祐所复馆职，都不直庐秘阁、在馆供职，仅为朝官补外加恩之官，名实完全脱离了。其结果导致帖职与馆职的分离。其次，由于兼职取消、职名俱入杂压，职名间的等级森严了。再次，限年带职作为制度规定下来，职名遂为例得之物。最后，由于元丰官制行，三省六部九寺五监二十四曹职权的恢复，自直秘阁至大观文成为下至省郎、寺监长贰，上至宰执补外的帖职。职名与差遣间的对应关系明确完备了，而元丰改制前则并非如此。对于职名与差遣间的这种关系，我们将在下文予以探讨。

---

① 《群书考索·后集》卷四《秘书省》，文渊阁《四库全书》本，第937册，第60页。
② 《宋史》卷一六四《职官四》，第3875页。
③ 王栐：《燕翼贻谋录》卷四，中华书局1981年版，第37—38页。
④ 宋绶后人编：《宋大诏令集》卷一六四《增置帖职御笔》，中华书局1962年版，第627页。
⑤ 《宋史》卷一六八《职官八》，第3993、3994页。

三　帖职与差遣的关系

宋代帖职有等，帖职与差遣间逐渐形成较为稳定的对应关系，这些帖职表明了宋代官员的地位和荣誉。下面将依帖职的杂压及实际形成的高低为序论述这种对应关系。

宋代，昭文馆、集贤殿置大学士，史馆有监修国史，皆宰相兼领。"其上相为昭文馆大学士、监修国史，其次为集贤殿大学士。或置三相，则昭文、集贤二学士并监修国史，各除。"元丰改制废馆职，三职并废。绍兴三年（1133），重修神宗、哲宗实录，以左仆射吕颐浩提举国史，右仆射朱胜非监修国史，① 监修国史始复。绍兴二十六年（1156），左仆射沈该监修国史，右仆射万俟卨兼提举实录院。② 自此之后，监修国史例以首相兼领。

资政殿学士、资政殿大学士、观文殿学士、观文殿大学士，浑言之"皆为二府职名"③，析言之，则尚有细别。观文殿大学士非宰相不除，自皇祐元年（1049）授山南东道节度使、同平章事、祥源观使贾昌朝后，即立为定例。或有例外，如秦熺等以执政得之，④ 皆系特恩非常典。

观文殿学士自庆历八年（1048）丁度罢参知政事得后，皆"以宠辅臣之去位者"，⑤ 准确地说，知枢密院罢即除观文殿学士。⑥

资政殿大学士、学士并以宠辅臣之去位者。准确地说，"同知院以上皆除资政殿学士"，而大资则多由资政序进。如，参知政事石中立罢政，"以户部侍郎为资政殿学士，领通进银台司，判尚书都省，进大学士"⑦。又，"尝任资殿而除执政，若不以罪去，则必进职名"，为大资，为观文。⑧

---

① 《宋史》卷一六四《职官四》，第3878页。
② 《要录》卷一七二，绍兴二十六年五月丙辰，第3册，第428页。
③ 《石林燕语》卷五，第70页。
④ 《宋史》卷一六二《职官二》，第3817页。
⑤ 《群书考索·后集》卷一〇《职名》，文渊阁《四库全书》本，第937册，第136页。
⑥ 《长编》卷二一三，熙宁三年秋七月壬辰，第5166页。
⑦ 《宋史》卷二六三《石中立传》，第9104页。
⑧ 《要录》卷三三，建炎四年五月乙卯，第1册，第497页。

此外，自熙宁中王韶开从臣得执政帖职之先例，① 王陶、韩维、陈荐、赵葵、李曾伯之流，或以藩邸宫僚之旧，或以帅阃边寄之重，相继得之，皆系特恩，极为罕见。

要之，观文殿大学士为宰相之职名，观文殿学士、资政殿大学士、学士为执政罢政之恩典。或罢有因依，则曾任宰相"降职至大资政止"，曾任执政"降职至端明止"②。

宋代端明殿学士"为从官兼职之冠"③。北宋为翰林学士承旨之帖职。苏轼以承旨兼侍读，换龙图阁学士知颍州，苏颂曰："承旨罢当除端明殿学士。"④ 即为明证。此外，改制前，端明又多为翰林学士之兼职或换职。熙宁时人宋敏求就说过翰林学士"近岁，率带侍读及端明学士"出藩的话。⑤ 总之，北宋时期尚存五代之旧，以端明为学士久次者之帖职。⑥

元丰改制后直至南宋，出现了前所未有的新的历史现象。其一，改制后，端明成为辅臣得罪罢政而去之帖职。其事始于王安礼。元丰七年（1084），尚书左丞王安礼被劾后以端明殿学士知江宁府。此例一开，其后，王存以左丞、王岩叟以签书枢密院事，林希以同知枢密院事，坐事罢政，均得此职。⑦ 上文所言曾任执政降职至端明止，实始于此时。其二，北宋以枢密直学士签书枢密院事，南渡后，任签书枢密院事及同签书枢密院事者，则例得端明殿学士，其恩数特依执政。⑧ 据《宋史》列传部分统针，南宋得端明之职者约116人，因任签书、同签书而兼者为75人，占总人数的65%，这表明南宋端明兼签书、同签书已成为定制，故马端临说"端明为签书"之帖职。⑨ 这是南北宋截然不同之处。元丰三年（1080），枢密直学士、签书枢密院事曾孝宽"丁父忧，除丧，以端明殿学士知河阳"，曾孝宽以前签书得端明外任，当是变化之始。靖康元年

① 《宋史》卷三二八《王韶传》，第10581页。
② 李心传：《建炎以来朝野杂记》（以下简称《杂记》）《甲集》卷一二《执政为阁学士》，中华书局2000年版，第242页。
③ 《石林燕语》卷五，第70页。
④ 《长编》卷四六三，元祐六年八月辛卯，第11060页。
⑤ 《春明退朝录》卷下，第43页。
⑥ 《宋史》卷一六二《职官二》，第3818页。
⑦ 《宋史》卷三二七《王安礼传》，第10557页；卷三四一《王存传》，第10873页；卷三四二《王岩叟传》第10897页；卷三四三《林希传》，第1091页。
⑧ 《宋史》卷一六二《职官二》，第3828页。
⑨ 《通考》卷五四，第496页。

（1126），曹辅以御史中丞拜"延康殿学士签书枢密院事"，① 则开南宋一代之制。要之，端明殿学士为北宋时期学士久次者之帖职，亦为元丰改制后辅臣得罪而去之帖职，南渡后，任签书及同签书者例得端明。

阁学士宋代多为翰林学士之兼职、换职。仁宗初年，夏竦"以左司郎中为翰林学士、勾当三班院兼侍读学士、龙图阁学士"②，即是兼职之例。此类事甚多，如冯元以翰林学士兼龙图阁学士兼侍讲，陈尧佐、陈尧咨兄弟以翰林学士兼龙图阁学士权知开封府等等，③ 都是这方面的例子。阁学士为翰林学士之换职，出现得更早。天禧五年（1021），即有"旧制，学士罢职多为侍读学士或龙图阁学士"④ 之记载，可见早在真宗之世，换职之事即已相沿成例，以为故事。元祐六年（1091），右正言姚勔论事，亦言："近例：翰林学士非因责降别与差遣者除阁学士。"⑤ 可见，阁学士为翰林学士之换职，在北宋已成为定制。南宋沿而不革，只是由翰林学士得阁学士者差少而已。元丰改制后，"吏部尚书补外，除龙图阁学士"⑥。元祐更化，"尚书换直学士"⑦。徽宗时，阁学士为六曹尚书之帖职。靖康元年（1126），钦宗有言，"学士与尚书同班"⑧，可证。这表明徽宗之制已异于哲宗，但这种变化起于何时尚不清楚。南宋阁学士则主要由尚书换授。据宋传统计，南宋阁学士23人，由尚书换者为20人，由翰林学士换者仅3人。这反映了南宋与北宋的不同之处。

要之，宋代阁学士为翰林学士之帖职，自元丰改制后，又渐为尚书之帖职。

枢密直学士，北宋为签书院事、同签书院事之帖职，《宋史·职官二》枢密院条言，"资浅则用直学士签书院事"即指此。其事始于太平兴国四年石熙载。⑨ 元丰改制，废签书院事、同签书院事不置，但元祐初旋

---

① 《宋史》卷三一二《曾孝宽传》，第10234页；卷三五二《曹辅传》，第11130页。
② 《宋史》卷二八三《夏竦传》，第9572页。
③ 《长编》卷一一三，明道二年九月乙酉，第2636页；卷一〇七，天圣七年二月丁卯，第2496页；卷一〇五，天圣五年八月丙戌，第2445页。
④ 《长编》卷九七，天禧五年春正月丁酉，第2240页。
⑤ 《长编》卷四六一，元祐六年七月己巳，第11026页。
⑥ 《石林燕语》卷二，第25页。
⑦ 《长编》卷三七九，元祐元年六月庚子，第9216页。
⑧ 《宋史》卷四四六《李若水传》，第13161页。
⑨ 《长编》卷二〇，太平兴国四年春正月癸巳，第443页。

复，"仍以枢密直学士充"①。钱大昕云，元丰改制，不置枢密直学士。②据史籍记载，元丰改制后得密举之职者有李承之、王存、刘庠等，③《考异》实误。靖康元年，曹辅首以端明殿学士领签书枢密院事，开南宋端明为签书、同签书帖职之先河，始变北宋之制。

官制行，密学始为户部尚书以下五曹尚书补外之帖职。④ 元祐初，作为直学士之首的密学为尚书补外之帖职。⑤

南渡后，密学曾授胡世将、⑥ 陈规两人。陈规稍晚，于绍兴十年（1140）六月顺昌大捷后得此职，绍兴十一年正月乙丑卒。⑦ 王栐云，中兴后"述古与枢密直皆废"⑧，当在此时以后。诸阁直学士，北宋多由待制升任。元祐定制为尚书之帖职。南渡后，从除授情况看，多由六曹侍郎、权尚书、御史中丞换授。如，向子諲以户部侍郎，授"徽猷阁直学士知平江府"。晏敦复以权吏部尚书"请外，以宝文阁直学士知衢州"。常同除御史中丞，"乞郡，除显谟阁直学士、知湖州"⑨。据宋传统针，南宋得直学士之职者，除去由待制升擢者外，共 45 人，由上述之职而得者为 36 人，由尚书、内制而得者 9 人，而由后者得者多有因依。如，工部尚书廖刚以得罪秦桧，被劾而去，遂"以徽猷阁直学士提举亳州明道宫"。翰林学士兼吏部尚书洪遵则以言者罢为"徽猷阁直学士、提举太平兴国宫"⑩。可见，南宋时直学士已为六曹侍郎、权尚书、御史中丞等帖职。《宋史·职官二》也说："中兴后……权尚书、给谏、侍郎则带直学士、待制焉。"

直学士为六曹侍郎之帖职，起于何时，今已不可确言。但据绍兴六

---

① 《宋史》卷一六二《职官二》，第 3800 页。

② 钱大昕：《廿二史考异》卷七一，上海古籍出版社 2004 年版，第 997 页。

③ 《长编》卷三〇九，元丰三年闰九月庚戌，第 7497 页；卷三四五，元丰七年夏四月壬寅，第 8283 页；卷三五九，元丰八年八月己丑，第 8588 页。

④ 《石林燕语》卷二，第 25 页。

⑤ 《长编》卷三七九，元祐元年六月庚子，第 9216 页。

⑥ 《宋史》卷三七〇《胡世将传》，第 11511 页。

⑦ 《要录》卷一三六，绍兴十年闰六月戊子，第 2 册，第 820 页；卷一三九，绍兴十一年春正月乙丑，第 2 册，第 858 页。

⑧ 《燕翼贻谋录》卷四，中华书局 1981 年版，第 38 页。

⑨ 《宋史》卷三七七《向子諲传》，第 11642 页；卷三八一《晏敦复传》，第 11739 页；卷三七六《常同传》，第 11627 页。

⑩ 《宋史》卷三七四《廖刚传》，第 11592 页；卷 375《洪遵传》，第 11567 页。

年（1136）赵鼎奏事所言，"近时卿监以上补外，职名高下不一。故事：如侍郎在职未及二年，止得带（待）制，今一例除杂学士，太优，欲令两省讨论"① 云云，可知南宋初年所行故事已非元祐之制。据上文所引"学士与尚书同班"这条材料来看，或在徽宗时已经推行。徽宗时期的侍郎除去由知成都府例得直学士者外，② 有案可稽者尚有贾伟节、吴择仁、聂昌、郑仅、燕瑛等 5 人。贾伟节最早，其以直秘阁充江淮发运副使，因率先奉行直达纲运花石海错等而获户部侍郎之职。③ 而蔡京坏东南转般法为直达纲在崇宁初，④ 贾伟节由户部"改刑部，岁余，以显谟阁直学士提举醴泉观"，当在大观或政和年间，已至徽宗中期。吴择仁得直学士大约与贾同时。郑仅"政和三年卒"，以吏部侍郎得显谟阁直学士致仕，当在三年之前不久。燕瑛、聂昌得职最晚，⑤ 已为徽宗末年、钦宗初年之事。据此，直学士为侍郎之帖职，很可能为徽宗中晚期之事。

待制改制前三司副使岁满即除⑥。同时，又为知制诰换授之职名，其事似始于景祐四年（1037）。"知制诰王举正以宰臣陈尧佐之婿引故事避嫌。戊寅，改为龙图阁待制。"⑦ 其后，相沿成例，以为故事。元丰改制，颁诏，正式规定：中书舍人罢职事官日，除龙图阁待制。⑧ 自此以后直至南宋，待制为给舍之换职。如，徽宗时，温益以给事中"改龙图阁待制，知开封府"⑨。南宋时，胡世将以中书舍人"除徽猷阁待制、知镇江府"⑩。

元祐定制，待制为中丞、侍郎、给舍、谏议之换职。⑪ 元祐三年（1088）闰十二月庚申，增置"六曹尚书权官，俸赐依六曹侍郎守法"⑫，

---

① 《要录》卷一〇一，绍兴六年五月戊辰朔，第 2 册，第 394 页。
② 叶梦得：《石林燕语》卷八，第 122 页。
③ 《宋史》卷三五六《贾伟节传》，第 11212 页。
④ 《宋史》卷一七五《食货上三》，第 4258 页。
⑤ 《宋史》卷三二二《吴择仁传》，第 10443 页。唐圭璋编：《全宋词》，中华书局 1986 年版，第 444 页。《宋史》卷二九八《燕瑛传》第 9912 页；卷三五三《聂昌传》，第 11143 页。
⑥ 文彦博：《潞公文集》卷二九《奏除改旧制》，文渊阁《四库全书》本，第 1100 册，第 745 页。
⑦ 《长编》卷一二〇，景祐四年闰四月戊寅，第 2828 页。
⑧ 《长编》卷三二五，元丰五年夏四月丁丑，第 7829 页。
⑨ 《宋史》卷三四三《温益传》，第 10922 页。
⑩ 《宋史》卷三七〇《胡世将传》，第 11511 页。
⑪ 《长编》卷三七三，元祐元年三月乙酉，第 9038 页。
⑫ 《长编》卷四一九，元祐三年闰十二月庚申，第 10159 页。

因而，待制在元祐以后直至徽宗时，又为权尚书之帖职。北宋末年人叶梦得即言，权尚书"当得待制"①。

南宋建炎四年（1130），"诏复置权尚书六曹侍郎，如元祐故事……满二年为真，补外者除待制"②，因此，南宋时期待制又为满任权侍郎补外之帖职。宋志说，中兴后，权尚书、给谏、侍郎带直学士、待制。据绍兴后合班之制，左右谏议大夫杂压在给舍下，权侍郎上，则中兴后待制似又为左右谏议大夫之帖职。但是我们尚未见到这类除授实例。

要之，宋代待制为给谏补外之帖职。元祐后一段时间内又为中丞、侍郎、权尚书之帖职。南宋时则为权侍郎满任补外之帖职。

集贤院学士唐时清切贵重，入宋已"不为要职"③。图书之府职清名重而事简地闲，故多以优礼大臣老疾之退位者。苏颂得此职后上谢表云："惟丽正图书之府，盛开元礼乐之司，在外馆之地则为闲，正学士之名则已重。"正反映了这种情况。真宗时，翰林学士承旨宋白以"年衰思减，书诏多不称旨"，翰林侍读学士吕文仲、吕祐之以"得风疾""备顾问，不能有所发明"④，相继得之。自"晁文元公天禧中自翰林承旨换集贤院学士判西京留台"后，集贤院学士相沿成习例为投闲置散者之帖职。故宋敏求说，"近岁皆以禁职分台"⑤。

集贤院学士故事视待制为优，故元厚之以天章阁待制知南京，仁宗即位特换授集贤学士。仁宗时期，集贤学士这种清名重望，逐渐丧失。天圣三年（1025），右谏议大夫、权御史中丞薛奎被劾罢为集贤院学士。⑥同时，又有胡则以罪去"授工部侍郎、集贤院学士"⑦。神宗之世，集贤学士已低于待制。熙宁三舍人李大临、苏颂、宋敏求以封还李定监察御史里行词头，并落知制诰，以本官归班。熙宁七年（1074）十一月，中书检会降官降职降差遣人，听旨取裁。诏：工部郎中李大临、苏颂各降

① 叶梦得：《石林燕语》卷八，第 122 页。
② 叶梦得：《要录》卷三三，建炎四年五月戊午，第 1 册，第 498 页。
③ 叶梦得：《石林燕语》卷二，第 21 页。
④ 《长编》卷六〇，景德二年五月乙卯，第 1338 页；卷六六，景德四年八月丁巳，第 1485 页。
⑤ 宋敏求：《春明退朝录》卷下，第 43 页。
⑥ 《长编》卷一〇三，天圣三年二月乙丑，第 2377 页。
⑦ 《宋史》卷二九九《胡则传》，第 9942 页。

集贤院学士。已明言集贤学士低于待制。① 陈绎熙宁中以过落翰林学士，郊祀恩复知制诰，知谏院蔡确劾之，以为"不可更污侍从"，结果授陈绎集贤院学士。②表明集贤院学士在神宗时已不为侍从，而入庶官之列。

元丰五年（1082）废馆职，集贤院学士亦废而不置。元祐五年（1090）复。"集贤院学士初无班品"，③ 自元祐六年首以命李周，始定恩礼如集撰。④《宋史·李周传》云恩礼如待制，非是。自元祐后除授情况看，得此职者不外两种人，一由权侍郎得，如李周、杜纯；一为以罪落给舍、待制者得，如朱光庭、吕陶等。⑤ 其情略似集贤殿修撰，故绍圣二年（1095）省并，易为集贤殿修撰。

宋代得此职者，多外任，知大藩府。如任中师知澶州、杨日严知河中府、⑥ 薛奎知并州。⑦

史馆修撰"故事皆试知制诰"⑧，因此，史馆修撰后多得知制诰，为知制诰、翰林学士之兼职。如，度支副使，兵部员外郎陈尧佐为知制诰、史馆修撰。⑨ 王洙之事则更能说明问题，其于皇祐三年（1051）编修明堂大飨记，及记要成后，"加史馆修撰"，除命时，明诏"仍俟知制诰有阙除之"⑩。而欧阳修、胡宿等则均以翰林学士、知制诰兼史馆修撰。⑪ 史馆修撰又为左右之史换职，据《宋史·刘瑾传》记载，刘瑾修起居注，加史馆修撰为河北转运使。安焘因出使高丽以秘阁校理同修起居注，换授史馆修撰。⑫ 张方平说："其修起居注、史馆修撰即次知制诰之资

---

① 《长编》卷二五八，熙宁七年十二月甲戌，第6289页。
② 《长编》卷二八七，元丰元年闰正月癸未，第7029页。
③ 徐度：《却扫编》卷上，第4486页。
④ 《长编》卷四六五，元祐六年闰八月壬申，第11111页。
⑤ 《宋史》卷三三〇《杜纯传》，第10633页；卷三三三《朱光庭传》，第10711页；卷三四六《吕陶传》，第10980页。
⑥ 《宋史》卷二八八《任中师传》第9671页；卷三〇一《杨日严传》，第9991页。
⑦ 《长编》卷一〇三，天圣三年二月乙丑，第2377页。
⑧ 《长编》卷一六六，皇祐元年二月丁卯，第3984页。
⑨ 《长编》卷一〇〇，天圣元年春正月壬午，第2310页。
⑩ 《长编》卷一七〇，皇祐三年二月丙戌，第4079页。
⑪ 《长编》卷一八〇，至和二年八月辛丑，第4365页；卷一八六，嘉祐二年冬十月己酉，第4492页。
⑫ 《宋史》卷三三三《刘瑾传》，第10703页。《长编》卷二八七，元丰元年春正月辛未，第7020页。

序"①，可见，史馆修撰低于知制诰、待制一等。史馆修撰元丰改制废。

修撰为庶官帖职之高等，下待制一等。②宋代为左右史、直舍人院、知谏院、侍御史知杂事等换职或兼职。仁宗时，范镇以直秘阁知谏院"改集贤殿修撰……同修起居注"。英宗时，龚鼎臣以礼部郎中兼侍御史知杂事得集贤殿修撰知应天府。神宗时，韩缜"直舍人院，以兄绛执政，改集贤殿修撰"。南渡后，程迈以起居郎充集英殿修撰福建路转运副使。③元丰改制前，修撰又为三司副使之帖职。熙宁时，御史中丞冯京言："近年自三司副使及尝理三司副使资序者皆以为集贤殿修撰。"④即为明证。元祐定制，"中丞、侍郎、给舍、谏议非待制而除者，通及一年加待制"。元祐二年（1087），左谏议大夫鲜于侁以疾求去，"以在职三月"，只除集贤殿修撰，知陈州。与此同时，诏满岁进待制。⑤绍兴五年（1135）十一月，中书舍人胡寅在职才逾半年即除徽猷阁待制知邵州，胡寅固辞，得集英殿修撰而去。他说："自来由词掖补外，必须在职一年，仍非罪谴，乃膺次对之选。所以示恩礼不轻除授。祖宗故事，不可违也。"⑥绍兴六年四月，寅自除中书舍人，已及一年，"方除徽猷阁待制，知严州"⑦。可见，谏议大夫至少中书舍人在元祐以后直至南宋时未满岁是只能得修撰的。修撰"元祐、绍圣间，六曹侍郎带权守者平出则除是职"⑧。南渡后，定制，权侍郎任期未满二年者除修撰。⑨绍兴八年（1138），集英殿修撰何悆就以"自除权侍郎已满再岁"故，升徽猷阁待制。⑩

《朝野类要》说："卿监资格者，带修撰。"检诸史籍，抑或有之。首见于宁宗之世。如，柴中行以秘书监"进秘阁修撰、知赣州……理宗即位，以右文殿修撰主管南京鸿庆宫"。马天骥"绍定二年进士……迁宗正

① 《长编》卷二〇三，治平元年十二月戊申，第4927页。

② 《宋史》卷一六二《职官二》，第3821页。

③ 《宋史》卷三三七《范镇传》，第10786页。《长编》卷二〇四，治平二年二月丁巳，第4950页。《宋史》卷三一五《韩缜传》，第10310页。《要录》卷一九，建炎三年春正月丙申，第1册，第296页。

④ 《长编》卷二一二，熙宁三年六月辛巳，第5156页。

⑤ 《宋史》卷三四四《鲜于侁传》，第10938页。

⑥ 《要录》卷九五，绍兴五年十一月乙未，第2册，第336页。

⑦ 《要录》卷一〇〇，绍兴六年夏四月丙午，第2册，第387页。

⑧ 《宋会要辑稿》职官十八之七八。

⑨ 《要录》卷三三，建炎四年五月戊午，第1册，第498页。

⑩ 《要录》卷一二一，绍兴八年八月丁卯，第2册，第642页。

少卿，以秘阁修撰知绍兴府，主管浙东安抚司公事兼提举常平"①。按，《朝野类要》成书于理宗端平三年（1236），卿监资格者带修撰当为宁宗末年以后新制。

北宋修撰外任多得三路重漕或知大藩府。如张景宪"熙宁初，为户部副使……加集贤殿修撰，为河东都转运使"。元丰初年，知河阳。明年，徙同州。②

要之，元丰改制前，修撰为三司副使、左右史等之帖职。元祐之制为权侍郎及未满岁之给谏等之帖职，南渡后，为左右史及未满任之权侍郎、给谏等之帖职。理宗时，卿监资格者补外带之。

直龙图阁，初"以待文学高选"③。故冯元、杨安国、马宗元、王洙之流皆以"通经有行义"入奉经筵。④ 庆历以后，渐为知大藩府之帖职。如，庆历四年八月，"左正言、直集贤院、知晋州尹洙为起居舍人、直龙图阁、知潞州"⑤。神宗时，直龙图阁补外已为普遍的现象。元丰改制，直龙图阁，省郎寺监长贰补外或领监司帅臣则除之。⑥ 中兴后，大抵如之。直天章阁至直显文阁并同，⑦ 各随高下而等差之。

直秘阁卑于诸阁。⑧ 元丰改制前，多任出常调以下差遣，且罕有除外者。元祐以后，大抵同直龙图阁，为省郎寺监长贰任藩阃监司之帖职。如，杜纮以朝请郎、大理卿换直秘阁知齐州，穆衍原任左司郎中，"绍圣初，以直秘阁为陕西转运使"⑨。南渡后略同于北宋。

宋制，朝官直秘阁。⑩《朝野类要》说，"京官直秘阁"，或起于宁宗末年。嘉定十四年（1221），赵葵以军功得承务郎，十五年授直秘阁，通判庐州，京官得直秘阁。其兄赵范于十五年得直秘阁，通判扬州，明年

① 《宋史》卷四〇一《柴中行传》，第12176页；卷四二〇《马天骥传》，第12579页。
② 《宋史》卷三三〇《张景宪传》，第10623页。
③ 《宋会要辑稿·职官》七之一。
④ 《长编》卷一〇二，天圣二年三月丁酉，第2353页。
⑤ 《长编》卷一五一，庆历四年八月癸卯，第3684页。
⑥ 谢维新：《古今合璧事类备要·后集》卷五七，文渊阁《四库全书》本，第940册，第201页。
⑦ 《宋史》卷一六二《职官二》，第3821、3822页。
⑧ 《通考》卷五四，第496页。
⑨ 《长编》卷四一三，元祐三年八月丁酉，第10041页。《宋史》卷三三二《穆衍传》，第10692页。
⑩ 程俱撰，张富祥校点：《麟台故事校正》卷一《沿革》，中华书局2000年版，第7页。

为军器监丞。① 军器监丞，从八品，与宣教郎同一品阶，② 故可推定赵范得直秘阁时亦为京官。据此，"京官直秘阁"事，当在此时。

直昭文馆、直史馆、直集贤院，三职之中，昭文为高，史馆、集贤次之。故太常少卿、直昭文馆陈从易坐校勘太清楼书舛误之故，降为直史馆。③ 就《长编》仁宗时期三职所得差遣看，直昭文馆也最高，皆知大藩府，任发运使、三司副使之职。如，"兵部郎中刘赓为太常少卿、直昭文馆知广州"，发运使、工部郎中、直昭文馆徐的为度支副使、荆湖南路安抚使。④ 而直史馆任上述职者则为60%，直集贤院最低仅39%。且直集贤院尚有为通判的，如祠部员外郎、直集贤院、通判河南府谢绛等。⑤ 宋人说，"贴职补外，直馆而下则有任通判差遣者"⑥，看来尚非个别现象。元丰改制，三职尽废，"元祐初，复置直集贤院"，绍圣二年（1095）省并。

校理，据《长编》统计，仁宗时，集贤校理任三路漕、知大藩府者仅占总数的24%，而多知小州，任远小路分监司，乃至通判。如张昷之以集贤校理任广南东路转运使。太常寺太祝、集贤校理鞠真卿知淮阳军。⑦ 天圣初，集贤校理葛昂等各乞外任差遣，并得小处通判。秘阁校理更是如此，其差遣几乎都是小州军、远小路分监司等。两职元丰改制废，元祐初复。集校绍圣二年省并，秘校元符二年（1099）废。

馆阁校勘，以官位卑，仁宗时少有主判及外放，多在馆供职。神宗时，破资格之弊，所得差遣多运判、监察御史里行、太常礼院之类。如太子中允、权监察御史里行彭汝砺为馆阁校勘、江南东路转运判官。馆阁校勘刘挚为同知太常礼院等等。⑧ 馆阁校勘元丰五年（1082）亦废，元祐四年（1089）复，⑨ 元符二年废。列宁波代帖职与相应差遣简表（见表2）。

---

① 《宋史》卷四一七《赵葵传》，第12499页；《赵范传》，第12505页。

② 《宋史》卷一六八《职官八》，第3997页。

③ 程俱撰，张富祥校点：《麟台故事校正》卷二《修纂》，第54页。

④ 《宋会要辑稿》选举三三之五。《长编》卷一五二，庆历四年九月乙亥，第3701页。

⑤ 《长编》卷一〇九，天圣八年九月丙子，第2544页。

⑥ 《宋会要辑稿》职官一八之七八。

⑦ 《长编》卷一二二，宝元元年夏四月癸酉，第2871页；卷一七七，至和元年十一月辛酉，第4288页

⑧ 《长编》卷二八七，元丰元年闰正月戊子，第7030页；卷二九〇，元丰元年六月丙午，第7086页。

⑨ 《长编》卷四三〇，元祐四年秋七月壬申，第10380页。

表 2　宋代帖职与相应差遣

时期 ＼ 职名差遣	昭文馆大学士监修国史集贤院大学士	观文殿大学士	观文殿学士	资政殿大学士资政殿学士	端明殿学士	诸阁学士	枢密直学士	诸阁直学士①	诸阁待制	集贤院学士	修撰	直阁	直昭文馆	直史馆	直集贤院	直秘阁	集贤校理	秘阁校理	馆阁校勘
元丰改制前	宰相	宰相	知枢密院事	执政	翰林学士承旨翰林学士	翰林学士	签书枢密院事同签书枢密院事		知制诰三司副使	知制诰待制②	左右史三司副使③	大藩府	三司副使大藩府发运使	转运副使省府推判官④	多任出常调以下官⑤	多任出常调以下官⑥	多任出常调以下官⑦	多任出常调以下官⑧	无差遣⑨
元丰改制	废	宰相	知枢密院事	执政	翰林学士承旨	翰林学士吏部尚书	签书枢密院事同签书枢密院事	五曹尚书	中书舍人	废	废	废	废	废	废	废	废	废	废
元祐之制	废	宰相	知枢密院事	执政	翰林学士	六部尚书	签书枢密院事同签书枢密院事六部尚书	六部尚书	中丞侍郎给谏⑩	权侍郎给舍待制⑪	权侍郎左右史给谏⑫	省郎、寺监长贰、外领司、臣除	废	废	废	省郎、寺监长贰、外领司、臣除	废	废	废
徽宗时期	废	宰相	知枢密院事	执政	翰林学士承旨	六部尚书翰林学士	签书枢密院事同签书枢密院事六部尚书	六部尚书	给谏权尚书	废	左右史给谏⑬	省郎、寺监长贰、外领司帅、臣除	废	废	废	废	废	废	废

续表

职名\差遣\时期	昭文馆大学士 监修国史 集贤院大学士	观文殿大学士	资政殿大学士 资政殿学士	端明殿学士	诸阁学士	枢密直学士	诸阁直学士①	集贤院学士	诸阁待制	修撰	直阁	直昭文馆	直史馆	直集贤院	直秘阁	集贤校理	秘阁校理	馆阁校勘
南宋时期	首相监修国史	宰相	执政 知枢密院事 签书枢密院事 同签书枢密院事	六部尚书 翰林学士		御史中丞 权尚书 六部侍郎	给谏 满任权侍郎	废	左右史 权侍郎 给谏⑭		省、寺监长贰、或领监司、帅臣除		废	废	省、郎、寺监长贰、或领外监司、帅臣除	废	废	废

备注：1. 诸阁直学士：直学士权前多由待制升擢，本表仅列与帖职相应的差遣，多外任，故未列入。

2. 知制诰待制：大臣老疾之退位者及以罪落职知制诰、待制得，知大藩府。

3. 左右史三司副使：修撰以上职名外任多为大藩府及紧要路分监司，如北宋三路重漕。

4. 转运使副司省府谁判度：60%的修撰以上直史馆两类以上出常调官。又，直史馆省以下出常调官。直史馆省以下百分比，据《长编》仁宗时期（卷100－卷199）材料统计而得。

5. 多任出常调以下官：占兼直秘阁的57%。

6. 多任出常调以下官：占兼直集贤院的61%。

7. 多任出常调以下官：占兼集贤院校理的76%。

8. 多任出常调以下官：占兼秘阁校理的94%。

9. 无差遣：祥符时任京官、监察御史里行，同知礼院。

10. 中丞侍郎给谏尚书：给谏任职一年者外任待制。

11. 权侍郎给舍侍制：以罪落给舍，待制得者。

12. 权侍郎左右史给谏：未满岁之给谏。三省官外任为三路重漕，大藩府。

13. 左右史给谏：未满岁之给谏。两类官外任为三路重漕，大藩府。

14. 左右史权侍郎给谏：未满岁之权侍郎、给谏，及理宗时之职监。外任大藩府、漕司。

四　帖职制度的作用

宋代承继唐、五代馆阁制度，创意为之，发展成为一整套完备的帖职制度，这项制度与赵宋王朝相始终，历时达300年之久。那么，它在有宋一代政治生活中又起到了什么样的作用呢？

（一）提倡文治、扭转世风

宋承唐、五代丧乱之后，收拾金瓯，推行重文抑武的政策。太宗之世，一统无外，治臻泰平，教风浸盛。其于人才博于采拔，进士一科多至700人。又骤升其美仕，待之以不次。兴国之初，始授进士甲科京官，倅大郡或即授直馆。兴国已降，遂为常规。于是天下学士靡然向风，凡诸为士之民唯以此为干禄之路。①　张方平说得好，之所以如此，"非惟道化所陶，抑由宠利所诱也"。赵宋王朝推行"儒术治国"的方斜，以致"朝士若乘马驰骋，言者必以为失体。才置良弓利剑，议者将以为谋叛"②。虽曰矫枉过正，但对于消除动乱，扭转唐末五代以来以武力相尚的社会风气，增强社会稳定，不能说未起到积极作用。当然，崇文之弊，以至少经世济事者，也是毋庸讳言的。

（二）存国家内外指纵之体

宋惩唐末五代海内失驭、诸侯叛命、将帅骄亢之祸，推行帖职制度，宠文臣以学士之名，假之以朝廷之重，以临制四方，达到以内制外、以身使臂、以臂使指、无所不可的效果。故范仲淹说："臣与韩琦并命陕西，初为经略安抚副使，次则分领秦、庆二州，兼本路部署兼经略安抚招讨等使，皆以学士之职，行都统之权。是用内朝近臣，出临外阃，以节度诸将，孰不以朝廷之势而望风禀命？"③元祐时，唐义问以承议郎知荆南，文彦博言："义问只以近下散官知荆南，恐事体不重。兼近有谢麟自知邠州移知潭州带直秘阁，叶均以秘书少监知荆南带直龙图阁。乞加义

---

① 张方平：《乐全集》卷八《选举论》，文渊阁《四库全书》本，第1104册，第68页。
② 《要录》卷三二 建炎四年三月辛未，第1册，第482页。
③ 田况：《儒林公议》卷上，《全宋笔记》第1编，大象出版社2003年版，第5册，第108页。

问馆阁职名，所贵夷夏称呼，增重方面事体。①"义问因之除集贤校理。南宋时，何澹除焕章阁学士知泉州，其制词曰："焕乎文章，示西清学士之宠，凛然风采，增南国诸侯之严。②"有宋一代正是以馆殿学士内朝密近腹心之臣出临藩方，达到了存国家内外指纵之体、加强对地方与军队控制的效果。

（三）甄别流品、养育人才

宋制以馆阁为储才之地。"有文章有学问有材有行或精于一艺或长于一事者，莫不畜之馆阁而奖养之"③，使其益读未见之书，以鉴观理乱，直秘庭，以待顾问，以养器业。又行内外迭补之法，上自观文、资政，下至三馆学士皆带职以领在内省府寺监，在外藩方任使，以养成人才。宋制于庶官之外，别加职名，汪藻道出了其中的深意，他说："阶官者积岁月可至，而职名者人主所以待天下英俊，一时甄拔之权，苟非其人，终身莫得而至也。"④ 宋代以阶官为寻常岁月酬劳之资，而别立职名系统甄别流品以待英特魁磊之士，以备公卿大臣之用。但自北宋中期以后，职名的这一作用，渐次磨灭。哲宗时，限年带职作为制度规定下来，帖职制度遂失去早期破资格之弊的作用。郎官以上满岁补外，例得加恩帖职，若不带职，人即以为贬。殆自元丰后，职名逐渐有同于阶官。即便如此，官制后，职名仍有甄别流品、区分内外朝臣、显示恩宠亲疏远近的作用。

（四）职名有同于阶官

唐中期以后，官制名实混淆，品秩贸乱。"尚书六司，天下之理本。兵部无戎帐，户部无版图，虞水不管山川，金谷不司钱谷，光禄不供酒，卫尉不供幕，秘书不校勘，著作不修撰。官曹虚设，禄俸枉请，计考者假而为资，养声者籍而为地。一隅如是，诸司悉然"⑤。宋承唐制抑又甚焉，于是官人授受有职、官、差遣之别。宋代官制中，"官"仅仅表明官

---

① 《长编》卷四一一，元祐三年五月辛酉，第 10002 页。
② 楼钥：《攻媿集》卷三七《何澹焕章阁学士知泉州》，文渊阁《四库全书》本，第 1152 册，第 659 页。
③ 欧阳修：《文忠集》卷一一四《又论馆阁取士札子》，文渊阁《四库全书》本，第 1103 册，第 163 页。
④ 汪藻：《浮溪集》卷二《奏论宋晦落职不当行词状》，文渊阁《四库全书》本，第 1128 册，第 21 页。
⑤ 陆长源：《上宰相书》，董诰：《全唐文》卷五一〇，中华书局 1983 年版，第 5184 页。

员俸禄的高低，① 故仕人“不以官之迟速为荣滞”。宋代差遣至少在仁宗庆历时尚无高低之分，故范仲淹奏乞定夺在京百司差遣等第。② 元祐时人胡宗愈在论述宋代馆阁涵养人才的过程时说差遣存在着等级，但这种等级很可能就是范仲淹所说的庆历前在京百司在习惯上存在着的“紧慢高下”。终宋之世，内外差遣基本无品阶未入杂压，即为明证。因而宋代的差遣虽有高下之分，但却很不严格。登闻鼓、检院，据胡宗愈说为初等差遣，馆职改京官升朝籍者得之。而唐肃、吴奎却以龙图阁待制、直集贤院得之。同样，同知太常礼院亦为低等差遣，而周孟阳却以直秘阁得之。馆阁校勘为低等馆职，多不主判，而蔡襄却带此职知谏院。③ 改制前，职名中待制以上已入杂压，因而职名比差遣的等级界限严明，比寄禄官荣耀。因此，改制前，职名实际上起着一种表明官员实际地位、等级与荣耀的作用。以此之故，改制前，由于自三司使、御史中丞、翰林学士、知制诰外，未有侍从职事官，“故边帅积劳者率以直龙图阁除天章阁待制”④。官员补外多授予与在京差遣相当的职名，再任、转任亦进加职名。因而职名对于改制前名实混淆、品秩混乱的官制来说，实际上起到一种条理、等级的作用。改制后，虽然职事官已各守其职，实行其事，且有杂压，非改制前知摄权判可比，但职事官补外仍然地位、等级不明。因此，无论改制前后，职名都或多或少地起着一种类似阶官的作用。

（五）砺世磨纯之利器、驱策官员之手段

宋代官制有职、官、差遣之别，三者交相为用，增添了驱策官员的手段，调节了统治集团内部的关系。如仁宗时，“刑部员外郎、直史馆、同修起居注宋祁次当知制诰，以兄庠在中书，乃授天章阁待制、同判礼院”⑤。以职名换差遣，达到了避亲嫌的效果。庆历时，元昊反，范仲淹以龙图阁直学士为陕西经略安抚、招讨副使，寻改学士为邠州观察使。范仲淹上书坚辞，他说：“且儒生后进换入武帅，或在于上则多憎愤，必有怨言，或处于下，则多见抑，亦无成功。惟异其品流，隆其委任，彼

---

① 《长编》卷一一〇，天圣九年秋七月甲戌。

② 《范仲淹全集·奏议卷上·奏乞定夺在京百司差遣等第》，第541页。

③ 《宋史》卷三〇三《唐肃传》，第10041页；卷三一六《吴奎传》，第10319页；卷三二二《周孟阳传》，第10447页。《长编》卷一四〇，庆历三年夏四月。

④ 《杂记·甲集》卷一二《外官除次对》，中华书局2000年版，第242、243页。

⑤ 《长编》卷一二五，宝元二年十一月癸卯，第2941页。

则望风怀畏，靡敢不从，此为得其体也。①"户部侍郎高遵惠补郡知庆州，平出当得宝文阁待制。以其尝攻贾种民，恐外议以为忤执政故逐去。故稍加旌宠，授与尚书当得职名宝文阁直学士。② 以换授、升擢职名达到平息舆论的效果。左中大夫、直秘阁、淮东转运副使王前在单州应副元帅府钱粮有功，当升其官，以升朝官碍止法不当得太中大夫超转侍从，故升其职名为直龙图阁。③ 以升职名代替升官资，达到了既赏功而又不坏成法的效果。元丰官制后，职事官各有杂压，既上者不可以复下。故自六尚书、翰林学士而除中丞，六曹侍郎而除给舍、谏议非不美，而不免为左迁。若使带职为之，则无此嫌。苏辙自翰苑除中丞带龙图阁学士，郑穆尝为给事中其后为国子祭酒带宝文阁待制及前执政人为尚书皆带殿学士之类，既近于为官择人之义，且于人品秩无伤④。《邵氏闻见前录》中记载了这样一件事：长安张衍年八十，以术游士大夫间。一日谓人曰："古有命格，今不可用。古者贵人少，福人多；今贵人多，福人少。"邵氏问其说，衍曰："昔之命出格者作宰执，次作两制。又次官卿监，为监司大郡，享安逸寿考之乐，任子孙，厚田宅，虽非两制，福不在其下，故曰福人多贵人少。今之士大夫，自朝官便作两制，忽罢去，但朝官耳，不能任子孙，贫约如初。盖其命发于刑杀，未久即灾至。故曰贵人多福人少也。⑤"宋代朝官加待制以上职名或给谏、知制诰以上差遣者便预侍从之列，如不任职，或有过犯，免去其职名与差遣，以本官归班，则仍为朝官。故张衍所云虽曰术者之言，但却道出了职名、差遣赋予宋代官制以名器事功甄别能否，黜陟进退，权归于上的特点。⑥ 可见，帖职制度的建立，使得赵宋王朝在使用官员上有了更大的回旋余地，进退用人更为灵活便利。

① 《范仲淹全集》卷一七《让观察使第二表》，第 406 页。
② 《长编》卷五一四，元符元年八月丙戌，第 12220 页。
③ 《要录》卷七七，绍兴四年六月癸未，第 2 册，第 78 页；卷一四〇，绍兴十一年五月丙寅，第 2 册，第 877 页。
④ 徐度：《却扫编》卷中，第 4507 页。
⑤ 邵伯温：《邵氏闻见录》卷一六，中华书局 1983 年版，第 177 页。
⑥ 《宋史》卷一六一《职官一》，第 3768 页。

五　宋史职官志正误

（一）资政殿大学士为执政帖职

《宋史·职官志》云，资政殿大学士"自王钦若后，非宰相而除者，惟庠一人"。似乎资政殿大学士即为宰相罢政之恩典，其说实误。

检《宋史·职官志》资政殿大学士条与《文献通考·职官八》资政殿大学士条全同。将《通考》该条再与《群书考索》及《石林燕语》对照，《通考》与两书又颇相近。《石林燕语》云："真宗景德中，既置资政殿大学士，授王冀公，班翰林承旨上，一时以为殊宠。祥符初，向文简公以前宰相再入为东京留守，复加此职。自是迄天圣末，二十余年不以除人。明道元年，李文定公知河阳，召还，始再命之。景祐四年，王沂公罢相，复除。三十年间除三人，而皆前宰相也。宋宣献公罢参知政事，仁宗眷之厚，因加此职。自冀公后，非宰相而除者，惟宣献一人而已。时谢希深当制云：有国极资望之选，今才五人；儒者兼翰墨之华，尔更九职。当时颇称之。宣献尝历龙图阁学士、端明殿学士、再为翰林学士、三为侍读学士，而后除资政殿大学士，至是并为九也。"① 按：宋宣献，仁宗时实有其人，乃宋绶而非宋庠。据《宋史·宋绶传》记载，其履历与《石林燕语》所云"尔更九职"完全吻合。而宋庠则否，仅历翰林学士、资政殿学士、集贤殿大学士、观文殿大学士四职。② 数既有异，职亦不同。宋绶谥宣献，宋庠谥元献，名与谥仅一字之差。马端临误将宋宣献绶当作宋元献庠。然此仅小误，重要的是，无论宋庠还是宋绶罢参知政事后均未得资政殿大学士之职名。宋庠略而不论。宋绶据《宋史》本传记载，罢参知政事后仅得资政殿学士职名，岁余方加资政殿大学士。《东都事略·宋绶传》及《长编》等成书早于《宋史》的史籍记载亦复如此。故《石林燕语》所谓"而后除资政大学士，至是并为九也"之"是"，当是指宋绶罢参政后所得之资政，而非大资政。资政殿学士自王钦若于景德二年（1005）得后，踵之者有晏殊、王曙、李迪、薛

① 叶梦得：《石林燕语》卷六，第 91 页。
② 《宋史》卷二八四《宋庠传》，第 9591、9592 页。

奎，皆在景祐四年宋绶得资政之前。^① 晏殊天圣时自"御史中丞改资政殿学士兼翰林侍读学士"。王曙明道元年自参知政事得"资政殿学士，出知陕州"^②。李迪明道二年太后崩后，召为资政殿学士，判尚书都省。^③ 参知政事薛奎于景祐元年以疾辞位，"罢为户部侍郎、资政殿学士，判尚书都省"^④。正与谢希深所草之制"有国极资望之选，今才五人"相合。《石林燕语》该条笔记将资政殿学士、大学士混为一谈，思路极为不清。叶梦得误马端临，马端临误修《宋史》者，陈陈相因，皆失于深考。

向敏中、李迪、王曾虽为前宰相，然罢皆不美。向敏中违诏质故相薛居正之宅，又妄言于真宗之前，^⑤ 李迪坐姻党范讽得罪，^⑥ 王曾则因与吕夷简交论于帝前。^⑦ 向敏中尚早，姑且不论。李迪、王曾时，虽无大观文、观文之职，职名制度尚不完备。但于时宰相罢政往往建节为使相，如冯拯、吕夷简、陈尧佐等，恩数较大资为厚多矣。叶梦得言，自仁宗之世，宰相去位，"盖自非降黜皆建节或使相为优恩，加职名为常例"^⑧。前宰相罢政得资政殿大学士之职名，但不可谓资政殿大学士即前宰相之恩典。景祐以后，迄于南宋，大资多由资政序进，均是执政得之。因此，更不可如此断言。《宋史·职官志》及《文献通考·职官》抄掇群书，不暇深考，遽将笔记之语，便作一代典制，实有失于草率。

（二）待制升秩时间

龙图阁待制升秩，"班在知制诰下"的时间，《宋史·职官二》龙图阁待制条说在景德四年，似误。据《长编》记载实在大中祥符二年春正月己卯。^⑨ 时戚纶以直昭文馆、陈彭年以直史馆为龙图阁待制。真宗以既升待制之秩而馆职弗称，又不欲罢纶等兼俸，因令两人并兼集贤殿修撰。检《宋史》两人本传记载与《长编》正合。《戚纶传》曰："是冬（大中

① 《长编》卷一二〇，景祐四年夏四月甲子，第 2826 页。
② 《宋史》卷三一一《晏殊传》，第 10196 页；卷二一〇《宰辅一》，明道元年七月乙酉，第 5452 页。
③ 《宋史》卷三一〇《李迪传》，第 10174 页。
④ 《宋史》卷二八六《薛奎传》，第 9631 页。
⑤ 《宋史》卷二八二《向敏中传》，第 9555 页。
⑥ 《宋史》卷230《李迪传》第 10174 页。
⑦ 《宋史》卷三一〇《王曾传》，第 10185 页。
⑧ 叶梦得：《石林燕语》卷六，第 90 页。
⑨ 《长编》卷七一，大中祥符二年春正月己卯，第 1590 页。

祥符元年冬），封泰山，命纶同计度发运事。礼成，迁户部郎中、直昭文馆，待制如故。被诏，同编东封祥瑞封禅记。会峻待制之秩，又兼集贤殿修撰。"① 《陈彭年传》曰："大中祥符中，议建封禅，彭年预详定仪注，上言辨正包茅之用。礼成，进秩工部郎中，加集贤殿修撰。"② 又，《宋史·职官八》亦云："景德元年，初置待制，赴内朝，其五日起居，止叙本班。大中祥符二年升，侍（视）知制诰，仍在其下。"可见，《宋史·职官二》待制条实非。

（三）元丰直秘阁废置

《宋史·职官二》直秘阁条云："官制行……罢直馆、直院之名，独以直秘阁为贴职，皆不试而除，盖将以为恩数而已。"似元丰废馆职，尚存直秘阁未废，其实大谬不然。

《宋会要》《麟台故事》云："（元丰五年）四月二十三日诏：自今更不除馆职，见带馆职人依旧。如除职事官，校理以上转一官，校勘减磨勘三年，校书减二年，并罢所带职。"③ 两书均未言直秘阁独存，与宋志相左。据《长编》记载，元符二年十一月，哲宗与曾布、章惇等议论神宗罢馆职事。曾布说："总罢则无以待小帅及被奖擢者，先朝以无直秘阁等职名，便除直龙图阁，诚可惜。"④ 可见，元丰时凡馆职皆"总罢"去，直秘阁并未独存。又我们遍检《长编》中元丰五年四月以后至元祐元年四月之间的记载，亦未见有关直秘阁除授之事。因此，关于改制时直秘阁废置之事，还应以《长编》《宋会要》《麟台故事》等书为是，宋志之言似不可信。

（四）元祐所复馆职六等

元祐更化，其元年复置馆职六等。但六等馆职各书不尽相同，无一完备。《宋史·职官四》仅列直集贤院、直秘阁、集贤校理、秘阁校理四等。《长编》《宋会要》稍异⑤，多集贤殿修撰、直龙图阁两职。据史籍记载，元祐元年（1086）即有李之纯为集贤殿修撰、河北路都转运使，

---

① 《宋史》卷三〇六《戚纶传》，第 10106 页。
② 《宋史》卷二八七《陈彭年传》，第 9664 页。
③ 《宋会要辑稿》职官一八之五；《麟台故事校正》卷四《官联》，第 171 页。
④ 《长编》卷五一八，元符二年十一月辛巳，第 12331 页。
⑤ 《长编》卷三七三，元祐元年三月乙酉，第 9038 页。《宋会要辑稿》职官一八之六。

蒋之奇为集贤殿修撰、知广州事。① 此后得此职者，史不绝书。故集贤殿修撰当为元祐元年所复六职之一。

直龙图阁，严格地说并非馆职，它属诸阁职名之一，故元丰废馆职，直龙图阁并未废除。这一时期，其除授屡见于《长编》。元丰五年（1082）十一月"乙未，河东路转运判官、通直郎蔡煜直龙图阁知秦州"。元丰六年三月"己亥，陕西转运判官、通直郎赵济直龙图阁知熙州"。虽然如此，但宋人往往将直龙图阁看成馆职。宋志云："又有集贤殿修撰、直龙图阁、直昭文馆史馆集贤院秘阁……均谓之馆职。"马端临道出了其中的原因，他说，"龙图阁为储祖宗制作之所，故其官视三馆"②。综上所述，可知直龙图阁亦为元祐所设六职之一。

直集贤院、直秘阁、集贤校理，《宋史》《长编》《宋会要》三书均有，无庸烦言。秘阁校理，《长编》《宋会要》或有或无，尚须稍加论列。据《长编》记载，元祐元年（1086）三月，"两浙路转运副使、朝请郎孙昌龄为秘阁校理知福州"；同年六月"两浙转运使许懋为秘阁校理知福州"。可见，秘阁校理亦为元祐元年所复之职。

综上所述，可知元祐元年三月复馆职六等当为集贤殿修撰、直龙图阁、直集贤院、直秘阁、集贤校理、秘阁校理六职。

（五）秘书省官任满不再授馆职之时间

据《宋史·职官四》记载，哲宗时有罢秘书省官任满除馆职法之事，但志文未载其确切时间。职事官许带职为元祐元年三月事。③ 当时，王岩叟、刘挚等屡以为言，有十不可之说。但至刘挚作相"亦竟不能自改"④刘挚作相在元祐六年，⑤可证至迟至六年尚无罢秘书省官任满除馆职事。据《长编》元祐八年五月尚有"校书郎陈师锡为工部员外郎、集贤校理，著作佐郎时彦为兵部员外郎、集贤校理"之事。而宣仁后死于元祐八年九月，⑥ 于时哲宗亲政，国是将变，废秘书省官任满除馆职法，或当在此后不久。

---

① 《长编》卷三八二，元祐元年秋七月丁卯，第9316页；卷三八四，元祐元年八月己丑，第9358页。
② 《通考》卷五四，第495页。
③ 《长编》卷三七三，元祐元年三月乙酉，第9038页。
④ 叶梦得：《石林燕语》卷九，第130页。
⑤ 《宋史》卷二一二《宰辅三》，元祐六年二月辛卯，第5505页。
⑥ 《宋史》卷一七《哲宗纪一》，第336页。

（六）元符二年职事官罢带馆职

《宋史·职官四》云：元符二年，诏职事官罢带馆职，悉复元丰官制。大误。据《宋会要》记载，早在绍圣二年（1095）四月即诏"职事官罢带，非职事官仍旧许带"①。"职事官罢带职"，当然也包括罢带馆职，这是毫无疑问的。据《长编》记载，绍圣四年六月"乙未，直秘阁吕温卿为鸿胪卿"。是月壬申"鸿胪卿吕温卿为直秘阁权发遣江淮等路发运使"。元符元年六月戊戌，"秘阁校理陈师锡为考功员外郎"。二年六月壬午，"考功员外郎陈师锡加秘阁校理知宣州"。以上，清楚表明吕、陈两人在任鸿胪卿、考功员外郎等职事官时是不带职的。绍圣二年九月常安民亦言，"近日讲复官制，职事官不带职"②。可见，职事官不带职，实绍圣时事。元符二年在职名方面的重要变动是尽罢馆职，而非职事官罢带馆职。宋志所言误。

宋承唐末五代丧乱之后，推行"儒术治国"的方针，帖职制度是其偃武修文总政策中的重要一环。同时，宋又处于封建官僚制度史上一段极为特殊的发展阶段中。自则天推行试官之格、员外之置后，中唐以至宋代，建官而不任以事，莅事而不命以官，官制大乱。因此，帖职制度又成为宋代官僚制度中重要而积极的组成部分。宋代以学士兼任内外差遣，这是完全不同于唐的创举，它具有明显地加强对地方与军队控制的效果，同时，显然又对台省寺监官曹虚设、品秩混乱、名实混淆的宋代官制起了一种有同于阶官的条理等级的作用。宋代推行以劳能、军功入馆的授职标准，同时又充分地发挥了职名在宋代官僚政治机器运转中的调节作用，这也是与唐迥然有别的。职名以其清贵严近的地位与声望成为宋王朝提倡文治、扭转世风、砥世磨纯的重要工具。职名制度又为宋王朝甄别、简拔、培养、储备了大批人才，以备公卿大臣之选，应该说它是比科举制度更为重要、更高一层次的选拔用人制度，这是对唐制的发展。宋代帖职制度的这些新特点与新作用产生于唐末五代王纲失坠、海宇分崩之后，与封建官僚制度极度混乱的时期，这样一种历史现象在我国古代封建社会中是仅见的，因而，它决定了宋代的帖职制度是空前绝后的。

（原载《文史》1988 年总第 30 辑）

---

① 《宋会要辑稿》职官一八之七八 。
② 佚名：《宋史全文》卷一三，绍圣二年九月壬戌，黑龙江人民出版社 2004 年版，第 753 页。

北宋前期官品令复原研究

南京大学历史系　李昌宪

宋代前期官品令的研究，20世纪80年代发表了两篇重要论文，即俞宗宪的《宋代职官品阶制度研究》[1] 和李宝柱的《〈宋史·职官志〉官品制度补正》。[2] 俞文对宋代职官品阶制度作了较完整的论述，李文则对俞文作了修正和补充。这两篇论文，对于宋代职官品阶制度的复原做出了重要的贡献。然而我们今天来看，仍存在着不足和错误，有进一步深入探讨的余地。故敢献拙文，以就教于方家，不当之处，敬请指正。

一　《北宋前期官品表》之失误

李宝柱在其文中制有《北宋前期官品表》，现移录如表1。

表1

一品	尚书令，太师，太傅，太保，太尉，司徒，司空，太子太师、太傅、太保
二品	中书令，侍中，左、右仆射，太子少师、少傅、少保，诸州府牧，左、右金吾卫上将军，大都督，上柱国正，柱国从
三品	左右散骑常侍，门下、中书侍郎，吏、户、礼、兵、刑、工部尚书，御史大夫，太常、宗正卿，秘书监，光禄、卫尉、太仆、大理、鸿胪、司农、太府卿，国子祭酒，殿中、少府、将作、司天监从，太子宾客，太子詹事正，亲王傅正，诸卫上将军，六军统军，诸卫大将军，神武、龙武大将军，诸卫将军，神武、龙武将军，下都督，三京府牧，开封府尹从，开封府牧从，五府大尹，五大都督府长史从，上州刺史从，上护军正，护军从

---

① 俞宗宪：《宋代职官品阶制度研究》，《文史》总第21辑，1983年。

② 李宝柱：《〈宋史·职官志〉官品制度补正》，《中国史研究》1988年第3期。

四品	左右丞，诸行侍郎，御史中丞，太常、宗正少卿，秘书少监，光禄、卫尉、太仆、大理、鸿胪、司农、太府少卿，国子司业，殿中、少府、将作、司天少监从下，三京府少尹从下，开封府少尹从下，太子率更令、家令、仆，诸卫率府率、副率，诸军卫中郎将，诸王府长史、司马，大都督府左、右司马，内侍，中州刺史正上，下州刺史正下，上州别驾从下，上轻车都尉正，轻车都尉从
五品	谏议大夫，左、右司郎中，诸行郎中，国子博士，五经博士，太子中允，太子左右赞善大夫，都水使者，开封祥符、河南洛阳、宋城赤县令正，太子中舍、洗马，内常侍，太常、宗正、秘书，殿中丞，著作郎，殿中五尚、奉御，大理正，诸王友从下，诸军卫郎将，诸王府咨议参军正上，司天五官正，太史令，内给事，中州别驾正下，上州长史从上，下州别驾从上，上州司马参军事从下，上骑都尉正上，骑都尉从上
六品	起居郎，起居舍人，诸行员外郎，侍御史，中州长史正上，三京畿县令正上，中州司马正下，下州司马从上，诸州上县令从上，骁骑尉正上，飞骑尉从上
七品	殿中侍御史，补阙（左右司谏），司天监丞正上，司天监主簿从下，开封司录正上，中县令正上，开封诸事（曹？）参军事正下，上州录事参军事从上、赤县丞从上、中下县令从上，上州司法参军事从下，下县令从下，云都尉正上，武都尉从上
八品	监察御史，左右正言，著作佐郎，中州录事正上、司户正上、司法正下，开封府左右军巡使、判官正，下州录事从上、司户从下、司法从下，赤县主簿从上、尉从下，上县丞从上，中县丞从下
九品	三京畿县主簿正上，中下县丞正上，上州医博士正下，三京畿县尉正下，上县主簿正下，中县主簿正下，下县丞正下，上县尉从上，中县尉从上，中下县主簿从上，下县主簿从上，中下州医博士从下，中下县尉从下，下县尉从下

此表的问题，一是失于粗疏。唐朝官品令，九品三十阶；宋朝元丰改制，所行为九品十八阶。因此，无论从哪一方面看，此表只列九品，而无正从、上下，都是鲁莽灭裂的。二是仍有讹脱衍倒，就大者而言，官、阶、勋、爵，表中仅列官、勋两个系列，而无阶、爵。就小者而言，所列职事官也欠完备。该文言，"给事中、中书舍人的品级待考"，"太常博士和通事舍人的品级待考"，就是明证。

宋承唐制，品阶制度也不例外。自宋初至元丰改制前，宋朝基本上是沿用唐代官品令，直至元丰改制才有了本朝的新制。但是李宝柱先生认为"至仁宗朝，始见比较完整的官品令"，他所依据的就是康定二年（1041）礼院据品位详定百官朝服标准一段文字，其中枚举了一品至六品以下官职一二百种，① 这就将宋朝官品令的产生时间提前了整整 40 年。李宝柱据此，并援引俞宗宪所制《宋初官品表》，即《职官分纪》卷三八、四〇、四二中宋朝前期地方官员品级的史料，由此完成《北宋前期官品表》。

在论证过程中，李宝柱不惮其烦地征引《宋会要辑稿》《续资治通鉴长编》等宋代文献中的史料，并在无据的情况下借助推断，来证明康定二年宋朝已有了"比较完整的官品令"。但是，如果我们将其所引与唐代官品令相对照，这些品阶恰恰都是唐朝所定。

如所引《宋会要》帝系二之七，"淳化五年二月二十七日，中书门下言：'……按《官品令》，大都督是二品，五府大尹、五府大都督长史是三品'"。检《旧唐书·职官一》所载永泰二年（766）官品令，三者之中，前者是从二品，而后两者均为从三品。所谓五府，后者据该《官品令》，为扬、幽、潞、陕、灵等五州。前者据《旧唐书·地理一》，应指玄宗开元元年（713）至肃宗至德二载（757）间所置五京，即京兆、河南、太原、成都、凤翔五府。两者均为唐中期之制。京府至德宗兴元元年（784）已增加河中、江陵、兴元三府，从而扩张至八府。大都督府至后唐长兴三年（932），屡经变动，已达十州，即陕、灵、幽、魏（潞）、扬、徐、越、杭、福、潭等州。② 因此，《宋会要·帝系》所述必为唐制无疑。又引《宋会要》礼四一之四七兵部尚书李涛条，"建隆三年十二月，礼院言：'三品之丧，请辍（朝）一日。'从之"。以证明"六尚书俱为三品"。引《宋会要》仪制七之一四乾德二年六月条，太常礼院言："……诸行侍郎品第四……或有自四品入三品，为黜官，丞郎入卿监是也。"李宝柱由此知"左、右丞与诸行侍郎俱为四品"。然如检唐官品令，则知六部尚书为正三品，尚书左丞、吏部侍郎为正四品上阶，尚书右丞、诸司侍郎为正四品下阶，一目了然，明细远过其所引，因此实无必要繁征博引宋代文献进行求证。宋康定二年礼院所引官品，承袭唐制之迹，清晰可辨，无庸深论。

关于这一点，《宋史·职官志八》说得很清楚。

① 《宋史》卷一五二《舆服志四》，中华书局 1985 年版，第 3551—3553 页。徐松辑：《宋会要辑稿》舆服四之一一、一二，中华书局 1957 年版，第 1799 页。
② 《旧五代史》卷四三《明宗纪九》，中华书局 1976 年版，第 590 页。

　　唐令，定流内一品至九品，有正从上下阶之制。其后升侍中、中书令为正二品，御史大夫、散骑常侍、两省侍郎为正三品，御史中丞正四品。谏议大夫分左右，改将作大匠为监，太史局为司天监，置大监正三品，少监正四品上，丞正六品上，寺簿正七品上，主事正八品下，五官正（正）五品上，副正正六品，灵台郎正七品下，保章正从七品上，挈壶正（正）八品上，五官监候正八品下，司历从八品上，司辰正九品上。又置国子、五经博士为正五品上。左右金吾卫上将军为从二品，左右龙武神武军大将军为正三品，将军为从三品。又置内侍监为正三品，少监从四品。改诸州府学博士为文学，在参军上。五代复置尚书令为一品，升右丞为正四品上，降谏议在给事之下。①

　　宋初，并因其制，惟升宗正（少）卿为正四品，②丞为从五品。其军器监、少监，甲、弩坊署令丞，监作、录事，昭文馆校书郎，司辰、司历、监候，殿中诸署监事、计官，太常诸陵庙、太医、太公庙署令丞，医针博士、助教，按摩、呪禁博士，卜正、卜博士，宗正崇玄署令、丞，大理狱丞，鸿胪典客、太府寺平准、左右藏、常平署令丞，都水监舟辑、河渠署令丞，官苑总副监牧、监副、丞、主簿、诸园苑司并百工等监、副监及丞，诸仓、诸冶、诸屯、温汤监及丞，掌漕，诸军卫录事诸曹参军、司阶、中候、司戈、执戟、校尉、旅帅、队正、队副、正直长、长上、备身，左右备身、左右亲、勋、翊卫府中郎将，兵曹三卫，折冲、果毅、别将、长史、兵曹参军、校尉、旅帅、队正、队副、镇军司马、判司，太子詹事府丞、主簿、司直、司议郎、舍人、文学，校书、正字、崇文馆校书、侍医，通事舍人、左右春坊录事、主事，三寺丞主簿、诸署令丞、典仓署园丞、厩牧典乘、内坊典内及丞、典直，率府长史、录事诸曹参军、司阶、中候、司戈、执戟、校尉、旅帅、队正、队副、直长、千牛备身、亲勋翊府中郎将、兵曹三卫，王府文学、东西阁祭酒、掾属、主簿、录事诸曹参军、行参军、典签、典军、执杖执乘

---

① 《宋史》卷一六八《职官志八》，第3996页。
② 按：宗正卿，唐《永泰令》为正三品，故《宋志》所言欠妥。唐令，八寺少卿为从四品上阶，故宋初所升应为宗正少卿。唐宗正卿与太常卿同品，较从三品的光禄等七寺卿高，故宗正少卿应升为正四品上阶，与太常少卿同。

亲事、校尉、旅帅、队正、队副、国令、大农尉丞，公主邑令丞、邑司录事，河南应天及诸次府都督都府功曹、仓、兵曹参军，诸州司功、司仓、司兵参军，诸县丞，京县录事，诸镇仓曹、兵曹参军，戍主、戍副、关津令丞，并门下省城门、符宝郎，太常寺协律郎，军器监丞、主簿，太常寺郊社、太卜、廪牺，光禄寺太官、珍羞、良酝、掌醢，卫尉寺武器、守宫，太仆寺乘黄、典厩、典牧、车府，鸿胪寺典客、司仪，司农寺上林、太仓、钩盾、导官，太府寺诸市，少府监中尚、左尚、右尚、织染、掌冶，将作监左校、中校、甄官署令丞、监膳，殿中省六局直长、食医、侍御、医司、医佐、掌辇、奉乘、司廪，太子典膳、典药、内直、典设、宫门郎并局丞，皆存其名，而罕除者皆不录，惟常命官者载之。诸司主事、录事皆存，而无士人为之。别置中书、枢密、宣徽院、三司及内庭诸司，沿旧制而损益焉。①

据上引可知，唐永泰二年的官品令，至宋初，经历了三个阶段的演变，第一次是唐后半期，第二次是五代时期，第三次则是宋初。前两次变动不大，宋初这一次则是对唐以来为使职差遣制度所取代的寺监、军卫、州府佐贰及东宫、亲王、公主、镇戍关津、府兵系统的官职进行了大规模的清理，"皆存其名，而罕除者皆不录，惟常命官者载之"。总的来讲，是"沿旧制而损益焉"，仅保留了唐代寺监、军卫、东宫、亲王府、州府的高级、主要官职，是在唐令总体框架内的改革。因此，宋初的官品令仍然属于唐令体制，这是毋庸置疑的，而由唐令复原宋初行用的官品令，是可行的，也是必经之路。今试以《永泰令》颁布以来至宋代的官品变动为依据，复原宋前期的官品令。

二　以《永泰令》等文献补正

上引《宋史·职官八》所言唐五代品阶的变动，除侍中、中书令、门下中书侍郎、御史大夫、国子博士、五经博士、尚书令、尚书右丞是

---

① 《宋史》卷一六八《职官志八》，第3006—3998页。

正确的外，其它或有失误、歧义，或欠精确，也还有遗漏之处，因此有必要征引唐、五代及宋代文献进行补正。

尚书令，唐《永泰令》正二品。后梁开平三年（909）三月，升为正一品。① 康定二年礼院援引的官品令亦为正一品，这表明宋初尚书令仍为正一品。左右仆射，唐代从二品。然治平二年（1065），富弼累上章以疾坚辞枢密使之职，英宗优礼两朝老臣，"除仆射及使相"。富弼再三恳辞，他说："仆射是正二品官，师长百寮，使相者文武中并是第一等俸禄，臣因病退，反有此授，固不敢当。"② 最后折中，只授使相而罢仆射。由此可知，元丰改制前，仆射已升为正二品。中书门下平章事，唐代属使职差遣，未定品级。后晋天福五年（940），升为正二品。③ 尚书左、右丞，《永泰令》同为正四品，但有上、下阶之别。《旧五代史》卷一四九载，后唐长兴元年（930）九月颁诏，认为，"台辖之司，官资并设。左、右貂素来相类，左右揆不至相悬。以此比方，岂宜分别，自此宜升尚书右丞官品与左丞并为正四品"④。左、右丞唐代均为正四品，而诏令言"并为正四品"，语义欠明。后唐的变动，当是升右丞与左丞同为上阶。《宋史·职官八》言，五代"升右丞为正四品上"，可为佐证。

太史局，乾元元年（758）改为司天台。太史局令随之改为司天监，由从五品下升为从三品，"一如殿中、秘书品秩"。《职官分纪》国朝官品令亦载司天监为从三品。太史丞乾元元年改称司天少监，"与诸司少监卿同品"。唐秘书、殿中少监，光禄等七寺少卿从四品上，少府、将作少监从四品下。《职官分纪》国朝官品令载司天少监为从四品下阶，故少监当为下阶。⑤ 会昌二年（842），御史大夫准六尚书例，自从三品升为正三品，御史中丞正五品上升为正四品下。⑥ 谏议大夫，《永泰令》正五品上阶。会昌二年，升谏议大夫为正四品下。然后周显德五年（958）六月

---

① 《旧五代史》卷一四九《职官志十一》，第 1989 页。

② 李焘：《续资治通鉴长编》（以下简称《长编》）卷二〇五，治平二年秋七月壬戌，中华书局 2004 年版，第 4977 页。

③ 据《旧五代史》卷七九《晋高祖纪五》，天福五年二月壬子条补，第 1038 页。

④ 《旧五代史》卷一四九《职官志十一》，第 1990 页。

⑤ 《旧唐书》卷四三《职官志二》，中华书局 1975 年版，第 1855 页。《职官分纪》卷一七，中华书局 1988 年版，第 401 页。

⑥ 《旧唐书》卷四四《职官志三》，第 1861、1862 页。

敕，"谏议大夫宜依旧正五品上，仍班位在给事中之下"①。唐官品令有内侍监，列入正三品。而其上佐少监、内侍失载。《新志》言，"天宝十三载（754）置内侍监，改内侍曰少监，寻更置内侍"。少监、内侍"皆从四品上"，则可补《旧志》官品令之阙。②《永泰令》尚书左右诸司郎中均为从五品上阶，但《新唐书·百官一》载，吏部郎中正五官上，与诸司异，这是有可能的。唐初，《武德令》"吏部郎中正四品上，诸司郎中正五品上。贞观二年（628），并改为从五品上"。故从《新志》。司天五官正，《旧唐书·职官二》正五品，《新唐书·百官二》《职官分纪》为正五品上阶，今从后者。③《职官分纪》言，"国朝赤县令一人正五品，以开封祥符为赤县"，未明言上、下阶。今据《永泰官品令》万年、长安等县令品级，姑置开封、祥符、河南、洛阳、宋城县令于上阶。④

《宋史·舆服四》关于官品令的这段文字，将左右金吾卫上将军列入二品，而将诸卫上将军、六军统军与"诸卫大将军，神武、龙武大将军"，同列为诸司三品，这是入宋后的一个较显著的变动。唐前期六军诸卫置大将军，正三品，这见诸唐官品令。德宗兴元元年（784）正月，"诏六军各置统军一员，秩从二品"。贞元二年（786）九月，诏："其十六卫各置上将军一人，秩从二品。"⑤ 因此，诸卫上将军与六军统军应是从二品。咸平五年（1002），在议论楚王元佐官职迁转时，仍然依唐制，认为六军统军与诸卫上将军均为从二品。其间只不过存在细微的差别，"按仪制，金吾在统军、上将军之上"⑥。六军、诸卫间的差距，在太宗后期，已经显现出来。乾德二年（964）令，"上将军在中书侍郎之下"。而淳化四年（993），"升金吾、左右卫在尚书之下"。虽然中书侍郎与尚书同为正三品，但叙位有前后之别。天禧三年（1019），再次调整序班及视品之制，规定"金吾卫、左右卫上将军并在节度使上，六统军、诸卫上

① 《旧唐书》卷四三《职官志二》，第1845页。《旧五代史》卷一四九《职官志十一》，第1991页。

② 《新唐书》卷四七《百官志二》，中华书局1975年版，第1221页。

③ 《职官分纪》卷一七，中华书局1988年版，第402页。

④ 孙逢吉：《职官分纪》卷四二，第789页。

⑤ 按：见《旧唐书》卷一二《德宗纪上》，第340、354页。又，李宝柱不知有此诏，误以为"左右金吾卫大将军正三品，宋改称左右金吾卫上将军，为二品"。

⑥ 《长编》卷五三，咸平五年十一月庚戌，第1164页。

将军在常侍下，大将军在大监下，将军在少监下，仍在阁门使之下"①。左右散骑常侍，也是正三品，但叙位在中书侍郎之后，金吾卫、左右卫上将军与其它十二卫上将军的差距便拉得更大。康定官品令，诸卫上将军、六军统军降与诸卫大将军同为正三品，终于将这种演变显示在品级之上。正、从三品的大将军、将军，品级虽未降，但叙位已降至从三品的大监，从四品上阶的少监之后。至元祐时（1086—1093），左右金吾卫、左右卫上将军仍然是从二品，但诸卫上将军已降至从三品，诸卫大将军已降为正四品，诸卫将军已降为从四品。② 这种品级，终宋之世，不再有变。最后需要补充的是，《宋史·舆服四》不载左右卫上将军，应属脱文，《建隆以后合班之制》将其置于左右金吾卫上将军之后是对的③，上引文献也证明了这一点，应补入。

李宝柱引《职官分纪》，"国朝开封府左右军巡使、判官正八品"④，将左右军巡使、判官列入表中八品一栏内，颇欠斟酌。军巡使、判官，非唐令所列职事官，乃后梁开平三年（909）所置，⑤ 应属使职差遣系统，是无品阶的。《职官分纪》所列品阶，应是元丰改制时所定，在北宋前期整个使职差遣系统都未定品阶的情况下，不可能为军巡使、判官单独定立品阶。军巡使、判官属阑入，应删去。又，使与判官不可能属于同一品阶，《职官分纪》似有脱文。

李宝柱据《宋史·舆服四》置诸州府牧于二品栏，置三京府尹于三品栏，置三京府少尹四品栏。又据《职官分纪》置开封府牧、尹从三品，少尹从四品下。所述混乱，混淆视听。宋承唐五代之制，前期有开封、河南、应天、大名、江陵、兴元、真定、江宁、京兆、凤翔、河中诸府，其中开封、河南、应天、大名为京府，其它为次府。四京府中，开封、河南两府在唐、五代时已成为京府，应天府升为南京在大中祥符七年（1014），大名府最晚，升为北京在庆历二年（1142），⑥ 或以大名府升京较晚之故，宋代文献通常出现的是"三京府"，后虽增北京，也未改变习

① 《宋史》卷一六八《职官志八》，第 4000 页。
② 孙逢吉：《职官分纪》卷三五，第 643 页。
③ 《宋史》卷一六八《职官志八》，第 3988 页。
④ 孙逢吉：《职官分纪》卷三八，第 699 页。
⑤ 高承：《事物纪原》卷六，中华书局 1989 年版，第 226 页。又据《旧唐书》卷一八二《王处存传》，第 4699 页载，乾符六年（879）前，处存任左军巡使。
⑥ （宋）王存：《元丰九域志》卷一，中华书局 1984 年版，第 7 页。

惯提法。《职官分纪》明言，"国朝以开封、河南、应天为三京"①。《宋史·职官六》在介绍京府职官时，也仅介绍了开封、河南、应天三府。因此，言"三京府"，已包括开封府在内，三京府与开封府相提并论，是错误的。《宋史·舆服四》置诸州府牧于二品，应是依据《永泰令》。该令列"京兆河南太原等七府牧"于从二品，列京兆河南太原等七尹于从三品，因此，《职官分纪》并置牧、尹于从三品是错的，《宋史·舆服四》置牧于从二品是对的。《职官分纪》置少尹于从四品下阶，较《宋史·舆服四》精确，李宝柱将少尹列为从四品下阶，也是据《职官分纪》。

李宝柱在五品栏内列有"殿中五尚、奉御"，他将"五尚"与"奉御"断开，是不明唐制所致。唐殿中省下设尚食、尚药、尚衣、尚舍、尚乘、尚辇诸局，局各置奉御两人，其中，尚食、尚药奉御为正五品下阶，尚衣、尚舍、尚乘、尚辇奉御为从五品上阶，因此将"五尚"与"奉御"顿开是错误的。

《永泰令》也有遗漏之处，中都督府别驾正四品下阶，上都护府副都护从四品上阶，下都督府别驾从四品下阶，左右卫骑曹胄曹参军正六品下阶，下州司仓司户司法三曹参军事从八品下阶，上州医学博士正九品下阶，并据《旧唐书》卷四四《职官三》补。

三　以宋《建隆以后合班之制》补正

《宋史·职官八》有《建隆以后合班之制》，所列官职行用于元丰改制以前，应属北宋前期各类官职的最完备的记载。该制所列职事官可补《宋史·舆服四》所列之阙。

《建隆以后合班之制》中，有次府少尹，次府之名，始见于五代。后唐同光元年（923），升魏州为兴唐府。三年，以太原、兴唐两府并为次府，地望应稍低于京兆、河南两府。其府尹、少尹品阶未见明文，但唐代太原府尹、少尹品阶同于京兆、河南两府，因此兴唐府也应同此。宋承唐、五代之制，其次府尹、少尹的品阶也应相同。唐代京兆、河南、太原三京府少尹为从四品下阶，则宋次府少尹的品阶也应是此品阶。宋

---

① 孙逢吉：《职官分纪》卷三八，第 697 页。

前期次府少尹的品阶，还可从贞元二年（786）所定《文武百官朝谒班序》得到佐证。该班序载，"四品班：尚书左右丞、六司侍郎、太常少卿、宗正少卿、左右庶子、秘书少监、余七寺少卿、国子司业、少府将作少监、京兆河南太原少尹、少詹事、左右谕德、家令、率更令、仆、亲王长史司马、凤翔等少尹、中州刺史、下州刺史、大都督（都）护司马；散官：正议大夫、通议大夫、大中大夫、中大夫；爵：开国伯；勋官：上轻车都尉"①。凤翔等府少尹与京兆、河南、太原少尹班序相距不远。虽然唐凤翔等府，未定为次府，但其地望实与后者存在着差距，但这种差距并不大。后唐同光二年（1924），在讨论文武官母妻据品秩高卑封邑号时，认为"大都督左右司马与五府少尹资序不殊，自今后请准五府少尹例，特许叙封"②。大都督府左右司马，唐令也是从四品下阶，再检宋建隆三年朝仪班序，"五府少尹、五大都督府司马"前后相联，可见宋前期次府少尹的品阶也应是从四品下阶。《职官分纪》载，国朝开封府少尹从四品下阶，③则诸次府品阶应与之同而班序稍后。

《建隆以后合班之制》中，有太子左右庶子、太子少詹事、左右谕德，据唐令，左庶子、少詹事，正四品上阶；右庶子、左右谕德，正四品下阶。给事中、中书舍人，唐令正五品上阶。大理寺丞、诸寺监丞、秘书郎、著作佐郎，唐令从六品上阶；太常博士，唐令从七品上阶；大理评事，唐令从八品下阶；太学博士，唐令正六品上阶；广文博士，正六品上阶；④太常太祝，唐令正九品上阶；奉礼郎，唐令从九品上阶；秘书省校书郎，唐令正九品上阶；正字，唐令正九品下阶；九寺主簿，唐令从七品上阶；御史台、少府将作国子监主簿，唐令从七品下阶；国子助教，唐令从六品上阶；四门博士，唐令正七品上阶；书学、算学博士，唐令从九品下阶；律学助教，唐令从九品下阶；司天监灵台郎，唐令正八品下阶；保章正，唐令从八品上阶；挈壶正，唐令从八品下阶；京兆河南太原府、大都督府文学，⑤唐令从八品上阶；中都督府、上州文学，

① 王溥：《唐会要》卷二五，《丛书集成新编》，台北新文丰出版公司 1985 年版，第 481 页。

② 王溥：《五代会要》卷一四，上海古籍出版社 2006 年版，第 239 页。

③ 《职官分纪》卷三八，第 697 页。

④ 《旧唐书》卷四四《职官志三》，第 1893 页；《唐会要》卷六六《广文馆》，第 1163 页。

⑤ 文学原作博士，《唐会要》卷六九，第 1216 页言，"大历十四年十二月五日，诸州府学博士改为文学，品秩同参军，位在参军上"。据改。

唐令从八品下阶；中郡文学，唐令正九品上阶；下州文学，唐令正九品下阶。

四　散官、勋官、爵位及其官品

唐代"文散阶二十九，从一品曰开府仪同三司，正二品曰特进，从二品曰光禄大夫，正三品曰金紫光禄大夫，从三品曰银青光禄大夫，正四品上曰正议大夫，正四品下曰通议大夫，从四品上曰太中大夫，从四品下曰中大夫，正五品上曰中散大夫，正五品下曰朝议大夫，从五品上曰朝请大夫，从五品下曰朝散大夫，正六品上曰朝议郎，正六品下曰承议郎，从六品上曰奉议郎，从六品下曰通直郎，正七品上曰朝请郎，正七品下曰宣德郎，从七品上曰朝散郎，从七品下曰宣义郎，正八品上曰给事郎，正八品下曰征事郎，从八品上曰承奉郎，从八品下曰承务郎，正九品上曰儒林郎，正九品下曰登仕郎，从九品上曰文林郎，从九品下曰将仕郎"[1]。宋承唐制，沿而未革。开宝九年（976）十月，避太宗讳，始改正议大夫为正奉大夫，通议大夫为通奉大夫，朝议大夫为朝奉大夫，朝议郎为朝奉郎，承议郎为承直郎，奉议郎为奉直郎，宣议郎为宣奉郎。[2]

唐代"武散阶四十有五：从一品曰骠骑大将军，正二品曰辅国大将军，从二品曰镇军大将军，正三品上曰冠军大将军、怀化大将军，正三品下曰怀化将军，从三品上曰云麾将军、归德大将军，从三品下曰归德将军，正四品上曰忠武将军，正四品下曰壮武将军、怀化中郎将，从四品上曰宣威将军，从四品下曰明威将军、归德中郎将，正五品上曰定远将军，正五品下曰宁远将军、怀化郎将，从五品上曰游骑将军，从五品下曰游击将军、归德郎将，正六品上曰昭武校尉，正六品下曰昭武副尉、怀化司阶，从六品上曰振威校尉，从六品下曰振威副尉、归德司阶，正七品上曰致果校尉，正七品下曰致果副尉、怀化中候，从七品上曰翊麾校尉，从七品下曰翊麾副尉、归德中候，正八品上曰宣节校尉，正八品

---

①　《新唐书》卷四六《百官志一》，第 1187 页。
②　李攸：《宋朝事实》卷一，中华书局 1955 年版，第 8 页。

下曰宣节副尉、怀化司戈，从八品上曰御侮校尉，从八品下曰御侮副尉、归德司戈，正九品上曰仁勇校尉，正九品下曰仁勇副尉、怀化执戟长上，从九品上曰陪戎校尉，从九品下曰陪戎副尉、归德执戟长上"。其中，怀化、归德十六阶授予归顺的境内外少数民族番官。① 北宋前期，宋朝完整地继承了唐武阶官体制，直至元祐时方停止授予汉官。② 但有文献表明元祐以后仍行用于蕃官，如，元符元年（1098）二月癸未，诏西南龙蕃进奉人龙以亮为归德将军，龙以谏等 9 人为宁远将军，龙以古等 4 人为安远将军，龙延金等 12 人为怀化郎将。"二年正月十九日，诏西蕃邈川首领河西军节度使、起复冠军大将军、检校太保瞎正，落起复，授金紫光禄大夫，仍西蕃邈川首领"。③

唐代，"凡勋十有二转，为上柱国比正二品；十一转为柱国，比从二品；十转为上护军，比正三品；九转为护军，比从三品；八转为上轻车都尉，比正四品；七转为轻车都尉，比从四品；六转为上骑都尉，比正五品；五转为骑都尉，比从五品；四转为骁骑尉，比正六品；三转为飞骑尉，比从六品；二转为云骑尉，比正七品；一转为武骑尉，比从七品"。宋朝"率因旧制"沿用至南宋。④

宋朝爵位沿唐制设立九等，即王，正一品；嗣王、郡王、国公，从一品；开国郡公，正二品；开国县公，从二品；开国侯，从三品；开国伯，正四品上阶；开国子，正五品上阶；开国男，从五品上阶。但嗣王宋朝长期以来未尝除授，元丰七年（1084），宗晖除嗣濮王，有司以"自国初以来未尝除授"，"不能定其恩数"。神宗特下手诏，令"御史台、阁门参定以闻"⑤。故"《神宗正史·职官志》列爵有九：曰王，曰郡王，曰国公，曰郡公，曰县公，曰侯，曰伯，曰子，曰男"，而无嗣王，直至元祐，方见于《官品令》，这仍是因神宗朝以后出现了嗣濮王之故。⑥ 其开国公、侯、伯、子、男，又称郡公、县公、县侯、县伯、县子、县男，⑦ 两者是同一爵位的不同称法。元丰时，有杨遂为南阳郡开国公、王

---

① 《新唐书》卷四六《百官志一·兵部郎中》，第 1197 页
② 《职官分纪》卷四九，第 855 页。
③ 《长编》卷四九四元符元年二月癸未，第 11745 页；《宋会要辑稿》蕃夷六之三二、三三。
④ 《旧唐书》卷四三《职官志二》，第 1822 页；《职官分纪》卷四九，第 856 页。
⑤ 《长编》卷三四四，元丰七年三月癸丑，第 8258 页。
⑥ 《宋会要辑稿》职官九之一七，第 2600 页。《职官分纪》卷五〇，第 876 页。
⑦ 《旧唐书》卷四二《职官志一》，第 1805 页；卷四三《职官志二》，第 1821 页。

拱辰为太原郡开国公，应是全称，而开国公、郡公、公应是简称。南宋时，赵子昼为常山县开国伯，[①] 也是全称。简称应是开国伯、常山伯、县伯、伯。其它几等爵位均如此。《旧唐书·职官一》与《职官二》各执一辞，也可证明这一点。《宋史·职官九》，列爵十二等，有嗣王、国公、郡公、开国公、开国郡公，但郡公、开国公、开国郡公，应是同一爵位，而嗣王北宋元丰前并未授人，故而从略，则所谓十二等爵位，为修史者不谙宋制而误甚明，宋爵实仅为九等。表2、表3分别为北宋前职事官品令和北宋前期阶、勋、爵官品令。

表2　　　　　　　　　　　　　北宋前期职事官官品令

品秩	职事官
正一品	尚书令，太师，太傅，太保，太尉，司徒，司空
从一品	太子太师、太傅、太保
正二品	中书令，侍中，左右仆射、同中书门下平章事
从二品	太子少师、少傅、少保，诸州府牧，左右金吾卫上将军，左右卫上将军
正三品	六部尚书，门下、中书侍郎，太常、宗正卿，御史大夫，左右散骑常侍，诸卫上将军、六军统军、诸卫大将军、神武龙武大将军，太子宾客、詹事
从三品	秘书监，光禄、卫尉、太仆、大理、鸿胪、司农、太府卿，国子祭酒，殿中、少府、将作、司天监，下都督，三京府牧、尹，五大都督府长史，亲王傅，诸卫将军、神武龙武将军，上州刺史
正四品上	尚书左、右丞，吏部侍郎，太常少卿，宗正少卿，太子左庶子、少詹事，太子率府率，中州刺史
正四品下	诸司侍郎，御史中丞，太子右庶子、左右谕德，诸军卫中郎将，下州刺史，中都督府别驾
从四品上	秘书少监，光禄等七寺少卿，殿中少监，太子率更令、家令、仆，诸王府长史，内侍，太子率府副率
从四品下	国子司业，少府、将作少监，司天少监，三京府少尹，（次府少尹），诸王府司马，大都督府左右司马，上州别驾，上都护府副都护，下都督府别驾
正五品上	给事中，正谏大夫，中书舍人，吏部郎中，国子博士，经筵博士，太子中允，太子左右赞善大夫，都水使者，开封祥符、河南洛阳、宋城县令，诸军卫郎将，诸王府咨议参军，司天五官正

① 《宋史》卷一五《神宗纪二》，第296页；卷一六《神宗纪三》，第310页。程俱：《北山集》卷三三《宋故徽猷阁直学士左中奉大夫致仕常山县开国伯食邑九百户赠左通奉大夫赵公（子昼）墓志铭》，文渊阁《四库全书》本，第1130册，第331页。

续表

品秩	职事官
正五品下	太子中舍，内常侍，尚食尚药奉御，中州别驾
从五品上	左右司、诸行郎中（吏部郎中除外），秘书、殿中丞，著作郎，尚衣、尚舍、尚乘、尚辇、奉御，上州长史，下州别驾
从五品下	太子洗马，太常、宗正丞，大理正，诸王友，太史令，内给事，上州司马参军事
正六品上	太学、广文博士，中州长史，三京畿县令
正六品下	中州司马，左右卫骑曹胄曹参军
从六品上	起居郎，起居舍人，诸行员外郎，大理寺丞，诸寺监丞，国子助教，通事舍人，秘书郎、著作佐郎，下州司马，诸州上县令
从六品下	侍御史
正七品上	司天监丞，四门博士，诸府司录参军事，诸州中县令
正七品下	诸府诸事（曹）参军事
从七品上	殿中侍御史，左右司谏，太常博士，九寺主簿，上州录事参军事，开封祥符等赤县丞，中下县令
从七品下	御史台、少府、将作、国子监主簿，司天监主簿，上州司法参军事，（上州司理参军事），下县令
正八品上	监察御史，中州录事参军事，中州司户参军事
正八品下	灵台郎，中州司法参军事，（中州司理参军事）
从八品上	左右正言，下州录事参军事，开封祥符县主簿，诸州上县丞，京兆河南太原大都督府文学、保章正
从八品下	大理评事，下州司户司法参军事，开封祥符县尉，诸州中县丞，中都督府、上州文学，下州司仓司户司法三曹参军事，挈壶正
正九品上	太常寺太祝，秘书省校书郎，中郡文学，三京畿县主簿，中下县丞
正九品下	秘书省正字，上州医博士，三京畿县尉，诸州上县主簿，诸州中县主簿，下县丞，下州文学，上州医学博士
从九品上	奉礼郎，律学助教，诸州上县尉，中县尉，中下县主簿，下县主簿
从九品下	书学、算学博士，中州医博士，下州医博士，中下县尉，下县尉

资料来源：1.《旧唐书》卷四二《职官志一》，第 1792 页。

2. 按：《职官分纪》卷四〇、四二，第 734、735、789 页所记州县官品级全同《旧唐书》官品令。

3.《宋朝事实》卷一，开宝九年十月，避太宗讳，乃以谏议大夫为正谏大夫，元丰改制复。第 8 页。

4.《宋史》卷一六八《职官志八》，宋初，并因其制，唯升宗正丞为从五品，第 3996 页。

5. 按：上、中州司理参军事，宋朝置，无品级，置于司法参军后，其品当视后者。

6. 文学原作博士，《唐会要》卷六九言，"大历十四年十二月五日，诸州府学博士改为文学，品秩同参军，位在参军上"。据改。

表3　　　　　　　　　　北宋前期阶、勋、爵官品令

品	文散官	武散官	勋官	爵
正一品				王
从一品	开府仪同三司	骠骑大将军		郡王、国公
正二品	特进	辅国大将军	上柱国	郡公
从二品	光禄大夫	镇军大将军	柱国	县公
正三品	金紫光禄大夫	冠军大将军、怀化大将军、怀化将军	上护军	
从三品	银青光禄大夫	云麾将军、归德大将军、归德将军	护军	开国侯
正四品上阶	正奉大夫	忠武将军	上轻车都尉	开国伯
正四品下阶	中奉大夫	壮武将军、怀化中郎将		
从四品上阶	太中大夫	宣威将军	轻车都尉	
从四品下阶	中大夫	明威将军、归德中郎将		
正五品上阶	中散大夫	定远将军	上骑都尉	开国侯
正五品下阶	朝奉大夫	宁远将军、怀化郎将		
从五品上阶	朝请大夫	游骑将军	骑都尉	开国伯
从五品下阶	朝散大夫	游击将军、归德郎将		
正六品上阶	朝奉郎	昭武校尉	骁骑尉	
正六品下阶	承直郎	昭武副尉、怀化司阶		
从六品上阶	奉直郎	振威校尉	飞骑尉	
从六品下阶	通直郎	振威副尉、归德司阶		
正七品上阶	朝请郎	致果校尉	云骑尉	
正七品下阶	宣德郎	致果副尉、怀化中候		
从七品上阶	朝散郎	翊麾校尉	武骑尉	
从七品下阶	宣奉郎	翊麾副尉、归德中候		
正八品上阶	给事郎	宣节校尉		
正八品下阶	承事郎	宣节副尉、怀化司戈		
从八品上阶	承奉郎	御侮校尉		
从八品下阶	承务郎	御侮副尉、归德司戈		
正九品上阶	儒林郎	仁勇校尉		
正九品下阶	登仕郎	仁勇副尉、怀化执戟长上		
从九品上阶	文林郎	陪戎校尉		
从九品下阶	将仕郎	陪戎副尉、归德执戟长上		

注：1. 中奉大夫，宋天圣元年五月庚午，避刘太后父讳，由通奉大夫改。

2. 承事郎，宋乾兴元年避仁宗嫌名，改徵事郎为承事郎。

　　宋承唐制，宋朝品阶制度也不例外。北宋前期的品阶制度的复原，必须依据唐《永泰令》及其以后的有关零散史料。《宋史·职官八》所载的《建隆以后合班之制》记载了元丰改制前的还行用的唐代职事官，因此也是复原北宋前期品阶制度必须倚重的史料。加上《宋史·舆服四》所载行用于康定二年的官品令与《职官分纪》，北宋前期的品阶制度是大体可以复原的。李宝柱先生对唐五代文献掌握不完整，对唐制知之甚少，对宋承唐制有认识，但有偏差，研究的重点放在了宋代，而忽视了唐代，因此，对北宋前期品阶制度的复原不彻底。

（原载《河南大学学报》2012 年第 1 期）

下　编

学生论文

唐宋合班制度的演变途径

江苏省文物局　宋　炯

1996 年，我进入南京大学历史系，师从李昌宪教授学习宋史。李老师专擅宋代制度史，在他的教导下我逐渐对北宋职官制度，特别是寄禄官制度的形成产生了浓厚兴趣，形成了从唐代的"合班"① 制度的演变着手解决这一问题的思路。后在陈得芝、李昌宪两位导师的指导下，将其定为毕业论文的选题。由于这一问题的复杂程度远远超出了我当时的学术积累，最后完成的论文离解决问题还有很大距离。今年恰逢李昌宪师七十华诞，同门筹划祝寿文集，故仍以此为题，将原文的主要观点重新整理，补充了后续的一些思考，也算是一份迟到的作业，聊作对导师多年教导的回报。

一　对《宋史·职官志八》合班之制的重新认识

北宋在沿袭了唐中央政府三省六部和九品三十阶官品的基本形式的基础上，形成了独特的"官""职""差遣"相分离的职官制度。长期以来，北宋的职官等级制度始终是学术界关注的重点问题。在寄禄官的形成问题上，前辈学者多从《宋史》卷一六九《职官九》所记录的"群臣叙迁"入手，从官员迁转的角度来讨论这一问题②。在官品制度方面，在

① 宋代对"合班"制度的用语有多种，较为常见的有"杂压""班次""班序"，"叙班"等等，本文统一使用"合班"这一用语。
② 参见张国刚《唐代阶官与职事官的阶论述》，孙国栋《宋代官制紊乱在唐制的根源》，赵雨乐《唐宋变革期军政制度史研究（一）——三班官制之演变》和《唐宋变革期之军政制度（二）——官僚机构与等级之编成》，［日］梅原郁《宋初寄禄官及其周围》，邓小南《宋代文官选任制度诸层面》等著作与论文。

李昌宪老师根据"合班"复原宋代《官品令》之前，也有俞宗宪、李宝柱、龚延明等诸位先生多篇论文发表。李昌宪老师通过《略论北宋前期官制中的比品和序班》《北宋前期官品令复原研究》两篇论文，完成了对北宋前期职官等级制度的复原，证明了《宋史·职官八》所录"建隆以后合班之制"为北宋前期的基本政治等级，也使一些长期以来被忽视的史料得到重新评价。

关于宋代"合班"制度的史料，除《宋史》卷一六八《职官八》外，还见于《宋会要辑稿》《文献通考》《宋史·礼志》等相关典志。从《唐六典》《通典》和《唐会要》等唐代政书编撰体例来看，与"合班"相关的内容放在礼仪志中更符合传统和逻辑。《宋史》卷一六八《职官八》所记，也多与卷一一八《宾礼三》重复。但如果理解了"合班"是北宋前期利用"比视品秩"的手段建立起来的实际政治等级，再结合《宋史》卷一六八在合班制度后对元丰以前的官品与合班制度沿革的讨论，在卷一六九记录"群臣叙迁"制度的编排次序来看，显然有其内在的逻辑顺序，很有可能是沿袭了宋代官修《国史》的原貌。

《宋史》卷一一八《宾礼三》载乾德二年诏书："或传晋天福、周显德中，以廷臣、内职、宾从、将校，比其品数，着为纲条，载于刑统，未为详悉。"这是所说"载于刑统"者，应该就是《五代会要》卷十《刑法杂录》中记录的官员犯罪"当赎之法"：

> 晋天福六年……详定院覆奏："应内外文武官，有品官者自依品官法，无品官者、有散试官者，应内外带职、廷臣、宾从、有功将校等，并请同九品官例……"
> 周显德五年七月："……诸道行军司马、节度副使、副留守，准从五品官例。诸道两使判官、防御团练副使，准从六品官例。节度掌书记、防团判官、两藩营田等判官，准从七品官例。诸道推巡及军事判官，准从八品官例。诸军将校，内诸司使司副、供奉官、殿直，临时奉听圣旨。"

这里将官员分为"有品官者"和"无品官者、有散试官者"两类，后一类即指各种没有官品的使职差遣，即后文所说的"内外带职、廷臣、宾从、有功将校"。"比品""视品"是职官制度中常见的管理手段，从后晋与后周法令的编制形式来看，后晋条文类似于唐官品令，而后周条文则与宋代的合班制度更为类似。要真正厘清北宋"合班"制度与职官叙迁次序产生与运行的内在逻辑，必须从唐及五代相关制度中去寻找线索。

二　唐贞元以后使职与朝会制度的变化

贞元至元和期间是唐史中一个比较重要的分水岭，唐五代时期的一些重要制度，如使职差遣制度、延英会议制度都是在这一阶段逐步演化稳固下来。

（一）　使职差遣制度的发展与"检校官"的关系

陈仲安先生指出，从三省六部制度建立之初，就已经出现了后来使职差遣制度最初的萌芽；天宝以后逐渐形成了以节度使、观察使为中心的地方军政使职系统，以盐铁转运、度支、户部三司为中心的财政使职系统，以神策军护军中尉和枢密使为中心的宦官监军和内诸司系统等三大使职系统[1]。也有学者认为翰林学士、集贤校理和直史馆等馆阁职名也是一种使职。钱大昕指出：

> 节度、采访、观察、防御、团练、经略、招讨诸使，皆无品秩，故常带省台寺监长官衔以寄官资之崇卑。其僚属或出朝命，或自辟举，亦皆差遣无品秩。如使有迁代，则幕僚亦随而罢，非若刺史县令之有定员有定品也。此外如元帅、都统、盐铁、转运、延资库诸使，无不皆然；即内而翰林学士，弘文、集贤、史馆诸职，亦系差遣无品秩。故常假以它官，有官则有品，官有迁转而供职如故也。[2]

这里钱大昕指出了使职差遣的两个主要特征，即无品秩、无定员。

由于"无品秩"，使职差遣与职事官、散官、爵、勋等各类官职之间缺少"官品"这一共同的衡量标准，只能根据官员个人所带的有品级的

---

① 陈仲安：《唐代的使职差遣制》，《武汉大学学报》（人文科学版）1963 年第 1 期。
② 钱大昕：《廿二史考异》卷五八《职官志》。

其他官职来确定。这些官职多为原中央台省寺监系统的职事官，在官名前多带有"检校""兼"和"试"等前缀。唐中期以后，大臣充任诸使多自辟僚属，带尚书郎官和御史衔作为幕僚，被称为"使下"郎官、御史①。这些郎官御史最初都是正员职官，后于大历十四年（779）规定"郎官、御史充使绝本司务者，改与检校及内供奉、里行"②。"使下郎官御史"虽然没有实际职任，但仍保留了原有的官品和部门资望，甚至被视为"外台"。或许是这个原因，唐代幕府文职幕僚的检校官，与相应的职事官、差遣之间还能大体保持一致。唐代中期以后台省寺监清浊资望、朝会班序等方面的变化，都会直接在"检校官"上体现出来。后人对唐中后期检校官衔泛滥的指摘，似乎多在于将幕府文职与武职、胥吏、军校的检校官衔混为一谈。

据赖瑞和先生研究，唐代使职很少有"检校"尚书诸行侍郎的情况，因此可以大致以侍郎和员外郎为界，带侍郎以上者多为高级使职，带员外郎以上常参官者多为中级使职，用"检校"前缀；带员外郎以下的大理评事等非常参官者为低级使职，用"试"为前缀；带御史则多以"兼"为前缀，称为"宪衔"；大致高级使职多兼御史大夫、御史中丞，中级使职多兼侍御史、殿中侍御史，低级使职则以兼监察御史为多。部分在中央使职系统任职的官员，除兼宪衔外，其本官前有时不带"检校"前缀③。本文为行文方便，如非特指则统称为"检校官"。

（二）唐中期以后的朝会制度的变化

唐代朝会可大致分为大朝会、正衙常朝和便殿燕朝。所谓"常朝"，即皇帝每天或隔日在正殿（即正衙）接受百官朝见④。有资格参加常朝为五品以上的职事官，以及五品以下的监察御史、员外郎、太常博士等，

---

① 所谓"使下"官，即"为某使所辟，而隶属其下者"。参见陈鸿墀《全唐文纪事》卷二《体例二》。

② 《唐会要》卷六二《出使》，大历十四年六月。

③ 参见赖瑞和《论唐代的检校官制》，《汉学研究》第 24 卷第 1 期。另参观《宋史》卷一七〇引《三朝志》。

④ 司马光说："唐故事，天子日御殿见群臣，曰常参。"见《资治通鉴》卷二四一，元和十五年十月壬午。

即所谓"常参官"①。

唐代前期,大臣在正衙常朝时对仗奏事,"新授、加恩、出使"的官员也要在这时觐见皇帝②。出于常朝时礼仪繁琐、时间有限、不利于保密等诸多原因,贞观年间就已经出现了"杖下会议"等常朝以外的议政形式③。肃代以后,限定参与人员范围、时间和形式比较灵活的"延英奏对"逐渐成为主要的议政形式。

《五代会要》卷六《开延英仪》记载的延英奏对程序和参加人员中,有京兆尹一职。京兆尹是长安的地方长官,而五代多定都于洛阳、开封,显然这是照抄唐代的条文。因此可以结合《开延英仪》与相关史料,来分析唐代延英奏对的相关情况。

唐代参加延英会议的官员,除宰相、两省和御史台职官,三司使等财政使职,枢密使等宦官内职外,还有所谓"次对官""转对官",即可以在延英会议后觐见皇帝的官员。元和以后,次对官的范围确定为尚书省六品以上、诸司四品以上,以及太子詹事、亲王傅等三品以上文职事官④,门下、中书两省及御史台属官作为供奉官⑤,可以直接在延英会议后"候对",总体范围较常参官大为缩减。

从唐中期以后,皇帝接见的新任官员范围也有变化,《开延英仪》中规定能进入延英殿辞谢的官员,仅包括文武三品以上,御史中丞,尚书左右丞和诸行侍郎,两省谏议、给事、中书舍人,诸道节度、观察、防

---

① 见《通典》卷七五。《通典》以武官五品以上,每月朝参六次,称"六参官";三品以上加三次,称"九参官"。大朝会参与者为在京九品以上官员。另见《唐会要》卷二五《文武百官朝谒班序》,《资治通鉴》卷二二四,代宗大历元年二月条注;《文献通考》卷一〇七,《唐会要》《文献通考》"文官五品以上"和"武官五品以上"俱为"文武官五品以上"。《唐六典》卷二《尚书吏部·郎中》"凡京师有常参官"条注:"谓五品以上职事官、八品已上供奉官、员外郎、监察御史、太常博士。"

② 见《资治通鉴》卷二〇九,中宗景龙二年十一月胡三省注。

③ 参见《资治通鉴》卷二一一,玄宗开元五年九月。

④ 《唐会要》卷二六《待制官》元和元年四月:"御史中丞武元衡奏:……伏请自今已后,兼以中书门下省、御史台、拾遗、监察御史,及尚书省六品、诸司四品已上职事官,东宫师傅宾客詹事、及王府诸傅等,每坐日两人待制。正衙退后,令于延英候对。以为例程。敕:中书省、御史台官,故事并不待制;如要论奏,但于延英候对。余依。"

⑤ 唐代称门下、中书两省和御史台属官为供奉官,被视为天子侍从。《唐六典》卷二《尚书吏部·郎中》"供奉官"条注:谓侍中,中书令,左、右散骑常侍,黄门、中书侍郎,谏议大夫,给事中,中书舍人,起居郎,起居舍人,通事舍人,左、右补阙,左、右拾遗,御史大夫,御史中丞,侍御史,殿中侍御史。

御、团练使，刺史，两县令等，其余四品以下及地方幕府使职如行军司马等，只是在正殿前应付一下了事。

根据是否有资格参加延英会议和转对辞谢，各台省寺监的政治地位发生了分化，门下、中书两省、御史台和尚书省的地位在唐后期相对上升，而其他诸司官职，除少数三品以上官职外，资望大为下降。如唐初东宫官系统的太子中允、赞善大夫等五品清官，到五代时已被称为东宫杂五品①。这种变化体现在合班上，就是三省和御史台低级官职的班次逐渐排到其他部门同品甚至高品职官之上。

（三）阁门司的设立

唐中期以后朝会制度的变化，还体现在阁门司设置。唐大明宫东西上阁门位于宣政殿两侧，是内朝与外朝的分界线。延英殿位于内朝区域，参加延英奏对的大臣必须经过阁门。唐代中期以后专门设立了阁门司这一机构，由宦官担任阁门使，负责阁门的进出管理。《宋史》卷一六六记载宋代阁门使职掌为：

> 掌朝会宴幸、供奉赞相礼仪之事……凡文武官……朝见谢辞皆掌之，视其品秩以为引班、叙班之次……月进班簿，岁终一易，分东西班揭贴以进。②

宋代阁门司负责编制"阁门仪制"，凡官员在接受任命后，都要先由阁门司确定其立班次序，才能赴内殿起居③。上文中所谓的"班簿"，或即允许进出阁门的名单，应该由官员姓名、职位、"品秩"、"引班、叙班之次"等组成。这种编排方式，显然是源于唐代班序制度中横行（合班）班序，最终发展固化为宋代的合班制度。

---

① 参见《旧五代史》卷一四九《厘革》载后晋天福三年十一月起居郎殷鹏奏，《五代会要》卷一四《司封》载晋天福二年四月中书门下奏，《宋会要》仪制七之一三乾德二年翰林学士窦仪奏。

② 《宋史》卷一六六《职官六》。

③ 《宋会要》仪制三之五："咸平五年九月一日，刑部侍郎权知开封寇准言：'阁门传旨，内殿常朝令臣立位在陈恕之上，缘恕见任吏部侍郎，兼五日百官起居合依官序立，望且仍旧。'从之。"

三 贞元以后的百官序班制度

《唐会要》卷二五与《通典》卷七五记载的贞元二年"文武百官朝谒班序"，使我们有基础对唐中期以后的班序问题进行讨论。由于《宋史》所载建隆三年合班仪以唐代文职事官为主，本文对唐代班序的讨论也主要限于文官。

（一）职事官的班序

所谓班序，即朝会时根据官员所承担的职务和阶品爵勋等身份等级所确定的行立次序，有"分班"与"横行"（即合班）两种模式。

"分班"是百官的正式班位，即文武百官在大朝、常朝等典礼上，按所属部门和品秩高低排班列队、执行各项仪式的行立次序。如常朝时百官可分为宰相班、供奉班、御史班和诸司五品以上班等。

所谓"横行"，就是不同部门的官员混合排成横队，主要应用于"便殿燕朝""参假""辞见""宴集"等集会①，以及"书敕""结衔""行文"等行政事务中，又称"合班"。

百官在序班时，除"官同者先爵，爵同者先齿"②这一基本原则外，还要考虑部门资望和职事统摄等多种因素，且部门资望的效力要高于官品。

按贞元班序敕，常朝时以宰相班为首，中书令、侍中和同中书门下三品"各以官为序"；门下、中书两省供奉官依官品列于宰相之后，称为供奉班，御史大夫、中丞分别立于三品、五品供奉官之首；除当值御史外，三院御史单列为御史班；其余五品以上文武职事官各按官品分为五班③。

---

① 唐制，诸司三品以上、尚书省四品以上、中书门下省、御史台五品以上，连续请假三日以上，就要在上朝时列成横列参见皇帝，称"横行参假"。受皇帝接见的"新授、加恩、出使"的官员，也要排成横列，称"辞见班"。见《资治通鉴》卷二〇九，中宗景龙二年十一月胡三省注。

② 《唐六典》卷二《尚书吏部·郎中》。另参见《通典》卷七五、《唐会要》卷二五"文武百官朝谒班序"。

③ 由于从六品上的诸司员外郎、从七品上的太常博士、正八品上的监察御史也是常参官，也有资格参预朝会，因此实际上还有六品七品班。贞元班序敕中关于御史台班序注文，"御史在六品之后"可证。

如贞元班序敕载诸司四品文职事官班①为：

尚书左右丞（左丞正四品上，右丞正四品下），六司侍郎（吏部侍郎正四品上，诸司侍郎正四品下），太常少卿（正四品上）、宗正少卿（正四品下），左右庶子（左庶子正四品上，右庶子正四品下），祕书少监（从四品上），左右七寺少卿（从四品上），国子司业（从四品下），少府、殿中少监（从四品下）②，京兆河南太原少尹（从四品下），少詹事（正四品上）、左右谕德（正四品下）、家令（从四品上）、率更令（从四品上）、仆（从四品上），亲王府长史（从四品上）、司马（从四品下），凤翔等少尹，中州刺史（正四品上）、下州刺史（正四品下），大都督大都护司马（从四品下）。

显然，四品班大致是按照尚书省、诸卿监、东宫、王府和地方官的序列"横行"排序，这种合班时部门资望优先于官品的做法，用宋人的说法，就叫"相压"。

贞元时期，各部门职事官还基本是同品序班为主。门下、中书两省和御史台作为供奉官，序班在尚书、诸司同品官之上，甚至比自己官品更高的官员之上。如贞元二十一年御史台奏：

今请兼大夫者，在诸司四品之上，丞郎及供奉官五品之下；兼中丞者，在诸司五品之上，供奉官五品之下；兼侍御史者，在诸司六品之上，供奉官六品之下；兼殿中、监察者，在诸司七品之上，及供奉官本品之下。

这里的"丞郎"应指四品的尚书左右丞和六部侍郎，因此"兼大夫者"，应是"四品官兼御史大夫、中丞"。由此我们可以推断，当时五品、八品供奉官和监察御史，合班时分别在诸司四品和七品之上。李焘所说的"北省官为侍从班，五品押南省四品，八品押南省五品"③，可能是五

① 所注官品为《旧唐书·职官志》载永泰二年官品。
② 《唐会要》卷二五为"少府、秘书少监"，因"秘书少监"已见于前，据《通典》卷七五改。
③ 《续资治通鉴长编》卷三，建隆三年三月壬午。

代时期的制度，但其萌芽则远在此之前。

（二）"检校官、兼官及摄试知判等官"的序班

贞元班序敕中，除作为宰相的同中书门下平章事外，仅在"御史台"后提到了留守、副元帅、都统、节度使、观察使、都团练、都防御使等地方高级使职，其余使职如财政使职、藩镇幕僚的使名一概阙如。就提到的这些高级使职而言，贞元班序敕所规定的也不是该使职的班位，而是其序班的一般原则。

贞元班序敕规定：

> 检校官、兼官及摄试知判等官，并列在同位正官之次。其有行所检校兼试摄判等官职事者，即依正官班序。除留守、副元帅、都统、节度使、观察使、都围练、都防御使，并大都督、大都护、持节兼〔御史大夫、中丞〕外，余应带武职事者，位在西班，仍各以本官品第为班序。

"检校""兼""摄试知判"等为唐代常见的职官用语。大致以天宝为界，之前在形式上多为"某官检校某官""某官判某官"，或"知某官""摄某官"，其实就是使职差遣；之后多为"某使检校某官"，即使职差遣的"检校官"。如《资治通鉴》卷二四六文宗开成四年四月：

> 上以盐铁推官、检校礼部员外郎姚勖能鞠疑狱，命权知职方员外郎，右丞韦温不听，上奏称："郎官朝廷清选，不宜以赏能吏。"上乃以勖检校礼部郎中，依前盐铁推官。（胡三省注：姚勖权知职方员外郎，而韦温争之，检校礼部郎中，而温不复言者，盖唐制藩镇及诸使僚属率带检校官，而权知则为职事官故也。）

根据贞元班序敕的记载，贞元以前检校官与职事官序班，还是都"各从本官班序"，即按其"检校官"，"列在同位正官之次"；但到了元和至会昌年间，检校官的立班次序就排到职事官的前面。《册府元龟》卷五一六载永贞元年（805）十月御史中丞武元衡奏：

> 贞元二年御史中丞窦参所奏，凡诸使兼宪官者、除元帅都统节

度观察都团练防御等使，余并在本官之位。其后苏弁、於硕以度支郎中兼御史中丞，邓泳以易州刺史兼御史大夫，皆奉进旨，令在同类之上。……伏请自今常参官兼御史大夫中丞者，准简省官立在本品同类之下。从之。①

结合前引贞元二十一年（805）御史台奏议，可以得到这样一个印象，即贞元年间使职带"宪衔"和"检校官"，立班次序提升的情况已比较普遍，对贞元班序敕的执行已经造成了影响。半年后，这一趋势最终得到了官方的认可。元和元年（806）四月武元衡又奏：

> ……请自今以后，常参官〔兼〕御史大夫中丞者，准检校省官例，立在本品同类官之上。从之。②

由此可知，不仅是兼宪衔官，"检校省官"的立班次序也提升了。

此时检校官的班次仅提到"本品同类官"之上，即某使"（检校）吏部侍郎兼御史中丞"，其班位应在尚书右丞之后，吏部侍郎之前。会昌年间，"兼宪衔"的班位再次提升，提到了尚书诸司同品其他官员之上的位置③。

由于作为御史台长官的御史大夫、御史中丞资任过重，一般不单独用作使职"宪衔"，而三院御史则经常独立用于中层使职的加官，即所谓"使下"御史。贞元二十年（804），"诸使下御史内供奉"班次被挪到六品尚书员外郎之后，正台监察御史之前，成为一个独立的层次④。

带"试"衔的使职多是初入仕的使府低级幕僚，所"试"的校书郎、大理评事、太常寺协律郎多为七品以下非常参官，其班次应该排在常参官监察御史之后。

---

① 《册府元龟》卷五一六，另见《全唐文》卷五三一。《册府元龟》卷四八三《邦计部·总序》："（贞元十二年）又以仓部郎中判度支案苏弁除度支郎中兼御史中丞副知度支事"，苏弁本官度支郎中前未加"检校"。

② 《唐会要》卷二五。

③ 见《唐会要》卷二五引会昌二年十月中丞李回、尚书左丞孙简奏，会昌三年库部郎中知制诰崔於奏。另参见《全唐文》卷七六一孙简《请改定百官班位奏》、崔於《请御史大夫中丞在尚书左丞上奏》。

④ 《唐会要》卷二五，贞元二十年十月御史中丞武元衡奏。

结合上述关于各类"检校官"的序班原则，我们似乎可以重新建立起幕府中下级使职间的序班顺序。

> 检校尚书诸司郎中兼宪衔
> 检校尚书诸司郎中〔以上五品〕
> 兼侍御史（内供奉）
> 检校尚书诸司员外郎兼宪衔
> 检校尚书诸司员外郎〔以上六品〕
> 兼殿中侍御史（内供奉）〔七品〕
> 兼监察御史（里行）〔八品〕
> 试衔兼监察御史（里行）〔七品，以上常参官〕
> 试衔〔七品以下〕

值得注意的是，由于御史大夫、御史中丞在唐代很少独立作为使职的加官，因此这两个唐代极其重要的职官最终没有出现在宋初寄禄官序列内。

（三）对唐代中期"检校官"序班问题的小结

唐代中期正是使职差遣制度逐渐占据优势的阶段，使职"检校官"班次的提升与此有密切关系。根据上述对唐代官员班序及变化情况的分析，大致可以得到以下两点结论：

第一，职事官同品序班时，部门资望对班次的影响高于官品正从上下的影响，即以门下中书两省、御史台、尚书省、诸卿监、东宫官、王府官、外官为先后次序依次相压；

第二，元和以后使职与职事官序班时，则以"宪衔"、"检校（试）官"、职事官为次序，宪衔先于检校（试）衔，检校（试）衔先于职事官。

上述两点结论说明，在使职制度下，"检校官"在确定官员班次方面的效力高于职事官，这与我们通常"检校官"是没有什么意义的闲职这一印象完全不同。

这里需要另外指出在讨论使职序班应当遵守的两条原则。

1. 职任优先

即使职与使职序班时，首先应该以其使职高下为先后顺序，职任相同再序"本官"。如《全唐文》卷八三二载有两则制书：

> 授保大军节度掌书记检校右散骑常侍房仁宝检校礼部尚书充
> 职制
> 授朔方军节度掌书记检校刑部员外郎兼侍御史李东序检校司勋
> 郎中兼中丞充职制

显然房仁宝要排在李东序前面。由于使职所带"检校官"可能出自不同的台省寺监，因此职任相同的使职在序班时，必然只能以检校官之间的合班次序来进行规范调整。

2. 内外有别

使职所加"检校官"，与在朝廷内所任职事官或检校官不能直接等同。唐代幕府僚属多为长官自行辟属，所"检校"的官衔多为"奏授"。一旦由幕府转而入朝为官，要根据其资历、出身重新计算授官。唐代文献中经常会出现"某人入为某官"，官职反而下降的记录，如《旧唐书》卷九一《崔郾传》，"自商州防御判官兼殿中侍御史，入为监察御史"。

通过检校官相互之间的"横行"（合班）次序，各类使职在建立起自身系统内部基本的政治次序同时，也可以确定自身在整个官僚体系内的位置，为各个使职系统的整合提供了共同的衡量基础。

四　唐后期及五代以后合班制度的整合

五代乃至北宋政权，都带有浓厚的藩镇色彩。前引《宋史》卷一一八《百官相见仪制》载乾德二年（964）宋太祖赵匡胤诏书中，将"廷臣、内职"与"宾从、将校"并列，即这一特点的侧面反映。所谓"将校"，自应指源于藩镇旧部的禁军将领；而所谓"宾从"，在唐末五代多指幕府文职幕僚。五代及北宋都将禁军将校和内诸司使等武班使职视为内职，这是与唐代一个很重要的不同。纵观整个五代至北宋各类制度的变化，对藩镇体制的整合是其中一条很重要的线索。

（一）两级常朝体制的建立

所谓两级常朝体制，即五代至北宋内朝垂拱殿每日常起居、五日大起居和外朝文德殿常朝并行的朝会制度。这一制度的建立，直接影响了五代及北宋各类政治秩序的形成与发展。垂拱殿起居始于后唐庄宗①，五日百官大起居则始设于明宗②。宋仁宗时的宋敏求对当时的朝会制度进行了总结，言简意赅，故摘录于下：

> 本朝视朝之制：文德殿曰外朝，凡不厘务朝臣，日赴，是谓"常朝"。垂拱曰内殿，宰臣枢密使以下要近职事者，并武班，日赴，是谓"常起居"。每五日，文武朝臣厘务、令（不）厘务并赴内朝，谓之"百官大起居"。是则奉朝之制自为三等。③

关于五代官员的序班原则，由于五代史料缺乏，这里借用宋代几条史料。《宋会要辑稿》仪制四载：

> 太宗淳化二年六月二十九日侍御史知杂事张郁上言：正衙之设，谓之外朝。凡群臣辞见及谢，先诣正衙见讫，御史台具官位姓名以报阁门，方许入对。

《宋会要辑稿》仪制二之一四载仁宗嘉祐四年御史台对"文武百官起居仪制，并依官品序立"建议的答复：

> 缘承久例，只依官位序班，恐难更改。今只依旧以官位排定班次。

显然，这里是将官品和官位对言，显然官位就是指合班次序。

宋代以后，大致内殿起居依据合班，而文德殿常朝仍按官品。官员任职，特别是宰相上任罢任，合班次序一般都由特旨确定。偶尔发生疏

---

① 《五代会要》卷六《杂录》：后唐同光二年正月四日，四方馆奏："常朝诸职员，多有参杂，今后除随驾将校、外方进奉使、文武两班三品已上官，可于内殿对见，其余并诣正衙，以申常礼。"

② 《五代会要》卷五《朔望朝参》："后唐天成元年五月三日敕，今后宰臣文武百官，除常朝外，每五日一度入内起居，其中书非时有急切公事，请开延英，不在此限。"另见《旧五代史》卷三六，天成元年五月丁巳。

③ 宋敏求：《春明退朝录》卷中。"厘务令厘务"，"令"字疑为"不"字之误。

漏就是大事。如《宋会要辑稿》仪制三之二三载：

> 皇祐五年闰七月九日，户部侍郎新知郓州庞籍遇正衙序百官班立，在大卿之下。籍罢相出郓州，序班无特旨，御史台检仪制序位。

由于五代以后正衙常朝日益形式化，同时沿袭唐中后期以来的惯例，大凡"文武在内廷充职，兼判三司，或带职额及六军判官等，例不赴常朝"①。唐代具有侍从身份的门下、中书两省官员，如不实际厘务，或带馆阁帖职，也只能参与常朝，不能参加垂拱殿起居。因此常参官的含义也发生了变化，"唐有职事者，谓之常参。今隶外朝不厘务者，谓之常参"②。这也促使官员更加重视具体的使职差遣，与使职差遣相应的"官位"，即合班次序也更受重视。《宋史·职官志》序中所说的，"仕人以登台阁、升禁从为显宦，而不以官之迟速为荣滞；以差遣要剧为贵途，而不以阶、勋、爵邑有无为轻重"，或许可以从这个角度得到解答。

（二）五代以来合班制度的演化趋势

五代以后，唐代的各类使职逐渐被视为政府正式组成，被逐步纳入到整个官僚等级体制中。但根据李昌宪老师的研究，直至北宋前期仍大体沿用唐代官品令，内诸司使等各类使职仍没有确定官品，而是采用"序班""比品""视品"等形式纳入到"合班"制度中，固定其等级次序。五代正是合班制度演化的重要阶段。

1. 藩镇、内职等使职序列的廷臣化

所谓廷臣化，即将原来藩镇、三司、内诸司等具有临时差遣性质的使职整合转化为固定的机构或阶官。

如随着五代对藩镇控制力的增强，一些节度使解除兵权后于京城闲居。这些使职，既与廷臣并列，必然需要明确其先后次序。长兴三年（932）规定："诸道节度使未带使相及防御、团练使、刺史，班位居检校官高者为上，如检校官同，以先授者为上，前资在见任之下。"③ 这应该就是建隆三年合班仪中"前任、见任节度使"合班次序的由来。

---

① 《五代会要》卷五《朔望朝参》。
② 宋敏求：《春明退朝录》卷中。
③ 《旧五代史》卷四三，长兴三年四月甲寅，另参见《全唐文》卷一一一《定节度等使在朝班位敕》。

又如朱温代唐之际，鉴于唐末宦官专权的后果，大规模诛杀宦官，将原宦官使职系统的内诸司使改授藩镇旧部。此后内诸司使逐渐与节度使、观察使等原地方高级使职一起，转化为武职阶官。原由宦官担任的、承担传宣引导职能、在朝会制度中具有重要地位的客省、引进及阁门诸使也转由武职担任，并成为武职差遣中极其特殊的一个组成部分。

2. 部分使职的固定化和阶官化

所谓固定化和阶官化，即原来选人用人比较自由的各类使职，逐渐被视为正式的官职序列，其升迁顺序、任职年限、选用资格都逐渐固定，其中一些使职逐渐阶官化。除大家所熟知的内诸使司外，尤以原幕府中下级使职为典型。

幕府使职的阶官化进程，首先是规定其再任时限。如后唐长兴二年规定："两使判官罢任后，宜一年外与比拟；书记、支使、防御团练判官等，二年外与比拟；推巡、防御团练推官、军事判官等，并三年后与比拟。"①

其次是确定了幕府使职入仕的资历要求。清泰二年（935）八月规定："诸道宾从……若简校官是台省三院之御［史］，即与中下县令；检校是大夫、中丞、秘书少监、郎中、员外，即与清资初任升朝官；如检校官是尚书、常侍、秘书监、左右庶子，升朝便与少卿监。"②

至宋代，这些幕府使职已经成为选人入仕的阶官，与唐代恰恰反了过来。

3. "横行"（合班）班序的官阶化

所谓官阶化，即自晚唐五代以来，随着使职差遣制度的发展，台省寺监职事官的具体职务逐渐剥离，但根据其资望、班次、官品，以及是否能参与内殿起居、延英会议等具体政治待遇形成的合班班序，日益成为衡量官员实际政治等级的参照。之所以不称之为阶官，主要在于合班次序处于后来北宋的寄禄官迁转次序之间，其划定原则和参考依据等出发点是不一致的，合班制度更加具有共同标准的意味。

唐代的使职"检校官"发展到五代，已经形成了一些约定俗成的惯

---

① 《旧五代史》卷一四九《职官志》。
② 《册府元龟》卷六三三。另见《五代会要》卷一三。

例。先后历仕四代十君的五代名相冯道在《长乐老自叙》中，列举了自己前后官衔，试将其中所涉职、官罗列于下。

> 职自幽州节度巡官、河东节度巡官、掌书记，再为翰林学士，改授端明殿学士、集贤殿大学士、太微宫使，再为弘文馆大学士，又充诸道盐铁转运使、南郊大礼使、明宗皇帝晋高祖皇帝山陵使，再授定国军节度同州管内观察处置等使，一为长春宫使，又授武胜军节度邓随均房等州管内观察处置等使。

> 官自摄幽府参军、试大理评事、检校尚书祠部郎中兼侍御史、检校吏部郎中兼御史中丞、检校太尉同中书门下平章事、检校太师兼侍中，又授检校太师兼中书令。

> 正官自行台中书舍人，再为户部侍郎，转兵部侍郎、中书侍郎，再为门下侍郎、刑部吏部尚书、右仆射，三为司空，两在中书，一守本官，又授司徒兼侍中，赐私门十六戟，又授太尉兼侍中，又授戎太傅，又授汉太师。

冯道入朝即任翰林学士，后又以同平章事衔任宰相，因此上述官衔都不能是正任职事官。显然，冯道所列官衔，除任河东掌书记进所兼宪衔御史中丞突破了唐代中期的制度外①，其余各级检校官的排列顺序完全符合前述唐代职事官、检校官的序班原则。

冯道在自叙中，将入朝以前所任使职，与入朝以后所任翰林学士及诸殿阁学士、节度使、宫观使等统称为"职"；将任幕府使职时所带"检校官"，罢相后出镇所领使相衔同称为"官"，将在朝时所授本官称为"正官"。这类情况在五代史料中有多例。如《旧五代史》卷二四《孙隲传》，"累迁职自支使、掌记至节度判官；奏官自校书、御史、郎官、中丞、检校常侍至兵部尚书"；卷一二七《苏禹珪传》，"辟辽州倅，职历青、郓从事，转潞、并管记，累检校官至户部郎中。汉高祖作镇并门，奏为兼判"；卷十九《李思安传》"累迁为诸军都指挥使，奏官至检校左仆射"等。所谓"奏官"，应为唐中期以来藩镇以"检校"台省职事官衔奏辟幕府僚属，即如《旧唐书》卷十九上懿宗咸通十二年（871）七月

---

① 唐后期以来，幕府使职所带检校官普遍较唐中期上升，事例颇多，不一一列举。

辛丑中书门下奏"厘革诸道及在京诸司奏官并请章服事",即包含"诸道奏州县官、司录、县令、录事、参军"、"在京诸司及诸道带职奏官"等。显然,冯道一方面承认自己任幕府使职时所加检校官不是"正秩"①,另一方面仍将其作为自己不能缺少的资历。如上文所引清泰二年藩镇幕府选任资格,即完全依照"检校官"的高低作为任职资格。随着北宋以朝官知州县事、判司尉簿等幕府使职逐步下降为选人七阶,幕职官检校常参官的现象逐渐消失。在此之前,幕府使职所带"检校官"仍然区分官员资历和选用资格的作用,不能简单地称之为"虚衔"。

晚唐五代以来,台省寺监资望班序升降剧烈,总的趋势是,除两省供奉官、御史台三院御史、尚书三品四品和部分诸司三品以上职事官外,主要用作文职差遣检校官的尚书省郎中、员外郎等地位相对上升,主要被授予武职差遣的东宫等官地位持续下降。宋太祖时翰林学士窦仪总结五代以来百官班序变化时说:

> 班秩之内,轻重是分。或有自四品入三品为黜官,丞郎入卿监是也;从四品入五品为进秩,少卿入郎中是也;四品在三品之上,诸行侍郎于卿监是也,七品、八品在杂五品之上,殿中侍御史、补阙、拾遗、监察于三丞五博是也。若不以省台轻重次第,居此官者,肯以品为定乎。②

北宋的合班制度,正是在这个过程中逐渐成型。

五　结论

中国古代的官员品阶制度,汉晋以前有禄秩爵位等多种等级制度方

---

① 《全唐文》卷一一〇后唐明宗《带台省职州县官及得十六考者并依出选门例处分敕》:"州县官带侍御史、殿中侍御史、内供奉、监察、裹行、及省衔者,皆非正秩,尚出铨曹,况曾三度畋,岂可一例守选?所宜振发,以励操修。应州县官内,有曾在朝行及佐幕,罢任后准前资朝官宾从例处分。其带省衔已上,并内供奉里行,及诸已出选门者,或降授令录者,罢任日并依出选门例处分,不在更赴常调,便与除官。兼州县官其闲书得十六考者,准格叙加朝散阶,准出选门例处分。如不书得十六考,虽已过朝散阶,不在此例。"

② 《宋会要》仪制七之一三。

式，隋唐以后统一为以九品三十阶官品为核心的阶官爵勋制度，但作为朝会行立次序的班位不仅同时存在，还隐含了台省寺监资望高下差异。在唐代前期三省六部制度运行良好的情况下，官员的班位与其所任官职基本符合。中唐以后使职盛行，由于使职无品秩，且由于正任职事官员额有限，充任使职的官员多以没有实职的台省寺监职事官为"检校官"。"检校官"虽然无实际职任，但原官品和部门资望依然存在。唐中期以后，随着使职制度占据优势，各类检校官的序班效力开始高于单纯的职事官。由于"检校官"职名的来源不同，能通用于不同部门之间的"横行"即合班次序，便成为使职与使职之间、使职与职事官之间确定行政次序的重要依据。

合班之制的形成，源于唐代班序制度中"横行"与"分班"两种模式与台省寺监之间的资望差异。随着议政形式的变化，台省寺监的政治地位发生分化，影响到不同官职之间序班次序。这一变化趋势由唐中后期开始，一直到北宋合班制度和寄禄官迁转次序形成为止。

比照唐代有关班序的规定和宋代合班制度的记载，两者的编撰体例有巨大差异。唐代班序规定一般是原则性的表述，而宋代的合班制度则是罗列各类官职，这种编撰和记录方式上的不同，也体现了唐、宋两代在政治理念上的重大差别。

五代及北宋以来，随着使职差遣制度与议政方式的进一步变化，通过将原来临时性的各类使职列入合班次序，固定其等级次序，逐渐调整和建立起新的政治秩序。但随着各类新的职名、序列的不断增加，各种临时变动不断的累积，合班制度也愈加复杂。元丰重定官制，而杂压之制不废，其原因似不能单纯归于行政效率，而更应从政府的组织原则着手。

宋代寄禄官迁转次序，大多能从合班的角度进行进行解释。如尚书省诸尚书、侍郎、郎中、员外郎等所分前行、中行、后行，或许就是排班定位时的习惯用语。又如尚书以上官员迁转，如非两府以上官，则沿工礼刑户兵吏的顺序依次升迁，每资则进一位；如任两府，则由后行、中行、前行跳位晋升。此例是宋代寄禄官迁转中最为简明的一例。此前学者关于寄禄官制度的讨论，碍于合班制度重要性的理解不足，多从个别官员任职先后次序着手，如能将各寄禄官阶按合班次序排列，或许能有更多发现。

　　唐宋之际是中国历史一个重要的转折时期，政治制度的变化也是其中的一个重要方面，而职官品阶制度的变化更是整个政治制度转型的焦点。由于笔者长期脱离专业史学研究，对当前相关问题的研究动态极其隔膜，难免有观点谬误和考证不足之处，敬请方家指正。

论宋代军人的优抚保障政策及影响

商丘师范学院人文学院　郭文佳

　　宋代军人的优抚与保障政策，是宋朝军队建设的重要内容之一，它对提高宋朝军队的战斗力，稳定军心、凝聚军力发挥着重要作用。学术界研究宋代军人优抚和保障政策方面的成果还不多，甚至说还是一个空白点，已有的成果主要有王曾瑜先生的《宋朝兵制初探》（中华书局1983 年版），该书主要谈宋代的军事制度，在谈到军人生活时个别的提到了军人家属的口粮领取问题；《史林》1992 年第 3 期发表的顾吉辰先生的《北宋军赏制度考述》，主要探讨了北宋军赏条件与范围、军赏物品和内容，军赏弊端等。西南财经大学出版社 2000 年版的史继刚的《宋代军用物资保障研究》，主要研究了宋代军用物资的保障问题，与宋代军人优抚和保障没有太大关系。王曾瑜先生和顾吉辰先生的这些成果，只是从某个侧面对宋代军人的优抚与保障的个别方面进行了分析，但还很不系统，很不全面，没有从宋代军人优抚和保障的角度来研究这一问题。因此，对宋代军人优抚与保障政策进行研究和探讨是很有必要的。

　　两宋时期，政府重视军队的优抚与保障，无论军人在战场上战死，或是平时因疾病死亡及发生意外导致残疾等，都给以必要的优抚。同时，宋朝还采取一系列保障措施，对军队中遭到裁汰的军人给以妥善安置，对受伤和疾病的军人及时给予救治，对出征作战军人家属给以必要安置等。本文对此作一探讨。

一　宋代军人的优抚

　　宋代注重对士兵的优抚，无论是在战场上牺牲的士兵，或在平时发生意外导致残疾的士兵，政府都给以必要的抚恤，使军人家庭能够得到一定的补偿。宋代军人优抚的情况很多，主要有以下几个方面。

（一）残疾者的优抚

残疾优抚主要是对因公致残的官兵给以一定的救助和照顾。真宗咸平五年（1002）五月，对环庆路冬季讨伐蕃部受伤的士兵赐缗钱、药酒，其俸禄待遇仍然如故。"当时环庆路部署言：'军士涉雪讨蕃部，苦寒，有支体废堕者，今遣还京师。'上念其久劳，不忍遽弃，令中使就赐缗钱、药酒，以隶剩员，凡三十三人，廪给如故。自是，遂为定例。"① 仁宗庆历元年（1041）八月，"诏军士经战至废折者，给衣粮之半终其身，不愿在军，人给钱三十千听自便"②。这就是说受伤的军人，政府终身给其平时衣粮的一半，和一次性给三十千的补贴。庆历四年（1044）六月，朝廷又对伤残家庭的孤老人员给以救助，"诏诸军因战伤废停不能自存及死事之家孤老，月给米人三斗"③。有时宋政府还对战斗中受伤的士兵给以迁资和赏赐。如熙宁八年（1075）五月，在辽兵侵扰广信军和安肃军过程中，受伤的士兵，"军士斗敌伤重，迁一资；不愿者赐绢二十匹；伤轻十匹"④。同年九月，又规定战场上受伤五十日内死亡者，仍按阵亡推恩。诏"阵亡五十日内死者，依阵亡例推恩。前此以三十日为限，又有请限百日者，至是依律著为诸路法"⑤。南宋时也规定，重伤者，"廪给终其身"。绍兴十年（1140）六月，"诏将士战死者，赠官推恩如故事，军士重伤不任征役者，廪给终其身"⑥。

（二）阵亡者的优抚

在战场上作战牺牲的士兵，宋代采取的优抚措施很多，主要有战死安葬、收录子孙和家庭抚恤等。

1. 战死安葬

对在战斗中牺牲或其他原因意外死亡的士兵，宋朝政府给以安葬。乾德二年（964）二月，"治安陵，隧坏，役兵压死者二百人，命有司瘗恤"⑦。景德二年（1005）春正月，"遣监察御使朱搏赴德清军收瘗战没

---

① 李焘：《续资治通鉴长编》卷五二，真宗咸平五年五月乙巳，中华书局 2004 年版。

② 李焘：《续资治通鉴长编》卷一三三，仁宗庆历元年八月戊子，中华书局 2004 年版。

③ 《宋史》卷一一《仁宗纪》，中华书局 1985 年版。

④ 李焘：《续资治通鉴长编》卷二六四，神宗熙宁八年五月戊辰，中华书局 2004 年版。

⑤ 李焘：《续资治通鉴长编》卷二七一，神宗熙宁八年九月庚申，中华书局 2004 年版。

⑥ 李心传：《建炎以来系年要录》卷一三六，绍兴十年六月戊午，中华书局 1956 年版。

⑦ 《宋史》卷一《太祖纪一》，中华书局 1985 年版。

遗骸"①。大中祥符二年（1009）十一月，河中府言："广济军士徙隶集津，以船载家累，于黄河中漂溺，凡数十人。"诏"遣使抚问，仍给缗钱收瘗"②。康定元年（1040）四月，朝廷"诏诸军戍边者，令入内内侍省月遣内臣存问其家，有疾病者，官为致医药，死而无亲属者，官为敛葬之"③。庆历四年（1044）九月，"诏保州官吏死乱兵而无亲属者，官为殡殓；兵官不从贼被害及战没，并优赐其家，近城民田遭蹂践者，蠲其租"④。庆历八年（1048）正月，朝廷"赐平贝州将士缗钱，战没者官为葬祭之"⑤。熙宁七年五月，朝廷"遣熙河路走马承受长孙良臣往熙州为踏白城阵亡将士作浮图道场七昼夜，命河州收瘗暴骸"⑥。

阵亡士兵的安葬，宋朝设有安葬墓地，并安排僧人守祭。如熙宁九年（1076）三月，朝廷对在同交趾作战中阵亡的邕、钦、廉三州士兵，诏："邕、钦、廉州死事文武官见存骨肉，令广西经略、转运、提点邢狱司速访求，具所在人数以闻。三州阵亡骸骨，令经略司遣官葬祭之，仍于桂州佛寺设水陆道场，供僧千人。"⑦ 元丰元年（1078）四月，对在收复河州阵亡的士兵，"河州请以城东北隅附山不食之地二顷作墓园，瘗蕃汉阵亡暴骸，已择僧看管修葺，乞赐院额……二年度僧一人"⑧。得到朝廷同意。

2. 收录子孙

战场上阵亡的士兵，宋朝政府除给以安葬外，其后代子孙有时还收录其为官或让其从军，以示对死去者的优抚。

其一，收录子孙为官。咸平六年（1003）四月，契丹南下入侵，定州行营都部署王超、副部署、殿前都虞侯、云州观察使王继忠等与之大战，结果在白城王继忠被契丹包围，王继忠战死。五月，朝廷"赠继忠大同节度使、兼侍中。录其子怀节为崇仪使，怀敏为崇仪副使，怀德为

---

① 《宋史》卷七《真宗纪》，中华书局 1985 年版。
② 李焘：《续资治通鉴长编》卷七二，真宗大中祥符二年十一月癸亥。
③ 李焘：《续资治通鉴长编》卷一二七，仁宗康定元年四月癸巳。
④ 李焘：《续资治通鉴长编》卷一五二，仁宗庆历四年九月壬戌。
⑤ 李焘：《续资治通鉴长编》卷一六二，仁宗庆历八年正月甲辰。
⑥ 李焘：《续资治通鉴长编》卷二五三，神宗熙宁七年五月庚子。
⑦ 李焘：《续资治通鉴长编》卷二七三，神宗熙宁九年三月辛酉。
⑧ 李焘：《续资治通鉴长编》卷二八九，神宗元丰元年四月甲子。

内殿崇班，怀政为供奉官"①。熙宁五年（1072）正月，因皇城使郭庆在与西夏交战中阵亡，朝廷"录皇城使郭庆子实为左侍禁，宰为右侍禁"②。熙宁九年（1076）六月，"成都府、利州路都钤辖司言，绵州都监王庆等救援茂州战没"。诏："王庆给赙外，女俟出嫁，夫与奉职，子妇若生男，与借职，生女亦俟出嫁，夫与借职。崔昭用子瑾与奉职，璘借职。刘珪子仲安与奉职，永安借职。白身没阵二人王禹锡及崔昭用婿，各赐其家钱五十千。左侍禁张义有功没阵，与赠官；子宗望、宗保及女俟出嫁，夫并与借职。"③ 元丰七年（1084）四月，左藏库副使张世规等为牵制兰州的西夏军队，在明堂遇敌阵亡。结果朝廷诏："张世规死，赐其家绢五十匹，子孝经迁一资。"④ 同年十一月，泾源路经略使卢秉言："西贼入靖边寨，队将借职白玉、蕃部落军使李贵战死。"诏"录玉子一人，贵子二人"⑤。如若阵亡将校无子孙的，其亲属也可录用。如仁宗庆历三年（1043）正月，"诏陕西诸军将校死事而无子孙者，其同居亲属亦录之"⑥。

　　南宋时，仍然推行这一政策，绍兴六年（1136）四月，"伪齐将王威攻唐州，陷之，团练判官扈举臣，推官张从之皆死。诏各赠一官，录举臣子初品文阶，从之子进义校尉"⑦。理宗淳祐元年（1241）闰四月，吕文德言："今春北兵攻两淮，统制汪怀忠等逆战赵家园，拔还俘获人民；路钤夏贵，知州王成、倪政等，帅舟师援安丰军，所至数战，将士阵亡者众。"诏："倪政赠官三转，官一子承信郎；许通、夏圭、孙才、江德仙各赠官两转，官其一子下班祗应，给缗钱恤其家；余立功将士恩赏有差。"⑧

　　其二，收录阵亡士卒子弟从军。由于宋朝军队俸禄有保证，所以一些士卒阵亡后，朝廷往往收录其子弟从军作为报答，年龄不够者，待合格后仍可入伍。如元丰元年（1078）五月，诏："阵亡并安南病死军士，

① 李焘：《续资治通鉴长编》卷五四，真宗咸平六年五月丁酉。
② 李焘：《续资治通鉴长编》卷二二九，神宗熙宁五年正月辛丑。
③ 李焘：《续资治通鉴长编》卷二七六，神宗熙宁九年六月乙丑。
④ 李焘：《续资治通鉴长编》卷三四五，神宗元丰元年七年四月丙戌。
⑤ 李焘：《续资治通鉴长编》卷345，神宗元丰元年七年十一月丁酉。
⑥ 李焘：《续资治通鉴长编》卷一三九，仁宗庆历三年正月戊子。
⑦ 李心传：《建炎以来系年要录》卷一〇〇，绍兴六年四月甲辰，中华书局1956年版。
⑧ 《宋史》卷四三《理宗纪三》，中华书局1985年版。

听其子孙弟侄年二十以上一人充填。本军内战亡之子年十五以下，病亡之子十五以上，并半支请受，纽计三年总数折绢仍给公凭，令随便俟及十七，赴官自陈，量材依招军收刺。"① 哲宗绍圣四年（1097）十一月，"枢密院请立军人战殁听子孙与兄弟之子代充军"的建议得到朝廷允许，代从军的范围进一步有所放宽。

3. 家庭救助

对阵亡或意外死亡士兵的抚恤，除上边提到的官录子孙外，宋朝政府还对其家庭给以必要的经济救助。

首先，赐给死亡军士家庭一定数额的钱物。天圣二年（1024）十月，上谓辅臣曰："如闻滑州修河，役卒多溺死者，有司第以逃亡除其军籍，深可闵伤。自今宜令明具溺死者姓名，优给缗钱恤其家。"② 庆历二年（1042）七月，朝廷规定了赐给阵亡将士家庭钱物的等级标准，诏："自今阵亡军校无子孙者，赐其家钱，指挥使七万，副指挥使六万，军使、都头、副兵马使、副都头五万。"③ 庆历三年（1043）五月，朝廷"赐定川阵亡军士家两月钱粮"④，以救助庆历二年九月在定川寨与西夏作战中阵亡军士的家庭。熙宁四年（1071）八月，宋朝又规定了保甲的优抚规定，诏："自今保甲与贼斗死者，给其家钱五十千；有户税者，仍免三年科配。因致废疾者，给钱三十千。折伤者，二十千。被伤者，五千。"⑤ 熙宁八年（1075）十二月，对在广西与交趾交战中牺牲的士兵，"诏广西官吏与交贼战殁者，经略司访求其家，倍加存恤，愿归岭北者，选人护送之。"⑥

同时，对蕃兵、弓箭手阵亡及受伤者，宋朝政府同样给以抚恤。熙宁十年（1077）三月，鄜延路走马承受贾从礼奏："本路蕃捉生、弓箭手死于安南，其子幼，乞量给口食。"结果"诏大人日支一升，小儿半升，三年住支。"⑦ 四月，朝廷还"赐熙河路山西军回弓箭手、蕃兵、寨户、汉蕃勇敢特支钱，战殁者赐绢，免夏秋支移、折变。如先有功者，以子

---

① 李焘：《续资治通鉴长编》卷二八九，神宗元丰元年五月庚寅。
② 李焘：《续资治通鉴长编》卷一〇二，仁宗天圣二年十月壬戌。
③ 李焘：《续资治通鉴长编》卷一三七，仁宗庆历二年七月丁未。
④ 李焘：《续资治通鉴长编》卷一四一，仁宗庆历三年五月庚寅。
⑤ 李焘：《续资治通鉴长编》卷二二六，神宗熙宁四年八月甲寅。
⑥ 李焘：《续资治通鉴长编》卷二七二，神宗熙宁九年正月乙未。
⑦ 李焘：《续资治通鉴长编》卷二八一，神宗熙宁十年三月辛酉。

孙姓名闻。因战失马者，买马给之"①。元丰五年（1082）四月，神宗又诏："蕃弓箭手阵亡，依汉弓箭手给赙。汉弓箭手出战，义勇、保甲在贼界因伤及病羸不能自还者，并许依诸军例赐其家。"②

其次，对无所依靠的阵亡将士的亲属，政府给以必要救助。庆历二年（1042）十月，诏"阵亡将校（葛怀敏与西夏交战的定川寨之役）妻女无依者，养之禁中"③。嘉祐二年（1057）五月，崇仪使、并代钤辖、官勾麟府郭恩与夏在断道坞交战，战亡。"诏赠恩同州观察使，封其妻吕氏为京兆郡君，官其子弟有差，给旧俸三年。"④ 熙宁七年（1074）四月，朝廷对收复熙河过程中，无所依靠的阵亡军士的亲属终身给以救助，"诏诸阵亡军士祖父母、父母无妻子孙依倚者，人日给米二升，以终其身，妇人改嫁即停给"⑤。元丰二年（1079）五月，朝廷要求对在安南死亡的军士，家庭贫困的给以救助。上批："近乔执中上殿，以安南死亡军士妻子贫饿无所归，乞以死事人于桂州寄下裹衣借粮米给之。可检会速与指挥。"于是诏"西京、开封府界差赴安南军士已死而妻未改嫁，若孤遗无依者，人给米二硕，具数以闻"⑥。同时，死者亲属欲归还故乡者，官府发给路费。熙宁七年（1074）三月，诏"熙河死事官亲属欲归乡者，除孝赠外，大使臣以上给路费钱一百五十千，小使臣千，差使、殿侍五十千，其该说不尽者比类支给"⑦。

其三，蠲免家庭租赋。宋朝对军士优抚的另一项措施，就是减免阵亡士卒家庭的租赋。熙宁七年（1074）二月，朝廷诏："荆湖路察访、转运司，勘会自措溪洞尝预征战土丁所当优恤事状以闻。""后逐司言，乞与免七年夏税，死事者支孝赠物。"得到朝廷同意。⑧

（三）平时官兵死亡的优抚

除了在战场上战死外，对平时因病死亡的军人，宋朝也给以必要的优抚。

---

① 李焘：《续资治通鉴长编》卷二八一，神宗熙宁十年四月丁酉。
② 李焘：《续资治通鉴长编》卷三二五，神宗元丰五年四月戊辰。
③ 李焘：《续资治通鉴长编》卷一三八，仁宗庆历二年十月庚申。
④ 李焘：《续资治通鉴长编》卷一八五，仁宗嘉祐二年五月庚辰。
⑤ 李焘：《续资治通鉴长编》卷二五二，神宗熙宁七年四月甲申。
⑥ 李焘：《续资治通鉴长编》卷二九八，神宗元丰二年五月乙酉。
⑦ 李焘：《续资治通鉴长编》卷二五一，神宗熙宁七年三月庚戌。
⑧ 李焘：《续资治通鉴长编》卷二五〇，神宗熙宁七年二月乙卯。

第一，士卒病死的优抚。因病死亡的士兵，宋朝政府给以必要的优抚。庆历二年（1042）十月，"诏知广南诸州军代还而道卒者，如在官例，录其一人"①。这就是说，从广南回来途中死亡的士卒，有录其一人的奖励。此外，宋朝戍守安南的军队，由于当地气候异常或瘴气等因素，常常有士卒患病死亡的，对这些因病而去世的士卒，宋朝都给一定的优抚待遇。熙宁十年（1077）正月，朝廷诏："安南行营诸军病死及战殁之家，所借衣物料钱，并与除放。衣赐毋过一季，料钱毋过一月，弓箭手、民兵、义勇等贷借官物，于合展限外，更展一年。"② 二月乙亥，枢密院言："安南病死士卒，其弟侄子孙尚幼者，给公据出营，俟十五岁以上，有司验公据合给廪食。"得到朝廷同意。③ 元丰二年（1079）十二月，诏："荆南团结雄略等十二指挥昨戍顺州等处，瘴殁者众，其议优恤之。军员子孙令步军司降等安排，有残疾及不愿为兵若无子孙者，加赐缗钱。内军士子孙弟侄刺为兵，并给赙，自除籍后更给粮两月，填本军，仍给其家孝赠。即父母年七十以上而无子孙可依者，特给小分请受。"④ 元丰五年（1082）二月，朝廷又诏："行营诸军病死，许子孙承填名粮。军员下当直长行曾经行营，准此。其人员，安排子孙补本指挥右将虞候。"⑤

第二，军队官员去世后的优抚。宋朝军队官员去世后，朝廷的优抚方式，一般为赠官、赐钱物、收录子孙等。如嘉祐五年（1060）八月，澶州言镇潼军留后李端懿卒，"赙其家黄金三百两，赠感德节度使，谥良定"⑥。嘉祐六年（1061）八月，"马军副都指挥使、武胜留后王凯卒。车驾临奠，赠彰武节度使，谥庄恪"⑦。熙宁六年（1073）十一月，振武军节度使李璋自郓州还朝，卒于襄州。朝廷"赠太尉，谥良惠，录其子五人，各迁一官，未仕者三人，为左侍禁"⑧。熙宁十年（1077）六月，"合州防御使赵思忠卒，赠镇洮军留后，官给葬事，许以排印从葬，录其

---

① 李焘：《续资治通鉴长编》卷一三八，仁宗庆历二年十月丙午。
② 李焘：《续资治通鉴长编》卷二八〇，神宗熙宁十年正月甲子。
③ 李焘：《续资治通鉴长编》卷二八〇，神宗熙宁十年二月乙亥。
④ 李焘：《续资治通鉴长编》卷三〇一，神宗元丰二年十二月壬寅。
⑤ 李焘：《续资治通鉴长编》卷三〇一，神宗元丰五年二月乙卯。
⑥ 李焘：《续资治通鉴长编》卷一九二，仁宗嘉祐五年八月乙丑。
⑦ 李焘：《续资治通鉴长编》卷一九四，仁宗嘉祐六年八月乙未。
⑧ 李焘：《续资治通鉴长编》卷二四八，神宗熙宁六年十一月辛酉。

子左侍禁怀义为内殿承制，右侍禁秉义为内殿崇班"①。南宋绍兴九年（1139）六月，"保平静难军节度使、开府仪同三司、四川宣抚使吴玠薨于仙人关治所，年四十七。仆闻，诏辍朝二日，赠少师，赙帛千匹"②。

二　宋代军人的保障

宋朝除了对军人给以优抚外，还对军人同时实施了一系列保障措施，多方面解除军人的后顾之忧。

（一）裁汰军人的安置

宋朝在裁汰老弱残疾、无法适应军队战斗需要的军人的同时，还对这些被裁汰的军人给以必要的安置，安置方式主要有以下几种。

第一，退减至剩员。剩员在宋朝的禁兵、厢兵和土兵中都存在，它是宋朝军士中的拣退者，即禁兵、厢兵、土兵因年老或疾病，不任征戍，保留军籍，减削军俸，在军中从事杂役的人。按规定，凡十将、将虞候、承局和押官至65岁，军士至60岁，原则上须降充剩员，至5年后退役。此外，军中有疾病者也须降充剩员。剩员只领取一半以下军俸，充军中杂役。

宋朝大多数的老弱士卒，都是安排在剩员中的，并且成为宋朝的一项传统。太祖时军队就置剩员，用以专门安置退兵。诏："殿前、侍卫司及诸州长吏阅所部兵，骁勇者升其籍，老弱怯懦者去之。初置剩员，以处退兵。"③大中祥符五年（1012）七月，真宗对"缘边禁兵老病当停者"，"诏隶本州剩员"④。减充剩员者的年龄，士兵一般是六十岁，将校为六十五岁。元祐八年（1093）正月，泾源路经略司奏："乞拣诸将下剩员，年六十以下，精力不衰，依旧充军，以补缺额。"得到朝廷批准，并"诏陕西诸路准此"⑤。南宋孝宗隆兴二年（1164），殿前司言："诸军法：

---

① 李焘：《续资治通鉴长编》卷二八三，神宗熙宁十年六月壬辰。
② 李心传：《建炎以来系年要录》卷一二九，绍兴七年六月乙巳，中华书局1956年版。
③ 李焘：《续资治通鉴长编》卷二，太祖建隆二年五月甲戌。
④ 李焘：《续资治通鉴长编》卷七八，真宗大中祥符五年七月癸酉。
⑤ 李焘：《续资治通鉴长编》卷四八〇，哲宗元祐八年正月癸卯。

兵级年六十，将校年六十五减充剩员给请，内有战功亦止半给。"① 但若年龄已到六十岁，精力尚好者，亦可延至六十五岁。如元祐四年（1089）五月，依枢密院之请，诏"今后拣禁军节级，虽年六十已上，筋力精神壮健，武艺不退，堪任披带部辖者，许依旧存留；如及六十五岁，并减充剩员"②。减充剩员的将校虽然没有脱离军籍，但亦不是军队的主要战斗力量，它具有安抚、照顾年老残疾军人的意义。

第二，遣返归农。宋朝对老弱残疾士兵的另一项安置措施，就是遣返归农，让他们归乡种田。如大中祥符五年七月，真宗诏："河北河东忠烈、宜勇、广锐军士，自今老病者即放归农，无勒召人承替。其缺员，并自京补选。"③ 对归乡种田者，官府发给一定量的粮食，皇祐元年（1049），朝廷在拣河北、河东、陕西、京东西禁厢诸军时，就对不堪军事行动者，"给粮遣还乡里"④。一般遣返归乡里的军士年龄在五十岁已上。熙宁四年（1071）七月，诏"拣诸路小分年四十五以下胜甲者，升以为大分，五十已上愿为民者听"⑤。同时对拣退者的家属还给以必要的帮助。如绍兴二十七年（1157）五月十一日，中书门下省言："军中拣退人或有死亡，州军不支请给，其妻遂为穷民，已许指射荒闲田耕种，支与一年请给，令买牛种，免租税丁役，使为永业。"⑥

第三，妥善安置退军。对裁汰离开部队的军人，宋朝政府给以妥善安置。吕祖在《类编皇朝大事记讲义》卷三《处冗兵》中说："夫兵之冗不难于汰，而难于处。籍其力于强壮之时，而欲去其籍于老弱之后，何以慰其心哉？"可见退兵的安置是一项重大问题。神宗时，对省并之兵，"先为缮新其居室，给迁徙费"⑦。同时京师卫兵减汰后，一度欲徙之淮南粮源充足之地就食，后遭司马光、李常等人反对，最终"令自便在京居止"⑧。对离开军队的残疾不能自存者，亦要求部队给以措置收养。嘉泰三年（1203）十一月，朝廷要求"内有军队练汰离军之后，残笃废

① 《宋史》卷一九四《兵志八》，中华书局 1985 年版。
② 李焘：《续资治通鉴长编》卷四二七，哲宗元祐四年五月庚申。
③ 李焘：《续资治通鉴长编》卷七八，真宗大中祥符五年七月丁亥。
④ 《宋史》卷一九四《兵志八》，中华书局 1985 年版。
⑤ 同上。
⑥ 徐松辑：《宋会要辑稿》食货六三之二〇四，中华书局 1957 年影印本。
⑦ 《宋史》卷一九四《兵志八》，中华书局 1985 年版。
⑧ 同上。

疾不能自存在外乞丐之人，仰本军随营分措置收养，毋致失所"①。

（二）宋代军人的疾病与受伤救治

宋代重视军人的疾病与受伤救治，采取不同措施救治伤病人员，其主要手段如下：

首先，对因病需要治疗的军士遣使送药。对济疫比较严重的地区，宋朝政府往往会遣使送药，前去医治。咸平五年（1002）十月，因镇戎军为盐碱地，将士多疾病，便"遣使赍药赐镇戎军将士，以其地潟卤早寒，人饮水多疾故也"②。熙宁八年（1075）三月，对在赴京路途中有疾病的兵士，要求所过州县遣人医治，诏："闻诸路寄招兵士发遣赴京，道路饥死者众，其令所过州县遇有追同行人不及者，日食别给，小历病疾，遣人医治。"③ 同年闰四月，赵州修城的役兵病者很多，上批："闻赵州修城，役兵病者已六百六十余，外方难得医药……可遣内侍赐夏药，及令翰林医官乘驿往彼诊治，赐特支钱有差。"④ 元丰元年（1078）四月，"诏太医局选医生十人，给官局熟药，乘驿诣曹村决河所医治见役兵夫"⑤。

其次，对安南遭受瘴气侵害的士兵，积极给以医治。熙宁九年（1076）五月，诏"安南诸军过岭，有疾病寄留者，令所寄州军专选官管勾医治，提点邢狱往来提举。如能用心医治，瘥损数少，候师还日比较分数，当议优奖"⑥。六月又诏："安南行营军士如疾病，将官宜亲抚视，严责医疗，逐将月具平安及疾病死亡人数以闻。"⑦ 为防止安南士兵患疾病太多，九月上批："闻安南兵过岭多疾病，其令宣抚司晓告毋食生冷，严立酒禁。"⑧ 熙宁十年（1077）五月，朝廷诏"安南军回士卒病者，委所在官舍存泊，差军员提举，续给口券，官备粥药，州军委都监，县镇委主簿或监镇官检视"⑨。六月，朝廷又选派医生到岭南救治病瘴患者，

① 徐松辑：《宋会要辑稿》食货六〇之一七。
② 李焘：《续资治通鉴长编》卷五三，真宗咸平五年十月乙巳。
③ 李焘：《续资治通鉴长编》卷二六一，神宗熙宁八年三月丁巳。
④ 李焘：《续资治通鉴长编》卷二六三，神宗熙宁八年闰四月乙亥。
⑤ 李焘：《续资治通鉴长编》卷二八九，神宗元丰元年四月甲子。
⑥ 李焘：《续资治通鉴长编》卷二七五，神宗熙宁九年五月壬申。
⑦ 李焘：《续资治通鉴长编》卷二七六，神宗熙宁九年六月丁亥。
⑧ 李焘：《续资治通鉴长编》卷二七七，神宗熙宁九年七月戊子。
⑨ 李焘：《续资治通鉴长编》卷二八二，神宗熙宁十年五月癸亥。

诏 "今岁岭外大热,病瘴者多。方屯兵未解,官吏、将校在彼者众,深虑难于医药,枉致死伤。医官院选差医学三人,赐绢五十匹,遣赴桂州,委赵离分掣差使,候及一年差替,经略司具所愈人数保明闻奏"①。

第三,患病期间的士卒,仍给口粮。如大中祥符五年(1012)七月,"诏坊、监、仓、库军士疾病者,续其口粮,无令失所。时群牧司秣马卒因病请告,停其所给,有匀食饿死者。上闵之,故有是命"②。

第四,对在战场上受伤的士卒,宋朝采取一切办法,积极进行治疗。具体方法如《武经总要》所载:"凡军行士卒有病疾者、阵伤者,每军先定一官专掌药饵,驮舆及扶养之人,若非贼境,即所在寄留责医为治,并给傔人扶养。若在贼境,即作驮马舆及给傔将之随军而行,每日本队将校亲巡医药,专知官以所疾申大将,问往临视。疾愈,则主者傔人并厚赏。恐不用心,故赏之,如弃掷病人并养饲失所,主者皆量事决罚,气未绝而埋瘗者斩。"③ 这样士卒无论是在贼境或不在贼境受伤情况下的医治,都有了明确规定和要求。钦宗靖康元年(1126)六月十四日,知磁州赵将之言:"种师中兵溃,有被伤之人疲曳道路甚多,臣已随宜措置,出榜招收,权置一医药院收管医治。如臣一州所医,已二百余人。切虑别路州郡尚多有之,乞下诸州将重伤者,每人止绢一匹,钱一贯,轻伤人半支,并以系省钱物充,仍委守臣当官给付。依已降指挥,将诏到溃散人并发上边应援太原外,有被伤米(未)堪验使人,并且令逐州医治,候平愈日,逐旋结队发遣。从之。"④

(三)宋代出征军人的家属安置

宋朝实行募兵制,军士一经招募,便终身为兵。军人家属则随军而居,同兵士一同居住于兵营,平时士兵与家属一起生活,相互之间可以互相照顾,部队一旦出兵作战,家属的正常生活也被打乱,并有许多不便。因此部队外出作战期间的家属生活照料,也是官府需要解决的一个问题。

宋朝士兵外出作战,家属一般留守军营,如宋神宗熙河用兵时,开封府"安上门最近诸营,每子弟一人归,约空书半担而来,自门入。向

---

① 李焘:《续资治通鉴长编》卷二八三,神宗熙宁十年六月丁酉。
② 李焘:《续资治通鉴长编》卷七八,真宗大中祥符五年七月庚寅。
③ 曾公亮等:《武经总要》前集卷六《军人疾病治疗》,文渊阁《四库全书》本。
④ 徐松辑:《宋会要辑稿》食货五九之一五。

晚左右前后尽哭泣声，盖战没之家属得书而泣也"①。但南宋初年，由于军队移屯频繁，家属也常常要随军移动，建炎四年（1130），岳飞出任通、泰州镇抚使，当时带军马万余人，连同家属达七万余人，一同渡江前往泰州，结果还延缓了救援楚州的行动。② 绍兴十年（1140），刘锜出任出任东京副留守，带兵近二万，行军作战时也是"随军老小"同行，在顺昌同金兵作战后，还要派军护送伤员及"老小往镇江府驻扎"③。《鸡肋编》亦载：南宋初，"军卒多掳掠妇女，人有三四，每随军而行，谓之老小"④。为此，御使中丞张守曾奏到："今每出师，则水舟陆车，累累随行，谓之老小。"这样家属随军行动，行军作战极为不便，因此它建议："应军人家口，遇出军日，并不得随行，各就本寨居止，官司常加存恤，修治舍屋，量添口食。如有军人及将校、使臣辄将妇女老小随军，并行军法。"⑤ 不过，在南宋初期军队调动频繁的情况下，要想使家属不随军行动是困难的，后来随着屯驻大军驻地的相对固定，老小随军的情况就逐渐减少了。

不过在部队出征的情况下，宋朝对留守军营的家属，还是采取了一些安置措施。

首先，对遇有特殊困难的军士家属，给以特别恩赐。如咸平五年（1002）七月，真宗要求"诸州因霖雨坏营舍，有军出家属在营者，赐缗钱"⑥。

其次，军士外出征战期间，军俸由家属领取，以便养家糊口。宋神宗时，在禁止克扣军粮的批示中曾提到，"出军家口亏减尤多"⑦，说明士兵家属在领取俸粮时，常仓吏减扣。南宋后期李曾伯也说："军身出戍，老小在家，生券、家粮官给两分。"⑧ 但不管怎么说，士卒出征后，由家属领取俸禄，这样，其生活就有了基本保证。

第三，对生活困难的驻军家属政府给以照顾，有病者官为看病，死

---

① 郑侠：《西塘集》卷一《陷兵》，文渊阁《四库全书》本。
② 岳珂：《鄂国金佗稡编》卷一七《赴镇画一申省札子》，中华书局 1989 年版。
③ 徐梦莘：《三朝北盟会编》卷二〇一《顺昌战胜破贼录》，上海古籍出版社 1987 年版。
④ 庄绰：《鸡肋编》卷中，中华书局 1983 年版。
⑤ 黄淮、杨士奇：《历代名臣奏议》卷二二三，上海古籍出版社 1989 年版。
⑥ 徐松辑：《宋会要辑稿》兵六之一二。
⑦ 徐松辑：《宋会要辑稿》职官五七之九二。
⑧ 李曾伯：《可斋杂稿》卷一九《奏襄樊经久五事》，文渊阁《四库全书》本。

亡者官为埋葬。如仁宗宝元二年（1039）二月初七日，辅臣张士逊等言："禁兵西戍，其家属在营者多贫穷。"结果仁宗"出内府钱十万贯付有司以济其家"①。康定元年（1040）四月初九日，诏"在京诸军戍边者，其在营家属令入内，内侍省每月一次，选差内臣三二贯就营存问。有疾者，令翰林只候看验，死丧无亲属者，官为殡埋。其外处，令本属官差人依此存恤"②。宋孝宗隆兴元年（1163）四月初一日，亦诏"令淮东西、湖广总领所将镇江、建康、江州、鄂州、荆南等处，见今差出屯戍官兵在寨老小的实数目依例支给犒设，使臣一贯文，军兵七百文"③。

三　宋代军人优抚保障政策的作用与影响

宋代军人的优抚保障政策，其作用和影响表现在以下两个方面。

其一，宋代军人的优抚保障政策，是两宋特定历史时期的需要，它体现了宋朝政府对军队工作的重视，有助于提高军队的战斗力和凝聚力。两宋时期战争不断，不论是北宋时期与辽、西夏的争斗，或是南宋时期同金的对峙，都需要军人在战场去厮杀，加强对军人的优抚和保障，是这一特定历史时期所必须的。当然，宋代所实行的军人优抚保障政策，在不同程度上起到了稳定军心、鼓舞部队士气、提高军队战斗力和凝聚力、增强国防力量的作用。

其二，宋代军人的优抚保障政策，在中国古代军人优抚保障史上具有承前启后的重要作用，对后世产生了重要影响。中国古代对军人的优抚，早在春秋战国时期就开始了，其后历代都不同程度对军人实行了优抚政策，但对军人真正较为系统的优抚保障政策是从宋代开始的。宋朝的建立，使我国古代的优抚制度进入了一个新的历史时期，随着兵农合一的府兵制在宋代被募兵制所代替，军人成为一种职业，因而与之相适应的优抚保障制度也得到了发展。宋朝除了继续实行前代存在的士兵残疾、阵亡的优抚政策外，还增加了解除军人后顾之忧的保障措施，如对

---

① 徐松辑：《宋会要辑稿》兵五之二。
② 同上。
③ 徐松辑：《宋会要辑稿》兵五之二〇。

裁汰军人的安置、军人的疾病与受伤救治和军人家属的安置等，特别是宋朝对裁汰军人以及军人家属的安置是以前朝代所没有的。

同时，宋朝的军人优抚保障政策，对明清产生了重要影响。特别是清朝除了承继宋代的军人优抚保障政策外，还进一步增加了军人在政治参与上的优待、阵亡军人的祭奠与褒扬和军人退役后的恤赏安置等，使军人优抚保障发展到了一个新阶段。

敦煌本道经《十戒经》考论[①]

兰州大学历史文化学院、敦煌学研究所　刘永明

　　在敦煌道教文献中留存有一组《十戒经》，是反映唐代敦煌乃至全国道教活动繁荣兴旺的重要资料。在这组文献中，《十戒经》连抄在《五千文》之后，并各自附有传授盟文。由于这一经戒传授针对的是在家的初级信仰者清信弟子，于是成为道教通往社会的一个重要渠道，从而有利于道教的传播，并对社会基层的宗教信仰乃至道德教化产生一定的影响。

　　明《道藏》也收有《洞玄灵宝天尊说十戒经》（下文简称《天尊说十戒经》）一卷，与敦煌本大同小异，属于《十戒经》的另一传本。因而对敦煌本的研究实际上也离不开对《道藏》本的研究。关于敦煌本《十戒经》，学界已有不少研究。[②] 实际上，《十戒经》的内容由多个部分组

---

　　① 本文为国家社会科学基金"唐五代宋初敦煌道教与民间信仰研究"成果之一，项目编号：10BZJ021。

　　② ［日］大渊忍尔《敦煌道经目录编》曾收录并略及其渊源（东京福五书店 1978 年版，第 109 页）。［日］吉冈义丰则有专门研究，其所撰《敦煌本十戒经について》一文主要讨论了《十戒经》与佛教的关系以及男官女官、清信弟子的出家在家等问题（详参《吉冈义丰著作集》第二册，东京五月书房 1989 年版）。［日］楠山春树对道教戒律作过系统整理和整体性研究，揭示了道教戒律在形成过程中受到大乘佛教的很大影响，所著《道教における十戒》一则对包括敦煌本《十戒经》在内的十二种"十戒"作了梳理和考察，从源流角度指出了每种十戒在其他道经中的引用情况，并对十戒的层次进行了分析；《清信弟子考——道士の阶级に关する一试论》一文也与《十戒经》密切相关（氏著《道家思想と道教》，东京平河出版社 1992 年版）。施舟人《道藏通考》认为《十戒经》的形成年代要早至公元六世纪（Kristofer Schipper and Franciscus Verellen ed. , *The Taoist Canon: A Historical Companion to the Daozang*, The University of Chicago Press, 2004, Volume 1, pp. 575 – 576. ）。朱越利曾根据敦煌本推断《天尊说十戒经》大约出于六朝时期（氏著《道藏分类目录解题》，华夏出版社 1996 年版，第 38 页）。王卡也视两者为同一典籍，谓"约出于南北朝末，系节录古灵宝经中'十戒十四持身品'改编而成。"（氏著《敦煌道教文献研究——综述、目录、索引》，中国社会科学出版社 2004 年版，第 133 页）近年，吴羽《敦煌写本中所见道教〈十戒经〉传授盟文及仪式考略——以 P. 2347 敦煌写本为例》一文考察了传授盟文的文体学源流及其在传授仪式中的功能（《敦煌研究》2007 年第 1 期）。朱大星《敦煌本＜十戒经＞的形成与流传》一文，主要关注十戒和十四持身之品两项内容之渊源，以及《十戒经》与《道德经》相结合流传的问题（《浙江大学学报》2007 年第 3 期）。郑灿山则在［日］吉冈义丰、［日］楠山春树的研究基础上对《十戒经》主要内容的来源和该经的成立年代作了进一步的考辨（氏著《迈向圣典之路——东晋唐初道教道德经学》，台湾师范大学 2000 年博士学位论文；《东晋唐初道教道德经学：关于道德经与重玄思想暨太玄部之讨论》，台湾学生书局 2009 年版）。

成，已有研究则主要针对其核心内容十戒和十四持身之品展开考察，而对其形成过程中具体内容的整合演化，尤其是对其他组成部分和传授盟文的形成渊源及义理背景关注不够；同时，敦煌本《十戒经》与《道藏》本《天尊说十戒经》并不能完全等同，其两者之间的关系应予进一步说明；而敦煌本《十戒经》的独特价值尚待进一步揭示。另外，作为典型个案，对《十戒经》源流的跟踪考察也可以从一个侧面反映出中古道教史的诸多相关问题。所以本文即拟在前人研究的基础上，就这一系列问题作一番尽可能全面的考察，不妥之处，尚祈学界同仁不吝指正。

一 关于敦煌本《十戒经》

敦煌本《十戒经》计有 11 个卷号，题名均作《十戒经》，王卡在诸家研究基础上，对李盛铎旧藏《十戒经》之外的十个卷子作了整体的梳理、缀合，并按明《道藏》本《洞玄灵宝天尊说十戒经》给予定名，简称《十戒经》，还收录了 7 份传授盟文；[①] 新编《中华道藏》也收录了这批文献。[②] 2009 年 10 月，随着日本杏雨书屋藏《敦煌秘笈》的出版，沉寂多年的李盛铎旧藏问世，《十戒经》的整体状貌才得以全面展现。这份珍贵的日藏写卷即羽 003R 写卷。该卷内容首尾完整，首尾俱题《十戒经》，后附录传授盟文，为至德二年（757）三洞法师中岳先生张仙翼为弟子吴紫阳授戒之本，且与 P. 2735 吴紫阳授《五千文》并盟文写卷可以全面缀合（P. 2735 + 羽 003R）[③]。从 8 份写卷的抄写时间看，最早的为景龙三年（709），最晚为至德二载（757），跨度近 50 年，说明在这段时间敦煌道教实施着同样的经戒传授科仪，而实际时间跨度应该更大。其中，P. 3417 卷写于开元二十五年（737），是从关中传入敦煌的。[④] 这说明，唐朝敦煌道教的基本状况一同内地。

以上多份《十戒经》写卷内容完全相同，现根据日藏羽 003R 写卷，

---

① 参见王卡《敦煌道教文献研究——综述、目录、索引》，第 133—137 页。

② 《中华道藏》第 42 册在《洞玄灵宝天尊说十戒经》后，据 S. 6454 号文书附有敦煌本《十戒经》，并收录了除甘博 07 文书之外的其他六份传授盟文。

③ 关于该卷的缀合诸问题可参刘永明《日本杏雨书屋藏敦煌道教及相关文献研读札记》，《敦煌学辑刊》2010 年第 3 期。

④ 可参见王卡《敦煌道教文献研究——综述、目录、索引》，第 134—135 页。

转录内容如下：

> 天尊言：善男子，善女子，能发自然道意来/入法门，受我十戒十四持身之品，则为大道清/信弟子，皆与勇猛飞天齐功。于此而进，心不/解（懈）退者，则超凌三界，为上清真人。/次弟子对师而伏。/
>
> 一者不煞，当念众生；/二者不淫，犯人妇女；/三者不盗，取非义财；/四者不欺，善恶反论；/五者不醉，常思净行；/六者宗亲和睦，无有非亲；/七者见人善事，心助欢喜；/八者见人有忧，助为作福；/九者彼来加我，志在不报；/十者一切未得道，我不有望。/
>
> /次说十四持身之品：/与人君言则惠于国，与人父言则慈于子；/与人师言则爱于众；/与人兄言则悌于行；/与人臣言则忠于上；/与人子言则孝于亲；/与人友言则信于交；/与人夫言则和于室；/与人妇言则贞于夫；/与人弟子言则恭于礼；/与野人言则劝于农也；/与沙门道士言则止于道；/与异国人言则各守其域；/与奴婢言则慎于事。/
>
> 天尊言：修奉清戒，每合天心，常行大慈，愿/为一切，普度厄世，慊慊尊教，不得忠（中）怠，宁守/善而死，不为恶而生。于是不退，可得拔度/五道，不履三恶，诸天所护，万神所敬，长斋/奉戒，自得度世。①

关于传授盟文，每份文书除了因人而异的必然差异外，核心内容完全相同，其他内容和文字则略有不同。从差异的角度看，可以分为两个范本，② 兹以唐真戒本与吴紫阳本为例列表比较如下。

从对比可见，两者内容次序有异；同时，唐真戒本多出一语："伏闻天尊大圣演说十戒……位及上清。"其他各抄本之间还有较小的文句差异，但无关紧要。在传授盟文中，除了每位受戒者不同的个人简况和大致相同的盟誓词之外，核心内容是表达受戒者对解脱生命轮回的认识，即"既受纳有形……长沦而弗悟"。而这一段内容在每份写卷中均完全相同（见表1）。

---

① 《敦煌秘笈》（影片册一），大阪武田科学振兴财团 2009 年版，第 37 页。

② P. 2347. 2 唐真戒本、P. 3417 周景仙本、S. 6454 张玄辩本、甘博 017 索澄空本属同一范本；羽 003R 吴紫阳本、P. 2350v. 2 李无上本、P. 3770 王玉真本、BD. 14523. 3 阴志清本属另一范本。

表1

P. 2347 唐真戒本《十戒经》传授盟文	羽003R 吴紫阳本《十戒经》传授盟文
大唐景龙三年（709），岁次己酉五月丁巳朔十八日甲戌，沙州敦煌县洪闰乡长沙里冲虚观女官清信弟子唐真戒，年十六岁。但为宍（肉）人无识，既受纳有形，形染六情，六情一染，动之弊秽，或（惑）于所见，昧于所著，世务因缘，以次而发。招引罪垢，历世弥积。轮回于三界，漂浪而忘返；流转于五道，长沦而弗悟。伏闻天尊大圣，演说十戒十四持身之品，依法修行者可以超升三界，位极上清。真戒性虽愚昧，愿求奉受；谨赍法信，谨诣北岳先生阎履明，奉受十戒十四持身之品，修行供养，永为身宝。僭盟负约，长幽地狱，不敢蒙原	至德二载（757），岁次丁酉五月戊申朔十四日辛酉，敦煌郡敦煌县敦煌乡尤洽里男生清信弟子吴紫阳，载十七载，五月八日生。赍信如法，今诣敦煌郡敦煌县效谷乡无穷里三洞法师中岳先生张仙翼求受十戒十四持身之品，紫阳宍（肉）人，既受纳有形，形染六情，六情一染，动之弊秽，或（惑）于所见，昧于所著，世务因缘，以次而发。招引罪垢，历世弥积。轮回于三界，漂浪而亡返；流转于五道，长沦而弗悟。辙依玄科，赍信如法，求乞奉受，修行供养，永为身宝。僭盟负约，长幽地狱，不敢蒙原①

敦煌本《十戒经》作为传授经戒活动中实际运用的文书，传授盟文是其不可缺少的组成部分，尤其是其中用以表达受戒者宗教认识的核心内容完全相同，且与《十戒经》有密切的义理关联，从而使之更具独特价值。

以上是敦煌本《十戒经》的基本情况。将《道藏》本与敦煌本相比较，其经文略有差异；而且没有传授盟文。另外，《道藏》本末尾多出四句诗文，实为奉戒颂，即"一切学道人，誓愿成真道，慈悲念戒文，道声断烦恼"②。本文的考察实际上包括了对此两者的讨论。

二　敦煌本《十戒经》溯源

敦煌本《十戒经》的形成渊源比较复杂，它是由来自不同经典的各部分内容整合改造而成，下面根据实际情况将其内容分为几个部分，以便依次展开讨论。

《十戒经》的核心内容包括两部分，即"十戒"和"十四持身之品"，这也是诸家研究主要关注的部分。实际上，整个经文内容可细分为

---

① 《敦煌秘笈》（影片册一），第37页。
② 《道藏》第6册，第900页。

四个部分：1. 天尊授戒序说（首段）；2. 十戒条目；3. 十四持身之品；4. 天尊说持戒功德（末段）。这 4 部分内容，敦煌本与《道藏》本正相对应也基本相同。另外，敦煌本后有传授盟文，虽属附属部分，但内容和格式基本固定，义理方面与经文密切配合，且有同样的经典依据，这里作为第 5 部分内容。还需说明的是，《道藏》本后面的奉戒颂为敦煌本所无，但亦非经典本有内容，后文也一并予以说明。以下便从这几个方面对《十戒经》的形成渊源展开考察。

（一）十戒条目、传授盟文的渊源及《十戒经》的义理背景

十戒条目和传授盟文的渊源均可以上溯到早期道经《太上洞玄灵宝智慧定志通微经》（下文简称《定志通微经》）。该经见于敦煌本《灵宝经目》① 及《三洞奉道科戒仪范》"灵宝中盟经目"，属于晋宋之际的古灵宝经元始旧经。该经以灵宝天尊为左玄真人、右玄真人传授经法的形式展开，核心内容在于讲述"思微定志"口诀及与之相应的十戒。经中说。

> （天尊）思念万兆造化之始，胎禀是同，各因氤氲之气，凝而成神。神本澄清，湛然无杂，既授纳有形，形染六情。六情一染，动之弊秽，惑于所见，昧于所著，世务因缘，以次而发。招引罪垢，历世弥积，轮回于三界，飘浪而忘反，流转于五道，长沦而弗悟。婴抱痛毒，不能自知，驰神惶悸，唯罪是履。愍之在心，良无已矣。忆其禀受之始，理有可哀。②

这里讲述了众生轮回堕落而不开悟的原因主要是自身为六情所染，因此行为有差，被外在事物所迷惑，被内在执着所蒙蔽等，于是讲说此经，以便解脱堕落轮回中的众生。而敦煌本《十戒经》传授盟文中讲述俗人未能悟道的原因，其核心内容"既授纳有形……长沦而弗悟"一段正在其中；随后所讲十戒与敦煌本十戒条目完全相同，兹不再引。显然两者都是敦煌本《十戒经》的渊源所在。楠山春树曾揭示了这一渊源，并指出，道教的十戒共有十二种，而这一"定志经十戒"和出自《太上

---

① ［日］大渊忍尔根据 P. 2861 和 P. 2256《通门论卷下》，将《灵宝经目》录出，载《敦煌道教目录编》，第 365—368 页。
② 《道藏》第 5 册，第 888 页。

洞玄灵宝智慧上品大戒经》的"智慧上品十戒"最具代表性。①

这里，我们还应该关注的是构成《十戒经》义理支撑的"两半成一"说。《定志通微经》的核心内容是所谓的"两半成一"要诀和十戒。前者是信奉者应该理解的宗教义理，而后者是必须遵循的宗教戒条。关于"两半成一"要诀所包含的义理，主要见于以下两段内容。其一是天尊所说：

> 当知三界之中，三世皆空，知三世空，虽有我身，皆应归空。明归空理，便能忘身。能忘身者，岂复爱身。身既不爱，便能一切都无所爱，惟道是爱。能爱道者，道亦爱之。得道爱者，始是反真。思微定志，理尽于斯。斯则反乎两半成一，本之一，还归真，道业日升。

其二是天尊与弟子左玄真人、右玄真人的问答：

> 天尊又曰：两半成一，其义有五，卿等知乎。二真答曰：已知。不亦于彼清虚之炁，因氤氲之交，分半下降，就此四半，合为一耶。不亦或此假一而为恶者，致招自然之炁，沦于三途乎。不亦为善，离此四半，还登太虚，复我清虚之气，反我两半，处于自然乎。②

随后天尊授以要诀，即在空中展示"两半轮转图局"，实际上相当于义理阐释图式，并授二位真人。随后天尊说："虽得此诀，当以十戒为本"，并授以十戒。

《定志通微经》中的这一义理要诀是后世道经如《本际经》《玄门大义》《道教义枢》中进一步发挥的重要义理概念之一。从根源上来看，"两半成一"说是中国本土文化与佛教相结合的产物。关于《定志通微经》吸收佛教戒律与义理的问题，唐释法琳《辩正论》已有专门的揭示，如指其十戒中，"五戒是佛家五戒"等，批其"信偷佛经，其贼现矣"；"并改《金光明》、《法华》等经"③。吉冈义丰也指出其中前五戒和佛教沙弥十戒的前五戒相当。近有王承文论《定志通微经》十戒之前五戒都

---

① 楠山春树：《道教におけるに十戒》，《道家思想と道教》，第 111 页。
② 《道藏》第 5 册，第 889 页。
③ 法琳：《辩正论》卷八《出道伪谬篇第十》，《大正藏》卷五二，第 544 页上。

直接出自佛教"五戒","在古灵宝经的各种戒律中，这种直接吸收佛教戒律的情况属于绝无仅有"①。这就充分说明《定志通微经》对佛教的戒律和义理等有深度的吸摄。应该说，这种交融吸摄在丰富和深化道教义理的同时，其中明显模仿和袭用佛经的痕迹，也为道教的义理建设带来了不少根本性的弊端，乃至屡遭佛教诟病并制约道教的长远发展。不过也应该看到，《定志通微经》对人最初的形成，即氤氲之气的观念则秉承的是中国道家、儒家文化传统中固有的认识。如《周易·系辞传下》所说："天地绷缊（氤氲），万物化醇；男女构精，万物化生。"② 道教也延续了这一认识，如道经《老子西升经》曰："道者，虚无之物。若虚而为实，无而为有也。天者，受一气荡荡，而致清气下，化生于万物，而形各异焉。"③ 可见该经中由氤氲之气而生成人的精神之说，原本与传统的阴阳二气交融化生万物的思想是一脉相承的。而且其力图还复的"太虚""清虚""自然"都是道教对"道"的最基本认识和追求的最高宗旨。所以《定志通微经》在此将佛教和道教的两种认识结合起来，从而形成新的道教义理。

关于"两半成一"，麦谷邦夫认为，应该是"靠存思日月即阴阳二气合为一体而求得长生的道术口诀，便是'两半成一'。由此可知，'两半'的原义是阴阳或者日月，根本就没有《本际经》和《道教义枢》所含有的佛教的意义。《定志经》也许是想借此道术口诀象征识业的由来、三界轮回以及求得解脱这些佛教教义"④。而该经解脱轮回的最后归宿"离此四半，还登太虚，复我清虚之气，反我两半，处于自然"之说，依然是道教自己的解脱观。同时，这一解脱观在古灵宝经中具有相同性，如《太上洞玄灵宝智慧上品大戒经》所讲的道教修行也是在追求"持斋奉戒，夷心静默，志念分明，一意归向，专想不二，涤荡六府，过中不味，内外清虚，每合自然"⑤。

于是我们可以确认，《定志通微经》的"两半成一"之说，在义理的起点和终点上都坚持了中国固有的传统和道教的认识，并作了进一步的义理创造；而在中间环节则大力引入了佛教义理。由此可见，敦煌本

①　王承文：《古灵宝经与〈大方广佛华严经〉等佛经关系考释》，《文史》2011 年第 3 辑，第 78 页。
②　朱熹撰，廖名春点校：《周易本义》，中华书局 2009 年版，第 252 页。
③　《道藏》第 11 册，第 504 页。
④　［日］麦谷邦夫：《南北朝隋唐初道教教义学管窥》，辛冠洁等编《日本学者论中国哲学史》，中华书局 1985 年版，第 306 页。
⑤　《道藏》第 3 册，第 392 页。

《十戒经》的形成和行用是具有大约三百年之久的佛道义理交融背景的。

（二）"十四持身之品"的渊源

"十四持身之品"的内容最早见于古灵宝经旧经《太上洞玄灵宝智慧罪根上品大戒经》（以下简称《罪根上品大戒经》）。该经系元始天尊为太上大道君所传道法，主要讲述多种戒律及拔除罪根之法。戒律包括十善因缘上戒之律、一十四戒持身之品、上品十戒、十恶、十二可从等五种。十四戒持身之品与十善因缘上戒相衔接，称为"十善十四持身之品"，这种搭配也是后世"十戒十四持身之品"形成过程中值得注意的一环。其"十善戒"之后为十四持身之品：

> 此十善因缘上戒之律，十天神王所奉，能行之者，飞天齐功。次当持身慎行：与人君言则惠于国，与人父言则慈于子；与人师言则爱于众；与人兄言则悌于行；与人臣言则忠于君；与人子言则孝于亲；与人友言则信于交；与人妇言则贞于夫；与人夫言则和于室；与人弟子言则恭于礼；与野人言则劝于农；与道士言则正于道；与异国人言则各守其域；与奴婢言则慎于事。
>
> 此一十四戒持身之品，四天帝王常所宗奉，普告四方正士神祇，人民百姓，子男女人，咸使行此上品，参于四天，自然福堂。能行之者，四天所贵，地祇所称，位比仙王。①

从思想宗旨看，这一组合的内容透露出一种与人为善、积德成仙的观念，无论是十善戒还是十四持身之品，都主要着眼于有益于他人、有益于儒家社会伦理的稳定，亦即"先人后身，有惠于万物，功普于一切"，然后希图"功满三千，白日升天，修善有余，天降云车"②，因积德之厚而成其仙道。

属于古灵宝经之新经的《太极左仙公请问经》卷上也见有此十四持身之品内容。该经幸存于敦煌文献中。其中见有《罪根上品大戒经》的十戒、十四持身之品及十恶等内容，将《罪根上品大戒经》中的积德成仙说进行了改造、补充，将十戒内容压缩与十四持身内容一并叙述，作为积功

---

① 《道藏》第6册，第887页。
② 同上书，第886页。

累行以求仙道的内容取用于行文当中，但未明确其为戒条，同时又给予相应的新解释。① 该经对修道的总体认识，据敦煌文书 S. 1351《太极左仙公请问经》卷上云："夫学道修德，以善功为上，然后当斋戒，吐纳元和，挹漱流霞五华之英也。学道不动（勤）修善功斋戒，亦徒劳于山林矣。"既强调了善功积德、斋戒对于成仙的重要性，同时还强调了吐纳修炼的重要性。对于奉持十四持身之品的功用，认为奉持者能"令心口相应，心为口主，口为心客，心念便是矣。故曰：功满三千，白日升天，偕善有余，坐降云车，弘道无已，自致不死，斯之谓也"。即奉持功满，可以成仙升天。

《十戒经》取此"十四持身之品"与"《定志通微经》十戒"，构成一组新的戒律。

（三）天尊授戒序说和天尊说持戒功德的渊源

这两项内容均最早出自古灵宝经《太上洞玄灵宝智慧上品大戒经》（以下简称《智慧上品大戒经》），明《道藏》载之，② 敦煌文献亦存其多份写卷。③ 该经系元始天尊为太上道君所说法，主要讲述十戒、十二可从、智慧闭塞六情上品戒、智慧度生上品大戒、智慧十善劝助上品大戒，以求解除灾难，超越轮回，生者见道，身脱八难；死者欢乐，上升天堂。其中受持十戒和十二可从者可以称为大道清信弟子。

其中十戒即前文所述楠山春树认为最具代表性的十戒之一。此十戒的宗旨据 P. 2461 所载，在于"为诸男女解灾却患，请福度命，拔诸苦根。使生者见道，身脱八难，死者欢乐，饮食天堂，早生人中，转轮圣王"。其后内容为：

---

① 近有刘屹发表系列论文，质疑古灵宝"旧先新后"的问题，其中《"元始系"与"仙公系"灵宝经的先后问题》（《敦煌学》第 27 辑，台北乐学书局 2008 年版）、《元始旧经与仙公新经的先后问题——以篇章所见的古灵宝经为中心》（《首都师范大学学报》2009 年第 3 期）认为《太极左仙公请问经》可能先于《罪根上品大戒经》而出；王承文《古灵宝经'元始旧经'和"新经"出世先后考释——兼对刘屹博士系列质疑的答覆》（《中山大学学报》2013 年第 2 期）等论文就此两经及整个旧先新后问题也作了答覆性的考察；认为《请问经》上、下卷中总共出现的四种戒律均出于《智慧罪根上品大戒经》。笔者从本文考察所见，古灵宝经互相援引的情况很复杂，每个经典都有各自的侧重点，根据需要引述或涉及其他典籍，但这种引述或涉及并非全都直接明了，不少需要在对读或者辨析之后才能看出相互关系，各自解说也不一定完全相同。其间关系值得深入研究。不过目前这种探讨的结论对本文考察的整体结论没有太多影响。

② 该经在明《道藏》中入洞真部，题名《太上洞真智慧上品大戒》一卷，"洞真"当为"洞玄"之误，参任继愈主编《道藏提要》，中国社会科学出版社 1991 年版，第 130 页。

③ 参见王卡《敦煌道教文献研究——综述·目录·索引》，第 94—95 页。

　　天尊言：修奉清戒，每合天心，常行大慈，愿为一切，普度厄世，慊慊尊教，不得中怠。宁守善而死，不为恶而生。于是不退，可得拔度五道，不履三恶，诸天所护，万神所敬，长斋奉戒，自得度世。太上道君不胜喜惧，稽首奉命。

　　敦煌本《十戒经》之天尊说持戒功德内容正见于此。不同处仅仅是去掉了最后"太上道君……"一语，然后全部摘用，一字不差，于是将天尊对太上道君的说教转换成了对清信弟子的说教。

　　该经后面紧接讲十二可从，之后有云。

　　天尊言：若善男子、善女人，能发自然道意来入法门，受我十戒，行十二可从，则为大道清信弟子，皆与勇猛飞天齐功。飞天，未得道者，是大道十转弟子，飞行空虚，为诸天策驾。清信弟子见在世上，可得免于忧恼，度于众苦，身入光明，形内澄正，召鬼使神，制伏魔精，十转即得上为飞天。若在一转，而得精进，心不懈退，作诸功德，长斋苦行，晨夕不倦，即得飞仙，于此而进，超凌三界，为上清真人。

　　显然，敦煌本《十戒经》的天尊授戒序说正是来自于对这一内容的摘录、修改和调整。亦即将"受我十戒，行十二可从"改为"受我十戒十四持身之品"，然后删去关于"飞天"的一段解释（从"飞天"到"即得上为飞天"）；再将后一段压缩调整为"于此而进，心不解退者，则超凌三界，为上清真人"。而这段内容的重要意义在于对清信弟子的宗教定位。亦即受持十四持身之品，在世间可以免除烦恼，再经十转之后而为飞天；继续精进则可为上清真人。同为古灵宝经元始旧经的《太上洞玄灵宝赤书玉诀妙经》卷上也见有此十戒和十二可从，并及"修奉清戒……自得度世"一段，然按其行文方式来看，并非原出本经的系统讲授，而是引自《智慧上品大戒经》。①

---

　　① 其引述方式如下："道曰：子受灵宝大戒，当起北向，……东向伏听十戒。"之后为十戒及"修奉清戒……"一段；紧接着又是"道言：灵宝开法度人，有十二可从而得度世者，尔宜从之，自得正直（真），终入无为。"之后为十二可从（《道藏》第6册，第184页）。从行文方式可见，兹所谓"灵宝大戒"显然指他经已有内容，而后一句直接来自于《智慧上品大戒经》（P. 2461）之"天尊言：夫为学者，修斋求道，开度天人，作诸善功，当行十二可从而得度世者，尔宜从之，自得正真，终入无为，所愿皆成。"

《智慧上品大戒经》有了这些对持戒功德的说明和对清信弟子的定位，才将"十戒十二可从"这一组戒律的宗教意义全面展现出来。而《十戒经》则在摘录和重新组合之后，用以说明"十戒十四持身之品"的宗教意义和价值。还有一个重要的变化是在《智慧上品大戒经》中显示的是受持本经十戒和十二可从即为大道清信弟子；而在敦煌本《十戒经》中，则是受持《定志通微经》十戒和十四持身之品者为大道清信弟子。

以上是关于《十戒经》各组成部分的渊源、其在原出典中的宗教内涵、及十戒的义理背景等方面的追溯。通过考察可以确认，敦煌本《十戒经》以《定志通微经》十戒和《罪根上品大戒经》十四持身之品为核心，从《智慧上品大戒经》中摘取与清信弟子相关内容作为《十戒经》序说和天尊说持戒功德，又从《定志通微经》摘取关于众生轮回不悟之因的说教作为传授盟文，从而形成一部新的道教经典。同时，从各部分内容被整合为一，最终形成新的经典《十戒经》的角度看，应该主要关注的是《三洞奉道科戒仪范》和《无上秘要》。这正是下文要展开的内容。

还应该说明的是，以上内容入唐以后为较多道经称引，可见其影响之大，如《定志通微经》十戒被敦煌文献 P. 2456《大道通玄要卷第六》、朱法满《要修科仪戒律钞》《太上经戒》等所征引；十四持身之品亦见引于《大道通玄要卷第六》和《要修科仪戒律钞》；十戒及天尊说持戒功德则见引于《大道通玄要卷第六》；《道教义枢》亦引《智慧上品大戒经》有关清信弟子内容。

三 《十戒经》的形成、完善与优化

（一）从《三洞奉道科戒仪范》的十戒授受到《无上秘要》的《十戒经》新仪

前文我们对敦煌本《十戒经》各组成部分，找到了相对应的最早出典，那么这些内容大约是什么时候、怎样被整合到一起的呢？

朱大星认为《十戒经》的出现，"约在六朝后期至隋代，最迟不晚于唐初"①。而本文则认为，其形成时间不会晚至唐初。施舟人根据甄鸾作

---

① 朱大星：《敦煌本〈十戒经〉的形成及流传》，《浙江大学学报》2005 年第 3 期。

于 570 年的《笑道论》中曾引用了《十戒十四持身经》这一史实，断定《十戒经》的形成要早至公元 6 世纪，① 但此说尚不确切。本文认为，关于这一问题首先应该关注的是题名金明七真所撰的《三洞奉道科戒仪范》（下或简称《仪范》）中的记载。该经现存于敦煌文献，保存有唐以前的道典内容。明《道藏》本《三洞奉道科戒营始》则系以后的整理改编本，相应内容略有差异。关于《仪范》的成书年代尚有争议，一直以来学界较有代表性的意见有以下三种：吉冈义丰和小林正美力主的梁末成书说、福井康顺和秋月观暎的隋代成书说、大渊忍尔等学者的唐初成书说。近年又有历经梁隋至唐代最终成书的观点。② 就本文对《十戒经》文本演变过程的考察来看，当以见于此《仪范》的《十戒经》范文为最早，且不在北周隋唐以后。

道教从五斗米道开始就规定道士的等级，道士必须通过不断的修习才能渐次晋升。P. 2337《三洞奉道科戒仪范卷五》"法次仪三"汇集道经中相关科仪，规定了严格的道士身份品次，如云："科曰：道士、女官法位、次第、称号，各有阶级，须知尊卑上下，不得叨滥。"清信弟子属于在家弟子所受号位，所谓："清信弟子，右受天尊十戒十四持身，或十二可从、六情等戒，得加此号。"这里十戒和十四持身之品作为清信弟子所受戒律，最早被整合到了一起。但又从该卷"度人仪八"来看，则是单独受十戒即可称为清信弟子。"度人仪八"正好讲述的是传授十戒的仪轨，仪轨大致包括辞拜父母、谢九玄、拜天子、归礼三宝、礼三师、著法裙等十余项，其间礼仪繁复而神圣庄严。其所说十戒内容如下。

　　天尊言：善男子、善女子，能发自然道意，来/入法门，受我十戒，则为大道清信弟子，皆与/勇猛飞天齐功，于是不退，可得超陵（凌）三界，得/为上清真人。尔其伏受，谛听在心。/一者不煞，害（当）念众生。/二者不邪淫颠到（倒）；/三者不盗，取非义财。/四者不欺，善恶反论。/五者不醉，常思净行。/六者宗亲和穆（睦），

_____

① Kristofer Schipper and Franciscus Verellen ed. , *The Taoist Canon：A Historical Companion to the Daozang*, The University of Chicago Press, 2004, Volume 1, p. 576.

② 此观点由美国学者孔丽维（Livia Kohn）于 1997 年提出（Livia Kohn, "The Date and Compilation of the Fengdao Kejie, the First Handbook of Monastic Daoism," *East Asian History* 13/14, 1997, pp. 91 – 118），国内刘屹、赵益等亦有类似观点。

无有非亲。/七者见人善事，心助欢喜。/八者见人有忧，助为作福。/九者彼来加我，志在不报。/十者一切未得道，我不有望。/天尊言：修奉清戒，每合天心，常行大慈，愿为/一切，慊慊尊教，不敢中怠，宁守善而死，不为/恶而生，于是不退，可得拔度五道，不履三恶，/长斋奉戒，自得度世。

应该说，这里所见的是一整套系统完整的传授十戒科仪。但从内容来看，序说中只提到"受我十戒，则为大道清信弟子"，相应内容中也没有十四持身之品等戒目。这说明，在这一仪轨中，只要受十戒，即可称为大道清信弟子。如从《十戒经》的形成来看，这里除了十四持身之品之外，已经将授戒序说、十戒条目、持戒功德三项主要内容全部整合到了一起。又按 P. 2337《仪范》："道士、女官受经戒已，皆当诵其戒文，史（使）精熟。每至月一日、十五日、卅日，总集法堂，递相简阅。"又云："道士、女官所受经戒法录（箓），皆依目抄写，装潢入藏，置经堂、静室或阁，如法具龙璧、幡信、真文，朝夕供养礼忏，不得辄轻漫泄秽，传借他人，常当诵念转读……"可见，所传经戒均有单列文本存在，供入道者受持供养。所以，《仪范》中所载十戒经文虽然尚不完整，但已算得上是《十戒经》的早期范本了。如结合前述受十戒、十四持身之品即称清信弟子的科仪，则完整范本即可出现。

北周甄鸾的《笑道论》曾征引《十戒十四持身经》曰："起礼北方为始者，依《十戒十四持身经》云，北方礼一拜，北方为始。东向而周十方，想见太上真形。"① 这说明，当时已有独立的《十戒十四持身经》存在，但是其所引内容不见于现存《十戒经》各本。不过我们可以从 P. 2337《仪范》"度人仪八"中找到相应内容。其文曰："每至首终，齐唱善礼，一拜总讫。回身礼十方，从北始，至心归命北方无极太上灵宝天尊，十方同。次东，次南，次西，次东南，次东北，次西南，次西北，次上方，次下方。次退，居东面西，师西面东向，为说十戒，新度人皆称名受。"之后为《十戒经》文。两相比较，前者显然是后者的简括表述。就是说，这一《十戒十四持身经》还包括传授仪轨；而且从经名看，其中包含了十戒和十四持身之品两项内容，也就是说使《仪范》本《十

---

① 道宣：《广弘明集》卷九《辩惑篇第二之五》，《大正藏》卷五二，第 149 页下。

戒经》内容完善化，从而成为更完整意义上的《十戒十四持身经》。又，从《笑道论》所引内容不见于其他各本来看，这一经本当属于《十戒经》演变中的一种形式或者不同传本。

如果从《无上秘要》所载科仪来看，《十戒经》的演变又进一步而终得完善。其中卷三五"授度斋辞宿启仪品"明确规定："诸行道皆用御制新仪"①，也就是要推广实施的。其中三次讲到："若受十戒，可云十戒十四持身之品。"② 这一说法颇值得重视。这里所谓的"受十戒"，实际上已经将十四持身之品包括在内了。由此可见，这里已经不仅是将《三洞奉道科戒仪范》之"受天尊十戒十四持身"加清信弟子之号的科仪落到了实处，而且说明，此两者在当时的传授中已经紧密结合，以至于可以简称"十戒"并作为新仪推广了。

根据敦煌 P. 2861《无上秘要》唐开元年间写卷保留的目录来看，《无上秘要》中原本有"授十戒品"，置于"授度斋辞启品"（即《道藏》本之"授度斋辞宿启仪品"）之后，"授五千文品"之前，但无卷次说明。而据明《道藏》所收《无上秘要》残本，"授度斋辞宿启仪品"为卷三五，"授五千文品"为卷三七，内容俱存，而所缺第三六卷正当对应"授十戒品"。那么其所亡佚的内容究竟是什么呢？我们似乎可以根据已知的情况予以推断。首先，《天尊说十戒经》和敦煌本《十戒经》题名均为"十戒经"，而具体内容则包括了十戒和十四持身之品。这与《无上秘要》新仪的规定完全一致。其次，在《无上秘要》新仪中，《道德经》可以授予清信弟子，而敦煌清信弟子受《道德经》的传授科仪及盟文也见于《无上秘要》，③ 从对比来看，《无上秘要》中的《道德经》传授盟文与 P. 2347.1 唐真戒等受经盟文从格式到内容均完全相同，只有个别文字之异。这就充分说明，敦煌清信弟子受《十戒经》《道德经》的科仪都是直承《无上秘要》新仪而来。换言之，《十戒经》及传授盟文也正是《无上秘要》卷三六中亡佚的主要内容，当然文字上可能会有一定差异。

由此可知，至迟在北周武帝建德六年（577）编纂《无上秘要》时，《十戒经》内容已经完善，文本已经产生。如果与《笑道论》引《十戒

---

① 《道藏》第 25 册，第 119 页。
② 同上书，第 120、123 页。
③ 《道德经》传授盟文见《无上秘要》卷三七"授道德五千文仪品"。见《道藏》第 25 册，第 124 页。

十四持身经》相比较，则《无上秘要》所确定的《十戒经》既简化了经名，又省略了仪式内容。所以其文本更加进步并完善。[1]

这里还有必要作一解释的是，《无上秘要》卷三五在前述三次讲到"若受十戒，可云十戒十四持身之品"等五种传授内容的简要说明之后，有不同的出处注释，一曰"右出《金箓经》"；一曰"右出《玉清戒》"；一曰"右出《明真科》"。似乎以上每一经典中均包括此内容。实际上，《无上秘要》"御制新仪"是周武帝建设国家道教的重要内容，属于新编订内容，正如吉冈义丰所说，周武帝"准备在道教教义、仪式中加入新的思想，在这个基础上建设国家道教"[2]。其卷三五至卷四十即为新仪之授度仪。[3] 这些仪轨的编订，既有旧经典的摘引和改编，也有新编内容和必要的衔接及简要说明。所以关于出处的注释并非指以上全部内容，而有时仅指其中一部分而言。而卷三五关于"若受十戒，可云十戒十四持身之品"等内容正属于新编之列。[4]

那么，《道藏》本和敦煌本哪一个形成更早呢？首先，敦煌本作为受戒使用本，应有所本；而《道藏》本可以视为独立的经文文范。其次，从两本之间的异同来看，敦煌本更加完善，应在前者基础上发展而来，具体比较见后文。再次，一个最值得注意的区别是，原《罪根上品大戒经》中的"与道士言则正于道"，在《道藏》本中作"与贤人言则志于道"，而敦煌本则为"与沙门道士言则止于道"。从佛道关系的大背景看，北周武帝锐意灭佛，一时佛道斗争激烈，而最终因佛教的反对，以致于建德三年（574）佛、道同废。在这种背景下，由周武帝主持编纂的《无上秘要》，在《十戒经》的文本确定中将已废除的"沙门"列入其中，作为道士劝勉或尊敬的对象，这几乎是不可能的；而"贤人"这一内涵模糊而使用上宽泛的称谓运用于其中似乎更易于理解。在以后佛道关系

---

[1] 就仪式内容而言，《无上秘要》"受十戒品"独立成卷（即卷三六），且卷三五中包括授十戒之部分内容，其仪轨之繁复程度远在《仪范》授十戒仪轨之上；且仪轨内容亦非诵咏供养内容，故省略更为合理。

[2] [日]吉冈义丰：《道教经典史论》，东京道教刊行会，1955年，第267页。

[3] "御制新仪"包括授度仪和斋仪，有关研究可参见大渊忍尔《道教とその经典——道教史の研究其の二》，东京创文社1997年版，第327—351页。

[4] 关于《无上秘要》新仪的摘引与新编问题，需要专门的考察与说明；亦可参见大渊忍尔对《无上秘要》"御制新仪"的研究，见氏著《道教とその经典——道教史の研究其の二》，第327—351页。

缓和之后，再经调整而将"沙门"列入其中，则是顺理成章之事。由此来看，敦煌本应该晚出。

另外，《道藏》本《天尊说十戒经》末尾的奉戒颂见于约出于隋唐时期的《太极真人说二十四门戒经》，其内容专述斋戒日期及二十四戒，末尾有偈言云："一切修学人，誓愿成真道。慈悲念戒文，随声断烦恼。永离生死苦，得成无上道。归心向正真，红颜不衰老。"① 《道藏》本摘其前四句为奉戒颂，而文字稍有不同。道教在经法传授完毕后常有诵念奉戒颂之仪轨，类似情况也见于敦煌《十戒经》写卷，S. 6454 张玄辩传授盟文之后也有诗文一首："此法实玄妙，免汝九祖役。是其人不受，令人与道隔。非人而取受，见世被考责。死堕三途中，百劫悔无益。"诗文属另笔书写，字体拙稚，又不见于其他《十戒经》写卷。经核查可知，这正是出自《定志通微经》中的颂言。所以，《天尊说十戒经》后面的奉戒颂，原属仪轨内容，而渐被附于经文之后者。② 所以，颂言附入的时代并不影响对经戒文本最早形成时代的认识。

（二）敦煌本《十戒经》的形成及其特点

如前所述，敦煌本《十戒经》应晚于《天尊说十戒经》；进一步来看，敦煌本应该是在前者的基础上进行修改调整而来，这一点可以通过对敦煌本特点的对比揭示出来。从多方面比较来看，敦煌本《十戒经》具有以下特点。

第一，关于十戒条目。《定志通微经》十戒在《无上秘要》卷四六、《大道通玄要》卷六、《要修科仪戒律钞》卷四、《太上经戒》等经的直接引用中文字内容均完全相同，这说明该经中的十戒条目在后世长期的文本流传中没有发生错讹，是准确可据的。这就为我们对比敦煌本《十戒经》形成过程中的变化提供了可靠的依据。与《定志通微经》相比较，《三洞奉道科戒仪范》中十戒内容有一处不同，即第二条为："二者不邪淫颠到（倒）"③；《天尊说十戒经》之二、三条均有不同，其内容为：

---

① 见《道藏》第 3 册，第 414 页。
② 中国国家图书馆藏敦煌文书 BD01219《道教布施发愿讲经文》（拟）中，讲经活动涉及《十戒经》的传授，也正好引用了这首颂言。
③ 按：《道藏》本《三洞奉道科戒营始》卷六引为"二者不淫，犯人妇女。三者不盗，取非义财"，与《定志通微经》中的十戒条目完全相同，这应当是整理之后的结果。见《道藏》第24 册，第 765 页。

"二者不得妄作邪念。三者不得取非义财。"① 敦煌本则为："二者不淫，犯人妇女。三者不盗，取非义财"，完全恢复了《定志通微经》原本的内容。这说明敦煌本又归宗了其最根本的经典依据。显然，其根本经典《定志通微经》中的十戒内容更加明晰，语言更加与整体相协调。所以敦煌本比《天尊说十戒经》更准确。

第二，关于"十四持身之品"。《罪根上品大戒经》中"与道士言则正于道"②，在 S. 1351《太极左仙公请问经卷上》、P. 2456《大道通玄要卷第六》、《要修科仪戒律钞》卷五中均引为"与贤人道士言则止于道"③。至《天尊说十戒经》中则为"与贤人言则志于道"。而敦煌本中则为"与沙门道士言则止于道"。从这一微小的变动可见，十四持身之品内容在传承中不断地被斟酌和适当改动，其所针对的对象经历了从"道士"→"贤人道士"→"贤人"→"沙门道士"的变化。这一变化似乎折射出了道教发展中的某些信息。除前文所作分析之外，还可看出，仅言"与道士言则正于道"，表明其最初考虑教门内部关系更多；言"贤人道士"或"贤人"则涉及教外关系。而到敦煌本为止，这一条目一方面回归了其原出典的"道士"之说，一方面将沙门纳入其中。相比较而言，

---

① 《道藏》第 6 册，第 899 页。

② 从后文引用似可推断，《道藏》本《罪根上品大戒经》之"与道士言则正于道"句，很可能应作"与道士言则止于道"，因为从写卷字体看，"止"与"正"字体相近而易混淆，又"止"与"志"音同或可通假。

③ S. 1351《太极左仙公请问经卷上》实际写为"与人道士言则止于道"，语义不通，据朱法满《要修科仪戒律钞》卷 5 引该经之"贤人道士言则止于道"，可知 S. 1351 写卷阙一"贤"字，当补。又按，关于《请问经》之此条文，在唐初释法琳《上秦王论启》《破邪论》均引作"与沙门道士言则志于道"；而《法苑珠林》引作"与沙门道士言，则志于佛敬于僧"，与上述道经所引不同。然此佛典形成时代早于今见敦煌道经的抄写时代，也早于朱法满作《要修科仪戒律钞》的时代，或至少反映了该道经曾经有过的一种面貌。王承文曾专论此类敬佛言辞和内容在佛、道两家文献引用中不同的原因，"只能是初唐以后，道教面对佛教的指责和攻击，对《太极左仙公请问经》等一批古灵宝经作了不少修改和变通"。（氏著《敦煌本〈太极左仙公请问经〉考论》，《道家文化研究》第 13 辑，知活·读书·新知三联书店 1998 年版，第 164 页）亦即说明，今本《请问经》之"与贤人道士言则止于道"在唐初以前原为"与沙门道士言则志于道"之类。此说值得进一步研究。不过就本文考察的内容来看，《十戒经》源自《无上秘要》，前已述及，实施灭佛措施的北周武帝主持编纂的《无上秘要》不大可能采用类似敬佛条文；而观现存《秘要》残本，其中亦无类似敬佛言辞，就是说这种去佛教化的工作应已开始。由此推断，《无上秘要》之《十戒经》新仪中不当有"沙门"二字，而《天尊说十戒经》与之正相一致，而不至于唐因有敬佛言辞而被修改；敦煌本之"与沙门道士言则止于道"见于盛唐时期传法科仪，不惧佛教非议，则只能从佛道关系的良性发展角度理解。

"贤人"概念内涵欠明晰而与"道士"互含，且"贤人"不必都是道教信仰者。最重要的是，这表明，随着佛道交流的发展，佛道关系更加受到重视；而且道教不但注重佛道关系，还要致力于佛道关系的良性发展，所以要求道士应该对不同的宗教信仰者给予理解、尊重和劝勉，并将此列为道士的修持内容。这相对于长期的佛道斗争而言，其意义显然是积极的。

又，《罪根上品大戒经》之"与人兄言则悌于行；与人臣言则忠于君"，在《道藏》本《天尊说十戒经》作"与人臣言则忠于上；与人兄言则友于弟"；敦煌本作"与人兄言则悌于行；与人臣言则忠于上"。相比较，《道藏》本将两句位置调换而文字略异，敦煌本则既回归原典而又保留了《道藏》本之一处变化，即以"君"作"上"。原典之"与人弟子言则恭于礼"，《道藏》本作"与人弟言则恭于礼"，敦煌本则回归原典。原典之"与野人言则劝于农"，《道藏》本作"与野人言则勤于农"，敦煌本作"与野人言则劝于农也"，亦属回归原典。另外，《道藏》本将原典之第八、九条顺序作了调整，将"与人夫言则和于室"置于"与人妇言则贞于夫"之前，① 这显然更加符合先夫后妇的儒家传统；敦煌本与之相同，应属继承而来。

第三，关于"十戒"与"十四持身之品"的结合。这一点在《三洞奉道科戒仪范》科仪叙述中已经结合，只是未见到完整的范本。在古灵宝经《智慧上品大戒经》中原已有类似的科仪，即受"十戒十二可从"即可成为清信弟子，但如果将这两组戒律相比较，则正如吉冈义丰所说，十戒十二可从总体上贯穿了宗教修行的法则，而十戒十四持身总体上讲的是世俗的法则。② 所以新的组合更加符合初入道门而尚在俗中的清信弟子受持。又，将其与《智慧罪根上品大戒》类似的"十善十四持身之品"相比较，则"十善因缘上戒"主要是一些为善和修道的具体行为事项，与"十四持身"与人为善的宗旨相同；而《定志通微经》十戒是从止恶（不杀、不盗、不邪淫、不欺、不醉）、为善（解忧、助善等）两方面入手，关键戒条吸收了佛教的五戒，突出了止恶的约束力。这样的十戒与

---

① 本段所引《天尊说十戒经》内容均见《道藏》，第6册，第899页。
② ［日］吉冈义丰：《仏教影響による道教戒の形成》，《吉冈义丰著作集》第2册，第312页。

十四持身相配合，也就突出了止恶与为善的两个维度，应该说更加切合社会生活和宗教实践。也就是说，这一组新的戒律，确实具有独特的价值，同时也体现了道教的发展。

第四，关于天尊说十戒经序说和持戒功德部分。首先是《三洞奉道科戒仪范》将《智慧上品大戒经》的"受我十戒，行十二可从"改为"受我十戒"，并改编成新的天尊说十戒序说。之后，《天尊说十戒经》则在此基础上，与具体内容相一致，又将此语改为"受我十戒、十四持身之品"。关于持戒功德部分，《仪范》比原出典相应内容少"普度厄世""诸天所护，万神所敬"语。而《天尊说十戒经》则又回归最早出典，相应内容一字不差。这两项与敦煌本完全相同，也说明敦煌本继承《天尊说十戒经》而来。

第五，关于传授盟文。这是敦煌本的独特内容。前已述及，《十戒经》传授盟文当系《无上秘要》卷三六所亡佚内容，[①] 因其原不属经文，故不见于《道藏》本。而当其历史地成为敦煌本的一部分之后，我们理当重视其存在的特殊意义。而传授盟文确非寻常盟誓文字，其核心内容正是选取了十戒的原出典《定志通微经》中的义理阐述内容。这就相当于对《十戒经》进行了义理上的阐释。前述"思念万兆造化之始，胎禀是同"一段在义理方面很重要，麦谷邦夫曾指出"这一段叙述实际上是《定志经》的宗旨"[②]。于是，敦煌本《十戒经》正是以其中宗旨性内容构成盟誓词，成为信奉者必须接受的宗教理念。这样，传授盟文一方面使得敦煌本《十戒经》获得深层次的义理支撑，一方面使信奉者对皈依受戒的宗旨更加明确，从而能够更加主动地信受奉行而心不懈退。

四　小结与余论

第一，从以上考察可见，《十戒经》是从几种古灵宝经中汲取精华，

---

① 按《无上秘要》卷三八"授洞神三皇仪品"、卷三九"授洞玄真文仪品"均有传授盟文，由此也可证明，卷三六"授十戒品"必有盟文。

② ［日］麦谷邦夫：《南北朝隋唐初道教教义学管窥》，辛冠洁等编《日本学者论中国哲学史》，第304页。

优化组合而成的新经典。从《三洞奉道科戒仪范》《无上秘要》等典籍专门讲述《十戒经》传授科仪到唐代敦煌乃至全国《十戒经》被广泛传授的实际情况看，《十戒经》在道教经戒传授中占有重要的地位，实际影响也很大。① 而《十戒经》的产生和演变则经历了较为漫长的过程。《三洞奉道科戒仪范》中为清信弟子传法的科仪保存了北周以前尚不完善的《十戒经》早期范本；《无上秘要》中的《十戒经》新仪标志着《十戒经》的最后确定，《天尊说十戒经》应即新仪实施后所产生的成熟完善的《十戒经》文本；《笑道论》所引《十戒十四持身经》则为新仪确定前曾经行用过的一种文本；敦煌本《十戒经》则是在《天尊说十戒经》的基础上，略加改订并付诸实施的又一文本。正是其中几点看似微小的变化体现出，敦煌本并不是完全照搬《天尊说十戒经》而来，而是既尊重了其整体内容构成，又回归到各部分内容所依据的最初经典，进行了新的校正和调整；并适应道教发展的需要，作了适当的改动。这些，都体现出敦煌本定本过程的严谨性和终定本的完善性。再加上具有义理阐释意义的传授盟文，从而使敦煌本成为最佳的《十戒经》文本。将《十戒经》与其古灵宝经之原出典相比，其内容构成的总体特点在于，这里将原本由天尊对太上大道君等地位尊崇的仙圣所宣讲的法教，转化为天尊直接面对芸芸俗众的宣讲；这里没有神奇玄秘的宗教渲染和冗长艰涩的铺叙，只有力求践行的宗教戒条，辅之以简单直接的宗教功能、宗教目的和义理的说明。这显然更加便于初入道门者接受。

第二，经典的创制和完善对于宗教的发展具有重要意义。从本文的考察中，我们既看到了古灵宝经对后世道教的重大影响，也看到了后世道教与时代相适应的进步和发展。道教灵宝经在东晋末年以来的创制过程中，既有对自身传统的继承与超越，同时也曾大量仿照和吸收融合佛教的形式和内容，这在为道教带来超越性发展的同时，也历受多方诟病。当代学界研究中注意到，大约在初唐时期，面对佛教的责难和攻击，道

---

① 如敦煌晚唐五代时期写卷 BD1219《道教布施发愿讲经文（拟）》为难得一见的道教面对俗众的通俗讲经文，其中所讲的内容便有《十戒经》。关于文书的断代拟名见王卡《敦煌道教文献研究——综述·目录·索引》，第 234 页。

教对一批古灵宝经中十分明显的佛教内容进行了改动和删除。① 由此可见，经典文本的优劣关乎道教的命运，而这一文本的整改恰恰反映了灵宝经创制中的先天不足和道教在外来压力下的被动适应。与之不同的是，从本文对《十戒经》形成和演变的考察中，我们看到的恰恰是道教发展中积极主动、力求自我完善的一面。另外，还有一些典籍比如唐初《老君本纪》对六朝以来老子神话和相关文本的整合、扩充和体系化等，也未必都是被动的。凡此种种说明，经典文本的完善和优化原本就是道教发展的内在要求，历史上道经文本的变化既有被动的自我调整，也有积极主动的自我完善。而只有以这些方式共同取得的道经文本的演进，才能更好地承载和展现道教的经义和文化，适应道教发展繁荣的需要。总之，敦煌本《十戒经》产生、完善和优化的过程或可视为六朝末至唐前期道经文本演进的一个典型范例。

第三，还有一个十分值得注意的问题是，在唐代道教的经戒传法活动中，《十戒经》系与道家道教的根本经典《道德经》共同构成一组经典，同时传授给清信弟子。在用于传授的《道德经》写经之前，有托名葛仙公所撰的《老子序诀》一卷，其中通过道教思想的说教、神仙故事的描述，和特殊的宗教诵持方法，为《道德经》赋予了特殊的宗教内涵。于是，《十戒经》和《道德经》两者在追求长生成仙的宗教目的下结合在一起。实际上，《十戒经》的宗教戒条，除了十戒之"十者一切未得道，我不有望"属于宗教性内容之外，其余九戒连同十四持身之品，全部属于个人积功累行的传统道德修养和与人为善的社会伦理实践。所以从道教的角度看，《十戒经》的功能在于通过世俗的道德修养与伦理实践追求超越世俗的宗教目的；从社会的角度看，道教恰恰是在以宗教的手段从事乃至强化着与儒家传统相辅相成的伦理道德教化。《道德经》虽然是作

---

① 关于唐初道教对六朝道典改写整理的现象，引起过国内外不少学者的重视和研究。可参见［日］吉冈义丰《道教经典史论》，道教刊行会，1955 年，第 10—17 页。［日］大渊忍尔《敦煌道经目录编》，第 52 页；《道教とその经典》，东京创文社 1997 年版，第 196—203 页；Stephen R. Bokenkamp, "Sources of the Ling – Pao Scriptures." *Tantric and Taoist Studies in Honour of R. A. Stein*, Michel Strickmann, ed, Brussels, 1983, pp. 467 – 468. ［日］前田繁树《"敦煌本"と"道藏本"の差異について》，《东方宗教》84 号，1994 年，第 1—19 页；王承文《敦煌本〈太极左仙公请问经〉考论》，《道家文化研究》第 13 辑，第 162—164 页；刘屹：《〈玄妙内篇〉考——六朝至唐初道典文本变化之一例》，郝春文：《敦煌文献论集》，辽宁人民出版社 2001 年版，第 630 页。

为宗教经典来传授的，但实际上是一部道家思想文化的根本经典，所以在信奉者虔诚的诵咏过程中，《道德经》的思想也会在不同程度上潜移默化地发生影响，从而起到以道家思想进行社会教化的作用。于是，《十戒经》与《道德经》的相互配合，在道教思想方面体现出"修道"与"立德"之间的相统一；在信仰者的行为实践上，体现出个人的道德文化修养与消除灾难的现实需求、追求长生成仙的宗教目的相统一；在社会功能上，体现出道教的宗教目的与统治者神道设教、稳定社会需要的相统一。这些，无论是对于道教的发展，还是对于个人、社会和统治者的需求来说，都是具有一定的积极意义的。

对老子和《道德经》的推崇无疑是唐代道教文化繁荣的一个重要标志。对此，历来备受关注的总是来自官方的制度和措施，诸如对老子不断加封、建庙宫，设立崇玄学，开设道举等。本文以为这一代表中国传统伦理实践的《十戒经》和道家道教的根本经典《道德经》相辅相成，以道教经戒传授的特殊方式走向社会，影响社会，也正是唐代道教文化繁荣的一个持续稳定而富有成效的实在因素。从这一角度也可以理解唐朝对道教的大力支持和道教兴旺发展的一些风貌，理解道教作为中国传统文化的重要组成部分所起到的作用。

第四，本文也涉及了《三洞奉道科戒仪范》的形成时间问题。现在再反过来看，前述北周已有了《十戒十四持身经》的传授存在；《无上秘要》确定了《十戒经》新仪并付诸实施；而敦煌地区唐代的《十戒经》传授与《无上秘要》的科仪完全吻合。在这样的前提下，如果此《仪范》中不完善的十戒范文系出自唐代的话，无疑是在已有基础上的退步。所以，正确的理解只能是《仪范》中十戒范文出现更早。相应地，《仪范》中《道德经》授予高玄弟子的科目，也不符合《无上秘要》的新仪规定和唐代的经法传授实际，应为早出科条。按《笑道论》系北周天和五年（570）甄鸾应周武帝敕命而纂，则其所举《十戒十四持身经》的形成更早，而《仪范》中尚不完善的十戒范文的形成时间只能再向前推。这就大致指向了吉冈义丰所主张的《仪范》形成的梁末时期。① 当然这对于

---

① 按，［日］吉冈义丰主张《三洞奉道科戒仪范》形成于陶弘景殁后（536）到孝元帝（552—554）在位的大约二十年间。见氏著《道教研究》第1册，东京昭森社1965年版，第96页。

《三洞奉道科戒仪范》的整体形成而言，只是窥其一斑而已。

说明：拙文原刊载于《历史研究》2016 年第 1 期，此次收录时有所补充。又，拙文初稿写在日本京都大学人文科学研究所访学期间，并于 2010 年 9 月 15 日在麦谷邦夫教授主持的唐代道教研讨班上，做过报告和讨论，麦谷邦夫教授曾提出宝贵意见，谨致谢忱！

附记：光阴似箭，回首在南京求学岁月，竟是十余载以前事。寻思马齿虚长，学业无成，面对师尊，徒增惭愧而已。十分感激的是，蒙恩师不弃，因材施教，允我自选研究方向，故能在道教领域摸索探寻，而今而后，如有微细之功，先需感戴师德。适逢恩师七十华诞，学生默祷恩师并师母健康长寿，快乐如意！

2003 届博士研究生　刘永明顿首再拜

2016 年 12 月 15 日

宋代国信所考论

安徽师范大学历史与社会学院　吴晓萍

在"华夷之辨"和"用夏变夷"思想基础上形成的四夷朝贡的华夷关系体系中，四夷来朝是中华礼乐制度的一个组成部分，因此一般而言，在古代中国不设专门的对外事务机构。但不能一概而论，宋朝设置主管往来国信所就是专门负责与辽、金两国外交交往的专门性外交事务机构。以往史学界对于宋代外交的研究较多关注的是外交关系、交聘往来，而对于外交制度鲜有专论，对外交机构的研究更未引起足够的重视。本文将对主管往来国信所的职掌和作用进行探讨，以期引起有关研究者对这一问题的重视。

一　国信所及其机构设置

宋代国信所是根据外交形势发展的需要而设立的。北宋与辽订立澶渊之盟后，正式建立了对等的和平外交关系，自此确立了互派使节的交聘制度。每逢元旦、新皇帝即位、皇帝和太后的生辰或丧事等吉庆丧哀之时，双方都要派使节前往。如此频繁外交活动，当然需要有专门的机构来负责，于是，在外交使节的欢迎接待、外交礼仪以及朝廷遣使等方面都有了一定的规制后，真宗于景德四年（1007）八月下令"可特置管勾往来国信所一司"[1]。专掌与契丹使节交聘之事。南宋自绍兴和议后，宋金双方恢复了互派使节的制度，掌事机构改称为主管往来国信所，专门负责宋金之间的交聘往来。绍兴三年（1133），还曾经一度改为奉使大

---

① 徐松辑：《宋会要辑稿》职官三六之三二，（以下简称《宋会要》），中华书局1957年版。

金国信。所绍兴十二年，宋金议和后，复称主管往来国信所①，简称国信所。

国信所常设管勾官二到三人，以入内内侍省或内侍省的都知、押班充任。官属有掌仪范、通事、译语等。其中，掌仪范者，主要负责各种礼仪，掌引接外国使人到阙时须遵行的种种礼貌和规范；通事则有大、小之分，大通事皆由懂外语包括契丹语、西夏语或女真语的品官或宦官充任，负责引接外国使节时的口头与文字翻译，并抄录使节谈话，上送朝廷，以五人为额；小通事的职掌与大通事一样，但都由非品官充任，以六人为额。其下属或补充人员还有通事殿侍、译语殿侍（口头翻译）、通事传语、指使使臣等②，这些都是国信所的固定人员。但是，国信所是一个具体承办外事活动的机构，事务烦杂，涉及面广，每次接待来使必须差遣的人数是很多的。

在宋朝出使的使团中，人员涉及面也很广，除正、副使外，还有上、中、下三节人从"上节都辖一员；指使二员；书表司二员；礼物六员；引接二员；医候一员。中节职员四员；亲属亲随六员；执旗信三员；小底二员。下节御厨工匠二人；翰林司二人；仪鸾司一人；文思院针线匠人一人；将校二人；管押军员二人；军兵六十人；教骏二人"③。国信所除了常设的官员外，其他各类人员都是临时从各个部门抽调的，国信所可以根据需要从不同的部门调派人员，甚至可以根据具体情况设置临时或专门的机构，绍兴十七年（1147）"诏置国信所回易库，干办官二员"④，到了十九年，因为"国信所回易北货恐生事，可降旨令罢"⑤。再如在史籍中经常见到"馆伴所""接伴所"等字眼，其实都是国信所因不同的外交事务之临时称呼。虽然接伴、馆伴等使副是由朝廷直接选派，但是他们都必须到国信所办公。

关于国信所的隶属问题，根据《宋史·职官五》载："鸿胪寺……其官属十有二，往来国信所，掌大辽使介交聘之事。"⑥ 而"入内内侍省、

---

① 《宋会要》职官三六之四〇、三六之四四。
② 《宋会要》职官三六之三二、六六、四一、四二。
③ 《宋会要》职官五一之一二。
④ 《宋会要》职官三六之四五。
⑤ 李心传：《建炎以来系年要录》卷一五九，绍兴十九年正月甲午，中华书局1988年版。
⑥ 《宋史》卷一六五《职官五》"鸿胪寺"。

内侍省其属有，管勾往来国信所，管勾官二人，以都知、押班充，掌契丹使介交聘之事"①。但实际上是一个相对独立的外事机构，其外交事务直接由枢密院来调度。两宋时期，辽、金政权分别对北宋和南宋构成强大的威胁，因此宋政府特别重视处理与他们之间的国信往来关系，外交事务也直接由枢密院掌管。宋初，枢密院设礼房，专掌宋、辽国信之事。元丰新制行，枢密院改置北面房，掌北界国信②，南宋沿袭之，枢密院作为外交主管机关，负责对辽、金外交往来的一切事务，包括外交文书的往来、外交使节的派遣和一切接待事宜等，神宗时还曾一再强调"辽使人不可礼同诸蕃，付主客掌之非是，可还隶枢密院"③。作为具体的外事机构，国信所的任务就是接受枢密院的指挥，协助枢密院办好具体的外交接待事务，直接向枢密院负责。绍兴二十六年（1156），高宗下诏要慎重选拔三节人从，其人选由枢密院"次第审量，仍箚下国信所更切觉察"④。绍熙二年（1191），朝廷遴选了馆伴和接伴贺金国正旦生辰使副以及引接仪范等十余人，光宗令"令国信所具申枢密院取旨施行"⑤。可见，国信所的外交事务必须向枢密院汇报，并执行枢密院对外交事务的安排。

二　国信所的职掌和作用

国信所是对辽金外交事务的具体办事机构，负责与辽金外交往来的一切具体事务，归纳起来，国信所的对外事务主要有以下几个方面。

（一）选派外交使团的成员以及阅习外交仪范

两宋与辽、金建立了较为成熟的交聘制度，不仅双方定期互派使节，两国使节交相往来于途，两宋时期的使节不同汉唐时期的使者，它是指由一定数量的人员组成的外交使团，外交使副与三节人从合称使节。一般来说，北宋外交使团"入契丹使从人不得过百人"⑥；南宋时则使团规

---

① 《宋史》卷一六六《职官六》"入内内侍省"。
② 《宋史》卷一六二《职官二》"枢密院"。
③ 李焘：《续资治通鉴长编》卷三二六，元丰五年五月甲申，中华书局1979年版。
④ 《宋会要》职官五一之一八。
⑤ 《宋会要》职官三六之六四。
⑥ 《宋会要》职官三六之三三。

模扩大，往往超过百人。对于辽、金来使，朝廷要"差官待之，来程有接伴使副，回程则为送伴。馆伴，蕃使入国门，则差馆伴使副，同在驿，趋朝见、辞，游宴"①。使节入境，有"接伴使"迎接，到了京城，政府又派"馆伴使"负责使节在京城的一切活动，使节完成使命回国，政府要派"送伴使"将其送至国界，作别后各自回国复命。可见，接、送、馆伴使也并非一人，而是一个外交接待团体，其中包括各种类型的工作人员。在如此庞大的外交使团（包括外交接待使团）中，"国信使及接伴使、副委中书枢密院择才进名"②，"入界三节人从……宜令管勾国信所，应每年令差祗应人去处，依条拣选交付……"③"随行三节人或自朝廷差，或由本所辟"④，这里的本所就是指国信所。

在出使时，国信所派出的人员随行出使，还负有监督约束三节人从的责任，"今后入国使副，令常切钤束三节人从，不得与北界承应等人相等作闹，虑失国体，以三人为保，如有违犯之人，仰国信所差指挥使等觉察，候回日具姓名申所闻奏"⑤。如果外交使命失败，不仅出使的使、副会黜官，国信所的官员也会受到相应的处罚。淳熙二年（1175），宋孝宗派汤邦彦充申议使出使金国，"奉使虏庭，颇乖使指，驱车亟还，又于虏庭辄有所受，且不能坚守己见"。而汤的过失，国信所都辖谢良弼等难辞其咎，于是谢良弼等三人并除名、勒停⑥。

国信所的另一个重要任务就是对不熟悉外交礼仪和规范的外交使臣进行必要的礼仪培训，"自今差奉使金国正旦生辰使副并三节人从……，仍前两月牒送国信所阅习仪范，馆伴、接、送伴下引接，依此差拨"⑦。光宗时，有臣僚上言："上节有引接二人，平时不谙礼仪，一旦责以引揖进退，鲜不错误。"于是"诏令国信所申严行下，今后教习务要详熟。"⑧并规定"自来年为始，令六曹将合差奉使金国正旦生辰使副并馆伴送伴

---

① 赵昇：《朝野类要》卷一，文渊阁《四库全书》本。
② 《宋会要》职官五一之一。
③ 《宋会要》职官三六之三五。
④ 徐梦莘：《三朝北盟汇编》卷二〇，政宣上帙二十，第141页上，引许亢宗《宣和乙巳奉使行程录》，上海古籍出版社1987年版。
⑤ 《宋会要》职官三六之五〇。
⑥ 《宋会要》职官五一之二六。
⑦ 《宋会要》职官五二之一、二。
⑧ 《宋会要》职官三六之六五。

下引接仪范人，每曹籍定一十人，于差使副前两月，遇旬休日分轮一曹，所籍人数发赴都亭驿，令国信所掌仪通事、使臣指教阅习仪范节次"①。在出使和接待使节之前，所有的外交人员都要到都亭驿接受国信所官员的指导和培训。由于国信所熟悉对外接待工作，因此还常常参与外交礼仪的制定并具体贯彻实施，光宗绍熙二年（1191），金国报哀使副到来之前，其接待礼仪及赐物、赐御筵以及用乐等礼仪制度就是由礼部、阁门、太常寺、国信所共同商议决定②。

（二）管理外交文档

国信所负责外交文字的归档和整理，以便随时参用。宋代处理外交事务的主要依据有二：一是国信条例。元符二年（1099），接伴辽国泛使曾旼言："新修《国信敕令仪制》等，……略加添修。……编修成册，送国信所收管，准备照使。"③二是外交惯例。接伴、馆伴、出使者的语录等是处理外交事务的习惯法和外交惯例，也是国信所的重要档案资料。康定元年（1040），礼部郎中贾昌朝言："奉诏差馆伴契丹回谢使，所有郭积奉使及张奎接伴语录，并乞关送。……诏国信所郭积、张奎语录封送昌朝等，仍今后并依此例。"④绍兴十九年（1149），国信所陈永锡等检会北宋时期的文档，"北使赴阙及人从身故体例"，诏令国信所照会。⑤在陈永锡等检会的文档中，详细地记载了元祐七年（1092），契丹贺正旦使耶律迪在出使宋朝期间由染病到身亡及宋朝政府对此事的处理过程，以及绍兴八年金国的上节人从魏千运病故之例。于是绍兴二十二年（1152），国信所根据此例制定了对金国使者在出使宋朝期间身故的具体抚恤办法⑥。

（三）负责接待辽金使节，并督促地方做好接待工作

国信所除了派遣人员负责接送来使之外，还要安排所有的接待工作。

---

① 《宋会要》职官三六之六〇。
② 《宋会要》职官三六之六四。
③ 李焘：《续治治通鉴长编》卷五一一，元符二年六月己丑。
④ 《宋会要》职官五一之七。
⑤ 《宋会要》职官三六之四六。
⑥ 《宋会要》职官三六之五一载："今重别参酌到大金都管、上节到阙未回程身死支赐。欲都管赐银五百两，上节赐银四百两。其都管、上节沿路到阙应合给例物并赐，所有支赐银，如到阙下，左藏库支供。今馆伴使副给赐，沿路下转运司应副。令接送伴使副给使并作朝廷意度，其中下节支赐银等并依绍兴十九年已降指挥施行，所有三节人孝赠钱绢，缘已有支赐银，今后依近降指挥更不支给。"从之。

宋初，辽使一到达宋境，国信所就派出"三番诸司人依例于接伴使副进发前四五日离京"，负责安排一路上食宿等事宜，仁宗皇祐年间，知谏院吴奎、包拯等人皆上言，这些三番使臣"凡经过驿顿，并先次取索羊豕鸡鸭鱼兔之属，广设酒毅"①。地方州县经常受到他们的需索骚扰。于是，改为由地方官来采办外交使节所需要的生活用品和什物，而由国信所督办。"国信一路郡县驿亭陈设什物，以致乐器等故敝，……诏自京令国信所，缘路委监司一员先事点检完治。"② 元符元年（1098），又诏曰："更不自京差内官并祇应人等，只委本处令佐管勾排办，令府界提点司官提举点检。"并且接待所需的服务人员和负责护卫的士兵也"许于本处并邻近县，系将不系将下禁军内选差"③。于是沿途的接待任务基本上就由地方上来承办了。南宋对金国使节的沿途接待安排也是如此，国信所主要负责指导和督办，绍兴十三年（1143），金国使节前来贺皇帝正旦，国信所差使臣三员沿路赐御筵，"一员于平江府排办，一员于镇江府排办，一员于盱眙军排办"④。

使人到京以后的一切接待事宜皆由国信所负责。辽金使节在宋期间所需之物品，皆由国信所负责帮助采购，尽量满足其要求。绍兴二十九年（1159），国信所言："每遇大金使人到驿，告觅物色，……大金使人在驿打造银器，"等都是专差国信所的通事、指使等来排办⑤。这些物品所需之费用由内库出钱支付，"每北使至馆，即出内库钱万缗，付都亭驿。遇使人市物，随即取偿，自是以为例"⑥。如果对使节招待稍有不周，生活供应有缺，国信所的主管官就要受到惩处。大中祥符五年（1012），"诏劾管勾国信所内臣阎承翰、张继能等，坐契丹使在驿辄归第，供亿有阙。案奏特原其罪，自余第惩罚之"⑦。国信所不仅要负责接待工作，还有责任监督地方政府做好接待工作。绍兴十八年（1148）"诏大金使人到阙，今后应临安府排办御筵及观朝（潮）、冷泉亭饮食，并要造作如法供

---

① 张田编：《包拯集》卷五"请止绝三番取索"，中华书局 1963 年版，第 59—60 页。
② 《长编》卷二九七，元丰二年三月癸未。
③ 《长编》卷四九六，元符元年三月癸亥。
④ 《宋会要》职官三六之四四。
⑤ 《宋会要》职官三六之五二。
⑥ 《系年要录》卷一五〇，绍兴十三年十二月丙子。
⑦ 《长编》卷七九，大中祥符五年十二月丙子。

应，如稍有灭裂不前，仍令国信所奏劾"①。二十年（1150）又令临安府和朝廷所有接待金国使节的官员务必要"躬亲行事，并要排设丰洁，不得减削料例。仍令国信所主管官依条抽阅点检。如稍有灭裂，具事因申尚书省。应干主办官吏等重寘于法"②。

（三）管理国信礼物

礼物互馈是外交的一个重要环节，在外交使节往还时，两国朝廷都要给对方皇帝和太后以及王公大臣大批的礼物；聘使往来时，双方朝廷也要赏赐给外交使节各种名目的礼物，赐宴、入见、宴射、朝辞等都要相应地赐予礼物。对于这些国信礼物的接收、赐予、沿途押送等相关事宜都是由国信所具体负责的。淳熙元年（1174）五月，国信所上报"今来报聘礼物私觌比之生辰增倍，"要求朝廷在由楚州至盱眙军沿途，加派防护官兵一百人，得到了朝廷的批准。③嘉定十六年（1223）国信所向宁宗汇报了出使"金国贺登宝位人使……过北界所赐衣服、例物，常例外更有别赐物数"④。不仅如此，甚至辽金来使进献礼物的路线和排放位置等事宜亦皆由国信所策划，"自来使人朝见，礼物、檐妆、鞍马于紫宸殿门以西，至过道门一带陈列，候入殿进呈。今来使人经由新路入皇城南门，若依旧陈列，有碍馆伴使人等下马，及入殿班路。除国书合依旧在紫宸殿门上，其余礼物、檐妆等，欲乞于紫宸门内两壁陈列，庶无妨碍"⑤。

（五）对都亭驿的管理

"都亭驿，在候潮门里。国信所附之"⑥。都亭驿是两宋专门接待辽、金使节的馆舍，国信所就设在都亭驿内。如前所述，国信所对外交使节的培训工作就是在都亭驿内进行的，此外国信所的文档也都放在都亭驿中，所以都亭驿虽然也设有监官及吏员，但实际上是由国信所来主管的。大中祥符三年（1010），因有臣僚上言，都亭驿每年契丹使至，所差殿侍

---

① 《宋会要》职官三六之四六。
② 《宋会要》职官三六之五〇。
③ 《宋会要》职官五二之一。
④ 《宋会要》职官五一之三五。
⑤ 《宋会要》职官三六之五二。
⑥ 周淙、施谔：《南宋临安两志》；《乾道临安志》卷一，浙江人民出版社1983年版，第13页。

甚多。真宗下诏"以付阎承翰等，相度今后的实合销人数以闻"①。阎是国信所的主管。可见他对都亭驿的人员安排有决定权。

国信所还负责对都亭驿的管理和维修。绍兴十二年（1142），临安府言："修盖都亭驿了毕，乞关报所属，差人前来交割照管，诏令管勾国信所交割。"② 孝宗时，都亭驿每年于六月上旬检视修整，八月终毕工，如果有什么差池，就要"具事因报国信所审度，申枢密院"③，可见，对都亭驿的维修是国信所负责，由临安府具体操作。对于都亭驿的安全，国信所也有责任，南宋时临安城经常发生火灾，都亭驿因为离皇城很近，又收储了很多外交案牍和文档，国信所向朝廷建议"所有其余不合留灯火去处，并令本驿禁止施行"。合理的建议很快得到同意，于是下诏"非使人在驿，国信所除遇检照案牍、书写紧急文字，许权暂用灯，用毕即时打熄，余并禁止"④。这也证明，国信所的办公之处就在都亭驿，国信所的文档文件都放在都亭驿中。

三　结论

两宋时期是一个地缘外交关系复杂的时代，此时在宋的北方，辽、西夏、金、蒙古等政权先后崛起，同时在西北、西南地区还有回鹘、吐蕃、交趾、大理等若干王国。面临多边外交，宋代对外交往也采取多种外交途径，对于实力相当的辽、金，宋不得不以对等的国家相待，采取对等的外交来解决两国间的事务，而对于地缘关系复杂的外交盟友、外交对手的高丽、交趾和西夏，宋王朝则根据实际形势的需要而不断调整外交手段来争取和维护国家安全和利益，对于其它所谓的"诸国蕃夷"则实行传统的朝贡外交⑤。外交对象和外交政策的多样化，造成了宋代外交事务和机构的相对复杂，也就与前代有很大的区别。

宋代之前，大鸿胪（北齐时改称为鸿胪寺，后世沿之）一直在处理

---

① 《宋会要》职官三六之三四。
② 《宋会要》职官三六之四四。
③ 《宋会要》方域一〇之一六。
④ 《宋会要》职官三六之五三。
⑤ 吴晓萍：《略论地缘政治与北宋外交》，《安徽大学学报》2004年第3期。

四夷朝觐使节的事务上占有重要的地位，隋唐时期，鸿胪寺仍然是管理外交使节事务的重要职事机构，四夷朝觐使节的各项具体接待与管理事宜主要由鸿胪寺负责处理。而鸿胪寺并非专门的外交机关，它还负责掌管"凶事仪式及丧葬之事"① 和部分宗教事务，主管往来国信所是宋朝为与辽、金进行对等外交而设置的专门性外交事务机构，主管往来国信所的设置，是宋代特殊的地缘外交的产物，它既不同于汉唐明清时期统一的地缘政治格局下的朝贡外交，也不完全相同于南北朝时期多国割据的格局，因为在南北朝时期南北对峙的政权中尚未形成每年互贺正旦、生辰的固定制度和惯例。所以，宋代出现国信所这样独立的外事机构，虽然它还只是具体的外交事务机构，但与其他朝代相比，说明宋代的外交事务及其管理已经出现独立化管理的趋势，这是宋代外交及其管理制度的一个非常重要的特点。

谨识：这篇小文是学生在先生门下耳提面命、接受教诲期间完成，并发表于《南京大学学报》2005 年第 2 期，以此感念师恩，祝福先生七十寿诞！

---

① 马端临：《文献通考》卷五六《职官考十·鸿胪卿》。

秩序与创新：粤北瑶族文化的现代困境与
解决路径

广东技术师范学院民族学院　　赵炳林

要探讨粤北瑶族的文化问题，首先要对"文化"概念有一个明确认识。英国人类文化学家 E. B. 泰勒认为，文化是"一个复杂的总和，包括知识、信仰、艺术、道德、法律、习俗，以及人类以社会之一员的资格所获得的其他一切行为与习惯"①。美国历史学家 L. S. 斯塔夫里阿诺斯认为："人类文化包括工具、衣服、装饰品、制度、语言、艺术形式、宗教信仰和习俗。所有这一切使人类能适应自然环境和相互间的关系。"② 中国学者冯骥才说得比较抽象，"文化是时间和心灵酿造出来的，是一代代人共同的精神创造的成果，是自然积淀而成的"③。很清楚，文化包含着精神和物质两个层面，亦即学界所说的物质文化和非物质文化。粤北瑶族借助所处的生态环境和人们的智慧，积累了丰富的生产和生活知识，同时也创造出了五彩斑斓的宗教、哲学、音乐、舞蹈、美术、文学、体育、习俗、工艺等非物质文化遗产。正是这些文化，使瑶族的血脉代代绵延。它们通过口耳相传、动作形态、文献记载和建筑衣饰等文化传播载体承传下来，成为现代瑶民文化中不可或缺的元素。现代文明的发展和全球化的浪潮对瑶民的生产生活提供了诸多选择路径，但也对其传统文化带来前所未有的冲击和挑战，很多传统文化正在悄然淡出历史舞台。作为文化的生产者和传承者，人类应该竭力保护它，延缓其灭失的过程。对粤北瑶族文化的保护和传承问题，学界鲜有专文探讨，本人不揣谫陋，拟进行全面深入研究。不足之处，祈请指正。

---

① 罗维著：《初民社会》，吕叔湘译，江苏教育出版社 2006 年版，第 1 页。
② ［美］L. S. 斯塔夫里阿诺斯：《全球通史》上册，吴象婴、梁赤民译，上海社会科学院出版社 1992 年版，第 68 页。
③ 冯骥才：《灵魂不能下跪——冯骥才文化遗产思想学术论集》，宁夏人民出版社 2007 年版，第 114 页。

一　粤北瑶族文化的现代困境

（一）粤北瑶族文化概览

粤北瑶族（下文均称"瑶族"，个别特指者除外）主要是过山瑶和排瑶。过山瑶自称"勉"，在连山、乳源和连州等地都有大量分布；排瑶自称"要（邀）敏"，多聚居于连南瑶族自治县。另外，在连山、阳山和乳源也有少量分布。

瑶民在千年流徙和生产生活中创造了极其丰富的文化遗产，包括具象的物质文化遗产和抽象的非物质文化遗产。物质文化主要表现在建筑、木雕、刺绣、衣饰、医药等方面。其中，瑶绣是民族艺苑中的一朵奇葩，已成为中国除蜀绣、苏绣、粤绣、湘绣之外的另一具有浓厚地域色彩的刺绣文化。瑶族医药学也是瑶民比较有特色的创造成果。在非物质文化遗产方面，更是异彩纷呈，百花齐放。祭盘王仪式"耍歌堂"1992 年被列为中国国际友好观光年 100 个节庆活动之一，2006 年被国务院批准为首批国家级非物质文化遗产。"耍歌堂"既是宗教活动，又是节日庆丰收活动，是排瑶文化的典型代表。"还盘王愿"，又叫做"跳盘王""调盘王""做盘王""祖宗愿"，是一种以祭祀盘瓠为目的和以集体歌舞为表现形式的娱神活动。被排瑶称为"挨汪嘟"的长鼓舞，"长腰木鼓答家先"[1]，兼具祭祖和娱乐两大功能。"打道箓"和"度戒"是具有浓厚道教色彩的社会活动。前者通常不是全排性的活动，而是由排里某些姓或房举办，每隔 18 年或 20 年举行一次；后者又称"度身"、"度法"、"过法"、"斋刀"和"打道"等，是瑶族青年男子必经的宗教仪式，在瑶族宗教中颇具特色。[2] 可以说它是"道教弟子入教仪式与其男子成年礼的混合体"[3]。节日之多和对节日的重视，是粤北瑶族文化的又一个显著特点。

---

① 《过山榜》（二），存于黄现璠家，引自蒲朝军、过竹主编《中国瑶族风土志》，北京大学出版社 1992 年版，第 351 页。

② 张泽洪：《瑶族社会中道教文化的传播与衍变———以广西十万大山瑶度戒为例》，《民族研究》2002 年第 1 期。

③ 徐祖祥：《瑶族还盘王愿活动中所见盘瓠崇拜的道教化》，《西南民族大学学报》2005 年第 3 期。

瑶族几乎每月份都有自己的节日，像春节、元宵节、正月二十赖拜节、二月二开耕节、三月三起愿节、清明节、四月八牛王节、五月五端午节、五月十三关爷节、六月六尝新节、七月七开唱节、七月十四中元节、中秋节、九月九重阳节、十月十六还愿节、十二月二十八小年夜等。节日是瑶民文化的载体，通过这些节日充分绽放其风姿和诉求希望。民间文学也是其一大特色。民间故事如"盘皇置天地""十二姓的来历""兄妹婚""太阳与月亮""乌龟的背纹"等；童话故事有"宝葫芦"；笑话有"道公怕鬼""懒汉求师"；寓言有"风化石""松木与杉木"等；民歌有"盘王歌""还愿歌"等。这些民间文学在瑶族民间口耳相传，深得瑶民欢喜。另外比较典型的还有"八音乐队"。"八音"即大锣、小锣、苏锣、大钹、小钹、小鼓、唢呐、二胡等乐器，主要在新婚喜宴时演奏助兴。排瑶的"油锅组织"是排瑶在乡规民约基础上成立的民间组织，在组织生产、维护社会治安、协调邻里及邻村关系等方面有着重要作用，属于制度文明的部分。"瑶民由于生活环境、风俗习惯、文化发展、经济状况等诸多方面与其他民族存在差异，因而形成了具有自身特点的传统法律文化。"① 这种传统法律文化就是学界所习称的习惯法，属于民间法的范畴。

这些物质、精神及制度文化，是在特定的历史和地域环境下孕育并生产出来的文化。这些文化伴随着瑶民度过了千年时空，绵延久长，发展至今。

（二）粤北瑶族文化的现代困境

瑶族文化从文化势能上看，属低势能文化，易受周边高势能文化的濡染。可以说，瑶族文化一开始，就面临着同时代周围强势文化的冲击和挑战，即客家文化②及周边相对发达民族文化的强势影响，其外延部分被逐渐挤压，内涵部分也被逐渐啮噬。这是一个十分严重而又无奈的文化现象。黄仁宇先生说："中国的危机是文化的危机。"美国社会学家罗伯逊也说："如果没有文化，一个社会就无法生存；而如果没有社会的维

---

① 王施力：《瑶族习惯法及其文化价值初探》，《民族论坛》2005 年第 4 期。
② 赵家旺先生在《连南过山瑶与客家族群》一文中指出，连南过山瑶"直到建国前，对外交往的主要对象是客家族群，与客家人有着千丝万缕的联系，在社会生活的各个方面，形成互相协作、互相帮助、互相依存，不可分离的紧密关系"。论文见中国梅州 2011 年 12 月《"族群互动与社会发展学术研讨会"论文汇编》，第 112 页。

护，文化也无法存在。"① 同样的，瑶族的危机说到底也是文化的危机。如果瑶族流传千年的文化丧失掉了，那么瑶族的主体性，甚至瑶族作为一个整体就有可能湮没在历史的混流当中。现代化理论学派的鼻祖埃米尔·迪尔凯姆在探讨现代化进程中两个突出的发展趋势时指出，虽然集体意识还存在着，但它对个人的控制力越来越弱。② 个体性活动逐渐在社会活动中占据主要位置，集体意识逐渐淡漠已是不争的事实。瑶民只知族属，不知系属的现象日渐增多，尤其是青年人。在清远市阳山县一温泉小商店里，我曾和一个瑶族的女店员交谈，她只知道自己是瑶族，而不知道自己归属哪个瑶系。"瑶族"在一些瑶民的意识深处，渐趋变成了一个"标签"和"符号"而已。

瑶族传统文化从目前的情况来看，除了服装、刺绣花纹、音乐、舞蹈等保留着较为浓厚的民族色彩外，其他都不同程度地吸收和融合了汉族的文化因素，并且已达到了很高的汉化程度。"现代性本身是普遍主义的，它潜藏在人的共同本性之中，没有民族和文化的界限。"③ 市场经济的发展的和全球化进程的加快，对瑶民的生产生活方式带来了空前的激荡，一些在先前非常普遍的行为方式发生了根本性变化。闻歌帮工④、"凑工"与"大会"⑤ 等本来是排瑶在极端艰苦的条件下自发形成的互助行为。但是，这种互帮互助活动因市场经济的发展以及所引发的人们观念变化，日渐退出瑶民生产生活的舞台。油锅组织和习惯法作为排瑶的民间组织和乡规民约具有民主性、民族性、群体性、具体性、稳定性、原初性、神威性特点⑥。历经 1930 年代中期国民政府开化瑶区、新中国成立后的"反右"和"文化大革命"以及国家法和国家机构的普遍实行和建立等活动的冲击，很多民族特性都最终成了历史的陈迹。一些民族

---

① 董建波、李学昌：《"文化"：一个概念的内涵与外延》，《探索与争鸣》2004 年第 10 期。

② 参见埃米尔·迪尔凯姆著《社会分工论》，渠东译，生活·读书·新知三联书店 2000 年版，第 133 页。

③ 尹保云：《什么是现代化——概念与范式的探讨》，人民出版社 2001 年版，第 8 页。

④ 唐剑明：《闻歌帮工》，见清远市连南瑶族自治县政协文史委员会编：《清远文史》第九辑 1995 年版，第 114 页。

⑤ 许文清：《凑工与打会》，见清远市连南瑶族自治县政协文史委员会编：《清远文史》第九辑 1995 年版，第 116 页。

⑥ 高其才：《瑶族习惯法特点初探》，《比较法研究》2006 年第 3 期。

禁忌也被打破，吃狗肉已不再是瑶民的禁忌，除老年人以外，中青年人已毫无顾忌地吃起狗肉来了。盘瑶中青年人已不再忌吃冬瓜。① 禁忌的打破是对民间信仰的完全颠覆，打破了他们基本的信仰系统，建立在其上的文化传统遂失去了存在的载体。游耕的生产方式，具有分散和迁徙不定的特点，它决定了瑶民的生活方式，并形成了建立在其上的文化传统。从游耕到定居的转变以及政府移民开发政策的实施，使传统文化赖以存在的土壤发生了某种改变。

随着国家城市化战略的实施和农村集约经济的发展，瑶区剩余劳动力大量外出务工。他们务工的流入地多为经济文化发达的珠江三角洲地区，这使他们直接受到现代文明的影响，从根本上改变了原有的思维方式和行为方式，那些"老旧"的文化传统已经为他们所排斥，甚至厌恶，使传统文化的传承后继乏人，无以为继。一些含辛茹苦考上大学，到外地求学的瑶族大学生再也不愿回到故乡。由于上述两种现象的出现，导致瑶区"知识人"和青壮年的迅速减少与"空巢老人"及"留守儿童"的大量出现。这种现象不仅导致了瑶区社会经济的发展严重乏力，而且使瑶族传统文化的传承面临阻断的危险。不仅粤北瑶族遭遇此情形，其它瑶区也概莫能外，如广西"盘村瑶族能够使用乐器的人不多，只有冯文贵、黄元甫、黄金旺等少数几个人能够吹唢呐"②。贵州盘瑶"历史上流行过的打长鼓活动，在盘村瑶族中已经失传，村民已不知道这一项文娱活动和祭祀祖先是必行的仪式"③。可以说，瑶族文化自我发展和超越的内在动力逐渐被蚀空，只是被动地应付着外部"文明"的冲击，而这种冲击往往包含了政府行为、市场经济、全球化的影响和汉族等周边强势文化的濡染等方面。

日常生活中的应对理解，为人处世，生产技能，民族与家庭历史，安排生活的能力，应该遵守的道德规范以及其它种种诸如狩猎、采集等方面的知识，大都也是从儿童时代开始，在家庭中耳濡目染，或者由父母兄姐在日常生活中给以教导所得。④ 但是现在的这种以知识获取为目的的教育方式和内容，剥夺了这些孩童从小接受瑶族传统文化熏染的机会。

---

① 胡起望、范宏贵：《盘村瑶族》，民族出版社1983年版，第239页。
② 同上书，第229页。
③ 同上书，第230页。
④ 同上书，第231页。

"文化的多样性问题被有意无意地拒之评价标准门外，导致教育中常常忽略培养对象的文化差异，从而削弱了对民族文化的有效传承和发展。"① 刻板划一的教育形式和内容，大容量的课堂教学内容，大量的家庭作业和以获取知识为目的的课外辅导，在很大程度上剥夺了瑶族孩童学习本民族传统文化的机会，造成他们民族认同感和民族文化的缺失。连南大掌排学生在新中国成立后入学人数不多和出勤不高的其中一个原因是认为，学校的教材不如瑶经有用，有要求恢复读瑶经的建议。② 民族文化有被边缘化之虞，瑶族传统文化离孩子的距离原来越远。现代人对民族文化的无知最终导致认同的虚无及精神的空虚，从而可能在现代生活中迷失自我。而这种文化的缺失又直接导致瑶族传统文化承继者的严重缺位。故此，瑶族文化面临着被国家主流文化"同化"和"消解"的双重危机。另外，随着少数民族地区经济、交通、科学技术、文化教育的不断发展，其历史上浓厚的原始宗教观念及崇拜活动正在逐渐减少，巫术迷信观念也渐趋消失。而这些"原始文化"却蕴含着弥足珍贵的瑶族历史、文化和习俗等积极因子。

一个民族的性格是由其特殊的文化所决定的，而最初决定一个民族的文化形态的是该民族所生存的自然环境，如地理位置、气候及自然资源。③ 瑶民"好入山壑，不乐平旷"④。"居山和游耕是塑造和形成瑶族文化的物质基础，是产生瑶族各种文化现象的根源，并影响瑶族文化的发展程度和发展趋向"。⑤ 他们作为我国南方的山地民族，长期居住深山，以山为生，与山为伴，他们在崇山峻岭中闯出一条求生存发展之路的同时，也以自己的聪明才智创造了独特的山地文化，成为举世闻名的山地民族。所以，瑶族文化是在极其封闭和严酷的地理环境中孕育产生并流传延绵下来的。故瑶族文化具有先天的内传性强，外传性差，即生存性强，而吸收发展，宣传性差的特点。"内传性"是特指瑶族传统文化的内部流传方式、规律和能力。"外传性"

① 王军、董艳：《民族文化传承与教育》，中央民族大学出版社 2007 年版，第 74 页。
② 《中国少数民族社会历史调查资料丛刊》广东省编写组：《连南瑶族自治县瑶族社会历史调查》，民族出版社 2009 年版，第 220 页。
③ 王军、董艳：《民族文化传承与教育》，中央民族大学出版社 2007 年版，第 48 页。
④ 范晔：《后汉书》卷八六，《南蛮西南夷传》，中华书局 1965 年版，第 2829 页。
⑤ 莫金山：《居山游耕：瑶族传统文化的基本特征》，《广西民族研究》2005 年第 2 期。

是特指瑶族传统文化的对外传播能力，即文化交际性差，不注重吸收和运用其他民族和外界的优秀文化和科学技术，长期处于封闭状态。任何一个民族或者国家，如果不注重吸收外部因素的有益成分，不但经济文化不能实现充分发展，而且还会出现停滞和消亡。从瑶族人民生存和发展的历史看，适应性强，创造性差，这也是其文化的基本特征之一。① 瑶族文化由于有这些先天不足，极大限制了其与现代文明的充分接触和双向交流。

由于不但受到当地主体民族和其他先进民族的影响，瑶族的语言、服饰、居住、饮食、风俗习惯、宗教信仰易发生变化、分化。② 这种现象就是人类学家所称的"文化变迁"。美国人类学家 F. 普洛格和 D. G. 贝茨指出："变迁是指技术、社会、政治、经济组织以及行为准则的变化。"③ 一个国家或民族的文化变迁，是整个文化系统（内容与结构）的变化，而不是其中某一部分的改变。导致文化变迁的原因是多方面的，概括起来，有外部原因和内部原因两种。同时，各种原因中因文化群体的不同而又有主次之分。唯物史观认为，当文化变迁的动力源于内部时，这个动力就是文化群体中的社会生产力（包括生产工具、生产技术和人的劳动技能）的发展，其表现形式就是人类学家通常所说的发明和发现。当文化变迁的动力源于外部时，这个动力可能是自然地理环境、其他文化群体的影响或征服等等。其实这种说法也比较符合美国社会学家罗伯逊关于文化与环境关系的理论，"从人与环境的角度，他认为文化是一种适应环境的手段，一个民族的文化习俗与他们的生活环境给他们造成的压力和提供的机会有着必然的联系"④。上述理论在粤北瑶族文化中，可以找到很多可以相佐的证据，如瑶族在语言、住宅建筑、生产技术等方面大量吸收了汉族文化的特点和经验。过去，瑶族的住宅没有窗户，在靠近卧室的地方设烹饪和取暖的"火塘"。现在，大部分住宅都设有像汉区住宅一样的窗户和火灶；过去在水稻耕种、手工制造（如木器、竹器、烧窑等）方面都很缺乏经验，后来也从汉区学会了。所有这些都引起了

---

① 盘淼：《瑶族文化生存发展的思考》，《贵州民族研究》1994 年第 2 期。

② 谢明学、玉石阶：《瑶族传统文化》，广西民族出版社 2000 年版，第 21 页。

③ F. 普洛格、D. G. 贝茨著：《文化演进与人类行为》，莫爱明、邓勇译，黄坤坊审校，辽宁人民出版社 1988 年版，第 589 页。

④ 董建波、李学昌：《"文化"：一个概念的内涵与外延》，《探索与争鸣》2004 年第 10 期。

他们的生活发生了很大的变化。[①] 用上述原理来分析瑶族文化的变迁，不难发现，在整个瑶族文化的发展历史上，瑶族文化变迁的动力主要来自外部。如果细分的话，在 20 世纪 30 年代中期国民政府开化瑶区以前，主要受自然地理环境的逼迫，而之后主要变成了受其他文化群体的影响。从这个意义上来说，瑶族的历史是一部被动适应环境的历史。瑶族文化的脆弱性是显而易见的，所以在应对现代文明挑战的时候，往往显得进退失措。

唯物论的宣传教育和瑶民认识的提高，使瑶族传统文化受到前所未有的"现代化"挑战。长期的唯物论宣传教育，使他们的神灵观念淡薄了，尤其是中青年人，认为祭盘王并不真会禳灾降福，如瑶家妇女冯成香说："祭盘王那里得吃罗，还得自己做工。"[②] 连南内田乡的乡长邓路三原是一个先生公，已故的父亲邓小养也是先生公，自邓路三当乡长后，已不再操此旧业了。[③] 党和政府的惠民救济政策在瑶民应对灾难中起到了很好的扶助作用，使他们不再求祖先神灵的护佑。原始宗教作为一种社会意识形态，在瑶区业已存在很长时期，它们虽然没有随着经济、文化、教育的快速发展而完全消失。但是，它存在的象征意义往往超过了其本身的文化意义，出现了功利主宰文化的不良现象。一些瑶族的传统习俗成了文化搭台、经贸唱戏的平台，如"盘王节"便是一个典型的代表；一些瑶寨也成了招引游客的旅游资源。当文化发展被经济利益挟持时，文化本身所具有的一些特质往往会发生变异和扭曲，对文化的断章取义和刻意取舍也在某种程度上阉割了文化本真的东西。这是作为政府应该严肃、慎重加以对待的问题。

---

① 《中国少数民族社会历史调查资料丛刊》广东省编写组：《连南瑶族自治县瑶族社会历史调查》，民族出版社 2009 年版，第 142 页。

② 胡起望、范宏贵：《盘村瑶族》，民族出版社 1983 年版，第 237 页。

③ 《中国少数民族社会历史调查资料丛刊》广东省编写组：《连南瑶族自治县瑶族社会历史调查》，民族出版社 2009 年版，第 202 页。

二　粤北瑶族文化的"现代化"路径维系
在一起的是他们的点与长处

　　文化保护和文化传承在某种程度上是两个同义的概念，即人类学家所惯用的术语"濡化"，"它是指文化在一个共同体（如民族）的社会成员中作接力棒似的纵向交接过程。这个过程因受生存环境和文化背景的制约而具有强制性和模式化要求，最终形成文化的传承机制，使人类文化在历史发展中具有稳定性、完整性、延续性等特征"①。瑶族之所以没有像北方一些古老民族那样湮没在历史长河中，是因为传统文化维系了他们的存在。"真正把人们维系在一体的是他们的文化，即他们所共同具有的观念与准则。"②　这个文化就是千百年来相沿不衰的瑶族传统文化，包括传统的生活方式、风俗习惯、心理特征、审美情趣、价值观念、宗教信仰等方面，其中包含文化的各个层面，是比较复杂的问题。③　传统的游耕生活方式、封闭严酷的自然地理环境、政权力量的鞭长莫及等则是保持其族群认同和文化完整的主要因素。但这些历史条件已不复存在，瑶族传统文化可以说完全被曝露在了"现代文明"之下。面对全球化、城市化、市场化等"现代文明"的挑战，必须要坚持"秩序"与"创新"、"传统"与"现代"兼具而不可偏废的科学态度，确保其在矛盾运动中相互借力，共促发展，如此才能使瑶族文化历久弥新，保持旺盛活力。

　　文化保护和传承必须要遵循文化发展规律，不能扭曲和忽视。对于瑶族传统文化，应该持一种什么样的态度？我不妨借用俄罗斯总理普京在纪念苏联解体 20 周年活动中所说的话作比方来回答这个问题，可能比较容易理解。他说"不为苏联解体而惋惜，就是没有良心。试图恢复过

---

　　①　王军、董艳：《民族文化传承与教育》，中央民族大学出版社 2007 年版，52 页。
　　②　Ruth. Benedict 著：《文化模式》，王炜等译，生活·读书·新知三联书店 1988 年版，第 16、17、18 页。
　　③　杨鹤书：《粤北瑶区的产业结构调整及其文化条件》，《中山大学学报》1989 年第 1 期。

去的苏联，就是没有头脑"①。同样的，不留恋和珍惜瑶族传统文化，是没有良心和责任；但要回到原本的传统状态，是没有头脑和智慧。文化现象说到底也是一个历史范畴，终将灭失，不可避免。只要文化赖以产生的条件发生变化，任何外部的努力和利益的驱动都不可能阻遏其灭失的过程。德国著名学者阿尔弗雷德·韦伯在论述文化社会学现象时曾经说过这样一句话："旧有的文化在分崩离析，这个过程被延迟了，或者说被掩盖了，然而深刻的变化必将到来。"② 历史上很多古老民族灭绝得无影无踪，没有灭绝的民族也有一些丧失了自己的文化特质。为什么？文化独立性和传统文化的丧失是最重要的原因。现在，国家对瑶族地区的大力开发、城市化的迅速发展、瑶区人口流动的加快、各种文化之间的相互激荡、媒体网络的逐渐普及以及一些政策措施的实施等，对瑶族传统文化带来了巨大的冲击和挑战，加速了其传统文化的灭失过程。瑶族所承传下来的多为非物质文化遗产，它的不可再生性决定了我们在相关问题的决策和处理上要有科学的态度和实事求是的精神。对它的保护是维持其存在形态和维系其"历史记忆"以延缓其灭失的过程。在保护和传承瑶族传统文化方面，必须要在决策和技术上慎而又慎，不能简单划一，也不能单纯依靠行政或经济的手段去处理，这里面存在着政策制定和实际操作的科学性问题。

充分利用政府和民间两只推手，交互作用，共同促进瑶族文化的建设。"优秀的文化传统不会自然而然地遗传给民族成员及其后继者"③，这里面隐含的意思是该族群文化的享有者和后继者应该有一种文化自信和自觉，以及建立在这种心理基础上的自觉行动，才能使优秀的传统文化承传下去。在目前的情况下，必须要有民间和政府行为的积极互动和相互借力，才能使其健康充分发展。但是政府权利的边界必须要清晰，很多现实情况表明，政府干预越多，事态就越复杂。英国实证主义的大集成者赫伯特·斯宾塞先生认为，"政府是维护社会状态的手

---

① 《苏联解体 20 周年，普京曾称不为解体惋惜是没良心》，中华网新闻中心，2011 年 12 月 27 日，http：//news. China. com/focus/cccp20/11112018/20111227/16951631. html。

② ［德］阿尔弗雷德·韦伯：《文化社会学视域中的文化史》，姚燕译，上海人民出版社 2006 年版，第 2 页。

③ 吕锡琛：《道家与民族性格》，湖南大学出版社 1986 年版，第 232 页。

段，政府不能去干别的事情，否则就不能履行自己的本来职责"①。政府行为应多表现在科学主导和政策支持上来。民间力量始终是文化守护的基本力量，这是因为民间往往是文化的直接生产者和受承者，而且来自民间的力量往往是内心信念的外在自然释放，功利并不是他们的首要选项。从实际来看，不管是政府，抑或是民间老百姓，都在努力地维护着渐行渐失的传统文化，如政府组织申报世界文化遗产、荐选非物质文化遗产传承人、培养瑶绣女青年、建立民族博物馆、民族文化村、民俗博物馆、民族艺术团等；民间一些有强烈文化意识的瑶人也积极参与到保护传统文化的队伍中去，以自己的行动维护着老祖宗留下来的珍贵文化遗产。

在现代化过程中，瑶族必须要在对自己山地文化因素有所继承的基础上，有所扬弃，实现由"传统"到"现代"的转型。他们勤劳互助的民族美德、诚实守信的族群秉性、粗放实用的生活方式和平等秩序的伦理取向等人文特征，均是大山养育的结果。时过境迁，他们的居住方式发生了根本的变化。尤其是过山瑶，已经基本实现由游耕到定耕的转变，那么也就附带实现了由散居到定居的转变，形成具有一定人口规模的聚落。聚落的形成和发展，与原来游耕狩猎的生产方式不同了，产生于其上的文化内容必然会发生些许的变化，也连带影响了经济生活、市场交易、社会组织、婚姻家庭等文化的每一方面，如在宗教生活中，排瑶建立了祖庙，有具象的祖神；再如在瑶山村寨，团结互助的价值取向在以前的日常生活中也表现得十分突出。村寨里有人起新房，从挖地起，到迁入新房，同族、同村都来帮忙并不计报酬，只是在迁入新居时才宰杀一头猪酬谢帮忙的人。每逢村里有人家里老人去世，人们都自动拿米、布、肉前去吊丧，同时还帮上山砍柴、下厨干活，借此来减轻、分担失去亲人的悲伤和经济负担。但现在随着城市化和农业生产力的发展，大量青壮年进入城市，市场经济意识熏染瑶民，很多瑶民已不愿无偿帮忙，雇人帮工现象在瑶区渐渐增多。昔日瑶民凭借山险，自外于主体社会以保持其文化认同的外部环境已不复存在。以前那种语言、文化、地理的无形隔阂以及与中央和地方政权之间的壁垒已悄然淡化。他们与其他民族、瑶族内部不同族群以及同一族群内部户与户之间的联系冲决了以前

---

① ［英］赫伯特·斯宾塞：《社会静力学》，张雄武译，商务印书馆 1996 年版，第 131 页。

有形的地理障碍，变得渐趋紧密和日常化。在这种情势下，粤北瑶族要实现自我发展和内在超越，必须要主动认识和积极应对已经变化了客观现实，加快与现代化的磨合和适应过程，实现由古老民族向现代民族的转型。

"任何一个民族都必须学习本民族的传统文化，因为这些民族文化是历史上维系该民族生存的经验体系和民族智慧的结晶。"① 当传统文化内化为信念信仰时，才会有文化的自信和自觉，并产生持久的内在动力。美国汉学家艾凯认为，现代化过程并不完全是由经济因素所决定，"属于人们内在世界的因素——人们的思想世界——是另一个重要的条件。换言之，人们必须要有一种特殊的动机力量，一种心理，愿意接受有利于现代化的各种价值和主意"②。民族教育是文化保护和传承的重要手段，包括国民教育和民间自发教育两个方面。政府应该适度开放某些教育政策，让民间的自发教育有机会担当传承其传统文化的责任。赫伯特·斯宾塞"极力反对政府在国民教育上的工作，因为这会妨碍'自发教育'"③。当下，国民教育完全挤兑了自发教育的空间，而正规学校教育的观念又极其狭隘，往往采取并非真正开放的、能充分体现世界的博大精深的态度和方法，来塑造儿童们的认识习惯和个性。④ "文化传承又承载着深刻影响下一代身心发展的教育重任。"⑤ 要保护粤北瑶族的传统文化，必须要从改革教育入手，从孩童开始。否则只能是徒具形式，而无具体效果。在保证国民教育内容实施的同时，要加强瑶族传统文化的教育，如开设瑶族历史文化、民间文学、生活习俗、瑶经、科仪等方面的课程，通过这些文化载体去保存、传递和繁荣瑶族文化⑥，让瑶族传统文化从小就在瑶人中扎下牢固的根基。1984 年 5 月，在乳源县举办了全国第二届瑶文学习班，历时 40 天，来自广西、湖南、云南、贵州、广东 5 省的学

---

① 王军、董艳：《民族文化传承与教育》，中央民族大学出版社 2007 年版，第 2 页。
② ［美］艾凯（Guy S. Alitto）：《世界范围内的反现代化思潮——论文化守成主义》，贵州人民出版社 1999 年版，第 8 页。
③ 尹保云：《什么是现代化——概念与范式的探讨》，人民出版社 2001 年版，第 35 页。
④ ［加］大卫·杰弗里·史密斯：《全球化与后现代教育学》，郭洋生译，教育科学出版社 2000 年版，第 67 页。
⑤ 王军、董艳：《民族文化传承与教育》，中央民族大学出版社 2007 年版，第 1 页。
⑥ 李安民、杨鹤书：《八排瑶的社会化过程》，《广西民族研究》1990 年第 4 期。

员参加了培训。① 这个效果就不错，说明瑶民有学习本民族文化的强烈愿望。

保护和传承瑶族传统文化，并不是排斥外来文明。我们所处的时代被人类学家和社会学家称作"后人类时代"，"是一种以神经科学、神经药理学、人工智能、纳米技术、太空技术和因特网之类的各种科学技术为基础的理性哲学和价值体系的结合"②。人们对各种传统的文化，既不一味地拒绝，也不毫无批判地接受。在现代文明熏染下的青年人心中，很难树立起权威。"后人类主义者主张用理智代替信仰，对当前流行的信念和习俗进行批判地分析。他们更喜欢分析的思考而不是模糊的却令人愉悦的幻想，他们更喜欢经验主义而不是神秘主义，他们更喜欢独立的评价而不是一味的服从"③。王军等先生认为，要使一个民族的文化传承下去，至少需要具备以下三个条件，即现实意义、与社会要求相一致和具备时代特征。④ 说到底，就是瑶族传统文化怎么与时俱进、与人偕行的问题，亦即传统文化怎么样实现现代化的问题。在文化多元、信息发达、日益理性的时代，不能借少数民族的特殊性和其传统文化的根深蒂固而排斥现代化，也不能无条件地、生硬地去推行现代化。我们要多元发展，不能扮演"文化霸权"和"制造边界"的执行者或代言人的角色，汤一介先生将摒弃"文化多元"和"现代化"的行为斥之为文化"部落主义"⑤。但汤先生的意思也绝对不是抛弃自己的固有文化。"多元化本是现代文化的一个健康的发展。然而多元化一旦和极端的怀疑和虚无论合流之后，便形成了各式各样的相对主义，终至失去任何共同的标准，使人不再能判断善恶、真伪或美丑。"⑥ 余英时先生对传统与现代的关系曾有过十分精辟的论述，他说："所谓'现代'即是'传统'的'现代化'；离开了'传统'这一主体，'现代化'根本无所附丽。传统与现代不但相互相激相荡，而且相辅相成，这是文化发展史上十分紧要而又十分奇诡

① 《乳源瑶族志》编纂小组：《乳源瑶族志》，广东人民出版社 2000 年版，第 22 页。
② 吴士余主编，曹荣湘选编：《后人类文化》，生活·读书·新知三联书店 2004 年版，第 1 页。
③ 同上书，9 页。
④ 王军、董艳：《民族文化传承与教育》，中央民族大学出版社 2007 年版，第 8—10 页。
⑤ 汤一介：《新轴心时代的中国文化定位》，中国孔子学会、云南民族学院合编：《经济全球化与民族文化》，社会科学文献出版社 2003 年版，第 3 页。
⑥ 余英时：《现代危机与思想人物·总序》，生活·读书·新知三联书店 2005 年版，第 32 页。

的向度。"① 现代化进程就是传统与现代不断冲突、融合和演进的过程，传统文化的一些基本价值不仅可以作为本民族社会整合、文化重建、文明养成和道德教化的重要资源，也可能在不同文化融合的过程中成为新的世界文明的共同价值元素。汤一介先生认为，"传统的延续实质上与不断的创新和发展紧密联系在一起的，没有被创新和发展的'传统'之物在日新月异的社会发展中似已不复存在"②。多元化和现代化是维系民族文化活力的外部刺激，而这种"外部刺激是维系民族文化活力的核心"③，但"外部刺激"绝不是简单的"文化置换"。日本所尝试的"杂交文化"便是，它以国际间文化交流作为连接本地和全球的一种方式，从而达到保护和使自己本土文化多样化的目的。也就是说，用本土化运动来抵制或消除来自更强大文化的冲击。所以，固守不是出路，开放、交流和创新才是瑶族文化发展和涅槃的必由之路。梁漱溟先生晚年在接受台湾《远见》杂志社记者尹萍女士就"对台湾青年的希望是什么"采访时说："关注中国传统文化，顺应世界潮流。"④ 梁先生这句话不但适用于整个中国，也适用于粤北瑶族。端木赐香先生所说的"和而不同，综合创新"⑤也表达了同样的意思。

适度借用经济手段的外源力量，激发瑶民保护本民族文化的热情，使其自觉参与到保护本民族文化的行动中来。用经济手段刺激文化保护，尽管不具恒久的持续性，但也不失为行之有效的策略。正如呼吸机虽然仅能维系生命的短暂存在，但毕竟也是抢救手段一样。学界已有单卫东等先生试图论证二者的关系问题。但经济学出身的单先生，在论述中过分夸大了经济刺激的作用，他说："对非物质文化资源拥有者的激励是保护这种文化资源的关键所在。"⑥ 内因在任何时候都是变化的根据，文化资源的产生是内源性的。文化的自信与自觉才是保持本民族文化的关键。

① 余英时：《现代危机与思想人物·总序》，生活·读书·新知三联书店 2005 年版，第 8 页。
② 和少英：《全球化与海外民族文化多元发展的启示》，见中国孔子学会、云南民族学院合编《经济全球化与民族文化》，社会科学文献出版社 2003 年版，第 48 页。
③ 联合国教科文组织：《世界文化报告（1998）——文化、创新与市场》，北京大学出版社 2000 年版，第 137 页。
④ 梁培恕：《中国最后一个大儒——记父亲梁漱溟》，江苏文艺出版社 2011 年版，第 382 页。
⑤ 端木赐香：《叩问传统·序》，福建教育出版社 2009 年版，第 2 页。
⑥ 单卫东、许秋红：《剩余索取权与非物质文化资源保护的激励——广东连南、连山、乳源等地区的实证研究》，《福建论坛》2007 年第 1 期。

文化的自觉才能真正唤起瑶民内心深处的刚性需要。所以经济手段并不是保护非物质文化的首要选择，只是重要手段之一。适度借用经济刺激的作用，对于保护瑶族传统文化也不失为一种重要选择。文化的保护者和受益者出现二元分离的现象在现实中比较突出。在这种情况下，如果缺乏强固的信念维系的话，瑶民的文化价值取向可能会偏离。所以，不能忽视保护者和传承人的利益诉求，要让朴实的瑶民尝到由于保护和传承自己文化而带来的利益，使其更充分地认识到自己民族文化的内在价值，从而最大限度地激发他们对保护传统文化的内在需求。单先生所说"让与拥有者一定的利益，使其担负起保护和传承的责任"[1] 其实也是这个意思的很好表达。另外，大力发展文化产业，也是解决文化发展困境的一个重要路径。这方面的成功案例很多，如广西阳朔刘三姐印象园、台湾原住民聚落、美国新墨西哥州圣达菲市普埃布洛（Pueblo）印第安人居地内的陶斯（Taos）部落、代表白人主流文化的马萨诸塞州斯特桥市的老斯特桥村等都取得了极大的经济利益，也保护和宣传了民族文化。当然，要让这些文化景观有吸引力，还需要进行文化的"包装"，但决不能像中国很多地区那样为了"打造"文化而制造"伪文化"，更不能使文化走向"鄙俗化"。

另外，要处理好国家法和乡规民约、基层组织和民间组织等关系。让民间组织和民间法在国家法律的框架下对保护瑶族传统文化发挥其独特的补充作用。要认真对待和尊重他们的民间信仰、风俗和禁忌等，这些是其传统文化的重要组成部分。国家宗教局局长叶小文先生说："不能不关心普通大众对生老病死、吉凶祸福的基本关切。尤其不能不正视，随着我国社会经济成分、组织形式、物质利益、就业方式日益多样化，人们思想活动的独立性、选择性、多样性、差异性明显增加，不少人出现困惑、迷茫和混乱，希望到宗教中寻求精神慰藉的现象。"[2] 不能动辄以经济发展的程度和物质财富的占有量来衡量民族文化的优劣。在高度工业化的社会中，不能过分崇尚科学知识，应该协调好科学知识和人文知识之间的关系，守好精神家园。像鄂温克人离不开驯鹿，藏族人离不

---

[1] 单卫东、许秋红：《剩余索取权与非物质文化资源保护的激励——广东连南、连山、乳源等地区的实证研究》，《福建论坛》2007 年第 1 期。

[2] 叶小文：《山高水长、人杰地灵——〈贵州民族宗教文化研究〉丛书总序》，见黄海、邢淑芳《盘王大歌——瑶族图腾信仰与祭祀经典研究》，贵州人民出版社 2006 年版，第 6 页。

开经幢一样，粤北瑶族人也一样离不开他们的盘王。作为局外人的我们，对此应该有全面和深度的了解，不要有意无意地去破坏千百年来瑶胞留下来的珍贵文化。

附：拙文曾发表于《黑龙江民族丛刊》2012 年第 3 期，后被人大复印资料《民族问题研究》2012 年第 9 期全文转载。谨以此文敬祝李老师的七十诞辰，祝先生身体健康，万寿无疆！

宋代枢密院司法事权考述

西北大学历史学院　张　明

　　枢密院作为宋代最高军事领导机构，掌管兵籍、军队之教阅、招补、拣汰、俸给、升迁、换官及制定有关军事法规和赏功罚过等事①，具有军事司法监督和审判案件的职能。学界关于宋代枢密院问题的探讨主要集中在枢密院长贰身份的变化、枢密院与宰相机构的关系、以及枢密院在中枢决策体系中权势的演变等方面②，唯有香港学者梁天锡《宋枢密院制度》涉及宋代枢密院的部分司法职能③。本文拟在爬梳宋代枢密院与中央、京畿及地方军事司法机构之间的司法管辖关系及其演进的基础上，考察枢密院司法事权诸层面，并观照宋代统治者在军事司法集权与便宜之间的态度与做法，以期窥知宋代军制设计理念之一端。

---

　　① 《宋史》卷一六二《职官志二》，中华书局 1985 年版，第 3797 页。
　　② 参见陈峰《北宋枢密院长贰出身变化与以文驭武方针》，《历史研究》2001 年第 2 期；傅礼白《宋代枢密院的失势与军事决策权的转移》，《史学月刊》2004 年第 2 期；黄洁琼《论宋代枢密使之势衰》，《哈尔滨学院学报》2007 年第 6 期；李全德《唐宋变革期枢密院研究》，国家图书馆出版社 2009 年版；田志光《试论北宋前期宰辅军事决策机制的演变》，《史林》2011年第 2 期；田志光《试论宋仁宗朝宰相兼枢密使之职权》，《史学集刊》2011 年第 5 期；田志光《北宋中后期"三省—枢密院"运作机制之演变》，《史学月刊》2012 年第 3 期；等等。
　　③ 梁天锡：《宋枢密院制度》，台湾黎明文化事业股份有限公司 1981 年版。该书于"职掌篇"第一章"军队之编制与管理"之第九节"刑禁"中论及宋代枢密院的部分司法职能，但囿于论证形式主要以资料罗列为主，加之史料运用有限，所以未能对宋代枢密院司法事权进行系统深入考察。

一 枢密院对军人案件的覆审之权

宋代枢密院可以直接开庭审判军事案件①，但是其司法事权主要体现在对军人案件的审查覆核方面。

（一）对军人流罪案件的覆核

在京军人案件，通常归三衙审判，北宋开封府，南宋临安府亦得受理。宋真宗大中祥符五年（1012），宋廷"诏法寺，取开封府、殿前、侍卫、军头司等处见用宣敕，凡干配隶罪名，悉送枢密院，详所犯量行宽恤，改易配牢城罪名；内军人须合配者，并降填以次禁军，及本城诸色人情重须配者，量所犯轻重，更不刺面，配定官役年限，令本处使役"②。可知，三衙、开封府审理的军人流罪案件要上呈枢密院覆核定判。

不仅是京城，枢密院对于地方军人流刑案也有责覆核审定。宋真宗景德三年（1006），枢密院深感"诸路部送罪人赴阙者，军头司引对，颇为烦碎"，遂奏请"望止令本司依例降配"。宋真宗的态度极为谨慎，不仅未采纳枢密院意见，还责命枢密院必须加强对此类案件的司法监督："朕虑其间或有冤滥及情理可矜者，宜令银台司自今取审状送枢密院进拟，付司施行，其涉屈抑者，即令引见。"③ 后世统治者贯彻了这一慎刑态度。如，宋神宗元丰三年（1080），诏："今后应刺面军吏、公人等，并枢密院施行。"④ 宋哲宗元符二年（1099），诏："禁军犯罪，除班直外，枢密院批降指挥，移降特配，更不取旨。"⑤

（二）对军人死刑案件的覆奏

在京军人死刑案件，须经枢密院覆核，上奏皇帝取旨批准之后，方

---

① 参见陈均《皇朝编年纲目备要》卷二五《哲宗皇帝》（中华书局 2006 年版，第 626—627 页）记载：宋哲宗元符三年（1100），潍州团练使王赡"贪功生事，招诱羌酋，收复穷远之地"，"几陷两路军马"，为枢密院勘罪。又徐松辑《宋会要辑稿》刑法二之一〇九（中华书局 1957 年版，第 6550 页）记载：宋高宗绍兴二年（1132），临安界内有军人"赶逐居民，强占屋宇"，宋廷即令临安府收捉，送枢密院从重断遣。

② 《宋会要辑稿》刑法四之六，第 6624 页。

③ 李焘：《续资治通鉴长编》（以下简称《长编》）卷六三，景德三年七月丁巳，中华书局 2004 年版，第 1412 页。

④ 《长编》卷三〇九，元丰三年闰九月庚戌，第 7498 页。

⑤ 《长编》卷五一五，元符二年九月辛丑，第 12237 页。

可执行。宋真宗大中祥符二年（1009），诏："自今开封府、殿前、侍卫军司奏断大辟案，经朕裁决后，百姓即付中书，军人付枢密院，更参酌审定进入，俟画出，乃赴本司。其虽已批断，情尚可恕者，亦须覆奏。"①但在宋仁宗时期，枢密院曾札下开封府，令"军人犯大辟无可疑者，更不以闻"，即案情确凿、无疑难的军人死刑案件，无须经枢密院覆奏，便可行刑。宋仁宗得知后，出于"重人命"考虑，于至和元年（1054）九月下诏开封府加以驳正，"自今凡决大辟囚，并覆奏之"②。至是，在京军人死刑案必须覆奏。

宋代地方军人死刑案件，在宋真宗大中祥符五年（1012）之前，只录案刑部，不覆奏；在大中祥符五年五月之后，必须上枢密院覆奏。该年五月，"诏诸路部署司，科断军人大辟者，承前旨不上奏，止录案申刑部，自今具犯名上枢密院，覆奏以闻"③。据此可作一推断，宋代枢密院覆核军人死刑案，应是由京师推广到诸路。

南宋初年，地方军事司法混乱。宋廷努力重建祖宗旧制，于建炎三年（1129）诏："将帅非出师临阵，毋得用刑。即军士罪至死者，申枢密院取旨。"④ 明令非战时军人死刑案件必须经枢密院覆核取旨。通过恢复枢密院对军队的司法监督，宋廷再度将军人死刑案件的判决执行权收归中央。

（三）对军人疑难案件的覆审

宋代枢密院对流罪以下的军人疑难案件，亦得覆验。如，宋仁宗天圣七年（1029），御马直于荣"觊自制紫衫"，被开封府"以军号法物定罪"⑤。宋代军法禁止军人典卖军事装备，依开封府的定罪，于荣案应量及杖刑，未至流、死⑥。但此案因罪名与实际犯罪情节的名实不副，即

---

① 《宋大诏令集》卷二〇一《刑法中·大辟经裁决后付中书密院参酌诏》（大中祥符二年正月戊辰），中华书局 1962 年版，第 746 页。

② 《长编》卷一七七，至和元年九月丁丑，第 4281 页。

③ 《长编》卷七七，大中祥符五年五月己丑，第 1766 页。

④ 李心传：《建炎以来系年要录》卷二二，建炎三年四月己酉，中华书局 1956 年版，第 465 页。

⑤ 《长编》卷一〇八，天圣七年十月丁未，第 2525 页。

⑥ 据《宋会要辑稿》刑法七之九至十（第 6738 页）记载，宋仁宗天圣七年（1029），宋廷裁定诸军衣装、军号法物的规格与数量，并立法："自今诸军兵士将军号法物转卖、典当者，并依大道元年并大中祥符七年六月二十四日敕，从违制本条定罪；若将衣赐制造到随身衣物非时破货典卖，即依天禧四年四月二十五日敕，从不应为重杖八十上定断。"

"紫衫荣所自制，非官给，难以从军号法物定罪"①，遂以疑难案件的形式接受了枢密院的覆审。又如，宋哲宗元祐四年（1089），诏："禁军公案内流罪以下，情法不相当而无例拟断，合降特旨者，令刑部申枢密院取旨。"②枢密院通过审核军人重罪、疑难案件，大大加强了对军事审判的监控力度。

二　枢密院对军官案件的覆奏之权

宋代军官案件无论大小，各级机构通常无权处置，须具案奏裁③。根据涉案军官的职务高低及罪情轻重，宋廷会将案件交由相应的司法机构受理；在官司审结军官案件之后，必须申枢密院取旨，方可定判。

宋神宗元丰改制前，文臣罪案归中书，武臣罪案归枢密院，所谓"文臣、吏民断罪公案并归中书，武臣、军员、军人并归密院"④。熙宁八年（1075）右侍禁陈吉案审判环节中出现的问题，足以印证枢密院对于军官案件的覆奏之责。是岁，陈吉"押盐纲稽留"，三司不申枢密院听旨，"辄牒发运司依所申及牒三班院照会"。就三司官吏这一失当行为，宋廷令开封府劾罪⑤。熙宁十年（1077）诏令亦强调："内外责降官，侍从之臣委中书，宗室委大宗正司，武臣委枢密院，具元犯取旨。"⑥元丰元年（1078）万州刺史全信"乞取本班长行卫旦钱物"案，即是由大理寺审判，经枢密院奏闻，宋神宗圣旨裁定⑦。

---

① 《长编》卷一〇八，天圣七年十月丁未，第 2525 页。
② 苏辙：《栾城集》卷四六《论边防军政断案宜令三省密院同进呈劄子》，《苏辙集》，中华书局 1990 年版，第 806—807 页。
③ 据《宋会要辑稿》刑法三之四九（第 6602 页）记载：宋太宗太平兴国八年（983）八月二十日，"诏今后勘诸司使副、供奉官、殿直等案，内须具出身、入仕、因依。法寺断罪，亦取敕裁"。又据《宋会要辑稿》职官二四之三七（第 2910 页）记载：宋孝宗淳熙十三年（1186）十月二日，臣僚言及军中行政，"若军人，则多有名目在法，下班祗应（笔者注："应"原作"罪"，按下班祗应为宋代无品武阶官，据改。）以上，犯罪不论轻重，必具案闻奏"。守阙进勇副尉、进勇副尉、守阙进义副尉、进义副尉、下班祗应、进义校尉、进武校尉等，是宋高宗绍兴改名后无品武阶官的升迁资级。可知到了南宋时期，即便是无品的小武官犯罪，也必须上奏。
④ 苏辙：《栾城集》卷四六《论边防军政断案宜令三省密院同进呈劄子》，《苏辙集》，第 806 页。
⑤ 《长编》卷二七一，熙宁八年十二月辛卯，第 6636 页。
⑥ 《长编》卷二八六，熙宁十年十二月甲申，第 6996 页。
⑦ 《长编》卷二九三，元丰元年十月乙卯，第 7153 页。

鉴于中书、枢密院"轻重各不相知",宋神宗元丰五年（1082）改官制时,一度剥夺了枢密院对军官案件的司法知情权和处置权,命"凡断狱公案,并自大理寺、刑部申尚书省,上中书取旨"①。即官员案件无论文武,均由三省覆奏。到了宋哲宗元祐时期,宋廷才逐步放开了对于枢密院司法事权的限制。元祐五年（1090）七月,枢密院言:"诸路主兵官及使臣等犯法,下所属鞫治,及案到大理寺论法,乃上尚书省取旨。虑有元犯情重,或事干边防,合原情定罪者,既元自枢密院行下,当申枢密院取旨。"宋廷从之②。于是,由枢密院行下的案件,申枢密院取旨。同年十月四日,又诏:"应官员犯罪公案,事干边防军政,并令刑部定断,申枢密院取旨。"时隔 25 天,即十月二十九日,宋廷便对十月四日诏令加以补充和限定,诏:"应官员犯罪公案,事干边防军政,文臣令刑部定断,申尚书省,武臣申枢密院。"③ 至此,枢密院对于军官案件的司法管辖权,基本恢复到元丰五年改制之前。

针对宋廷一系列扩大枢密院司法事权的动作,御史中丞苏辙于元祐五年十一月、十二月先后两次上章论列,认为"刑政大柄,非密院所得专","令枢密院得专断官吏,已系侵紊官制"④,且"断狱不归一处,其间必有罪同断异,令四方疑惑",请求回归宋神宗元丰五年旧制,断罪公案并归三省,其事干边防军政者,令枢密院同进呈取旨,"如此则断狱轻重,事体归一,而兵政大臣,各得其职,方得稳便"⑤。次年（1091）二月,宋廷最终采纳苏辙建议,诏:"文武官有犯同案,事干边防军政者,令刑部定断,申尚书省,仍三省、枢密院同取旨。"⑥ 即在充分贯彻元丰五年旧制核心精神的基础上,折中了元祐五年十月诏令内容,与文官同案且情涉国防的军官奏案,枢密院须与三省协同取旨。元符二年（1099）熙河兰会路、秦凤路文武官"妄增首级,冒受功赏"案,就由枢密院、

---

① 苏辙:《栾城集》卷四六《论边防军政断案宜令三省密院同进呈劄子》,《苏辙集》,第806 页。

② 《长编》卷四四五,元祐五年七月丁卯,第 10711 页。

③ 苏辙:《栾城集》卷四六《论边防军政断案宜令三省枢密院同进呈劄子》,《苏辙集》,第 807 页。

④ 《长编》卷四五〇,元祐五年十一月乙丑,第 10811 页。

⑤ 苏辙:《栾城集》卷四六《论边防军政断案宜令三省枢密院同进呈劄子》,《苏辙集》,第 807 页。又见《长编》卷四五三,元祐五年十二月丁巳,第 10873—10874 页。

⑥ 《长编》卷四五五,元祐六年二月己亥,第 10906 页。

中书省共同上奏取旨①。

在此需要厘清枢密院于军官奏案方面司法事权的演变轨迹。元丰改制之前，枢密院拥有独立的军官奏案受理权；元丰五年改官制，完全将枢密院剥离于军官案件上奏程序之外；而到元祐五年十月四日，将事干边防军政的官员案件，统交由枢密院一司负责上奏取旨。至此，枢密院专掌了不仅武臣，甚至包括文臣在内的涉及边防军政案件的审判权。这一权力的赋予，使得枢密院独掌了涉及边防军政的文武官案件覆奏权，司法管辖范围触及文臣；单就此方面而言，其时枢密院的司法权能已超过了元丰改制之前。随后，在台谏官的不断施压下，宋廷于元祐五年十月二十九日、元祐六年二月连颁诏令，旨在约束日益扩大的枢密院司法权力：先是紧急修正了元祐五年十月四日诏令内容，将事关边防军政的文官案件交付尚书省，仅保留了枢密院对于武臣案件的审理权；随后枢密院这一独立司法管辖权也被收回，宋廷在强调枢密院与三省之间沟通与协作的名义下，诏命武官与文官同案案件由二者共同受理，这样便将枢密院该方面司法职能的行使置于三省的制约之下。从元丰五年针对军官案件的司法事权被剥夺，到元丰七年起的逐渐恢复，再到元祐五年十月四日的反超，其后又有元祐五年十月二十九日的回落、元祐六年二月的限制，十年间枢密院司法管辖权限经历了最为跌宕的调整变动期。

南宋初年，随着朝廷地位的渐趋稳固，统治者着手控制诸将日益膨胀的权力，其中至关重要的一环就是规范军事司法权。继建炎三年（1129）责成诸将必须将军人死刑案申枢密院取旨②，绍兴五年（1135）又诏命诸路必须将军官案件申枢密院覆奏③。关于绍兴五年的这条诏令，较之《建炎以来系年要录》，《宋会要辑稿》所载内容更能反映时局下中央与诸路大将间的微妙关系。诏令中宋廷先是充分肯定了诸路大将功绩；然后婉转提出朝廷的顾虑，所谓"尚虑本军偏偑将佐不能遵守诸帅约束，非因行军，用刑过当"，遂要求诸将"依条断遣"士卒，"有官人"则须

---

① 参见《长编》卷五〇七，元符二年三月乙丑，第12085—12089页。熙河兰会路、秦凤路文武官冒赏案案情如下：宋哲宗绍符元年（1098），熙河兰会路经略判官钟传统领两路大军出界，讨荡白草原，实斩获290首级，却奏斩获3520首级，其中虚冒3320首级。

② 《建炎以来系年要录》卷二二，建炎三年四月己酉，第465页。

③ 《建炎以来系年要录》卷八五，绍兴五年二月戊子，第1400页；《宋会要辑稿》刑法七之三六至三七，第6751—6752页。

具案情申枢密院处置，"不得故为惨酷，因致杀害"，而又深恐诸将因之多心，不明"朝廷责任事功之意"，于结尾处重申了战时诸将的临机制变之权①。对于是诏背后更为深刻的用意，南宋史家李心传一语道破："此指挥虽云为偏裨设，然令径申密院，则是大帅亦不得专杀也。朝廷指挥不得不尔。"② 该诏令正是以语气委婉但又意旨明确的方式，通过要求军官案件必须报枢密院覆奏定判，再度将军官案件的判决权收归中央。

至宋孝宗淳熙十三年（1186），枢密院适度向大理寺下放了军官案件的部分司法权限。起因在于自淳熙五年（1178）之后，军民纠纷案件由大理寺受理。在审判过程中，百姓立判，"随所抵罪受杖而去"；军人则"犯罪不论轻重，必具案闻奏"，以致结案拖延，"动辄踰月"。故淳熙十三年从臣僚奏请，军官杖一百以下罪，大理寺可在知会枢密院的前提条件下"径行决遣"；军官徒罪以上，仍须按照旧制经枢密院奏案③。

三　集权与便宜：枢密院与各级军事司法官司之关系

宋代高度重视中央军事集权，特别是以严控各级官司军事司法管辖权的方式，强化中央对军队的绝对领导。然而值得注意的是，并非所有的军人流、死刑案、军官案件均须枢密院覆核。

在战时及紧急状况下，宋代军事司法官司会被赋予必要的事权。宋制，"大将每出讨，皆给御剑自随，有犯令者，听其专杀；兼置随军赏给库，或付空名宣符，有立功者听大将便宜爵赏，不待中覆"④。这类立法与案例不胜枚举，此处试举几例。宋太祖开宝七年（974），义成军节度

---

① 参见《宋会要辑稿》刑法七之三六至三七（第6751—6752页）记载："（笔者注：绍兴）五年二月十四日，诏：朝廷攘却寇盗，皆将帅之力。理须恩威兼济，使人悦服，竭节效命。自顷戎房荐至，赖二三大帅能体意旨，抚驭士卒，果获其用。尚虑本军偏裨将佐不能遵守诸帅约束，非因行军，用刑过当。自今本将、本队士卒有犯，依条断遣问当。有官人，具情犯申枢密院量度事因，重行编置。即不得故为惨酷，因致杀害。务要士卒悦服，庶使主帅仰副朝廷责任事功之意。如遇教阅、行军，合依自来条例施行。"

② 《建炎以来系年要录》卷八五，绍兴五年二月戊子，第1400页。

③ 《宋会要辑稿》职官二四之三七，第2910页。

④ 《武经总要》前集卷十四《赏格罚条》，文渊阁《四库全书》本，第726册，第451页。

使曹彬率军讨伐江南之前，宋太祖授以匣剑，责成他"副将以下，不用命者斩之"①。宋仁宗皇祐四年（1052），广源蛮首领侬智高反宋，仁宗任命狄青为荆湖北路宣抚使、提举广南东西路经制贼盗事，诏"广南将佐皆禀青节制"②。次年（1053），狄青以此权军前斩杀广西钤辖陈曙以下32 名败军将校③。宋高宗建炎三年（1129），知枢密院事、宣抚处置使张浚奉命主持川陕战场，宋高宗"许浚便宜黜陟"④。宋金富平之战后，张浚行便宜之权，斩同州观察使赵哲于邠州，责明州观察使刘锡为海州团练副使、合州安置⑤。绍兴十年（1040），金军再攻川陕，宋廷诏川陕宣抚副使胡世将依"昨张浚所得指挥"，军前合行便宜黜陟⑥。宋金青溪之战后，胡世将斩统制官曲汲⑦；泾州之战后，胡世将责统制樊彦贷命、追夺其身官爵，统制王喜降十官，皆押赴本军自效⑧。

在日常的军队管理中，宋廷也会针对某种军事犯罪行为颁布诏令，赋予官司死刑执行权。如，宋太宗至道二年（996），诏："自今沿边城寨诸军，内有故自伤残、冀望拣停者，仰便处斩讫奏。"⑨ 宋真宗咸平五年（1002），诏："陕西振武军士逃亡捕获，曾为盗及情理蠹害罪至徒者，所在处斩讫奏。"⑩ 宋仁宗庆历三年（1043），诏广南转运司："诸配军有累犯情涉凶恶者，许便宜处斩以闻。"⑪ 宋神宗元丰五年（1082），诏鄜延路经略司："闻缘边防拓将下士卒颇有逃归者，勘会是实，严行收捕，为首人凌迟处斩，余并斩讫，具人数以闻。"⑫ 等等。在欧阳修文集中，还载有这样一则案例：

---

① 《长编》卷一五，开宝七年十月丙戌，第 324 页。

② 《长编》卷一七三，皇祐四年九月庚午，第 4174 页；《长编》卷一七三，皇祐四年十月辛巳，第 4175—4176 页。

③ 《长编》卷一七四，皇祐五年正月己酉，第 4190 页。

④ 《建炎以来系年要录》卷二三，建炎三年五月戊寅，第 481 页。

⑤ 《建炎以来系年要录》卷三八，建炎四年十月庚午，第 717 页。

⑥ 《建炎以来系年要录》卷一三五，绍兴十年四月庚子，第 2174 页。

⑦ 《建炎以来系年要录》卷一三六，绍兴十年六月甲子，第 2185 页。

⑧ 《建炎以来系年要录》卷 136，绍兴十年闰六月甲申，第 2191 页。

⑨ 《宋会要辑稿》刑法七之一，第 6734 页。

⑩ 《长编》卷五三，咸平五年十一月壬子，第 1164 页。

⑪ 《宋会要辑稿》刑法四之二一，第 6632 页。

⑫ 《长编》卷三二三，元丰五年二月庚午，第 7788 页。

右臣访闻岢岚军昨于四月中捉获逃走万胜长行张贵、虎翼张贵、李德等三人，并系禁兵。本军勘正法司检用编敕："禁军料钱满五百文，逃走，捕捉获者，处斩讫奏。"其张贵等，并依法处斩讫。[①]

岢岚军即是依照朝廷法令，对其捉获的逃亡禁军先斩后奏。

此外，对于一些特殊地区，宋廷还会在日常军事审判中授予其便宜之权。如，由于"所部去朝廷远"，川峡地区钤辖司被获准"事由便宜裁决"[②]，对辖区内的禁军犯罪拥有相对较大的审判管辖权限。宋仁宗皇祐元年（1049），两浙转运司请求"自今杭州专管勾一路兵马钤辖司事，如本路军人犯法，许钤辖司量轻重指挥"[③]，得到批准。这样，杭州钤辖司亦得便宜审决禁军案件。

要之，枢密院虽然拥有对一般军人重罪案件、疑难案件，以及军官案件的覆核、覆奏之权，但各级军事司法官司一旦获得便宜之权，遂不须经由枢密院，即可实现对涉案人员的司法处置。宋代统治者一方面将枢密院对各类军人案件的有效司法监督，作为保障和实现中央军事集权的重要手段；另一方面在战时以及日常军事审判中，又通过赋予前线将帅和相关军事司法官司便宜权的方式，来确保局部军队刑政的令行禁止。

如所周知，自立国以来，强烈的防弊心理促使宋代统治者不断加强君主专制中央集权、严控军权；赐予各级军事官司的"便宜"之权终究与强化中央军事集权的主旨相抵触，因而统治者一直努力探寻着集权与便宜之间最稳妥的契合点。宋仁宗天圣五年（1027）四月枢密院的一份上奏，便充分反映了统治者在集权与便宜之间慎重权衡的态度：

> 五年四月，枢密院言："诸归远指挥系杂犯配军人拣充。先曾密降宣命，如有赌博、吃酒、劫盗、恐喝不受约束者，便行处斩。访闻近日军伍渐有伦序，虑其间有因轻罪配军，今来再犯小过，逐处尽从极断。欲降宣就粮并屯泊州军，如归远节级、兵士不改前非，

① 欧阳修：《欧阳修全集》卷一一五《米光濬斩决逃军乞免勘状》，中华书局 2001 年版，第 1742 页。
② 文彦博：《潞公文集》卷一九《奏议·乞别定益利钤辖司画一条贯》，文渊阁《四库全书》本，第 1100 册，第 698 页。
③ 《长编》卷一六六，皇祐元年正月乙卯，第 3982 页。

再作过犯，先详前犯，如是贷命决配之人又作过者，既依宣命施行；若前罪稍轻、再作过犯者，止依法决断。仍此宣命不得下司，令长吏慎密收掌。"从之。①

据上述史料可知，由于诸归远指挥系配军拣充的特殊构成，宋廷曾密降宣命，授予当地军事司法官司便宜处斩之权。之后，归远指挥"渐有伦序"，枢密院虑及其间会存在配军微罪重罚的情况，遂奏请宋廷区别对待不同性质的犯罪行为，既有依前宣命从重施行者，又有轻犯"止依法决断"，并谨慎强调"此宣命不得下司，令长吏慎密收掌"。枢密院的建议，不仅保持了前宣命"便行处斩"的震慑作用，而且以此宣命维护了日常军事执法慎刑的基本精神，可谓周密细致，用意深远。又，如前所述，川峡地区钤辖司拥有便宜裁决禁军犯罪的司法权力。但是，这种"便宜"之权与夺无常、屡有反复。宋仁宗中期益、利州路钤辖司尚得便宜从事②，但是宋神宗熙宁五年（1072）六月利州路发生的一起禁军案件，却说明该时期"成都便宜行事法"被宋廷收回。是月，神勇兵杨进等"谋夺县尉甲为乱"，钤辖司拟断"配进等沙门岛及广南"，宋廷则诏"斩进首送成都府令众，余配沙门岛"。旨意下达后，宋神宗还对执政道："朝廷改成都便宜行事法，吴中复屡乞复行。及杨进结众为变，而中复乃止刺配之，若付以便宜，不过反是，妄配平人为多，有何所补也。"③ 同年十月，中书复删定敕文，再次赋予成都四路④钤辖司断"军人犯罪及边防并机速"⑤ 的司法特权。然后，该特权一度又被宋廷夺回。元丰八年（1085），知成都府吕大防奏请恢复："川峡军人犯法，百姓犯盗，并申钤辖司酌情断配。"被宋廷采纳⑥。透析这一地区钤辖司便宜权往复变动的过程，亦可窥见宋代统治者在收放军事司法权力时的踌躇与审慎。

宋代统治者不仅秉持着颁降军事司法便宜权的谨严态度，更是从制度层面妥善规范集权与便宜之间的关系。首先，非常形势下各级军事司

---

① 《宋会要辑稿》刑法七之九，第 6738 页。
② 文彦博：《潞公文集》卷一九《奏议·乞别定益利钤辖司画一条贯》，文渊阁《四库全书》本，第 1100 册，第 698 页；《长编》卷一六六，皇祐元年正月乙卯注，第 3982 页。
③ 《长编》卷二三四，熙宁五年六月癸酉，第 5687 页。
④ 成都四路指益、梓、利、夔州路。
⑤ 《长编》卷二三九，熙宁五年十月庚子，第 5820 页。
⑥ 《长编》卷三六〇，元丰八年十月丁亥，第 8621 页。

法官司被暂时赐予的便宜之权，待局势缓解后就会被宋廷及时收回。如，宋神宗熙宁五年（1072），因"疆事渐宁"，诏鄜延经路略使赵卨赴枢密院，"缴纳先许便宜行事劄"①。宋高宗建炎四年（1130）七月，诏："诸州守臣自军兴以来得便宜指挥者，并罢。"② 绍兴三年（1133），川陕宣抚处置使张浚还行在，宋廷随即"罢宣抚司便宜黜陟"③。其次，宋廷要求各级军事司法官司在临机裁决军人案件之后，必须依法上奏。宋英宗治平三年（1066），同知谏院傅卞言："乞今后惟诸路帅臣受特旨许便宜从事及军前或临贼战斗，其犯罪之人仍须委实情理不可恕者，方得临时裁处，仍限十日内奏闻。"④ 可知，至少在这一时期，地方军事司法官司便宜处置军人案件后，必须于 10 日内向中央上奏案情。再者，宋代统治者高度维护日常军事审判秩序，平时军事案件的审理必须严格遵循法定司法程序，各级军事官司私自处置部下的行为会受到严厉惩治。如，宋太宗太平兴国四年（979），沂州防御使张万友决所部军校郭赟致死，被鞫治⑤。宋神宗熙宁九年（1076），殿直、襄·叶·郏县巡检刘永安擅杀"率众卒不推兵器车"士卒年李贵，被判及死刑，后改为"随军效用，以功赎过"⑥。宋高宗建炎三年（1129），武略大夫、统制官王德擅杀军将陈彦章，被除名、郴州编管⑦。绍兴七年（1137），武功大夫、凤州团练使、殿前司选锋军统领吉俊杖杀辖下私役军士的修武郎辅于，被降三官⑧。宋宁宗庆元六年（1200），太尉郭杲戮 27 名逃亡戍卒而不敢奏，宋廷得知此事后欲处罚郭杲，然"命未下而杲卒"⑨。

四　结语

　　宋代统治者对于一般刑事案件，除疑难案件外，始终未将地方官司

---

① 《宋会要辑稿》兵一四之三至四，第 6994 页。
② 《建炎以来系年要录》卷三五，建炎四年七月癸卯，第 673 页。
③ 《皇宋中兴两朝圣政》卷一三，绍兴三年五月辛巳，北京图书馆出版社 2007 年版，第 2 册，第 372 页。
④ 《宋会要辑稿》兵一四之三，第 6994 页。
⑤ 《长编》卷二〇，太平兴国四年四月戊辰，第 449 页。
⑥ 《长编》卷二七七，熙宁九年七月癸亥，第 6768—6769 页。
⑦ 《建炎以来系年要录》卷二五，建炎三年七月甲申，第 507 页。
⑧ 《建炎以来系年要录》卷一一一，绍兴七年六月甲辰，第 1805 页。
⑨ 《续编两朝纲目备要》卷六，庆元六年十二月，第 107 页。

的死刑终审权收归中央①，但是对于军人案件的态度却截然不同。中唐以来，节度使的军事司法权力极大，得"总军旅，颛诛杀"②。赵宋建国后，立足于矫枉防弊，对武将权力进行层层削夺与限制，其中一个重要的方面就是严控军事司法权。在逐步实现中央、京畿及地方军事司法机构之间权力周密分配的进程中，宋代最终将军人死、流罪案件的审决权收归中央。枢密院与三衙分掌兵权、地位有序，包括三衙在内的在京军事司法机构审理的军人死、流罪案，须由枢密院覆审定判。当此过程，三衙显然处于枢密院覆核结果的执行者之地位。不仅是京畿，宋代各地已判流刑的军人犯罪，枢密院也有责覆核审定；在宋真宗大中祥符五年（1012）之后，地方军人死刑案件同样也必须经枢密院覆核。此外，枢密院还拥有军人疑难案件以及军官案件的覆审、覆奏之权。与此同时，并非所有的军人死刑案均须枢密院覆核，无论在战时还是日常的军事审判中，宋廷会有针对性地赋予各级军事司法官临机裁决的便宜之权。在集权与便宜之间，宋代统治者不仅有极为谨慎的与夺态度，更有细致稳妥的制度设计；既要维护军事司法活动的正常秩序，又要保证局部军队执法的震慑力与时效性。川峡地区钤辖司便宜权的流变，即体现了宋代统治者探寻这一军事司法权力平衡点的努力。综观宋代枢密院司法事权的演进，统治者正是通过枢密院这些司法事权强化了对军人案件的司法监督，一方面有效地降低了军中冤假错案的出现几率，另一方面则极大地遏制了军官以杀立威的现象，从法制层面切实促进了中央军事集权的效果。

（原载《历史教学》2017 年第 1 期，收入本书有增补）

---

① 宋代地方一般死刑案件的审理，在元丰改制之前，州级官司即可判决执行；元丰改制后，须报路级提点刑狱司核准才能执行。参见戴建国《宋代刑事审判制度研究》，氏著《宋代法制初探》，黑龙江人民出版社 2000 年版，第 225—233 页。

② 《新唐书》卷四九《百官志四》，第 1309 页。

两宋乡村治理体系的历史影响

南京邮电大学马克思主义学院　朱奎泽

两宋时期的乡村治理体系，不但继承了此前历朝历代乡村治理体制的丰厚遗存，而且在不断适应其时中国社会历史发展演变的整体动向中多所创制，由此完成或开启的一些具有历史性发展趋向的乡村治理手段，对后世乡村治理体制产生了极为深远的影响。此后的元、明、清三代，甚至及于民国时期，两宋时期所沿承或开创的关于乡村社会的治理理念、建制模式以及组织体系——特别是由此全面制度化的保甲制，持续得到沿用和发展。笔者以为，关于两宋时期乡村治理体制对后世的历史影响，以下两个方面尤其值得探究。

一　建制名称与组织模式的延续

综观整个元、明、清三代迄至民国时期的保甲运动，其乡村治理体系在建制名称与组织模式方面沿承两宋之制颇多，兹试以代别述论之。

（一）元代

有元一代的乡村治理体系，后人多以社制为其要旨。的确，社制在元代的乡村治理体制中是较为突出的。这以至元七年（1270）颁布"立社令"，在北方推行社制为正式起始，史载："又颁农桑之制一十四条，条多不能尽载，载其所可法者：县邑所属村疃，凡五十家立一社，择高年晓农事者一人为之长。增至百家者，别设长一员。不及五十家者，与近村合为一社。地远人稀，不能相合，各自为社者听。其合为社者，仍择数村之中，立社长官司长以教督农桑为事。凡种田者，立牌橛于田侧，书某社某人于其上，社长以时点视劝诫。不率教者，籍其姓名，以授提点官责之。其有不敬父兄及凶恶者，亦然。仍大书其所犯于门，俟其改过自新乃毁，如终岁不改，罚其代充本社夫役。社中有疾病凶丧之家不能耕种者，众为合力助之。一社之中灾病多者，两社助之。凡为长者，复其身，郡县官不得以社长与科差事。"[1] 论者多以元政权承袭金朝之社制[2]，确然。从元政权"立社令"的各项规定来看，社作为乡村基层治理组织方式之一，得到了政府的确认，而且有其突出特色，即重视"教督农桑""劝诫"民人、提倡互助为要。此令颁布后不久，元政府又下诏在华北各路全面实行社制。灭南宋后，元政府又将社制推行到江南地区，社制在全国普遍实行起来。元代社制，推行至元武宗至大年间，有所松缓，再至元仁宗皇庆以后，社制逐渐废弛。[3] 社长之设，首意在劝农，并负教化意图，随着社在乡村治理中的作用日益突出，社后来又增加了诸如户口统计、赋役征调、治安管理、协理民间诉讼等方面的职能。[4]

如果仅以社制的初始意义而论，的确与宋代的诸多乡治组织及乡役职责有差异，正如明人所议："元之社长，犹与汉制为近。……农桑孝悌者，王政之本也。元世祖以是教民而专其责于社长，其与宋之保正副、耆户长仅执催科奔走之役者，异矣。"[5] 就此而论，元代乡村治理体系似与两宋判然有别。但是，如果我们仔细考察社制的组织方式以及整个元代乡村治理体系的情况，可知元代乡村治理体系仍多受两宋乡制之影响。

首先，社制的组织编排方式，从前述情况看，虽然不像保甲制下组织设置那样严密，初始职能也与保甲组织有别，但其注重以民户为基本依托单元进行排比，设立社长，并兼顾以村为基础的地域界划的规制，实与保甲制相似，宋代保甲制开启了组织编排兼顾人户与地域界划的形式。

其次，甲制曾在元政权辖下局部地域内仍在推行，特别是江南地区。

---

① 《元史》卷九三《食货一·农桑》。

② 参见赵秀玲《中国乡里制度》，第 34 页；仝晰纲《元代的村社制度》；陈衍德《元代农村基层组织与赋役制度》等。金政权的确变革历史上早有之"社"，在乡村基层治理中推行社制。《金史》卷四六《食货一·户口》载："京府州县郭下则置坊正，村社则随户众寡为乡置里正，以按比户口，催督赋役，劝课农桑。村社三百户以上则设主首四人，二百户以上三人，五十户以上二人，以下一人，以佐里正禁察非违。置壮丁，以佐主首巡警盗贼。"以此与元代社制规定比较，可知其继承并发展的脉络。

③ 闻钧天：《中国保甲制度》，第 195 页。

④ 参见胡兴东《元代"社"的职能考辨》；仝晰纲《元代的村社制度》。

⑤ 《续文献通考》卷一六，《职役考二·历代役法》。此论仅就社长设置前期来说，确然。事实上，元代社长的职责发展到后来也走上了全面涉足乡村事务的轨道。

至元十三年，湖北兴国就有"命以十家为甲，十甲有长，驰兵禁以从民便"① 的举措；元兵南下攻入吴县后也曾"编二十家为甲，以北人为甲主"② 的活动。不过若据此理解为元朝在江南地区的地方基层组织是以蒙古人为甲首的甲制，是不符合村社制广泛推行这一历史事实的；若强调村社制的普遍实施而否定甲制的存在，似乎也不太合理。因此，元朝统治向江南推进的过程中，在某些区域某一时期实行过甲制，随着元朝统治的巩固，甲制又逐渐被社制所代替。③

最后，元代的乡治体系总体上在推行社制后有了自己的特色，但其一度继承宋代乡都制模式的情况仍然有迹可循。

《正德兰溪县志》卷二云："乡设里正，而都设主首，后以繁剧难任，每都设一里正，主首则随其事之难易而多寡之。"④《至顺镇江志》卷二云："每乡所辖都分不等，其中为里、为村、为保、为坊，皆据土俗之所呼以书。"⑤ 此志另云："旧宋各都设立保长，归附后但借乡司应酬官务。厥后选差里正、主首，科役繁重，破家荡产，往往有之。"⑥《吴兴续志》云："役法：元各都设里正、主首，后止设里正，以田及顷者充，催办税粮；又设社长劝课农桑，皆无定额。"⑦

辨析以上材料可知，元代既有乡也有都的建制，且一度明确县下设乡，乡有里正，以乡统都，都有主首的组织格局。乡设里正，催督赋役；都设主首"使佐里正催督差税，禁止违法"⑧，形成"里正催办钱粮，主首供应杂事"⑨ 的情况。乡所辖还有所谓村、里、保、坊等更基层的单元，只是各地风俗不同而称呼有异。这也提示我们，宋以来里、保的建制名称仍然存续。随着役务的增加，里正的设置渐增，由每乡设一员，变为每都设一员，这较宋代有变化。至此，以都为别，设置的职役就有了里正、主首、社长，并有所分工，即里正、主首负责催办税粮，社长

---

① 《元史》卷一六八《陈天祥传》。
② 徐大焯：《烬余录》乙编。
③ 参见仝晰纲《元代的村社制度》。
④ 参见 ［日］梅原郁《元代差役法小论》，转引自仝晰纲《元代的村社制度》。
⑤ 《至顺镇江志》卷二《地理·乡都·丹徒县》。
⑥ 《至顺镇江志》卷二《地理·乡都》。
⑦ 《永乐大典》卷二二七七《湖州府三·役法》引《吴兴续志》。
⑧ 《通制条格》卷一六《田令·理民》。
⑨ 《通制条格》卷二《地理·乡都》。

则主要负责劝课农桑。由此可见，延续历史较长的里正，以及金代明确的主首都被元代所沿承。需要注意的是，尽管南宋统治区域下的都保制的都保正、保长渐次被里正、主首所代替，但并不明见此时都的实质组织形式被废置的迹象，其建制形式显然是继续沿用的。与此同时，随着社制的普遍推行，社在乡村中的作用日渐重要的结果是，其职能由单纯的督劝农桑向多元发展，乡村救济、社会风化、甚至催督赋税都由社长参与，从而形成事实上的乡村事务多由里正、主首、社长共同来完成的格局，征调赋役的鼠尾簿即如此。如此一来，社长和主首一样，实际上成为里正的助手，形成了以里正为主导，主首、社长协助的组织系统。由此可言，社是元代以乡或以都（都图制形成后）为主导体系的一个组成部分，只是社自身有一些突出功能，诸如劝惩、互助等，比单纯的行政统治更易于管理乡村民众，所以社的地位不断提高，以至人们往往以村社制来指称元代的乡村基层治理组织。① 事实上，如果再予细究，按常规的乡村建制要求，以五十家为一单元的社，也不可能是县之下一级乡村建制单位，社处于乡之下的情况更为合理。这种情形，完全可以理解为北宋中后期所形成的乡都制的变相延续。

随着历史的推进，乡村治理事务的增加导致的里正以都分设置的情况——具体时间尚待进一步探究，以乡统都的乡村治理模式渐次向以都为乡村一级建制单位的情形过渡，进而造成了事实上的都图制模式的存在与发展②，成为元代乡村治理体系继承前代并予以发展的典型事例。

关于都图制的存续情况，说法不一。据《萧山志》载，"改乡为都，改里为图，自元始。"另据《嘉定县志》曰："图即里也，不曰里而曰图者，以每里册籍首列一图，故名曰图。"③ 两处说法关于由里及图的结论似无疑问，但由此似乎可得出，"都""图"作为乡村治理组织的建制单位始于元代。清人赵翼则对此持反对意见，认为"乡都图之制起于南宋也"④。由赵翼的说法引申而下，后来论者多有支持此说的情况。有认为南宋末年，南方的乡村组织已经被"都""图"所取代了；⑤ 有认为

---

① 参见仝晰纲《元代的村社制度》。
② 参见赵秀玲《中国乡里制度》，第36页。
③ 顾炎武著、黄汝成集释：《日知录集释》卷二二《图》。
④ 赵翼：《陔余丛考》卷二七《乡都图》。
⑤ 和田清：《中国地方自治发达史》，第65—66页。

"图"应该起源于南宋，原为打量攒造田地经界之法，从宋代情况来看，"图"仍相当于保；① 也有认为"保"与"图"可以通用；② 更有认为"都""图"最早并非出现于元朝，而是因承宋代的说法。③ 此所持论，均将"都""图"明确为宋代乡治体系的建制来看待。由此可以确定，元代的"都"作为乡村治理单位，确为沿承宋代保甲制推行后形成的"都"级建制是没有疑问的。而关于"图"的看法，则有继续讨论的余地，且"图"与明清时期的乡治体系颇多关联，故试做进一步的辨析。

上述论者认为"图"在南宋既已成为乡村治理单位之一种，排检诸多材料，主要据下引两处说法。其一，《宋史》载南宋袁燮调任江阴尉时："浙西大饥，常平使罗点属任振恤。燮命每保画一图，田畴、山水、道路悉载之，而以居民分布其间，凡名数、治业悉书之。合保为都，合都为乡，合乡为县，征发、追胥，披图可立决，以此为荒政首。"④ 其二，朱熹曾言："图帐之法始于一保，大则山川道路，小则人户田宅，必要东西相连，南北相照，以至顷亩之阔狭，水土之高低，亦须当众共定，各得其实。其十保合为一都，则其图帐但取山水之连接与逐保之大界总数而已，不必更开人户田宅之阔狭高下也；其诸都合为一县，则其图帐亦如保之于都而已，不必更为诸保之别也。"⑤ 如果我们细加辨析，这两条材料所指之"图"，绝非意为乡村治理单位。具体而论，袁燮事迹中提到之"图"，所言为"每保画一图"，其意显然是指据保而绘图，即按照各保之田亩与山川形势绘制成图而已，且在当时是为一时赈济之需而绘，据而即视此"图"为乡村建制单位，证据似嫌不足。⑥ 再从朱熹《条奏经界状》所述情形来看，所言之"图"，对应者乃"图帐"，实际也是对于各都、保田地、人户、山川形势的图绘，和袁燮任江阴尉时的做法实质一样，仅是绘图而已。因此，由此而认为"图"在宋时已经成为乡村治理的建制单位，元代之"图"乃继承而来，实可商榷。而对于"保"与"图"完全通用的说法，也有论者做过驳论，不同意"保"与"图"

① 陈宝良：《中国的社与会》，第146页。
② 张传玺：《中国历代契约考释》（下册），第713页。
③ 赵秀玲：《中国乡里制度》，第36页。
④ 《宋史》卷四○○《袁燮传》。
⑤ 《晦庵先生朱文公文集》卷一九《条奏经界状》。
⑥ 参见徐茂明：《明清时期江南社会基层组织演变述论》，其文中作者先是指出都图制起源于南宋，后又认为"图"始于南宋之说尚可推敲，似有矛盾之嫌。

可以通用的观点，在明代乡村建制中，"保"在绝大多数情况下确实是等同于"都"的，但绝对不能等同于"图"，也没有找到"保""图"可以通用的例子。① 当然，由于各地情况的复杂，都图制形成后，仍有乡、里名称存续，与都、图、保混用的现象也不绝如缕。

此外，元代的局部地域内在还出现过改"里"为"团"的情况，如福建将乐县和尤溪县，在宋代均为乡里制，至元代分"里"为"团"。②

（二）明代

明代的乡村治理体系纷繁复杂，建制名称多样，但就全国而言，总体上以里甲制为最基本的组织建制模式，贯穿了整个有明一代。其基本建制规制以明初颁行的关于编制黄册里甲的规定为要，即："洪武十四年诏天下编赋役黄册，以一百十户为一里，推丁粮多者十户为长，余百户为十甲，甲凡十人。岁役里长一人，甲首一人，董一里一甲之事。先后以丁粮多寡为序，凡十年一周，曰排年。在城曰坊，近城曰厢，乡都曰里。里编为册，册首总为一图。鳏寡孤独不任役者，附十甲后为畸零；僧道给度牒有田者，编册如民科，无田者亦为畸零。每十年，有司更定其册，以丁粮增减而升降之册。"③ 此后以此为基准，成为全国占主流地位的乡村治理组织模式。从这一关于里甲制的政府规定来看，编制基准显然以人户为要的黄册里甲，是在均平徭役的基础上保证国家赋役正常征发而实施的一种乡村公共建制形式。④ 不过，在实际推行时，完全按所定户数标准而编制里甲，不大行得通。在以人户为主的原则下，还要考虑其他因素，诸如贫富差别、地缘关系等等。所以，明朝在确定以人户为主编制里甲这一基本原则的同时，不得不颁行一些补充性的措施。措施之一，允许各里甲在一百十一户正管户之外，有带管畸零人户的存在。里甲之中编排的这种带管畸零户，特别是带管户，其目的之一，即是为了把以一百一十户为标准编制里甲的原则，限制在一定的地域范围内。由此看来，里甲编制虽以人户为主，但在某种程度上又是与人户聚居的

---

① 夏维中、崔秀红：《明代乡村地域单位的主要类型及其作用考述》。

② 夏维中、崔秀红：《明代乡村地域单位的主要类型及其作用考述》，事见万历《将乐县志》卷二，嘉靖《尤溪县志》卷一。

③ 《明史》卷七七《食货一·户口》。

④ 参见徐茂明《明清时期江南社会基层组织演变述论》；栾成显《明代里甲编制原则与图保划分》。

自然村落相结合的，二者具有一定的统一性。① 这就使里甲制在客观上也带有了一定的地域界划色彩。

如果仅以里甲制的建制形式而论，其与唐宋以来的乡村治理体系相比，显然不同，主要是"里"的地位发生了重大变化。因为"里"制本是唐宋乡里制中的重要建制，但从北宋开始，尤其在熙宁保甲法之后，"里"在乡村建制的重组过程中，逐步丧失了主流地位。到南宋后期及元代，"里"虽在乡村基层建制中仍占有一席之地，但已退居次要地位。明初里甲制度的推行，却又使"里"在明代乡村基层建制中重新被广泛使用，并且除了一些仅标识地域意义的旧"里"遗存外，成为乡村基层社会中负有实际编户和赋役征发职能的建制单位，② 发挥着实际作用。

这似乎颠覆了宋元旧制。但是，正是由于宋以来日益明确的将人户管制与地域区划两者兼顾的乡村治理体系的历史趋势，在里甲制主流建制形式下，纷繁复杂的明代乡村治理体系，仍然从具体的建制名称到组织方式可见其沿承两宋之制的情况。

从建制名称的存续来看，明代的乡村治理体系中，建制名称沿承两宋者颇多。关于明代乡村治理体系研究的学者已多所肯定。显然的一个事实是"甲"被用于明代最主流的组织方式中，即里甲制中的"甲"。这是自宋代保甲制推行以来方始成为乡村基层治理组织之一种建制名称，明代具体编制内容有所不同，但名称沿用。此外，明代的乡村基层建制单位中，特别是地域单位名称中，还有"都""保"，甚至"团""耆""管"之类，这都是宋代乡治组织的存留。③

从组织体系看，明代虽然总体上以里甲制为主流，但其他延续历史的组织形式并未因此完全退出。对此，论者多有阐发。④ 特别是在熙宁保甲法实施基础上逐渐成为北宋后期以来的乡都（保）制模式，在明代仍在不少区域特别是南方地区承续。大致形成南方地区（大致相当于原南

---

① 栾成显：《明代里甲编制原则与图保划分》。
② 参见夏维中、崔秀红《明代乡村地域单位的主要类型及其作用考述》。
③ 参见夏维中、崔秀红《明代乡村地域单位的主要类型及其作用考述》，徐茂明《明清时期江南社会基层组织演变述论》。
④ 参见夏维中、崔秀红《明代乡村地域单位的主要类型及其作用考述》。本处所论主要引述此文，以下不再一一注明。此外，栾成显《明代里甲编制原则与图保划分》、徐茂明《明清时期江南社会基层组织演变述论》、王昊《明代乡、都、图、里及其关系考辨》等文章也从不同角度的论述中肯定乡都制、都保制等建制形式在明代继续沿用的事实，不再一一引述。

宋所辖地区）普遍实行乡都制，北方地区（大致相当于原金朝所辖地区）实行比例相对较低的格局；论者进一步指出，里甲制度脱胎于江南地区，该地区自南宋以来就已基本定型的乡都制，不可避免地在里甲制中得以体现，而"都"这一地域单位在里甲编制中地位突出。洪武十四年（1381）就曾专门规定："凡编排里长，务不出本都。且如一都有六百户，将五百五十户编为五里，剩下五十户，分派本都，附各里长名下，带管当差。不许将别都人口补辖。"① 事实上，在普遍推行乡都制的南方地区，"都"在里甲编制中也确实是重要地域单位，在明代乡村建制即乡—都—里（图）甲这一体系中不可或缺。即使在没有实施乡都制的地区，与"都"相似的乡级以下地域单位也同样在里甲编制中获得重视。需要注意的是，明代的"都"在绝大多数地区仅发挥着地域单位的作用，不像在宋元时代那样具有一定的行政建制职能。与此同时，宋代南方地区的的乡保建制，在明代仍被续用。至于明代徽州等地存在的"以地域划分为主，属鱼鳞图册系统"的都保制，其情况虽然复杂，其土地登记系统，并非明代首创，早在南宋就已成熟。这与南宋乡都制下土地经界及保伍法有着很大的关系。事实上，有许多例证也可揭示明初与宋元之间的这种继承关系。也正是因为有"都"或类似地域单位的广泛存在，再辅之以设立"畸零户"、户等的划分等手段，明初的里甲编制，才能与现实村落有机结合，融为一体，从而使其地缘性和可操作性得以体现。

这种以里甲为主流，附之以其它建制形式的乡村治理模式，使明代的乡治体系，特别在江南地区逐渐形成了以人户为主的黄册里甲制的同时，又不得不保留鱼鳞图册制度所必须实行的以经界地域为主的乡都保制②的几近于二元体制的状况。实际上，如果从里甲制的编排标准与组织方式以人户为核心的同时，也注意地域范围的情况来看，与宋代保甲制衍变后期的方式很相似。继承与革新在历史的推进中各自显示了力量。但是，由于里甲制度是建立在自给自足的小农经济占绝对统治地位，土地兼并尚不严重，商品经济不够发达，土地买卖也不频繁，而政治又相对清明的基础上，只要这些环节中的任何一个发生变化，都会破坏正常

① 《大明会典》卷二〇《户部七·户口二·黄册》。
② 栾成显《明代里甲编制原则与图保划分》。

运转，给赋役征收带来困难。① 而这种情况，自明代中叶特别是万历以后，的确成了事实。随着商品经济的发展，土地买卖活动不断加剧，土地兼并持续加剧，诡寄与隐漏地亩、户丁等舞弊行为日趋严重，从根本上瓦解着里甲制度。与此同时，随着人口流动加速，人民反抗活动频繁，里甲的事务日益繁重，统治者逐渐强调保甲制度在乡村基层社会的治理作用，保甲制提上日程。保甲制虽然最终没有成为明代国家政权主导下的全国性行动，但在区域性的地方治理中日渐活跃。鉴于各地情况不同，具体推行有差异。这再一次显示了宋代完成的制度化的保甲治理方式的实际效用和较强的影响力。

（三）清代

清代的乡村治理体系，由于历史继承的丰富与当朝变革的多样，其具体建制形式与组织系统最为纷繁复杂。仅乡村基层组织名称就让人眼花缭乱：乡、里、区、社、城、镇、铺、厢、集、图、都、保、总、村、庄、营、圩、甲、牌、户……又有所谓寨、堡、团、卡房……之称者。② 不过，如果以主流建制模式来看，总体上经历了从里甲制与保甲制混存但以里甲为主，到保甲制逐渐取代里甲制成为主流的演变过程。③

众所周知，由于清政权是少数民族入主中原，从一开始就面临着较为复杂的民族矛盾、阶级矛盾，所以统治者特别重视维护统治和加强社会治安的问题，也因此，保甲制的治理形式得到重视。顺治元年（1644），清政府即在其所控制的直隶、山西、山东等地推行"总甲法"："置各州县甲长、总甲之役。各府州县卫所属乡村，十家置一甲长，百家置一总甲。凡遇盗贼逃人奸宄窃发事件，邻佑即报知甲长，甲长报告总甲，总甲报知府州县卫，核实申解兵部，若一家隐匿，其邻佑九家甲长、总甲不行首告，俱治以罪。臣等谨按：保甲为弭盗安民之良规，国家定鼎之初，即举而行之，其后屡经申饬，为法甚详且备，此盖其权舆也。"④ 还有实施"牌甲法"的情况："世祖入关，有编置户口牌甲之令。其法，州县城乡十户立一牌长，十牌立一甲长，十甲立一保长。户给印牌，书

---

① 郭松义、李新达、杨珍：《中国政治制度通史》（清代卷），第 212 页。
② 闻钧天：《中国保甲制度》，第 249 页。
③ 参见张研《清代中后期中国基层社会组织的纵横依赖与相互联系》；孙海泉《清代赋役制度变革后的地方基层组织》。
④ 《清朝文献通考》卷二一《职役考一》。

其姓名丁口。出则注所往，入则稽所来。其寺观亦一律颁给，以稽僧道之出入。其客店令各立一簿，书寓客姓名行李，以便稽察。"① 从所述情况看，不论是"总甲制"，还是"牌甲制"，其实就是保甲制组织方式的变式应用。此后，清政府在力行里甲制的同时，保甲制的治理方式仍沿承不辍。

政权既定，调查田粮丁数、编造赋役册籍、催办钱粮等事务的重要性凸显，里甲制的推行成为清廷重事。从顺治四年（1647）开始，题准实施以"天下户口"为编审对象，以攒造黄册征丁役为目的行动推展。"诏天下编审人丁，凡年老残疾并逃亡故绝者，悉行豁免。五年，令三年编审一次。凡三年编审，责成州县印官察照旧例造册，以百有十户为里，推丁多者十人为长，余百户为十甲。城中曰坊，近城曰厢，在乡曰里，各有长。凡造册，人户各登其丁口之数，而授之甲长，甲长授之坊、厢、里各长，坊、厢、里长上之州县，州县合而上之府，府别造一总册，上之布政司。民年六十以上开除，十六以上增注。"② 由此，清政府在全国范围内大力推行里甲制，这显然是沿袭明制的结果，只在一些具体内容上略有更易，并予强化。顺治十二年（1655），曾大力整顿里甲组织，谕令："各布政使严饬该道府，责令州县查照旧册，著落里甲，逐一清厘。"③ 顺治十四年（1657）继续强调"编审人丁，均平里甲"④。至顺治十七年（1660），又规定："令民间设立里社，则有里长、社长之名；惟八旗庄屯，以设催领，不更设里长。南省地方以图名者，有图长；以保名者，有保长；其甲长又曰牌头，以其为十家牌之首也。十牌即为甲头，十甲即为保长，又曰保正。是皆民之各治其乡之事，而以职役于官，沿诸古法，变而通之，与民宜之。各直省名称不同，其役一也。"⑤ 因而又有"里社"之制，这实际上是变相强调里甲制的推行，又考虑了各地的具体情况，所以有了不同的职役名号。清政府在推行里甲制时，除特别注重对人户的编制外，兼顾了对田亩的统计，以便更好地完成赋役征派

① 《清史稿》卷一二○《食货一·户口》。
② 《清朝文献通考》卷一九《户口考一》。
③ 《清世祖实录》卷八八，顺治十二年正月壬子。
④ 台湾《明清档案》A 31—83（4—1），B175，转引自孙海泉《论清代从里甲到保甲的演变》。
⑤ 《清朝文献通考》卷二一《职役考一》。

的任务，即所谓"通计州县田地总数与里甲之数均分办粮当差"①。

这样，清代前期的乡村治理体系就形成了按照赋役征收原则编排人户兼顾地亩统计的里甲组织，和以对一定地域范围内人口的编查与约束来维护基层统治秩序的保甲组织并兼的局面。不过，从对二者的推行力度来看，里甲制明显占了上风。

清初继承并强化明代里甲制，但从一开始就存在明末已显现的弊端，而且继续遭到因土地买卖活动加剧而造成的冲击。在里甲制度诸多矛盾与问题中，较为突出的是里甲中人户多寡不齐、田亩广狭不等，和由此造成的赋役不均情况。清初，赋役征收沿用"一条鞭法"，赋役之数皆按里甲地亩而定，杂差杂役则按里均派。这就必然会产生两方面的问题：一是由于里甲的土地变迁频繁，寄庄现象普遍，容易造成田税的隐漏与转嫁，赋税征收过程也更复杂。二是杂差杂役与里甲正役按里甲摊派的做法，因里甲规模不等而造成甘苦不均。因此，自其推行以来，清政府就力争从各方面对其予以加强，以便维护正常运转。诸如康熙年间推行的"均田均役法"、严格编审制度及滚单催征等措施。② 由此，里甲制衰退已可理解。

康熙末年以至乾隆期间，一系列针对里甲制衰退而采取的变革措施，最终使保甲制逐渐成为乡村主流治理形式。这其中，重要的举措有康熙末年开始，至雍正六年（1728）全面推行的"顺庄法"——是针对里甲中土地所属关系的混乱状况实行的，要求以人户现居村庄为编查依据，散落各地的田亩，一概统归户主名下，登册纳粮。这深深触动了里甲组织的格局。康熙五十一年（1712）公布的"滋生人丁，永不加赋"的政策，以及雍正二年（1724）开始实行"摊丁入地"的赋役改革，都在不同程度上冲击了里甲制赖以存在的基础。里甲组织日益失去编审赋役黄册这一主要功能，也就失去了存在价值。

与此同时，由里甲制衰退造成的赋役制度变化而导致的人户失控现象，和由此引发的基层社会的动荡，使清政府不断强化和推广保甲制，以便重新加强对基层社会管控。如康熙四十七年（1708）"申行保甲之

---

① 《皇朝政典类纂》卷三○《户役》。转引自孙海泉《论清代从里甲到保甲的演变》。

② 孙海泉：《论清代从里甲到保甲的演变》，关于清代里甲制被保甲制全面取代的演变过程，该文所论较为详尽，此外其《清代赋役制度变革后的地方基层组织》及王晓琳、吴吉远的《清代保家制度探论》等文章对此问题也有所论及，本文所述多以此为据，不再一一注明。

法"："一州一县城关各若干户，四乡村落各若干户，户给印信纸牌一张，书写姓名、丁男口数于上，出则注明所往，入则稽其所来，面生可疑之人，非盘诘的确，不许容留。十户立一牌头，十牌立一甲长，十甲立一保长，若村庄人少，户不及数，即就其少数编之。无事递相稽查，有事互相救应。保长、甲长、牌头不得借端鱼肉众户。客店亦立籍稽查，寺庙亦给纸牌。月底令保长出具无事甘结，报官备查，违者罪之。"雍正年间，保甲推行已日趋普遍。到乾隆二十二年（1757），又将保甲法"更定十五条"，"自是立法益密"①。清代保甲制对乡村社会的管控更为具体和严密。更重要的是，保甲组织除了负责人口编查与治安管理外，乡村基层事务逐渐由保甲组织全面接手。从此，保甲组织在原有职能上又担负起催征赋税、处理乡村斗讼、参与赈济灾荒、承接州县飞差杂役等等任务，且日益受到推崇。清人所谓"保甲不但可弭盗，稽田赋则钱粮不能欠，田土之案无虚假矣。稽人口，则男女不能淆，婚姻之案无支饰矣。推之命案之邻佑有确凭，不致择肥拖累。服制之案有支派，不至平空捏造。而办灾一事，稽查户口，尤有把持"②，"理户口之法，莫善于保甲"③，"保甲行而弥盗贼，缉逃人，查赌博，诘奸宄，均力役，息武断，睦乡里，课耕桑，寓族别"④。形成"身充保甲，即属在官人役。其所辖村庄一切事件，地方官悉惟该役是问"⑤的局面。至此，保甲制全面取代了里甲制在乡村治理体系中的主流地位，终有清之世而不废。

值得注意的是，清代保甲组织职能的演变情况，恰恰与宋代将保甲法全面制度化后的保甲组织功能的发展演变如出一辙，即由较单纯的人口编排与治安管理过渡到全面涉足乡村事务。从某种程度说，就是对宋代保甲制的一种历史回归。上自皇帝下至一般官吏对都对此予以重视，最后形成了全国范围的保甲制度，其影响所及几乎渗透到乡村社会的每一个角落。在清代，热衷于此者不胜枚举。保甲制成为清代中后期乡村治理体系中最为核心的制度。⑥

① 《清史稿》卷一二〇《食货一·户口田制》。

② 徐栋：《保甲书》卷三《广存·保甲实在可行》。

③ 《皇清奏议》卷五〇，胡泽潢《请饬整保甲疏》。

④ 徐栋：《保甲书》卷三《广存·保甲示》。

⑤ 宫中档案《朱批奏折》，《内政·保警》，乾隆二十二年十月二十七日方观承奏。未刊稿，中国第一历史档案馆藏。转引自孙海泉《论清代从里甲到保甲的演变》。

⑥ 赵秀玲：《中国乡里制度》，第53页。

综上所述，宋代乡村治理体系对元、明、清三代在建制名称和组织方式的影响，由此可见其大。需要注意的是，自唐代杨炎两税法实施以来，随着税地为主的赋税制度的影响日益扩大，乡村治理组织单位不断具有地域化的趋向。但是，这种地域化加强的趋向绝不意味着人口控制重要性的下降。实际上，在历史不断推进中，由于土地私有化程度的不断提高，商品经济发展推动下的土地交易活动日益频繁，国家对土地掌控的程度有不断下降的趋势。在这种情况下，控制人口的重要性反而更显突出。而自宋代全面制度化的保甲制之于人口的严密控制功能，和发展演变过程中日渐增强的地域统辖功能不断凸显，得到统治者的重视。所以，不论是元代总体统系于乡都（保）制或都图制下的社制，还是明代的里甲制，以及在明代后期逐渐突出，至清中后期最终复归为乡村治理体系中主流建制模式的保甲制，人口控制都是乡治主流建制体系的核心任务，而兼顾地域统辖职能的倾向也日渐突出，二者在组织形式的分化组合中，不仅没有绝然分离，而且在几经演化后，仍紧密结合。从国家政权控制乡村社会的中心意图讲，设置地域界划与人口控制截然分开的组织形式绝不是统治者的目标所在。实际上，在以农业生产为国家政权基础的情况下，土地的功能发挥，永远离不开把人口控制于其上的做法。否则，单纯的土地控制是无法发挥实际作用的，所以历代王朝控制人口的基本策略不变，在乡村基层治理单位附有地域界划功能的同时，不断强化人口控制。组织名称及其编排的标准或有变化，但所贯彻的精神实质则是一致的。这样，兼人口控制与地域区划功能于一体，并将之集权化的保甲制成为宋以来封建王朝继承不辍的良法就不足为奇了。

除了对元、明、清三代的深刻影响外，保甲制的历史影响一直下沿至民国。在 30 年代一度兴起的轰轰烈烈的"保甲运动"就是一个有力的佐证。

二 职役制的全面传承与发展

秦汉以降，中国乡村治理体系，从乡治人员的选任角度来说，经历了由乡官制向职役制的沿革，而这一过渡的最终完成，就在两宋时期。此后的元、明、清三代持续传承。乡村治理体系的组织头目身份都是职役人,与之相随的则是基层富强民户的乡役责任不断增强,而乡役群体总体上逃不过地位低微、负担沉重而又投机取巧的历史命运。

(一)元代

有元一代,首先对乡治人员的身份有明确的职役性规定,选任标准也以"富强"为要。《永乐大典》录《吴兴续志》云:"役法:元各都设里正、主首,后止设里正,以田及顷者充,催办税粮;又设社长劝课农桑,皆无定额。"① 《元史》则称:"至元二十八年,以《至元新格》定科差法,诸差税皆司县正官监视人吏置局均科。诸夫役皆先富强,后贫弱;贫富等者,先多丁,后少丁。"② 《通制条格》规定:"除远征军人,大都、上都其间站户外,其余不以是何户计,当官从公推排粮多极等上户殷富者充里正,次等户充主首,验力挨次,周而复始。"③ "诸色影蔽有田纳税富豪户计,即与其余富户一例轮当里正、主首,催办钱粮,应当杂泛差役,永为定例。"④ 若当役不役,可出钱雇役,"依验粮数令人户自行公同推唱供认,如是本都粮户极多,愿作两三年者,亦听自便,上下轮流,周而复始。仍每年于一乡内自上户轮当一乡里正、各都主首。如自愿出钱雇役者,听从自便"⑤。

此前学界对于社长一职是否为职役的问题,曾有过不同看法。的确,在已知文献中,"立社令"对于社长的要求为"年高通晓农事者"充任,并未有明确的资财限制,但在实际选任中,为了有效管理,往往指派乡村大户充任。从已知社长个案分析,充任者都有一定产业。《定襄金石考·重修观音堂记》记载定襄王村里社长于海祖先以力田为业,迁至王村里后,"创立产业","厥后有司以年德举公为社长"。同书《故赵公墓志铭》的主人赵德仁也是社长,"以农为业,……轻财好施"。《山右石刻丛编》卷三八《大元绛州知州彭侯去思碑》载:"里正、社长往时岁首交易,官吏高下其手,民不胜扰,乃下指挥,令推选上上户著甲乙簿,于是里正、社长一定而不移。"可见社长一职多由乡村富户充任,社长的职役性质是十分明显的。而且,在发展沿革中,尽管"立社令"规定社长

---

① 《永乐大典》卷二二七七《湖州府三·田赋》录《吴兴继志》。
② 《元史》卷九三《食货一·科差》。
③ 《通制条格》卷一七《赋役·杂泛差役》。
④ 《通制条格》卷一七《赋役·主首里正》。
⑤ 《元典章》卷二六《户部·编排里正主首例》。

专为劝农而设，实际上许多科差都加于社长之身，以至出现了社长不堪重负以逃亡避役的现象。《元典章》载："近为体复灾伤，到于各处，唤到社长人等，系妇人小儿，问得该吏，称说自至元三十年定立社长，经今五年，多有逃亡事故，为是不曾申举到官，未经补替。"又："靖海、海门两县最极东边下乡，其间见有勾集人户编排引审，次序支请，尽系社长居前，里正不预，多有年小愚骏之人，草屦赤胫，言语嘲哲，怪而问之，州县官员同辞而对：'目今诸处通例如此。'"① 社长不堪重负而逃亡，竟致出现以"妇人小儿"或"年小愚骏之人"代之的现象，也从一个侧面说明了社长的职役性质。②

由此也可见乡治体系中充任职役者负担沉重的历史事实。又《通制条格》载："顺帝至正中，以浙右痛于徭役，民充里正者，皆破产。"③《至顺镇江志》亦云："旧宋各都设立保长，归附后但借乡司应酬官务。厥后选差里正、主首，科役繁重，破家荡产，往往有之。"④ 诸如此类，都说明了元代乡役群体的负担沉重的历史事实。

（二）明代

明代承接宋元之制，职役化继续推进。从各类关于乡村组织人员的规定来看，其身份的职役性质规定明确，而富户的乡役责任也较重。

明初推行里甲制时即规定："以一百十户为一里，推丁粮多者十户为长，余百户为十甲，甲凡十人。岁役里长一人，甲首一人，董一里一甲之事。先后以丁粮多寡为序，凡十年一周，曰排年。"⑤ 鉴于"一里之内贫富异等，牧民之官苟非其人，则赋役不均"的社会情况，明廷申令："各府州县官，凡赋役必验民之丁粮多寡，产业厚薄，以均其力。"⑥ 不久户部再次重申："其排年里甲，仍依原定次等应役。如有贫乏，则于百户内选丁粮多者补充，事故绝者，以崎零内选凑，其上中下三等人户，亦依原定编类，不许更改。"⑦ 洪武四年设粮长制时也规定"每粮万石设粮

---

① 《元典章》卷二三《更替社长》。
② 仝晰纲：《元代的村社制度》。
③ 《通制条格》卷一六《田令·理民》。
④ 《至顺镇江志》卷二《地理·乡都》。
⑤ 《明会要》卷五〇《民政一·户口》。
⑥ 《明太祖实录》卷一六三。
⑦ 《明太祖实录》卷二〇三。

长一名，知数二名，推粮多者为之"①。

此外，不少方志的记载也可证实这一现象。《惠安县志》卷七《职役》中关于里长的金派规定："正役，邑三十四都，都分十甲，每甲统十家，别推产力多者一人为里长，循环应役。……此旧制也。"嘉靖《德化县志》卷四《役法》亦载："国朝役制：一里十甲，挨次轮差。有正役，谓之里甲；有杂泛，谓之均徭。正役凡十家为甲，别推有产力者为之长。一里之地，为十甲者共一百十家，循环应役。"一些个人论著也多有此类情况的记载。顾炎武《天下郡国利病书》记："粮、塘、老人均杂役，惟里长为正役。"② 而"国初编审黄册，以人户为主。凡一百一十户为一里。里长之就役，以丁数多寡为次。是赋役皆以丁而定，丁之核查安得不明也。后渐参验田粮多寡，不专论丁"③。吕坤《实政录》记："国初州县……其余民地，定为甲总，选甲中殷实识字者掌之，谓之甲正。各甲报完，类在一处，总造一册，谓之里总，此总付里中之殷实识字者掌之，谓之里正。"④

从这些记载中，可以知悉，明代乡村治理体系中的乡治人员，均被明确规定为承担所谓"正役"或"杂役"，是为职役人，而一再出现的对于民户"产力多""粮多""丁多""殷实"的要求，显然是强调富户乡役责任的结果。

关于明代各类乡役人员负担沉重的情况，史料所记颇多。明朝开国推行里甲制伊始，对里甲役人即要求："里甲之中，实行连带赔纳制度。若里甲内有农户逃亡，则"税粮尚征，里甲赔纳"⑤。充任里甲头目而致家破人亡的事例随处可见。"里长之役，一应杂泛差遣，终年承值，地方事务，亦必责成，人命强盗，其犹大者，间有充是役而破家者"⑥，"为里长，在官专掌值钱粮勾摄公事而已，其后乃以支应官府诸废若祭祀乡饮迎春等事，皆责措办，浸淫至于杂供私馈无名百出，一纸下征，刻不容缓。加以吏皂抑索其间，里甲动至破产"⑦，沉重的负担，迫使人们争相

---

① 《永乐大典》卷二二七七《湖州府三·田赋》录《吴兴续志》。
② 顾炎武：《天下郡国利病书》卷二〇《江南八·徭役》。
③ 顾炎武：《天下郡国利病书》卷二二《浙江下》。
④ 吕坤：《实政录》卷五《乡甲约》。
⑤ 《明会要》卷五〇《民政一·户口》。
⑥ 《康熙昆山县志稿》卷五《徭役》。
⑦ 顾炎武：《天下郡国利病书》卷九五《福建五》。

逃避乡役，"民一当里甲，充驿递，焚室庐，驱妻子而奔亡矣。甚乃杀其襁负，有死之志，无生之乐"①，里长"皆苦于诛求，辄受箠笞榜械之辱，微知自爱者，必百计祈解"②。再如粮长一职，虽曾令人羡慕，但终究逃不过职役制下负担沉重的命运，特别是在明成化以后，由于受内府的勒索贴赔，"民避粮长之役，过于谪戍"③。自明太祖始所设的"老人"，虽曾一度荣耀，也没有逃脱同样的下场。如吕坤所言："国初设老人二名以佐州县之政，但老人名色近皆归于里甲催科及仆隶顶当，朝捶暮楚，人皆为耻。"④

（三）清代

入清以来，继续沿承和扩展着这一历史规制。与宋以来几朝的情况一样，在清代，各类关于乡村治理组织人员的规定，都明确申明其职役身份，也突出乡村富户的乡役责任。

清初正式推行里甲制度时即规定："凡里百有十户，推丁多者十人为长，余百户为十甲。岁除里长一，管摄一里事。城中曰坊，近城曰厢，乡里曰里。里长十人，轮流应征，催办钱粮，勾摄公事，十年一周，以丁数多寡为次，令催纳各户钱粮，不以差徭累之。"⑤ 此后，对于各类乡治人员的职役性说法多见。如"身充保甲，即属在官人役"⑥，清人张惠言曾指出："甲长、乡正之名，近于为官役。"⑦ 道光《苏州府志》卷一〇《田赋》中也记及："保正，任图中一应役务。"《清朝文献通考》明言"乡约、里长、甲长、保长"乃"在民之役"⑧ 者，同时强调："略言保甲之设，所以弭盗安民。今各省奏到情形，其中如慎选保甲一条，议令该地士民公举诚实识字及有身家之人，承充保正、甲长，不得以市井无赖滥厕，其一切户婚田土、催粮拘犯等事，另设地方一名承值，至支

---

① 顾炎武：《天下郡国利病书》卷六一《陕西七》。

② 《南宫县志》卷一《地理志·里甲》。

③ 《明会要》卷五一《民政二·粮长》。

④ 吕坤：《实政录》卷五《乡甲约》。

⑤ 《清史稿》卷一二一《食货二·役法》。

⑥ 宫中档案：《朱批奏折》，《内政·保警》，乾隆二十二年十月二十七日方观承奏。未刊稿，中国第一历史档案馆藏。转引自孙海泉《论清代从里甲到保甲的演变》。

⑦ 徐栋：《保甲书》卷二《成规下·论保甲事例书》。

⑧ 《清朝文献通考》卷二一《职役考一》。

更、看栅等役，民间以次轮充。"① 所有这些乡治人员，都是"供县吏之役使"，其"流品卑低，并不齿于齐民"②。这些记载，都明确反映了里长、甲长、保正等作为"役"而执行乡村公务的事实，并突出乡村富户的乡役责任。

与此同时，职役制下乡治人员负担沉重的情况也有增无减。史载："其以乡人治其乡事者，乡约、地方等役类由本乡本里之民保送签充，而地方一役最重。凡一州县，分地若干，一地方管村庄若干。其管内税粮完欠、田宅争辨、词讼曲直、盗贼生发、命案审理，一切皆与有责。遇有差役所需器物，责令催办，所用人夫，责令摄管，稍有违误，扑责立加，终岁奔走，少有暇时。"③ 对于乡役人承担繁重的乡间公务而致应接不暇、疲于奔命的情况。乾隆时巡抚李湖曾指出："近日江苏各属，凡系乡曲谨愿之人，无不畏社长一役。盖缘经营出纳，不惟虑招乡里尤怨与顽户抗欠，而其最为苦累者，则交代盘查，按月按季册报折报等事，地方官以社谷掌于社长，每遇造册结报事，总惟社长是问，奔走城乡，多浮费，加以胥役之驳结，差役之传催，一充社长，便无休息。"④ 而曾任广东巡抚的的彭鹏在其所著《保甲示》中更将保甲长承受差使的情况列出"七累"："就曾朔望乡保赴县点卯守候，一累也；刑房按月两次取结索钱，二累也；四季委员下乡查点，供应胥役，三累也；领牌给牌纸张悉取诸民，四累也；遣役夜巡，遇梆锣不响，即以误更恐吓，馈钱乃免，五累也；又保甲长托情更换，攸张攸李，六累也；甚而无名杂派，差役问诸庄长，庄长问诸甲长，甲长问诸人户，籍为收头，七累也。"⑤ 这些，都说明清代乡役人在现实中累己累民的情状。

在职役身份和沉重负担压力下的乡役，往往是官员们直接欺凌的对象，成为人人畏惧其而不断脱逃的贱职代名词。康熙时于成龙有议："凡有司勾摄人犯，差役不问原被告居址，辄至乡约之家，管待酒饭；稍不如意，诟詈立至；且于朔望点卯之日，肆行凌虐，倘人犯未获，即带乡

---

① 《清朝文献通考》卷二四《职役考四·又厘直省保长保甲奉》。
② 民国《续修广饶县志》卷七，台湾成文出版社影印本。
③ 《清朝文献通考》卷二一《职役考一》。
④ 李湖：《酌定社长章程疏》，见贺长龄、魏源编《清朝经世文编》卷四〇，《户政十五》。
⑤ 徐栋：《保甲书》卷三《广存·保甲示》。

约回话；是差役之嚇诈乡约，倍甚于原被二犯，甚之词讼小事，必指乡约为佐证，投到听审，与犯人何异；且一事未结，复兴一事，终朝候讯，迁延时日，无归家之期。……加以协拿人犯，清理区保，手忙足乱，无一宁晷，甚至卖典婢女，止应得乡约一年……凡为乡约者，所宜痛哭流涕也！言之可谓太息！"，以致"年高有德，鄙为奴隶，殷实富家，视为畏途，或情或贿，百计营脱"，"乡约之苦，至此极矣！"[1] 可知乡约地位卑低，官吏甚至衙役视其为奴隶。乡役人地位卑微的情况，也得到社会各方的确认，清人王凤生有言："有以牌头甲长之役为卑贱，畏难裹足者。"[2] 诸如此类，不一而足。

综观元、明、清三代，宋以来确立的职役制得到了持续发展，而国家政权注重乡村富户乡役责任的趋势也有增无减，甚至一度沿承至民国。有论者指出，即使到了 20 世纪二三十年代，财富标准仍是充任乡治人员的重要因素，如华北乡村，掌权人往往出自富裕之家，富有几乎成为掌权人的先决条件。[3] 两宋时期乡村治理体制中职役制的确立所带来的历史影响之深远，由此可见一般。当然，这只是就国家制度层面的规定和历史发展趋向的一般情况而论，在现实的乡村基层社会生活中，乡役人员在承应乡村基层公共事务的同时，以另一副面孔示人，用上级官吏奴视他们的方式来对待乡村民众，投机取巧，百般抑压和勒索的事例也不少见，相关记载多在所有。如清人赵廷臣的议论："里立图差，责比催办，入乡叱哮，坐索酒食，欠者贡金，完者代比"，"箠楚列于堂下，椟夹并于一刻，小民畏一时之刑，有重利称贷，减价变产而不顾者。虽明知剜肉医疮，且救目前，不复计死。"[4] 对此情形，上面往往是见怪不怪。细究之，这类情况并不是国家对于乡役人员的制度性规制，而是超越国家律令的非规范化行为，可以说是对职役制的一种反动，不代表乡役群体本身就具有如此行事的地位和权重。

总之，两宋时期，作为中国古代承上启下的一个重要历史时段，经济社会发展引致的社会变革较大，在专制体制的总体框架内，国家治理层面的局部历史创制和新的历史趋向不断显现，进而成为此后中国历史

---

① 于成龙：《慎选乡约论》，见贺长龄、魏源编《清朝经世文编》卷七四，《兵政五》。
② 徐栋：《保甲书》卷二《成规上·保甲事宜》。
③ ［美］杜赞奇：《文化、权力与国家：1900—1942 年的华北农村》，第 167 页。
④ 同上。

发展的重要渊源，而乡村治理体系的发展演变就是其中重要组成部分，影响颇大，笔者此处所述论的两个方面的问题即为其中的显例。历史的传承与衍化，也由此见微知著。

（原载《中共伊犁州委党校学报》2014 年第 1 期）

敦博 58 号文书与两唐书《地理志》等相关问题考[①]

陕西师范大学历史文化学院　李宗俊

现藏于敦煌市博物馆，馆藏旧编号为 058 号，现馆藏号为 10—76 号文书，首尾残缺，由七张黄麻纸粘连而成，残长 301.9 厘米，纸高 31 厘米，每页纸幅宽 45 厘米。残留部分内容为唐代郡（州）府县及其相关信息。各郡（州）以道为纲，以州府为目。残余者为五道内容，由河西道与陇右道不分，亦无开元二十一年（733）增置的黔中道及京畿、都畿的划分，可知该文书完整部分所记为唐初十道。残留五道郡（州）府，按先后次序分别为陇右道残留十六、关内道二十四、河东道十九、淮南道十四、岭南道六十八郡（州）府。

该文书自 20 世纪初向达先生发现此卷并公之于世，1979 年 10 月出版的《中国文物》第 1 期又刊出全卷黑白照片后，对于其形制及外观，前贤介绍的已经很多，此不赘述。在前贤的研究中，向达《西征小记》一文称其为"地志"[②]；薛英群曾定名为《郡县公廨本钱簿》[③]，吴震详加录文，沿用是称曰："本簿重点记录了郡县公廨本钱，而不记沿革、山川、名城和胜迹，不同于一般地志，所以我们把它定名为《郡县公廨本钱簿》。"[④] 日本学者布目潮沨在其著《试作开元末府州县图》中，将该文书暂定为"贞元十道录残卷"的祖型，认为本文书是在天宝元年

---

①　录文参考吴震《敦煌石室写本唐天宝初年〈郡县公廨本钱簿〉校注并跋》，《文史》第十四辑，中华书局 1982 年版；王仲荦《唐天宝初年地志残卷考释》，《敦煌石室地志残卷考释》，中华书局 2007 年版；郑炳林《敦煌县博物馆藏地志残卷》，《敦煌地理文书汇辑校注》，甘肃教育出版社 1989 年版。

②　向达：《西征小记》，《唐代长安与西域文明》，生活·读书·新知三联书店 1957 年版，第 371 页。

③　薛英群、徐乐尧：《唐写本地志残卷浅考》，《敦煌学辑刊》第 2 集，1981 年。

④　吴震：《敦煌石室所出唐天宝初年〈郡县公廨本钱簿〉》，《中国文物》1980 年第 1 期。

（742）到二年间书写的，其原本是在开元二十三到二十五年（735—737）编纂的①；马世长研究后称："本卷地志和这类十道录、图，有非常相似之处。我们推测本卷可能是模仿这种体例，而增补公廨本钱内容的一种'十道录'性质的地志写本。"②王仲荦、郑炳林在著述中分别详加释录，一并采用马世长定名；荣新江将之定名为"天宝十道录"，同时对有关文书的现状、形制详加介绍，对其重要的文献价值作了介绍③；李锦绣亦指出："敦博 58 号文书也可以确定为《十道录》类文书……编著于天宝初年，其后在使用过程中有所增改，文书中数处'改为'等等的注明，即临时增补改正者"④；近年又有叶爱国撰文，认为文书为唐中后期撰成⑤。

一　文书定年考辨

该文书向达、吴震等定为天宝初年记事；布目潮沨认为本文书是在天宝元年（742）到二年间书写的，其原本是在开元二十三年（735）到二十五年编纂的；荣新江认为文书为天宝元年撰成。但马世长认为："将地志写本定为天宝初年，实际是就地志内容而定的，它不能说明本卷也写于天宝初年。笔者认为，本卷地志的编纂和抄写，要较天宝初年为晚。"叶爱国进而认为："向、吴、王三先生谓残卷为天宝初年，大误……残卷以'×郡×州'排列，只能是乾元元年改郡为州后的真实反映，而不能是其他，此为残卷年代之上限也。除'×郡×州'排列残卷反映了乾元元年后之情况外，尚有下列更直接的证据可证'天宝初年'说之误……"

对文书准确定年是对文书准确定性及定名的重要前提，是正确认识

---

①　[日]布目潮沨、大野仁：《唐开元末府州县图作成の试み——敦煌所出天宝初年书写地志残卷を中心に》，载布目潮沨主编《唐宋时代の行政、经济地图の作制研究成果报告》，大阪大学教养部，1981 年，第 39—64 页。

②　马世长：《敦煌县博物馆藏地志残卷——敦博第五十八号卷子研究之一》及《地志中的本和唐代公廨本钱——敦博第五十八号卷子研究之二》，《敦煌吐鲁番文献研究论集》，中华书局 1982 年版。

③　荣新江：《敦煌本〈天宝十道录〉及其价值》，《九州》第二辑，商务印书馆 1999 年版。

④　李锦绣：《敦煌吐鲁番地理文书与唐五代地理学》，《吐鲁番学研究》2005 年第 1 期。

⑤　叶爱国：《敦煌市博物馆藏敦煌文书第 58 号残卷定名》，《敦煌研究》2008 年第 1 期。

文书价值的一重要依据。而以上几种意见，时间先后相差 20 年以上，而在这 20 年内，恰是唐王朝政局发生剧烈变动，国内郡县名称及行政区划发生重大变化的时期。前人研究孰是孰非若不能分清辨别，不仅鲁鱼亥豕不辨，而且有碍于对文书的进一步研究利用。尤其史书记载个别郡县的废置与已有研究有相互抵牾之处，亦须辨明。为叙述的方便，以下将该文书简称《文书》。

其实，《文书》所记地方行政区划的最高一级单位已为天宝元年所改的郡，后注明原来的州，即"×郡×州"，这种排列正与天宝元年改州为郡后的形势相符，与《通典》所记天宝年间的州郡排列一致，恰与《新唐书·地理志》所记乾元元年（758）改郡为州后的州郡排列相反。至于《文书》对于庆州安化郡都督府等级的记载，马世长认为："本卷乃作下府，此项内容是开元二十六年以前者。"鄙以为，虽然对于其都督府等级两唐书《地理志》皆有载，《旧唐书·地理志》记："（开元）二十六年，升为中都督府。"而通览《文书》各处用朱笔书写的州县等级，此"下"也是标明了州郡的等级，而非都督府的等级。而且记载了天宝元年所改各县的原名和改后名，其记事为天宝元年十分清楚。若继续深入文书内容，结合前人已有成果，判定《文书》记事下限的依据也是非常充分。此条举如下，并对前人相关遗留问题予以探讨。

（一）因安史之乱的爆发所引发的全国郡县名称的变动

1. 带"安"字郡县名称的前后改动。安史之乱爆发以后，至德及乾元年间（756—759），曾将全国凡是郡、府、县名带"安"字者一律改名。直至大历（766—779）年间改复时，郡与府名带"安"字者复旧名，而县的名称曾带"安"字者大多数没有再次改复，仍沿用和保留了至德年间改后的县名。这个过程涉及的郡、府、县的数目是极大的，仅考察文书残留郡、府、县，郡、县后来一并因之有改动者，如关内道的安化郡，曾改为顺化郡，辖县安化改为顺化；河东道的安平郡，曾改为兴唐郡，辖县安边改为兴唐；淮南道的同安郡，曾改为盛唐郡，辖县同安改为桐城；岭南道的始安郡曾改为建陵郡，辖县始安改为临桂、兴安改为理定，以及四大都护府所带"安"字曾全改为"镇"，等等。经统计，在至德、乾元年间更名、更置的郡县在 40 个以上，至大历年间改复时，原州（郡）名一律不避"安"而改复旧名，而县的名称基本一律保留了至德、乾元间的改名。但通览《文书》郡（州）、府、县名称一并不避"安"字，一并为至德、乾元年间改动以前的旧称，其显然为安史之乱以前的记事。

2. 安史之乱后作为肃宗复兴基地的朔方及曾为其驻跸陪都的凤翔等郡、府、县等级及名称的前后变化。灵武郡灵州，《文书》记为中都督府，所辖六县唯回乐县为上县，其余五县皆为中或下县。《通典·州郡典》所记六县名与文书同，但无记郡县等级。而《元和志》《旧唐书·地理志》皆记为灵州大都督府，所辖六县的等级，一为望县，其余五县皆为上县，且明载灵州因至德元载（756）肃宗即位于灵武，升为大都督府，或"升上县"。另外，二书皆记有保静县，为原安静县，至德元载，改为保静，而《文书》仍记为"安静"。这些均说明《文书》记事不及至德十分明显。

扶风郡，岐州。《文书》记领九县，《通典》与之同，且皆称郡，不称府。而《元和志》《旧唐书·地理志》并称"凤翔府"，具体管县《元和志》记凤翔府下管州二，为凤翔府与陇州，与《文书》所记大相径庭。《旧唐书·地理志》明确记载："天宝领县九"，数目与《文书》、《通典》同，但其中记有"天兴、宝鸡"二县，《文书》与《通典》仍记为"雍、陈仓"。综合这些不同，究其原因，《旧唐书·地理志》记载甚明，天宝元年岐州所改的扶风郡，因在平定安史之乱期间，曾为肃宗收复长安前的陪都，因之克复两京后，升格为府，列入五京。期间，设置天兴县，改陈仓县为凤翔县，后改为宝鸡县。由此，《文书》《通典》所记为天宝年间之郡县，而《元和志》《旧唐书·地理志》显然已为肃宗至德二载以后的郡县。

（二）各道郡县废置变迁反映的文书所取的年代标准

1. 关内道京兆府辖县数目及名称的变化。《大唐六典》"尚书户部"记开元后期关内道为 22 州，尚不包括单于、安北二都护府。《文书》记关内道 24 州，增加了二都护府。另外，《文书》记京兆府 23 县，此数与《通典·州郡典》京兆府 23 县数目合，与《旧唐书·地理志》记天宝领县 23 亦合，但与二书相较具体辖县有了变化。与《通典》记县比较，《文书》有"新丰""鳌匜""渭南"，无"昭应""宜寿""渭阳"；与《旧唐书·地理志》相较，其所记兴平、昭应 2 县，《文书》代之以金城、新丰 2 县。

查考这些县的置废变迁，《文书》记"新丰"而《通典》所记为"昭应"。据《旧唐书·地理志》昭应条曰："隋新丰县，治古新丰城北。

垂拱二年，改为庆山县。神龙元年，复为新丰。天宝二年，分新丰、万年置会昌县。七载，省新丰县，改会昌为昭应，治温泉宫之西北。"此记天宝二年分新丰、万年置会昌县，而《唐会要》卷七十州县改置上、《旧唐书·玄宗本纪》均记为天宝三载，《通鉴》天宝三载下胡注曰："自开元以来，每岁十月临幸，岁尽乃归。以新丰县去泉稍远，即于汤所置会昌县，又置百司及公卿邸第焉。"可见，应该是天宝三载置会昌县，《文书》记为"新丰"，且无"昭应"，则《文书》所记为天宝三载分新丰、万年置会昌县以前，而《通典》所记为天宝七载省新丰，改"会昌"为"昭应"之后的县。

《文书》所记"盩厔"，且注明"为宜寿"，即天宝元年由"盩厔"改为"宜寿"，此记与《唐会要》州县改置上条合，其文曰："盩厔县，天宝元年八月二十四日改为宜寿县，至德二年二月十五日，改为盩厔县。"则《文书》此记为是，而《通典》只记"宜寿"，显然为天宝元年改后名。另外，《通典》所记有万年县，《元和志》记该县"天宝七载改为咸宁，乾元元年复为万年县"。《旧唐书·玄宗本纪》亦记：天宝七载八月"壬子，改万年县为咸宁县"。则《通典》所记并非全为天宝七载后。又因《太平寰宇记》雍州京兆郡条记"元领县二十四"，且记天宝"七载仍置真符县，十一载废"。又记万年县"天宝七年改为咸宁县，乾元元年复为万年县"，对此《文书》均无记，则其记正是天宝七载以前京兆府的管县数，该时期京兆府辖二十三县。

《文书》所记金城县，《旧唐书·地理志》记："景龙四年，中宗送金城公主入蕃，别于此，因改金城县。至德二年十月，改兴平县。"但《唐会要》州县改置上条曰："兴平县，景龙二年二月一日，改始平县为金城县。"《元和志》与之同。查考中宗朝唐蕃和亲之事，《旧唐书·中宗本纪》与《通鉴》皆记中宗景龙三年十一月，吐蕃赞普遣其大臣尚赞吐等来迎娶金城公主，后者又详记景云四年（710）[1] 正月丁丑，"命左骁卫大将军送之。己卯，上自送公主至始平；二月，癸未，还宫。公主至吐蕃，赞普为之别筑城以居之"[2]。此也为敦煌本吐蕃历史文书《大事纪

---

[1] 唐中宗景云四年六月壬午中宗驾崩，六月甲申温王即位改唐隆，七月己巳睿宗登基改景云。

[2] 《资治通鉴》卷二〇九，睿宗景云元年，中华书局1956年版，第6639页；相同记载见《旧唐书》卷七《中宗本纪》，中华书局1975年版，第194页。

年》所印证，该文书其中记曰："及至狗年（睿宗景云元年，庚午，公元710）……以尚赞咄热拉金等为迎婚使。赞蒙金城公主至逻些之鹿苑。"由此，中宗送金城公主入蕃事就在中宗景龙四年（710），改始平县为金城县也就在该年，《唐会要》所记景龙二年为误。《文书》记为"金城"，其记事远在至德二载十月再改为兴平县之前。

2. 安北、单于二都护府辖县的变化。前文提到，《大唐六典》所记开元后期的行政区划中，关内道尚不包括二府，而《文书》已将二府一并归在关内道，而《通典》古雍州上（相当于唐关内道）记郡府 24，包括了安北都护府，但已将单于府划在古冀州（相当于唐河东道）下；《旧唐书·地理志》亦将安北大都护府计入关内道，而将单于大都护府计入河东道。这其实已经反映出了诸典籍所记唐前期行政区划与所记郡县在不同时期的明显变化。即《文书》所记郡县时间比《大唐六典》晚，但比《通典》与《旧唐书·地理志》早。另外，其中安北大都护府，《文书》无记管县，《通典》与之同。而《旧唐书·地理志》记管阴山县，"天宝元年置"。《新唐书·地理志》又记管县二，"阴山，上。天宝元年置。通济。上"。且记镇北大都护府，管大同、长宁二县。但《唐会要》卷七十三载："天宝四载十月，于单于都护府置金河县，安北都护府置阴山县。"结合《通典》《元和志》《旧唐书·地理志》《新唐书·地理志》皆记单于都护府管金河县一，后二书并记天宝四载置县，与上引《唐会要》记载同。另《旧唐书·玄宗本纪》天宝四载亦记："冬十月，于单于都护府置金河县，安北都护府置阴山县。"说明二都护府最初设县正是在天宝四载，而两唐书《地理志》关于阴山县为天宝元年置立的记载是错误的。《文书》明谓单于都护府"管府不管户"，说明《文书》为天宝四载二都护府始设县以前记事。《通典·州郡典》无记安北都护府设县事，但记管户一千七百七十五，口二万一千；且明确记载单于大都护府领金河县。则《通典·州郡典》此记已为天宝四载以后的情况。

3. 关内道新秦郡麟州的始置。《文书》关内道二十四州中，无新秦郡麟州。而《通典》州郡三记"今置郡府二十四，县百三十一"。另《元和志》《旧唐书·地理志》皆记天宝元年王忠嗣奏割胜州连谷、银城两县置麟州，其年改为新秦郡。乾元元年复为麟州。《唐会要》州县改置上麟州条记："麟州，开元十二年闰十二月二十九日置。十四年十月九日废。天宝元年，复置"；另外，《通典》新秦郡麟州所管的新秦、连谷、银城三县，其中后二县，《地志》皆记在榆林郡胜州之下，而《通典》记榆林郡只辖榆林、河滨二县。麟州唐初就有，但据《旧唐书·玄宗本纪》，开元十四年（726）"冬十月，废麟州"。再次设置具体时间为天宝元年几月，史书不载，考察《元和志》《旧唐书·地理志》皆记天宝元年王忠嗣奏割胜州连谷、银城两县置麟州，其年改为新秦郡。乾元元年（758）复为麟州。另据旧唐书《王忠嗣传》与《通鉴》天宝元年相关史事，该年朔方节度兼灵州都督的王忠嗣北伐，盛兵碛口，突厥相次来降事皆在该年八月之后，则唐于漠北边陲设新郡以加强边防就理应在该年年底。《文书》记载了天宝元年八月所改郡县，而无记至该年年底设新秦郡麟州事，无记新秦郡麟州与榆林郡胜州之间辖县的变更，则《文书》记事下限应该在天宝元年八月之后，麟州新秦郡设立之前。

4. 关内道宁朔郡宥州的始置。《文书》关内道二十四州中，无宁朔郡宥州。《大唐六典》尚书户部所记关内道 22 州，亦无记宥州。《旧唐书·地理志》详记宥州沿革，《元和志》与之略同。《新唐书·地理志》、《唐会要》卷七十州县改置均有所记。综合诸籍所记，宥州早在开元二十六年已经置立，但开元二十七年撰成进上的《大唐六典》却为何同样没有计入呢？查考宥州设置前的建置，该地曾为唐前期安置党项部族所置，不管是调露初年的六胡州，神龙三年的兰池州都督府，直至开元十八年设立的匡、长二州，都是作为羁縻州而未计入唐朝正州之列。直至开元二十六年置立宥州以后，应该一度也是仅仅作为唐朝的羁縻州而隶属夏州，依然没计入正州之列。再考察唐宥州的位置，其治所初置无考，但天宝年间侨置的经略军治所，据今考古发现为内蒙古鄂尔多斯市鄂托克前旗的城川古城[①]，说明唐代宥州方位正在唐代夏州西北与河套地区丰州以南的驿道上，为唐代突厥由丰州渡过黄河南下的必经之地。而据前文根据旧唐书《王忠嗣传》与《通鉴》天宝元年相关史事所考，该年王忠嗣北伐，盛兵碛口，该年八月之后突厥相次来降，随之该年年底唐于漠北边陲设麟州新秦郡以加强边防，而麟州新秦郡与宥州宁朔郡东西毗邻，分别把持着唐朔方盐、夏、延、绥等州通向河套地区的两条交通驿道，说明唐在王忠嗣的奏请下设置麟州新秦郡的同时，必然是将其以西的宥

---

① 岳够明：《鄂尔多斯市和巴彦淖尔市境内古城遗址测绘》，《内蒙古文物考古年报》2008年总第 5 期。

州改为了宁朔郡升为正州，从而加强了朔方夏、延、绥等州与河套地区的防务和联系。说明《文书》记事与《大唐六典》一样，为宥州升格为正州之前记事。

5. 陇右道金[城]郡兰州辖县的变化。《文书》记为二县：金城与广武，且记前者改为五泉。《通典·州郡典》记三县：五泉、狄道、广武。《旧唐书·地理志》与《地志》所记二县同，且谓"旧领县三……天宝领县二"。将狄道县归之临州下都督府，且谓狄道县，"隋复为狄道，属兰州。天宝三载复置"。《新唐书·地理志》记二县，为五泉、金城，且谓金城县，"本广武县，乾元二年更名"。考察《唐会要》莫门军条等所记，洮州曾于开元十七年迁寄州行政衙署于洮河下游的临洮军，开元二十年（732），曾于旧洮州辖县临潭县治所置临州，二十七年四月，又改为洮州，而将曾于临洮军所置的侨置洮州于开元二十七年废除，但直至天宝三载，尚未置立新的狄道县。则《旧唐书·地理志》记金城郡天宝领二县，与狄道县"天宝三载复置"的记载是正确的，在此之前唐曾于隋狄道县地置临洮军，开元天宝之际，曾将临洮军迁往鄯州城，结合唐前期设县与设军不并存，则《文书》记金城郡无设狄道县乃天宝三载以前记事，此时尚为临洮军所辖。

6. 淮南道广陵郡扬州都督府辖县的变化。《文书》记扬州辖六县，且注明其等级为"中"，但此亦为州的等级，并非令马世长困惑的所谓都督府的等级。至于都督府的等级，《旧唐书·地理志》记龙朔二年，扬州升为大都督府，天宝元年改为广陵郡后，依旧为大都督府。《通典》古扬州下记广陵郡辖七县，多出天长一县。两唐书《地理志》并记七县，其中记天长县"天宝元年，割江都、六合、高邮三县地置千秋县，天宝七载，改为天长"。此说明《文书》记至天宝元年改州为郡，但尚未记至该年设千秋县，千秋县应该为该年后期所置，而《通典》所记为天长县，非千秋县，其记已为天宝七载以后的县名。

另外，文书记事明显不及至德、乾元年间者如：陇右道的同谷、武都等郡，在安史之乱爆发后都于宝应元年前后陷落吐蕃，至大中、咸通年间收复后，治所与辖县多有变化，《文书》与史籍所记宝应元年以后的情形多有不同；河东郡的安邑县，史书所记安邑县，在乾元元年，被割属陕州，改安邑为虞邑。大历四年，复为安邑县。而《文书》安邑尚属河东郡，不记乾元元年改属事。

（三）对有争议的郡县的再考定

1. 云中郡，云州，《文书》只有州名，而无云中郡名，马世长因之认为："此条当在开元二十年之后，天宝元年以前。"其实，根据《文书》书写体例，此处显然为漏书或漏抄，而且根据史书关于天宝元年改天下州为郡的记载，只要当时的云州存在，一定也是同时改州为郡的。

2. 其次，马世长、叶爱国二先生依据史书个别州县建置时间晚至晚唐时期，而判定《文书》下限为天宝以后记事，这十州县为：临贺郡贺州荡山县、开江郡富州思勤县，始兴郡韶州仁化、浈昌二县，南陵郡春州罗水县、连城郡义州二县（龙城改为岑溪，改安城为永业）、昌化郡儋州洛场县、朗宁郡邕府州二县（思笼、封陵）、普宁郡容州普宁县、承平（化）郡峰州二县（嵩山、殊绿）、普宁郡容府陆川县三乡。其实，经考察，这里所列十个郡（州）的县，皆为《文书》记岭南道六十八州中的十个郡（州）属县，除连城郡义州二县与普宁郡容州普宁县不能考定外，其他都是《旧唐书·地理志》无详细记载其沿革，仅记"新置"二字，《新唐书·地理志》皆作"天宝后置"者。至于陆川县因人口较《新唐书·地理志》所记多出一乡，也不能依此认为是后世人口的繁衍所致，因人口也有特殊时期的减损情况。结合前面对于《新唐书·地理志》关于沿革方面的记述多来源于《旧唐书·地理志》的结论，说明关于以上十县的建置时间仍然是《新唐书》作者在《旧唐书·地理志》基础上的引申发挥。

综合以上三方面的因素来分析。首先可以肯定的是，向达、吴震、荣新江等先生将文书记事推断为天宝初年或天宝元年的结论是正确的。经进一步考察麟州新秦郡的置立，《文书》记事下限应该为天宝元年麟州新秦郡置立之前。而经考察，叶文所谓"更直接的证据可证'天宝初年'说之误"者①，皆为《文书》记岭南道六十八州中的十个郡（州）属县，皆因《旧唐书·地理志》无详细记载沿革，仅记"新置"二字，《新唐书·地理志》皆作"天宝后置"者。究其原因，《旧唐书·地理志》虽然记"新置"二字，但并非就一定为天宝后置的，有些依据其他史料是可以考证出其置立时间的，《新唐书·地理志》因之而一律含混为天宝以后置，显然为理解错误，也显然为两唐书《地理志》著者已经无天宝初

---

① 叶爱国：《敦煌市博物馆藏敦煌文书第 58 号残卷定名》，《敦煌研究》2008 年第 1 期。

年许多郡县名称改动的确切资料，只是一个大致的推断，但却贻误后世。退一步想，即使确实《文书》记有个别天宝后置县，也一定为后世抄写时根据当时的情况改动或误入的，但不能仅此而断定整个文书撰成"天宝初年"说之误。同样，马世长认为文书抄写所取后世用纸的情况与道的先后次序与诸籍不同，也应该是因文书为当时或其后的沙州地方官府为使用的方便而抄写的原因，并不代表文书内容所反映的实际年代。

二 文书定性及其与天宝元年户部计帐之间的关系

《文书》的书写体例为纲目式，层次分明，条理清晰。首先以唐初所划分的道来统摄郡（州），郡名在前，州名附后。各郡州之下附所辖诸县，详细注明各郡（州）、各县的等级，以及天宝元年所改县名与原称。在非郡县建置的地区，为都护府及所辖都督府或县。在郡（州）与县名之下以较小字体标注的内容尚包括以下几项：

（1）各郡（州）距离京与都的里距；（2）各郡（州）所贡物的品名；（3）各郡（州）的公廨本钱；（4）各县所辖的乡数；（5）各县官吏的俸禄标准。

这些内容与史书相比较，多与两唐书《地理志》《元和志》所记相似，但较二书多出 3 与 5 项的内容，即多出各郡（州）的公廨本钱与各县官吏的俸禄标准。从这些内容分析文书的功能与性质，仅看 1、2、4 项的内容，该文书与其他唐代史书《地理志》无异，只是数据、名称前后有变异。即《文书》详细记载了全国各道内的郡（州）及辖县的名称，以及各县的辖乡。但与各典籍《地理志》相较，缺少了各郡（州）县的沿革变化，反映出该文书的不同与历代《地理志》的特殊性，即其并非史书性质的《地理志》。

其次，第 3 项，即各郡（州）的公廨本钱，《文书》书为"本"，较之史书其它志书，此记尤其珍贵。什么是公廨本钱呢？唐代中央政府给不同级别的郡（州）县以不同数额的货币资本，由专门的官吏或高户主管，放高利贷收取利息，以充当行政运转的经费及郡（州）县官吏的俸料。《新唐书·食货志》有云："天下置公廨本钱，以典史主之，收赢十之七,以供佐史以下不赋粟者常食,余为百官俸料。"这种政府设公廨本钱"收息取给"的做法隋代曾有①,唐初得到继承,但开元十年(722)一度曾停,《旧唐书·玄宗本纪》记载:开元"十年春正月……乙丑,停天下公廨钱,其官人料以税户钱充,每月准旧分例数给……"这次被停似乎时间不长,从开元十八年以后,就已重新设置。《通典·食货典》杂税条记载:"大唐开元十八年,御史大夫李朝隐奏请薄百姓一年税钱充本,依旧令高户及典正等捉,随月收利,将供官人料钱。"② 由此可见,唐前期置公廨本钱,其一就是作为州县官俸料的一部分,《文书》中记公廨本钱数,也正是要反映地方行政经费及外官俸料的支给数额情况。唐后期地方官俸料由当地两税供给,国家不再给统一设公廨本钱,因而李吉甫撰《十道图》直接记俸料,不记本钱。另外,关于唐开元天宝年间政府收公廨本钱的利息用作政府某些政务的开销和官员俸禄的支出,正史文献是有反映的,《旧唐书·玄宗本纪》记载开元二十六年春正月,"制天下……百官赐勋绢。长安、万年两县各予本钱一千贯,仍付杂驲……"又记该年三月:"己酉,河南、洛阳两县亦借本钱一千贯,收利充入吏课役。"

公廨本钱与各县官吏的俸禄标准紧密相关,一般情况下,地方官员俸禄的薄厚,主要看当地公廨本钱的多寡,但在一些地理位置重要但人口较少、公廨本钱投入不多的郡县,地方官员官俸的来源只好另行规定,如《文书》记合川郡叠州各县为"并井课",怀道郡各县为"并准京官例"。可见,《文书》统计或记载该项的功用或目的,显然为政府行政运转作参考或政府官员薪酬颁发所依据,为中央政府所制定,为各级官府和官员所具有,为当时行政运转所必需的实用文本。那么具体为哪一部门制定和颁发的呢?或者说,唐代中央政府具体为哪个部门在负责和掌管着全国各级行政区的贡赋与官吏的俸禄事宜呢?据《大唐六典》尚书户部卷第三记载:"户部尚书、侍郎之职,掌天下户口井田之政令。凡徭赋职贡之方,经费赒给之算,藏货赢储之准,悉以咨之。其属有四:一曰户部,二曰度支,三曰金部,四曰仓部……郎中、员外郎掌领天下州县户口之事,凡天下十道,任土所出而为贡赋之差。分十道以总之。"由

---

① 《通鉴》卷一七八开皇十四年,第 5544 页。
② 《通典》卷一一《食货十一》,中华书局 1988 年版,第 250 页。

此，文书所反映的 2、3 两项，即各郡（州）所贡物及各郡（州）的公廨本钱，正是主管天下"职贡之方，经费赒给之筭"的户部所经管的事务。

那么，该文书是否反映户部所掌领天下州县户口情况呢？其实文书第 4 项，即各县所辖的乡数，就是户部所掌领天下州县户口情况的大致数目。唐代，县以下的行政编制为里和乡，上引《大唐六典》尚书户部卷第三记载："百户为里，五里为乡。"则每乡的户数应为固定的五百户，但边远地区的标准往往低于此数，大约为三百五十余户，各县户口每增加五百户增置一乡。乡的数目随人口的增减在不断的变化。而且，为了及时掌握地方户口，唐代规定了严格的邻里乡党制度及户籍造籍制度，上引书同卷继载："两京及州县之郭内分为坊，郊外为村。里及村、坊皆有正，以司督察（里正兼课植农桑，催驱赋役）。四家为邻，五家为保。保有长，以相禁约……每一岁一造记帐，三年一造户籍。县以籍成于州，州成于省，户部总而领焉。（诸造籍起正月，毕三月，所需纸笔、装潢、轴帙皆出当户内……）每定户以仲年（子、卯、午、酉）造籍以季年（丑、辰、未、戌）州、县之籍恒留五比，省籍留九比。"

综合以上所论《文书》所记各项内容，这中间道里与土贡相对具有稳定性，公廨本钱应该也比较稳定的，最不稳定的是户籍与人口，在不断的增减，因之各地乡的数量是在随之不断的变化，不同时段的户籍上各地乡的数目前后都有增减的变化。

对于唐代户部记账的研究，因唐徐坚所撰《初学记》卷八《总叙州郡第一》引《〈括地志〉序略》有所谓："唐贞观十三年大簿，凡州府三百五十八……凡县一千五百五十一。至十四年西克高昌，又置西州都护府及庭州，并六县，通前凡三百六十州。依叙之为十道……"依此岑仲勉、严耕望二先生先后考证出《括地志》根据的蓝本即是其《序略》所提到的"贞观十三年大簿"①。进而翁俊雄先生指出，"所谓'簿'者，系指户部记帐而言"②。而且岑仲勉先生在《〈旧唐书·地理志〉'旧领县'之表解》一文中指出：《旧唐书·地理志》中之所谓"旧领"即贞观十三年所领。翁俊雄先生继承此说，进而言："《旧志》作者所以能将

---

① 岑仲勉：《〈括地志序略〉新诠》，中山大学《史学专刊》第 1 卷第 1 期，1935 年。后收入《岑仲勉史学论文集》，中华书局 1990 年版，第 519—561 页；严耕望：《括地志序略都督府管州考》，《严耕望史学论文集》，上海古籍出版社 2009 年版，第 621—660 页。

② 翁俊雄：《唐初政区与人口》，北京师范学院出版社 1990 年版，第 37 页。

贞观十三年各州的领县、户、口数字摘录出来，说明他手中掌握了《贞观十三年大簿》，只有该年的《户部记帐》才有当年的州县名称、数目和各州的户、口数目……总而言之，《贞观十三年大簿》的主要内容被保存在《旧志》中。"① 其实，《旧唐书·地理志》记事内容以及以唐初所置十道为纲，以州府为目的编写体例，正与《文书》的记事内容与体例是相同的，只是《文书》少了《旧唐书·地理志》记述州县沿革的内容，而这一部分也不应是定期普查户籍的"大簿"的内容，而此应该是其与《地理志》一类的史书最大的区别之处。而且由《文书》内容可知，《旧唐书·地理志》在叙及诸州沿革之后，往往都载"在京师""至东都"的方向和里数，这一点也是《文书》所记内容之一，应该也是"大簿"的内容。同样，《新唐书·地理志》除亦记《旧唐书·地理志》以上几项内容外，还记述各郡（州）的"土贡"名称，此项也是《文书》所记内容之一，应该也是"大簿"包括的内容，为唐代各级政府掌握各地自然资源和经济优势的必须资料。也就是说，《文书》反映的内容信息，大部分是两唐书《地理志》编纂所必须的内容，不同时期撰成的的正史《地理志》就是主要依靠《文书》这类材料修成的；而后者没有采用的公廨本钱部分，为当时行政部门必须要掌握的部分，却是史书《地理志》完全可以忽略的部分；而史书《地理志》多出的诸州沿革部分，恰恰是《文书》所无者，说明是《文书》不必要反映的部分。由此，又反映出《文书》明显具有供当时使用的时效性和为行政运转服务的实用性。

综合上述，《文书》所记的各项内容皆为唐代户部编制"大簿"需要掌握的事项和内容，我们认定该《文书》与唐代户部计账有关。结合前面文书记事为天宝元年的结论，进一步考察正史文献记载，天宝元年唐朝廷曾进行了一次全国行政郡县的调整和户籍人口的普查统计。该年二月，唐王朝先是对全国州一级的行政区划进行了一次大规模的整改，"东都为东京，北都为北京，天下诸州改为郡，刺史改为太守"。继之对县一级行政区划进行了一次统一普查，对县名统一做了一次规范，史载，该年九月，"丙寅，改天下县名不稳及重名一百一十处"②。对于这一次普查和调整，由《文书》得到了最为具体的体现，《文书》对有变动的郡县都

---

① 翁俊雄：《唐朝鼎盛时期政区与人口》，首都师范大学出版社 1995 年版，17—18 页。
② 《旧唐书》卷九《玄宗本纪》，第 215—216 页。

做了注明；另外，天宝元年，唐王朝在全国范围内做了一次户籍人口的统计。史载："其年，天下郡府三百六十二，县一千五百二十八，乡一万六千八百二十九。户部进记帐，今年管户八百五十二万五千七百六十三，口四千八百九十万九千八百。"① 可见，天宝元年这次全国行政郡县的调整和户籍人口的普查统计，涉及内容多、规模大，为唐前期国家行政管理中的大事件。

而且从以上所引可以看出，天宝元年户部记账时，不仅载有全国郡（州）府、辖县数目名称，而且还有各县乡数。不仅有户口总数，而且有人口总数。由此，结合以上对于《文书》逐项记事的考察，该文书正好包含天宝元年户部计账的各项内容，而且从其不记郡县沿革，但详细注明所改县名及其原名，详细记载州府土贡及各郡县公廨本钱、官吏俸禄等财政运转情况，皆为中央政府为了解和掌握当年全国州县、户口、财政等情况，藉以制定政策和课役，以及预算政府财政开支而统计和编制，具有很强的时效性和行政针对性，更加说明此文书与唐天宝元年户部记账有直接的渊源关系。

对于唐代户部计账，《新唐书·食货志一》记载："凡里有手实，具民之年与地之阔狭，为乡帐，乡成于县，县成于州，州成于户部。又有计帐，具来岁课役以报度支。"由此，说明计账是从造籍的基层单位乡一级开始逐级编制和上报的，乡有乡账，县有县账，州有州账，最后总汇到户部，户部编制的计账即为该年全国性的"大簿"②。而且正如翁俊雄先生对于唐代户部计帐与户籍的论述：由"又有计帐，具来岁课役以报度支"句反映出，户部计帐包括两部分，一部分应该就是简明扼要，包括多项内容，反映全国各州县基本信息的"大簿"。另外一部分则为仅仅详细记载各州、各县户口、人口，应征赋役的数字，并分类统计，区别课口与不课口的男女、良贱等信息的计账。后一部分应该就是"每一岁一造"的计账，前一部分应该为"三年一造"的户籍。也就是说，所谓"大簿"，应该是三年一造的户籍簿，它是与一年一造，记载逐年户口、

---

① 《旧唐书》卷九《玄宗本纪》，第 216 页。
② 唐代户部计账的这一逐级编制过程，翁俊雄先生根据《旧唐书·职官二》相关内容指出："《乡户口帐》的编制虽以'岁终为断'，却是在三月编制，而各州计帐呈送都省是在五月底以前。"此亦说明，《文书》不包括天宝元年年底设置的麟州新秦郡与升为正州的宥州宁朔郡也就在情理之中。

人口、贡赋、课役数字的计账是有所区别的。但二者紧密联系，户籍是在详细计账的基础上编制的，户籍反映计账的户口与人口分布信息。为了准确"课役"，就必须每年及时分类统计人口而造计账。而户籍的变化稍迟缓于人口，加之州县的行政区划、道里、土贡及公廨本钱都具有相对的稳定性，所以三年一造；其次，其中《文书》记载各地距离京都的距离远近与州县户数的概数，又是为州县定等级，官员定品级的依据标准。由此，从其极富实用价值的角度看，其包括了全国各地的行政区划，道里远近，户籍人口，贡赋财政，地方官员俸禄等信息，说明他是由中央政府向全国颁发，为中央和地方官员提供各地行政基本信息的一种宝典或简明手册。这种向全国范围颁发的性质，从《文书》出现的"勘本无此州"等句得到了最好的诠释。综合以上各因素我们得出，该文书与天宝元年户部计账或户部大簿有直接的关系。如果说唐代不同时期所修的《十道录》包含的内容与功用恰与之相符，则其必然是学者们已经提出的所谓《天宝十道录》，但它也必然是天宝元年户部计账或户部大簿的基础上编制出来的，反映的正是天宝元年户部记账或户部大簿的基本信息，极具史料价值。而由此可见，该文书为敦煌文献中最具文献价值和文物价值的文书之一。

而且从户部计账的时间限制和呈报过程来看，《通典·赋役下》记载："诸课役，每年计账至尚书省度支，配来年事。限十月三十日以前奏讫。"各州要将州计账申报到尚书省户部造记帐后，在十月三十日以前要报尚书省度支。则户部计账的编制最晚时间也应在十月三十日前后①。则《文书》不记天宝元年年底设置的新秦郡与同时期升为正州之列的宁朔郡宥州，也就在情理当中了。

三　由《文书》考证《通典》、两唐书《地理志》等郡（州）县系年及户数系年

诸典籍关于唐代各州县数系年与户数系年问题，是学界多年来颇有

---

① 而且据《旧唐书·职官二》等的记载，唐代乡户口账的编制虽以"岁终为断"，却是在三月编制，而各州计账呈送都省是在五月底以前。

争议的难题。这其中重要的原因应该为各史书之间尚缺少比较明确的时间参照坐标。探明了《文书》记事的年代标准与其性质，就为我们进一步解决诸典籍所记唐代州县数系年与户数的系年问题以及与之相关的一系列问题提供了开启的钥匙。

（一）《通典·州郡门》所记郡（州）县的时间标准

《通典·州郡门》所记州县建置的年代标准，杜佑本人没有说明，据李翰序云："上自黄帝，至于我唐天宝之末。"但据日本学者平冈武夫的研究："《通典》的内容及于天宝末年，《通典》列出的郡名，确是天宝年间的事实。但是，州县的记述，多是天宝初年之事。当然也不是没有一些例外。比如，桐城县出现桐城之名，是至德二载（757）以后的事，将龙岩县属漳州，是大历十二年（777）以后的事；整理也有不完全之处……但就整体而言，《通典》以天宝初年为基准，而且是比较好地遵守了这一点的吧！"① 因"天宝初年"这一判断，仍然不十分具体，翁俊雄研究后又专文提出："《州郡门》所载州县建置，是以天宝元年为准的。"②

《通典·州郡门》所记郡（州）县建置的年代标准，是否是"天宝初年"或"天宝元年"？依据《文书》反映的天宝元年大簿所记的郡县，就可以判明。经比较，《通典》所记与《文书》所记郡县名称、数目，以及反映的时代最为接近。而《州郡门》的撰写是按照《禹贡》中将全国划分的九州为纲，又与唐初十道折中，所谓的古雍州上下，其实就是唐初的关内、陇右二道。仅对关内道的记载来看，《文书》记京兆府二十三县，《通典》京兆雍下亦为管县二十三。《文书》记关内道二十四州，《通典》古雍州上亦谓："今置郡府二十四，县百三十一。"但正如前文所论，二者相较具体所辖郡府有了变化。

首先，《文书》与《通典·州郡典》比较，二者所记的郡县在行政区划上已经不同。尽管都记关内道辖二十四州府，但后者记到了天宝元年设置的新秦郡，而且后者所记已将单于都护府和会宁郡划出关内道，另计入了宁朔郡宥州，此应该是天宝元年年底将该郡由羁縻州升格为正州

---

① ［日］平冈武夫、市原亨吉编：《唐代的行政地理》，上海古籍出版社 1989 年版，第 4 页。

② 翁俊雄：《〈通典·州郡门〉所载唐代州县建置与户口数字系年考》，《历史研究》1986 年第 4 期。

的缘故。

其次，《文书》所记"螯厔"，且注明"为宜寿"，即天宝元年由"螯厔"改为"宜寿"。《通典》只记"宜寿"，显然为天宝元年以后；另外前已考得，《通典·州郡典》记安北都护府的管户数与单于都护府的辖县金山县，证明其所记已经是天宝四载之后的郡县；尤其《文书》记"新丰"而《通典》所记为"昭应"，前已经考得《通典》所记为天宝七载省新丰，改"会昌"为"昭应"之后的记事，显然《通典》此处记事在天宝七载之后。考虑到《通典·食货典》所记唐代全国逐年的应授田数、全国屯田所收粮食数、天宝中户部记账的户数、天下诸色米的总数，都取天宝八载①，则其所记郡县系年应该也是在天宝七载到八载之间。但个别也有例外，如《通典》所记有"万年县"，因《元和志》记该县"天宝七载改为咸宁，乾元元年复为万年县"。说明《通典》所记并非皆为天宝七载后；《太平寰宇记》雍州京兆郡条记"元领县二十四"，且记天宝"七载仍置真符县，十一载废。"又记万年县"天宝七年改为咸宁县，乾元元年复为万年县"。《文书》均无记，《通典》亦无记真符县。至于《通典》所记之渭阳县，参稽各文献皆无，加之本条下注云："本汉新丰县地……汉初有渭南县，盖取以为名……"则"阳"应为"南"的误书。即应该就是《文书》所记的渭南县。

结合《文书》为天宝元年郡县记事的结论，我们得出，《通典》绝大部分为天宝七载后郡县记事，其中个别含有七载以前者，而七载至十一载之间也有无记者。另外，《旧唐书·地理志》《元和志》京兆府皆记二十三县，皆有"昭应""螯厔"二县，尤其螯厔县因天宝元年改为宜寿县后，至"至德二载三月十八日复为螯厔"，说明二书记事下延到了至德二载以后。

进一步考察《通典》所记其它几道的郡县，其所记的各道郡名基本都与《文书》所记同，而且二者郡名一律不避"安"字。也就是说，

---

① 《通典》多处记到天宝元年以后有关计帐，其中卷三《食货二》记："天宝八年，天下屯收百九十一万三千九百六十石……"卷六《食货六》记："按天宝中天下记帐，户约有八百九十万，其税钱约得二百余万贯……"卷七《食货七》："天宝元年，户八百三十四万八千三百九十五……十四载，管户总八百九十一万四千七百九，管口……"卷一〇《食货十》："天宝中，每岁水陆运米二百五十万石入关……至天宝七载，满二百五十万石……"卷一二《食货十二》："天宝八年，凡天下诸色米都九千六百六万二千二百二十石。"

《通典》的郡名系天宝年间的郡；县名虽以天宝七载至十四载之间的县名为主，但还有很大一部分为至德、乾元年间改后名。个别之处记载到了天宝元年改名前的县名，还有个别为唐后期设置的郡（州）县名，如其中记到大历十二年、建中二年设置者。总体反映出，《通典·州郡门》记事以天宝七载至十四载某年的郡县为基准，确切的说应该就是天宝七载或八载建置为基准，而绝非天宝元年为准，只因取材的多样、复杂，混入不同时段的县数也有很多，有自乱其例的现象。

（二） 两唐书《地理志》所载各州县的时间标准

《旧唐书·地理志》开篇作者称："今举天宝十一载地理……"但在实际的记述中，形式上不以天宝郡名记述，而在道之下以州名为目记述；内容上也没局限于天宝时的郡县建置，而是以一个动态的过程来记述：首先概述州的沿革，内容包括汉隋旧称、唐以来的建置变化、所领县数、户数与口数，以及与京都里距。其中领县又划分为三个时段，即"旧领县""天宝领县"与唐末领县。最后所列各州的县名与县数以唐末为准。因此，其形式到内容并非局限于天宝时的郡县建置。

对于《旧唐书·地理志》所载"旧领县"，岑仲勉先生曾揭示出，其实际为《贞观十三年大簿》所领的县，而且与《括地志》有直接的渊源关系①，此已毋庸置疑。

学术界曾就《旧唐书·地理志》所载各州的"天宝领"县与户口数字的系年多有争鸣。其一为天宝元年说。史学界很长时间，曾依据《新唐书·地理志》的说法，即该书京兆府京兆郡条所谓："天宝元年领户……领县二十……"以此为依据，推断《旧唐书·地理志》所谓"天宝领"也为天宝元年领；其二为天宝十一载说。此说以王鸣盛为发端，他在《十七史商榷》云："向来志地理者，皆据最后为定。如汉（《汉书·地理志》）据元始。旧唐（《旧唐书·地理志》）据天宝十一载，则以其极盛。"② 日本学者平冈武夫、市原亨吉曾已注意到此，称《旧唐书》的作者刘昫"他在《地理志》的序中说：'举天宝十一载地理'……但实际上，《旧唐书》中离开这一基准之处所在多有……"③ 继

---

① 岑仲勉：《〈旧唐书·地理志〉"旧领县"之表解》，《历史语言研究所集刊》第 28 本（上），1948 年。后收入《岑仲勉史学论文集》，中华书局 1990 年版，第 563—588 页。

② 王鸣盛：《十七史商榷》，凤凰出版产业 2008 年版，第 525 页。

③ ［日］平冈武夫、市原亨吉编：《唐代的行政地理》，第 10 页。

日本学者之后，翁俊雄先生在承认"天宝十一载"说自有其理的同时，进一步发挥："这透露了一个重大信息，即作者除掌握了《贞观十三年簿》以外，还掌握了《天宝十二载簿》。不言而喻，《旧志》中的'天宝领'，即天宝十二载各州府所领的县、户、口数字，是抄自《天宝十二载簿》。"① 其实，今与《文书》所列天宝元年各州领县比较，《旧唐书·地理志》各州所列的县名与县数并非以天宝元年为准，而是以唐后期为准，甚至下延到了唐景福年间②，而其所谓的"天宝领县"也并非是天宝元年的县数，经前文多处比较，而应该是王鸣盛、翁俊雄、冻国栋等前贤倡导的系天宝十一载地理及其后不久者（个别在撰成时补入了天宝十二、十三载者），而且亦有自乱其例的现象③。

《新唐书·地理志》无记其所载各州县的时间标准。其体例以唐初十道为纲，以州郡为目，州名与郡名并书，即"×州×郡"。其实，这种排列正与《文书》《通典》天宝初年改州为郡后的记述方式相反，显然为乾元元年改郡为州后的州郡排列方式，突出州名，另附之以原来的郡名加以说明。但从其近似《文书》的这种以十道为纲，以州县为目，道之下州郡名并列的这种体例，其实反映出，天宝元年以后的户部大簿仍然是这种形式，《新唐书》作者也是参考了这种体例的。

其次，从《新唐书·地理志》的记述内容来看，也是一改《旧志》州名之下详述州沿革的形式，而是略其所详，补其所漏，只简略记述唐以来主要的沿革变化，但对于所罗列县的沿革却加以记述，其丰富翔实远非《旧志》所比拟。州县之外，增加《旧志》所无的土贡，另继之以户数、人口。这些内容与《文书》相比，也是十分的相似，同样反映出作者应该是参考了户部计账形式。但由《新志》对于唐前期的沿革往往简略，甚至对《文书》记载为天宝元年所改的个别县名具体改名的时间记载已经含混不清，说明《新志》作者已经不能得见天宝元年户部账簿。

---

① 翁俊雄：《唐朝鼎盛时期政区与人口》，第 19 页。

② 《旧唐书》卷一九《地理志》记有祁州深泽县，原属定州，"景福二年，割属祁州"。对于《旧唐书·地理志》所记与其序所言"天宝十一载地理"之说不相符的事实，郭声波亦认为："笔者认为所谓'天宝十一载地理'，仅限于序中所言唐土的四至，至于正文中的资料，基本上是以乾元元年为准，但也随意补充了一些乾元以后的零星资料。"参见氏著《中国行政区划通史唐代卷》，复旦大学出版社 2012 年版，第 4 页。

③ 对此，有人认为是因"'旧志'是由两套不同时期资料的汇总而成的混合体"。参见陈凯《试论"两唐书地理志"的断限问题》，《史林》2010 年第 1 期。

《新唐书·地理志》所记县数与县名与《文书》所记天宝元年郡县相比较，也是有了很大的变化，如《文书》所记与《旧志》之"天宝领县"皆记京兆府二十三县，《新唐书·地理志》仅记二十县，对于至德元载更郡曰凤翔府的原扶风郡，径书"凤翔府扶风郡"，显然其选取的州县也是以唐至德、乾元以后者，即为唐中后期者。

（三）诸典籍的户口数字系年

诸籍中《元和志》与《太平寰宇记》有开元和元和时期的乡数与户数，因后者所载开元户数，大多抄录《元和志》和《旧唐书·地理志》，此不予论列，而《元和志》所记的开元户数与乡数据考证为开元二十年前后户部统计数①，经考察应为是；《通典·州郡门》未说明所载户数系年，翁俊雄先生似乎因误信《新唐书·地理志》所谓其所载户数为天宝元年数，曾推定《通典·州郡门》所载户数系开元二十九年数②。另有刘海峰先生又考定为天宝元年数③。至于《旧志》所记户数，所谓"天宝领户"数的系年，前已提及至今学者之间分歧较大。其一，王鸣盛、翁俊雄、冻国栋、刘海峰、日本学者平冈武夫、市原亨吉等先后持天宝十一载或其后不久者说④；其二，梁方仲，日本学者青山定雄、日野开三郎等曾持天宝元年说⑤。其三，严耕望先生因无辨两唐书《新志》所记各府

---

① 翁俊雄：《〈通典·州郡门〉所载唐代州县建置与户口数字系年考》，《历史研究》1986年第 4 期；《各地志所载唐开元、天宝户口数字的源流、系年和校勘》，《首都师范大学学报》（社会科学版）1987 年第 3 期；冻国栋：《唐代人口问题研究》，武汉大学出版社 1993 年版，第 10 页。

② 翁俊雄：《〈通典·州郡门〉所载唐代州县建置与户口数字系年考》，《历史研究》1986年第 4 期。

③ 刘海峰：《两〈唐书·地理志〉户口资料系年——兼考〈通典·州郡典〉户口之年代》，《厦门大学学报》（哲学社会科学版）1987 年第 3 期。

④ 王鸣盛：《十七史商榷》卷七二《新旧书户口数》，及卷七九《天宝十一载地理》，第 484—485 页与第 525—527 页；翁俊雄：《唐朝鼎盛时期政区与人口》，第 19 页；冻国栋：《唐代人口问题研究》，第 19 页；刘海峰：《两〈唐书·地理志〉户口资料系年——兼考〈通典·州郡典〉户口之年代》，《厦门大学学报》（哲学社会科学版）1987 年第 3 期；［日］平冈武夫、市原亨吉编：《唐代的行政地理》，第 9—10 页。

⑤ 史念海：《中国历史人口地理和历史经济地理》，学生书局 1991 年版，第 48 页；梁方仲：《中国历代户口、田地、田赋统计》，上海人民出版社 1980 年版，第 86—94 页；［日］青山定雄：《隋唐宋三代户口数的地域考察》（一），《历史学研究》第 6 卷第 4 期，1936 年；［日］日野开三郎：《天宝元年户口统计的地域考察》，《史学杂志》第 66 卷第 12 期，1957 年。

州户数乃抄自《旧志》天宝户数，而认为其为开元二十八年数①。

前文已论《文书》所记各郡属县的辖乡数，其实就是各县在天宝元年之户口数的反映，因每乡的户数是固定的五百户。但实际情况往往不能与之相符，除人口集中的都市外，全国大部分的乡人口均在五百户以下，依照《元和志》所记边远地区每乡大约按三百五十八户计算的。这样，各地历年计算乡的人数标准先后是相同的，以《文书》天宝元年户数为坐标，与各典籍所记户数作比较，综合其他已有线索，它们各自反映的年代依然可以得到确定。因为根据《元和志》所载各州的开元户数与乡数，就可知各州各乡开元户数的平均数。由此，根据《文书》已经给出的各县天宝元年的乡数，就可估计《文书》各州较《元和志》各州多出乡数应该是多出的户数和天宝元年各州应有的户数。如：坊州开元乡数字 44，户数字 15715，则各乡的平均户数为 357 户。《文书》记坊州天宝元年的乡数字 48，较开元户数多出 4 乡，则应该多出 $357 \times 4 = 1428$（户）。则天宝元年应有户数为 $15715 + 1428 = 17143$（户）。

经对《文书》及各典籍所记户数详细比较，除京兆府、太原府、广州、扬州等州府可能因人口流动大、宫廷坊市人口统计情况不明等缘故，以及处于边疆地区的郡（州）县可能因民族战争等因素的影响，各籍所记户数差异较大外，其它绝大部分郡（州）府县的户数各典籍所记还是有一个较稳定的变化趋势。（淮南道因《元和志》失载，亦不论列）此以《文书》为中心，选取开元、天宝年间辖县比较稳定的关内道 13 州府，河东道 3 州，岭南道 4 州，共计 20 州进行比较，见表1。

首先，此表总体反映各郡县户数人口从左到右呈递增趋势，《文书》所记天宝元年各州乡的数字及我们推算出的大致人口数，与《元和志》开元年间的乡数字及人口数字比较，除京兆府因坊市人口与皇室成员等无法计算而差别较大，以及陇州《元和志》开元户缺载外，所列其他的18 州，其中有 11 州有增加，6 州相同，仅 1 州有减少。此清楚的反映出《元和志》所记开元户并非杜撰，而《文书》所记天宝元年的户数亦有所据，《文书》所记天宝元年的户数较《元和志》所记开元户大部分有增加，应该是真实的反映出，从开元年间到天宝元年，处于唐代盛世的户

① 严耕望：《唐代人文地理》，《严耕望史学论文集》，上海古籍出版社 2009 年版，第 1418—1419 页。

数人口总体呈现上升的事实。

表1   《文书》与诸籍所记各州乡数、户数比较   单位：户

	《元和志》开元乡数与户数		《文书》乡数（户数依据《元和志》所记各乡平均户数计算而得）		《通典》户数	《旧志》天宝户数	《新志》户数
京兆府	—	362909	595	—	334670	362921	362921
华州	70	30787	76	33427	22744	33187	33187
岐州	92	44533	115	55665	57070	58486	58486
坊州	44	15715	48	17143	22240	22458	22458
邠州	49	19461	49	19461	22576	22977	22977
泾州	55	15952	55	15952	30555	31365	31365
陇州	——	6085.0	48	24000	22868	24652	24652
宁州	75	37500	65	32500	36628	37121	37121
延州	60	16345	61	16617	18780	18954	18954
灵州	27	9606	28	9924	12090	11456	11456
会州	6	3540	7	4130	4428	4594	4594
丹州	35	12422	36	12777	14784	15105	15105
盐州	7	3025	7	3025	3560	2929	2929
潞州	133	64276	137	66208	67944	68391	68391
泽州	59	22235	59	22235	27050	27822	27822
太原	245	126840	246	127358	126109	128905	128905
象州	10	3290	11	3619	2970	5500	5500
浔州	5	1716	5	2500	1930	2500	2500
韶州	41	20764	42	21270	24200	31000	31000
端州	14	8142	14	8142	9553	9500	9500

《通典》各郡（州）户数与《文书》天宝元年应有户数比较，除京兆府无法计算，华州《通典》所记偏少，陇州无法得知天宝元年应有户数，太原、象郡二州略有减少外，其余 15 郡（州）户数又普遍有明显增

加，但与各典籍相较其与《旧志》天宝户数最为接近，应该是在时间上与《旧志》所记最为接近。杜佑在《通典·食货六》中称："按天宝中天下记帐，户约有八百九十余万"，此数杜佑继之注解曰："自七载至十四载六七年间，与此大数，或多少加减不同，所以言约，他皆类此。"这里应该是作者已经清楚的说明了，其选取的户数是天宝七载至十四载之间某年户部计账的数字，而且又称以后的六七年间变化不大，应该就是已经明言他选取的就是天宝七载的计账。结合前面对于《通典》辖县系年所考，尤其《文书》记单于、安北二都护府皆无辖县与管户，直至天宝四载二都护府始设辖县，显然各典籍所记二都护府户数已为天宝四载之后的户数。另外考虑到《通典·食货典》所记唐代全国逐年的应授田数、全国屯田所收粮食数、每岁水陆运米入关的数目、天宝中户部计账的户数、天下诸色米的总数、规定百官家蓄丝竹及给使口的敕文等均明确记为"天宝七载""天宝八载"或"天宝中"，尽管记事也有后延到晚唐时期者，但多是以小字夹注的形势补入者，说明《通典》所记户数系年与其所记郡县的系年是一致的，应该皆为天宝七载至十一载中某年，确切的说应该就是天宝七载或八载。而显然绝非前人得出的开元二十九年或天宝元年。

《旧唐书·地理志》天宝领户数与《通典》比较，除关内道的灵、盐二州及岭南的端州可能因战争等因素的影响而略有减少，其它户数明显又有普遍增加，说明其"天宝领户"与天宝领县数的系年也是一致的，与其所称"今举天宝十一载地理"是相符的，个别在撰成时补入了天宝十二、十三载者，即为天宝十一载及其后不久的情况，对此前辈学者的考证是正确的。

至于《新唐书·地理志》领户数与人口的系年，由上表清楚的显示，以上所选取的各州数，皆与《旧唐书·地理志》同，显然除个别因传抄致误外，《新唐书·地理志》户数就是抄自《旧唐书·地理志》，也为天宝十一载或其后不久者。而并非如其作者在"京兆府京兆郡"条所说的"天宝元年领户……"其实应该是《新唐书·地理志》的作者因无法判明《旧唐书·地理志》"天宝领户"之系年而仅仅臆测所致。

四 《文书》反映的天宝元年前后 行政区划、郡县等级等信息

（一）天宝元年前后行政区化的反映

以上考察说明，《文书》与传世诸典籍《地理志》都有不同，《通典·州郡门》是天宝七载或八载的郡县为主，掺入前后建置州县很多，《元和志》是唐宪宗贞元、元和时期的建置，两唐书《地理志》侧重晚唐的区划。加之，传世典籍辗转传抄，或缺漏失传，或错讹相承，多难以得见旧观。而且，天宝元年，作为唐朝盛世时期全国行政区划的调整，户籍人口及赋税普查统计的一年，为在中国历史上具有特殊意义的一年。《文书》作为这次调整、普查的实物材料，为反映盛唐时期的疆域、人口、赋税等信息的可靠资料。

《文书》保留了天宝元年唐朝郡数目及名称，而盛唐天宝元年行政区划大调整后政区的划分和州县的数目，道、州、县和都督府的分配，州县的隶属和名称的改易，都反映着时代的特点；由《文书》对于各州明确按道排列的形式，也反映出唐代关于行政区划的著述从《括地志》以来，直至《贞元十道录》，都是按道排列的①；关于州县的数目，特别如京兆府辖县，各典籍不一，《文书》确切的反映出盛唐时期的二十三县县名与县数；安西四镇，当时为哪四镇，史书无记管户情况，而《文书》确记管户的具体数目，为我们进一步认识安西四镇的行政职能及居民构成提供了资料，可补史籍之缺。

（二）唐前期州县等级的反映

《文书》与《通典》记事时间最为接近，但《通典》无记各郡府县的等级，《新唐书·地理志》记有州县等级，但已经为唐中后期的记载，《文书》此记便是补充了史书的缺载。至于《文书》所载州县等级的情

---

① 《括地志》按道排列之说，前辈学者岑仲勉、严耕望、贺次君都持此说，郭声波另有异议，分别参见：岑仲勉《括地志序略新诠》，《史学专刊》第 1 期，1935 年；严耕望《括地志序略都督府管州考略》，《历史语言研究所集刊》（台湾"中研院"）第 35 本，1964 年；贺次君《括地志辑校》前言，中华书局 1980 年版，第 3 页；郭声波《中国行政区划通史唐代卷》，第 15 页。《贞元十道录》参见敦煌文书 P. 2522 号，录文见郑炳林《敦煌地理文书汇辑校注》等。

况，与其它史书相较，能够反映唐前期州县等级变化的案例尚很多，此不论例。

（三）南北郡县乡数反映的问题

《文书》反映，南方郡县数目往往超过北方，但所辖乡的数目往往很少，有些县无辖乡，有些明确记："恶处不言户数"，而且往往为"无本"。那么，这些数目众多，有名无户，无本的地方，究竟反映的问题是什么呢？其实这并不代表当时南方经济超过了北方，或者是唐朝已经在该地区统治的深入实施，而是唐前期，为了笼络或争取归顺者的一种方式，尤其是对南方许多少数民族地区，曾大量就地权置州县，以归顺的当地首领或豪酋为州县官，而唐朝也只是通过他们在这些地区施行间接的羁縻统治。据统计，仅在唐初武德四、五、六这三年当中岭南道就设置了三十个新州，而光武德四年（621）一年内就占了二十二个。在岭南道设州的势头一直持续到唐中期①。至于《地志》无记南方诸州土贡的情况，首先应该也是与唐前期对岭南道大部分郡县尚为羁縻统治有关，个别有土贡的郡县的缺失，应该与抄写的随意有关。

附记：本文原在《中国历史地理论丛》2014 年第 2 期发表，窃以为乃个人自 2006 年忝赘李师昌宪先生门下攻读博士学位以来所达到的最高水平，值恩师七十华诞之际，谨以此文呈献，聊表感恩与祝贺！

---

① 周振鹤：《体国经野之道——中国行政区划沿革》，上海书店出版社 2009 年版，第 123 页。

浅论魏晋南北朝时期的攻城战

商丘师范学院历史与社会学院　韦琦辉

今人研究魏晋南北朝军事和战争的很多，但是就目前而言，基本都集中在兵制研究和具体战争事件研究。前者如陈寅恪的《隋唐制度渊源略论稿·兵制》、岑仲勉的《府兵制度研究》、谷霁光的《府兵制度考释》、唐长孺的《魏周府兵制度辨疑》等对府兵制度的研究，何兹全的《魏晋的中军》《魏晋南朝的兵制》《十六国时期的兵制》，高敏的《魏晋南北朝兵制研究》，张金龙的《魏晋南北朝禁卫武官制度研究》等[1]，后者如对赤壁之战和官渡之战等的研究[2]。然而魏晋南北朝时期的战争其具体细节如何却几乎无人研究。

虽然流传至今的古代兵书不少，但先秦、秦汉和魏晋南北朝时期流传的兵书一方面语言简略，不能反映古代战争的详细情况，另一方面也缺乏具体史料的佐证。本文就魏晋南北朝战争中最具代表性的战争形式攻城战，作一初步探讨，以就教于方家。

---

① 见陈寅恪《隋唐制度渊源略论稿》，生活·读书·新知三联书店 2001 年版；岑仲勉《府兵制度研究》，上海人民出版社 1957 年版；谷霁光《府兵制度考释》，上海人民出版社 1962 年版；唐长孺《魏晋南北朝史论丛》，生活·读书·新知三联书店 1955 年版；何兹全《读史集》上海人民出版社 1982 年版；高敏《魏晋南北朝兵制研究》，大象出版社 1998 年版；张金龙《魏晋南北朝禁卫武官制度研究》，中华书局 2004 年版。

② 见张靖龙《赤壁战役时间考论》，《学术月刊》2004 年第 2 期；张修桂：《赤壁古战场历史地理研究》，《复旦学报》（社会科学版）2004 年第 3 期；朱绍侯：《官渡之战与赤壁之战双方胜败原因试探》，《河南大学学报》（社会科学版）2015 年第 5 期；李帮儒：《"官渡之战"发生地考证》，《兰台世界》2008 年第 8 期。

一　围困的攻城方式

《孙子兵法》有云："上兵伐谋，其次伐交，其次伐兵，其下攻城。"① 攻城战应当是无奈时的最后的选择，但是在战争中为了夺得某战略要地或者攻下敌方的重要据点，必须采用攻城战。攻城战一般有两种方式，一种是围困，一种是强攻。如果守城方城池坚固后勤充足，很难短时间内攻克，或者攻克下来的代价太大，并且攻城方有充分的后勤保障，战略优势很大，则往往采取围困的方式；在守城方将有救援，或者攻城方后勤困难需要短时间攻下敌方城池时，一般会采取强攻的方式。

围困的方式攻城，其目的在尽量减少攻城方伤亡的情况下，使敌方后勤资源消耗殆尽，不攻自破。所以围困的方式和围攻的方式是不一样的，关羽围曹仁于樊城②、诸葛亮围郝昭于陈仓城③就是围攻，慕容恪围广固采用的就是围困。《晋书》卷一一〇《慕容儁载记》：

> 恪进围广固，诸将劝恪宜急攻之，恪曰："军势有宜缓以克敌，有宜急而取之。若彼我势均，且有强援，虑腹背之患者，须急攻之，以速大利。如其我强彼弱，外无寇援，力足制之者，当羁縻守之，以待其毙。兵法十围五攻此之谓也。龛恩结贼党，众未离心……但恐伤吾士众……亦何宜轻残人命乎！当持久以取耳。"诸将皆曰："非所及也。"乃筑室反耕，严固围垒。④

又《晋书》卷一一一《慕容恪载记》：

> 恪曰："护老贼，经变多矣。观其为备之道，未易卒平。今圈之穷城，樵采路绝，内无蓄积，外无强援，不过十旬，其毙必矣，何必遽残士卒之命而趣一时之利哉！吾严浚围垒，休养将卒，以重官

---

① 《孙子兵法·孙膑兵法》，中华书局 2006 年版，第 17—18 页。
② 《三国志》，中华书局 1959 年版，第 529 页。
③ 同上书，第 95 页。
④ 《晋书》，中华书局 1974 年版，第 2837 页。

美货间而离之。事淹势穷，其衅易动；我则未劳，而寇已毙。此为兵不血刃，坐以制胜也。"遂列长围守之。护遣其将张兴率劲卒七千出战，傅颜击斩之。自三月至八月而野王溃。①

以上两个例子可以说是用围困方式攻城的经典战列，既可以减少攻城方的损失，又非常稳妥。不过用围困的方式一般有以下几点需要注意。

首先，需要将城池用"长围"严密的困死，使其无法从城外获得任何后勤补给。所以筑长围往往用"合"字，如"焘怒甚，筑长围，一夜便合"②，"勔筑长围始合"③。长围除了用于围困之外，也可以用于其他用途，如司马懿攻辽东之战"沉舟焚梁，傍辽水作长围，弃贼而向襄平"④，这是史书中将长围用于军事的最早记载。另外长围也可用于强攻，如沈攸之攻柳世隆郢城之战，"攸之果怒，令诸军登岸烧郭邑，筑长围攻道，顾谓人曰：'以此攻城，何城不克！'"⑤ 所谓"长围"一般是土质的长堤，堤内往往有很深的壕沟。如《晋书》卷九二《伏滔传》："于是筑长围，起梦橹，高壁连堑，负戈击柝以守之。"⑥《宋书》卷一《武帝纪上》："于是设长围守之，围高三丈，外穿三重堑。"⑦

其次，长围筑成之后，当使闲置下来的兵力就地屯田，进行农业生产。如慕容恪围广固"乃筑室反耕，严固围垒"⑧，又如石虎攻徐龛泰山之战"遣季龙统中外精卒四万讨徐龛，龛坚守不战，于是筑室返耕，列长围以守之"⑨。

再次，围困之后应当尽量破坏城内的后勤资源，尤其是水源。如魏攻虎牢之战中，"而城内乏水，悬绠汲河。帝令连舰上施韅辄，绝其汲路，又穿地道以夺其井"⑩，"二十一日，虏作地道偷城内井，井深四十

---

① 《晋书》，中华书局 1974 年版，第 2848—2849 页。
② 《宋书》，北京：中华书局 1974 年版，第 1912 页。
③ 同上书，第 2209 页。
④ 《晋书》，第 10 页。
⑤ 《南齐书》，中华书局 1972 年版，第 447 页。
⑥ 《晋书》，第 2401 页。
⑦ 《宋书》，中华书局 1974 年版，第 16 页。
⑧ 《晋书》，中华书局 1974 年版，第 2837 页。
⑨ 《晋书》，中华书局 1974 年版，第 2739 页。
⑩ 《魏书》，中华书局 1974 年版，第 63 页。

丈，山势峻峭，不可得防。至其月二十三日，人马渴乏饥疫，体皆干燥，被创者不复出血"①，虎牢之战守方最终因为缺水而败亡。又如郭淮攻句安麹城之战，"使泰……等进兵围之，断其运道及城外流水。安等挑战，不许，将士困窘，分粮聚雪以稽日月"②。

最后，除了军事和后勤上的打击外，对守城方进行心理战也很重要。如上述慕容恪与吕护野王之战，慕容恪以"重官美货间而离之"③，这是采取离间之计。又《周书》卷二八《陆腾传》："陵州木笼獠恃险粗犷，每行抄劫，诏腾讨之。獠既因山为城，攻之未可拔。腾遂于城下多设声乐及诸杂伎，示无战心。诸贼果弃其兵仗，或携妻子临城观乐。腾知其无备，密令众军俱上，诸贼惶惧，不知所为。遂纵兵讨击，尽破之。"④这是设计降低敌方的戒心。又刘裕攻慕容超广固之战，慕容超派张钢出使姚兴求救，张钢返回时被抓，刘裕"升纲于楼车，以示城内，城内莫不失色"⑤，这是断绝城内获得救援之心。在围城之后，使敌方断绝一切外部消息，离间城内将帅，使其悲观失望，或者降低其戒心，种种心理战手段都会对最终克敌制胜起到重要的作用。

二 强攻所采用的一般策略

正面强攻比围困的方式要复杂得多，往往需要根据不同的情况制定不同的策略。不过，强攻时有一些策略经常被用到，如：火攻、水攻、用地道、用土山、用攻城器械攻城等。

（一）火攻

火用于攻城战中最常见的策略是焚烧城门、城楼和建筑。如张方攻洛阳之战"烧清明、开阳二门，死者万计"⑥。又如王镇恶攻刘毅江陵之战，"镇恶入城，便因风放火，烧大城南门及东门"⑦。这是焚烧城门。如

---

① 《宋书》，中华书局 1974 年版，第 2328 页。
② 《三国志》，中华书局 1959 年版，第 639 页。
③ 《晋书》，中华书局 1974 年版，第 2849 页。
④ 《周书》，中华书局 1971 年版，第 471 页。
⑤ 《宋书》，中华书局 1974 年版，第 16 页。
⑥ 《晋书》，中华书局 1974 年版，第 101 页。
⑦ 《宋书》，中华书局 1974 年版，第 1367 页。

南齐台军攻肖遥光东城之战，"其晚，台军射火箭烧东北角楼，至夜城溃"①。又如史宁攻孙玚郢州之战"周军……因风纵火，烧其内城南面五十余楼"②。这是焚烧城楼。如卢循攻南海之战"循攻击百有余日，逾城放火，焚烧三千余家，死者万余人，城遂陷"③。又如赵染攻长安之战，"染焚烧龙尾及诸军营，杀掠千余人，旦退屯逍遥园"④。这是焚烧建筑。焚烧城门可以打通进攻的通路，焚烧城楼可以减轻城内的抵抗，焚烧建筑可以混乱敌军，降低其士气，都能为顺利攻下城池起到重要作用。

除了以上常见的火攻方式外，还有一些不常见的方式。如《晋书》卷八三《江逌传》载："乃取数百鸡以长绳连之，系火于足。群鸡骇散，飞集襄营。襄营火发，因其乱，随而击之，襄遂小败。"⑤

面对火烧城门的情况，守城方往往用水浇灭。在侯景攻台城之战中"贼攻东掖门，纵火甚盛，侃亲自距抗，以水沃火，火灭，引弓射杀数人，贼乃退"⑥，又"景于是百道攻城，持火炬烧大司马、东西华诸门。城中仓卒，未有其备，乃凿门楼下水沃火，久之方灭"⑦。从以上两则材料也可以看出，这一时期的城门并没有防火的设计，面对敌军焚烧城门还需将门楼凿空才行。

面对攻城方焚烧建筑的做法，防守方往往将沿城墙一带的建筑拆空，制造防火带。如王玄谟攻滑台之战"初围城城内多茅屋，众求以火箭烧之。玄谟恐损亡军实，不从。城中即撤坏之，空地以为窟室"⑧。此外也可以多备水源，仔细防备，如陈庆之攻犬羊蛮之战"命诸军各穿池于营内，朝夕不外汲，兼以防蛮之火。顷之风甚，蛮夜下山，人提一炬以烧营，营内多幔屋及草菴，火至辄以池水灌灭，诸军多出弓弩夹射之，蛮散走"⑨。

---

① 《南齐书》，中华书局1972年版，第791页。
② 《陈书》，中华书局1972年版，第319页。
③ 《晋书》，中华书局1974年版，第2342页。
④ 同上书，第2664页。
⑤ 同上书，第2172页。
⑥ 《梁书》，中华书局1973年版，第559—560页。
⑦ 同上书，第842页。
⑧ 《宋书》，中华书局1974年版，第1974页。
⑨ 《宋书》，中华书局1974年版，第1998页。

（二） 水攻

水攻最常见的做法是引水灌城，因为魏晋南北朝时期的城墙都是土质的，被水浸泡后很快会垮塌。以水灌城的做法，至少在秦末就有了，如汉军曾引水灌废丘城①。魏晋南北朝时期引水灌城的做法也非常普遍。如曹操攻袁术引水灌太寿城②，又曹操攻审配邺城之战，"毁土山、地道，作围堑，决漳水灌城；城中饿死者过半"③；沮渠蒙逊攻吕纯西郡城之战，"蒙逊自率众二万攻之，三面起隄，以水灌城"④；萧渊明攻王则彭城之战"堰清水灌州城"⑤；吴明彻攻王琳寿阳城"堰淝水灌城"⑥。从上述材料也可以看出，为了达到长时间浸泡敌方城池的目的，水攻往往要筑堤坝来留住大水。

面对这种水攻之法，防守方没有太好的防御办法，唯一可做的就是趁其堤坝未成进行破坏，如章昭达攻陆腾江陵之战，"陈人又决龙川宁邦堤，引水灌江陵城。腾亲率将士战于西堤，破之，斩首数千级，陈人乃遁"⑦。然而攻城方一般是占据兵力优势的，只要小心防备，这种做法是很难奏效的。

（三） 地道攻城

地道攻城之法，最晚刘秀昆阳之战时已经出现⑧。官渡之战时，袁绍"起土山地道"⑨，后曹操攻审配邺城之战也"为土山地道"⑩。用地道攻城的记载很多，这里不一一详述。

采用地道攻城主要有两种模式。一种是用地道破坏其城墙或城楼，如袁绍攻公孙瓒易京之战，"绍为地道，突坏其楼"⑪；高欢攻刘诞邺城之战，"神武起土山，为地道，往往建大柱，一时焚之，城陷入地"⑫；北齐

---

① 《史记》，中华书局 1959 年版，第 372 页。
② 《三国志》，中华书局 1959 年版，第 10 页。
③ 《三国志》，中华书局 1959 年版，第 25 页。
④ 《晋书》，中华书局 1974 年版，第 2271 页。
⑤ 《北齐书》，中华书局 1972 年版，第 272 页。
⑥ 同上书，第 435 页。
⑦ 《周书》，中华书局 1971 年版，第 473 页。
⑧ 《后汉书》，中华书局 1965 年版，第 7 页。
⑨ 《三国志》，中华书局 1959 年版，第 20 页。
⑩ 同上书，第 25 页。
⑪ 《三国志》，中华书局 1959 年版，第 244 页。
⑫ 《北齐书》，中华书局 1972 年版，第 7 页。

攻北周晋州之战，"帝至晋州，城已欲没矣。作地道攻之，城陷十余步，将士乘势欲入。帝勅且止"①。

一种是派兵通过地道进攻城中或夺取城门。如王猛攻慕容暐晋阳之战，"为地道，遣张蚝率壮士数百人入其城中，大呼斩关，猛、安遂入晋阳"②。这种方式是地道进攻的最主要方式，所以为了防止这种进攻，守城者往往在城内挖长堑以防之。如曹操攻审配邺城之战"太祖遂进攻之，为地道，配亦于内作堑以当之"③；诸葛亮攻郝昭陈仓之战"亮又为地突，欲踊出于城里，昭又于城内穿地横截之"④；韦孝宽玉璧防卫战"孝宽复掘长堑，要其地道，仍饬战士屯堑。城外每穿至堑，战士即擒杀之。又于堑外积柴贮火，敌人有伏地道内者，便下柴火，以皮排吹之。吹气一冲，咸即灼烂"⑤。可见，在城墙内挖长堑是防止敌方通过地道进入城内的主要方法。

（四）土山攻城

用土山攻城最晚东汉时已经出现。《后汉书》卷七一《朱俊传》："韩忠复据宛拒俊。俊兵少不敌，乃张围结垒，起土山以临城内……连战不克。俊登土山望之。"⑥此时的土山其主要作用是制造制高点以观察城内情况。到东汉末，土山上往往建高楼并以此攻击城内。如官渡之战中袁绍"绍为高橹，起土山，射营中，营中皆蒙楯，众大惧"⑦。这虽然不是攻城而是进攻营地，但说明这时土山的功用已经发生了变化。此后，攻城时起土山往往建造楼橹，并以此攻击城内。如司马懿攻襄平之战"起土山、修橹，为发石连弩射城中"⑧；曹魏攻朱然江陵之战"真等起土山，凿地道，立楼橹，临城弓矢雨注"⑨。

起土山是在临近城池的地方人为地制造制高点，因此面对敌方造土山，守方往往同样在城内造土山以应之。如姚苌攻苟辅新平之战"苌为

---

① 《北史》，中华书局 1974 年版，第 525—526 页。
② 《晋书》，中华书局 1974 年版，第 2892 页。
③ 《三国志》，中华书局 1959 年版，第 202 页。
④ 同上书，第 95 页。
⑤ 《周书》，中华书局 1971 年版，第 537 页。
⑥ 《后汉书》，中华书局 1965 年版，第 2309 页。
⑦ 《三国志》，中华书局 1959 年版，第 199 页。
⑧ 《三国志》，中华书局 1959 年版，第 254 页。
⑨ 同上书，第 1306 页。

土山地道，辅亦为之"①；侯景攻台城之战"景又于城东西各起一土山以临城内，城内亦作两山以应之"②。还有通过地道破坏敌方土山的做法，如侯景攻台城之战"贼又东西两面起土山，以临城，城中震骇，侃命为地道，潜引其土，山不能立"③。

（五）攻城器械

《孙子兵法》云："攻城之法，为不得已。修橹轒辒，具器械，三月而后成；距闉，又三月而后已。将不胜其忿而蚁附之，杀士卒三分之一而城不拔者，此攻之灾也。"④ 可见在攻城战中，肉搏攻城是最不可取的，必须借助攻城器械。从《孙子兵法》可以看出，到了战国时期，已经有不少的攻城器械，到魏晋南北朝时期，除了传统的攻城器械外，又有了新的发明。现列之如下。

1. 火箭、火弩

在诸葛亮攻郝昭陈仓之战中"昭于是以火箭逆射其云梯，梯然，梯上人皆烧死"⑤，这是史书中关于火箭的最早的记载。又如王玄谟攻滑台之战"初围城城内多茅屋，众求以火箭烧之"⑥；南齐台军攻萧遥光东城之战，"其晚，台军射火箭烧东北角楼，至夜城溃"⑦。段韶进攻栢谷城之战中，段韶云："且城势虽高，其中甚狭，火弩射之，一旦可尽。"⑧ 这是关于火弩的最早的记载。

火箭、火弩是魏晋南北朝时期的一大发明，从以上记载也可以看出，火箭等不仅可以用于攻城，也可以用于防守。

2. 火车

除了火箭、火弩外，还有火车。如《南齐书》卷一《太祖纪》载："太祖乃顿军引管，分两马军夹营外以待之。俄顷，贼马步奄至，又推火车数道攻战。"⑨《梁书》卷五六《侯景传》载："十二月，景造诸攻具及

① 《晋书》，中华书局 1974 年版，第 2926 页。
② 《梁书》，中华书局 1973 年版，第 843 页。
③ 同上书，第 560 页。
④ 《孙子兵法·孙膑兵法》，中华书局 2006 年版，第 18 页。
⑤ 《三国志》，中华书局 1959 年版，第 95 页。
⑥ 《宋书》，中华书局 1974 年版，第 1974 页。
⑦ 《南齐书》，中华书局 1972 年版，第 791 页。
⑧ 《北齐书》，中华书局 1972 年版，第 212 页。
⑨ 《南齐书》，中华书局 1972 年版，第 5 页。

飞楼、橦车、登城车、钩堞车、阶道车、火车，并高数丈，一车至二十轮，陈于阙前，百道攻城并用焉。以火车焚城东南隅大楼。"① 《魏书》卷五一《孔伯恭传》载："伯恭密造火车攻具，欲水陆俱进。攸之等既闻，将战，引军退保樊阶城。"②

"火车"的发明主要是利用引燃物，迅速焚烧城门、城楼等，在当时是一大创举。

3. 发石车

发石车又名霹雳车。如官渡之战中，"操乃发石车击绍楼，皆破，军中呼曰'霹雳车'"③，这是史书中关于发石车的最早的记载。又司马昭攻诸葛诞寿春之战，"诞、钦、咨等大为攻具，昼夜五六日攻南围，欲决围而出。围上诸军，临高以发石车火箭逆烧破其攻具"④；陶侃攻杜弘广州之战"侃知其诈，先于封口起发石车。俄尔率轻兵而至，知侃有备，乃退"⑤。从以上材料可以看出，发石车既可以用于防守，也可以用于进攻。

4. 尖顶木驴

为了防止攻城方的破坏，这一时期又出现了尖顶木驴。如在侯景攻台城之战中，"为尖顶木驴攻城，矢石所不能制"⑥。《通典》卷一六〇攻城战具条曰："以木为脊，长一丈，径一尺五寸，下安六脚，下阔而上尖，高七尺，内可容六人，以湿牛皮蒙之，人蔽其下。异直抵城下，木石铁火所不能败，用攻其城。谓之'小头木驴'。"⑦ 这里的小头木驴应该就是上引《羊侃传》中的尖顶木驴。尖顶木驴由于上方不受力，比起原来的轒辒车更不容易被破坏，更有利于攻城。

5. 木幔、布幔

在刘裕攻慕容超广固之战中，"张纲为裕造冲车，覆以版屋，蒙之以皮，并设诸奇巧城上火石弓矢无所施用；又为飞楼、悬梯、木幔之属，

---

① 《梁书》，中华书局 1973 年版，第 844 页。
② 《魏书》，中华书局 1974 年版，第 1141 页。
③ 《后汉书》，中华书局 1965 年版，第 2400 页。
④ 《三国志》，中华书局 1959 年版，第 772 页。
⑤ 《晋书》，中华书局 1974 年版，第 1773 页。
⑥ 《梁书》，中华书局 1973 年版，第 560 页。
⑦ 《通典》，中华书局 1988 年版，第 4110 页。

遥临城上"①，这是史书中有关木幔的最早记载。又东魏攻韦孝宽玉璧之战，"城外又造攻车，车之所及，莫不摧毁。虽有排楯，莫之能抗。孝宽乃缝布为缦，随其所向则张设之。布既悬于空中，其车竟不能坏"②，木幔、布幔其主要作用是攻守之间防止对方远程武器的攻击。

6. 飞梯

《太平御览》引后汉陈琳《武军赋》序曰："飞梯、云冲、神钩之具，不在孙、吴之篇，《三略》《六韬》之术者，凡数十事，秘莫得闻也。"③可见东汉末年出现的飞梯是当时的新发明。之后，飞梯被广泛用于攻城战中。如段兰攻石琮柳城之战，"为飞梯地道，围守二旬"④；慕容垂攻苻丕邺城之战，"为飞梯地道以攻邺城"⑤。《通典》卷一六〇攻城战具条曰："以大木为床，下置六轮，上立双牙，牙有检，梯节长丈二尺；有四恍，恍相去三尺，势微曲，递互相检，飞于云间，以窥城中。有上城梯，首冠双辘轳，枕城而上。谓之'飞云梯'"⑥。此"飞云梯"应该就是上文所说的飞梯。

结 论

魏晋南北朝时期的攻城战，主要有围困和强攻两种方式。围困的方式往往是在攻方有巨大的战略优势下才可以使用，需要筑"长围"将城池团团围住，将闲置下的兵力进行屯田，尽量消耗破坏城内的后勤资源，并对其进行心理战以求早日攻下城池。强攻的方式往往采用火攻、水攻、土山、地道并且借助攻城器械等进行攻城。面对这些攻城方式，守城方也可以采取不同的策略来进行防御。

（原载《商丘师范学院学报》2016 年第 5 期）

---

① 《晋书》，中华书局 1974 年版，第 3184 页。
② 《周书》，中华书局 1971 年版，第 537 页。
③ 《太平御览》，中华书局 1960 年版，第 1545 页。
④ 《晋书》，中华书局 1974 年版，第 2816 页。
⑤ 同上书，第 2919 页。
⑥ 《通典》，中华书局 1988 年版，第 4110 页。

南宋士人"好书"风尚探析

——以周必大为例

南昌大学历史学系　邹锦良

引　言

书法是中国传统文化艺术的重要组成部分，也是士人"修身养性""雅好游娱""学术研究"和"文化传承"的重要方式。宋代"优礼文人"的祖宗家法以及社会经济的快速发展，使得宋代文化艺术呈现新风貌。就书法而言，宋代不仅涌现了诸多留名史册的书家，如北宋四大家——苏轼、黄庭坚、米芾、蔡襄和南宋四大家——陆游、朱熹、范成大、张即之均彪炳书法界，而且出现了颇具特色的书论，诸如北宋苏轼、黄庭坚、米芾等人的"意趣"论，南宋朱熹的"文道合一"论等等。因此，宋代书法在中国书法史上具有重要地位，学界对此关注较多。曹宝麟《宋代书法史·宋辽金卷》是宋代书法研究的奠基之作，考述了宋代五十多位书家及相关作品[①]。方爱龙《南宋书法史》系统展示了南宋书法的整体风貌和全面内容[②]。王宏生《北宋书学文献考论》考察了北宋较有代表性的书论文献[③]。水赉佑《宋代帖学研究》从帖学角度关注宋代书法内容[④]。同时，宋代书法名家个案也广受学界关注，尤其集中于宋四家，如由兴波《诗法书法——宋代"书法四大家"诗学思想与书法理论比较

---

① 曹宝麟：《宋代书法史》（宋辽金卷），江苏教育出版社 1999 年版。
② 方爱龙：《南宋书法史》，上海古籍出版社 2008 年版。
③ 王宏生：《北宋书学文献考论》，上海三联书店 2008 年版。
④ 水赉佑：《宋代帖学研究》，上海人民美术出版社 2001 年版。

研究》①，李放《苏轼书法思想研究》②，陈志平《黄庭坚书学研究》③，沃兴华《米芾书法研究》④，刘微《蔡襄的书法美学思想研究》⑤ 等。可以说，目前学界对宋代书法研究较为全面，特别是对书法名家及其作品，书法理论与文献等相关问题的研究已近精深。与此同时，宋代繁荣发达的经济和开放多元的文化，使得上至君主，下至士人都热衷于书法，史料所见"一祖八宗皆喜翰墨"以及诸多士人"喜书""好书"的记载十分普遍。宋代君主"好书"现象学界已有关注，士人"好书"偶有提及，但未见有专题性论述。为此，本文将以南宋前中期著名政治家、文学家和学者周必大为个案，探讨宋代士人"好书"风尚的相关问题，以期为宋代书法史和士人社会研究提供具体一笔。

周必大（1126—1204），字子充，号省斋，庐陵（今江西吉安）人。高宗朝以"双科"（进士科和博学宏词科）入仕，随即以"文章显于朝"受知。孝宗即位后，以"文词之伟"受重用，历任参知政事，枢密使，右丞相，左丞相等职。政治上，周必大历仕南宋高、孝、光、宁四朝，位极人臣，参与了南宋前中期许多政事，既有基层事务，也有高层机密。在文学和学术领域，周必大也有较高成就，史称"必大以文章受知孝宗，其制命温雅，文体昌博，为南渡后台阁之冠。考据亦极精审，岿然负一代重名。著作之富，自杨万里、陆游以外，未有能及之者"⑥。可以说，周必大是一个在南宋诸领域均有所展现的全能型士人，就书法而言，从小在浓厚的家学氛围影响下喜好书法，入仕后，长期随侍君主从事翰院文墨之业，有机会观赏各种名帖，并与其他书家切磋交流，书法水平长进迅速，书法逐渐成为其日常生活的重要内容，不仅是其"修身养性""雅好游娱""学术研究"和"文化传承"的重要方式，而且是其受知君主和日常交谊的重要途径。

---

① 由兴波：《诗法书法——宋代"书法四大家"诗学思想与书法理论比较研究》，博士学位论文，复旦大学，2006 年。

② 李放：《苏轼书法思想研究》，博士学位论文，首都师范大学，2007 年。

③ 陈志平：《黄庭坚书学研究》中华书局 2006 年版。

④ 沃兴华：《米芾书法研究》，上海古籍出版社 2006 年版。

⑤ 刘微：《蔡襄的书法美学思想研究》，硕士学位论文，山东大学，2010 年。

⑥ 《〈周益国文忠公集〉提要》，文渊阁《四库全书》本。

一　南宋士人“好书”之缘

书法既是一种文化艺术，又是一种重要的社会现象。因此，书法的发展与时代政治及文化特征密切相关。南宋士人“好书”风尚受当时政策导向及时代风貌等方面的影响。

（一）政策导向

1. 政府之“重书”

众所周知，唐代书法发展很大程度上得益于政府推行的“以书取士”政策，如宋人所言：“考之于史，唐之国学凡六，其五曰书学，置书学博士，是以书为教也；又唐铨选择人之法有四，其三曰书，楷法遒美者为中程，是以书取士也。”[①]“以书取士”既包括贡举中的书科，又有吏部铨选之“身、言、书、判”，还有制举中的“书判拔萃”。宋人十分认可“以书取士”制度，“唐以‘身、言、书、判’设科，故一时之士无不习书，犹有晋唐余风。今间有唐人遗迹，虽非知名之人，亦往往有可观”[②]。苏轼亦云：“唐人以身、言、书、判取士，固人人能书此牒。”[③] 宋承唐制，政府在制度设计层面上亦十分重视书法。

一是继承“以书取士”制度。宋代在制举中继续实行“书判拔萃科”。据曹家齐先生考证，“宋代书判拔萃科仅存在于北宋前期，曾两度置废，但性质有所不同。首次设置于建隆三年，属于吏部科目选，应试者须是有出身、有官者。大中祥符元年，因失去科目选意义而被废。第二次设置于天圣七年，属于制举之一科。景祐元年，因不合皇帝亲试的制科规矩再度被废。宋代书判拔萃科有较为严格的考选制度，曾得到认真执行”[④]。由此可知，宋代不仅实施“书判拔萃科”选拔人才，而且还取得了一定成效。据统计，宋初吏铨试“书判拔萃”和“身言书判”，选人总数至少 305 人。其中“书判拔萃”选 37 人，“身言书判”选 268

[①]　马宗霍辑：《书林藻鉴》，文物出版社 2003 年版，第 77 页。
[②]　华人德主编：《历代笔记书论汇编》，江苏教育出版社 2001 年版，第 58—59 页。
[③]　卢辅圣主编：《中国书画全书》，上海书画出版社 2000 年版，第 628 页。
[④]　曹家齐：《宋代书判拔萃科考》，《历史研究》2006 年第 2 期。

人①。此外，宋代还继承铨试中的"身、言、书、判"制，"仁宗天圣元年夏四月壬戌，令翰林学士李格与吏部流内铨以成资闭差拟，于是前怀安军判官宋若谷等六十五人咸第迁官，改京秩者六人，最下者犹注近地。成资阙后卒以为常。其试判用铨奏，每道刑名具为通，七分以下为粗，不满三分为不。又考辞理、书札之次，书于卷首：优、稍优、次、低次、纸缪凡五等。二通一粗而辞理书札俱优为上，一通二粗或二通一不而辞理书札并稍优为中，三粗或二粗一不、二不一粗而辞理书，俱次或低次纸缪为下，辞理无所取而刑名通、书札优亦中下。其超资、加阶、循资、殿年，如旧制。判中下、二不一粗辞理书札低次纸缪者注久阙官"②。受此导向影响，宋代士人学习书法者增多，正如宋人朱长文所言："自天圣、景祐以来，天下之士悉于书学者稍复兴起。"③

二是设置书法学校。酷爱书法的宋徽宗在臣僚建议下始置"书学"，极大地促进了书法的发展，"崇宁三年六月十一日，都省言：'窃以书之用于世久矣。先王为之立学以教之，设官以达之，置使以谕之，盖一道德，谨守法，一同天下之习。世衰道微，官失学废，人自为学，习尚非一，体画各异，殆非所谓书同文之意。今四方承平，未能如古，盖未有校试劝赏之法焉。今欲仿先王置学设官之制，考选简拔，使人人自奋，有在今日。所有图画之技，朝廷图绘神像，与书一体，令附书学，为之校试约束，谨成《书画学放令格式》一部，冠以'崇宁国子监'为名。并乞赐施行。'从之。始置书画算学"④。徽宗对入学学生有特别要求，"书学生，习篆，隶，草三体，明《说文》、《字说》、《尔雅》、《博雅》、《方言》，兼通《论语》、《孟子》义，愿占大经者听，篆以古文、大小二篆为法，隶以二王、欧、虞、颜、柳真行为法，草以章草、张芝九体为法"⑤。同时，还配备了书法博士作为管理书学的职官，米芾便因书画超绝被徽宗任命为书学博士，并时常与徽宗探讨书法，"米元章为书学博士，一日上幸后苑……遂召芾至，出乌丝栏一轴，宣语曰：'知卿能大书，为朕竟此轴。'芾拜舞讫，即给袖舐笔伸卷，神韵可观，大书二十言

---

① 李慧斌：《宋代制度层面的书法史研究》，博士学位论文，吉林大学，2009 年。
② 李焘：《续资治通鉴长编》，中华书局 1985 年版，第 2279 页。
③ 《历代书法论文选》，上海书画出版社 1979 年版，第 352 页。
④ 黄以周：《续资治通鉴长编拾补》，上海古籍出版社 1986 年版，第 276—277 页。
⑤ 《宋史》，中华书局 1986 年版，第 3688 页。

以进"①。

三是设置书法官职机构。宋代设置了较为完备的翰林书待诏制度，早在太宗朝即开始选拔善书者入翰林，并示以优待，"太平兴国中，选善书者七人，补翰林待诏，各赐绊、银鱼袋，钱十万，并兼御书院祗候，更配两院，余者以次补外官。自是内署书诏，笔体一变，灿然可观，人用传宝，远追唐室矣"②。此后，学士院中一直设有地位隆显的书待诏制，"凡学士院置待诏十人。国初承旧制，翰林待诏六人，写书诏。旧制：月俸九千，春冬给衣。又有隶书待诏六人，写签题封角，月俸止六千，谓之'东头待诏'"③。

2. 君主之"好书"

历史上，君主"临轩之余，留心翰墨"较为常见，如汉武帝、魏武帝、唐太宗、南唐后主李煜均"好书"且"善书"。尤其唐太宗"方天下混一，四方无虞，乃留心翰墨。粉饰治具。雅号王羲之字，心摹手追，出内帑金帛，购人间遗墨，得真行草二千二百余纸来上。万几之余，不废模仿"④。宋代君主"好书"则超越往代，宋高宗总说："本朝士人自国初至今，殊乏以字画名世，纵有不过一二数，诚非有唐之比。然一祖八宗皆喜翰墨，特书大书，飞白分隶，加赐臣下多矣。余四十年间每作字，因欲鼓动士类，为一代操觚之盛。"⑤宋徽宗喜好书法人所共知，"国朝诸王弟多嗜富贵，独祐陵在藩邸时玩好不凡，所事者惟笔研、丹青、图史、射御而已"⑥。其书法在历代君王中亦堪称卓绝，"万机之余，翰墨不倦。行、草、正书笔势劲逸，初学薛稷，变其法度，自号'瘦金书'，意度天成，非可以形迹求也"⑦。受父亲影响，宋高宗亦钟爱书法，"昔余学太上皇字，倏忽数岁"⑧。书法成为其日常生活一部分，"余自魏、晋以来至六朝笔法，无不临摹。或萧散，或枯瘦，或道劲而不回，或秀逸而特立，众体备于笔下，意简犹存于取舍。至若《楔帖》，则测之盖深，拟

① 何薳：《春渚纪闻》，中华书局 1997 年版，第 108 页。

② 江少虞：《宋朝事实类苑》，上海古籍出版社 1981 年版，第 654 页。

③ 傅璇琮主编：《翰学三书》，辽宁教育出版社 2003 年版，第 102 页。

④ 佚名著，范红娟点校：《宣和书谱》，人民美术出版社 2011 年版，第 2 页。

⑤ 赵构：《思陵翰墨志》，文渊阁《四库全书》本。

⑥ 蔡绦：《铁围山丛谈》，中华书局 1983 年版，第 6 页。

⑦ 陶宗仪：《书史会要》，上海书店出版社 1983 年版。

⑧ 陆友：《研北杂志》，台湾商务印书馆 1986 年版。

之益严。姿态横生，莫造其原，详观点画，以至成诵，不少去怀也……余每得右军或数行、或数字，手之不置。初若食口，喉间少甘则已；末则如食橄榄，真味久愈在也，故尤不忘于心手。顷自束发，即喜揽笔作字，虽屡易典刑，而心所嗜者，固有在矣。凡五十年间，非大利害相妨，未始一日舍笔墨。故晚年得趣，横斜平直，随意所适，至作尺余大字，肆笔皆成，每不介意。至或肤腴瘦硬，山林丘壑之气，则酒后颇有佳处。古人岂难到也"①。高宗还在建炎和绍兴初期，大量书写《资治通鉴》《史记列传》《尚书》《孝经》等赠予大臣，并且将书法作为一种政治奖赏，赐给得胜归来的将军、大臣以及及第进士。太学建成之际，他将所书《六经》数十万字刊石。故有学者称："这或许是中国历史上，将艺术手段运用到政权统治并得以完美结合的最佳范例了。"② 宋代君主"好书"不仅体现在日常书写，而且广搜天下法书，同时积极鼓励士大夫专注于此。毋庸置疑，君主的影响和鼓励，极大地激发了宋代士人的书法热情。

（二）时代风貌

1. "学书为乐"的书法观念

宋代是中国传统社会一个重要转型期，日本学者内藤湖南曾提出著名的"唐宋变革论"，称"在中国，具有那样内涵的近世，当起于宋代以后，而至宋代为止，是从中世走向近世的过渡期"③。的确，宋代商品经济的发展促使文化趋于开放多元，"此际的文学艺术，也正是在此波澜壮阔的风云激荡中，形成了自己鲜明的时代特色。其中，作为具有悠久历史传统的书法艺术，更是在十一世纪社会生活的密切连接与时代情绪的遥相呼应里，脱化出一种迥异于前人的个性与风格，成为中国书法史上又一座矗立的高峰"④。

宋代书法渐趋摆脱唐代的功利，成为士人"性好于此""优游于此"的艺术自觉。如欧阳修说："欲寓其心以消日，何用较其工拙，而区区于

① 《历代书法论文选》，上海书画出版社 1979 年版，第 365 页。
② 方爱龙：《南宋书法史》，上海古籍出版社 2008 年版，第 10 页。
③ ［日］内藤湖南著，夏应元选编：《中国史通论》，社会科学文献出版社 2004 年版，第 323 页。
④ 王登科：《书法与宋代社会生活研究》，博士学位论文，吉林大学，2010 年。

此，遂成一役之劳，岂非人心蔽于好胜邪。"① 欧阳修还提出"学书为乐"主张，"有暇即学书，非以求艺之精，直胜劳心于他事尔。以此知不寓心于物者，真所谓至人；寓于有益者，君子也；寓于伐性泊情而为害者，愚惑之人也。学书不能不劳，独不害情性耳。要得静中之乐者，惟此耳"②。"学书为乐"的书法观念随即得到士人广泛响应，同时它也汇成了风靡当时、播传后世的一种"清流时尚"。这种"清流时尚"同时又作为一种新的书法标准，改变和影响了有宋一朝书法的发展与风格的形成③。

2. "时常问道"的家学氛围

书法艺术的发展除了受政治环境和社会风尚影响外，还与家学氛围关系密切。宋代出现了众多书法世家，如北宋江西有"南丰七曾"——曾巩、曾肇、曾布、曾纡、曾纮、曾协、曾敦，南宋书法家吴说亦受家学影响，父亲吴师礼"工翰墨，帝（徽宗）尝访以字学，对曰：'陛下御极之初，当志其大者，臣不敢以末伎对。'闻者奖其得。吴氏又富于体"④。这说明家学氛围对书法的兴盛助益颇显。

周必大出身仕宦之家，周氏原为郑州管城巨族⑤。他从小因父辈的熏染而喜欢书法，父亲周利建书法造诣颇高，不仅家藏诸多名帖，"家藏京师旧石刻两卷，真行草毕，备妙绝一世"⑥。而且还善于模仿蔡襄书法。周必大祖父周诜曾为涪州使君李昌年撰写墓志铭，铭文便由周利建书丹⑦。同时，周必大堂兄周必正也"好书善书"，陆游称其"书有古法，四方丰碑巨匾多出公笔"⑧。因此，他时常与堂兄交流书法，"某与家兄子中自少喜收法书，前后得右军（王羲之）褉帖其以十数计"⑨。并时常问道于堂兄，"予于书懵然甚暗，而季兄子中笔法绝高，常问道焉"⑩。由此

① 《历代书法论文选》，上海书画出版社 1979 年版，第 309 页。
② 欧阳修：《文忠集》卷一二九，文渊阁《四库全书》本。
③ 王登科：《书法与宋代社会生活研究》，博士学位论文，吉林大学，2010 年。
④ 王明清：《挥麈后录》卷三，四部丛刊续编本。
⑤ 《宋史》，中华书局 1986 年版，第 11965 页。
⑥ 周必大：《庐陵周益国文忠公集》（以下简称《文忠集》）卷四七，清道光二十八年欧阳棨瀛塘别墅藏版，咸丰元年续刻本，南京图书馆藏。
⑦ 《文忠集》卷一七。
⑧ 陆游：《渭南文集》卷三八，四部丛刊初编本。
⑨ 《文忠集》卷四八。
⑩ 《文忠集》卷一六。

可知，周必大祖父、父亲以及堂兄等家族成员均"善书"，这种浓厚的家学氛围成为其"爱书"的源动力，"时常问道"又促使其书法水平长进迅速。可以说，两宋像周必大这样具有家学的士人较为普遍，家学是士人学习和传承书法最直接、最有效的方式。

二　南宋士人"好书"取向

书法政策的推行，君主普遍好书的倾向，"学书为乐"的书法观念及书法家学的氛围是南宋士人"好书"风尚形成的重要推动力。同时，宋代士人的"好书"取向也较为多元，大家所熟知的如"修身养性""雅好游娱""学术研究"和"文化传承"等，学界已有提及①。除此之外，书法于宋代士人而言既是仕进中受知于君的才能展现，又是日常生活中收获友情的方式。

（一）受知于君的"好书"

前已述及，宋代君主普遍具有"好书"倾向，这种文化主旋律极大影响着朝野上下，士人们循此风尚，积极钻研书法，以此作为受知君主的重要方式。

周必大初入仕途被高宗赏识源于文笔书写能力，绍兴二十七年（1157），高宗看到周必大一封书奏后下诏称誉："国家自绍圣以来设词学一科，搜取异能之士，行之既久，所得为多。肆朕中兴，斯文益振，今试于春官者数十辈，而尔以粹文，独与斯选，拔尤若此，升秩匪褒，姑游泮宫，以竢甄擢。"② 周必大亦知高宗喜好书法，只是当时书法水准一般，故工作之余勤于钻研书法，"予往在馆阁，凡古今法书尽见之"③。

孝宗即位后，周必大不仅以"文词"受知，而且书法水平也受孝宗赏识，孝宗多次诏令周必大代其书写重要的碑帖。乾道八年（1172），孝宗让周必大书写抗金名将吴璘神道碑，周必大虽极力推辞，"臣窃以书虽一艺，亦惟素习乃工，臣之不能，众所共悉。倘或强其所短，勒之丰碑，

---

① 王登科：《书法与宋代社会生活研究》，博士学位论文，吉林大学，2010 年。
② 《文忠集》卷首。
③ 《文忠集》卷一六。

深恐上无以称陛下追宠旧勋之心,下无以慰吴挺显扬其亲之意,愿回前命,别付能者"。但孝宗已然认可周必大的书法才能,周必大亦出色完地成了此次写碑任务。淳熙三年(1176),孝宗又命周必大替其撰写抗金名将韩世忠神道碑文。数月后,周必大书写完毕进呈孝宗,随同上奏一封札子称:"臣先奉圣旨,差臣书韩世忠神道碑,今已写成一轴,谨以进呈。惟是字画非工,无以仰副陛下追褒勋旧之意。"① 众所周知,孝宗极力主张抗金,对高宗朝的两位抗金名将吴璘和韩世忠十分赞赏。他坚持让周必大书写这两道碑文,足见其对周必大书法水平的赏识。淳熙年间(1174—1189),孝宗修建了一座宫殿,名之"选德殿","御坐后有大屏,分画诸道,列监司、郡守为两行,各标职位、姓名,又图华夷疆域于屏阴"。建好后,孝宗又让周必大为其撰写记文并将记文书于屏风②。撰写记文反映周必大文笔水平受君首肯,书文于屏则是其书法才能受君赏识,周必大因"文笔"和"书法"受君赏识逐渐成为孝宗最得力助手。因此,士人在随侍酷爱书法的君主时,其书法才能的凸显无疑是受知于君的有效方式。

(二)日常交谊的"好书"

宋代书法发展的重要体现即是书法不断融入士人日常生活。因此,"好书"在士人日常交谊中亦扮演重要角色。周必大从小受社会环境和家学氛围影响钟爱书法,书法由此伴随其一生,在书法世界中他也收获颇多。

一是时常与友人交流探讨书法。周必大初入仕途,工作之余最大爱好是与友人钻研书法。绍兴二十四年(1154),他认识了郎官陈本之,"绍兴乙亥岁,某初仕王畿,陈公之子本之为郎、为监,家藏手泽甚富,每休务,辄求观竟日"③。庆元年间(1195—1200),致仕回到庐陵的周必大常常与友人探讨书法。淳熙元年(1174),曾三异将所藏米芾书帖带来,两人一同探讨,周必大撰写题跋④。庆元元年(1195),曾三异将所藏颜鲁公书撰杜济神道碑敬赠给周必大,周必大仔细观摩后为此碑写下题记,"右颜鲁公书撰杜济神道碑,沉着端重,真可入木八分"。庆元二

---

① 《文忠集》卷一二三。
② 潜说友:《咸淳临安志》卷一,文渊阁《四库全书》本。
③ 《文忠集》卷一八。
④ 《文忠集》卷一六。

年 （1196），他又将所藏欧阳修所跋的杜济神道碑带给周必大，周必大欣然写下跋语："右六一先生跋杜济神道碑，盖《集古》第四百五卷也。今吉水县乡贡进士曾三异有此碑而未残缺，其文可读，得非嘉祐以前旧本欤。"① 嘉泰元年 （1201），周必大又为曾三异所藏两幅古帖题写跋语，一幅是范纯仁书帖，一幅是石延年书帖。嘉泰二年 （1202），周必大看到曾三异所藏黄庭坚晚年帖后亦欣然写跋语②。

二是时常为友人撰写书帖。周必大长期从事翰墨之职，且有机会与诸多书家交流、探讨书法，故其书法水平和影响逐渐增大。其书法不仅受知于君，而且受到众多士人赞誉。金华人王柏在看周必大所写书帖后称："益公之字端重谨密，如其为人，此犹中年之作也。每观退傅帖，无异往昔，此其常德，尤可叹服。于此又识前辈，后进爱敬，两尽其道。足为世之法矣。"③ 考史可知，周必大从绍兴末年入仕到嘉泰四年 （1204）去世的四十年间，为友人撰写书帖近百篇。有为家乡友人撰帖。隆兴二年 （1164），周必大应吉州郡丞黄季文之邀为其祖父黄仲的行状书写跋语，乾道三年 （1167），周必大受家乡友人相邀为庐陵前贤王庭珪诗文题写跋语④。有为后辈撰帖。绍兴三十二年 （1162），三衢 （今浙江衢州）柴鸿举秀才编著《易索隐》若干卷，《刍言》四卷，请周必大为其著作书写跋语，周必大赞赏其学识，欣然撰写跋语相送，"三衢柴鸿举著《易索隐》若干卷，《刍言》四卷，可谓勤且博矣。夫谈禅不必病戒律，用兵不必废行伍，讲解会粹之学有功于道，岂少哉？子夏曰'日知其所亡，月无忘其所能。'此鸿举之志也。故为发明之"。隆兴元年 （1163），周必大应湖州沈寿冈之邀为其祖父墓志铭书写跋语⑤。绍熙元年 （1190），周必大应泉江 （今江西遂川）王种学和王绩文之邀为其祖父王嘉谟的书帖题跋。有趣的是，周必大观看书帖后方知，自己数十年前在该贴上已为王嘉谟书写过跋语⑥。可以说，不论是入仕在朝，还是致仕在乡，周必大都乐于与友人交流书法，乐于为友人撰写书帖，久而久之，这已成为其日

---

① 《文忠集》卷四六。
② 《文忠集》卷四五。
③ 王柏：《鲁斋集》卷一三，文渊阁《四库全书》本。
④ 《文忠集》卷一六。
⑤ 《文忠集》卷一六。
⑥ 《文忠集》卷一八。

常生活的一部分，既丰富了生活，又收获了友情，这应该是士人"好书"的重要表征。

结　语

历史悠久的中国书法在一代又一代书家努力下传承与发展。宋代特殊的历史环境使书法出现新的风貌，"书学以文学观念新变、参与人数众多、著述丰富、成就高深等为特色，而成为成为中国书法理论发展史上的第二座高峰"①。的确如此，宋代在继承汉唐书法传统的基础上，出现了一些新现象，宋代君主和士人的"好书"风尚即是显例。考史可知，宋代君主"好书"情怀超越往代。宋高宗所称"一祖八宗皆喜翰墨"的倾向的确让书法获得了良好的发展环境。宋太宗"好书"屡被提及，"太宗方在跃渊，留神墨妙。断行片简，已为时人所宝。及既即位，区内砥平，朝廷燕宁，万机之暇，手不释卷，学书至于夜分而夙兴如常……帝善篆、隶、草、行、飞白、八分，而草书冠绝。尝草书《千文》勒石于秘阁。又八分《千文》及大飞白数尺以颁辅弼，当世工书者莫不叹服"②。"（太宗）始即位之后，募求善书者，许自言于公车，置御书院。首得蜀人王著，以为翰林侍书。时吕文仲为翰林侍读，与著更宿禁中。每岁九月后，夜召侍书、侍读及待诏书艺于小殿，张烛令对御书字，亦以询采外事，常至乙夜而罢。是时禁庭书诏，笔迹丕变，铲五代之芜，而追盛唐之旧法，粲然可观矣。"③ 宋徽宗被公认为历代君主中书法成就最高的一位。宋高宗亦是书法卓绝之君，"中兴初，思陵（高宗陵寝）以万几之暇垂意笔法，始好黄庭坚书，后复好公（米芾）书，以其子敷文阁直学士友仁待清燕，而宸翰之体遂大变，追晋蹑唐，前无合作"④。"思陵妙悟八法，留神古雅，当干戈俶扰之际，访求法书名画，不遗余力。清闲之燕，展玩摹拓不少怠。"⑤ 受此影响，南宋诸帝均爱好书法，如孝

① 方爱龙：《南宋书法史》，上海古籍出版社 2008 年版，第 331 页。
② 欧阳修：《文忠集》卷四，文渊阁《四库全书》本。
③ 杨仲良：《续资治通鉴长编纪事本末》，北京图书馆出版社 2003 年版，第 4245 页。
④ 岳珂：《宝真斋法书赞》，中华书局 1986 年版，第 272 页。
⑤ 田汝成著，陈志明校：《西湖游览志馀》，东方出版社 2012 年版，第 14 页。

宗"书有家庭法度",光宗"亦能书",宁宗"书学高宗",理宗"其书亦从高宗家法中来",度宗"书法体制,不失家教"①。

  与此同时,宋代书法还摆脱了唐代实用、功利的色彩,加速了"文人化"进程,士大夫阶层也将其生活情趣、精神境界、人格理想一寓于书,书法成为士人生活中不可或缺的雅好,有宋之际的文人士夫,勿论工拙,皆以"好书"为尚②。史称"自唐末兵戈之乱,儒学文章扫地而尽。圣宋兴百余年间,雄文硕学之士相继不绝,文章之盛,遂追三代之隆。独字书之法寂寞不振,未能比踪唐室,余每以为恨"③。从南宋著名政治家、文学家和学者周必大的个案可知,从小在家族中所感受的浓厚书法氛围是引领其"爱书"的源动力。入仕后,时常陪侍在喜好书法的君主身边,且能与书家共同探讨交流书法,无疑是促成其"好书",并将书法融入日常生活的重要推动力。由此,书法不仅是宋代士人"修身养性""雅好游娱""学术研究"和"文化传承"的重要方式,而且还是他受知于君的重要途径,当然也在其日常交谊中发挥重要作用。因此可以说,宋代书法史是一部由君主和士人"好书"构成的书法史。

[原载《国际社会科学杂志》(中文版) 2016 年第 3 期]

---

① 方爱龙:《南宋书法史》,上海古籍出版社 2008 年版,第 31 页。
② 王登科:《书法与宋代社会生活研究》,博士学位论文,吉林大学,2010 年。
③ 欧阳修:《文忠集》卷四,文渊阁《四库全书》本。

宋代枢密直学士考论

河南大学历史文化学院　田志光

北宋沿袭五代继续设置"枢密直学士"一衔，至南宋绍兴时期废置，宋代枢密直学士的职权与地位经历了多次变化。入宋后，枢密直学士与端明殿学士承担着"为侍从、备顾问、掌机务"的职责，太宗时期，枢密直学士的地位又获提升，职权有了新的变化。从真宗时期开始，随着枢密直学士大量外任，枢密直学士从具有众多职能的职事官逐渐转变为完全意义上的帖职。枢密直学士职责与性质变化主要发生在北宋的太祖、太宗、真宗三朝，之后枢密直学士的帖职性质逐渐确定，直至南宋废罢此职。

"枢密直学士"一职始设于五代后唐时期。后梁太祖朱温曾改枢密院为崇政院，设崇政使、副使，开平二年（908），置直学士 2 员。后唐同光时复崇政院为枢密院，改崇政院直学士为枢密直学士，置枢密直学士 1 人，"枢密直学士"一名自此始。[①] 之后的晋、汉、周各朝均设此职。入宋后，枢密直学士一职仍沿置。

宋代枢密直学士的职能与地位经历了多次变化，主要发生在北宋太祖、太宗与真宗三朝。太祖前期，枢密直学士与端明殿学士承担着"为侍从、备顾问、掌机务"的职责，中后期则成为官员的一种带职。太宗时期，枢密直学士地位又获提升，职能有了新的变化。从真宗时期开始，随着枢密直学士大量外任，枢密直学士从拥有较多职能的职事官逐渐转变为完全意义上的帖职。徽宗政和四年（1114）八月至十月，枢密直学士曾短暂改称述古殿直学士，其帖职性质依旧。南宋绍兴中期以后，枢密直学士置而不授，仅存其名。

关于宋代的枢密直学士，学界迄今尚无专篇论述，仅见有李昌宪先

---

① 孙逢吉：《职官分纪》卷一五之《枢密直学士》，中华书局 1988 年版，第 359 页。

生《宋代文官帖职制度》一文对宋代枢密直学士设置情况有简要记述。①
龚延明先生《宋代官制辞典》第三编之《附殿阁学士与三馆秘阁门·枢
密直学士》条指出枢密直学士具有职事官和职名的双重性质，并指出南
宋宁宗《庆元条法事类》"职制令"中仍存"枢密直学士"之名。② 具有
职事官职能且最终帖职化的枢密直学士，既有同于一般职名的地方，又
有异于其他殿阁（直）学士之处，其职能与性质随着北宋政治形势的发
展经历了诸多变化，因此该问题尚有进一步探究的空间。

一 宋太祖朝"职事官"化的枢密直学士
——兼论端明殿学士的职能演变

宋代的枢密直学士，学界一般将其归为帖职，性质类似于三馆、秘
阁、诸殿的学士、直学士、直阁等，但是它的这种帖职性质并非设立之
初既有，而是经历了一个变化发展的过程。后唐同光时，枢密直学士设
立之初是一个类似于职事官或是"差遣"性质的职务。此时的"枢密直
学士没有固定的品秩，初居其官者，品秩悬殊很大，最高者可达到正三
品的左散骑常侍，而最低者仅为从八品的左拾遗，一般则为从五品上的
各部郎中"③。五代时期的枢密直学士掌管诸多实际政事，在国家政务决
策和处理中发挥了重要作用。后唐明宗之前的枢密直学士"承领文书，
参掌庶务"，明宗天成元年（926）四月以成德军中门使安重诲为枢密
使，天成三年（928）五月，安重诲推荐文士史圭为枢密直学士，并可"升殿
侍立"，以"备顾问"④。后来枢密直学士获得了"谋议"的权力，即参
与军政事务的决策。后唐清泰时枢密直学士要"宿于禁中"，常与皇帝共
议军国大事，时任枢密直学士的"吕琦内宿于内廷，琦因从容密问国家
运祚"⑤。这在一定程度上侵夺了枢密使的权力。之后的枢密直学士薛文
遇和副使刘延朗"居中用事，（枢密使房）嚣虽处密地，其听用之言，十

---

① 李昌宪：《宋代文官帖职制度》，载《文史》总第 30 辑，中华书局 1988 年版。
② 龚延明：《宋代官制辞典》，中华书局 1997 年版，第 138 页。
③ 参见樊文礼《五代的枢密直学士》，载《烟台师范学院学报》2003 年第 4 期。
④ 《新五代史》卷五六《史圭传》，中华书局 1974 年版，第 649 页。
⑤ 《旧五代史》卷一三一《赵延义传》，中华书局 1976 年版，第 1730 页。

不得三四"①。此虽非常态，但也说明了五代时期枢密直学士地位的重要和职权的不断加重，从而成为天子的近臣。后唐除了沿置枢密直学士参与政务外，于天成元年（926）五月又设置端明殿学士，史载：

> 帝（明宗）目不知书，四方奏事皆令安重诲读之，重诲亦不能尽通，乃奏称："臣徒以忠实之心事陛下，得典枢机，今事粗能晓知，至于古事，非臣所及。愿仿前朝侍讲、侍读、近代直崇政、枢密院，选文学之臣与之共事，以备应对。"乃置端明殿学士。②

引文中所言"近代直崇政、枢密院"即指后梁以来至庄宗同光时期所设置的直崇政院、崇政院直学士或枢密直学士，而端明殿学士的设置缘由及其职能与枢密直学士类似，承担共议政事、以备应对的职责。此外，明宗还命端明殿学士与枢密直学士负责轮修日历，然后送史馆以备纂修。③ 这样他们与皇帝有了更多亲密接触的机会。之后的清泰元年（934）四月，当史馆奏请"凡书诏及处分公事、臣下奏议，望令近臣录付当馆"的时候，末帝又诏："端明殿学士韩昭裔、枢密直学士李专美录送。"④ 此时的端明殿学士与枢密直学士俨然成为皇帝认可的近臣，凡皇帝诏书、群臣奏议、政事文书皆可抄录，这样二者有了更多的了解政务、参与政事的机会。关于五代时期端明殿学士和枢密直学士的性质，宋人有这样的看法：

> 梁改枢密院为崇政院，因置直崇政院。唐庄宗复旧名，遂改为枢密院直学士。至明宗时，安重诲为枢密使。明宗既不知书，而重诲又武人，故孔循始议置端明殿学士二人，专备顾问，以冯道、赵凤为之，班翰林学士上，盖枢密院职事官也。⑤

宋人根据五代时期端明殿学士和枢密直学士的职责与作用，将其归

---

① 《旧五代史》卷九六《房暠传》，第 1277 页。
② 《资治通鉴》卷二七五，中华书局 1956 年版，第 8985 页。
③ 《旧五代史》卷一一四《世宗纪一》，第 1521 页。
④ 《旧五代史》卷四六《末帝纪上》，第 634 页。
⑤ 叶梦得：《石林燕语》卷二，中华书局 1984 年版，第 25 页。

为枢密院的"职事官",而并未将其纳入馆阁(殿)学士一类的职名,说明他们在五代时期负责处理诸多的实际事务,具有职事官或"差遣"的性质。端明殿学士于后晋天福五年(940)曾废置,开运元年(944)又恢复。① 后周世宗柴荣去世后,其子柴宗训以幼龄即位,身为殿前都点检、掌握禁军兵权的赵匡胤代周自立,建立宋朝,是为宋太祖。太祖即位不久,就颁布了一项富有深意的人事任命:

> 建隆元年正月壬戌,归德节度判官宁陵刘熙古为左谏议大夫,掌书记赵普为右谏议大夫、枢密直学士,宋、亳观察判官安次吕余庆为给事中、端明殿学士,摄观察推官太康沈义伦为户部郎中。②

以上刘熙古、赵普、吕余庆、沈义伦等四人均为太祖的亲信、霸府元从。史称"初,上(太祖)领宋镇,普为书记,与节度判官刘熙古、观察判官吕余庆、摄推官沈义伦皆在幕府"③。虽然四人皆为太祖亲随,均由幕职州县官升为朝官,但新的除命还是有所区别的。太祖曾随周世宗南征北战,后又掌管禁军,多参与军政决策,深知枢密直学士、端明殿学士的职能与作用。所以在新的任命中以赵普为右谏议大夫、枢密直学士,吕余庆为给事中、端明殿学士。赵普的"右谏议大夫"和吕余庆的"给事中"为他们所带之官阶,我们知悉唐中期至五代宋初,使职差遣制度盛行,像三省六部九寺五监的正官绝大多数都成为闲散官位,基本无职事,而是以各种名目的差遣管理本司事务,即所谓的"虽有正官,非别敕不治本司事,事之所寄,十亡二三。故中书令、侍中、尚书令不预朝政,侍郎、给事(中)不领省职,谏议无言责"④。因此,赵、吕二人的"右谏议大夫""给事中"虽官阶较优但无实际职事,而枢密直学士、端明殿学士的职衔则是他们参与军机要务的资格和条件。《宋会要籍稿》职官七《枢密直学士》载:"枢密直学士与文明殿学士并掌侍从,备顾问应对。崇德殿受朝,则升以侍立。日会于枢密院,厅事在宣徽院。"⑤

---

① 马端临:《文献通考》卷五四《职官考八》,中华书局 2011 年版,第 3 册,第 1595 页。
② 李焘:《续资治通鉴长编》卷一,建隆元年正月壬戌,中华书局 2004 年版,第 7—8 页。
③ 陈均:《皇朝编年纲目备要》卷一,中华书局 2006 年版,第 3 页。
④ 脱脱:《宋史》卷一六一《职官志一》,中华书局 1977 年版,第 3768 页。
⑤ 徐松等辑:《宋会要辑稿》职官七之一九,中华书局 1957 年版,第 2544 页。

可见枢密直学士和端明殿学士职责的类似、关系的密切以及天子近臣的性质。关于太祖为何要首先重用赵普和吕余庆，史无明文。原因可能是赵普为太祖登基襄助良多，而吕余庆则才干突出①。后来宰相范质在建隆二年（961）七月曾上疏太祖推荐赵、吕二人为相时言道。

> 端明殿学士吕余庆、枢密副使赵普，富有时才，精通治道，经事霸府，历岁滋深，自陛下委以重难，不孤倚任，每因款接，备睹公忠。伏乞授以台司，俾申才用。今宰辅未备，久难其人，以二臣之器能，攀附之幸会，置之此任，孰谓不然。②

太祖在看到这份奏疏后的态度是"嘉纳之"，这也可以看出太祖对赵、吕二人的器重以为朝臣所知，所以入宋不久即任命二人为有实权且被看作天子近臣的枢密直学士和端明殿学士职务。建隆元年（960）五月，太祖下诏亲征反叛的后周旧臣昭义节度使李筠。以枢密使吴廷祚为东京留守，端明殿学士、知开封府吕余庆副之。③ 由此可知，吕余庆在任端明殿学士后又知开封府，这是入宋后端明殿学士一职首次带出朝廷，但未离京师。关于此时吕余庆的职能，现存史籍没有记载，他很可能是既掌管开封府畿内事务，又以端明殿学士之职参与朝廷军政要务。此时的枢密直学士赵普则为亲征李筠的太祖出谋划策，如太祖驻扎在荥阳时，赵普向其建议："贼意国家新造，未能出征。若倍道兼行，掩其不备，可一战而克。"得到太祖采纳。④ 宋太祖赵匡胤此时将亲信元从并富有吏干才能的赵、吕二人安排在枢密直学士、端明殿学士任上应是经过深思熟虑的。以吕余庆为端明殿学士并兼知开封府，负责京师及畿内的军民事务，这对稳定新生的赵宋政权至关重要。赵普任枢密直学士，因此时的枢密使为吴廷祚和魏仁浦，未置枢密副使，吴廷祚为专职枢密使，魏仁浦为宰相兼任枢密使，从职务上看魏仁浦虽兼掌二府，但实际上并未获

---

① 按：宋太祖领同州节制时，即"闻余庆有材，奏为从事"。后太祖历滑、许、宋三镇，余庆皆为宾佐。参见《宋史》卷二六三《吕余庆传》，第9098—9099页。
② 《续资治通鉴长编》卷二，建隆二年七月壬午，第51页。
③ 《续资治通鉴长编》卷一，建隆元年五月丁巳，第16页。
④ 《续资治通鉴长编》卷一，建隆元年五月壬戌，第16页。

得管理枢密院的权力，极少参与枢密院的军政事务。① 这样，仅剩枢密使吴廷祚一人管理枢密院，吴廷祚与宰相范质、王溥、魏仁浦一样同为后周旧臣，虽然吴廷祚对太祖并无二心，入宋后还曾向太祖献策征李筠，但是其毕竟是后周旧臣，并非太祖心腹，太祖对这位"事周祖，为亲校"② 的吴廷祚还是有防范之心的，更何况其掌管枢密院军政，这让"黄袍加身"不久的太祖更是多加小心，所以太祖令赵普任枢密直学士，以此防察、牵制吴廷祚。以上所述太祖亲征李筠时，令吴廷祚为东京留守，而使吕余庆副之，同样可以看出太祖对吴廷祚任用的谨慎。

太祖此时沿用吴廷祚为枢密使与留用后周三相（范质、王溥、魏仁浦）的意义相同，主要是基于政权的平稳过渡，不至于出现后周诸大臣的反对或是不合作的情况，以他们能够仕于新朝作为后周诸臣的表率，在新政权建立之初，这种象征意义远远大于他们能否很好施政的现实意义。待赵宋政权稳定后，过渡意义上的后周旧臣就已完成新朝赋予的使命，其罢免也就顺理成章。而此时太祖"赵匡胤所倚信智囊人物如赵普、吕余庆等，名望资历皆过于卑浅，显然一时尚无法出面主持政务"③。所以枢密直学士、端明殿学士只是赵普、吕余庆担任更重要职务前的过渡职衔，建隆元年（960）八月，李筠叛乱平定后，太祖即以枢密直学士赵普为枢密副使，名正言顺的成了枢密院的副长官。建隆三年（962）十月，枢密使吴廷祚罢，赵普又从副使升为枢密使。吕余庆建隆元年五月以端明殿学士知开封府，然从《开封府题名记》可知，吕余庆任知开封府的时间并不长，当年十月吴廷祚以枢密使判开封府，从上引宰相范质在建隆二年（961）七月上疏太祖时仍称吕余庆为端明殿学士可知，吕余庆离任知开封府后返朝专任端明殿学士一职，后于乾德元年（963）三月以户部侍郎知潭州，乾德二年（964）四月以兵部侍郎参知政事，成为副宰相。太祖的另外两个亲信刘熙古、沈义伦，虽然当时未被委任枢密直学士和端明殿学士，但后来太祖也予以重用，沈义伦于乾德五年（967）二月任枢密副使，开宝六年（973）九月又升任宰相。刘熙古于开宝五年

---

① 参见田志光《试论北宋前期宰辅军事决策机制的演变》，《史林》2011 年第 2 期。
② 《宋史》卷二五七《吴廷祚传》，第 8947 页。
③ 参见陈振主编《中国通史》（白寿彝总编）第七卷《中古时代·五代辽宋夏金时期》，上海人民出版社 1998 年版，第 1362 页；邓小南《祖宗之法——北宋前期政治述略》，生活·读书·新知三联出版社 2006 年版，第 214 页。

（972）二月任参知政事，一年后因足疾致仕。

建隆元年（960）八月赵普由枢密直学士升任枢密副使后，"枢密直学士"作为天子近臣的"备顾问、掌机务"的地位迅速弱化，至建隆、乾德时期枢密直学士则成为一种加职。由于现存史籍没有直接记载其职权弱化的过程，我们只能从枢密直学士的人事任命中来寻找答案，史载："李重进平，以宣徽北院使李处新知扬州，枢密直学士杜韡监州税。"① 平定李重进是在建隆元年十一月以后，太祖即令枢密直学士杜韡监管原李重进所领之扬州税收。这也是赵普之后枢密直学士一职首次带出外任，其天子"近臣"的地位不再。后杜韡虽然又返回朝廷，但其地位、权力并未因其担任枢密直学士而上升，史载：

> 建隆三年秋七月乙丑，枢密直学士、司门郎中杜韡，美风仪，工尺牍，仕周世宗居近职，上章言事，颇中时病，然恃酒不逊。上时典禁卫，每优容之，于是罢为驾部郎中，宰相拟授韡谏议大夫，上不许。②

杜韡为后周世宗的近臣，非太祖亲信，且从前对太祖常有失礼之举，按理太祖不应授予他枢密直学士的要职来接替赵普参掌军政事务。然其实居此职，说明枢密直学士至此已没有赵普任该职时的权力，其次，杜韡枢密直学士所任官阶"司门郎中"的品级仅是从五品上。而赵普枢密直学士所任官阶右谏议大夫的品级是正四品下，两者相差五级，不可同日而语，表明了枢密直学士地位的下降。杜韡被罢去枢密直学士，仅保有"驾部郎中"（从五品上）的阶官留在朝中。这从侧面说明了枢密直学士虽然职权与地位下降了，但此时仍具有一定的荣誉性质，否则杜韡也不会只罢"枢密直学士"，而改为同前品级一样的官阶。以后的枢密直学士多带出赴外就职，如乾德元年（963）四月丙午，以枢密直学士、户部侍郎薛居正权知朗州。③乾德元年五月辛酉，命枢密直学士、尚书左丞高

---

① 《文献通考》卷一四《征榷考一》，第 1 册，第 402 页。
② 《续资治通鉴长编》卷三，建隆三年七月乙丑，第 69—70 页。
③ 《续资治通鉴长编》卷四，乾德元年四月丙午，第 90 页。

防权知凤翔府。[①] 乾德三年二月癸卯,枢密直学士冯瓒权知梓州。[②] 枢密直学士带出外任,不可能再是天子的近臣,以备顾问,参掌机务了,此时完全成为官员的一种带职,标志着该职是"原天子近臣"的一种荣誉象征。

端明殿学士,它的命运与枢密直学士相差无几。如前所述,端明殿学士被带出朝廷是在建隆元年(960)五月,当时吕余庆以端明殿学士、知开封府。不久吕余庆即离任知开封府以"端明殿学士"任职朝廷,后于乾德元年(963)三月以户部侍郎知潭州。之后即未见有人任端明殿学士的记载了,直至开宝元年(968)春正月庚寅,诏刘熙古为端明殿学士、权知成都府。这是入宋后端明殿学士第二次带出朝廷,至开宝五年(972)二月刘熙古返朝以兵部侍郎、参知政事,成为副宰相,其所带端明殿学士一职则被免去。[③] 至此,端明殿学士也成为官员的一种加职,没有实际职掌,作用同于枢密直学士。徐自明《宋宰辅编年录》在记述刘熙古以端明殿学士、兵部侍郎除参知政事时引用《旧典》一段话,说明了"端明殿学士"的作用:"国朝旧制,职掌官外有学士、待制等员,端明殿学士等职,皆为侍从清望之选,并无职掌,多带职以领。在内省府寺监、在外藩方任使。"[④] 刘熙古之后便无人担任"端明殿学士"一职了。太平兴国五年(980)正月,端明殿学士改为文明殿学士,并以礼部侍郎程羽为文明殿学士,班位在枢密副使之下。[⑤] 程羽之后文明殿学士只除李昉一人,以后便不再除人。[⑥] 直到仁宗明道二年(1033),复置端明殿学士,但此时已完全成为帖职。

综上所述,枢密直学士与端明殿学士从五代时期的天子近臣,备顾问、掌机务,入宋后,宋太祖赵匡胤为了稳定政权任命自己的亲信元从担任这两个重要职务,随着政权的稳固和平叛的胜利,太祖将原本资历尚浅的亲随提拔到更重要的职位,逐步进入宰辅行列。所以用来安排"资浅"但有实权的枢密直学士和端明殿学士便失去了意义。以至于太祖

① 《续资治通鉴长编》卷四,乾德元年五月辛酉,第91页。

② 《续资治通鉴长编》卷六,乾德三年二月癸卯,第148页。

③ 《续资治通鉴长编》卷一三,开宝五年二月庚寅,第280页。

④ 徐自明:《宋宰辅编年录校补》卷一,开宝五年二月庚寅,王瑞来校补,中华书局1986年版,第20页。

⑤ 《续资治通鉴长编》卷二一,太平兴国五年正月庚寅,第471页。

⑥ 《续资治通鉴长编》卷一一三,明道二年八月丁巳,第2633页。

朝后期，这两种职务均成为官员的一种带职，不再具有实际的职权。然而宋太祖去世后，其弟赵匡义即位，是为宋太宗。太宗时期枢密直学士的地位与权力有所变化，而端明殿学士（文明殿学士）则完全成为帖职。

二 宋太宗朝枢密直学士的职能与地位

开宝九年（976）十月癸丑（二十日），宋太祖赵匡胤去世，其弟晋王、开封府尹赵匡义于第二天（甲寅）即位，是为宋太宗。太宗即位疑点颇多，其即位存在诸多争议，可谓得位不正。[①] 所以在其即位后的第三日便下了一道人事任命书：

> 开宝九年十月丙辰（二三日），以开封府判官、著作郎陆泽程羽为给事中、权知开封府，推官、右赞善大夫贾琰为左正谏大夫、枢密直学士，门人襄邑郭贽为著作佐郎。正谏即谏议也，避上名改之。[②]

以上新除命的官员均是太宗的藩邸旧僚：程羽，开宝八年，"领开封府判官。羽性淳厚，莅事恪谨，时太宗尹京，颇以长者待之"[③]；贾琰，"太宗领开封府尹，……时贾琰为推官"[④]；郭贽，"因事藩邸，太平兴国初擢为著作佐郎"[⑤]。太宗即位后迫不及待的提拔藩邸旧僚占据重要位置，这类似于太祖代周后对霸府元从的安排。太宗即位后，开封府尹空缺，因太宗曾任府尹，程羽则任权知开封府。这类似太祖当初对吕余庆的安排，只不过太祖任命吕余庆知开封府是在即位 5 个月后，而太宗是即位伊始就把还是开封府判官（幕职州县官）程羽直接升为"给事中"（朝官，正五品上）权知开封府，掌管京师及畿内事务，这对稳定新政权至

---

① 参见邓广铭《宋太祖太宗皇位授受问题辨析》载《真理杂志》第 1 卷第 2 期，1944 年，后收入《邓广铭治史丛稿》，北京大学出版社 1997 年版，第 475—502 页。
② 《续资治通鉴长编》卷一七，开宝九年十月丙辰，第 382 页。
③ 《宋史》卷二六二《程羽传》，第 9082 页。
④ 《宋史》卷二六三《窦仪附弟偁传》，第 9098 页。
⑤ 《宋史》卷二六六《郭贽传》，第 9174 页。

关重要。太宗对贾琰的除命类似太祖当初对赵普的安排——谏议大夫（正谏大夫）、枢密直学士。贾琰此人"性便佞"①，"能先意希旨"②，当时深得太宗信任，被委以枢密直学士职务。郭贽由无品级的藩邸"门人"晋升著作佐郎（从六品上），后于太平兴国七年（982）四月升任参知政事。这是太宗即位后即颁布的新除命，其中程羽的权知开封府是当然的实权职务，而贾琰的枢密直学士此时是否还类似于太祖后期的性质——荣誉加职？太平兴国元年（976 年，亦即开宝九年，太宗即位，未逾年改元）十二月丁巳（二十五日），以枢密直学士、左正谏大夫贾琰为三司副使。③ 贾琰在任枢密直学士的两个月零两天里，现存史籍没有其以枢密直学士身份参与政治活动的记录，这说明"枢密直学士"此时虽由太宗亲信担任，而其职权似未恢复，但从"太宗即位，……时程羽、贾琰皆自府邸攀附致显要"④ 的记载来分析其地位要较太祖后期为高，成为官员晋升的一个过渡或阶梯。贾琰任三司副使后，便无人再除枢密直学士了，直至太平兴国四年石熙载任枢密直学士后，这一职务的权力和地位才得以根本改变。

太平兴国四年（979）正月，太宗将北征太原提上日程，同月丁亥，太宗"以右补阙石熙载为兵部员外郎、枢密直学士"。6 日后的癸巳，又命枢密直学士石熙载签署枢密院事。⑤ 太宗此时为何作这一委任，我们稍作分析，《宋史》卷二六三《石熙载传》言：

> 宋初，太宗以殿前都虞候领泰宁军节制，辟为掌书记。及（太宗）尹京邑，表为开封府推官，授右拾遗，迁左补阙。丁外艰，将起复，以谏出为忠武、崇义二军掌书记。太宗即位，复以左补阙召，同知贡举。时梅山洞蛮屡为寇，以熙载知潭州。召还，擢为兵部员外郎，领枢密直学士。未几，签书枢密院事，诏赐官第一区。⑥

---

① 江少虞：《宋朝事实类苑》卷一六，上海古籍出版社 1981 年版，第 189 页。
② 《续资治通鉴长编》卷二一，太平兴国五年十一月戊午，第 481 页。
③ 《续资治通鉴长编》卷一七，太平兴国元年十二月丁巳，第 387 页。
④ 《宋史》卷二六四《宋琪传》，第 9121 页。
⑤ 《续资治通鉴长编》卷二〇，太平兴国四年正月丁亥、癸巳，第 442、443 页。
⑥ 《宋史》卷二六三《石熙载传》，第 9102—9103 页。

从以上记载可知，作为太宗藩邸旧臣的石熙载，非常受太宗器重，太宗即位后即从贬所召至朝廷，属于太宗的亲随侧近之臣。太宗命其出任枢密直学士、签署枢密院事，可以进一步控制枢密院以配合太宗的北伐战略，这是太宗在北伐前对枢密院人事所作的一次精心安排。此时担任枢密使的曹彬、楚昭辅虽很配合太宗，也积极参与太宗的北伐决策，但曹、楚二人毕竟是太祖旧臣。在太宗即位后的第一次征讨之前，太宗很想安排一位自己的亲信进入枢密院，也使太宗能够及时地与枢密院进行沟通、协调。在当时枢密副使缺员的情况下，枢密直学士的地位仅次于枢密使。以石熙载为枢密直学士，六日后又以其签署枢密院事，这是宋朝第一次出现"签署枢密院事"一衔，此时的"签署"应为动词，签署枢密院事意味着石熙载可以参与管理枢密院全面事务。石熙载是以枢密直学士的身份签署枢密院事的，这可以从石熙载之后升任枢密副使的诏令中得窥。总之，签署枢密院事为资浅的石熙载掌管更多的枢密院事务提供了保障，赋予了枢密直学士更大的谋议权。

《文献通考》卷五八载："太平兴国四年，以石熙载为枢密直学士，以签书院事；直学士六人，备顾问应对，然未尝尽除。"① 马端临认为此时的枢密直学士再次成为天子"近臣"的角色，承担着"备顾问"和"应对"的职责。在当时的情况下，枢密使楚昭辅"无他才略、性复吝啬"② 且是太祖霸府旧僚，曾"事太祖、隶麾下"③。另一枢密使曹彬虽是武将出身，但其"即无谋略，又不善战，只以忠实循谨著称"④，加之"仁敬和厚"⑤ 的性格，曹彬并不贪权好胜，即"在朝廷未尝忤旨，亦未尝言人过失"⑥。楚、曹二人所处的境遇决定了他们在枢密院长官任上的尴尬局面，此时的石熙载先以枢密直学士后又加带签署枢密院事，掌握着枢密院的实际权力。太平兴国四年（979）四月庚申，以"枢密直学士签署院事、兵部员外郎石熙载为给事中、枢密副使"⑦。石熙载在任枢密

① 《文献通考》卷五八《职官考一二》，第3册，第1713页。
② 《续资治通鉴长编》卷二二，太平兴国六年十一月己未，第506页。
③ 《宋史》卷二五七《楚昭辅传》，第8959页。
④ 张其凡：《庸将负盛名——略论曹彬》，载《宋史研究论文集》，浙江人民出版社1987年版，后收入氏著《宋代人物论稿》，上海人民出版社2009年版，第424页。
⑤ 《宋史》卷二五八《曹彬传》，第8982页。
⑥ 曾巩：《隆平集校证》卷九《枢密曹彬》，王瑞来校证，中华书局2012年版，第284页。
⑦ 《续资治通鉴长编》卷二〇，太平兴国四年四月庚申，第448页。

直学士的 3 个月后成为枢密副使，太平兴国六年（981）九月又升任枢密使，石熙载的升迁路径与太祖初期的赵普异曲同工。

继石熙载担任枢密直学士的是窦偁，太平兴国五年（980）十一月癸亥，"以（窦）偁为比部郎中。时方议北征，偁因抗疏请还都，休士养马，徐为后图，上悦其言。及至自大名，以偁为枢密直学士"①。窦偁与以上担任枢密直学士的贾琰、石熙载一样，也是太宗的藩邸旧僚，史载："周广顺初，（窦偁）登进士第，其后同与贾琰在开封府晋王幕下。"② 作为藩邸旧僚的窦偁为人刚直正派，敢于直言，《宋史》卷二六三《窦偁传》载："太宗领开封府尹，选（窦）偁判官，时贾琰为推官，不乐其为人。太宗尝宴诸王，偁、琰与会，琰言矫诞，偁叱之曰：'巧言令色，心独不愧乎！'上愕然，因罢会，出偁为彰义军节度判官。"③ 这也是太宗欣赏他的原因。太平兴国六年升迁窦偁官阶为左谏议大夫，继续任枢密直学士。太平兴国七年（982）四月，以左正谏大夫、枢密直学士窦偁为参知政事，正式成为宰辅集团成员。关于窦偁的这次除命，史载：

> 上谓偁曰："汝自揣何以致此？"偁曰："陛下念藩邸之旧臣，出于际会。"上曰："非也，乃汝尝面折贾琰，赏卿之直尔。"偁顿首谢。④

窦偁任参知政事后本来可以发挥更大的作用，可惜他于该年十月就病逝于任上。窦偁之后担任枢密直学士的是张齐贤和王沔。张齐贤担任枢密直学士的具体时间，史未明言，据《容斋随笔》四笔卷一三载："（张）齐贤以太平兴国二年方登科，六年为使者，八年还朝由密学拜执政。"⑤ 可知，他是在太平兴国八年返朝任密学一职的，在任该职前张齐贤的职务是"江南西路转运使"⑥。而王沔也是在太平兴国八年由知怀州

---

① 《续资治通鉴长编》卷二一，太平兴国五年十一月癸亥，第482页。
② 杜大珪编：《名臣碑传琬琰之集》下卷八《窦参政偁》，文渊阁《四库全书》本，第450册，第719页。
③ 《宋史》卷二六三《窦仪附弟偁传》，第9098页。
④ 《续资治通鉴长编》卷二三，太平兴国七年四月甲子，第515页。
⑤ 洪迈：《容斋随笔》四笔卷一三《国初救弊》，中华书局2005年版，第784页。
⑥ 《宋史》卷二六五《张齐贤传》，第9152页。

任上被擢升为枢密直学士。① 关于张齐贤、王沔任枢密直学士，与太宗之前提拔任此职的人员有所不同，他们不是太宗的藩邸旧僚，并非亲信，太宗任用二人也许有其他方面的原因。张齐贤"孤贫力学、有远志"②，青年时曾以平民身份觐见太祖，针对时局陈言献策，应对慷慨自然，受到太祖好评。后太宗即位，对张齐贤亦十分赏识，如太平兴国二年张齐贤考进士时，"上（太宗）决欲置之高等，而有司第其名适在数十人后，上不悦，乃诏进士尽第二等及九经凡一百三十人，悉与超除，盖为齐贤故也"③。这是入宋后皇帝第一次专为一名考生而破例超除如此多的人，这为太宗日后重用张齐贤做了铺垫。④ 王沔，齐州人，太平兴国初年中进士，授大理评事，他与太宗结识是在太平兴国四年，时太宗亲征太原，"见（王沔）于行在，授著作郎、直史馆"⑤。留在朝中任职，后历任京西转运副使、知怀州。太宗重用王沔，可能因王沔常以"甘言悦人"⑥，以及"聪察敏辩，善敷奏，有适时材用"⑦，"敏于裁断"⑧，简言之，王沔的才干和善于迎合得到了太宗的认可，所以才授予其枢密直学士的要职。太平兴国八年（983）九月丁丑，太宗"以河决未塞，遣枢密直学士张齐贤乘传诣白马津，用太牢加璧以祭"⑨。这是现存史籍所载的张齐贤任枢密直学士后所从事的第一件政治活动——作为天子特使，代天子祭告天地。这是枢密直学士作为天子"近臣"形象的真实写照。

太平兴国八年十一月壬申，"以翰林学士李穆、吕蒙正、李至并为左谏议大夫、参知政事，枢密直学士张齐贤、王沔并为右谏议大夫、同

① 《宋史》卷二六六《王沔传》，第9180页。
② 《宋史》卷二六五《张齐贤传》，第9150页。
③ 《续资治通鉴长编》卷一八，太平兴国二年正月丙寅，第394页。
④ 按：太宗重用张齐贤也可能是因为太祖的一席话，史载："太祖幸西都，齐贤以布衣献策于马前，召至行宫，问以所言，齐贤条陈十策：一下并汾、二富民、三封建、四教孝、五举贤、六太学、七籍田、八遣吏、九惩奸、十详刑。应对明辩，略无惧色，太祖赐束帛而遣之。归，谓太宗曰：'吾幸西都得一张齐贤，朕不欲爵之以官，异时可使辅汝为相也。'"见王称《东都事略》卷三二《张齐贤传》，齐鲁书社2000年版，第262页。由于太宗得位不正，在即位后竭力标榜太祖决意传位于己的主张，所以重用张齐贤也就成为太宗继统合法的一块招牌，淳化二年太宗便将历任枢密直学士、签署枢密院事、枢密副使、参知政事的张齐贤任命为宰相。
⑤ 《宋史》卷二六六《王沔传》，第9180页。
⑥ 王称：《东都事略》卷三六《王沔传》，第286页。
⑦ 《续资治通鉴长编》卷三一，淳化元年四月甲寅，第700—701页。
⑧ 文莹：《玉壶清话》卷八，中华书局1981年版，第77页。
⑨ 《续资治通鉴长编》卷二四，太平兴国八年九月丁丑，第554页。

（"同"疑为衍字）签署枢密院事"①。"签署枢密院事"在枢密院的地位、权力类似枢密副使，同为枢密院的副长官，张齐贤、王沔任枢密直学士几个月后即升迁，以右谏议大夫签署枢密院事。这次与张齐贤、王沔同时升迁为执政的还有翰林学士李穆、吕蒙正、李至。"翰林学士"一职在宋代是公认的天子近臣，内宿宫中，备顾问、出入侍从，负责草拟重大的内制诏令，即"掌内庭书诏，指挥边事，晓达机谋，天子机事密命在焉"②，成为"执政四入头"③ 之一，太宗曾感慨"学士之职，清切贵重，非他官可比，朕尝恨不得为之"④。太宗将任翰林学士和枢密直学士的臣僚等同观之，升迁任翰林学士的官员之本官阶为左谏议大夫（正四品下），升迁任枢密直学士的官员之本官阶为右谏议大夫（正四品下），差遣一为参知政事，一为签署枢密院事，均是二府（中书门下和枢密院）的副长官，均进入执政序列。由此可见，在太宗朝作为天子近臣的枢密直学士地位之高，仅次于翰林学士。这种情况也反映在天子曲宴酒会的名次安排上，史载：

> 雍熙二年（985）四月丙子，召宰相，参知政事，枢密，三司使，翰林，枢密直学士，尚书省四品、两省五品以上，三馆学士，宴于后苑，赏花钓鱼，张乐赐饮，命群臣赋诗、习射。自是每岁皆然。赏花钓鱼曲宴，始于是也。⑤

可见，除了宰辅大臣（宰相、参知政事、枢密使副）和有"计相"之称的三司使外，翰林学士与枢密直学士紧随其后，又如淳化四年（993）十一月丁卯，因武宁节度使曹彬来朝，太宗慰劳曹彬并设宴于长春殿，诏"翰林学士钱若水、枢密直学士张咏并赴宴。"⑥ 淳化五年

---

① 《续资治通鉴长编》卷二四，太平兴国八年十一月壬申，第558页。按：此处"同签署枢密院事"之"同"疑为衍字，参见梁天锡《宋枢密院制度》附录"北宋枢密表"之注释52的分析，台北黎明文化事业股份有限公司1981年版，第1084—1085页。

② 《文献通考》卷五四《职官考八》，第3册，第1583页。

③ 洪迈：《容斋随笔》续笔卷三《执政四入头》，第253页。

④ 《续资治通鉴长编》卷三四，淳化四年五月丙午，第749页。

⑤ 《续资治通鉴长编》卷二六，雍熙二年四月丙子，第595—596页。

⑥ 《续资治通鉴长编》卷三四，淳化四年十一月丁卯，第759页。

（994）六月甲辰，又规定翰林学士、枢密直学士序立班位在丞郎之上。①
此外，二者除了本职工作还受委任掌管其他部门，如淳化四年（993）五
月丁未，以审官院管辖京朝官差遣院。太宗令翰林学士钱若水、枢密直
学士刘昌言同知审官院，负责"考覆（官员）功过，以定升降"②。通过
以上分析可知太宗朝枢密直学士与翰林学士的地位十分相近，受重视的
程度几乎等同。继张齐贤、王沔之后任枢密直学士的是寇准和温仲舒。
关于寇准的除任，史载。

> 初，左正言，直史馆下邽寇准承诏极言北边利害，上器之，谓
> 宰相曰："朕欲擢用准，当授何官？"宰相请用为开封推官。上曰：
> "此官岂所以待准者耶？"宰相请用为枢密直学士。上沉思良久，曰：
> "且使为此官可也。"（端拱二年）秋七月己卯，拜虞部郎中、枢密直
> 学士。③

太宗对寇准的赏识及君臣际会由来已久，④ 这次因其上章陈述北部边
防备御而使太宗更加器重，当宰相建议授予寇准开封府推官时，太宗认
为官爵太小不足以示重用之意，于是宰相看出了太宗的意思，而改授太
宗一向用来安排亲信或是资浅而有才干的枢密直学士，由此也可以看出
宰臣们深知太宗是很重视枢密直学士一职的。此外，寇准任枢密直学士
的同时还兼"判吏部东铨"⑤。吏部东铨即吏部流内诠，负责幕职州县官
的选调之事。关于温仲舒的履任，《隆平集校证》卷六言："太平兴国三
年，（温仲舒）登进士第，尝摈废久之，因言称旨进用。"⑥ 所谓的"因
言称旨"应是端拱二年（989）正月，时太宗"诏文武臣僚各陈备边御戎
之策，右正言、直史馆河南温仲舒章独先上，上悦。乙未，赐仲舒金

① 《续资治通鉴长编》卷三六，淳化五年六月甲辰，第789页。
② 《续资治通鉴长编》卷三四，淳化四年五月丁未，第749页。
③ 《续资治通鉴长编》卷三〇，端拱二年七月己卯，第680页。
④ 参见王瑞来《宋代の皇帝権力と士大夫政治》第五章《使気の寇準》，东京汲古书院
2001年版，第178—179页。
⑤ 《宋史》卷二八一《寇准传》，第9527页。《名臣碑传琬琰之集》上卷二《寇忠愍公准
旌忠之碑》，第12页。
⑥ 《隆平集校证》卷六《参知政事温仲舒》，第218页。

紫"①。而其进用也应在端拱二年正月后，温仲舒任枢密直学士的时间现存史籍未有确切记载。《东都事略》卷三六言："温仲舒，字秉阳，河南人也。举进士为大理评事、通判吉州，迁右正言、直史馆，拜工部郎中、枢密直学士。"② 可知，温仲舒担任枢密直学士是在端拱二年正月右正言、直史馆之任后。《宋史·温仲舒传》载："端拱初，拜右正言、直史馆判户部凭由司。三年，拜工部郎中、枢密直学士知三班院。"③ 此处的"三年"应为"二年"之误，因为如按其升迁的时间顺推此为端拱三年，但端拱纪年只有两年（988—989），如继续顺推也不可能是淳化三年，因为温仲舒在淳化二年四月就由枢密直学士升为枢密副使。又据《容斋随笔·四笔》卷一二载："温仲舒、寇准皆自正言、直馆迁郎中充职，二年并为枢密副使。"④ 综上分析，温仲舒任枢密直学士的时间在端拱二年，具体时间可能与寇准同时或前后相差无几。太宗这次任命寇准与温仲舒为枢密直学士，与其之前所任有些许不同，之前的枢密直学士不带兼职，即使需要枢密直学士临时公干也是实时委派，这次寇准任枢密直学士还兼判吏部流内诠，温仲舒任枢密直学士知三班院，三班院掌低级武臣铨选、差遣以及知县、寨主、走马承受公事等。也就是说寇准、温仲舒在枢密直学士任上除了备顾问、掌机务外，还掌有专门的业务，这也是太宗朝枢密直学士首次兼管其他部门的事务，而枢密直学士的天子近臣的性质并未改变。

淳化二年（991）三月，因天气持续干旱，蝗虫泛滥，太宗冠以天谴而自责，于是"召近臣问时政得失"，枢密直学士寇准对曰：

> 《洪范》天人之际，其应若影响。大旱之证，盖刑有所不平。顷者祖吉、王淮皆侮法受贿，赃数万计。吉既伏诛，家且籍没，而淮以参知政事沔之母弟，止杖于私室，仍领定远主簿。用法轻重如是，亢旸之咎，殆不虚发也。

---

① 《续资治通鉴长编》卷三〇，端拱二年正月癸巳，第666页。
② 王称：《东都事略》卷三六《温仲舒传》，第290页。
③ 《宋史》卷二六六《温仲舒传》，第9182页。
④ 洪迈：《容斋随笔·四笔》卷一二《神宗用人》，第779页。

太宗听后大悟，第二日见到参知政事王沔时即予以责罚。① 这说明枢密直学士作为天子近臣，更容易影响和引导君主的看法，之前曾担任过枢密直学士的王沔也许有相同的经历。淳化二年（991）四月辛巳，枢密直学士温仲舒、寇准并为枢密副使。② 在担任枢密直学士1年9个月后寇准、温仲舒升任枢密副使，进入执政序列。继寇准、温仲舒之后担任枢密直学士的是李昌龄，史载："淳化二年八月丁卯上（太宗）钦恤庶狱，虑大理、刑部吏舞文巧诋，己卯，置审刑院于禁中，以枢密直学士李昌龄知院事。"③ 李昌龄任枢密直学士时间及前后迁转，《宋史·李昌龄传》有如下记载：

> 淮南转运使（李昌龄），转户部员外郎、知广州。……淳化二年代还……召赐金紫、擢礼部郎中，逾月为枢密直学士。……是秋，初置审刑院于禁中，凡狱具上奏，先申审刑院，印付大理、刑部断覆以闻，又下审刑中覆裁决，以付中书，当者行之，否则宰相闻以论决。命昌龄知院事。月余，又权判吏部流内铨，数日，授右谏议大夫，充户部使。④

李昌龄在知广州任上被召回朝廷，本官阶由户部员外郎升为礼部郎中，一个月后又委以枢密直学士一职。现存史籍未有李昌龄任枢密直学士具体时间的记载，他很可能是在淳化二年返朝后，待该年四月寇准、温仲舒升任枢密副使后继任枢密直学士的。同年八月，太宗诏置审刑院，审刑院的设置是太宗加强司法控制的新手段，本来由大理寺审判后经刑部复核的案件，自此还要经过审刑院详议裁决，实际上是在尚书省刑部之上又增加了一级复审机构。审刑院设立于"禁中"更有利于太宗直接干预和控制司法审判和复核环节，审刑院设立之初，太宗即令枢密直学士兼掌院事，可见枢密直学士职位的侧近性质。李昌龄在兼掌审刑院一个多月后，又奉调兼判吏部流内诠，与寇准任枢密直学士时兼职相同。

① 《续资治通鉴长编》卷三二，淳化二年三月己巳，第713—714页。
② 《续资治通鉴长编》卷三二，淳化二年四月辛巳，第714页。
③ 《续资治通鉴长编》卷三二，淳化二年八月己卯，第718页。
④ 《宋史》卷二八七《李昌龄传》，第9652—9653页。

九月，太宗又命李昌龄为三司户部使，掌管其熟悉的老本行——财计工作。① 此后担任枢密直学士的是吕端和刘昌言。吕端乃宋初参知政事吕余庆之胞弟，后周时曾任著作佐郎、直史馆，宋建隆初迁太常丞、知浚仪县，知成都府、开封府判官（太宗弟齐王廷美、太宗子许王元僖任开封府尹时）、卫尉少卿，"历官四十年始大用，淳化四年，参知政事，至道初拜相。太宗尝憾任用之晚"②。吕端入仕四十年后才蒙朝廷重用，之前一直担任地方官或中央低级官员，而他"始大用"的职务就是担任枢密直学士，史载"（吕端）为枢密直学士，逾月，拜参知政事"③。吕端担任枢密直学士一个月后就升为参知政事，成为副宰相，进入执政序列，至道元年四月太宗又升其为宰相，对其十分信任，曾"内出手札戒谕，自今中书事经吕端裁决，乃得闻奏"④。即中书行政事务需经过宰相吕端裁决后方可奏秉太宗。吕端这种"持重、识大体"⑤"大事不胡涂"⑥ 的性格和作风，与太宗晚年休养生息的施政风格相得益彰，这也许是太宗重用吕端的原因所在，而枢密直学士则成为吕端晋升宰执的阶梯。刘昌言在调往朝廷之前，曾为徐州、保信、武信判官、泰宁军节度判官、广南安抚使等职。淳化初年，赵普罢相出知河南府，刘昌言为通判，赵普去世后刘昌言受托精心办理赵普后事，得到太宗赏识。刘昌言为人"捷给诙诡、能揣人主意"，凡奏对"无不称旨"，于是太宗迁刘昌言为"工部郎中，逾月，守本官充枢密直学士，与钱若水同知审官院。二十八日，迁右谏议大夫、同知枢密院事"⑦。刘昌言任枢密直学士二十八日即为同知枢密院事，进入执政行列，其升迁速度与吕端相差无几，而且二人的

---

① 按：李昌龄任户部使当在淳化二年九月，该年八月丁卯（初一日）其知审刑院，月余权判吏部流内铨，数日后即任户部使。据《续资治通鉴长编》卷三二载，淳化二年九月丁丑，户部使樊知古与参知政事王沔、陈恕并罢，李昌龄应是接替樊知古之任。（该月"丁丑"应为"丁酉"之误，丁酉为初一日，因该年九月无"丁丑"纪日，《续资治通鉴长编》是按时间顺序纪事，在"丁丑"日纪事后又有"庚子"初四、"辛丑"初五、"甲辰"初八纪事，所以樊知古罢任是在初四之前，而该月有"丁酉"、"丁未"11 日、"丁巳"21 日、"癸丑"17 日、"乙丑"29 日皆不符合；又据《宰辅编年录校补》卷二载王沔、陈恕罢参知政事亦在九月丁酉。所以此处《续资治通鉴长编》所记"丁丑"应为"丁酉"之误。）第 719 页。

② 《隆平集校证》卷四《宰臣吕端》，第 150 页。

③ 《宋史》卷二八一《吕端传》，第 9514 页。

④ 《名臣碑传琬琰之集》下卷三《吕正惠公端》，第 685 页。

⑤ 《隆平集校证》卷四《宰臣吕端》，第 150 页。

⑥ 《宋史》卷二八一《吕端传》，第 9514 页。

⑦ 《宋史》卷二六七《刘昌言传》，第 9207 页。

任命诏书也是同时颁发，史载："淳化四年六月壬申，枢密直学士刘昌言
为右谏议大夫、同知枢密院事，右谏议大夫、枢密直学士吕端守本官、
参知政事。"① 不同的是吕端以持重老成的作风赢得太宗青睐，而刘昌言
以"善捭阖，以迎主意"② 而获得太宗提拔，他们的升迁路径均是枢密直
学士一职。

接下来任枢密直学士的是向敏中和张咏。关于二人的选任，史载：
"先是，上急召广南转运使向敏中归阙，擢工部郎中。一日，御笔飞白书
敏中及虞部郎中鄄城张咏姓名付宰相，曰：'此二人名臣也，朕将用之。'
左右因称其材。（淳化四年）秋七月己酉，并命为枢密直学士。"③ 祖无
择《龙学文集》卷十五《向公神道碑铭》亦载：

> （敏中）诏还，且以为工部郎中。一日，宸笔作飞白体书公及故
> 礼部尚书张公咏之名以赐相府。诘朝，二三执政进对，上曰："斯二
> 人名臣也，卿颇知之乎？"左右因盛称其才，上大悦。公既至，即拜
> 枢密直学士，与张公并命焉。④

通过以上记述可知，无论是祖无择所记还是李焘所言，向、张二人
的枢密直学士的职务任命是十分迅速的，从"左右因称其材""左右因盛
称其才"可见当时的宰执对向敏中、张咏的才干很欣赏，也很赞同太宗
重用此二人。向、张二人任枢密直学士不到一个月，太宗又令二人兼管
通进银台司。淳化四年（993）八月癸酉：

> 诏以宣徽北院厅事为通进、银台司，命敏中及张咏同知二司公
> 事，凡内外奏章案牍谨视其出入而勾稽焉，月一奏课，事无大小不
> 敢有所留滞矣。发敕司旧隶中书，寻令银台司兼领之。⑤

① 《续资治通鉴长编》卷三四，淳化四年六月壬申，第750页。
② 陈鹄：《耆旧续闻》卷一〇，《宋元笔记小说大观》，上海古籍出版社2001年版，第5
册，第4856页。
③ 《续资治通鉴长编》卷三四，淳化四年六月戊寅，第751页。
④ 祖无择：《龙学文集》卷一五《向公神道碑铭》，文渊阁《四库全书》本，第1098册，
第866页。《全宋文》卷三六三《向公神道碑铭》，上海辞书出版社、安徽教育出版社点校本
2006年版，第17册，第369页。
⑤ 《续资治通鉴长编》卷三四，太宗淳化四年八月癸酉，第752页。

通进、银台司二司在淳化四年八月前隶属于枢密院，由内官与枢密院吏员掌领，因无专门长官负责管理，经常致使远方州军的章奏不能及时进御，造成章疏的"壅遏"，通进效率极为低下。太宗命枢密直学士向敏中、张咏兼掌通进银台司，对中外章奏实施严格管理，逐一勾检，以防稽滞。通过这次调整，通进、银台合二为一，其由专官负责。在此基础上太宗又于九月将给事中封驳职权隶属于通进银台司，同时将原隶属于中书门下的发敕司也令银台司兼领。规定"凡诏敕并令枢密直学士、知通进银台司公事向敏中、张咏详酌可否，然后行下"①。这样，淳化四年九月后，通进银台司就获得诏令制敕的封驳之权，成为诏敕是否颁下施行的最后一道关口。《宋会要辑稿》职官二之四二载。

> 九年（月），诏："停废知给事中封驳公事，令枢密直学士向敏中、张咏，点检、看读、发放敕命，不得住滞差错。所有行下敕文依旧编录，仍令发敕院应承受到中书敕令并须画时赴向敏中等处点检，候看读、发放逐处。内有实封敕文，并仰逐房候印押下实封送赴向敏中等看读点检了却，实封依例发放。"自是始以封驳司隶银台。②

由于通进银台司具有了点检、看读、发放敕命的权力，所以其对不适宜、不合规定的诏敕也就有权提出意见，这样通进银台司有了诏令的封驳权，使唐末就已废止的封驳权再次得以施行。③ 太宗令枢密直学士兼掌如此重要的机构，可以看出该职在当时地位的崇高和受君主信任的程度。张咏在兼管通进银台司的同时还"勾当三班院"④，负责三班院事务。在兼管银台司两个月后的淳化四年十月辛未，枢密直学士向敏中为左谏议大夫，同知枢密院事，⑤ 进入宰执行列。而张咏则在参知政事苏易简的

---

① 《续资治通鉴长编》卷三四，淳化四年（993）九月乙巳，第752—753页。
② 《宋会要辑稿》职官二之四二，第2392页。"九年"应为"九月"之误，据《续资治通鉴长编》卷三四，淳化四年九月乙巳条改。
③ 参见拙文《北宋通进银台司在中枢决策中的封驳权》，《史学集刊》2013年第3期。
④ 韩琦：《安阳集》卷五〇《故枢密直学士礼部尚书赠左仆射张公神道碑铭》，《宋集珍本丛刊》，第6册，第613页。
⑤ 《续资治通鉴长编》卷三四，淳化四年十月辛未，第755页。

推荐下，于淳化五年九月以枢密直学士知益州。① 这是太宗朝枢密直学士一职首次带出外任，时川蜀农民起义被镇压不久，各地仍不时出现小规模的暴动和骚乱。张咏临行前，太宗面谕之曰："西川乱后，民不聊生，卿往，当以便宜从事。"② 即给予"便宜从事"的特权。枢密直学士张咏知益州类似以"天子特使"的身份治理川蜀。性格"强干"③ 的张咏入川后恩威并用，在"化贼为民"上做了不少工作，稳定了川蜀局势④。使"蜀民畏而爱之"⑤，张咏虽未从枢密直学士任上晋升执政，但其才能和治绩同样得到了太宗的肯定，其"虽不登相位，而眷倚特隆"⑥。张咏入川后，接替其职的是张鉴，史载"擢拜（张鉴）枢密直学士、知通进银台封驳司，又掌三班"⑦。淳化五年（994）十二月，奉命平定川蜀的剑南两川招安使宦官王继恩御军无纪，其部下恃功暴横，多有劫掠财物、妇女者。此时知益州张咏恐军中有变，"乃密奏（太宗），请遣心腹近臣可以弹压主帅者，亟来分屯师旅。"该月辛巳，太宗命"枢密直学士张鉴、西京作坊副使冯守规偕往"，并召对张鉴、冯守规于后苑，太宗面授方略。史载：

> （张）鉴曰："益部新复，卒乘不和，若闻使者骤至，易其戎伍，虑彼猜惧，变生不测，请假臣安抚之名。"上称善。鉴至成都，继恩犹偃蹇，不意朝廷闻其纵肆。鉴之行，上付以空名宣头及廷臣数人，鉴与咏即遣部戍兵出境，继恩麾下使臣亦多遣东还，督继恩等讨捕残寇，而鉴等招辑反侧，蜀民始奠枕矣。⑧

通过以上记载可知，淳化五年十二月是太宗朝的晚期，此时的枢密直学士在太宗眼里仍是"心腹近臣"，这次张鉴以"枢密直学士"并冠以"安抚"之名出使，与之前张咏以此职兼任地方官不同，是真正意义上的

---

① 彭百川：《太平治迹统类》卷三，江苏广陵书社 1981 年版，第 2 册，第 525 页。
② 《续资治通鉴长编》卷三六，淳化五年九月，第 795 页。
③ 《宋史》卷二九三《张咏传》，第 9801 页。
④ 虞云国：《细说宋朝》之《天下已治蜀未治》，上海人民出版社 2002 年版，第 105 页。
⑤ 王称：《东都事略》卷四五《张咏传》，354 页。
⑥ 张咏：《张乖崖集·序》，中华书局 2000 年版，第 1 页。
⑦ 《宋史》卷二七七《张鉴传》，第 9416 页。
⑧ 《续资治通鉴长编》卷三六，淳化五年十二月辛巳，第 802 页。

"天子特使""钦差大臣"，太宗付予"空名宣头"与张鉴，表明此时枢密直学士张鉴为枢密院之属官，"宣"是枢密院处理重大事务而经皇帝批准后下发的正式文书，即"大事则禀奏，其付授者用宣；小事则拟进，其付授者用札"①。所谓"空名宣头"即给张鉴更多的行事自主权力，可以先行后奏。张鉴是太宗朝最后一个担任枢密直学士职务的官员，太宗对张鉴的重用为"枢密直学士"一职在太宗朝的优越地位和侧近性质画上了完美的句号。兹将太宗朝 13 位担任枢密直学士职衔的官员情况作一列表（见表 1）。

表 1

	姓名	任密学前的官衔或差遣	任枢密直学士的时间	由密学升任的官衔或差遣	在太宗朝的最高职任	其他
1	贾琰	开封府推官	枢密直学士 开宝九年十月	三司副使 太平兴国元年十二月	—	藩邸旧僚
2	石熙载	右补阙	枢密直学士 （六日后签署院事） 太平兴国四年正月	枢密副使 太平兴国四年四月	枢密使 太平兴国 六年九月	藩邸旧僚
3	窦偁	彰义军 节度判官	枢密直学士 太平兴国五年十一月	参知政事 太平兴国七年四月	参知政事 太平兴国七年 十月卒于任	藩邸旧僚
4	张齐贤	江南西路 转运使	枢密直学士 太平兴国八年 （九月前）	同签署枢密院事 太平兴国八年十一月	宰相 淳化二年九月	—
5	王沔	知怀州	枢密直学士 太平兴国八年	同签署枢密院事 太平兴国八年十一月	参知政事 端拱元年二月	—
6	寇准	三司盐 铁判官	枢密直学士 端拱二年七月	枢密副使 淳化二年四月	参知政事 淳化五年九月	兼任他职 真宗朝宰相
7	温仲舒	判户部 凭由司	枢密直学士 端拱二年	枢密副使 淳化二年四月	参知政事 至道三年正月	兼任他职
8	李昌龄	礼部郎中	枢密直学士 淳化二年	三司户部使 淳化二年九月	参知政事 至道二年二月	兼任他职

① 《宋史》卷一六二《职官志二》，第 3797 页。

续表

	姓名	任密学前的官衔或差遣	任枢密直学士的时间	由密学升任的官衔或差遣	在太宗朝的最高职任	其他
9	吕 端	卫尉少卿	枢密直学士淳化四年五月	参知政事淳化四年六月	宰相至道元年四月	—
10	刘昌言	工部郎中	枢密直学士淳化四年五月	同知枢密院事淳化四年六月	同知枢密院事	兼任他职
11	向敏中	广南东路转运使	枢密直学士淳化四年七月	同知枢密院事淳化四年十月	同知枢密院事	兼任他职真宗朝宰相
12	张 咏	虞部郎中	枢密直学士淳化四年七月	以密学知益州淳化五年九月	—	兼任他职真宗朝御史中丞
13	张 鉴	判三司都勾院	枢密直学士淳化五年九月	安抚川蜀淳化五年十二月	户部使	—

资料来源：按：此表根据《宋史》《续资治通鉴长编》《隆平集校证》《东都事略》《宋宰辅编年录校补》《文献通考》《宋会要辑稿》《名臣碑传琬琰集》等书相关条目制作。除以上十三人任枢密直学士外，还有徐休复曾担任枢密直学士，但此人从未在朝中履行过枢密直学士的职权，《宋史·徐休复传》载："（太平兴国）九年（休复）出知广州，是岁加水部郎中。雍熙二年就迁比部郎中、充枢密直学士，赐金紫，依旧知州事。"徐休复在知广州任内就地充任枢密直学士一职，这次枢密直学士带出，其意义不同于之后的张咏带职知益州。徐休复充枢密直学士更类似于荣誉性加职，没有实际职事，也是太宗朝枢密直学士任命的一次例外，故不计入上表。

综上所述，在宋太宗一朝，枢密直学士得到重用，地位与职权和太祖初年类似，"备顾问、掌机务"，扭转了太祖后期以来枢密直学士作为荣誉性加职的趋势，太宗即位伊始，迫不及待的提拔自己的亲信藩邸旧僚贾琰担任枢密直学士一职，之后的石熙载、窦偁无不是太宗的亲随旧臣。直到张齐贤开始，太宗才不再从藩邸旧僚中选任枢密直学士。自寇准以后，枢密直学士除了本职工作外，常兼任其他机构的长官，如寇准判兼判吏部东铨，温仲舒兼知三班院，李昌龄兼知审刑院、吏部流内诠，刘昌言兼知审官院，向敏中和张咏兼知通进银台司，最后张鉴还以枢密直学士安抚川蜀，这说明太宗对这些担任枢密直学士的官员们的信任和重视。从以上 13 位任职的官员履历来看，他们在担任枢密直学士前，官阶较低或是差遣较轻，自被任命为枢密直学士后升迁速度十分迅速。据统计，他们由枢密直学士升任高一级职务的平均速度是六个月，也就是半年就会得到晋升，关于太宗朝枢密直学士的选任和迁转速度，洪迈《容斋随笔·四笔》卷一二言道。

> 当日职名，唯有密直多从庶僚得之，旋即大用。张齐贤、王沔皆自补阙、直史馆迁郎中，充学士，越半岁并迁谏议、签枢。温仲舒、寇准皆自正言、直馆迁郎中、充职二年，并为枢密副使。向敏中自工部郎中以本官充职，越三月，同知密院。①

　　而且这 13 人中由枢密直学士直接升任执政的 9 人，升任三司长贰的 2 人，其中张齐贤和吕端在太宗朝还升任宰相，寇准和向敏中则在真宗朝升任宰相，位极人臣。而枢密直学士成为他们的历练之“所”和晋升之阶。如果说整个宋朝的“执政四入头”是三司使、翰林学士、权知开封府、御史中丞，② 那么单就太宗一朝而言应该称为“执政五入头”，据统计太宗朝执政（含宰相、参知政事、枢密使副、同知枢密院事、同签署枢密院事）共有 39 人，其中宰相 9 人，由枢密直学士升任执政的人数占总数的 23%，升任宰相的人数占总数 22%，已超越“五入头”各占 20% 的平均数。由此观之，在太宗朝作为天子近臣的枢密直学士拥有光明的政治前途。宋太宗之所以如此重视枢密直学士一职，可能与该职的由来相关，枢密直学士作为枢密院的职事官，直接参与和管理军政要务，虽然太祖朝后期该职帖职化趋势明显，但是枢密直学士给人们的印象总是与军政相联系。戎马出身的宋太宗深知兵权的重要性，在即位不正的阴影下，十分重视枢密院，严控兵权，任用藩邸旧僚担任枢密院的长贰。③ 而提拔资浅的亲信为枢密直学士，则为将来成为枢密院长贰作铺垫，在 13 位枢密直学士中有 7 位成为枢密院的长贰官员，其中 2 位（张咏、张鉴）还以枢密直学士的身份任地方官或出抚来平定叛乱，与军政不无关系。由于枢密直学士在任期间除军政外还掌其他事务，甚至特命兼管其他机构，所以枢密直学士除升任枢密院长贰外，也可能升任中书宰执或

---

① 洪迈：《容斋随笔·四笔》卷一二《神宗用人》，第 779 页。
② 洪迈：《容斋随笔·续笔》卷三《执政四入头》，第 253 页。
③ 邓小南：《祖宗之法——北宋前期政治述略》第三章之《走向外朝：宋初的枢密院及其长官》，第 239—243 页。

是三司长官。

三　宋真宗朝以后枢密直学士的帖职化

宋真宗即位伊始，枢密直学士的职能与地位大体上延续太宗时期的状态。真宗即位后选任的第一位枢密直学士是杨徽之，真宗选任此职的原则与太祖、太宗即位之初的做法相同，也是在自己的旧部中选任，史载："真宗为开封尹，妙选僚属，召（杨）徽之为府判官兼左庶子。真宗即位，拜枢密直学士兼秘书监。"① 杨徽之作为真宗的潜邸旧臣，受到真宗恩遇。然而此时杨徽之已经七十多岁，加之身体有疾，所以不能很好的胜任事务繁杂的枢密直学士一职，咸平二年（999）春，杨徽之"以衰疾求解近职"②，咸平二年正月甲戌，授杨徽之为兵部侍郎，依前兼秘书监，史载：

> 及（杨徽之）占谢，便殿命坐，（真宗）屏左右劳问久之，且曰："图书之府，清净无事，可以养性也。"徽之纯厚清介，守规检，尚名教，尤疾非道以干进者，自为郎官、御史，朝廷即以旧德目之。③

杨徽之咸平初的官衔为礼部侍郎、枢密直学士兼秘书监，调整以后为兵部侍郎兼秘书监。仅被免去"枢密直学士"一职，官阶由礼部侍郎升为兵部侍郎，从真宗的谈话中亦可看出杨徽之被免去枢密直学士一职，可以避免繁杂事务的劳扰，以"清净无事"的秘书监修身养性，而杨徽之将枢密直学士称为"近职"，由上可知，真宗即位后枢密直学士仍是天子近臣的角色，而且承担着大量的实际工作。之后真宗选任枢密直学士不再限定是否为潜邸旧臣，如杨徽之之后的冯拯、陈尧叟都不是真宗旧部，这可能与真宗在潜邸时受太宗控制较严，其潜邸臣僚大多由太宗亲

---

① 王称：《东都事略》卷三八《杨徽之传》，第299页。
② 《宋史》二九六《杨徽之传》，第9868页。
③ 《续资治通鉴长编》卷四四，咸平二年正月甲戌，第929页。

自安排，如李沆、李至等，皆是在任的参知政事，并让真宗事以师礼。所以真宗在潜邸时并没有培养出几个真正隶属于自己的亲信僚佐，况且有资格和水平担任枢密直学士的就更寥寥无几，而像李沆、李至等潜邸辅臣又是前朝执政，自然不能授予资浅的枢密直学士职务，所以该职很少由潜邸旧臣担任了。但是此时的枢密直学士仍以天子近臣的角色出现，也会受皇帝临时委派去执行某项任务，如咸平三年（1000）六月，辽国军队渡过黄河，对河北地区大肆劫掠而归，真宗决定派遣重臣巡慰两河，于是"命参知政事向敏中为河北、河东宣抚大使，枢密直学士冯拯、陈尧叟为副大使，发禁兵万人翼从。所至访民疾苦，宴犒官吏"①。咸平三年九月，设置群牧司，又命枢密直学士陈尧叟为制置使，兼管内外厩牧之事。②咸平三年十一月，枢密直学士冯拯还就中书户房不经发敕院点检而直接下发札子一事向真宗反映，于是下诏"三司、开封府、御史台、进奏院等处，凡受宣敕札子，须见发敕院官封方得承禀，违者遣吏押送发敕院"③。咸平四年（1001）正月甲申，因中外官员上封事者众多，于是"诏枢密直学士冯拯、陈尧叟详定利害以闻"④。咸平四年正月壬戌，枢密直学士冯拯、陈尧叟上言："请令群臣子弟奏补京官或出身者，并试读一经，写家状，以精熟为合格。"得到真宗批准。⑤从以上冯拯、陈尧叟所做的这些事来看，枢密直学士"备顾问、掌机务"的职责依旧。咸平四年三月辛卯，真宗以"枢密直学士冯拯、陈尧叟并为给事中、同知枢密院事"⑥。这是真宗朝枢密直学士首次升任枢密院副长官，冯拯、陈尧叟进入执政行列。咸平五年（1002）七月甲寅，真宗诏有司："每行幸，翰林学士、侍读、侍讲、枢密直学士并从，不须临时取旨。"⑦枢密直学士出入侍从，亲随侧近性质明显。

咸平六年（1003）四月成都阙守，朝廷商议知州的人选，真宗认为工部侍郎、知永兴军府张咏之前在蜀为政清明，身体力行，深受川蜀百姓拥护。于是该月甲申，"加（张）咏刑部侍郎、充枢密直学士、知益

① 《续资治通鉴长编》卷四七，咸平三年六月丙寅，第 1019 - 1020 页。
② 《续资治通鉴长编》卷四七，咸平三年九月庚寅，第 1025 页。
③ 《续资治通鉴长编》卷四七，咸平三年十一月庚寅，第 1033 页。
④ 《续资治通鉴长编》卷四八，咸平四年正月甲申，第 1043 页。
⑤ 《续资治通鉴长编》卷四八，咸平四年二月壬戌，第 1046 页。
⑥ 《续资治通鉴长编》卷四八，咸平四年三月辛卯，第 1054 页。
⑦ 《续资治通鉴长编》卷五二，咸平五年七月甲寅，第 1144 页。

州。民闻咏再至，皆鼓舞自庆"①。这是真宗朝枢密直学士第一次带出外任。景德二年（1005）八月丙申，因与曹州奸民赵谏交往而受牵累的枢密直学士、兵部郎中边肃知宣州。② 景德三年（1006）二月丁未，以枢密直学士李浚权知开封府。③ 景德三年六月甲午，以兵部员外郎、直史馆任中正为枢密直学士、工部郎中、知益州，以代替任期届满的张咏。④ 这一系列的任命拉开了枢密直学士的外任的序幕，枢密直学士带出外任使其天子近臣的性质逐渐改变，朝着帖职的方向发展。景德四年（1007）八月丁巳，宋朝设置龙图阁直学士一职，以龙图阁待制，司封郎中杜镐为右谏议大夫充职，班在枢密直学士之下。⑤ 这是宋朝首次将完全帖职的龙图阁直学士与枢密直学士并在同一杂压班序之中，这加快了枢密直学士帖职化的进程。大中祥符三年（1010）八月，真宗西祀汾阴，以枢密直学士戚纶、昭宣使刘承珪负责转运物资事务，不久戚纶出知杭州，真宗以龙图阁待制王曙代之。⑥ 此时在真宗眼中枢密直学士与龙图阁待制的性质几乎相同。大中祥符八年（1015）十月壬午，"以右谏议大夫、权知开封府王曙守本官，加枢密直学士，知益州；枢密直学士、刑部郎中周起加右谏议大夫，知并州"⑦。这标志着外任枢密直学士同本官阶一样已经成为没有实际职事的加衔，从咸平后期经过景德时期至大中祥符后期，枢密直学士经历了十余年的帖职化，从具有诸多职事的天子近臣转变成为一种荣誉性的帖职。

从现存史籍中可以看出自景德以后枢密直学士大量赴外任知州、府，只有极少数枢密直学士在朝中任职，并办理皇帝临时交给的任务，大中祥符九年（1016）九月己酉，命枢密直学士、工部侍郎薛映为契丹国主生辰使。⑧ 天禧二年（1018）十一月甲戌，真宗命枢密直学士王曙与翰林学士钱惟演、盛度，龙图阁待制李虚己、李行简等人在秘阁再次核对开

---

① 《续资治通鉴长编》卷五四，咸平六年四月甲申，第 1190 页。
② 《续资治通鉴长编》卷六一，景德二年八月丙申，第 1359 页。
③ 《续资治通鉴长编》卷六二，景德三年三月丁未，第 1391 页。
④ 《续资治通鉴长编》卷六三，景德三年六月甲午，第 1409 页。
⑤ 《续资治通鉴长编》卷六六，景德四年八月丁巳，第 1485 页。
⑥ 《续资治通鉴长编》卷七四，大中祥符三年八月戊申，第 1682 页。
⑦ 《续资治通鉴长编》卷八五，大中祥符八年十月壬午，第 1952 页。
⑧ 《续资治通鉴长编》卷八八，大中祥符九年（1016）九月己酉，第 2015 页。

封府得解举人员的试卷。① 枢密直学士的大量外任及帖职化势必影响其晋升执政的机会。综观真宗一朝由枢密直学士一职晋升执政的仅 2 人，分别是大中祥符九年九月枢密直学士任中正为工部侍郎、枢密副使；天禧元年（1017）九月枢密直学士周起为同知枢密院事。因此，由枢密直学士晋升执政的机会要比太宗时期少许多。之后的枢密直学士更多的用于对官员的奖惩、褒贬，表示对官员的犒劳和恩典以激励事功，或对官员罚过责罪以警后效，标志着官员地位、尊荣的变化，起着类似阶官的作用。如天禧三年（1019）十月丙戌，以知秦州、太常少卿李及为左司郎中、枢密直学士，依前知秦州。② 即加枢密直学士一职。天禧四年（1020）七月丁丑，太子太傅寇准降授太常卿、知相州。翰林学士盛度、枢密直学士王曙并落职，盛度知光州，王曙知汝州，皆坐与周怀政交通。③ 寇准在与丁谓的政争中失败，被排挤出朝，而同党盛度和王曙也因此被免去枢密直学士一职出知地方。仁宗宝元元年（1038）十二月甲戌，"知并州、枢密直学士杜衍加龙图阁（直）学士，以太原要重，藉衍镇抚故也"④。龙图阁学士朝班在枢密直学士上，因太原为军事重镇，提升杜衍的帖职以提高他的地位。庆历元年（1041）五月辛未，枢密直学士、右谏议大夫、知益州任中师，龙图直学士、给事中、知河南府任布并为枢密副使。任中师与任布同时升任枢密副使，对于他们此时帖职的作用是一样的。任中师不是因为他担任枢密直学士而提升他为枢密院副长官，起实际作用的，主要是他的差遣知益州，而任布则是知河南府。此时两人所带的枢密直学士、龙图阁学士的作用完全等同。

直至神宗元丰八年（1085）八月己丑，"龙图阁直学士知永兴军刘

---

① 《续资治通鉴长编》卷九二，天禧二年十一月甲戌，第 2129 页。
② 《续资治通鉴长编》卷九四，天禧三年十月丙戌，第 2168 页。
③ 《续资治通鉴长编》卷九六，天禧四年七月丁丑，第 2210 页。
④ 《续资治通鉴长编》卷一二二，宝元元年十二月甲戌，第 2887 页。按：此处李焘将杜衍所加的"龙图阁学士"误为"龙图阁直学士"，北宋枢密直学士为正三品，而龙图阁直学士为从三品，据《宋史》卷一六八《职官志八·建隆以后合班之制》所载龙图阁直学士的班位也在枢密直学士之下。此时西夏昊加剧了对宋边境的侵扰，太原为宋朝西北军事重镇，为提高知州杜衍的威望，是在其原来的"枢密直学士"一职上加重其帖职的份量，所以不可能加比枢密直学士品级还低的"龙图阁直学士"，而是加"龙图阁学士"。杜衍去世后，其好友兼同僚欧阳修在为其所作的墓志铭中言到："拜枢密直学士、知永兴军，徙知并州，迁龙图阁学士、复知永兴军。"（见（宋）欧阳修：《欧阳修全集》卷三一《太子太师致仕杜祁公墓志铭》，中华书局 2001 年版，第 467 页。）可证杜衍所加为龙图阁学士。

庠，加枢密直学士"①。刘庠知永兴军期间，所任职衔由从三品的龙图阁直学士加职为正三品的枢密直学士。枢密直学士作为加衔的作用依旧。《神宗正史·职官志》言："旧制，昭文、史馆、集贤皆置大学士，凡命相，以次迁授。而枢密直学士隶枢密院，遇朝得升殿侍立。及行官制，宰相正名，不领他职，枢密院惟都、副承旨为属。"② 引文中的昭文、史馆、集贤殿大学士在北宋元丰官制改革前依次是首相、次相、末相所带之帖职，枢密直学士隶属枢密院是五代至宋太祖、太宗时期，真宗以后随着大量枢密直学士的外任，其不再管理枢密院军政事务，其为枢密院属官的性质已与现实不符，但在时人看来元丰改制前枢密直学士在名义上仍隶属枢密院。元丰改制后，枢密院属官唯有枢密都承旨和副都承旨，枢密直学士不再隶属于枢密院。叶梦得《石林燕语》卷二载："官制行，（枢密直学士）乃与学士皆为职名，为直学士之冠，不隶枢密院。"③ 说明了枢密直学士的性质已同其他诸阁馆殿之学士一样成为名符其实的"职名"，即帖职。如哲宗元祐三年（1088）九月辛酉，"知河南府、资政殿大学士张璪知定州，知河阳、资政殿学士李清臣知河南府，知定州、枢密直学士韩忠彦为户部尚书，知襄州、朝奉郎、直龙图阁邢恕知河阳，朝奉大夫、直龙图阁、太府卿叶均为秘书监"④。引文中的资政殿大学士、资政殿学士、枢密直学士、直龙图阁皆为帖职，其在官员一系列的职衔中仅作为尊望、荣誉的标识，没有实际意义，韩忠彦为户部尚书前的实职为知定州。

宋神宗元丰官制改革以后，中央的大部分使职差遣被废除，三省六部、九寺五监的长官成了负责本司事务的实际长官，所以官员的升迁更看重"本官"，如元祐四年（1089）六月丙午，"枢密直学士、朝奉大夫、户部尚书韩忠彦为中大夫、尚书左丞，枢密直学士、中散大夫、签书枢密院事赵瞻为中大夫、同知枢密院事"⑤。韩忠彦升为尚书左丞进入执政行列，是由其担任的具有实权的本官"户部尚书"之故，并非因为其所带的枢密直学士和朝奉大夫的职名与寄禄官衔，同样，赵瞻同知枢

① 《续资治通鉴长编》卷三五九，元丰八年八月己丑，第8588页。
② 《宋会要辑稿》职官七之二，第2535页。
③ 叶梦得：《石林燕语》卷二，中华书局1984年版，第25页。
④ 《续资治通鉴长编》卷四一四，元祐三年九月辛酉，第10063页。
⑤ 《续资治通鉴长编》卷四二九，元祐四年六月丙午，第10363页。

密院事是由其签书枢密院事升任，而非枢密直学士、中散大夫的职名与寄禄官衔。这同太宗时期由枢密直学士直接升任执政有本质的区别。徽宗政和四年（1114）八月三日，诏改枢密直学士为述古殿直学士，恩数品秩并依旧。这其实只是名称的改变，述古殿直学士的帖职性质同枢密直学士。同年十月二十四日，又将述古殿直学士恢复为枢密直学士。① 南宋初年胡世将曾带枢密直学士为四川安抚制置使兼知成都府，② 后来龙图阁直学士、知顺昌府陈规于绍兴十年（1140）六月顺昌大捷后加枢密直学士一职，绍兴十一年（1141）正月乙丑去世。③ 从现存史料来看，陈规之后便无人任枢密直学士一职，成书于南宋理宗初年的王栐《燕翼诒谋录》卷四载：“中兴以后，述古与枢密直皆废矣。”④ 而南宋《庆元条法事类》卷四《职制门·官品令》中仍存“枢密直学士”之名。⑤ 综上可知，南宋绍兴中期以后枢密直学士虽存其职，但不再授人，这应是王栐认为中兴以后“枢密直”废罢的原因。

四　结语

综上所述，宋代的枢密直学士沿袭于五代，入宋后，枢密直学士承担着“为侍从，备顾问、掌机务”的职责，作为天子的近臣，地位十分突出。皇帝以此职来安排自己的亲随侧近之旧臣，如太祖朝的赵普、吕余庆，太宗朝的贾琰、窦偁、石熙载等人皆是。由于枢密直学士隶属于枢密院，负责管理枢密院具体军政事务，宋太祖、太宗行伍出身，其即位又面临诸多质疑声，所以他们对兵权尤为重视，皇帝任用亲信旧僚担任此职更有利于控制兵权，从而巩固皇权。太宗一朝，是枢密直学士地位和职权稳步提升的时期，在这一时期共有 13 位官员担任该职，其中 9 人直接升任执政，2 人升任三司长贰，成为进入宰执集团的重要路径和阶

---

① 《宋会要辑稿》职官七之一九，第 2544 页。
② 《宋史》三七○《胡世将传》，第 11511 页。
③ 李心传：《建炎以来系年要录》卷一三六，绍兴十年六月戊子；卷一三九，绍兴十一年正月乙丑，中华书局 1956 年版，第 2193 页、第 2229 页。
④ 王栐：《燕翼诒谋录》卷四，中华书局 1979 年版，第 38 页。
⑤ 谢深甫：《庆元条法事类》卷四《职制门一·官品令》，黑龙江人民出版社 2002 年版，第 17 页。

梯。进入真宗朝，枢密直学士的职能和地位逐渐弱化，开始大量赴外担任知州、府，其天子近臣的性质有所改变，并朝着"帖职"化方向发展。究其原因，相对于宋初二帝，宋真宗是一个由太子继位的合法君主；其次作为升平皇帝的真宗与太祖、太宗的行伍背景不同，他对与军政有密切关系的枢密直学士存在着不同的认识；再者，真宗在潜邸时受到太宗的严格管控，没有培养出多少可以提拔的旧僚。因此，真宗对枢密直学士一职的重视程度未及太祖、太宗。从景德时期至大中祥符后期，枢密直学士经历了十余年的帖职化，从具有诸多职事的天子近臣已经转变成为一种荣誉性的帖职。神宗元丰官制改革，枢密直学士的帖职性质被正式确认，同其他诸阁馆殿学士一样多用于官员赴外任职的加衔。南宋绍兴中期以后枢密直学士一职便不再授人，从此也就失去了帖职的作用与意义。

（原载《文史》2013 年第 2 辑，本次收入略有改动）

唐代后期颍州隶属诸方镇沿革及相关情况考辨

商丘师范学院历史系　付先召

唐"安史之乱"后，凡于平叛中立大功之将帅者，皆除节度使，凡要冲之处，皆设方镇。由是方镇相望于内地，仅当时河南道内就有宣武、武宁、忠武、义成、天平、淄青平卢、泰宁、陈郑等方镇。节度使多系武人，为此不可避免的出现一批骄悍的节帅，如刘玄佐、韩弘、王智兴等。他们在讨伐叛镇战争中，获得帅位，并也因此发展了自己的势力，又利用朝廷依靠他们镇遏骄藩的需要而拥兵自重，并时常出现相互兼并行为。为此朝廷也会通过调整辖区大小的方式遏制新兴节镇。故方镇的存续不稳，以及方镇自身辖区的变化不定，成为该时期的显著特点之一。"安史之乱"后，颍州先后隶属多个方镇，且后期主要交替隶属于宣武和义成两方镇。颍州为何被唐朝廷和地方节度使如此重视，应是值得研究的问题。

学界曾对相关问题进行过研究。张国刚先生认为，宣武和义成方镇均属"中原遏制型方镇"。[①] 陶卫宁先生和赖青寿先生均认为，泾原节度或泽潞节度"遥领"颍州是为保证军费来源。[②] 王力平先生撰文指出，贯穿颍州的淮颍（蔡）水运是唐后期具有临时性、替代性特点的漕运通道。[③] 学界虽对相关问题有所论及，但对颍州为何长期交替隶属宣武、义成方镇的原因较少谈及。本文利用《新唐书》《旧唐书》《资治通鉴》《元和郡县图志》《全唐文》等基本史料，考辨颍州隶属各方镇情况，分析颍州备受关注之原因，探究颍州在唐朝廷控制中原型方镇时所起的作用。

---

① 张国刚：《唐代藩镇研究》，湖南教育出版社 1987 年版。
② 陶卫宁：《释新唐书·方镇年表（一）"遥领"》《中国历史地理论丛》1996 年第 1 期。赖青寿：《唐后期方镇（道）建置研究》，载《历史地理》第 17 辑。
③ 王力平：《唐后期淮颍（蔡）水运的利用与影响》，《河北学刊》1991 年第 2 期。

一 颍州所属方镇之考证

自天宝十五载（756），朝廷为平叛"安史之乱"而设置节度使起，颍州先后隶属河南节度使、汴州都防御使、陈郑节度使、淮南西道节度使、泽潞节度使、泾原节度使、永平节度使（后改为义成军节度使，再改为宣义军节度使）、宣武节度使等。现对上述情况逐一考证。

隶河南节度使和汴州都防御使

《新唐书》卷六五《方镇二》河南条载："天宝十五载，置河南节度使，治汴州，领郡十三：陈留、睢阳、灵昌、淮阳、汝阴、谯、济阴、濮阳、淄川、琅邪、彭城、临淮、东海。乾元元年（758），废河南节度使，置汴州都防御使，领州十三如故。"《资治通鉴》卷二一七《唐纪三三·肃宗》载同。颍州隶之。

隶淮南西道节度使

乾元元年，鲁炅任"淮西、襄阳节度使"①。是年"淮南西道节度徙治郑州，增领陈、亳、颍三州"②。鲁炅兼郑州刺史，充"郑、陈、颍、亳等州节度使"③。此处表明时鲁炅身为淮西节度，徙治郑州后，又兼郑州刺史，增领陈、亳、颍等州。故至少于乾元元年后期，颍州隶于淮南西道节度使。

隶陈郑节度使

《新唐书》卷六五《方镇二》郑陈条载："乾元二年（759），置郑陈节度使，领郑、陈、亳、颍四州。"乾元二年四月戊申，以鸿胪卿李抱玉为"郑、陈、颍、亳节度使"④。《旧唐书·李抱玉传》同。

综合上述材料可推知，颍州应于乾元二年隶陈郑节度使。

复隶淮南西道节度使

《新唐书》卷六五《方镇二》淮南西道条载："上元二年（761），淮南西道节度使增领陈、亳、颍、……、徐、泗九州。"上元二年，废郑陈

---

① 《旧唐书》卷一〇《肃宗纪》，第 253 页。
② 《新唐书》卷六五《方镇二》淮南西道条，中华书局 1975 年版，第 1801 页。
③ 《旧唐书》卷一一四《鲁炅传》，第 3363 页。
④ 《资治通鉴》卷二二一《唐纪三七·肃宗》，中华书局 1956 年版，第 7075 页。

节度，以"郑、陈、亳、颍四州隶淮西"①。上元三年（762），以来瑱"检校户部尚书、兼御史大夫、安州刺史，充淮西申、安、蕲、黄、光、沔节度观察，兼河南陈、豫、许、郑、汴、曹、宋、颍、泗十五州节度观察使"②。

由上述可知，上元二年至上元三年，颍州隶淮南西道节度使。

复隶河南节度使

《新唐书》卷六五《方镇二》河南条载，宝应元年（762），复置河南节度使，治汴州，领汴、颍等八州。自宝应元年，颍州复隶河南节度使。

隶泽潞节度和泾原节度使

《新唐书》卷六六《方镇三》泽潞沁条载："大历四年（769），泽潞节度增领颍州。大历五年，颍、郑二州皆隶泾原节度。"由此可知，大历四年时颍州隶泽潞节度使。

《新唐书》卷六四《方镇一》泾原条载："大历五年，泾原节度使马璘诉地贫军廪不给，遥领郑，颍二州。"故四镇北庭行营节度使扶风郡王赠司徒马公神道碑铭条载："马璘历金吾将军、殿中监、太保、御史中丞，迁御史大夫，领北庭行军使、泾州刺史，加工部尚书，节制泾原，以郑颍二州隶之。"③ 大历五年四月，泾原节度使马璘屡诉"本镇荒残，无以赡军，讽李抱玉以郑、颍二州让之；乙巳，以璘兼郑颍节度使"④。时颍州隶泾原节度使。

《旧唐书》段秀实传载，马璘既奉诏徙镇泾州，其士众尝自四镇、北庭赴难中原，侨居骡移，颇积劳怨。万斧将王童之因人心动摇，导以为乱。既至其理所，人烟忧绝，兵无廪食。朝廷忧之，遂诏"璘遥管郑、颍二州，以赡泾原军，俾秀实为留后，二州甚理。大历十一年，寻拜秀实泾州刺史、兼御史大夫，四镇北庭行军泾原郑颍节度使"⑤。

《资治通鉴》载，大历十二年九月，辛酉，以"四镇、北庭行营兼泾

---

① 《新唐书》卷六五《方镇二》郑陈条，第1803页。
② 《旧唐书》卷一一四《来瑱传》，第3366页。
③ 《全唐文》卷四一九《常衮十》，中华书局1983年版，第4279页。
④ 《资治通鉴》卷二二四《唐纪四十·代宗》，第7214页。
⑤ 《旧唐书》卷一二八《段秀实传》，第3586页。

原、郑颍节度副使段秀实为节度使"①。虽两书所载段秀实出任泾原郑颍节度使的时间有差，但仍可说明，至少至大历十二年，颍州隶泾原节度使。

总之，大历四年，颍州隶泽潞节度使，大历五年至大历十三年，颍州隶泾原节度使。

隶永平军节度使

《新唐书》卷六五《方镇二》滑卫条载："大历十四年（779），永平节度增领汴、颍二州。"泾原条也载"大历十四年，颍州隶永平军节度使"。建中二年（781年）正月，永平旧领"汴、宋、滑、亳、陈、颍、泗七州，丙子，分宋、亳、颍别为节度使，以宋州刺史刘洽为之"②。同年正月丙子，以"汴宋滑亳陈颍泗节度观察使、检校吏部尚书、同平章事李勉为永平军节度、汴滑陈等州观察等使"③。即建中二年正月丙子，分永平节度使为二，以宋、亳、颍三州别为节度使。

由上述可知，自大历十四年至建中二年，颍州隶永平军节度使。

隶宣武军节度使

《新唐书》卷六五《方镇二》河南条载："建中二年（781），置宋、亳、颍节度使，治宋州，寻号宣武军节度使。"刘玄佐，本名洽，大历中，为永平军裨将。李灵曜据汴州，洽将兵乘其无备，径入宋州，遂诏以州隶永平军，节度使李勉奏署宋州刺史。建中二年，加"兼御史中丞、亳颍节度等使"④。时颍州隶宣武节度。

贞元十二年（796），汴州军乱，七月乙未，以东都留守、兵部尚书"董晋检校左仆射、同中书门下平章事、汴州刺史、宣武军节度使、宋亳颍观察使"⑤。时颍州已隶宣武军节度，而宣武军治所亦已移至汴州。

贞元十五年二月丁丑，宣武军节度使董晋卒。乙酉，以行军司马陆长源任"汴州刺史、宣武军节度度支营田、汴宋亳颍观察等使"⑥。当天，汴州军乱，杀陆长源及节度判官孟叔度等人。监军俱文珍以宋州刺史刘

---

① 《资治通鉴》卷二二五《唐纪四一·代宗》，第 7247 页。

② 《资治通鉴》卷二二六《唐纪四二·德宗》，第 7295 页。

③ 《旧唐书》卷一二《德宗上》，第 327 页。

④ 《旧唐书》卷一四五《刘玄佐传》，第 3931 页。

⑤ 《旧唐书》卷一三《德宗下》，第 384 页。

⑥ 《旧唐书》卷一三《德宗下》，第 389 页。

逸准久为汴之大将，于是以书招之，刘逸准平定了兵变。乙丑，以宋州刺史刘逸准检校工部尚书、兼汴州刺史、宣武军节度使。仍赐名全谅。同一年，刘全谅卒，因全谅推荐韩弘可担重任，故朝廷以韩弘充"汴州刺史、兼御史大夫、宣武军节度副大使知节度事、宋亳汴颍观察等使"①。《全唐文》卷五九"加韩弘中书令制"② 载同。

由上述材料可推知，自建中二年起颍州隶宣武军节度使。

隶义成军节度使

《旧唐书》卷十五《宪宗下》载："元和七年（812）八月辛亥，以左龙武大将军薛平为滑州刺史、义成军节度使。元和十四年三月己丑，以义成军节度使薛平为青州刺史，充平卢节度使。"除薛平郑滑节度使制载："右卫将军薛平，可检校工部尚书兼御史大夫、郑滑颍等州节度使、观察处置等使。"③ 因韩弘久踞宣武节度，为防宣武军节度实力过大，元和七年调颍州隶义成军节度使。同时也是为节制李师道所领淄青平卢十二州之地。

由上述可知，自元和七年至十四年，薛平任义成军节度使期间，隶义成军节度使遥领颍州。

复隶宣武军节度使

元和十四年（819）八月己酉，制"宣武军节度副大使、知节度事、汴宋亳颍等州观察处置等使、汴州刺史、韩弘可守司徒、兼中书令，弘坚辞戎镇故也。癸丑，以吏部尚书张弘靖为检校尚书左仆射、同平章事、汴州刺史、宣武军节度使"④。因元和十四年，淄青平卢分为三道，"以郓、曹、濮为一道，淄、青、齐、登、莱为一道，兖、海、沂、密为一道"⑤，李师道的威胁解除后，元和十四年颍州复隶宣武军节度使。

复隶义成军节度使

《新唐书》卷六五《方镇二》滑卫条载："长庆二年（822），义成军节度使复领颍州。"《元和郡县图志》所载同。长庆二年七月戊戌，汴州军乱，逐节度使李愿。以"郑滑节度使韩充为汴州刺史、宣武军节度使、

① 《旧唐书》卷一五六《韩弘传》，第 4134 页。
② 《全唐文》卷五九《宪宗四》"加韩弘中书令制"，第 635 页。
③ 《全唐文》卷六六一《白居易六》，第 6719 页。
④ 《旧唐书》卷一五《宪宗下》，第 469 页。
⑤ 《资治通鉴》卷二四一《唐纪五七·宪宗》，第 7767 页。

汴宋亳颍观察等使，郑滑如故；八月，以兖海沂密节度使曹华为滑州刺史，充义成军节度、郑滑颍等州观察等使；颍州隶郑滑观察使"①。时颍州已隶义成军节度。

宝历元年（825）闰七月壬辰，以前河东节度使李听为义成军节度使。义成军节度郑滑颍等州观察处置等使……李公德政碑铭（并序）载："宝历元祀，改拜义成军节度使郑、滑、颍等州观察、处置等使兼滑州刺史，余并如故。"②

由上述可知，自长庆二年，颍州复隶义成军节度使。

又隶宣武军节度使

太和九年（835）五月，王智兴改"汴州刺史、宣武军节度、宋亳汴颍观察等使"③。《旧唐书》卷一七下《文宗下》④载同。此时颍州隶宣武节度。

开成元年（836）六月，李绅"检校户部尚书、汴州刺史、宣武节度、宋亳汴颍观察等使"⑤。大中初，卢钧"检校尚书右仆射、汴州刺史、御史大夫、宣武军节度、宋亳汴颍观察等使，就加检校司空"⑥。据《旧唐书》卷十八《宣宗》载："大中九年（855）二月，中书侍郎，兼礼部尚书、同平章事裴休检校吏部尚书，兼汴州刺史、御史大夫，充宣武军节度使、汴宋亳颍观察处置等使。十一月，以河南尹刘瑑检校工部尚书、汴州刺史、兼御史大夫，充宣武军节度、宋亳汴颍观察处置等使。"十一年五月，刘瑑"加检校礼部尚书、河东节度使"⑦。刘瑑任宣武节度使期间，宣武节度领有颍州。

由上述材料可知，自太和九年至大中十一年，颍州又隶宣武军节度使。

又隶义成军节度使

《旧唐书》卷一七二《李福传》载："大中时，检校工部尚书、滑州刺史、兼御史大夫，充义成军节度、郑滑颍观察使。"而大中十一年

① 《旧唐书》卷一六《穆宗纪》，第499页。
② 《全唐文》卷六二三《宋申锡》，第6287页。
③ 《旧唐书》卷一五六《王智兴传》，第4140页。
④ 《旧唐书》卷一七下《文宗下》，第559页。
⑤ 《旧唐书》卷一七三《李绅传》，第4499页。
⑥ 《旧唐书》卷一七七《卢钧传》，第4592页。
⑦ 《旧唐书》卷一七七《刘瑑传》，第4607页。

（857）八月，郑涯"检校户部尚书、汴州刺史，充宣武军节度副大使、知节度事、宋亳观察、亳州太清宫等使"①。时宣武节度已不再领有颍州。大中十三年十月，毕诚"为汴州刺史，充宣武军节度、宋亳观察等使"②。由上可推知，至迟十一年颍州隶义成军节度使。

咸通元年（860），"颍州大水"③。咸通二年（861）二月"郑滑节度使、检校工部尚书李福奏：'属郡颍州去年夏大雨，沈丘、汝阴、颍上等县平地水深一丈，田稼、屋宇淹没皆尽，乞蠲租赋。'从之"。八月，以中书舍人卫洙"充义成军节度、郑滑颍观察处置等使"④。咸通六年九月，以吏部侍郎萧仿"检校礼部尚书、滑州刺史、御史大夫，充义成军节度、郑滑颍观察等使"⑤。《旧唐书》卷十九上《懿宗》载，咸通十三年六月，义成军节度使、检校工部尚书杜悰奏：当管颍州僧道百姓举留刺史宗回，敕曰："回清干临人，自有月限，方藉绥辑，未议替移。"可知时颍州仍属义成节度。

乾符三年（876）九月，以太府卿李峰"检校工部尚书、滑州刺史、御史大夫，充义成军节度、郑滑颍观察处置等使"⑥。中和二年（882）正月辛亥，以王铎"兼中书令，充诸道行营都都统，权知义成节度使"⑦。中和四年十月，义成节度使王铎表请还朝，诏"徙铎为义昌节度使"⑧。授王铎义成军节度使兼中书令制载："诸道行营都统指挥……权知义成军节度、郑滑颍州观察处置等使……王铎，可检校司徒……守滑州刺史，充义成军节度使、滑颍等州观察处置等使。"⑨ 至此颍州仍属义成军节度使。

从上述可知，自大中十一年至光启元年，颍州隶义成军节度使。

隶宣义军节度使

光启二年（886），朱全忠为避其父之讳，请改义成军节度使为宣义

---

① 《旧唐书》卷一八下《宣宗纪》，第639页。
② 《旧唐书》卷一九上《懿宗纪》，第650页。
③ 《新唐书》卷三六《五行三》，第935页。
④ 《旧唐书》卷一九上《懿宗纪》，第651页。
⑤ 同上书，第659页。
⑥ 《旧唐书》卷一九下《僖宗纪》，第697页。
⑦ 《资治通鉴》卷二五四《唐纪七十·僖宗》，第8262页。
⑧ 《资治通鉴》卷二五六《唐纪七二·僖宗》，第8314页。
⑨ 《全唐文》卷八六《僖宗一》，第904页。

军节度使。① 天复三年（903）二月己卯，制"以回天再造竭忠守正功臣、……宣义、天平等军节度使、……郑、滑、颍、郓、齐、曹等州观察处置等使……朱全忠可守太尉、中书令、充诸道兵马副元帅，进邑三千户"。可证光启二年后，宣义军节度仍领颍州。天祐四年（907）唐亡，颍州当仍隶宣义军节度使。

由上述可知，自大中十一年（857）至唐末，颍州隶宣义军节度使。颍州隶属详情见表1。

表1　　　　　　　　　　颍州隶属各方镇情况

地名 ＼ 年号	天宝十五载（756）至至德二载（757）	乾元元年（758）	乾元二年（759）至上元元年（760）	上元二年（761）上元三年（762）	宝应元年（762）至大历三年（768）	大历四年（769）
颍州所隶节镇	河南镇	汴州都防御使及淮西镇	陈郑镇	淮西镇	河南镇	泽潞镇

地名 ＼ 年号	大历五年（770）至大历十三年（778）	大历十四年（779）至建中元年（780）	建中二年（781）至元和六年（811）	元和七年（812）至元和十三年（818）	元和十四年（819）至长庆元年（821）	长庆二年（822）至太和八年（834）
颍州所隶节镇	泾原镇	永平镇	宣武镇	义成镇	宣武镇	义成镇

地名 ＼ 年号	太和九年（835）至大中十年（856）	大中十一年（857）至光启元年（885）	光启二年（886）至天祐四年（907）	—	—	—
颍州所隶节镇	宣武镇	义成镇	宣义镇	—	—	—

① 《新唐书》卷六五《方镇二》滑卫条，第1826页。

二 颍州隶属沿革变化特点及原因分析

由上述考证可看出颍州隶属节度使情况有如下特点。

一是从时间上看，建中二年（781）之前，颍州曾隶属河南节度使、汴州都防御使、淮西节度使、泽潞节度使、泾原节度使、永平节度使等，变化相对频繁；建中二年之后，颍州主要为交替隶属于宣武节度使和义成节度使，变化相对较为稳定。自建中二年至唐末 126 年中，颍州隶属宣武军节度使 55 年，隶属义成军节度使达 71 年。

二是从空间上看，颍州隶河南节度使、汴州都防御使、陈郑节度使、淮南西道节度使、永平军节度使、宣武军节度使期间，各节度使辖内诸州之间地里相接；隶泽潞节度使、泾原节度使和义成节度使（宣义节度使）时，颍州与隶属同一节度使的其他州并不接壤，即所谓遥领。如泽潞、泾原节度均在黄河以北，义成节度辖内的郑滑两州与颍州之间隔有许、陈、蔡等数州。

从上述颍州所隶属方镇之多，被跨区域遥领等情况来看，足以表明颍州倍受重视。那么颍州为何如此瞩目？其长期交替隶属宣武和义成两节度使又是为何？

首先，颍州拥有重要的交通运输条件。

颍州（今安徽省阜阳市），唐武德四年（621），讨平王世充，于汝阴县西北十里置信州。武德六年（623），改为颍州。天宝元年（742 年），改为汝阴郡。乾元元年（758），复为颍州。[①] 管汝阴、沈丘、颍上、下蔡四县[②]。唐时的颍州北与亳州（今安徽亳州市），西北与陈州（今河南淮阳），西与蔡州（今河南汝南），南与光州（今河南潢川），东与寿州（今安徽寿县）交界。境内有淮水、颍水、汝水流过。

颍州的水路交通比周围各州更为便利。颍水由西北而东南贯穿全州；淮河在州南一百二十里，东过颍州南部，与汝水合，又驰入正阳下流与颍水合；西南有汝水。其中颍水，是淮河北岸最大的支流，源出河南登

---

① 《旧唐书》卷三八《地理志一》颍州条，中华书局 1975 年版，第 1439 页。
② 杜佑：《通典》卷一七七《州郡七》，中华书局 1988 年版，第 4670 页。

封县界的少室山，呈东南流向，经项城（今河南省沈丘）、颍州，在颍口（今安徽省寿县西）汇入淮河①。蔡水，即古沙水，隋唐时期，蔡水的上游又叫"琵琶沟水"，可与汴河（即通济渠汴河以东段）贯通②，经汴州尉氏县（今河南尉氏）、陈州（今河南省淮阳）、在项城与颍水交汇，然后与颍水一起在颍口入淮。颍、蔡二水流经汴、宋、陈、蔡，宛如一条纽带，将汴河水系与淮河水系便捷的沟通起来。

颍州为当时中原地区除汴州、宋州之外的另一重要交通要道。于汴、宋两州区位作用不能发挥之时，就会凸显颍州的重要性。唐代安史之乱之前，沟通南北的通道主要是疏浚隋代开凿的大运河，在河南道内主要是通济渠，唐代称之为汴河。时汴河流经路线是自开封西南约二里许与古汴水分而偏向东南流，经陈留、宋州、永城、宿县、灵璧、泗县，至盱眙对岸入淮。③ 安史之乱之后，由于汴宋地区长期战乱，汴河这条交通动脉也时常无法正常运转。而此时颍州境内的颍水，上接陈州境内的蔡水，最后入汴水抵东都一线就成为沟通南北的主要漕运通道。颍、蔡二水流经汴、宋、陈、蔡，宛如一条纽带，将汴河水系与淮河水系便捷的沟通起来。④ 故颍州于当时已具有重要的战略交通和军事地位。试举几例以说明之。

大历十一年（776）八月丙寅，因李灵耀据汴州叛，朝廷开颍、蔡运河一线。"（李）勉署（李）芃兼亳州防御使，练达军事，兵备甚肃；又开陈、颍运路，以通漕挽。"⑤

唐建中二年（781）杜佑改漕运路线时，把它与蔡河通连起来。"时田悦、李惟岳、李纳、梁崇义拒命，举天下兵讨之，诸军仰给京师。而李纳、田悦兵守涡口，梁崇义扼襄、邓，南北漕引皆绝，京师大恐。江淮水陆转运使杜佑以秦、汉运路出浚仪十里入琵琶沟，绝蔡河，至陈州而合。自隋凿汴河，官漕不通，若导流培岸，功用甚寡；疏鸡鸣冈首尾，可以通舟，陆行才四十里，则江、湖、黔中、岭南、蜀、汉之粟可方舟而下，由白沙趣东关，历颍、蔡，涉汴抵东都，无浊河溯淮之阻，减故

---

① 李吉甫：《元和郡县图志》卷七《河南道》颍州条，中华书局1982年版，第189—190页。
② 李吉甫：《元和郡县图志》卷七《河南道》汴州条，第177页。
③ 谭其骧、史念海等先生对唐代通济渠均有论述。
④ 王力平先生曾论述唐后期淮颍（蔡）水运的作用及影响。
⑤ 《旧唐书》卷一三二《李芃传》，第3655页。

道二千余里。会李纳将李洧以徐州归命，淮路通而止。"①

元和十一年（816）十二月甲寅，朝廷设置负责淮颍水运的机构，以确保南粮北运。"初置淮颍水运使，运扬子院米，自淮阴溯流至寿州，四千里入颍口，又溯流至颍州沈丘界，五百里至于项城，又溯流五百里入溵河，又三百里输于郾城。得米五十万石，茭一千五百万束。省汴运七万六千贯"。②

由上述可看出，拥有颍州就等于掌控了从江南调入财物的又一关键通道。如前文所引"大历五年（770）四月，泾原节度使马璘屡诉本镇荒残，无以赡军，讽李抱玉以郑、颍二州让之；乙巳，以璘兼郑颍节度使"。赖青寿先生认为，泾原节度遥领郑、颍二州，是为了获取两州租税，主要用来弥补军费之不足。③ 陶卫宁先生认为，泾原节度郑、颍州的遥领，是一种单向的经济协助关系。④ 张国刚先生亦认为是以郑、颍二州财赋弥补泾原节度的贫瘠。⑤ 恐怕时朝廷或泾原节度使并非只想得到郑、颍二州的租税，如是那样，为何不考虑增加就近的州，反而舍近求远呢？朝廷以郑、颍二州隶泾原节度的最重要目的应是通过淮（蔡）入汴水一线，以便保证有更多的财物能从江南运输入，想必这才是遥领的深层用意。

其次，通过调整颍州归属，实现对中原骄藩悍镇的遏制。

自唐代天宝十五载"安史之乱"始，中原地区成为叛镇和唐中央政府反复争夺的重要地区。为平叛"安史之乱"，唐政府据需要在中原地区设置了一些藩镇。如河南节度使、陈郑节度使、淮西节度使、永平节度使、宣武节度使和义成节度使等。平安、史叛乱过程中，又滋生新的骄藩悍镇，如淄青平卢、宣武、淮西等方镇。张国刚先生认为，宣武、义成属"中原遏制型"方镇。⑥ 但没有论及颍州在遏制过程中扮演何种角色。其遏制之意应有二。

其一是指遏制"安史之乱"后新兴的，且对唐朝廷两都有直接威胁

---

① 《新唐书》卷五三《食货三》，第 1369 页。
② 《旧唐书》卷一五《宪宗下》，第 458 页。
③ 赖青寿：《唐后期方镇（道）建置研究》，载《历史地理》第 17 辑，第 120 页。
④ 陶卫宁：《释新唐书·方镇年表（一）"遥领"》，《中国历史地理论丛》1996 年第 1 期，第 218 页。
⑤ 张国刚：《唐代藩镇研究》，湖南教育出版社 1987 年版，第 204 页。
⑥ 同上书，第 81 页。

的悍镇。大历末年，时河南、河北诸藩镇皆拥兵自重。平卢节度使李正己，先后有淄、青、齐、海、登、莱、沂、密、德、棣、曹、徐、濮、兖、郓 15 州之地。田承嗣有魏、博等 7 州之地。李宝臣有恒、易等 7 州之地。梁崇义有襄、邓等 6 州之地。他们相互结援，令朝廷也奈何不得。建中二年，德宗命扩大汴州城，就是为讨伐李正己等做准备。此时汴州为永平军节度使治所，永平军节度领汴、宋、滑、亳、陈、泗、颍 7 州。朝廷为加强该地区的力量，从永平军中分出宋、亳、颍三州，另立宋亳颍节度使。

贞元元年（785），宣武军徙治汴州，领汴、宋、亳、颍四州。因其境内辖有连通南北的漕运通道，此后宣武军节度使具有举足轻重的战略地位。朝廷主要倚重宣武重镇来震慑其他骄藩，最终实现对他们的遏制。如刘玄佐在宣武，淄青"（李）纳甚惮之"①。韩弘在宣武也是"镇定一方，居强寇之间，威望甚著"②，吴少诚、李师古"皆惮之"③。宣武节度使之所以能有如此威力，其所处地理位置应是主要原因。两军交战，有便利交通来保证给养，则尤为重要。时宣武节度辖内时常会控有汴河与淮颍（蔡）两条水运通道，这也是朝廷对其倚重的原因。

其二是朝廷利用中原型方镇控遏周边方镇时，也会适时牵制中原型方镇本身，最为明显的是对宣武节镇的控制。宣武节度在被朝廷倚重的过程中，逐渐壮大自身实力，随之出现兵骄则逐帅，帅强则反叛中央的现象。据王寿南和张国刚先生统计，唐代后期宣武军节度使出现八次军乱。④ 朝廷始担忧宣武军的局势，此时就通过变动颍州的隶属关系来控制宣武重镇。当然也有通过颍州调动来牵制其他对中央构成威胁的方镇势力。因此，每当宣武军发生兵变或是实力过强的时候，朝廷一般都会割出颍州隶义成军节度；宣武局势相对稳定，且又需要宣武重镇牵制其他强镇时，又会复隶颍州。义成节度使所辖滑州为通往永济渠的必经之路，滑州"用武地，东有淄青，北有魏博"⑤。所辖颍州为通淮入江南的又一

---

① 《新唐书》卷二一四《刘玄佐传》，第 6000 页。
② 《资治通鉴》卷二三九《唐纪五五·宪宗》元和十年九月"考异"，第 7718 页。
③ 《资治通鉴》卷二三六《唐纪五二·顺宗》，第 7609 页。
④ 张国刚：《唐代藩镇研究》，湖南教育出版社 1987 年版。王寿南：《唐代藩镇与中央关系之研究》，台湾大华书局 1978 年版。
⑤ 《新唐书》卷一五一《袁滋传》，第 4824 页。

重要通道所在，如此义成节度就成为唐朝东都的第一道防线，也是有效调控南北的重要交通动脉，能起到牵制宣武节度的作用。建中二年后，颍州之所以交替隶属于宣武节度和义成节度两方镇，朝廷目的就是通过掌控颍州这个另一漕运通道来加强对宣武军的有效控制。试举几例以证明之。

贞元十五年（799），汴州军乱，杀陆长源及节度判官孟叔度等人。朝廷以韩弘充汴州刺史、兼御史大夫、宣武军节度副大使知节度事、宋亳汴颍观察等使。韩弘长期任宣武节度使（799—819），朝廷担心其形成割据势力，故于元和七年（812 年）割颍州隶义成军节度，薛平任节度使。目的是通过削弱宣武节度、增强义成节度的方式实现对宣武的有效牵制。同时也能遏制平卢李师道。时李师道拥有 12 州之地，其实力之强已构成对中央的威胁。元和十四年淄青平卢节度一分为三，即以郓、曹、濮为一道，淄、青、齐、登、莱为一道，兖、海、沂、密为一道。淄青平卢节度的威胁解除后，颍州复隶宣武节度。

长庆二年（822）七月戊戌，汴州军乱，逐节度使李愿，以郑滑节度使韩充为汴州刺史、宣武军节度使、汴宋亳颍观察等使，郑滑如故。朝廷又担心韩充拥宣武军拥兵自重，所以诏"割颍州隶滑州"[1]。长庆二年八月丁丑，以兖海沂密节度使曹华为滑州刺史，充义成军节度使、郑滑颍等州观察等使。

咸通六年（865）庞勋起义后，宣武军所辖的汴路已不能正常通行时，沟通南北主要是通过颍州。"时汴路既绝，江、淮往来皆出寿州，自寿州泝淮即入颍、汴路。"[2] 此后的时间里，王仙芝、黄巢起义及秦宗权等叛乱成为唐中央的主要威胁。每次叛乱中，当宣武军节度辖区内的汴宋路为叛军所占时，颍州自然就调入义成军节度，成为平叛军队渡淮入江南的另一通道。又如龙纪元年（889）十一月，"朱全忠遣庞师古将兵自颍上趋淮南，击孙儒"[3]。

综上，颍州因其极为重要的地理位置，即其位于颍、蔡入汴，渡淮入江的漕运线上，故颍州成为当时中央和地方节度使瞩目与控制之处。

---

① 《旧唐书》卷一六《穆宗纪》，第 499 页。
② 《资治通鉴》卷二五一《唐纪·懿宗》，第 8137 页。
③ 《资治通鉴》卷二五八《唐纪·昭宗》，第 8391 页。

其隶属方镇之多，变化较快，也应是顺理成章之事。唐后期，通过调整颍州隶属，保证除汴河漕运线外，仍有一条可沟通南北的水运通道，如此可以起到遏制宣武重镇的作用。这样对保证中原方镇的相对稳定，以及中原型方镇能起到遏制临近骄藩悍镇之作用，颍州的隶属，也同样较为关键。唐朝末年，朱全忠之所以能立足中原大部，建立后梁，也主要是因为其控制着河南道内汴河及淮颍（蔡）两条连通南北的漕运通道。至北宋时期，颍州也是当时主要的水陆交通之一的惠民河流经之地。① 惠民河"南历陈、颍达寿春（今安徽寿县），以通淮右"②。流经颍州的惠民河，也是北宋较为重要的经济运输要道，故颍州于北宋时期具有较重要的交通地位。陈有忠和陈代光先生对此曾有论述。③

（原载《河南师范大学学报》2011 年第 6 期）

---

① "宋都大梁，有四河以通漕运：曰汴河、曰黄河、曰惠民河、曰广济河。"参见《宋史》卷一七五《食货上三》漕运条，中华书局 1977 年版，第 4250 页。

② 《宋会要辑稿》方域十六惠民河，中华书局 1957 年版，第 7586 页。

③ 陈有忠、陈代光：《北宋时期的惠民河》，《史学月刊》1983 年第 2 期。

北宋文武换官制度探析

杭州师范大学历史学系　尤东进

前　言

在中国古代官僚制度之官阶品位的变迁过程中存在着五条基本线索或五种分类，即"贵—贱""士—吏""文—武""宫—朝""胡—汉"①。由此可见，文武是分析和理解中国古代官僚制度的一个重要手段。文武之分，由来已久，以职位为本位的文武区分西周时即已出现②，它产生于国家管理事务的需要，并随着国家机器的发展而逐渐发达。迨至战国，文官之长称为相，武官之长称为将③。发展至唐代，在官制上出现了文、武职事官和文、武散官两个系列，文武畛域渐渐明晰。进入北宋，文武分立则进一步制度化，形成了相对严格的文武分途。

然而一直以来，官僚制度上的文武之分不存在不可逾越的鸿沟，文、武可以互换，其间并没有太大的障碍，历史上"出将入相"或"出相入将"的事例屡屡可见，史不绝书。如西汉大将周勃曾以主管军事的太尉之职转任丞相，唐代名相房玄龄也曾担任过军职。北宋神宗元丰改制前，官制上存在"官""职""差遣"之分，王曾瑜分析研究指出："区分文

---

①　参看阎步克《中国古代官阶制度引论》第十一章《品位结构变迁的五线索：贵贱、士吏、文武、宫朝、胡汉》，北京大学出版社 2010 年版。

②　参看许倬云《西周史》（增订本）第七章《西周政府组织》第二节《金文资料中的官职》，生活·读书·新知三联书店 1994 年版，第 206—222 页。

③　杨宽：《战国史》，上海人民出版社 1998 年版，第 221 页。

武以官为准，而不以差遣为准"①，即以阶官（本官）为标准，加以区分文武。元丰改制后，文、武阶官虽易以新名，但文武之分仍以此为准。简而言之，北宋文武之区分，不以实际职务之"差遣"为准。北宋制定了换官法②和文武换官格③，允许文资（文阶）换武资（武阶）、武资（武阶）换文资（文阶），史籍中亦记之为"换秩"或"换职"。研究北宋的文武换官现象及其制度，可以加深对北宋一代复杂多变的官僚制度的认识与理解，并在此基础上重新剖析北宋的"重文轻武"抑或"崇文抑武"等基本国策，以期深化认识北宋社会的文武关系及其时代特征。

管见所及，目前为止，国内外学界对该论题有所涉及，如龚延明在《宋史职官志补正》一书中，对《宋史·职官志》中关涉"换官"的条目进行了考订；日本梅原郁的《宋代官僚制度研究》以及香港曾瑞龙的《北宋种氏将门之形成》附录《北宋武臣换文资条例述要》等对文武换官中的等级对应关系进行了有益探讨；浙江大学古籍所杜情义的硕士学位论文《宋代文武换官制度研究》首次对文武换官制度进行了比较系统的学术梳理与考察。近日，范学辉在其《宋代三衙管军制度研究》一书第十五章〈三衙管军的任职资格〉之第二节"出身要求"中对北宋文官转换武官之制进行了精辟论述。但上述研究尚不够深入与全面，且在史料的解读与运用、换官的政治社会意义的理解等方面存在误解与不足。为了繁荣学术、推动宋史研究的深入与发展，笔者不揣谫陋、再作考述，以就教于方家。

一　制度复原

北宋之前，虽然文武之间可以互换，如唐代文阶出身者可以转换为武阶，武阶出身者亦可以改为文阶，但却没有明确的、详细的制度性规

① 王曾瑜：《从岳飞及其部将的仕历看南宋前期武官的升迁资序》，收入氏著《岳飞和南宋前期政治与军事研究》，河南大学出版社 2002 年版，第 298 页。原载岳飞研究会编《岳飞研究》第三辑，中华书局 1992 年版。

② 宋代还有一种特殊的换官法，即宗室换官法。其针对对象主要是宗室成员，宗室成员一般只能担任环卫官。由于外任等原因，需要将环卫官换成一般的武阶官。本文所言"换官"或"换官法"，姑依龚延明《宋史官制辞典》（中华书局 1997 年版，第 659 页）中对"换官"的注释，即指文资换武资与武资换文资。因此，宗室换官法暂不在本文讨论范围之内。

③ 见李攸《宋朝事实》卷九《官职》。

定。进入北宋，开始出现明文规定的、系统性的《换官法》，使文武在进行互换时，有章可循、有法可依，而不显得杂乱无序。现根据相关记载，对其制度进行复原，以期恢复其本来面貌。

目前，可以见到的、比较详细的关于换官制度的规定最早出现于仁宗时期。《宋会要辑稿》（以下简称《宋会要》）职官六一之七、八云。

> ［天圣四年（1026）］十一月，诏三班使臣内有元是举人入班行者，如乐换文资者①，左班殿直与试衔近地知县，候得替、无脏罪与节察推官；右班殿直与家便大县簿尉，候得替、无脏罪与初等职事官，诸科与令录；三班奉职与除簿尉，进士与家便，诸科与近地；三班借职与小处判官、簿尉；殿侍补郊社斋郎。

将上文所述的文武换官等级对应关系进行梳理制成表1。

表1　　　　　　　　　　　仁宗时期三班使臣换官

武	文
左班殿直	试衔近地知县，候得替、无脏罪与节察推官
右班殿直	家便大县簿尉，候得替、无脏罪与初等职事官，诸科与令录
三班奉职	除簿尉，进士与家便，诸科与近地
三班借职	小处判官、簿尉
殿侍	郊社斋郎

然而，上述规定只是临时性的举措，并不是系统性的换官法，因为其适用的对象范围极其有限，只限于原是举人的三班使臣。另据记载，真宗天禧年间曾补举人为三班使臣，这也极可能是应急之举。至仁宗朝形势缓和后，则听由他们改换文秩，从而出现上述规定。这虽然反映了文武分途的严格化，但在下级文、武官之间仍然可以自由改换，一旦事毕，可以改回原秩。同时，从上述规定中也可以看出出身之进士与诸科、得替有无脏罪等均被加以严格区分，对换官予以较大影响。

---

① 《续资治通鉴长编》（以下简称《长编》）卷一百四天圣四年十一月甲辰条载："诏天禧中举人补三班使臣者，听换文资"，与《宋会要》的记载关联，可一并参阅。

北宋前中期有无《换官法》，因史料亡佚或缺载，现已无从得知。现在能够见到的最早的北宋《换官法》，应是神宗熙宁五年（1072）颁布的《换官法》。现根据相关记载，尝试复原北宋神宗时期文武换官之制。梅原郁①、曾瑞龙②、范学辉③已在相关论著中对此文武换官之制进行了有益的探讨，成绩斐然，笔者从中获益良多。但三人的研究尚存在如下不足之处：一是在史料的使用方面有失谨慎，如梅原郁将横行使之阁门使视为诸司使；二是在文武换官的等级对应关系方面不够翔实、全面。有鉴于此，笔者在前贤研究的基础上，进一步复原北宋神宗时期文武换官之制，以期更加全面、准确。

在现存的宋代典籍中，有两处详细载录了神宗熙宁五年的《换官法》，兹引述如下。

《长编》卷二百三十一熙宁五年三月戊戌条载。

中书言："礼房修《换官法》。自今秘书监换防御使。大卿、监换团练使。秘书少监，太常、光禄少卿换刺史。卫尉以下少卿、监换皇城使、遥郡刺史。前行郎中换宫苑使，中行郎中换内藏库使，后行郎中换庄宅使，并带遥郡刺史。前行员外郎换洛苑使，中行员外郎换西作坊使，后行员外郎换供备库使。已上如正郎带职即换阁门使，仍带遥郡刺史，员外郎带职即换遥郡刺史。太常博士换内藏库副使，国子博士换左藏库副使。已上如带职换阁门副使。太常丞换庄宅副使。秘书丞换六宅副使。殿中丞、著作郎换文思副使。太子中允换礼宾副使。赞善大夫、太子中舍换供备库副使。秘书郎、著作佐郎换内殿承制。大理寺丞换内殿崇班。诸寺监丞，节、察判官，并换东头供奉官。大理评事，支使，掌书记，并换西头供奉官。太祝、奉礼并换左侍禁。正字，秘校，监、簿，两使职官，防、团判官，令、录，并换右侍禁。初等职官，知令、录，并换左班殿直。

① 见梅原郁《宋代官僚制度研究》第二章《宋代的武阶》，日本京都同朋舍1985年版，第101页。

② 见曾瑞龙《北宋种氏将门之形成》之附录《北宋武臣换文资条例述要》，中华书局（香港）有限公司2010年版，第140—141页。

③ 见范学辉《宋代三衙管军制度研究》第十五章《三衙管军的任职资格》，中华书局2015年版，第863—864页。

初等职官，知令、录未及三考，换右班殿直。判、司、主簿、尉成三考已上换三班奉职，未及三考并试衔斋郎各换三班借职。内如带职，各升一资。起居郎、起居舍人、左右司谏、正言、侍御史、殿中侍御史、监察御史已上，各比类官序，依带职人例。如籍人材或曾有过犯，并临时取旨，特与升降官资。其右职换文资并依此。内奉职已下并换堂除主簿、尉。三班差使、殿侍换郊社斋郎。"从之。

又，《宋会要》职官六一之十三、十四云：

（熙宁五年）三月十九日，中书言："礼房修《换官法》。自今秘书监换防御使，大卿、监换团练使。秘书少监，太常、光禄少卿换刺史。卫尉以下少卿、监换皇城使、遥郡刺史。前行郎中换宫苑使，中行郎中换内藏库使，后行郎中换庄宅使，并带遥郡刺史。前行员外郎换洛苑使，中行员外郎换西作坊使，后行员外郎换供备库使，以上如正郎带职即换阁门使、仍带遥郡刺史；员外郎带职郎（即）换遥郡刺史。太常博士换内藏库副使，国子博士换左藏库副使，以上如带职换阁门副使。太常丞换庄宅副使，秘书丞换六宅副使，殿中丞、著作郎换文思副使，太子中允换礼宾副使，赞善大夫、太子中舍换供备库副使，祕书郎、著作佐郎换内殿承制，太理寺丞换内殿崇班，诸寺监丞、节、察判官并换东头供奉官，大理评事、支使、掌书记并换西头供奉官，太祝、奉礼并换左侍禁，正字、秘校、监簿、两使职官、防团判官、令录并换右侍禁，初等职官、知令录并换左班殿直，初等职官、知令录未及三考换右班殿直，判、司、主簿、尉成三考以上换三班奉职，未及三考并试衔斋郎各换三班借职，内如带职各升一资。起居郎、起居舍人、左右司谏、正言、侍御史、殿中侍御史、监察御史已上，各比类官序，依带职人例。如籍人材或曾有过犯，并临时取旨，特与升降官资。其右职换文资并依此。内奉职以下并换堂除主簿、尉，三班差使、殿侍换郊社斋郎。"从之。

以上是熙宁五年颁布的《换官法》，《长编》和《宋会要》的记载大同小异，它们的史源当一致，或为宋代的《国朝会要》。同时，《宋史·

职官志》中也有一段关于文武换官制的记载，姑引如下。

《宋史》卷一百六十九《职官志九》之《文臣换右职之制》① 云。

秘书监换防御使。

大卿、监换团练使。

秘书少监，太常、光禄少卿换刺史。

少卿、监换皇城使、遥郡刺史。

带职郎中换阁门使。

前行郎中换宫苑使。

中行郎中换内藏库使。

后行郎中换庄宅使。

带职前行员外郎

前行员外郎并换洛苑使。

带职中行员外郎，起居舍人，侍御史，中行员外郎并换西京作坊使。

带职后行员外郎，左、右司谏，殿中侍御史，后行员外郎并换供备库使。已上并带遥郡刺史。

带职博士，左、右正言，监察御史换阁门副使。

太常博士换内藏库副使。

国子博士换左藏库副使。

太常丞换庄宅副使。

秘书丞换六宅副使。

殿中丞，著作郎换文思副使。

太子中允换礼宾副使。

太子左右赞善大夫、中舍、洗马换供备库副使。

秘书郎，著作佐郎换内殿承旨。

大理寺丞换内殿崇班。

诸司监丞，节度、观察判官换东头供奉官。

———————————

① 龚延明的《宋史职官志补正》（浙江古籍出版社 1991 年版，第 547—552 页）对此进行了考订，贡献巨大，但也有欠缜密之处。如"秘书郎，著作佐郎换内殿承旨"，此处"内殿承旨"当作"内殿承制"为是，龚氏未校出。

大理评事，节度掌书记，观察支使换西头供奉官。

太常寺太祝，奉礼郎换左侍禁。

初等职官，知令、录并两使职官，防御、团练判官，令、录未及三考换左班殿直。

初等职官，知令、录未及三考换右班殿直。

判、司、簿、尉换三班奉职。

试衔斋郎并判、司、簿、尉未及三考换三班借职。已上京官至太常丞带职，加一资换。

右文官换右职者，除流外、进纳及犯私罪情重并赃罪外，年四十以下并许试换右职。三班使臣补换及三年、差使及五年，方许试换。已上并召京朝官或使臣二人委保。其文臣待制、武臣观察使已上愿换官，取旨。

《宋史·职官志》错讹甚多，已为学界所共识，目前已有多部校订专著问世。《宋史·职官志》上述有关文武换官之制的记载与《长编》《宋会要》等迥异，其具体年代虽没有详述，但应在神宗元丰改制前，因为其文武阶的名称均为旧称。同时，它也是研究北宋文武换官制的重要史料，价值不容忽视，可与熙宁五年之换官法进行比较研究。但毋庸置疑，其讹误亦不少，如将带职郎中与郎中、带职员外郎与员外郎不加区分、混淆杂糅，眉目不清，令人费解；如缺少"正字，秘校，监、簿，两使职官，防、团判官，令、录，并换右侍禁"等相关重要条目。然较之《长编》《宋会要》，其亦有详当之处。如《长编》《宋会要》中仅言"起居郎、起居舍人、左右司谏、正言、侍御史、殿中侍御史、监察御史已上，各比类官序，依带职人例"，至于如何"比类官序、依带职人例"则不得而知，幸而《宋史·职官志》中将"起居舍人、侍御史、左、右司谏、殿中侍御史、左、右正言，监察御史"等进行了"比类"，如此方可了解言官、台宪官改换武官之制。又，根据《宋史·职官志》，可以正《长编》《宋会要》之误，如《长编》与《宋会要》中的"中行员外郎换西作坊使"，此处"西作坊使"，显误，而应作资次在"洛苑使"与"供备库使"之间的"西京作坊使"，脱一"京"字。总而言之，上述三则材料详略互见，可互为补充、参对，兹综合三者，对北宋神宗时期的文武换官法进行了复原，详见表2。

表2　　　　　　　　　　　北宋神宗熙宁五年文武换官

文	说明	武	说明
秘书监	卿监以上（文臣待制、武臣观察使以上，临时取旨）	防御使	正任
大卿、监		团练使	
秘书少监，太常、光禄少卿		刺史	
卫尉以下少卿、监		皇城使、遥郡刺史	遥郡
正郎（郎中）带职	带职郎中	阁门使（横行）、遥郡刺史	
前行郎中	郎中	宫苑使、遥郡刺史	
中行郎中		内藏库使、遥郡刺史	
后行郎中		庄宅使、遥郡刺史	
前行员外郎带职	带职员外郎	洛苑使、遥郡刺史	
中行员外郎带职（起居舍人、侍御史）		西京作坊使、遥郡刺史	
后行员外郎带职（左、右司谏，殿中侍御史）		供备库使、遥郡刺史	
前行员外郎	员外郎	洛苑使	诸司使
中行员外郎		西京作坊使	
后行员外郎		供备库使	
太常博士、国子博士带职（左、右正言，监察御史）	朝官	阁门副使	横行
太常博士		内藏库副使	诸司副使
国子博士		左藏库副使	
太常丞		庄宅副使	
秘书丞		六宅副使	
殿中丞、著作郎		文思副使	
太子中允		礼宾副使	
太子左右赞善大夫、中舍、洗马		供备库副使	

续表

文		说明	武	说明
秘书郎、著作佐郎			内殿承制	大使臣
大理寺丞			内殿崇班	
诸寺监丞	节、察判官※		东头供奉官	
大理评事	观察支使、节度掌书记※		西头供奉官	
太常寺太祝、奉礼郎		京官与选人	左侍禁	
秘书省正字、校书郎、监簿、令、录※	两使职官、防团职官、令、录※		右侍禁	小使臣
	初等职官，知令、录※		左班殿直	
	初等职官，知令、录未及三考※		右班殿直	
	判、司、簿、尉成三考以上※		三班奉职	
试衔斋郎	判、司、簿、尉未及三考※		三班借职	

备注：带※者为选人。以下各表同。

梅原郁分析指出了此换官法在文武换官时的等级对应关系，即选人、京官与三班使臣对应，京官最高阶的秘书郎、著作佐郎、大理寺丞与大使臣之内殿承制、内殿崇班对应；朝官与诸司副使，员外郎、郎中与诸司使，卿、监以上与遥郡、正任对应。梅原郁的结论大体正确，但也有可商榷之处。如员外郎、郎中与诸司使对应恐不当，据表2，员外郎确是与诸司使对应，但郎中是与遥郡刺史对应，是诸司使带遥郡刺史，属于遥郡之列。可举例如下：

> 至和元年（1054）十二月，内园使、昭州刺史谭嘉震为司门郎中。嘉震自换右职，累更边任，晚以目疾，愿得复还文资也。
>
> 神宗熙宁元年（1068）五月七日，以驾部郎中陈求古换宫苑使、遥领团练使，不得为例。求古累历知州有治声，翰林学士郑獬应诏举官力荐之，故有是命①。

在上述熙宁五年的换官法中，需特别指出的是，文官带职（帖职）与否，在改换武资时，至关重要，差别很大。文官带职是文学侍从之臣，为"清华之选"，待遇较优，升迁较快，故在文武换官时也有所体现，如带职员外郎即换遥郡刺史，而一般员外郎则换诸司使。普通京朝官带职换官时，特加一资。此外，高级文武官换官时，在该换官法中没有特定的规定。即文臣待制以上、武臣观察使以上换官，并临时取旨。有以侍郎换观察使者，雷有终、钱若水、王嗣宗等即是，也有以尚书左丞换观察使者，如李仕衡。

除上述熙宁五年文武换官法之外，李攸《宋朝事实》卷九《官职》中还记载了《文武换官格》，其文如下：

> 中大夫防御使
> 中大夫团练使
> 中散大夫刺史原注：候通除七年，除团练使
> 朝议大夫刺史
> 奉直大夫武功大夫遥郡刺史原注：旧皇城使
> 朝请大夫武德大夫遥郡刺史
> 朝散大夫武德大夫遥郡刺史原注：旧内藏库使
> 朝奉大夫武节大夫遥郡刺史原注：旧庄宅使
> 朝请郎武略大夫原注：旧洛苑使
> 朝散郎武义大夫原注：旧西京作坊使
> 朝奉郎武义大夫原注：旧礼宾使

---

① 俱见《宋会要》职官六一《换官》。

　　　　承议郎武翼大夫原注：旧供备库副使
　　　　奉议郎武节郎原注：旧庄宅副使
　　　　通直郎武义郎原注：旧礼宾副使
　　　　宣教郎敦武郎原注：无出身未及三年换修武郎
　　　　宣义郎从义郎
　　　　承事郎秉义郎
　　　　承奉郎忠训郎
　　　　承务郎忠翊郎

　　《宋朝事实》原书已佚，现本为四库馆臣从《永乐大典》中辑出。四库馆臣在其案语中云："此《文武换官格》，不著何年所定"。但其中的文阶官之名称显为元丰新制，并且其中的奉直大夫为徽宗大观年间新置，宣教郎则为政和年间（1111—1117）由宣德郎所改而来。同时，武阶之诸司使副已易以新名，此乃政和新制。另外，四库馆臣在《〈宋朝事实〉提要》中，引用了《永乐大典》中南宋人曹叔远编纂的《江阳（属潼川府路泸州）谱》，认为《宋朝事实》的记事原本起于太祖建隆，止于徽宗宣和。综上所述，可以认定此《文武换官格》为徽宗之制，最可能是政和之制。又，《宋史》卷一百六十九《职官志九》之〈文臣换右职之制〉云：

　　　　绍兴复修试换之令，淳熙增广尚左、尚右、侍左、侍右换官之格，列而书之，以见新式。若中大夫而下文臣换官，仍政和旧制，则不书。

　　《宋史·职官志九》所云"政和旧制"极可能即是《宋朝事实》所载录的《文武换官格》。但《宋朝事实》的记载亦有不当之处，如承议郎换武翼大夫，原注旧供备库副使，此处供备库副使显误，供备库副使资次在庄宅副使、礼宾副使之下。据《宋大诏令集》卷一百六十三《改武选官名诏》及《宋史·职官志九》，可知武翼大夫对应之旧官名为供备库使，为是，则"供备库副使"当作"供备库使"。此外，有数处文阶或武阶重复出现，似不加区分，疑有脱误、错讹，如中大夫换防御使，而中大夫亦换团练使，如此含混不清，令人费解，遍检政和年间之文阶官，此处独缺大观年间所置之"中奉大夫",而"中奉大夫"之资次正在"中大夫"与"中散大夫"之间,与此处亦相吻合,故第二处之"中大夫"或作"中奉大夫",为是。综合以上考述见表3。

表3 　　　　　　　　　　　徽宗政和年间文武换官

文阶	备注	武阶	备注
中大夫	卿、监	防御使	正任
中奉大夫		团练使	
中散大夫		刺史	
朝议大夫		刺史	
奉直大夫	大观新置	武功大夫、遥郡刺史	遥郡
朝请大夫	正郎(郎中)	武德大夫、遥郡刺史	
朝散大夫		武德大夫、遥郡刺史	
朝奉大夫		武节大夫、遥郡刺史	
朝请郎	员外郎	武略大夫	原诸司正使
朝散郎		武义大夫	
朝奉郎		武义大夫	
承议郎	朝官	武翼大夫	
奉议郎		武节郎	原诸司副使
通直郎		武义郎	
宣教郎	京官	敦武郎	使臣
宣义郎		从义郎	
承事郎		秉义郎	
承奉郎		忠训郎	
承务郎		忠翊郎	

将上述徽宗时期的文武换官格与神宗熙宁五年的文武换官法进行比较,可以发现以下几点不同。第一,文武换官的等级对应关系发生了变化。如依神宗熙宁五年之换官法,太常博士换内藏库副使,国子博士换左藏库副使,均为诸司副使;而依徽宗文武换官格,由左、右正言、太常、国子博士换成元丰后寄禄官阶之承议郎却换为武翼大夫,原供备库使,为诸司正使。第二,徽宗时期的文武换官格没有规定下级之文官选

人如何换官，或许继续沿用熙宁五年之制。第三，在神宗熙宁五年换官法中严格加以区分的带职与不带职，在徽宗文武换官格中毫无体现，这或许是徽宗之制的新变化，但也可能继续祖述神宗之制。同时，两者也存在共同之处，如徽宗朝之文武换官格对中大夫以上之高级文官如何换官亦没有特别说明，恐怕如神宗之制，需临时取旨。

以上由于史料的限制，仅仅复原了神宗朝和徽宗朝的换官制度，它们都是北宋中后期的。而且内容都是关于中下级文武官的，因此可以推测中下级文武官是换官的主体。

二 事例分析

北宋一代，存在着众多的文武换官事例，通过对这些事例加以具体分析，可以进一步理解北宋文武换官制度的实际运行。

《宋会要》职官六一《换官》比较集中记载了北宋文武换官的事例。现以《宋会要》该部分的记载为中心，将其具体事例见表4、表5。

表4　　　　《宋会要职官》六一所见北宋文资换武资事例一览

人名	文资	武资	时期	说明
郑宣	侍御史	如京使	太宗	《宋史》卷四四〇《柳开传》
刘墀	司封员外郎	如京使	太宗	同上
赵载	户部员外郎	如京使	太宗	同上
柳开	殿中侍御史	崇仪使	太宗	同上
刘庆	左拾遗	西京作坊使	太宗	同上
陈舜封	大理评事	殿直	太宗	——
秦可观	选人	右班殿直	太宗	——
陈廉	冀州属邑簿	右班殿直	太宗	——

续表

人名	文资	武资	时期	说明
钱昱	工部侍郎	郢州团练使	太宗	《宋史》卷四八〇
乔维岳	给事中	海州刺史	太宗	《宋史》卷三〇七本传
鲜于綮	国子博士	如京副使	真宗	——
雷孝若	太常寺奉礼郎	西头供奉官	真宗	《宋史》卷二七八《雷德骧传》
魏霮	殿中丞	崇仪副使	真宗	——
刘固	国子博士	如京副使	真宗	——
石熙政	太子右赞善大夫	西京左藏库副使	真宗	——
王瞻	郓州观察推官	西头供奉官	真宗	——
张利涉	殿中侍御史	崇仪使	真宗	——
邢文纪	秘书丞	崇仪副使	真宗	——
张志言	虞部员外郎	西（如）京使	真宗	《宋史》卷三〇八《张佶传》
钱若水	工部侍郎、集贤院学士	邓州观察使	真宗	带职、《宋史》卷二六六本传
王嗣宗	御史中丞兼工部侍郎	耀州观察使	真宗	《宋史》卷二八七本传
王序	虞部员外郎	如京使	真宗	——
郭怀玉※	国子博士	供备库使	真宗	——
高志宁	太子右赞善大夫	供备库副使	真宗	——
史莹	殿中丞	崇仪副使	真宗	——
雷孝先	都官员外郎	内园使	真宗	《宋史》卷二七八《雷德骧传》
骆与京	屯田员外郎	如京使	真宗	——
田定机	虞部员外郎	西京左藏库使	真宗	——
宋平	太子左赞善大夫	供备库副使	真宗	——
丁翔	太常寺丞祝（太祝）	内殿崇班	真宗	——
宋世基	右赞善大夫	供备库副使	真宗	——
王准※	虞部员外郎	西京左藏库副使	真宗	——

续表

人名	文资	武资	时期	说明
刘象中	大理寺丞	内殿承制	真宗	—
魏昭文	殿中丞	崇仪副使	真宗	—
窦錫	秘书丞	洛苑副使	真宗	—
赵宗奭	试将作监主簿	右班殿直	仁宗	—
刘平	侍御史	衣库使	仁宗	《宋史》卷三二五本传
钱晦	大理评事	内殿崇班	仁宗	——
刘牧	屯田员外郎	如京使	仁宗	——
李维	翰林学士承旨、刑部尚书	相州观察使	仁宗	带职、《宋史》卷二九七《鞠咏传》
陈尧咨	翰林学士兼龙图阁学士、工部侍郎	宿州观察使	仁宗	带职、《宋史》卷二八四本传
韩琦	枢密直学士、礼部郎中	秦州管内观察使	仁宗	带职、《宋史》卷三一二本传
王沿	枢密直学士、右司郎中	泾州管内观察使	仁宗	带职、《宋史》卷三〇〇本传
范仲淹	龙图阁直学士、左司郎中	邠州管内观察使	仁宗	带职、《宋史》卷三一四本传
庞籍	龙图阁直学士、吏部郎中	鄜州管内观察使	仁宗	带职、《宋史》三一一本传
杨畋※	太常博士	东染院使	仁宗	《宋史》卷三〇〇本传
余靖	光禄卿	左神武军大将军、雅州刺史	仁宗	遥郡、《宋史》卷三二〇本传
苏缄	秘书丞	供备库使	仁宗	《宋史》卷四四六本传

续表

人名	文资	武资	时期	说明
种诊	殿中丞	左藏库副使	英宗	《宋史》卷三三五《种世衡传》
种谔	国子博士	洛苑副使	英宗	同上
种古	大理评事	殿内（内殿）崇班	英宗	同上
陈求古※	驾部郎中	宫苑使、遥领团练使	神宗	遥郡
刘琯	太子中舍	西京左藏库副使	神宗	——
陈箴	太常博士	西上阁门副使	神宗	——
尚缜	虞部员外郎	西京作坊使	神宗	——
谢麟	太常博士	西上阁门副使	神宗	《宋史》卷三三〇本传
李玩	通直郎	供备库副使	哲宗	——
朱衍	朝奉大夫	庄宅使、文州刺史	哲宗	遥郡
黄袩	奉议郎	庄宅副使	哲宗	——
种师中	宣德郎	内殿承制	哲宗	《宋史》卷三三五《种世衡传》
陈安	通直郎	礼宾副使兼阁门通事舍人	哲宗	带职（武）
陶递	通直郎	礼宾副使	哲宗	——
张撝	通直郎	礼宾副使	徽宗	——
章綖	承奉郎	内殿崇班	徽宗	——
郭晔	承议郎	右武郎	徽宗	——
骆阅	进纳登仕郎	承信郎	徽宗	——
王康	迪功郎	成忠郎	徽宗	——
曹济	朝奉大夫	成安大夫	徽宗	——
曹澄	奉议郎	成安郎	徽宗	——

表5　　　《宋会要》职官六一所见北宋武资换文资事例一览

人名	武资	文资	时期	说明
王操※	殿直	太子中允	太宗	——
和?	三班奉职	大理评事	太宗	——
张晟	供奉官	左赞善大夫	太宗	——

续表

人名	武资	文资	时期	说明
张敏中	供奉官	大理寺丞	太宗	《宋史》卷二六八《张逊传》
钱昱	白州刺史	秘书监	太宗	《宋史》卷四八〇
钱惟演	右神武军将军	太仆少卿	真宗	《宋史》卷三一七本传
王宝臣	右班殿直	试衔知县	真宗	——
张旦	下班殿侍	一斋郎	仁宗	《宋史》卷三〇八本传
刘允中	东头供奉官	光禄寺丞	仁宗	
孙雍、孙维、孙雄、孙雅	右班殿直	无料钱京官	仁宗	
王恪	三班奉职	无料钱京官	仁宗	
监司竹监候?	三班借职	簿尉	仁宗	
陈绍孙	三班奉职	无料钱京官	仁宗	
郭道暖	左班殿直	簿尉	仁宗	
马仲甫	左侍禁	大理评事	仁宗	《宋史》卷三三一本传
张龟年	内藏库副使	太常博士	仁宗	
杨畋	东染院使	屯田员外郎、直史馆	仁宗	带职
谭嘉震	内园使、昭州刺史	司门郎中	仁宗	——
柴咏	内殿崇班	殿中丞	仁宗	《宋史》卷一一九《礼志二十二》
张亢	客省使、眉州防御使	秘书监	仁宗	《宋史》卷三二四本传
刘几	西上阁门使、循州刺史	兵部郎中	仁宗	——
曾孝广	右班殿直	堂除初等职官	神宗	《宋史》卷三一二《曾公亮传》
王亚	皇城使	虞部郎中	神宗	
石凿	皇城使、忠州刺史	卫尉少卿、直昭文馆	神宗	带职
刘伊	东头供奉官	太史（局）丞	神宗	
文贻庆	供备库副使兼阁门通事舍人	奉议郎、都官员外郎	神宗	带职（武）
朱衍	庄宅使、文州刺史	朝奉大夫	哲宗	——
姚汝贤	忠训郎	承奉郎	徽宗	

　　同时,《宋史》中也记载了大量的文武换官事例,除去与上述《宋会要》重复的以外,现将其整理成见表6、表7。

表6　　　　　　　　　《宋史》所见文资换武资事例一览

人名	文资	武资	备注
魏咸信	太子右坊通事舍人	供奉官	《宋史》卷二四九《魏仁浦传》
王明	给事中	光州刺史	《宋史》卷二七〇本传
张保续※	宗正卿	泰州刺史	《宋史》卷二七四本传
曹谏	右补阙	崇仪使	《宋史》卷二九〇《曹利用传》
李仕衡	尚书左丞	同州观察使	《宋史》卷二九九本传
靳怀德	比部员外郎	如京使	《宋史》卷三〇九本传
刘涣※	工部郎中	吉州刺史	《宋史》卷三二四《刘文质传》
蒋偕	秘书丞	北作坊副使	《宋史》卷三二六本传
王果	殿中丞	衣库副使	同上
向传范	卫尉丞	内殿崇班	《宋史》卷四六四
向经	虞部员外郎	庄宅使	同上
高保寅※	将作监	内作坊使	《宋史》卷四八三
张昭允※	大理评事	右班殿直	《宋史》卷二七九
郭谘	殿中丞	崇议副使	《宋史》卷三二六本传
刘几※	将作监主簿	如京使	《宋史》卷二六二《刘温叟传》
宋沆	太子中允	如京副使	《宋史》卷二八七《宋湜传》
张升	度支员外郎	六宅使	《宋史》卷三一八本传
王素	侍御史、端明殿学士?	澶州观察使	《宋史》卷三二〇本传
景泰	都官员外郎	左藏库使	《宋史》卷三二六本传
李渭	太常博士	北作坊副使	同上
王厚	通直郎	礼宾副使	《宋史》卷三二八《王韶传》
王观	屯田员外郎	崇仪使	《宋史》卷三二九《王广渊传》
陶弼	未详	崇仪副使	《宋史》卷三三四本传
种师道	未详	庄宅使	《宋史》卷三三五本传
吕大忠※	秘书丞	西上阁门使	《宋史》卷三四〇《吕大防传》
李邈※	承议郎	庄宅副使	《宋史》卷四四七本传
马季良※	兵部郎中	濠州防御使	《宋史》卷四六三本传

表7　　　　　　　《宋史》所见武资换文资事例一览

人名	武资	文资	备注
石中立	西头供奉官	光禄寺丞	《宋史》卷二六三《石熙载传》
张敏中	供奉官	大理寺丞	《宋史》卷二六八《张逊传》
王希逸※	供奉官	太子中允	《宋史》卷二六八《王显传》
窦舜卿	邕州观察使	刑部侍郎	《宋史》卷三四九本传
高赋※	右班殿直	奉礼郎	《宋史》卷四二六本传
和（山臯）※	三班奉职	大理评事	《宋史》卷四三九《和岘传》
石延年※	右班殿直	太常寺太祝	《宋史》卷四四四本传
苏子元※	西头供奉官、阁门祗候	殿中丞	《宋史》卷四四六《苏缄传》
高保寅	内作坊使	少府监	《宋史》卷四八三
张佶（志言）※	殿前承旨（制）	国子监丞	《宋史》卷三〇八
王观※	皇城使	兵部郎中	《宋史》卷三二九《王广渊传》
种师道	三班奉职	熙州推官	《宋史》卷三三五本传
郭忠孝	右侍禁	将作监主簿	《宋史》卷四四七
高遵惠	供奉官	大理寺评事	《宋史》卷四六四《高遵裕传》

据《宋会要》职官六一的记载，文武换官似开始于太宗时期，其实不然，太祖时期即有之，如王明以秘书少监、领韶州刺史①。综合表4－7，文官换武官的事例为97件，武官换文官的事例为41件，则龚延明在《宋史官制辞典》中指出的"由于两宋重文轻武，以武臣换文官者为多、限制也严；文官换武职者较少，限制较宽"，有待商榷，从上述诸表来看，文官换武官者较武官换文官者为多。再以时期区分来看，暂以明确记载时间的《宋会要》所记事例为考察对象，可知太宗朝共有15件，真宗朝27件，仁宗朝27件，英宗朝3件，神宗朝10件，哲宗朝7件，徽宗朝8件。就北宋而言，真宗、仁宗时期的换官事例为多，均占总数的一半。另外，诸表中带※的事例与神宗熙宁五年之《文武换官法》及徽宗政和之《文武换官格》间有较大的出入，比如郭怀玉以文资之国子博士换武资之供备库使，按制度规定，国子博士当换诸司副使，而不应是诸司正使之供备库使。不符合制度规定之文武换官事例数目不少，占有

---

① 参看《长编》卷一二"开宝四年五月丁酉条"、《宋史》卷二七〇《王明传》。

一定的比例。由此可见，文武换官法、文武换官格在实际运行的过程中，存在一定的可操作性和灵活度。

三 换官原因、途径之分析

如前所述，北宋存在着大量的文武换官的事例，那么他们是什么原因，或者出于什么目的而进行换官的呢？仅就文官转换为武官而言，何冠环在《败军之将刘平（973—1040）》一文中指出："宋代文臣愿意转资为武臣，一方面是受传统的儒将观念所致，不以为转为武臣，会低人一等；另一方面，是受太祖、太宗兄弟大力鼓励推动所致。"① 但陈峰对此提出了质疑，认为"自宋太祖朝逐步萌发'崇文抑武'治国思想方略，再经宋太宗朝推行并确定后，宋朝政坛逐渐形成浓烈的'文不换武'现象。纵然有文官转换为武资，人数既很少，大多又非主动情愿，拒绝改换身份的文臣实在是不胜枚举"② 。由前文可知，北宋文臣换武资的事例并不少见，且多于武资转换文资者，至于其是否主动情愿，则不可一概而论，因为正反两方面的事例都存在，有人主动或愿意接受，如柳开、韩琦；有人抵制反对，如范仲淹。与此同时，北宋逐步形成文臣统兵体制，在中央，文臣逐渐担任主管军事的枢密使副；在地方，以一路首州知州兼任的安抚使掌管一路之兵权。因此认为文臣转武官受传统的儒将观念的影响一说，值得商榷。现将文官转换武资与武臣转换文资单独分列，以期分析其原因与目的。

首先，探讨文官转换武资的情况，大致可举出如下数种情形。

（一）追求高俸禄

宋代对待武臣的一般政策是："宋朝之待武臣也，厚其禄而薄其礼……自遥郡而上，本俸皆厚；其使臣本禄虽稍薄，而添支给券皆优。"③ 这是宋太祖开国以来的一贯政策，"杯酒释兵权"后，太祖对解除兵权的禁军高级将领等武臣给予优待，与其联姻，并推行经济笼络政策，所以

---

① 收录于氏著《北宋武将研究》，中华书局（香港）有限公司2003年版。
② 陈峰：《"入乎于情，近乎于理"——〈北宋武将研究〉评析》，载《唐研究》第十一卷，北京大学出版社2005年版，后收入氏著《宋代军政研究》，中国社会科学出版社2010年版。
③ 章如愚：《山堂先生群书考索》后集卷二一《张演论》。

"厚其禄"。正由于此，有些文官为了追求较高的经济利益，主动要求或愿意接受改任武官。兹举例加以说明：

首先，《宋史》卷二百七十《魏丕传》云：

> 雍熙四年，代郝正为户部使。端拱初，迁度支使。是冬，出为黄州刺史，还朝，召对便坐，赐御书《急就章》、《朱邸集》。丕退，作歌以献，因自述愿授台省之职。太宗面谕曰："知卿本儒生，然清望官奉给不若刺史之优也。"[1]

魏丕本是文官，五代后周时转为武臣。北宋太宗时，希望转回文资，但经过太宗面谕文臣的俸禄比武臣低后，最终放弃转换为武资。

其次，翰林学士承旨兼侍读学士、工部尚书李维引李仕衡故事，求换官，遂转换为武阶之相州观察使，而右正言刘随上奏"维以词臣求换武职，非所以励廉节"[2]。据三司使张方平等编著的《嘉祐禄令》的记载，观察使的月俸为 200 千钱，即 200 贯，而翰林学士承旨的月俸仅为 120 千钱，即 120 贯，两者差别甚大[3]。身为清华之选的李维在仕途受挫之时，求改换武官观察使，本可理解，情尚可原，但却被言官斥之为贪图经济利益。

最后，南宋叶梦得《避暑录话》卷上云：

> 然余观《文正奏议》，每诉有言，多为中沮不得行。未几，例改授观察使，韩魏公等皆受，而公独辞甚力，至欲自械系以听命，盖疑以俸厚啖之。

范仲淹抵制、反对转换武官的原因，根据上述叶梦得的记载，是为

---

① 曾巩《隆平集》卷一八"武臣"《魏丕传》作"知卿本儒生，然两省不若刺史俸优也"。参看曾巩撰、王瑞来校证《隆平集校证（下）》，中华书局 2012 年版，第 521 页。
② 《长编》卷一〇四、《宋史》卷二〇八二《李维传》、《宋史》卷二九七《刘随传》。
③ 参看《宋史》卷一七一《职官志十一》及张全明《也论宋代官员的俸禄》，载《历史研究》1997 年第 2 期。

怀疑朝廷以厚禄来收买、笼络他①。

（二）规免解官持服

北宋是极其讲究礼制的时代，丁父母忧、解官守制，是对文官最起码的孝道要求。而仁宗嘉祐年间以前对武官并无此要求。武官遭父母丧不解官之制，始于五代。相承至宋，武臣"例不解官，又无给假日限"②。一些不良文臣为了规免解官持服，乞求改换武官，以至于言官提出对此种行为应加以遏制、规范。如《宋会要》职官六一之六、七云：

> ［乾兴元年（1022）］十二月，御史中丞、知审官院刘筠言：近岁以来，京朝、幕职州县官颇援条例乞换武班，臣体量得多以父母之年逼于喜惧，苟希改转，幸免持服。欲望今后乞换武班者，令所司勘会，委是永感即许依条例施行。从之。

又，《长编》卷九十九乾兴元年十二月丙申条载：

> 御史中丞刘筠言："比岁京朝、幕职州县官乞换右职，皆以父母年高，规免持服，自今须皆亡者乃听。"从之。

（三）文士武举及第或朝廷奖励、提拔有武勇的文士，使之改换武资

《宋会要》选举十七"武举"条云："真宗咸平三年五月十三日，诏两制、馆职详定武举、武选入官资故事。"③ 真宗咸平年间，契丹多次侵入河北地区，北宋国防情势紧急。因此，朝廷有恢复武举的动向，并正

---

① 《长编》卷一百三十六庆历二年五月癸亥条记载了范仲淹本人在奏文中提出的理由，即"观察使班待制下，臣守边数年，羌胡颇亲爱臣，呼臣为'龙图老子'，今改观察使，则与诸族首领名号相乱，恐为贼所轻，且无功，不应更增厚禄"。由此可见，辞退厚禄正是理由之一。另，关于"今改观察使，则与诸族首领名号相乱，恐为贼所轻"，《宋史》卷三四〇《范仲淹传》作"今退而与王兴、朱观为伍，第恐为贼轻矣"。对此，李焘在上述记载的小注中已指出了国史之《范仲淹传》中"王兴、朱观"的人名错误，而今本"二十四史"之《宋史》的《范仲淹传》源于国史之《范仲淹传》，因而也承袭了上述错误。此外，《宋史·范仲淹传》无"且无功，不应更增厚禄"之重要内容。

② 《长编》卷一〇九，仁宗天圣八年正月甲戌条。

③ 《长编》卷四七咸平三年四月乙丑条、《宋史》卷一五七《选举志三》"武举、武选"条、《玉海》卷一一六"武举"等记载与此存在差异，具体考证详见日本中岛敏编《宋史选举志译注（二）》，东洋文库1995年版，第173—174页。

式于仁宗天圣年间实施。进而，允许文臣参加武举，一旦及第，便改授武资。如《宋会要》职官六一之四、五云：

> 咸平三年（1000）五月八日，以国子博士刘固为如京副使，太子右赞善大夫石熙政为西京左藏库副使，赐袍带如例，从武勇之举也。……六月，以殿中侍御史张利涉为崇仪使，秘书丞邢文纪为崇仪副使，从武勇之举也。

同时，在文臣中存在着不少具有军事才能或者武干的人才，宋朝顺势将他们换秩为武官，以便各尽其才。如《宋会要》职官六一"换官"条云：

> 雍熙四年（987）五月，以侍御史郑宣、司封员外郎刘墀、户部员外郎赵载，并为如京使。殿中侍御史柳开为崇仪使。左拾遗刘庆为西京作坊使。宣等儒业登科，咸负勇敢之气，累当边任，能干戎事，故以命之。

然而，最突出的事例当为活跃于宋夏战争前线的文臣范仲淹、韩琦等。这种活跃于战争前线、具有文韬武略的高级统兵官或可称之为儒将。

（四）文官成为外戚或与宗室联姻，须改换武资

北宋对外戚和宗室有一套严格的防范措施，不使之干涉朝政。一般情况下，北宋的外戚和宗室不得担任文官，通常担任环卫官或普通武选官。文臣一旦成为外戚，或与宗室联姻，则其必须改换武资，以避嫌。可举数例如下。

《宋史》卷四百六十四《向经传》曰：

> （向）经字审礼，以荫至虞部员外郎。神宗为颖王，选经女为妃，改庄宅使。帝即位，妃为皇后，进光州团练使。

又同书同卷《向传范传》云：

> 向传范字仲模，尚书左仆射敏中之子。以父任为卫尉丞。娶南

阳郡王惟吉女，改内殿崇班、带御器械，历知相、恩、邢三州。

接着，讨论武官转换文资的情况，其大体有如下两种情形。

1. 因荫封得武资，后科举合格，转文资

按照北宋的恩封制度，文武高官的子孙、门人等均可获得武资。而中高级武官一般不能荫封其子孙、门人等为文资。因此，大量因荫封而得武资的武臣，为了获得较高的社会地位及较好的仕途前程，继续从事举业，参加科举考试，一旦及第，即可转任文官。如《宋史》卷四百二十六《高赋传》云：

> 高赋字正臣，中山人。以父任为右班殿直。复举进士，改奉礼郎。四迁太常博士。

再如，《宋会要》职官六一"换官"条云：

> ［乾兴元年（1022 年）］五月，右班殿直王宝臣言：臣应进士四举，三经御试，乞换文资。诏授试衔知县。

2. 武臣习文或通过一定的考试，得到认可，即可改换文资①

兹举数例如下：

> ［淳化三年（992）］十月，以供奉官张敏中为大理寺丞。敏中，宣徽北院使逊之子，尝进所业文，愿改秩，从其请也。
>
> ［咸平三年（1000）五月］二十日，以右神武军将军钱惟演为太仆少卿。惟演，吴越王俶之子，幼好学，至是献所著文，召试学士院而有是命。
>
> ［天圣八年（1030）］七月，三班院言：左班殿直郭道暌乞换文资，试读律稍熟，诏与换簿尉②。

---

① 关于武臣转换文资的考试，有一个长期演变、发展的过程，至北宋徽宗崇宁年间形成了严格的、明晰的"武官换官试法"制度，并为南宋所继承。在此，由于篇幅原因，容另文详述。

② 俱见于《宋会要》职官六一"换官"。

四　换官的政治社会意义

马端临在《文献通考·自序》中云："古者因事设官，量能授职，无清浊之殊，无文武之异，何也？……古者文以经邦，武以拨乱，其在大臣，则出可以将，入可以相；其在小臣，则簪笔可以待问，荷戈可以前驱。后世人才日衰，不供器使，司文墨者不能知战阵，被介胄者不复识简编，于是官人者制为左右两选，而官之文武始分矣。"马端临将文武始分的原因简单地归结为"后世人才日衰"，这恐是泛泛之论、不着边际。随着国家管理事务的繁增，国家机构的日益庞大，专业化的、严格化的官僚队伍必不可少。因而，文武分途是社会、国家发展到一定阶段的必然产物，它的出现应有积极意义。

北宋在官僚制度上存在相对严格的文武分途，毋庸讳言，这一定程度上也带来了文武之间的对立。文臣韩琦与武将狄青之间的对立便是其最好的说明。同时，北宋的荫封制度产生了大量的中下级武官，朝廷为了怀柔与安抚此一阶层，为其开辟了一条转换文资的通道。于是，为了消除文武对立所带来的负面影响，以及安定广大的中下级武臣阶层，北宋制定了翔实的《文武换官法》和《文武换官格》，从而建立了文臣、武将之间相对自由流动的渠道，加强了社会各阶层之间的流动，有利于社会的稳定。与此同时，也可见北宋官僚制度具有一定的开放性。简而言之，从加强社会阶层流动这一层面来讲，文武换官制度也具有积极的社会意义，应予以积极评价。

同时，研究文武换官，可以有助于理解分析北宋的文武关系。以往学者众多论著都阐明北宋实行"重文轻武"或"崇文抑武"的基本国策[1]。但近年来，也有学者对此提出质疑，发出了不同的声音，代表性的

---

[1]　相关代表性的论著有：蒋复璁《一个国策的检讨》（《宋史研究集》第一辑，台北"国立"编译馆 1980 年版）、赵铁寒《关于宋代"强干弱枝"国策的意见》（同上书）、宁可《宋代重文轻武风气的形成》（《学林漫录》第三集，中华书局 1981 年版）、黄宽重《中国历史上武人地位的转变：以宋代为例》（氏著《南宋军政与文献探索》，台湾新文丰出版公司 1990 年版）、陈峰《武士的悲哀——北宋崇文抑武现象透析》（陕西教育出版社 2000 年版）、同氏《北宋武将群体与相关问题研究》（中华书局 2004 年版）、李贵录《宋朝"右文抑武"政策下的文臣与武将的关系——以余靖与狄青关系为例》[《中山大学学报》（社会科学版）2002 年第 4 期]。

学者为曾瑞龙和伍伯常①。然专从文武换官的角度探讨北宋文武关系的，笔者仅见陈峰《从"文不换武"现象看北宋社会的崇文抑武风气》② 一文。其结论如下：

> 北宋时文臣武将之间存在着巨大的鸿沟，彼此换职已不多见，文臣不愿充任武官，武将更难转为文职。推究其因，即在于"重文轻武"政策及风气的影响。

综合前文考述，可见上述结论有失偏颇，难以苟同，有必要进一步探讨"重文轻武"政策以及文武换官。伍伯常对"重文轻武"政策提出了质疑，指出："重文"并不必然导致"轻武"③；"文臣而兼具武将的功能，固然道出北宋文武界线模糊，非如想象之中壁垒分明"④。从逻辑上讲，"重文"是不必然导致"轻武"。但"文臣而兼具武将的功能"，仅仅是针对个人之才能而言，但从制度层面上看，并不能说明"北宋文武界线模糊"。正如前文所述，在官僚制度上，区分文武之别的为"官"，即阶官，这在北宋乃至两宋都是被严格加以区分的。然就实际职务之"差遣"而言，其情况相当复杂，有些差遣，不分文武，文官、武将俱可担任，如枢密使、知州等。再者，北宋形成了文臣统兵的体制，可能给人留下"文武界线模糊"或"以文制武"的印象。但通观北宋一代，在官僚制度上，文武都是被严格区分的，即在官僚制度上，存在严格的文武分途。

文武之分虽然渐趋严格，但并不是壁垒森严、不可逾越，而是在一定的条件下可以互换，某些人甚至在文、武资之间进行多次转任，自由

---

① 可参看曾瑞龙《经略幽燕（979—987）——宋辽战争军事灾难的战略分析》（香港中文大学出版社2003年版）、伍伯常《北宋初年的文士与豪侠：以柳开的作风形象为中心》（台湾，《清华学报》第36卷第2期，2006年）以及同氏《北宋初年的文武界线——以出身文官家庭及文士背景的武将为例》（浙江大学宋学研究中心编《宋学研究集刊》第1辑，浙江大学出版社2008年版）。
② 载《中国史研究》2001年第2期，又见氏著《宋代军政研究》（中国社会科学出版社2010年版）。
③ 参看伍伯常《北宋初年的文士与豪侠：以柳开的作风形象为中心》，载《清华学报》第36卷第2期，2006年，第338页。
④ 伍伯常：《北宋初年的文武界线——以出身文官家庭及文士背景的武将为例》，载浙江大学宋学研究中心编《宋学研究集刊》第1辑，浙江大学出版社2008年版，第42页。

选择，如杨畋、钱昱等。同时，宋人王应麟亦指出："宋朝文武无轻重之偏。有武臣以文学授文资者……有文臣以智略易右职、当边寄者……①又《宋会要》职官六一之二三曰：孝宗隆兴元年（1163）六月二十六日，臣僚言："伏睹祖宗朝文武两途视为一体，未尝偏轻偏重，故有自武臣而以文学换授文资，或有自文臣而以材武智谋换右职、当边寄者多矣。……②"可见，北宋视文武为一体，无孰轻孰重之分，文臣武将之间并不存在巨大的鸿沟，而是可以互换的。从这点来看，北宋或许有"重文"或"崇文"之倾向，但决不意味着是"轻武"或"抑武"。

余　论

文武虽然在北宋可以互换，但也有史料表明曾多次禁止下级武官转换文官。如《宋会要》职官六一"换官"条载：

[天圣七年（1029）] 七月，诏今后殿直已上、乞换文资者，并不行③。

庆历元年（1041）七月，诏言边事补班行者，自今不许换文资④。

（元丰）五年（1082）十月十八日，诏自今义勇、保甲及呈试武艺得班行者，不许试换文资⑤。

[元祐二年（1087）] 十一月二十七日，诏罢内殿承制至差使试换文资法⑥。

---

① 王应麟：《玉海》卷一二七。
② 又《宋史》卷一六〇《选举志六》载：隆兴二年，廷臣上言，谓："国朝视文武为一体，故有武臣以文学换授文资，文臣以材略智谋换右职当边寄者。盖文武两途，情本参商。若文臣总局干戎事，不换武阶，则终以气习相忌，有不乐从者矣。今兵尘未息，方厉恢复之图，愿博采中外有材智权略可以临边、可以制阃者，仿旧制改授。"从之。与《宋会要》的记载有异，待考。
③ 《长编》卷一〇八，天圣七年七月乙亥条作"诏殿直以上，自今不得换文资"。
④ 《长编》卷一三二，庆历元年七月乙卯条同。
⑤ 《长编》卷三三〇元丰五年十月乙丑条同。
⑥ 《长编》卷四〇七，元祐二年十一月乙亥条同。

上述诏令的颁布自有其特定的时代背景，但现在完全厘清，似无可能。由于可以通过多种渠道获得武阶，因而下级武官的数量是极其庞大的。上述诏令只是禁止某些武官转换文官，如言边事补班行者，其目的大概是限制下级武官转换文官的规模。但总体上来讲，只要满足一定的条件，经过特定的途径，武官转换文官是被认可的。

文武虽然在北宋可以互换，但其间存在着等级差异。中下级文武官之间互换比较严格，有一定的障碍。如中下级武官改换文官时，需要官员保举，进行文化水平的考试，试验诗赋、法律等；同时，中下级文臣转为武资时，也需加试一些兵法知识或弓箭等武艺技能①。至于高级文武官僚之间的转换，可能因国防形势、朝廷用人的需要，临时取旨，因而显得比较灵活。但以高级文臣转任武官者为多，而高级武官转任文臣者较少。高级文臣转任武官者多，应是文韬兼具武略，而武臣中恐罕有文武全才。

南宋的换官制度是如何规定的②？其具体实行情形又如何？与北宋相比又有哪些新变化、新发展？这些都是今后值得探讨的有益课题。

---

① 见《宋会要》职官六一"换官"条以及《宋史》卷一六九《职官志九》"文臣换右职之制"。有关南宋的情况，参阅谢深甫《庆元条法事类》卷一五《选举门二》之"试换官资"条。
② 《宋史》卷一六九《职官志九》"文臣换右职之制"对此稍有涉及。

后 记

　　2017 年 10 月，是恩师李昌宪先生七十寿诞，为了纪念此盛事，在学界师长同人的支持下，经同们师兄弟的共同努力，编撰完成了这本论文集。在学界，弟子们为恩师筹办祝寿活动和编撰纪念文集，是件平常的事。然而，这对于恩师昌宪先生却是一件很不愿意做的事。为什么这样说呢？一是因为老师为人处事的风格，一向低调、朴实，不喜张扬，这在宋史学界是公认的。二是因为老师认为活动筹办会花费学生们的太多精力和一些财力支出，这在一向生活节俭的老师看来是不必要的。为此，在与老师经过电子邮件沟通无果后，我于 2016 年 8 月，专程赴南京看望恩师，提出为恩师筹办七十寿诞和出版祝寿文集是同门 20 余位弟子的共同心声，无论如何也要做的。刚开始老师还是坚决推辞，经我的再三恳请和坚持，老师才勉强同意，但提出要求一切从简。这样，经同门师兄弟商定，祝寿文集的编撰由我和在北京工作的李峰师兄负责，祝寿活动由在南京工作的宋炯、朱奎泽、张鹏斗 3 位师兄组织筹划。

　　任务分工确定后，李峰师兄负责联系出版社和收集出版经费等事宜。接下来，我联系学界一些师长，说明来意，各位学界师长对我们编撰李师寿庆文集十分支持，认为我们做的是一件很有意义的事，纷纷惠赐大作。关于论文集作序，我邀请了老师的挚友汪圣铎先生，汪先生是我当年在河北大学读书时的老师，又是我报考李师博士生的推荐人。我与汪先生联系后，先生很愿意作序，半个月后即将序言写完发给了我。在此，我谨代表同门向各位师长表示诚挚的谢意。另，著名书法家陈兴玉先生为文集题写书名，墨宝留香，熠熠生辉。我指导的 8 位在读研究生承担了部分文稿的核校工作，付出了辛劳。在此一并致谢。

　　文集以《咏归》为名，取孔子师生亦师亦友，切磋学问，优游议论，非汲汲以功名为意之义。但是，在今严苛的考核环境中，虽不能耳，其心向之。

　　2011 年 6 月我于南京大学历史学系毕业，至今 6 载有余。回忆在宁求学的经历，仍历历在目。恩师品德高尚、治学严谨、学识渊博，在"杏园待坐"的 3 年时间里，大到道德文章、为人处世，小到字斟句酌、生活点滴，无不凝结着先生对我的教诲与关爱。我曾在自已的博士论文后记中写道："如果说，攻读硕士使我踏入学术之路，那么读博阶段，则是先生将我引进学术的殿堂，为我今后从事史学研究打下了坚实的基础。"可以肯定地说，读博改变了我的人生轨迹，而跟着李师读博的 3 年则奠定了自已研史的风格，恩师踏实的性格、扎实的作风、坚实的成果，无疑是我一生学术事业向往和追求的目标。

　　值此恩师七十寿诞，衷心祝愿恩师健康长寿、生活愉快、阖家幸福！

田志光

2017 年 9 月 9 日于河南大学明伦校区博雅楼